JN099530

◉本書の効用

本書では、サラリーマンからフリーランスまで様々な「仕事人生」で直面する悩みの中から、特に重要と思われるものを五〇音に対応したキーワードに沿って選び、切り抜ける裏技、心構えを解説した。「あんちょこ」である本書は、読むだけでも仕事人としての指針を身に付けられる。さらに、それぞれの悩みに対して本文中で薦められているちょっとした「裏技」を実践していくことで、仕事人生を軽い足どりで、主導権を持って歩いていく気概を育てることができるだろう。

それぞれの悩みへの回答は独立しているので、無理に全編を通読しようとせず、まずは直面している悩みに対応する項目や、目次を眺めて興味を持った項目から読み進めてほしい。とはいえ、対談形式でテンポよく進むので、週末を潰すつもりで挑めれば通読も可能である。そのあかつきには、仕事においてワンランク上の立ち回りを習得しているはずだ。

◉本書の活用法

【目次】

P16～28には、五〇音順のキーワードと、それぞれのキーワードの著者二人による定義、そしてキーワードに対応する「仕事人生における悩み」を記した。この定義を読むだけでも大いに参考になるが、対応する本文を熟読することで、より深く仕事への心構えと裏技を身に付けることができる。

【仕事人生［感情別］逆引き索引】

巻末の水色のページP(21)～(35)で、「こんな気持ちの時は、ここを読んでみて！」ナビゲーションとして【仕事人生［感情別］逆引き索引】を設けた。仕事人生の中で様々な気持ちになった時に（例：「新しい何かと出会いたい時に」）、その感情に対応する本文を、小見出しの単位で紹介した。必ずや仕事人生の悩みを解決するヒントが見つかるだろう。

【用語索引】

さらに巻末のP(1)～(19)に、ビジネスに関わる諸々の用語や固有名詞が本文中に登場した頁を掲載した。これまであいまいだったビジネス用語の概念を頭にしっかり叩き込むことができる。用語不認識で会話で慌てることはなくなるはずだ。

仕事人生においてちょっとした不安に陥った時、困った時なかなか悩みから解放されない時に、良き兄貴分のように、また親友のように隣に立ってアドバイスしてくれる辞典を目指した。長く傍らに置いて、何度でも繰り返し読んでいただければ幸いである。

私たちの人生には、もうちょっと多くの選択肢があるんじゃないか？

はじめに――

加藤昌治

と思ったところが、この本の出発点でした。他の人と同じ選択肢を選んでいたら、そりゃ当然同じ結果になりがちですよね。かといって、とんでもないオプションに行く、のはなかなかできない相談で……。結果として、まあ普通の幅に収まりがち。それはそれで好いとして、もうちょっと人と違う人生を生きてみたい。そう思うのは自然な心持ちですよね。

なんですが、他人と違う道を進むことがハードルであるのもまた事実。なんでそうなってしまうのだろう？と思いを巡らせてみました。これ、角田くんとは相談なしの、かとう個人の意見としては、次の二つかなっと考えています。

ひとつめ。「区切り」のスパン、期間が短いこと。

ふたつめ。「比較の呪縛」から出られないこと。

大げさに云えば、この二つが、人生の前に立ち塞がっていることが、僕らの生き方についての可能性や選択肢を狭くしているんじゃないか。

完全に〝破壊〟することは六つかしい。それは分かっているつもりです。とはいえ、ある程度の枠の中でも、できることがあるんじゃないか。とも思っています。実例、角田くんとかとうのたった二名ですが、そこそこはできたんじゃない？感があるからです。

ということで、この『仕事人生あんちょこ辞典』は、角田くんとかとうが提示する、いたって個人的な、生き方に対する第二の、いや第三とか第四かな……な選択肢の提示です。正直、真っ当度は低いです。辞書っぽくなってますが、組織ではなく個人で編纂した辞書、みたいな感じ。余談ですけど、実は『聖書』にも、個人訳が存在することご存じでした？　王道にあらがうわけではなく、こんな翻訳の仕方＝選択肢もあるんですけど、どうでしょう？という選択肢の提示。

だから、僕らが持ち出す選択肢が絶対的に正しいとは決して思わないし、読者のみなさんにぴったりかどうかも分からないです。ですけれど、選択肢としては確実に存在して、人によってはそれなりにワークする有効な選択肢っぽいぞ？ぐらいの意味はあるんじゃないかしらと思っています。なので、まあ最初は眉唾もんぐらいの心持ちで、ペラリペラリとページをめくってみてください。お、これいいかも!?がひとつふたつあれば充分じゃない？元取れるんじゃないかな〜？なんてことを云いながら、あれもある、これもある……と話し出したら止まらなくて、書籍としては膨大なボリュームになってしまいました。

「あ」から「わ」まで、おまけに「ん」も追加して四五編です。角田くんとかとうとで、意見が分かれていることもあります。同じ人間にしても、云ってることが反対なこともあります。それだけ選択肢は多様であり、その時々のシチュエーションに適したものを選べたら好いんじゃないか、と思っている次第です。

この本を手に取ってくれたあなたにとって、ひとつかふたつ……ぐらい、何らかのお役に立てば幸いです。

著者紹介

角田陽一郎（かくた・よういちろう）

バラエティプロデューサー／文化資源学研究者

千葉県出身。千葉県立千葉高等高校、東京大学文学部西洋史学科卒業後、一九九四年にＴＢＳテレビに入社。「さんまのスーパーからくりＴＶ」「中居正広の金曜日のスマたちへ」「ＥＸＩＬＥ魂」「オトナの！」など主にバラエティ番組の企画制作をしながら、二〇〇九年ネット動画配信会社goomoを設立（取締役～二〇一三年）。二〇一六年ＴＢＳを退社。
映画『げんげ』監督、音楽フェスティバル開催、アプリ制作、舞台演出、「ＡＣＣ ＣＭフェスティバル」インタラクティブ部門審査員（二〇一四、一五年）、ＳＢＰ高校生交流フェア審査員（二〇一七年～）、その他多種多様なメディアビジネスをプロデュース。現在、東京大学大学院にて文化資源学を研究中。
著書に『読書をプロデュース』『最速で身につく世界史』『最速で身につく日本史』『なぜ僕らはこんなにも働くのだろうか』『人生が変わるすごい「地理」』『運の技術』『出世のススメ』、小説『ＡＰ』他多数。「週刊プレイボーイ」にて映画対談連載中、メルマガ「ＤＩＶＥＲＳＥ」配信中。
好きな音楽は、ムーンライダーズ、岡村靖幸、ガガガＳＰ
好きな作家は、ホルヘ・ルイス・ボルヘス、司馬遼太郎
好きな画家は、サルバドール・ダリ

嵐山光三郎さんの『不良定年』という書籍を以前読んだのですが、三八歳で平凡社を辞めて、フリーの編集者・作家になられた嵐山光三郎さんの「男たる者、不良オヤジたれ！」っていう彼の生き方を軽妙なエッセーで、おもしろいエピソードと共に指南していく書物で、見倣いたい『考え方』が随所に出てくるオススメの本なのです。その中で一番惹き付けられたのが、『人生一五番勝負』という章です。仮に人が現役でいられるのを七五歳として、なのでそれ以上生きれば人生の優雅なるオマケらしいのですが、その七五年を、相撲に例えて、一五番勝負だとすると、五年間が一勝負になり、現在、

何勝何敗となるか？というものなのです。

ちなみに『不良定年』では、嵐山さんご自身の星取りが五年ごとに分析してあって『六五歳の時点で七勝六敗である。できることなら、七五歳まで生き延びて、勝ち越したい』とあります。そして「人生一五番勝負で全勝なんて人はまずいない」だろうし、「一三日目で全勝だの一敗だのの優勝圏内の力士は、さしておもしろくない。」ともあります。「八勝七敗で勝ち越しで、大逆転賞」って相撲がおもしろいんじゃないか！と。

僕もまさにそう思います。「人生振り幅が大きい方が、おもしろい」というのが、僕の信条でもありますし、その〝不良〟な生き方、物凄く共感するのです。

そして嵐山さんに倣って、まもなく（二〇二一年夏に）五一歳になる僕も現在までの一〇日分の星取り表つけてみました（笑）。

◉一日目（一〜五歳）一九七〇年—七五年、勝ち◯。

生まれてきたから、とりあえず勝ちとする。（嵐山さんと同じ考え方です）

◉二日目（六〜一〇歳）七六年—八〇年、勝ち◯。

小学生、うん、まあ勝ちかな？　いろいろ嫌なこともあったけど、やっぱ楽しかったから。

◉三日目（一一〜一五歳）八一年—八五年、負け●。
中学生まで。うーん、負けだよな。なにせ全然もてなかったし（笑）。

◉四日目（一六〜二〇歳）八六年—九〇年、負け●。
高校、浪人時代。今から考えるとめちゃめちゃ楽しい時代だけど、でも星取り的には負けかな。悶々としてたし。

◉五日目（二一〜二五歳）九一年—九五年、勝ち○。
華の大学生時代！　時はバブル。僕の人生的にもバブルでした（笑）。めちゃめちゃあの頃に戻りたい、一番楽しかった頃です。まさに大勝。

◉六日目（二六〜三〇歳）九六年—二〇〇〇年、負け●。
テレビ局に就職して、一転して辛い時期。もう会社でずーっと働いてました！　そして気付いたら終わってました二〇代。悲しい。

◉七日目（三一〜三五歳）二〇〇一年—二〇〇五年、勝ち○。
仕事も覚え、立場もよくなり、番組も好調！　なかなか、よい時間を過ごしました。

◉八日目（三六〜四〇歳）二〇〇六年—二〇一〇年、負け●。

ゴールデンの番組をなくし、新規会社goomoを立ち上げる。すごく勉強になった年代ですが、結果的に結果を生んではいません。

●九日目（四一〜四五歳）二〇一一年─二〇一五年、勝ち○。

震災で始まった二〇一一年の四一歳、そこから自分の考え方が一変し、映画『げんげ』監督、独立採算番組『オトナの！』、ロックフェスの開催、書籍出版、等テレビ以外のこともやり始めました。二〇一四年に中田英寿さんとブラジルにワールドカップを観に行き、偶然にも三浦知良さんと会食し、二〇一五年にはイタリアに万博を観に行ったのが、この時期のピークで楽しかった記憶があります。日々悪戦苦闘しつつも、希望に満ち溢れて生きていた気がします！　なので勝ちです。

●一〇日目（四六〜五〇歳）二〇一六年─二〇二〇年、負け●。

四六歳の二〇一六年に、ＴＢＳを辞める決意をしました。そしてバラエティプロデューサーとして、二〇一七年からフリーランスで頑張って来ました。

正直、そういう意味ではなんとかうまく上手に立ち回って生きて来たと思いますし、二〇一七年には西麻布に自分のアトリエを構え、二〇一九年には東大大学院に入学もしました。そんな最中にときたまこの星取表を思い出すと一〇日目も勝ちだと思っていたことが多い期間でもありました。でも、今これを書いている、この二〇二一年の初夏に思うのは、この二〇一六年から二〇二〇年は、自分の人生の「負け」であると。

なぜかといえば、いろんなことが仕事もプライベートもうまくいっていたとはいえ、所詮九日目の延長線上で、そのお駄賃で生きて来たに過ぎないからです。そしてその中で自分が新しいことを生み出すことは段々と減り、日常の怠惰さに慢心し、そして二〇一七年には網膜剥離になり、身体のあちこちがここ数年軋み出し、人間関係も冷却化し、そして二〇二〇年を迎えました。コロナ禍です。このコロナ禍の最中に母は病み、父は死にました。そして長年信頼していた友人も去ったのでした。

そして誕生日のある夏には五一歳になり、十一日目が始まります。今までは五勝五敗のイーブン。なかなか面白い人生です。

その新たな十一日目を生きるためにも、今ボクができることは、これからの時代と人生を彩る新しい生き方を、自分自身で見出して生み出していくタイミングなのだと理解することなのだと。

本とは、読者は言うに及ばず、著者自身のためにも書かれるものなのです！

なのでこのタイミングで、この『仕事人生あんちょこ辞典』が出版されるのは、まさに運命的タイミングなわけです。

皆様にこの『仕事人生あんちょこ辞典』を、全身全霊を込めて捧げます。

加藤昌治（かとう・まさはる）

作家／広告会社勤務

大阪府出身。千葉県立千葉高等学校卒。一九九四年大手広告会社入社。情報環境の改善を通じてクライアントのブランド価値を高めることをミッションとし、マーケティングとマネジメントの両面から課題解決を実現する情報戦略・企画の立案、実施を担当。著書に『考具』（CCCメディアハウス　二〇〇三年）、『発想法の使い方』（二〇一五、日経文庫）、『チームで考える「アイデア会議」考具 応用編』（二〇一七、CCCメディアハウス）、『アイデアはどこからやってくるのか 考具 基礎編』（二〇一七、CCCメディアハウス）、ナビゲーターを務めた『アイデア・バイブル』（二〇一二、ダイヤモンド社）がある。

というのが、硬めのプロフィールです。ちょいと追記をすると……

一般的なプロフィールは右を参照いただくとして、追加です。名刺を二枚持っています。一枚は会社の、いわゆるサラリーマンとしての名刺。もう一枚、〝物書き〟としての名刺もあります。初めて書籍を刊行したときに作りました。二つをセットで出すときもあります。その時には「九九・九％サラリーマン、ちょっとだけ物書きをしています」なんて云いながら、会社の名刺を上にしたり、物書き名刺が上になっていたり。その時々のシチュエーションに応じて、重ね分けています。

物書き名刺に関しては、本を立体的に起こしたコンテンツとしてワークショップのプログラムを持っているんですけど、そっちも兼ねての名刺になってます。

物書きになってみて、「うわーなるほど。これはありがたい！」とつくづく感じることが二つあります。

一つめは、「仕事と関係ない知り合いが増えたこと」。広告会社で働いているので、比較的いろんな方にお目にかかる機会が多い方だとは思いますが、ものすごく知り合いが増えました。困ったときにいろいろ相談したり、相談されたり。ホント、助けてもらってます。もう一つは「著作権を持つ、ってのはこういうことなんだな」を実感できたこと。本、って誰でも手に取れるコンテンツなので、褒めてもらうこともあれば、そうでないこともあります（結構あります）。支持率一〇〇％は、残念ながらありません。そうした賛否を含めて全部自分が引き受けることになる。これも組織の中で働いているだけの頃にはリアルに分からなかった感覚です。

サラリーマンとして、正直そんなに活躍してるわけでもないんですが、こういう人生（大げさか……）を送ることができていることには本当に感謝、多謝。ま、こんな人間の云うことが、読者のみなさんにとってどこまで役に立つのか、支援になるのかは分かりませんが、嘘はナシで角田くんと議論を重ねてみた次第です。

構成者

甲斐荘秀生（かいのしょう・ひでお）

ライター／舞台音響スタッフ

東京都出身。東京都立戸山高等学校、東京大学工学部化学システム工学科を卒業、同大学院新領域創成科学研究科環境システム学専攻修士課程を修了。会社勤めと並行して、書籍の構成を中心としたライターや、音響を中心とした舞台芸術スタッフとして活動。「道に通じた人から見えている景色を、必要とする人にわかりやすく伝える」がモットー。

こんにちは。本書の聞き手として「――」表記で登場したり、本文下の脚注を書いたりしているライターの甲斐荘と申します。

本書刊行時に三七歳の私ですが、じつはいわゆる「社会に出る」タイミングが遅れ、定職についたのは三〇を過ぎてからです。それもあって、今はいくつかの仕事や活動を掛け持ちしています。この企画には、私自身の「仕事人生の羅針盤」を形作る意味も込めて参加しているところもあります。

著者のお二人との打ち合わせは充実した時間で、聞いたその時に「なるほど！」と目から鱗が落ちたことや、考えてみれば私自身も以前から実践できていたコツもありました。

そして打ち合わせの時には内心同意しかねた話でも、文章をまとめるにあたり同じ箇所を読んでみるといつの間にか納得できていて、そんな自分に気がついた時「これはいい本になる」という確信が生まれました。読者のものの見方にいつの間にかいい影響を与える本が、「いい本」だと思うので。

お互い第一線で活躍してきた二人が培った「仕事人生のコツ」をありったけ詰め込んだ本書が、この同じ社会の、それぞれの場所で仕事人生を歩むあなたの一助になることを、心から願っています。

仕事人生あんちょこ辞典［目次］

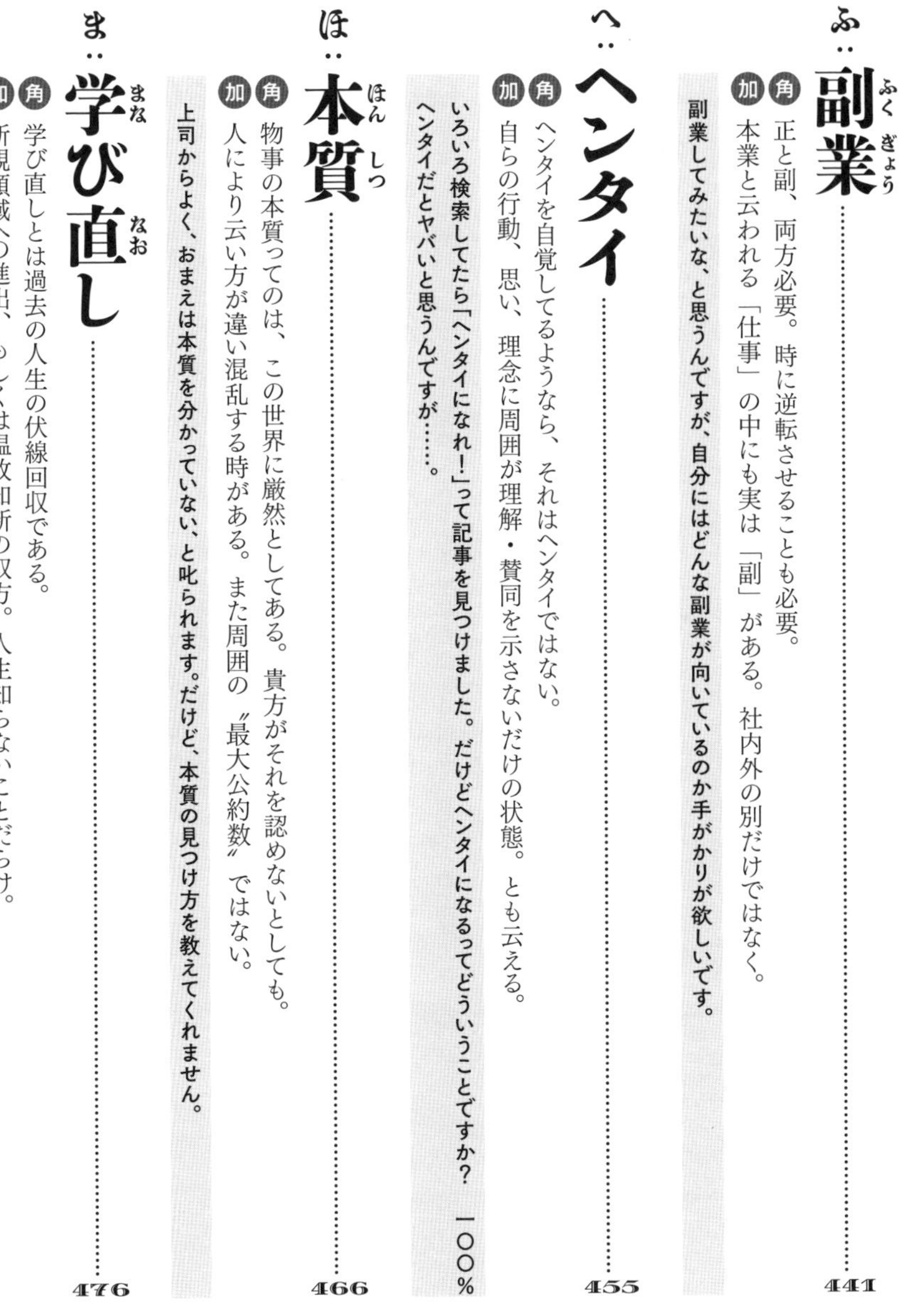

リカレント教育に興味があるんですが、大学院に行くほど頭もよくないし、お金もないです。大学院とかに行かないと、学び直しってできないのでしょうか？

み：味方（みかた）……485

角 この世の最大の悲しみは、相手が味方から敵に変わった瞬間に訪れる。
加 人間関係は動的である、と考えると、ずっと味方でいてくれるには？

いい仕事をするには、たくさんの味方が必要だって言われたんですが……。

む：無常観（むじょうかん）……496

角 無常観とは、自分がこの世界から消えることへのプラクティス。
加 絶対的価値観、相対的価値観。両方の人生に存在する自分と世界との関係のひとつ。

時々、自分何やってんだろ、って感じます。ネガな感情が湧いてきてしまいます。無常観というか、何をやっても無駄なんじゃないかと……。

め：名刺（めいし）……508

角 名刺をくれないビジネスパーソンを、ボクは基本信用しない。
加 連絡手段の明確化と、セルフプレゼンテーション、二つの役割を持つカード。

朝活に参加したら、みんな会社じゃない名刺を持っていて、焦りました。SNSもそれなりにやってるし、やっぱり自分名刺って作るべきですか？

マネージャー、管理職になりました。自分の課の予算を作らなきゃいけないんですが、やったことありません。

ら：来年(らいねん) …… 574

角 歳を重ねるごとに、来年のことがむしろ分からなくなってきてる。

加 単年度主義で見るかどうか大きく変わる未来の単位。

景気が悪くなってリストラの噂が流れています。自分はまだ対象の年齢じゃなさそうですが、来年以降もこの会社にいて大丈夫か不安になってます。

り：履歴書(りれきしょ) …… 592

角 相手に自分の思考と嗜好のアーカイブをどう開陳するか？

加 活動や実績でもなく所属歴の記載枠だけが正しいか、怪しくなってきた書式。

転職を考えていて、履歴書を書いてみたんですが、ありきたりなことしか書けなくて転職活動が上手くいかなさそうです。何をアピールするべき？

る：ルサンチマン …… 601

角 結局、ルサンチマンで始まったプロジェクトでうまく行ったモノはない。

加 ニーチェ曰く弱者が抱く感情。云い換えると比較の呪縛から生まれると思う。

仕事ができる先輩の口癖が「ルサンチマンがないとダメだ」です。反発心ってことだと理解しているんですが、正しいでしょうか？

◉コラム目次

仕事人生あんちょこ辞典

Lexicon of Secrets of
Work and Life

by Kakuta Yoichiro & Kato Masaharu

あ

【遊び】

角 遊びとは、人生の余白＝バッファである。
加 気が付いたら時間とお金を突っ込んでしまう事象。

仕事ばかりで、これといって「趣味」を持っていません。このままでは人生つまらない……って感じてしまうのは私だけ？

◉大人にとって「遊び」の定義って何？

角田 見つけようとしてると思うのが、大人っぽくない。「やってくるものをどう面白くするか」だなと思ってます。

加藤 その「遊び*」の定義って何ですか。

角田 よく「遊びがある」って言うじゃないですか。建物の隙間とかのことを。本質的にそれなんじゃないかなと思う。だから、きっちり時間を決めて、「真剣に遊ぼう」とか言ってるのって、「ワーク」になっちゃう気がやっぱりしてる。

加藤 真剣に遊んじゃダメなのね？

角田 余裕というか、どう面白く弄るかみたいな、バッファ*が遊びなんじゃないかな。

【遊び】
「①あそぶこと。遊戯。（中略）⑤仕事や勉強の合い間。（中略）⑥（文学・芸術の理念として）人生から遊離した美の世界を求めること。（中略）⑦気持のゆとり、余裕（後略）」（『広辞苑』より）。「遊び」上手こそ「生き方」上手の近道かもしれませんね。

加藤 「バッファ」ね。自分の云い方だと、「いつ役に立つか分からないこと」。

角田 同じことかもしれないな。単純に、「ちゃんと遊ぼうとする人」って大人っぽくないなと思う。タモリさんって「仕事なんてなに一生懸命やってんの。遊びだからこそ真剣にやれよ」って言ってたけど、僕にはなんか「真剣にやんなくても楽しい」みたいなことのほうが大人っぽいのかな、ちょっと思っちゃったりするんだよね。

加藤 遊びがそういうものだとして、遊びと仕事のバランスって何対何ぐらいですか？

角田 わたくしに聞く？ 一〇遊びですよ。

加藤 だとしたら、遊んでるものが仕事になるっていうことなのか、それとも仕事が遊びになっていくのか。

角田 「遊んでてお金もらえたらいいいな」が最初です。そうしたら「意外にお金もらえるじゃん」っていう。

加藤 サラリーマンだと、それってなかなか六つかしい*じゃない。どうするの？

角田 難しいね。サラリーマンは一日八時間働くでしょう。だから、それ以外の時間を遊びに使う、みたいなことかもしれない。僕もサラリーマンの時は、ワークライフバランス*みたいなのってなんか否定してたの。でもフリーランスになったら「ライフしかない」みたいな感じになっちゃった。サラリーマンがワークライフバランスを意識するのは、それはそれで大人らしい遊びをやるためには必要なのかなと思います。

加藤 感覚変わったわけか。

角田 「週休って、三日ないとダメだな」という話を、はあちゅうさん*が言ってて、いいなと

【バッファ】
「（略）③（比喩的に）余裕やゆとりをもたせること。また、後ろ盾やサポート役のこと」（『デジタル大辞泉』より）。

【六つかしい】
「難しい」を「むつかしい」の音で表したい時に用いる当て字。民俗学者の柳田國男（一八七五〜一九六二）の用例が有名。

【ワークライフバランス】
「仕事と私生活双方の充実を両立させる」という考え方。日本では人口減少・少子化への対策の意味合いもあり、政府や企業が推進している。

【はあちゅう】
ブロガー、作家。著書に『半径五メートルの野望』（二〇一五、講談社）など。

思ったんだ。つまり、一日目の休みは「休みじゃなきゃできない、ウィークデーだとできないことをやる」ための一日。二日目は、家族とか友達とかと本当に遊びに行く、遊びの日。そして三日目は休息。本当になんにもしない。つまり週休二日っていうのが人間を苦労させていて、週休三日じゃないと遊び足んなくないかってはあちゅうさんは言っていて、なんか賛同するんだよね。

加藤　目指せケインズ*。日にちで区切るかどうかは別として、遊んでる時間を「作る」っていうと仕事っぽくなっちゃうけど、「こそこそ遊ぶ」のもなんかいいような気がしますね。

角田　加藤くんそういうの得意だよね。

加藤　得意ですね、サボる、じゃなくて時間を作るのは得意かも。

角田　遊んでんのか働いてんのか分かんない、ギリギリのところを突くよね。逆に僕は、だからこそサラリーマンの間、番組作ってずーっと遊んでる感じで働いてたつもりなの。ところが、趣味を仕事にしちゃうと「二四時間7days趣味」みたいになるから、ストレス発散のための趣味がなくて、やっぱりストレス発散できないことが分かった。

だから、「持久走のように、走りながらどう飲み物を取るかが遊びです」とかよく言うんだけど、僕は今は「はい、カット！　一回休みです」みたいにむしろピシッと決めたほうが、人間は気持ちよくなるんじゃないかと思う。ほら、アメリカのビジネスマンも、週末は山荘に行って、何も考えない。電話も出ないし、メールも見ない。みたいな感じじゃん。一周回って、そっちのほうが実はいいんじゃないかなと思ってます。

【ケインズ】
ジョン・メイナード・ケインズ。一八八三年生まれのイギリスの経済学者。一九四六年没。主な著書に『雇用・利子および貨幣の一般理論』（一九三六）など。政府の市場への積極介入を支持する彼の理論は、以降の経済学に決定的な影響を与えた。ヴァージニア・ウルフ、E・M・フォースターなどと並び、イギリスのインテリサークル「ブルームズベリー・グループ」の主要メンバーでもある。加藤さんの発言は、一九三〇年の講演で「二〇三〇年、労働時間は週一五時間になる」と予言したことによる。あと九年、なんとか実現してほしいところである。

◉「遊び」と「休み」は違うの?

加藤　ええと、それでいうと「遊び」と「休み」は違うわけ?

角田　あー。厳密に言えば違うんだけど、一方で「休まないと遊べないじゃん」みたいなのもあるね。

加藤　「遊び」と聞いた時に、消費系というか「何も生み出さない系」のものを遊びと考える人もいれば、「何らかしらを生み出す」ことを遊び的に捉えてる人もいるでしょう。角田くんの場合、それはどっちなんですか。

角田　読書でいうと、「自分の役に立つから」と言って本を選ぶ人が多いんだけど、「自分が全然興味ないジャンルの本を読んでみる」が遊びのような気が僕にはする。ただし、それを読むことで……というか、何でもいいんだよ。読書以外の音楽でもいいし、釣りをやったことがなくて釣りをやるとか。それが結果、仕事に生きてくる、みたいなのが大人なんじゃないかなって。だから義務教育というか、一般教養みたいなものは、べつに大人じゃない人がやってるんだと思うんだよね。それ以外のこと、「学ぶ」というスタンスじゃなくてやることのほうが、結果仕事のほうに戻ってくる気がする。「どんだけ自分に関係ないことをやるか」みたいな。

加藤　「いまいまの、目の前の自分と関係ないこと」ってことだよね。

角田　そう。「今の仕事と関係ないこと」をするのが、大人の遊び。だから「仕事と遊びを繋

加藤　げる」は大人じゃない気がする。それって「遊び」と呼ぶには効率良すぎちゃうから。ある程度、時間は使わないと遊べないわけですけど、お金の方も使ったほうがいいのかしらね。

角田　ほんとは、お金はいらないんでしょうね。だから、家庭菜園をやるにしても、べつにお金をかけてやるんじゃなくて、友達から土地借りるとかして、なるべくお金は使わないほうがいいんじゃないかなと思います。何でかというと、「遊びにお金がかかって、そのために働く」みたいな感じになっちゃうから。タコが自分の足食ってるみたいな感じじゃん。もちろんお金はあったほうがいいけどさ。

加藤　「役に立っちゃダメだ」派ですね？

角田　そうそう。「役に立たないことを、あえてやる」ことが結果役に立つ。

加藤　「役に立たない」にしても、ただダべってるだけ、みたいなものは遊びですか？

角田　僕個人は、ただダべってるだけは超嫌いなんだけど、「一生懸命しゃべる」というのを仕事にしてるんだったら、「ただダべってるだけ」もやっぱり遊びなのかな。僕がずっと「遊び」だと思ってるのは、なんて言うんだろう、「型にはまらない時間」ってことなのかな。だからといって、それは「だらだらしてればいいじゃん」っていうわけでもないんだけど、逆に仕事をだらだらやってる人は、遊びはちゃんとやったほうがいいんじゃない？　あー、そう考えると、やっぱりタモさんと言ってること一緒かもしんないね。つまり「普段の自分とは違うことをやってみませんか」。

加藤　遊びについて語るなら、ロジェ・カイヨワ*の『遊びと人間』*に触れることになると思う

【ロジェ・カイヨワ】一九一三年生まれのフランスの社会学者、哲学者。一九七八年没。

【『遊びと人間』】ロジェ・カイヨワの代表作である一九六一年の評論。清水幾太郎と霧生和夫による邦訳が一九七〇年に岩波書店から、多田道太郎と塚崎幹夫による邦訳が一九七一年に講談社から刊行。

角田　んですけど、あれには確か、「我を忘れる」「夢中になる」みたいなことが遊びの要素として挙げられてた気がする。

角田　挙げられてたね、多分。

◉「遊び」は自分で探す。つくる

加藤　そうすると、遊びって自分で探すんですか？

角田　今まで遊びについて書いている全ての社会学者は、やっぱり資本主義の中で、「遊び－労働」のような定義をしてる気がすんだよね。

加藤　それで？

角田　だから、もうそうじゃないんじゃないかな。『仕事人生あんちょこ辞典』的には、二〇世紀型というか近代型というか、その考え方じゃないんじゃないかと、ちょっと思ってるのね。なんか、「一生懸命やんないと遊びじゃないよね」みたいな軸で、「一生懸命か。一生懸命じゃないか」みたいな考え方が、もう資本主義っぽいと思っちゃう。そんなのどうでもいいんじゃない？

加藤　もうひとつだけ質問。遊びっていうと、例えばゲームのように「ある程度設計されてるものの中でどうするか」みたいな遊びもあるし、なんにもないところから何か道具をつくるとか、三角ベースのルールをつくる、それこそが遊びだっていう人も多分いる。その辺はどう思う？

角田 今の話の延長線上なら「どっちでもいい」なんだけどそれじゃあ面白くないから、また別パターンでいくと、「ゲームを作ること」は遊びだと思うんだけど、「人が作ったゲームで遊んでる」のは遊びじゃないと思う。なんにもないところで、何をやるか分かんないことをやるのが遊びだと、やっぱり僕は思ってて、だから小学生とかがゲームやってるんだったら、「ゲーム作れよ」って思う。

加藤 出来がかっこよくなくてもね。

角田 うん、かっこよくなくても。能力のある人ってさ、例えば『機動戦士ガンダム』を観た時には、ガンダムのことに超詳しいわけよ。僕もそうだったけど、「ジャブローが南米にあって」とかこれが何だとか。でもそんだけ詳しい能力があったら、もう一個新しいガンダムを作ってたほうが、実は日本にもっと面白い、ワクワクする作品が増えてたんじゃないかと思うんだけど、大体優秀な奴にはそういうのをちゃんと調べるのが好きなタイプが多いから、他人の作品に、ズーって寄っていってしまう。そういうのって、才能のもったいなさが顕れてんじゃないかなって思うんだよね。

加藤 今の話で思い出したけど、高校の頃、架空のなんちゃって国を想定して、年表を作ってましたわ。

角田 そうそう、作ってた作ってた！ だからそれは加藤くんのオリジナルだよね。

加藤 歴史小説に触発されたのかなー。なんかの続きだったような。だから、ガンダムに詳しい人が、Ｚ（ゼータ）、ＺＺ（ダブルゼータ）とあって、さらに勝手に続く『ガンダムＺＺＺＺ』*を作る、ようなものか。

【ガンダムＺＺＺＺ】公式なシリーズとしては、『機動戦士ガンダム』『機動戦士Ｚガンダム』『機動戦士ガンダムＺＺ』の後に続いたのは『機動戦士ガンダム逆襲のシャア』。その後、原作者である富野由悠季が監督した映像作品に限定すれば、『機動戦士ガンダムＦ91』『機動戦士Ｖガンダム』『∀ガンダム』『Ｇのレコンギスタ』と続いている。他の監督による作品まで挙げだすとキリがないので割愛。なお「ＺＺＺＺ」ではないが、自作『逆襲のギガンティス』（『ＺＺ』の後日談）に「メガＺガンダム」を登場させた漫画家の長谷川裕一は、後に、富野由悠季本人がプロットを立て、各種ゲームにも登場した漫画『機動戦士クロスボーン・ガンダム』の作画を担当することになった。やはりなんだって続きを描いてみるものである。

角田 『百年の孤独』*があった時に「百一年目からは俺が書く」だったらいいんだけど、『百年の孤独』が超いい」って言ってズーっと入っていっちゃうのって、研究者としてはそれでいいんだけど、人類の進歩として、脳を使うあり方としてもったいないなって。

加藤 それは分かるなあ。

角田 だから『百一年目の孤独』を考えるのが遊びなんじゃないかって思います。

◉アートにはどう向き合う？

加藤 ハナシ飛びますけど、「あ」だからついでにアート*の話も聞かせて。アートについてはね、この間好い話を聞いたんですよ。小説家の上田岳弘*さんがとあるトークショーで話されているのを聞いていて。「アートは……」ファインアートのことね。「アートは質問をつくる」と。それで「技術の発展がその問いに乗っかってスペースをつくる」、そして「小説はそれを埋める」っていう云い方をされてて、なるほどと思った。

角田 面白いね。

加藤 で、全く別に、安西洋之*さんの本、『「メイド・イン・イタリー」はなぜ強いのか？』を読んでたら、テキスタイル（織物柄）デザイナーってファインアートをものすごい追っかけてるんだって。ファッションに、テキスタイルって必要じゃないですか。テキスタイルがないとファッションができない。そのテキスタイルデザインの人たちはアートを追っかけてるらしい。すぐ役には立たないんだけど、ずいぶん先の問いかけをしてるの

【『百年の孤独』】
ガルシア＝マルケスの代表作である一九六七年の小説。町の運命に輪廻転生的に縛られた一族の百年を描く。鼓直による邦訳が一九七二年に新潮社より刊行。

【アート】
「①㋐芸術。美術。（中略）㋑技術（後略）」（『広辞苑』より）

【上田岳弘】
一九七九年生まれの小説家。『私の恋人』で三島由紀夫賞を、『ニムロッド』で芥川賞を受賞。

【安西洋之】
モバイルクルーズ株式会社代表取締役。一九九〇年よりミラノと東京を拠点としたビジネスプランナー。

がアートなんじゃないかと。

角田 っていうさ、それってキャンバス（油彩画の下地）がクローズ（服）になったって意味では、同じ布だよね。

加藤 そうなのか。

角田 だから、それが平面なのかユビキタス（移動可能）なのかだけの話で、実際やってることは変わんないのかなって、ちょっと思った。「先を見てる」って話でいうと、僕が聞いた話だと、東大の教授でアートの専門家が、「デュシャン*が『泉』を作ってからは、もうアートなんかはすべて終わっちゃったんだよ」とか言うわけです。だから、みんなアートに悲観してるわけ。「もうパフォーマンスしなきゃ現代アートじゃない」とかね。でも、それを言われた時に僕、ほんとに反論したくてさ。その授業中に手をあげて、「いやもう、おっしゃってることは超全部納得した上でなんですけど。例えば小学生が初めてピカソの絵を見てワーって感動したら、その人にとっては新作じゃんか」って言いたかったわけです。「ピカソがキュビズム*を通じて二〇世紀のアートに与えた貢献」とか、そんなことはどうでもよくて。その人が初めて出合ったら新作なわけだから、終わりとか言ってんのっておこがましいんじゃないかなって思ったんです。だからアートって、過去に印象派*があったんだよ、キュビズムがあったんだよみたいなことじゃなくて、自分が見て「やべー」って思えばそれでいいんじゃないか。だから、「大人だけどアートの楽しみ方が分からない」って質問は、「印象派とかキュビズムとかが分からない」って言ってるような感じがちょっとするんです。そんなことよりも、自分

【デュシャン】
マルセル・デュシャン。一八八七年、フランス生まれの美術家。一九六八年没。既製品を用いた「レディメイド」と称する作品群で、モダンアートに決定的な影響を与えた。

【キュビズム】
パブロ・ピカソ等によって始まった絵画の潮流。いくつもの視点から見た対象物を一枚の絵の中に収める。「ピカソっぽい絵」と言われて一般に想像される感じの絵。

【印象派】
一九世紀後半にパリで興った絵画の潮流。それ以前の絵画と比べると日常的な対象を描き、また静止画上で物の動きや光の表現を試みることが特徴。代表的な画家にモネやルノワールがおり、要するにああいう感じの作風。

がやべーって思うか思わないかでいいんじゃないか。

だから、ＥＸＩＬＥのダンス見てやべーと思うなら、あなたにとってそれがアートだし、菊池桃子さんのラ・ムーの踊りを見て、それでもすごいアートだと思うならアートだし。っていうようなことを思うわけ。

アートについてはもう一個あって。僕が東大の学部生だった時に、「シアターレベルフォー」*っていう、当時大人気だった「第三舞台」*に触発されたような作品をやってる学生劇団があったんです。レベルフォーを観たらなかなか面白くて、その後今度は鴻上尚史さんの本当の「第三舞台」の公演を観たら、「うわ、レベルフォーみたいだ」って思ったんだよね。

つまり何が言いたいかというと、僕らが最初に見たすごいってものって、もしかしたら過去の焼き直しだったり、偉い人のパクリかもしんないじゃん。で、それを知ったかぶりしてる人は「RADWIMPSってサ」とか言うんだけどさ。でも多分、RADWIMPSを初めて見た中学生は感動してるわけよ。で、それでいいんじゃないかなってちょっと思った。「それはコピーのコピーのコピーだよ」とか物知った風のオヤジが言うわけだけだけどさ。そういうオヤジには学問でもアートでもよく言われている「巨人の、先人の肩に乗る」*ってことばを教えてやってさ。

で、アートを楽しむっていうのは自分の中での感動の量なだけであって。実際、僕が学生時代に観たレベルフォーは第三舞台の影響を受けてたんだと思うよ。でも、それでもいいんじゃないかなって、僕は最近何となく思ってます。


【シアターレベルフォー】

東京大学の学生劇団。残念ながら現在は消滅している。当時の東大の学生劇団としては、一九九〇年前後に角田が所属していた文三劇場、二〇〇〇年代前半に聞き手・甲斐荘が所属していた劇団綺畸などが、学生団体やサークルの形で現在まで存続している。つまり、角田と聞き手・甲斐荘は東大駒場演劇界隈の遠い先輩〜後輩でもある。


【第三舞台】

鴻上尚史が主宰していた劇団。一九八〇年代後半から九〇年代前半に人気を博した。

加藤 工作舎*ご出身の西岡文彦さん曰くで、マルセル・デュシャン以降、アートが「問いかけ」に変わったんだって。その時点から、アートが「何かを表現するもの」だけじゃなくなった。今までは自然を写したりとか、〝コピーする〟性格を持っていたのが、マルセル・デュシャンのレディ・メイドから「何かを問いかける」ものに変わったんだ、それが現代アートの衝撃的な転換だ、とおっしゃってて、うおーそうか〜と思ったんですね。衝撃的だった。角田くんが云ってることとって、そういうこと、自分で向き合うってことでしょ？

角田 うん。それでデュシャンのやつを「やっぱりトイレじゃん」って否定する奴も、やっぱりいるような気はするけれど、それを「現代アートの構造主義*が分かってないよね」みたいに言うのって、大きなお世話なんじゃないかなって僕は思う。

◉美術展、見終わってからまた戻る

加藤 ちなみに、角田くんは美術展行く時にどういう見方しますか。一応、通路上の順番があるわけじゃない。

角田 まず一発目から観ていく。で、混んでるのは飛ばしたりしながら観ていって。でも僕は、一回最後まで行ってからまた戻る。でその時に僕の中で……まあテレビマンっぽいんだけど、「この中で一番好きなのなーんだ」って言って、「ベストワンはこれ」みたいなのを決めに行くみたいなことをやって楽しんでる。

【巨人の肩に乗る】
「巨人の肩の上に立つ」とも。「先人の発見に基づいて何かを発見する」という意味合いで用いられる成句。Google Scholarなどの論文検索エンジンにも同様の一文が掲げられているため、研究者や大学院生にはおなじみの言葉。一方、オーストリア出身の哲学者カール・ポパーはこれを「科学の性質」として捉えることに異を唱え、反証可能性を科学の条件とした。

【工作舎】
出版社。一九七〇年代に松岡正剛編集長の雑誌『遊』で人気を博す。

【構造主義】
一九六〇年代にフランスで登場した現代思想の潮流。社会現象の裏にある構造を抽出して理解しようとする。言語学者フェルディナン・ド・ソシュールの講義録『一般言語学講義』に影響され、人類学者のクロード・レヴィ＝ストロースによって広まった。他の代表的な思想家にジャック・ラカン、ミシェル・フーコー、ロラン・バルト等。ソ連の昔話研究家ウラジーミル・プロップが挙げられることもある。日本ではマーケティングの目的でわりとポップに援用されることが多い

加藤　全く同じだわ。

角田　テレビっ子だね。

加藤　最初にザーッと見て、もう一回その中から……。

角田　印象的なやつを観直す。

加藤　最後からいったん逆流して、周囲から「なんだこいつ」と思われながら、もう一回戻ってきて観る。

角田　あと僕は、はっきり言って回顧展のほうが好き。つまりその一人に絞った展覧会のほうが好き。その人の学生の時に初めて描いた絵から、死ぬ前に最後に描いた絵までを観るほうがやっぱり好き。印象派展みたいに、作家ごとに代表作が何個みたいなことよりは、フェルメール*の回顧展だから最初から最後まで、みたいなほうが楽しい。

加藤　それはなぜ？

角田　その人の「変わった瞬間」があるんだよね。

加藤　変わった瞬間。

角田　ピカソ*でいうと青の時代*から変わったじゃない。ああいう、変わった瞬間に到るまでの、変わるまでの「俺、売れてねえんだよな」みたいな、なんか鬱々とした感じ……テクニックはあるんだけど、って。東京画廊の山本豊津*さんが言ってたんだけど、アーティストって「開く瞬間」があるんだって。

加藤　花開く。華、かな。

角田　そう。開くっていうかね、自分の中の才能を、世間にどう接続できるかみたいなのがあ

が、実際にレヴィ＝ストロース『野生の思考』やミシェル・フーコー『知の考古学』を読んでみると難解でびっくりすること請け合い。左の写真は一九九四年当時のレヴィ＝ストロース。

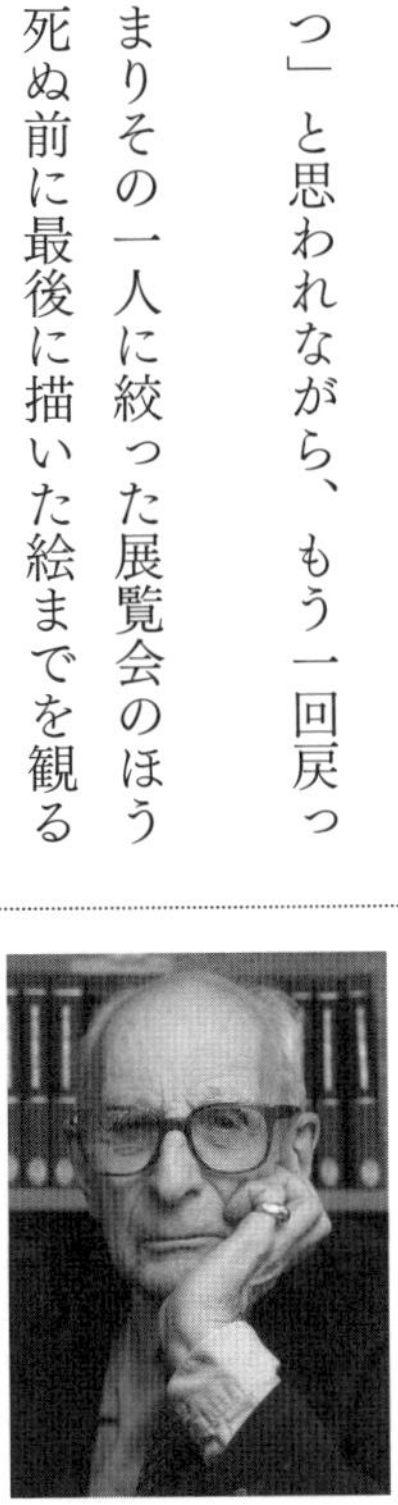

【フェルメール】
ヨハネス・フェルメール。一六三二年生まれ、一六七五年没とされるオランダの画家。遠近法や光の表現が特徴的。日本では『牛乳を注ぐ女』『真珠の耳飾りの少女』が代表作とされるが、そもそも現存する作品が三〇点強しかない。

る。かけだしの人は才能があっても閉じてるんだって。ギャラリーの人は、「それを開かせるのがギャラリーの仕事だ」って言うわけ。

加藤　ギャラリーの人は、編集者[*]なんだね。

角田　編集者なわけ。だからずっと閉じた絵を見てきて、「これ閉じてるね、閉じてるね」って言ってると、ダメな人、作家はそれで大体みんなやめちゃう、持ってこなくなるんだって。ところが根性あるやつはそれでも持ってくる。僕も一回その変遷を見せてもらったの。そしたら、「この瞬間から開いてるでしょ」って山本さんが言うわけ。確かに、それまでは技法的だったけど気持ち悪いのよ。こいつの中の内面が気持ち悪くて、つまり家に飾りたくないわけ。

　ところが「この瞬間から開いてる」ってなる。「あっ、確かにこれいいな」って思うと、それをギャラリーに出す。そうすると値がつくんだって。それで値がつくと、もうその人は「画家」ってなる、って言うんだよ。

加藤　だからその「開く瞬間」を楽しもうみたいな話と、さっきの「RADWIMPS[*]聞いていいな」って思う瞬間って、実は一緒じゃんって思う。だから、描き手なのか鑑賞者なのかの違いがあるけれど、その自分の中の開く瞬間、「パカッ」みたいな瞬間。それがアートなんじゃないかなと思います。

角田　なるほどね。

【ピカソ】
パブロ・ピカソ。一八八一年生まれ、一九七三年に没。「スペインの画家。フランスに定住。「青の時代」、「バラの時代」の抒情的傾向から、立体派、超現実主義への接近、「ゲルニカ」に見られる激しい感情の表出など（…）斬新な境地を開拓。（一部略）」（『広辞苑』より）。聞き手・甲斐荘は、美術の教科書に載っていた『母と子』を回顧展で見て、生まれて初めて「実物の絵」のエネルギーに圧倒された中学生の時の衝撃が今でも忘れられない。

【青の時代】
パブロ・ピカソの二〇歳前後の作風のこと。幼少期のピカソの作風はそれまでの絵画の伝統に沿ったものだったが、二〇歳前後にガラッと変化し、青ばかり使うようになった。

◉アートはイベント？　サステナブル？

角田　あともう一点は、「アートはサステナブルなのか」*っていう話題って、すごいあるなと僕は思ってて。「パカッ」っていう瞬間がアートなんだって、本質的には一回性のものだとやっぱり思う。

これで一番問題なのは、一回性ってビジネスにならないじゃん。だから、それを複製しなきゃっていって複製芸術が生まれたんだと思うんだけど、だからアートとビジネスの境界線みたいなものが、そこは広告とまた繋がってくると思う。そこが上手くいってないと、こうアートがビジネスのほうに汚れてく。

だから、その一回性をどうサステナブルにするのかっていうのが。僕の中で永遠の課題。それができたらすごいなって。

加藤　村上隆*さんの『芸術起業論』では「売れないとダメだ」と書いてある。この「売れる」っていうのは、下品な云い方をすると「今の世の中に当てに行く」みたいなことに捉えられがちですけれど。

角田　僕は「ミスチルの二五曲目ははたしていい曲なのか問題」というのがあると思ってる。ミスチルの『掌』って曲は、聞いたら「ああミスチル節だな」みたいに思うんだけど、でも『掌』が一曲目だったら、絶対この人たちはミスチルになってないわけ。

だから村上隆さんが「売れたら」って言ってるのは、その一発目をやってしまってそ

【山本豊津】　株式会社東京画廊代表取締役社長。著書に『アートは資本主義の行方を予言する』（二〇一五、PHP新書）『コレクションと資本主義』（二〇一七、角川新書）など。

【編集者】　「編集」とは「資料をある方針・目的のもとに集め、書物・雑誌・新聞などの形に整えること。映画フィルム・録音テープなどを一つにまとめることにもいう」（『広辞苑』より）。編集者とはそれをする者のこと。情報化時代において松岡正剛は「誰でも編集者の時代だ」と唱えていた。

【RADWIMPS】　ラッドウィンプス。日本の4人組インディー・ロックバンド。「すごい」「いかした」という意味のアメリカ英語の俗語「rad」と、「弱虫」「意気地なし」という意味の「wimps」を組み合わせたグループ名。

【サステナブル】　直訳すると「持続可能」。「環境にいい」みたいなニュアンスで使われることが多いが、そもそもは「持続可能な開発」、つまり環境と開発の両立を表す言葉。さらに元を辿

の人が認知されれば、何て言うんだろう、その一発目の「パカッ」みたいなものがそんなになくてもいい曲とかが、多分ビジネスになるんじゃないかな。

加藤 画商って、作品を世の中に出していく順番をコントロールしてるのかな？　編集者というか、プロデューサーというか。

角田 あー、してるんじゃない？　プロデューサーとか編集者気質がある人はしてるんだと思うし、アーティストのプロデューサーってそれをやってるよね。

僕も、一回アーティストのアルバムつくった時に「この曲はすげーいい曲だけど、とっとこう」みたいなことをやっぱり思ったもん。このアルバムに入れすぎると、かえってよくないって。

「ご長寿早押しクイズ」*をつくってた時もそうなんだけど、面白いこと三回言うタイミングがあったとするじゃんか。一番面白いからって最初に一番大きくてどぎついテロップを入れちゃうと、二回目と三回目が面白くないのよ。一回目が一番面白かったとしても、面白いことを三回繰り返すんだったら一回目のテロップは小さく入れろっていう。で、二回目はちょっと大きくして、三回目はどぎつい色にしろ、みたいな。そうすると見てるほうは「笑った、笑った、また笑わせる、なんて面白いんだよさんまのからくりTVは」ってなるんだよね。

村上隆さんの言ってることって、それみたいなことなんじゃないかな。

加藤 それはちゃんと戦略的だよね。

角田 戦略的だね。ただ、「アートは戦略的じゃないほうがいい」ってことでもないと思うん

ると、環境分野でこの言葉が使われるようになったのは「水産資源の持続的利用」を指す言葉として使われたのが初出とされる。

【村上隆】
一九六二年生まれの現代美術家。美術コレクターとしての側面も有名。『芸術起業論』は幻冬舎、二〇〇六年刊。

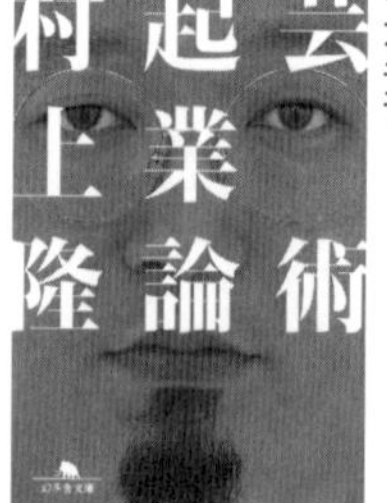

【ご長寿早押しクイズ】
TBS系列で放送されていたクイズ・バラエティ番組「さんまのスーパーからくりTV」の人気コーナー。本番組の全盛期を支えた名物企画だった。鈴木史朗の味わい深い司会が印象的。

だよね。そこはそもそも、やっぱりそういう、開く瞬間があった上でのミスチルになったりサザンオールスターズになったり村上隆になってるんだと思うんだよね。

加藤 ピカソの『ゲルニカ』*には下絵シリーズがあるんですよね。その時一緒にいた写真家ドラ・マールが連続的に撮影している写真が残ってて。

角田 あー、あるある！　僕も見たことあるよ。

加藤 最初は構図が全然違う。で、そこから相当変えてて、最後ああなるんだって過程を見て、「アーティストも苦労してんだな」「やっぱり試行錯誤してできていくんだな」っていうことが改めて分かった。個人的にはその途中過程まで見たい。ちょっと編集者的視点ですけれど。

角田 多分、回顧展の面白さってそこなんだよね。

◉キャプションは「フリ」。だから作品が「落ち」になる

加藤 ちょっと近いかもしれないね。ハナシ変わりますけど、美術展に行くと、絵が目の前にあるのに、みんなまずキャプション見に行くじゃん、あれ、なんかもったいないよね。

角田 もったいないね。

加藤 最後に見ればいいのに。

角田 と言いながら、僕もキャプションを見ちゃうんだよね。大宮エリーさん*とかは「キャプションは見ないです、絵だけで見る」って言ってたけど。

【『ゲルニカ』】
パブロ・ピカソの代表作のひとつ。スペイン内戦をモチーフにした、縦三四九センチ、横七七七センチの大作。

【大宮エリー】
脚本家、CMプランナー、映像作家、著述家。広告会社勤務を経て、二〇〇六年に映画『海でのはなし。』で映画監督デビュー。

でも、山本豊津さんが言ってたんだけど、なんでピカソが売れたかというと、画廊かサザビーズ*みたいなオークショニア*か分かんないけど、そういうところがちゃんと最初にカタログで説明するんだ。「これはスペイン内乱*の時の想いがこうあって」みたいな説明があって、それでゲルニカを観るから「おー」ってなる。

僕はテレビで「フリ」と「落ち」をつくる仕事をやってきたわけだから、「フリってあったほうが落ちるんじゃねーかな」ってちょっと思ってるところはある。全くないほうが感動するというより、コース料理でいうなら、最初のオードブルを食べるからメインの「おー」があるみたいな。

加藤 だから、僕はキャプション*はどっちかというとオードブルとかフリだと思ってる。「これ何オチ？　あー、これね」みたいな。のが好きなのかもしんない。

角田 そこのバランスは六つかしいのかな。ある程度知識があったほうがさらに面白くなるけど、ありすぎると〝お勉強〟になっちゃう。

もし僕が、キャプションなくても絵が「すげー」って思えるんだったら画家になってたもん。なんで僕が勉強ができたかっていうと、「勉強が一番簡単だ」って中学校ぐらいで思ったから。絵を描くより音楽を作るより、勉強が一番簡単じゃんと思ったから勉強にいったわけです。

だから、もし僕に絵のセンスがあれば、キャプションなくても多分「おー」って言える。僕は、自分の中でのその能力が劣ってると思ってるので、「フリをちゃんと入れて、落ちを楽しむ」っていう癖が付いちゃったのかもしれない。

【サザビーズ】
（Sotheby's）。世界最古の国際競売会社。インターネット上でもオークションを開催した世界初の美術品オークションカンパニー。ロンドンで創業、現在はニューヨークに本部を設置。二〇一二年、芸術作品の史上最高額を更新する約一億一九九二万ドル（約九六億一二〇〇万円）でムンクの「叫び」が落札され話題になった。

【オークショニア】
競売人のこと。

【スペイン内乱】
「スペイン内戦」とも呼ぶ。「一九三六年七月スペインの人民戦線（共和国）政府とフランコ将軍派との間に起こった内戦。ドイツ・イタリア両国が後者を支援、二年八カ月余を経て、三九年三月後者の勝利に帰した」（『広辞苑』より）

【キャプション】
「印刷物で、写真や挿絵に添えた説明文。ネーム」（『デジタル大辞泉』より）

加藤　「フリと落ち」でアートに対峙するの、面白いね。余談ですけど、こないだ丸々二日のデッサンの教室に行ったんですよ。たった二日と思ったんだけど、それが二日で結構いい感じになるんだよね。

角田　あー、そうだよねえ。遠近とか、「この構図はこう描け」みたいなことを小学校の時に教わっても、覚えてないもんね。大人になるとやっぱり「なるほど」と思いながら教われる。加藤くん、メソッド好きだもんね。

加藤　最初に、先達である生徒さんたちの作品を拝見しつつ、「えー、まさかそんなに上達しないでしょ!?」と思いながら始める。メソッドに浸かってみる。で、丸々二日やって、最後に自画像を描くんですけど、そこそこ描けるようになっているからスゴイ。

角田　まとめると、「いい大人だけどアートの楽しみ方は分かんない」という悩みには、「いいから、美術館に行ってみたら」っていう答えになる。そうすると、意外に「おー」っていう感覚が分かるんじゃないかなって思う。

加藤　その時には、知識とかフリの「分母」と、その「おー」の分子があった時に、「おー」って云える体験が何かしら自分に起こった後で知識を付けたほうがいいのかね？

角田　それはあると思う。あとはもう種類と好みじゃん。ただ、犯人を先にバラされちゃってる感じもするわけよ。
　犯人先バラしで「こういう事件があった」っていうより、「こういう事件があったんですよ、犯人は誰でしょう」って言われてから犯人の絵を見たほうが、うわーってなるかなと僕は思ってる。

【ダリ】
サルバドール・ダリ。一九〇四年生まれのスペイン出身の画家。一九八九年没。シュルレアリスムの代表的な作家。写実的描法を用いながら、多重イメージなどを駆使して夢のような作品を描いた。世間ではその画風や容姿から根っからの奇人と思われがちだが、親しい友人たちによれば、実際は非常に繊細で気の行き届いた常識人だったという。「皿や果物が宙を舞う」ような一見不可思議な作品にも、「分子レベルでは静止している物質はない」といった彼なりの理屈がついていることもある。

加藤 角田くんにとって、生まれてから二〇二一年現在までの間で、一番「おー」となったアートは何ですか。

角田 僕はダリの『ペルピニャン駅』*っていう絵です。ダリはペルピニャンという街を〝El centro del mundo（世界の中心）〟って言ってて、僕も二〇一八年にペルピニャンまで行ってきました。

それこそ高校時代にイシガミ君*と千葉県立美術館のダリ展に行ってるんだけど、そこで買った画集に載っててさ。『ペルピニャン駅』の本物は当然日本になくて、僕も本物を観たことないんだけど、なんかその絵がすごい好きで。だからダリが好きです。

加藤 素晴らしい。ダリすごいよね。

角田 いやあのね……厳密に言うと「そんなにすごくないんじゃないかな」って、ちょっと思ってる。ダリはすごいんだけど、いやいやもっとすごい人っていると思うわけ。意味を持たしてるあやしさを、ちょっと説明してくれてるじゃん。あれぐらいが僕はいいの。だから、「焼いたベーコンは●●の暗喩なんです」とか、「蟻は、自分が食べられそうだから」とか、「あれはガラ夫人なんです」とか、ちょっとバラしてくれてないと僕には分からない。そういうフリが必要ない、啓示が受けられるほどのアーティストの才能が自分にはないんだと、自分でもう思っちゃってるんだよね。「ダリぐらいが丁度いいです」みたいな。カンディンスキー*とかまでになると、記号的にはすごいんだなとか思うんだけど、いいか悪いかちょっと分かんないわけ。

加藤 それもあってフリが欲しいと。

【『ペルピニャン駅』】
サルバドール・ダリの絵画。ルートヴィヒ美術館所蔵。

【イシガミ君】
角田、加藤の高校時代の同級生。器用な人で運動神経よかった。どうでもいいけど眉毛が厚かった（加藤）。

【カンディンスキー】
一八六六年生まれのロシア出身の画家。一九四四年没。抽象絵画の創始者とされる。

い【意識高い系】

角 意識高い系は、少なくとも、意識低い系より、一万倍素晴らしい。
加 自分の理想をついつい高く持ってしまいがちな人。

「意識高い系」と評判の部下がメンバーに。やっぱり理屈っぽくて扱いづらい。どう接したらうまくいくのだろう？

◉「意識高い系」ウェルカムですよ

角田　意識高い系*ってさ、めんどくさい？　それとも好き？
加藤　どっちでもないな。
角田　それを言ったら、この本終わっちゃうんだけどね。
加藤　どう接しようって話だと、個人的には「トークの順番」かなって気がします。仕事に関して云うと、「これやってみて」ってwhatを先に云いたくなる人が多いと思うんだけど、意識高いっぽい人はその前にwhy、「なぜ、これやんなきゃいけないのか」とか「これやると何がいいのか」結果というか成果？　みたいな話があって、だから「これをやるといいよね」って順番で行くと好い具合に話が通じる。

【意識高い系】
「前のめりに自分磨きに取り組む、異業種交流会に積極的に参加したり主催したりする、ソーシャルメディア上で意識の高い発言をする、起業したいと言い出す、名言を受け売りする、セルフブランディングに力を入れるなどするが、実力をともなわず空回りする人のこと（後略）」（『現代用語の基礎知識』より）

角田　そう言うとやるよね。

加藤　続けて「どうやるといいよね」から「そうすると君にいいことがあるよね」とwhyに戻る。といった調子で、云い方の順番だけ気を付ければいいんじゃないのかしら。

角田　僕がAD*やってた時、ほんとに「いいからただやれ」って言う先輩がほんと嫌いでさ。「こういう理由だからやれ」って言ったらやるのに……って思ってたから、今の話でいうと僕は意識高い系だったのかね。
　ちなみに加藤くんも超意識高い系だって、自分で気付いてる？　……気付いてないんだと思うんだよね。「いや、俺適当だからさ」とか言うんですよ、この人。めんどくさいんですよ、つまり。「俺、意識高くないんだけどねー」って言ってる意識の高さ。

加藤　すいません……。

角田　だから僕は「意識高くないんだけどねー」って言ってる意識高い系の加藤くんと学生時代からずーっと付きあってきたので、意識高い系めんどくさくないです。「意識高くない」って言ってる意識高いやつに比べればはるかに簡単。

加藤　重ねて、すいません。

角田　だから、そういう意味で言うともしかしたら僕らは多分意識高いんだよ。

加藤　まあそうかな？

角田　僕は「意識高いですよ」って言って実際に高いんだと思うけど、加藤くんは「高くない」って言って高いから、これは僕よりめんどくさいなと。

加藤　は。三度すいません。

【AD（テレビ局）】
アシスタント・ディレクター。ディレクターの助手として諸々の調整を行う。駆け出しはお弁当の買い出しのような雑用から、チーフADになると制作スケジュールの管理まで、一言で「AD」と言っても仕事内容は様々。字面の上では映画でいう「助監督」、演劇でいう「演出助手」に相当するが、話を聞いているとどうやらそれぞれ職域が異なる。

角田 それで僕が思うのは、意識高い系の彼らを温かく迎えるのが大人だってことです。そこは加藤くんと一緒で、せっかく意識高い人なのに出る杭を打っちゃって、その意識が低くなっちゃうよりは、意識高い人がたくさんいるほうがいいんじゃないかなと思う。

この質問の「意識高い系のめんどくさい奴」ってのは、また文脈がちょっと違って、意識高いのを周りに表現する方法が分かってないんじゃないかな。

だから「意識高いあなたを、意識高いような雰囲気で見せると世間はめんどくさがる」ということを知ったほうがいいんじゃないかな。「あなたが意識高いこと」を否定してるんじゃなくて……要するに加藤を目指せみたいな話になっちゃうんだけど、こっちは意識高いことを否定してるんじゃないんだけど、それを雰囲気に出すと「あいつ意識高い系」って毛嫌いするアホどもがいるから、そうならないようなところまで意識しようよ、みたいなアドバイスかな。

◉「意識高い」とウザがられてしまう君へ

加藤 例えばどうすればいいの?

角田 テレビ局でいうと「キャラをつくる」ってことだと思うね。意識高いんだったら「意識高男君」とかあだ名が付いちゃえば勝ち。

加藤 あだ名。二番目の名前か。

角田 そうすると、「いや、意識高男の見解で言いますと」みたいなノリになって、「オマエ、見解とか言うな」みたいなツッコミが入る。そこまで持っていけば大丈夫。

ネガティブなところを消すんじゃなくて、ネガティブを自分でどうキャラにするか。意識高いんだったらできるだろ、ってむしろ言いたいわけ。それができないっていうなら、それは意識高くないじゃん。そこまでチューニングすることが本当の意識高いことだよ。……っていうことを、じつはそうやって僕も教わったんですね。

だから、僕はもう人間関係苦手なわけですよ。で、「苦手なんですよ」って最初に先輩に言ったら、「分かる」と。「俺もそうだから」って言うんだけど、全然苦手っぽくないんだよ、すごいしゃべりが上手い先輩で、「そうなんだけど、東大入んのと、人間関係上手くやんのって東大入るほうが難しいぞ」って言われたんだ。

だから、人間関係をよくするって、一瞬難しそうに思うんだけど、訓練でなんとかなるから一回やってみ、って言いたいね。僕も先輩からその言葉を二四、五歳でもらって「なるほど」と思ってから、人間関係苦手なのにここまでプロデューサー*やってるわけ。それも意識高いからできたんじゃん。

角田　話分からんではないけれど、今、角田くんが云ってることって、相当抽象的な注文じゃないですか。例えばこんなやり方A、B、C、Dがあるよねっていうところまで、一段具体的に例示してあげるとスルスル理解してもらえそうだけどね。

加藤　それでいうと、要はこの世は上手くいきゃいいわけで、上手くいくためには三パターンあるんですね。一．自分がやる、二．人に任せる、三．一緒にやる、この三つのパターンを初めに考えた上で、意識を高くしたらいいんじゃないのってことです。

【プロデューサー（テレビ局）】

番組の企画や予算管理、キャスティングなどを担当。「現場監督」であるディレクターに対する「企画者」。

意識高い人って「一・自分がやる」ばっかをやろうとするんだよね。「自分は相手より能力高いから、俺がやる」みたいなさ。

ところが、その能力ないやつも含めてチームなわけだし、あなたが一二〇％やってるとあなたが疲れちゃうじゃん。あなたは一二〇の力があって、こいつは四〇しかないかもしれないけど、こいつが四〇使えば君は八〇で済むじゃん。その四〇をどう使うかまで考えたほうがチームが上手くいくんじゃないの、っていうところまで意識働かせるということかな。

加藤 ふーむ。

角田 人間関係をスムーズにすることも含めて全体のパフォーマンスをどうよくするかまでを、意識高いなら考えなさいっていうことですね。

加藤 「意識高い」人は、人間関係でつまることが多いのかしら。

角田 僕はなんとなくそう思います。なぜかと言うと、他人を蹴落とすことで自分の価値を上げること＝意識が高いになってる学生が多いと思うんだよね。それは「受験に勝つ」とかを通じて培われてきた価値観なわけ。

ところが社会に出ると、チーム、会社……なんなら日本でも、要はそこがよければいいわけで、その次に自分がよければいい。そういう考え方でやってくと、結果的に自分もよくなるからさ。

だから土台の社会というか、自分のチームをまず上げたほうが自分がよくなる、って考えると、自分の意識だけを高くしても意味ないんだよね。

加藤　そういうアプローチ。

角田　だから「他人は敵じゃないんだよ」「他人の意識もよくなればあんたの意識も更によくなるよ」ってことだよ。

　だから、どっかの国の悪口言ってるのとかって、ナンセンスな気がするんだよね。嫌いかどうかは置いといて、お互いに盛り上がってヨーロッパでもアジアでも、「GO！GO！」みたいになったほうが、単純にいいじゃん。

加藤　みんな、細かいとこが気になるのかね？

角田　つまり僕自身が意識高いから、そういうふうに気を付けてきたっていう話なわけよ。むしろ「そうでも思ってなきゃやってらんねーよ」みたいなのがあるわけさ。「何であの能力ねーやつに負けてんだよ」みたいなことを数々経験した後に、「そう思ってた自分って、効率悪いな」って、今なら言えるってこと。

加藤　個人戦でトーナメント戦な感じだな。

角田　若い時はやっぱりジェラってるじゃない。営業二課のあいつに負けた、みたいにさ。それってトータルでは損だったんじゃないかな。

う

【裏切り】

角 他者にされた裏切りは、実は自分も同じくらい他者にしている。
加 相手と自分との期待値の違いに気付かず、自分基準で行動を決めてしまった結果。

仕事の成果を同僚に横取りされ、裏切られた気持ちでいっぱいです。裏切ったあいつが許せない！

◉「許せない人リスト」

角田 許せない人リストに入ってる人っています？
加藤 昔からあんまないね。
角田 加藤くん、ないよね。僕はもう、本当にリストあったよ。ＡＤの時に「あいつ絶対赦せない……」って思ってた先輩とか。
加藤 それ、今でもずっと持ってる？
角田 今はないな。
加藤 それは裏切り*とはまたちょっと違うんでない？
角田 でもね、裏切りなんだよな、そういう角田的な意味で言うとね。僕が裏切りと思うこと

【裏切る】
「①敵に内通して、主人または味方にそむく。②約束・真偽に反する行為をする。人の予期に反する（後略）」（『広辞苑』より）

＝ずるい、だから。

プロデューサーをやってて一番思うのって、「相手の気持ちになって考えてみよう」なんだよ。一番大事なことは小学校で習ってると思うんだ。僕は、「相手の気持ちを考えない子ですね」ってずっと通信簿に書かれてた。「角田君はもっと協調性を持ちましょう」ってずっと言われてた。だからむしろ、社会に出てからは小学校の通信簿やあの先生が言ってたことを自分の人生にフィードバックしてるわけ。

とすると、仮に僕のことを裏切ったやつがいたとしても、「そいつは自分の人生考えたら、僕を裏切ったほうが効率がいいとか、上手くいくと思ったんだろうな」って思うと、なんとなく、ちょっと憎めないんだよね。

それよりも、「いい顔してんだけど実は悪口言ってた」みたいなほうが、裏切る感じがしちゃうんだよね。「お前、ずるいよそのやり方」って思っちゃってさ。「ずるいを選ぶなら負けといてくれたほうが」とか、「なんなら俺が負けるよ」とかってすごく思っちゃうから。

だから、ずるい奴を許せないかって言うなら、許せなかった。でも、大人になると、年をとるとなんか消えちゃうね。

加藤　日本史詳しい人に聞くと本当は違うのかもしれないけど、戦国時代に京都近くの大和国*で裏切りまくってた人いるじゃない。

角田　あー、松永久秀*。

加藤　彼はなぜか裏切りまくってたけど、裏切ることに頑張ってたのかね？

【大和国】
旧国名。現在の奈良県。

【松永久秀】
永正七年（一五一〇年）生まれの戦国大名。天正五年（一五七七年）没。はじめは三好長慶に仕え、長慶の死後は大名として織田信長と同盟する。室町幕府第一三代将軍足利義輝を謀殺したとされ、後年の創作作品によって「下剋上の代名詞」的なイメージがついている。

角田　僕、もし武将の小説を書くなら、松永久秀を主人公で書いてみたい。

加藤　おー。と云いますのは？

角田　だってさ、東大寺とか仏像を燃やしていくんだよ。クライマックスのシーンかっこよくない？「涙流しながら燃やしてる」みたいな感じにして。

そういうのをやりたいから、あいつの裏切りを全部、「すごいピュアに行動してたら、全部裏切りに見られてしまう」みたいに書くと超面白いなとか思った。「俺、信長のためにこんなに働いてるのに、信長がそんなことやるならもう裏切るよ」とか、その連続だっただけみたいに。三好長慶*にも裏切られたことにして。松永は元々三好の部下だったんです。

加藤　じゃあ松永弾正が裏切ってたんじゃなくて、彼が裏切られてた。

角田　歴史上は彼が全部ひどいってなってるけど、実は逆だった、というふうに。

加藤　漫画でも大概は酷い顔だもん。

角田　なんですけど、僕は「悪人ってそんなにいないんじゃないか説」なんで。「クレイジー」はいると思うわけ。ヒトラーみたいなのはまた極端な話で、そういう人もいると思うんだけど、悪人みたいなのはそんなにいないと僕は思うんだよね。

だから僕が一番ファンタジー、「こんなのあり得ない」って思うのは、ドラマに出てくる「俺が敢えて悪役に徹したんだ」みたいな人いるじゃん。「敢えて悪役に徹する人」って、この世にいないと思うんだよね。

やっぱり、自分がいいと思うようにやってたんだけど、結果悪役ととられてしまう、

【三好長慶】
大永二年（一五二二年）生まれの戦国大名。永禄七年（一五六四年）に病没。

みたいなことが多いんだと思うんで、松永久秀とかは本当にそうなんじゃないかと。

加藤　そういう見方もあるのか。

角田　裏切りってのは相手がいなきゃできないわけだから、つまりインタラクティブ*なんじゃないの。自分が「あいつは裏切った」と思う相手は、こっちのことも「あの野郎裏切った」と思ってんじゃないかって。

◉死なない程度に負ける、を薦める

加藤　お互いにね。裏切りの反対がゆるす、だとしてさ、「許す」って字は「許可の許」という字を書くじゃないですか。これ、嫌いなんですよ。「赦す」っていう字が好きで、ずっと使ってるんです。「許可の許」って、なんか……。

角田　上から「許してやる」みたいな。

加藤　だったり、一方的な裏切りな感じがするけど。「赦す」のほうは「まあまあ誰にでも理由はあるよね」みたいな、教会で告解するみたいなイメージがしますよね。

角田　裏切りって、嫌じゃないですか。だからどっちかがとめなきゃいけないんですよ。だったら僕がとめるほうでいいやって思ってるってこと。

加藤　はい。

角田　こっちが一回とめといたら、そいつは恩を感じるかもしれないから。もう、神様を信じてるだけかもしれないけど、プラマイゼロになんじゃないかな、みたいな。

【インタラクティブ】
「お互いに作用しあうさま。相互作用の」（『デジタル大辞泉』より）。情報処理・通信などの用語で、「双方向の」「対話型の」の意味。

加藤　ゲーム理論*の中に「繰り返しゲーム理論」というのがあるけど、近いかな。

角田　繰り返せば一様になってく。

加藤　ゲーム理論って、要はどっちも得するために裏切りあう前提ですけれど、繰り返しゲーム理論は、ゲームの回数がすごく増えてくると、だんだん裏切らなくなっていくらしい。何が云いたいかっていうと、ゲームの数が少ないと「裏切っても大丈夫」みたいな感情もあるけど、関係が長くてこの人と一〇〇回試合しなきゃいけないと思ってくると、あんまり裏切らなくなっていくのかな。

角田　そうそう、そうなんじゃないかなと思うんだよね。でさ、戦って自分が勝つって、相手が負けるってことじゃん。それって広義の「裏切り」じゃない？　だから僕は勝ち負けでいうと、勝たないほうがいいんじゃないかなと思ってんだよね。

加藤　あえて負ける？

角田　「死なない程度に負ける」って提唱してるのはそういうことなんです。「あー、負けちゃった」みたいな、自分がちょっと負けとくぐらいがいい、ちょっと裏切られるぐらいでいいんじゃないかって。

加藤　人はなんで裏切られるのが嫌なんだろう。自分の期待通りにならないからかな？

角田　そうだね。でも確率でいうと裏表で半々なんだから、「どっかで半々が来るんじゃんか」って思っておけば「だから今回は裏だったんだな」っていうことで済んでいいんじゃないかとは思ってるけどね。

加藤　一喜一憂しないで？

【ゲーム理論】複数の意思決定者が存在する状況における、それぞれの意思決定者の戦略を数学的なモデルで表わす学問。経営学など数学以外の分野にも応用される。

角田　ってか、「分かんない」と思わなきゃやってらんねーよ、っていう悟りかもしれない、大人を三〇年やってると。

加藤　ゲームの、試合での、戦いと云うか、やりとりの回数が増えてきたら裏切らなくなる感覚、伝わるといいね。

角田　二二歳で思うのと、五〇歳で思うのは違うってことでしょ。

加藤　うーん、そういうことか。

え【英語力(えいごりょく)】

角 他言語での物事の捉え方を理解することが、本当に相手のことを知ること。
加 たぶん五〇歳からでも獲得可能な汎用性高いコミュニケーションスキル。

グローバル時代とか、AI時代とか言われてますが、やっぱり英語力はないよりあったほうがいいですよね?

◉おじさん二人とも、「五〇の手習い」始めてます

角田 加藤くん英語*できるんでしたっけ?

加藤 恥ずかしいんですけど、二〇一九年から改めて真面目に始めました。

角田 じゃあ僕と一緒じゃん。僕も二〇一九年からやってる。

加藤 週一〇時間強ぐらいやってる。

角田 もう全然いける?

加藤 いやいや……。でもやってみて感じるのは、英語もやっぱり、数、回数だね。

角田 それは英会話をやってるの? それともビジネス英語みたいなの、あるいは論文みたいなの?

【英語】
「インド・ヨーロッパ語族ゲルマン語派中の西ゲルマン語群に属する言語。イギリス・アメリカ・カナダ・オーストラリア・ニュージーランドなどで主要な言語として用いられる。(中略)現在、世界の共有語の地位を獲得(後略)」(『広辞苑』より)

加藤　まずは、とにかくスピーキング。自分の云いたいことを英語で云えるようになる練習をしております。

角田　で、言える？

加藤　ダラッと口をついて出てこないねえ。日本語でも自分のイイタイコトがヤヤコシイのに、さらに英語だと、止まる。思い通りにはならないね。スピーキング、ヒアリングの身体的な口と耳の技量もアレだけど、書くと読むほうも実は……。受験英語の長文、って長くないよね。実は。いろいろ悔しくて、英語学習者向けの、もともとの文章を簡単に書き直したバージョンの本を、シリーズで、レベル一から始めておりますです。

　非常に簡単だから小学生が読むような本なんだろうけど、一〇〇冊ぐらい読んでみた。そうすると、やっぱりだんだん読むスピードが上がってくる。「あー、なるほど。これはスキルなんだな、ちゃんと練習したらできるのかな」って思う。

角田　Googleの（米国本社副社長兼Google日本法人代表取締役）村上憲郎[*]さんの英語を学ぶ本（『村上式シンプル英語勉強法―使える英語を、本気で身につける』[*]）って超いい本なんですよ。

　あの人ってGoogleの副社長までいって、日本のGoogleの社長なのに、三〇歳までアメリカ行ったことがなかったんですよ。そういう経歴を言うと、帰国子女じゃないかとかみんなから言われるんだって。三十いくつまでアメリカ行ったことなくて、そこから英語学び始めてGoogleの副社長までいけるんですよ。「だから、いけますよみなさん」って言われるわけ。

　で、僕はそれを四八歳の時に講演で聞いて、「遅かったなー」とか思いながら、今東

【村上憲郎】
一九四七年生まれの実業家。二〇〇三年から二〇〇八年までGoogle米国本社副社長兼Google日本法人代表取締役。

【『村上式シンプル英語勉強法―使える英語を、本気で身につける』】
村上憲郎の著書。二〇〇八年にダイヤモンド社から刊行。

大の大学院行ってるじゃないですか。だから去年とか英語の論文をすごい読まされたわけ。そしたらさ、やっぱり読めるね。なおかつ、行き帰りの車の中でずっとBBC*とかをかけっぱなしにしてたの。そしたらさ、なんか、分かるね。

「分かる」っていっても、実はそんなに分かんないんだけど（笑）。できる振りしてるヤツとかさ、先生の言ってる言葉は分かるんだけど先生が何言ってたか分からない、みたいな。「お前もっと斟酌しろよ」って仮に先生が言ったとして、「え、斟酌って何だよ」って思ってるじゃん。でも斟酌って言葉は聞こえてるじゃん。みたいな感じですね、今の僕は。

BBC聴いて、昔だったら速く言われると何か分かんなかったんだけど、少なくとも耳の中に単語が出てくる。ところが意味は、「あれ何だったっけ」っていうのはある。分かりやすく言うと、昔だったら早口で数字とか言われるとさっぱり分かんなかったけど、今は「コロナウイルスで何人死んだ」みたいなのを言われても、むしろそういうのはパパッと分かる。だから、「音は分かるようになった」っていうのが分かった。

あと、これアホなんだけどさ、昔は僕、ネイティブはみんな速い、ネイティブじゃない人は遅いと思ってたんだ。例えばconversation*って言葉があったら、速いっていうと「カンバセーション」って一気に言う感じだと思ってた。でも実際は「カンバ セーション」って、カンバまで一気に、セーションに抑揚をつけて言うなんだよね。速いところと遅いところも入れてカンバセーションだから、「セーション」ってのはべつに遅いじゃん。

【BBC】
イギリスの公共放送局「英国放送協会（BBC）」。日本でもテレビ局として有名だが、ここではBBCが行なっているラジオ放送のことを指す。リスナーを年齢や趣味、地域、人種などのセグメントに分けて、それぞれに向けた多彩な番組をラジオで放送、またインターネットでも配信している。

【conversation】
「カンバセーション」。「①（打ち解けた）会話、対話、対談、座談、（事務的な）話合い、会談、（外交上の）非公式会談。②交際、つき合い、親交。③社交的な話術（の才）、話じょうず。（略）」（『プログレッシブ英和中辞典』より）

抑揚があるんだなってことが、中高とか大学で英語を勉強していた時の僕は分かってなかったんだと思う。「カンバセーション」って一気に言うのがネイティブで、僕らは遅いからカタカナ英語で「カン バ セ ー シ ョ ン」って言ってるだけだと思ったんだけど、本当は「カンバ　セーション」なんだってことが分かると、なんか「言語がすごい聞き取れてる」って感じがある。

加藤 ニューヨークの金融会社で働きたい人は別だと思いますけど、普通に仕事する分には〝ASEAN英語〟っていう考えもある、とは云われたことがある。アジアの人たちがしゃべってる、外国語としての共通語で十分仕事になるって話。現地で通用するライターにはなれないと思うけど、でもそれで十分話は通じるなら、〝ASEAN英語〟でいいんじゃないの？　って。変にハードル上げてない？　と諭された。

角田 僕はだから、そこでジャパニーズ英語でいいっていうか、今思ってるのは、「発音が悪い人のほうが頭よく聞こえる」ってことなんだよね。

　これ、ほんとに思ってるんだけど、つまり、発音いいわけだけど、でも「あいつ英語しかできない」みたいなおバカも当然いるわけじゃん。つまり、英語をネイティブでしゃべる人って、英語しかしゃべれない人が多いじゃん。

　ところが、東南アジアの人で英語をしゃべってることは、少なくとも例えばタイ語がしゃべれて英語がしゃべれて。

加藤 バイリンガル*の証明だってこと？

角田 そう。バイリンガルのほうが頭いいとは言わないけど、少なくとも論理構造の違う言語

【バイリンガル】
「①二言語を併用すること。二言語を併用する人（後略）」『広辞苑』より）

加藤　を二つ持ってるってことは、英語ができるけど頭悪い人より、頭いい。

角田　そう来ますか。

加藤　だから、発音が悪い英語をしゃべる人のほうが頭よく見える。科学者とかみんなそうだもん。いわゆるノンネイティブな国だとそうだよね。ちょっと発音おかしいよねって思うけど、「だけど、この人は英語しゃべれて、母国語も当然しゃべれて、ってことは多分もう一つぐらい外国語もしゃべれるんだろうな」と思うと、すっげー頭いいんだよなと思うから、僕なんかむしろ「発音が悪い英語をしゃべれる日本人」になりたい。

◉英語「学習」じゃなくて「練習」

加藤　発音は必要条件じゃないんだろうね。発音は無茶苦茶っていうか、いわゆるカタカナ発音なんだけど普通にビジネスしてる方とご一緒したことがあって、「あ、これでいいんだ」と素直に感じたことがある。世界で活躍されているジャパニーズビジネスパーソンも同じくで。

角田　カタカナ発音のまま、ほんとに世界に出てったほうが、かっこいいもん。

加藤　でもさ、みなさん相当練習はされてると思うわけよ。村上さんも相当練習はされてるって本にもあるよね。

角田　日本企業の社長さんだって、ブロークンな感じかもだけどちゃんとスピーチを英語でやってるもんね。

加藤 「気持ちだけあれば伝わる」ではないとは思う。スポーツと一緒で、基本プレーは絶対必要。学校の勉強でも、受験とかでもある程度やってるわけだから、もうちょっと学び足せばそこそこいけるんじゃね？っていう気はするけどね。

角田 英語でいうと、今通ってる大学院で経験した「アートネイチャー」の話ってのがあるんですよ。授業の中で英語を日本語に翻訳させられた時に、"Religious Art"（宗教的アート）って言葉がでてきたのね。それに続いて"Religious Nature"って言葉があって、僕がそれを「宗教的天然」って訳したら、先生から「これは宗教的性質ですね」って直されたんだ。

でも、その前に"Art"*って言葉があって、"Art"（人工）と"Nature"（自然）が対義語になっているわけだよ。だから「アートネイチャー」っていうカツラのメーカーは、"Art""Nature"つまり「人工の自然＝カツラ」っていう、すごくいいメーカー名なんだよね。話を元に戻すと、"Religious Nature"だけを見るなら、性質って訳したほうが合ってるけど、翻訳してしまうと、対義語の関係が、"Religious Art"と"Religious Nature"って著者が言ってる、文章の深さが全く消えちゃうんだよね。

だから、つまりは「翻訳しないほうがいいんだな」って思った。今までは、「翻訳しようがなんだろうが、要はその筆者の言ってることがこっちに分かればいいんじゃん」って思ってたんだけど、その体験をした時に考えが変わったんだね。よく「原文にあたれ」とか先生が言ってたじゃない。「何であたる必要なんかあるんだよ」って思ってたんだけど、この経験で「あ、あたらないと、少なくとも対義語を使ってるという筆

【"Art"】
「一三世紀には数学から釣りまでを含むskill（わざ）の意。（中略）一七世紀終りから絵画と彫刻をさすようになり、artistとartisanの区別が生まれ、creative art（創造的なわざ＝芸術）となった（後略）」（『英語イメージ辞典（赤祖父哲二・編、一九八六、三省堂）』より）

【『惑星ソラリス』】
ポーランドの作家スタニスワフ・レムによるSF小説。正確には『惑星ソラリス』は、ソ連の映画監督アンドレイ・タルコフスキーによる本作を原作とした映画作品の邦題で、小説の邦題は『ソラリスの陽のもとに』（飯田規和訳）または『ソラリス』（本文で言及されている沼野充義による訳）。作者のレムは、本作のおかげでシリアスなイメージがついているが、『泰平ヨン』シリーズ、『ロボット』シリーズといったコメディも多数執筆している。

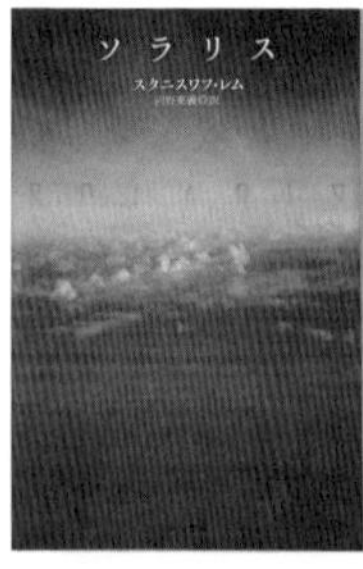

者の考えは、日本語にすると見えないんだな」ってことを知った。だから、ブロークンだろうが原典にあたったほうがいいんじゃないかなって思ってる。

加藤　確かに、英英辞典みると「え、そうなの?」ってあるわね。

角田　もう一個、これは『惑星ソラリス』*を翻訳した沼野充義*さんが言ってた話なんだけど、例えばポーランド語のようなアルファベットの言語の小説は、英語版で読むより、ポーランド語の小説から直接日本語に訳した翻訳版で読んだほうがポーランド語の雰囲気がでるんだって。というのも、欧州圏は言葉や文法が近いから、とはいえ言語間にある単語のニュアンスの違いを無視して逐語訳してしまうからで。そこのところ日本語だと漢字もカナも、アルファベットだって使えるから、ニュアンスを再現しやすい。つまり、日本語っていうのは翻訳に一番向いてる言語なんだって言っていて、面白いな思った。

　これで僕が思うのは、自由って英語には“free”と“liberty”の二つあって、なんか「どっちも『自由』でいいよ」みたいな感じで使ってるじゃん。

　それを、「自由」のほうは“liberty”に使うんだったら、“free”のほうに「自由」じゃないもう一個の日本語をつくったほうがいいんじゃないかなと思うんだ。西周*と福澤諭吉*以来、新しい訳語をつくってないじゃん。せっかく二一世紀になったんだから、新しい言葉をつくったほうがいいんじゃないかと思う。だから、「エビデンスを示せだうるせータコ」じゃなくて、“evidence”を示す新しい日本語をつくったほうがいいんじゃないかな、って思う。「証拠」じゃなくて、もっとニュアンスに対応するような。

加藤　そういう意味ね。

【沼野充義】
一九五四年生まれのスラヴ文学者。東京大学名誉教授。

【西周】
文政一二年（一八二九年）生まれの思想家、官僚。明治三〇年（一八九七年）没。「哲学」「藝術」「意識」などさまざまな訳語を考案した。石見国津和野藩の生まれで、親族かつ地元でご近所さんだった森鷗外の後見人でもある。

角田 でも、やっぱりliberty－freeの例が僕の中では一番しっくりくる。libertyとfreeをどっちも「自由」って言ってるから、なんか間違ってんじゃねーかな、「自由」の意味がみんなあやふやなんじゃないかなって。

加藤 妄想が広がっておりますが、「練習すればできる、ある程度」と「ジャパニーズ英語でいいんじゃない？」で。

角田 僕は「ジャパニーズ英語のほうがむしろいいんじゃない？」。だから加藤くんの意見に同調ですね。

加藤 でもほんとにね、回数だと思う。他項でも出てくるかもしれないけど、物事の上達を測る時って、「何年やってます」と、「期間」で測りたくなるじゃないですか。そうじゃなくて、大事なのは回数だわ。

角田 回数だね。

加藤 しかし回数は忘れる。だから音読した回数を正の字書いて記録してますもん。

角田 村上さんも「音読しろ」って言ってた。読んで、音読しろと。もう、読んで音読するのをどんだけやるかで英語が上達するって。

加藤 英語といえばの安河内哲也*先生は、國弘正雄*先生のお弟子さん。國弘先生は、同時通訳の神様と云われていた方です。で、國弘先生曰く、禅の只管打坐（しかんたざ）*みたいに、「只管朗読（しかんろうどく）」って云ってて、ただただ音読せよと。

角田 音読せよ。乱暴だけど、なんか分かるね。だから、「カンバセーション」（の抑揚）を知ることだと思うんだよね。ゴダイゴの『モンキー・マジック』*って（歌詞が）英語じゃ

【福澤諭吉】
天保五年（一八三五年）生まれの思想家、教育者。明治三四年（一九〇一年）没。幕臣として渡米、渡欧し、王政復古後の安政五年（一八五八年）に、蘭学塾として後の慶應義塾を設立。代表的著作に『学問のすゝめ』『文明論之概略』『福翁自伝』など。

【安河内哲也】
一九六七年生まれの英語講師。東進ハイスクールの名物講師であり、数多くの受験参考書、資格試験参考書、さらには一般向け書籍を執筆。

【國弘正雄】
一九三〇年生まれの同時通訳者、翻訳家、英語教育者、政治家。二〇一四年没。

ん。久しぶりに聞いたらさ、『モンキー・マジック』とかはそれでも韻踏んでんのね。だけど『ホーリー&ブライト』の英語版とかって、和製英語ってわけじゃないんだけど、全然韻踏んでない英語なの。日本語の歌詞を誰か分かんないけどただ英語にしてるだけで、つまり「これ、外国人が聞いたら全然いい詩にならないんだな」ってこととかが、以前の僕は分かってなかったよね。それと比べると、『モンキー・マジック』のAメロ最初の一小節とかって、ちょっと韻踏んでたよね。ただ英訳すれば歌になるんじゃない、「この英語全然よくないじゃん」ってこととかが「カンバセーション」の抑揚を知ってから分かるようになった。

日本人が歌で使ってる英語だと、日本語が先にあってそれを英訳して音符に合わせているだけだと、やっぱり全然歌になってない。解説になっちゃってんだなって。日本語だと微妙な言葉遊びができてもね。

加藤 人生一〇〇歳時代だから、五〇手前で始めても役に立ちそう。じゃあさ、みんなで英語の勉強じゃなくて、練習もやろう。みたいな。

【只管打坐】
曹洞宗の説く座禅の理念で、「ただ　ひたすらに坐る」という意味。

【『モンキー・マジック』】
ゴダイゴの代表曲。テレビドラマ『西遊記』『西遊記II』の主題歌であり、全編英詞。

お【オンリーワン】

角 オンリーワンを目指すとロンリーワンになってしまう悲しみが人生にはある。
加 他人との比較から脱出しようとした結果、比較に絡め捕られる不思議。

ナンバーワンよりオンリーワンになろうよと簡単に言うけれど、オンリーワンの分野なんてないんじゃないの？

◉恐山禅僧、カトリックシスターの教えは？

加藤 これはワタクシ、云いたいことが。

角田 はいはい、どうぞどうぞ。

加藤 「ナンバーワン」って、比較の上でのナンバーワンっていう意味じゃないですか。

角田 二位がいるってことだもんね。

加藤 でも、「オンリーワン*も実は比較なんだ」っていうことを、恐山*でお坊さんをやっている南直哉（みなみじきさい）*さんという禅僧の人が著作の中で云っておられる。た、たしかに……と、とてもビックリして感銘した次第です。

角田 じゃあ、「オンリーワン」を推奨するような歌は矛盾してるってこと？

【オンリーワン】
「ただ一つであること。また、そのもの」（『デジタル大辞泉』より）

【恐山】
青森県下北半島に位置する活火山。恐山菩提寺は霊場として知られる。イタコの口寄せでも有名。

加藤 それぞれの歌詞をキチンと読まないと、なんだけど、「オンリーワン」なる概念も、非常に相対的な比較の中で生まれるものである。「比較しないと『オンリーかどうか』って実は分からない。だからオンリーワンを目指すとかえって苦しい」って南さんは云っている。比較から脱しようとしたつもりが、また比較の中に放り込まれる。
　だから、ナンバーワンも苦しいけど、オンリーワンってむしろさらに苦しいんじゃないか？という話。

角田 あーなるほどね。

加藤 渡辺和子*さんの「置かれた場所で咲きなさい」と「オンリーワン」とはは全く違う概念。「オンリーワン」は結局、「他との相対の中で自分だけ」っていう。引いてみると、比較の中でのオンリーワンなんだけど、「置かれた場所で咲きなさい」はただただ咲いてるだけで、他所で咲いてようが咲いていまいが関係ない。そこには比較がないわけよ。これは全然違う概念。

角田 ナンバーワンのほうの世界側にいて、ワンかツーかは気にするのがナンバーワンだよね、強いて言えば。オンリーワンって言うと、世界の他のものを排除して自分ひとつ、みたいな感じ。

加藤 「ナンバーワンはやめてオンリーワンになりましょう」文脈では、相対の土俵から出られておらず、むしろ「他にないもの」を求めてしまうと、実はかなりきつい比較になってしまう。だからオンリーワンを目指してる人は、実はその「相対・比較の世界」から全然出てないいんじゃないですか、と云いたい。無理にオンリーワンでなくてもいいんで

【南直哉】
一九五八年生まれの曹洞宗の禅僧。『超越と実存』（二〇一八、新潮社）で小林秀雄賞を受賞。

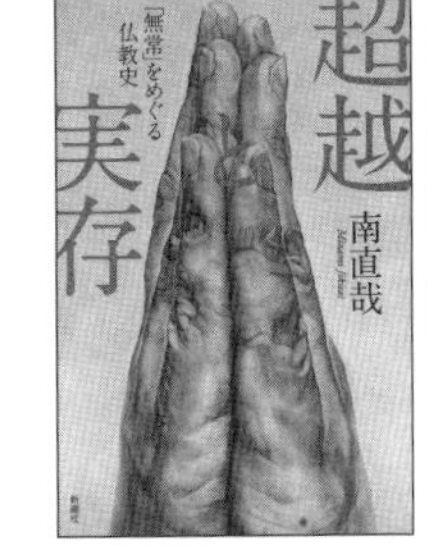

【渡辺和子】
一九二七年生まれのカトリックシスター。二〇一六年没。学校法人ノートルダム清心学園の元理事長。代表的著作に『置かれた場所で咲きなさい』（二〇一二、幻冬舎）。

ねえか？

角田 オンリーワンってことは、つまり自分が唯一のオリジナルだってことだよね。

加藤 他者と比較しないと自分が唯一かどうか分かんないわけじゃない。相手がいる前提じゃないとオンリーワンって云えないわけだよね。

◉オンリーワンじゃなくて「ただのワン」

角田 僕はよく、「オリジナルであってもパブリックじゃなきゃヒットしない」ってずーっと言ってる。つまり、「オンリーワン」ってオリジナルだと思うわけ。で、「ナンバーワン」ってのはナンバーツー、ナンバースリーがいる世界だよね。
「オンリーワン」というオリジナルであることは必要なんだけど、それが、ナンバーツーとかナンバースリーがいる世界の中で認識されないとダメなんじゃないかな、と思ってるわけ。だから、「オンリーワンな分野なんてないよ」って質問は、多分まさにその通りなんだけど、ナンバーがたくさんある中でオンリーワンである必要があるかな？とか思ってんだけどね。

加藤 それは分かる。

角田 加藤くんのさっきのは「その文脈じゃないんだよ」ってことでしょ。それも分かる。

加藤 「オンリーワンになりたい」と云う人は、その相対の世界から逃れたい人が多いような気がするので、それに対して「オンリーワン作戦だと、比較の土俵、比較の呪縛(じゅばく)からは逃れられてないんじゃないですか」ってことを云いたい。

角田 逃れられないよね。

加藤 置かれた場所だけで咲いてる生き方もある。比較と距離を置いた選択肢もある。

角田 加藤くんは置かれた場所で咲いてる？

加藤 咲いている、と思いたいですねー。

角田 僕は、どちらかと言うと咲けないからTBSを出ていったわけでしょ。つまり僕はオンリーワンを目指してるのか。

加藤 咲くにも注意が必要で、「置かれた場所で咲いてるかどうか」と、「置かれた場所で大輪の花になってるかどうか」は別で、置かれた場所で大輪の花って云ってる時点で、大小の、つまりは相対の世界だから。

角田 ナンバーワン、ナンバーツーになってるよね。じゃあ加藤くんは咲いてるってことでしょ。

加藤 ただ、咲いてる。と。

角田 じゃあ「ワン」ってこと。

加藤 そう。

角田 オンリーワンじゃなくて、「ワン」ってことだよね。one って普通名詞だもんね、固定ではないもんね。

加藤 自分が「one」として咲いてることに対して、オンリーワンっていうのは、要は他人が認めるものじゃない？　自分以外の誰かが認めることだから、相手が必ず必要になりますよね、と。だけど、ただ咲いてるだけなら、別に相手要らないじゃない？
その価値観の持ち方が全然違うのに、それを一緒にしてる人が多いんじゃないかな？
どっちがいいとかじゃなくてさ。

角田 僕は「バラエティプロデューサー」って名乗ってるけど、「バラエティプロデューサー」を名乗ってるのは僕だけなんで、っていうところからいくと僕は多分オンリーワンを目指してんだろうね。目指してるつもりはないんだけど、分析するなら。ああ、だから苦しいんだ。なるほど。

加藤 なんとなく美しくは聞こえるけども、「ただ咲いてるだけ」なことで、なんか好いことがあるかどうかは分からない。ここからはちょっと宗教っぽくなっちゃうけど、「咲いてること自体に価値があるんじゃありませんか？」が教えの一つになっているのが信者の多い宗教の特徴だよね。たぶん。

◉「宗教」と「宗教学」って違うって知ってた？

角田 今さ、「宗教っぽくなっちゃうけど」って言ったけど、僕は、宗教っぽくなることをもっと文脈として言語化したほうがいい時代が来てると思ってるわけ。
【英語力】のところで「新しい単語つくったほうがいい」って言ったじゃん。「宗教に代わる宗教的なこと」を宗教っぽい感じなしで説明できる言葉が必要な気がするんだ。

加藤 「宗教」ってどういう意味？　たくさんの人に教えるってこと？

角田　宗教学の授業を受けた時に先生が言ってたんだけど、宗教って言ったらやっぱりキリスト教なんだよね。キリスト教学を学ぶためにつくられたのが宗教学なんだけど、それとは関係なく、宗教学ってのは本当は全人類が学ぶべきだって思う。「宗教を学ぶ」んじゃなくてね。「宗教学を学ぶ」ってどういうことかというと、つまり「他人はこういう人で、自分はこういう人だ」と知るために何が必要か、それを知ることが宗教学なんだって。ところが僕らが「宗教学」って聞くと、そう思わないじゃん。

加藤　個別宗派の教義になっちゃうもんね。

角田　教義になっちゃうし、「ちょっと怪しい」とか「壺を買う」みたいな話にどんどんなっていっちゃう。
　だから、今加藤くんが言ったオンリーワンとナンバーワンの違いって、言ったら禅的な考え方なのかもしらんけど、本当ならそれをもっと会社の中とか、なんなら学校の中で、つまり社会で話した方がいいんだよね。その宗教学の先生いわく、「だからむしろ宗教学を必修にした方がいい」って言ってた。

加藤　宗教と宗教学、の違いで。

角田　それを「道徳*」とか「倫理*」って言っちゃうから、またちょっと違う儒教*的なものになっちゃうって先生は言ってて、それはなんとなく分かる。だからその先生は「宗教学博物館をつくったほうがいい」って言ってる。
　「宗教の博物館」じゃなくて、そうじゃない宗教学の博物館をつくるべきだって言ってる。でもそうすると、現実問題この日本ではつくれない気がするわけ。とすると、「宗

【道徳】
「①人のふみ行うべき道。ある社会で、その成員の社会に対する、あるいは成員相互間の行為の善悪を判断する基準として、一般に承認されている規範の総体。法律のような外面的強制力や適法性を伴うものでなく、個人の内面的な原理。今日では、自然や文化財や技術品など、事物に対する人間の在るべき態度もこれに含まれる（後略）」（『広辞苑』より）

【倫理】
「①人倫のみち。実際道徳の規範となる原理。道徳（後略）」『広辞苑』より）

【儒教】
孔子を始祖とする思想。そもそも孔子は権力者に対する遊説家かつ仕官塾の先生であるため、『論語』で説かれているのも要するに「権力者こそ身を律するべき」という教えだったはずだが、時代を経るにつれ時の権力の都合の良いように解釈されていった。

加藤　教」っていう言葉を変えるしかないんじゃないかな。

角田　イメージが強い言葉というか、概念であるよね。

加藤　そうすると「オンリーワンとナンバーワン」みたいな話がもうちょっと明確になって、生きづらさがちょっと軽減するんじゃないかなと思うんだけどね。

◉横の危機、縦の危機、そして民主主義*・資本主義*と宗教的な概念

加藤　生きづらさっていうと、これは多くの宗教の教えの中で、「他人との比較からいかに逃れるか」みたいなことにわりと重きが置かれているんじゃないですか。仏教は「無常」、「常の在るものはない」ので、そもそも比較すること自体をやめましょうって教えだと思うし、キリスト教は「神様が最終的にはご判断されるので、人間自体の努力はある意味で五十歩百歩かも」みたいな話で。だから現代は、というか現代に限らず、こういう価値観と近い生き方をしていない人は、きっと「自分が一生懸命何かをすること」と「それに対する対価」を結び付けすぎなんだよね。

角田　うん、そうだと思う。

加藤　どうなるか分からないけど、「明日世界が滅びるとしても、それでも私は木を植える」(編注：というルターが言ったとされる言葉)みたいな感じが、やっぱり今、弱いのかな？

角田　僕がコロナ籠りの最初期に思ったんだけど、今回の新型コロナウイルスと、トイレットペーパーがスーパーにないことと、うちのトイレの紙が切れることってさ、本来は全然

【民主主義】
「民主主義とはなんぞや」を議論しはじめるとドツボに嵌まるので、ここは広辞苑に頼ると、「(前略)権力は人民に由来し、権力を人民が行使するという考えとその政治形態(後略)」。

【資本主義】
「(前略)生産手段を所有する資本家階級が、自己の労働力以外に売るものをもたない労働者階級から労働力を商品として買い、それを使用して生産した剰余価値を利潤として手に入れる経済体制」『広辞苑』より)。こちらはあまり異論ないだろう。

関係してないわけ。関係してないけど、全部関係して広がってってパンデミックしてるじゃん。これってすげーおかしいよなって思うわけ。

だから僕はそれを「横の危機の広がり」と定義したわけ。不安が、横に広がっていく。じゃあ一方で、今度は「縦の危機」っていうのは何かというと、こっちは縦だから「深さ」がある。例えば新型コロナウイルスがあってイベントがなくなったんで、僕のイベントの分の収入が減るっていうの。つまり新型コロナウイルスでダイレクトに自分が傷付くっていう、深さの危機。

でさ、つまり今回のコロナ禍の嫌なとこって、横の危機と縦の危機が両方来てるからだなって思ったりするわけ。横の危機ってさ、自分のほうに来ないとなんかシカトできてたじゃん、例えば世界の難民のこととか、「大変だよね」とか思ってるけど「何か自分ができるわけでもなし」みたいなことだったのが、コロナ禍では「なんで自分、家のトイレットペーパーがないのにスーパーで買えないわけ!?」みたいになってるから、すごい気持ち悪いんだな。って思った時に、日本でも中世の応仁の乱とかあの頃はさ、もう横と縦が両方から危機が来てたんだろうな、とか思うわけ。

加藤 大混乱の大危機。

角田 横と縦が両方来てると、「いいか、現世には○○というすごい危機があるわけよ」と、そしたら「念仏唱えればさ、○○から超えられるよ」って言って極楽浄土*に行けるってのを信奉する人もいるし、一方で「いやいや縦のほうがつらいっしょ」と「只管打坐*しなさい」っていう座禅*が生まれる。

【極楽浄土】
阿弥陀如来による、仏様が住む穢れの無い場所。浄土宗系の仏教では、「南無阿弥陀仏」と唱えれば阿弥陀如来が連れて行ってくれるとされる。

【只管打坐】
P68の本文、P69の脚注を参照。

【座禅】
「坐禅」とも。座った姿勢で精神統一する仏教の修行。読者のお住まいに近い禅寺に行くと、早朝の座禅会をやっていることが多い。例の棒（警策）でも叩いてもらえる。

つまり、念仏は横のほうに対する防御で、深さのほうの防御は、「自分の中で何かを見つめる」みたいにするためにやっぱり只管打坐。つまり、結果的にそれの両方をやらない限り、横の危機と縦の危機から人間を救えなかったんじゃないかなと思うわけ。

で、近代は「科学」と「民主主義」と「資本主義」という構造でその縦横の危機を乗り切ろうとしたんじゃないかなと思うわけ。その近代のスキームが今回破綻してるから、こんなに不安なんだろうな。だとすると、只管打坐と念仏みたいなものが改めて必要なんじゃないかなって、ちょっと思うんだよね。でも、それは宗教じゃない何かだと思う。じゃあ「これです」っていうのができるとおもろいなって。

加藤 時代がそこまで来てるかどうかは別として、なんか候補はあるのかしら。

角田 候補ね。「宗教」と言わない何かのような気がしてるんだけど、じゃあそれって何なのか。マルクス・ガブリエル[*]の「新実存主義」って、要はずっとそこを言ってんだよね。あれって多分新しい宗教を言ってるんだと思う。『ホモ・デウス』[*]だってそうだよね。

いろんな考え方があると思うんだけど、あの人たちはきっと宗教というものを、「宗教」っていうと今までの宗教として捉えちゃうから、「宗教」と言わないでそれを説明してるんじゃないかなって。

加藤 でも、今の話の筋的に、彼らはどっちかって云うと縦系だよね。

角田 だから、横のほうを救済するのはむしろ民主主義と資本主義なんじゃない？　縦のほうは宗教なんだけど、横のほうはやっぱり、資本主義をどうするかみたいな話。

加藤 横は感情的な話だもんね。

【マルクス・ガブリエル】一九八〇年生まれのドイツの哲学者。『新実存主義』は廣瀬覚の訳で二〇二〇年に岩波書店から刊行。

マルクス・ガブリエル
廣瀬 覚 訳
新実存主義
岩波新書
1822

【ホモ・デウス】『サピエンス全史』でも知られるユヴァル・ノア・ハラリによる二〇一六年の著作。邦訳は柴田裕之訳で河出書房新社より刊行。

ユヴァル・ノア・ハラリ
ホモ・デウス
テクノロジーとサピエンスの未来
上

角田　横に対しては「コミュニケーションがどうだ」みたいな話になるから、それってやっぱり民主主義と資本主義の危機なんだ。そう考えると、すげー興味深いなと思う。

つまり、人類の三つの困難って、天変地異と疫病と戦争じゃん。天変地異の時って、仮に地震が起こったらボランティアとかで助けに行く、つまり「危機があった人を助ける」＝「近づく」ってことが危機の回避だったわけじゃん。

ところが今回の疫病って、「どんだけ離れればいいんだ」みたいな話、つまり「相手を信用しない」「常に相手は新型コロナウイルスの保持者だと疑え」っていう、疑うことが解決策なんだ。この対比ってすごいことと思うんだけど。

二〇一一年の東日本大震災では人類に、危機の際に「近づくこと」で対応させといてさ、九年後には「離れること」に対応させる。これってなんか意味があんじゃねーかなとか、ちょっと思うんだよね。

だから逆に、僕はもう、そう神様がしでかしてんじゃねーかなって思ってて、それはつまり、新たな宗教を立ち上げる時期なんじゃねーかなって。だからもう一個、これは戦争が来るな、と思うんだよね、この日本に。「天変地異」が来てるじゃん。「地異」は九年前に来てさ、「天変」は去年の様々な水害で来てさ、そして疫病は今年来たわけだから。「次は来るんじゃん、戦争」って。この三つ来ると、室町時代を完璧に再現みたいな。「中世カモーン！」みたいな時代が来んじゃないかなと、僕はなんとなく思ってるんだよね。

か

【学歴（がくれき）】

角 無いよりは有ったほうがいい。でも無くてもすごい人のほうがすごい。
加 何を学んだか？ ではなく、何処で学んだか！ になってしまっている過去。

息子が「学歴が幅を利かす時代は終わったんだよ！」と言うけれど、ほんとうにそうなのかな？

◉学歴の功罪、東大卒はこう考える

角田 加藤くんなら何て言いますか、その息子さんに？

加藤 え、もういらないでしょう、いわゆる学歴。どの大学を出たかはもう関係ないから、実力があればべつにいいんじゃないの？

角田 高卒でも？

加藤 実力あればね。

角田 じゃあその息子に、「おまえ、実力ある？」って聞く？

加藤 実力を付けるための、何らかの行動というかトレーニングを自分でやればよいのではないですか。そうじゃない人に対してある程度までの強制力をもって臨ませる、は教育

の機能としてはあると思うけど。ここでいう「学歴*」が「ナントカ大卒業」ってことなら、昔ながらの有名大学の名前自体は、もはや関係なくなってきてるのでは？　実際に、地方にあって勉強しまくるしかない環境だけど成績も優秀で就職は引っ張りだこ、な大学もあるよね。

角田　ああ、一番就職がいいっていうね。

加藤　お二人だけしか話したことないけど、九州にある、半分ぐらいが留学生、って大学の学生さん、優秀だったなあ。だから「ナントカ大だから」で、もちろんある程度の学力とか、ちゃんと努力できる人であることは担保されてるわけだけど、まあそれは、ナントカ大学でなくてもある程度できる環境もあるでしょう、って気はするけどね。

角田　僕は「モギケンのジレンマ」、茂木健一郎*さんのジレンマって言ってるんですけど、あの人は「学歴いらない」ってすごく一生懸命言うんだけど、それを聞いた人は一〇〇％「だってお前、東大じゃん」って言うわけですよ。

かく言う僕も東大なんで、「学歴はいる？　いらない？」って聞かれたら「学歴なんていらないよ」って答えたいけど、やっぱり同じことを言われるわけじゃん。

だから、茂木健一郎さんが言ってることは真理だとは思うんだけど、世間はそれだけじゃない。実際、学歴があるとやりやすいってことなんだと思う。

加藤　それは分かる。

角田　いつの間にか、権威が減るっていうかなくなっていく賞、ってあるじゃないですか。ところがアメリカのグラミー賞*には今でも権威があるじゃん。

【学歴】
「学業に関する経歴」（『広辞苑』より）

【茂木健一郎】
一九六二年生まれの脳科学者。一般向けの代表的著作に『脳と仮想』（二〇〇四、新潮社）など。

【グラミー賞】
一九五九年に設立されたアメリカの音楽賞。ミュージシャンをはじめとした商業音楽のプロからなる運営母体会員による投票によって受賞者が決まる。そのため、作品の一般的知名度からすれば番狂わせとも言える受賞が頻繁に起こる。例えば二〇〇八年の年間最優秀アルバムには、主要部門の独占受賞が予想されたエイミー・ワインハウスの『バック・トゥ・ブラック』ではなく、当時すでに伝説的ジャズピアニストだったハービー・ハンコックの『リヴァー』が選ばれた。

加藤　グラミー賞は違うの？

角田　グラミー賞は、エミネムだろうがアデルだろうが、みんな「獲りたい」って言うわけ。そこってアメリカのちょっとえらいところで、どんなに反逆してるラッパーだろうが、やっぱりグラミー賞を獲ると「全ての黒人に栄光を」みたいなコメントを言うんだ。
　だから、「この権威だけは残しときましょうよ」みたいなのがあったほうがオモロくないかと思うんだよね。日本だって「あの賞、もう価値ないよね」じゃなくて、「価値をつくっとこうよ、その価値のためにみんなで頑張ろうぜ」のほうがオモロくならないですか。
　とすると、「東大」っていう権威があったほうが面白い。実際権威があったから東大生が出てくるクイズとか、有名人が東大受けるとかやってんじゃん。つまりコンテンツがつくりやすいんだよね。
　だから、一方で「ほんとに学歴なんかくだらない」って僕も思ってるんだけど、賞レースみたいなストーリーがつくりやすい、「倒すべき相手」みたいなものがあったほうが、社会が盛り上がるんじゃねーかなと思ってる。

加藤　あえての敵キャラ？

角田　そうすると、「学歴なんていらない」って息子が言ったとしたら、という、今言ったことまで説明して、「どうする？　その勉強的なところ乗っかる？」みたいに聞く。「それでも君が、『乗っからないで、寿司屋になる』って言うなら、学歴なんて本当にいらないよ」と。

【エミネム】
一九七二年生まれのアメリカ合衆国のラッパー。アメリカ国内だけで五〇〇〇万枚近いアルバムセールスを誇る。

【アデル】
一九八八年生まれの英国の歌手。代表作『21』（二〇一一）は三〇〇〇万枚以上のセールスを誇る。

でもどうせ寿司屋になるんだったらさ、適当にやった結果、回転寿司に毛が生えたようなとこでやるよりは、フランスとか行っちゃってすごく話題になる寿司屋になるっていうなら、本当に大学とか行かなくたっていいじゃん。そこまで説明するべきなんじゃないかと思う。

◉その学歴に至るまで、の説明をしたい

加藤 そうすると、何のための学歴ってことになるのかな。

角田 「賞レースのほうで乗っとく」みたいなパターンもあるよっていうことを伝える。それが多様性なんじゃないかと思うわけ。

つまり、「学歴いらない」っていうと、多様性が一個減るってことかな。……これ、いいこと言ってるね。僕は多様性があるほうが好きなの。学歴がない宮大工さんに価値があるのは、東大出てえらそうにしてる人もいるからなわけじゃん。

加藤 今まではなんとなく学歴≒全人格評価、風だったのが、そうじゃなくなりつつある気がするから、そこまでこだわんなくてもいい。ないしは分かった上でこだわればいい、っていうことかな。

角田 そうだね。

加藤 その説明が足りなくて、いきなり結論だけ云うのが誤解を生むのかね。

角田 そうそう！　要するにさ、言葉を短くしようとするのがよくないんだと思う。「つまり

こういうことでしょ」の、「つまり」じゃなくて文脈のほうが実は大事なのに、「こういうことでしょ」だけを教えようとするわけ。

加藤 意識高い系と一緒だね。

角田 そうそう！　僕がずっと思ってるところで。今の話、というところまで学歴を説明した上で、それに乗っかる乗っからないの自由はあるよ、っていうのが一番素晴らしいんじゃねえかな。

加藤 でも、僕らの世代、一九七〇年生まれだと、親はそこまで話してくれなかったなー。少なくとも自分の家は。

角田 うん、くれなかった。

加藤 その後の世代みなさんには、それ、誰か話をしてくれたのかな。

角田 してないと思う。何でそう思うかというと、今の僕の同級生の東大生たちも気付いてないから。

この前東大の先生と話したんだけど、東大生が解答するクイズとかで、例えば「世界遺産全部暗記してます」みたいなのがよくあるじゃんか。でもあの、「世界遺産を全部暗記してる」のは一般的な東大生じゃないんだよね。

むしろ東大生って、そういうのを知らないんだけど、「なぜペトラ遺跡*が世界遺産*になってるか」は知ってるんだよ。

だから、世間が思う東大ブランドの価値って、ほんとの東大生の価値と違うんだけど、そこの文脈が消えてることが一番気持ち悪いと僕は思うわけ。東大って、二五年ぶ

【ペトラ遺跡】
ヨルダンにある遺跡。紀元前一世紀に栄えたナバテア人の有力都市。紀元後七世紀頃から衰退し、一二世紀以降は忘れられた都市であったが、一八一二年にスイスの探検家ヨハン・ルートヴィヒ・ブルクハルトによって再発見される。映画『インディ・ジョーンズ／最後の聖戦』のロケ地でもある。

【世界遺産】
UNESCO（国際連合教育科学文化機関）が管轄する、人類が共有すべき「顕著な普遍的価値」を持つ物件のリスト。

りに行ってみて分かるんだけど、すごくいい大学だよ。こんなに知が集まってて、こんなにいいことやってる。ってことは、「世界遺産を全部覚えてること」や「難しい漢字を知ってること」とかとはなんら繋がってないの。

ところが、そっち方向で「東大がすごい、学歴すごい」ってなっちゃってることはもったいないと思う。だから、本当に学問を学びたければ、世界の仕組みを分かりたいという人は東大に行くべきだ。だってあんないい大学ないもん。それはハーバードもMIT*もそうかもしれないけど。

◉「最終学習歴」って聞いたことありますか？

加藤 企業の競争力の源泉がどこにあるか、って話題で聞いた話がありまして。それは「博士号を持っている社員の数だ！」論。なんですかそれは、と聞いてみると、博士とは「学問を追究するやり方」を知ってる人。もちろん専門ジャンルを持っているわけだけど、極論すれば、別に対象は何でもいいんだと。企業側から見ると、元々は自分がやってきた対象をやりたくて博士号各位が入社してくるわけだけど、そのまま配属しない、あるいは異動で違うジャンルを業務として付与しちゃう。で「今までとは違うことやってくれ。でもお前はやり方、追究の仕方を知ってるよな？」と博士号獲得のなんと云うか、〝違うエッセンス〟を企業経営に活用していく感じ？　これができるかどうかなんですと伺いました。

【MIT】
マサチューセッツ工科大学。一八六一年に設立された、アメリカ合衆国を代表するエリート大学。

ほえーと思ったんだけど、ここで云ってる「学歴」が、どの大学の所属かじゃなくて、学問の仕方の話なら、その角田くんの話、つまり東大だと涵養されやすい「流れを説明できる能力」とか、そういうのが本当の学習歴だ、っていうのもあるよね。

角田 英語の話とちょっと近づくんだけど、東大の英語の試験って簡単なんだよね。つまり「論文が読めるぐらい」の英語力が試される。難しい変な単語や用法を聞く問題とかを出さないで、ちゃんと「学習のやり方を知ってる人」を集めようとしてることがやっぱりすごいと思う。

加藤 いまわざと、学歴じゃなくて学習歴、と云ったのですが、これ、本間正人先生*が「学歴はいらない。これからは最終学習歴がいつか、を問うべきだ」とおっしゃってる。二〇代で終わりなの？的な。今、角田くんは大学院に行っているから最新学習歴五〇歳です、な話のほうが、多分これからは大事。何十年前かにあった「学歴」を自慢してるのはダメでしょ。

角田 だから、最新学習歴が「二十何歳の時に東大」で終わってたら、それから五〇歳まで二八年間学習してないってことだもんね。

加藤 そうそう！　改めて大学に入る、もあるけど、学習してますか？　って話に。

角田 あとさ、「頭いい」と「学歴」って関係あるのかって話があると思うんだけど、僕はそれってつまり確率の問題だと思うんだよね。だから、いわゆる偏差値が低めな学校だって頭いい人いるんだ。

ところが東大だと三割ぐらい頭いい、早稲田だと二割ぐらい頭いい。つまり、学歴が

【本間正人】
一九五九年生まれ。京都造形芸術大学教授。「学習学」を提唱しており、コーチングやファシリテーション、キャリア教育、グローバル人材育成などの活動をしている。

高いとこは頭いい人の確率が高いのはたしかに事実だと思う。

だけど、僕が今言ったように、東大でも三割、つまり七割はバカなんだ。だから「東大出てる＝頭がいい」は嘘だと思う。

加藤 大きな組織というか、大人数を採用する場合は確率論もあるんだろうな。

角田 そうだね、確率で採ってるんだよね。いい大学の人を採用する理由は「確率が高い」ってだけだと思うと、また資本主義どうこうみたいな話になっちゃう。「確率高いやつを集めて、いいやつを集めると、結果利益を生む」っていう構造が、人類のために得なのかみたいな話まで行くなら、究極的には「やっぱり学歴いらないんだ」になるけどね。

資本主義がまだ続く中だと、やっぱり学歴があったほうが頭いい確率が高い、という意味でいうと、企業の利益を生む効率はいいよね。

加藤 資本主義っていうよりは大組織主義というかな。組織として多くの人数が欲しい時は確率は上げたいよね。

◉「頭のよさ」ってどこで分かるんですか。

角田 頭のよさって「説明量の少なさ」だと思う。頭悪いやつに仕事をやらせる時、すごく細かく説明しないとちゃんと仕事やらないじゃん。僕らテレビ局の人間は「バミる」って言葉を使うんだけど、頭いいやつだと、「会議バミって」って言うだけで、「何曜日にやって、あの本番の何日前にやって、構成要員は何人で、参加者のスケジューリングをして、当日集める資料を集めて」とかまでを理解してちゃんとやる。
　ところが頭悪いやつって、「それ、何日にやるんですか？」とか聞いてくる。それも考えろ、ってとこまで含めて発注してんだけど。だから、説明量が少なくても理解できる人が、頭がいいの定義かなと。

加藤　そこは若干反論だな。それで分かる人は、それに足る経験があるのよ。

角田　あー。頭のいい悪いは関係なくね。

加藤　行動科学マネジメントの石田淳*さんに聞いた話で、ある程度すでに勉強ができる子は「ちゃんと勉強しなさい」で勉強できる。だけどその時点で勉強できない子は「ちゃんと勉強する」ということが「どういう行動の集合なのか」が分からない。だから、なんにも動けなくなっちゃう。「ちゃんと」なんてレイヤー高い抽象的な指示では動けない。だから、勉強できない子には「まず、●●なノートを買いましょう。△▲に使いましょう」から始めるらしいよ。そこから始めていったら、地頭がいい子は伸びていくんだって。だけど、経験がない、やったことがない事実を一切無視して、いきなりボーンと乱暴な指示だけしててもできない。それはいわゆる頭のよさとは根本的には関係ない気はする。
　自分が料理するようになってから本当に思うんですけど、始めたばかりの頃はさ、とにかく料理本、レシピに超怒ってたわけよ。「少々」とか「適宜」とか書いてあるの見てさ、「何だよ適宜って！」とか思ってたんだけど。

角田　どれが適宜か分かんねえから見てるのに適宜って書くな、と。

【石田淳】
行動科学マネジメント研究所所長。アメリカのビジネスシーンで成果を出している「人間の行動を科学的に分析する行動分析学」を日本用にアレンジを加え、業種や規模を超えて企業などに提供している。著著多数。日経BP主催「課長塾」講師。

加藤 そうそう。じゃがいも大とか中とか、「大って何よ」みたいな。かと云って「じゃがいも二五〇グラム」って書いてあっても困ったんだけど。
当初は毎回のように頭にキテたんだけど、自分が慣れてくると「はい大ね、はい適宜」で好い感じで鷹揚に、まあ乱暴になれた。要はレシピって、幅に収めるためのガイドラインなんだなってことがようやく分かってきた。
それが分かった上で「煮といて」って云われたら、「はいはい」ってできるんだけど。それと同じで、「バミっといて」でできる人は、少なくとも、そもそも「バミるって何ですか」「段取ることだよ」ぐらいのヤリトリ、指示でできる人なんだと思うのよ。それは、「段取る」という経験を以前にある程度してるんだよね。

◉「頭のいい／わるい」と「ケモノ性のある／なし」論

角田 でも、そういう説明をしてできないやつもいるじゃん。ってことを考えると、「頭がいい」の定義はできないけど、「頭が悪い」は定義できる。そこまでやって経験したのに、その上でできないやつは頭悪いんじゃないか。
それと、僕個人は、「この人頭いい、頭悪い」っていうのは、映画や小説の感想を聞くとなんとなく分かる。これは構造主義*に則っちゃってるだけだと思うけど、構造で説明してくれる人はやっぱ頭いいと思うんだ。

加藤 整理系。構造系か。

【構造主義】P40の本文と脚注を参照。

角田　逆に場面のインパクトだけで説明する人って、そんな頭よくないと思うわけ。究極的には「あの映画どうだった」って質問に「ブラピ*超かっこよかったー」みたいな、「そこなのか」って答えを言われると、「あ、この人そんな頭よくないんだな」と思うわけ。ところがですね。「ブラピ超かっこよかったー」みたいな人のほうが人間力が強い、っていうのはあると思う。

だから逆に頭いい人って、人間力弱いんじゃないかな、みたいな。要は僕ってそんな構造のことばっか考えてるわけ。

加藤　分かるよ。

角田　だから僕、人間力超ないんだな、って思うわけ。僕、昔ほんとにバカな上司がいたわけ。ちょっと喩え話になるけどさ、縄文時代でいうなら「今、飢饉で超やばいんだけど」って時に、僕は一生懸命、新しい釣竿を開発したりとか、米を導入しようと考えてる縄文人だったわけよ。

「どうしよう？　このままじゃこの村が滅んでしまう」みたいにやってるとさ、その上司がやって来て、「角田さー、俺、さっき森歩いてたらさー、隣村の人がこのシャケくれたんだよね」みたいな。そういう人っているのよ、ほんとに。

「えー!?　僕が魚釣るために、どんだけ槍改造してたと思ってんの」みたいなのを「隣の人にもらったんだよねー」みたいに乗り切るの、すっげーと思ったことあって。つまり、頭いい悪いは生存能力と全然関係ないんだな、ってことが分かった。

だから「ブラピの顔、超いいんだけど」とかで喜べちゃうほうがじつは人間力が高い

【ブラピ】
ブラッド・ピット。アメリカのオクラホマ州出身の俳優、映画プロデューサー。

なら、そもそも頭いいことが得なのか、ってことだよ。

僕、週プレ[*]の連載で結構映画監督と対談してきたんだけど、そんなに、なんていうか、いわゆる勉強ができる的に頭がいいという印象はないんだよ、誰と話しても。

もちろん、その辺の人に比べたらはるかに頭いいんだよ。僕が『オトナの！』[*]って番組をやってた時に、一番トーク面白くなるのって、タレントが出るより監督なんだ。映画監督は、まさに創造主という意味でクリエイターで、だから話がおもろいんだよ。自分の世界を全部説明してくれるから、世界がない人よりトークがはるかに立体的になって、おもろいわけだ。

だから僕も、「どのジャンルの人を出すと、一番トークが面白くなるか」っていうと、「映画監督です」って答えてた。それは嘘じゃないわけ。と言いながら監督たちって、よく話してみると、さっきの「ブラピ超かっこいい」にちょっと近いんだよね。だからじつは売れてる監督って、そこそこ頭よくてそこそこ人間力ある人なんじゃないかなっていうのが僕の今の読みなんだ。

加藤 以前、二ヶ月連続で映画監督と呼ばれている人にインタビューしたことがあって。一人目が周防正行[*]さん、翌月は井筒和幸[*]さん。二人とも「映画監督と呼ばれたくない」っておっしゃるんですよ。「何でですか？」って聞いたら、「脚本やるからだ」って。周防さんは「自分が脚本をやらないものはやらない」って云ってたし、井筒さんもキャリアの途中から、クレジットに入ってる入ってないは別としてほぼ脚本をやってると。「映画監督」には脚本までやる人とやらない人の二パターンがいるよね。脚本までやる

【週プレ】
集英社発行の週刊男性誌「週刊プレイボーイ」のこと。角田陽一郎が聞き手となり著名人の映画体験をひもとく「バラエティプロデューサー角田陽一郎のMoving Movies～その映画が人生を動かす～」が連載中。

【『オトナの！』】
二〇一二年から二〇一六年まで放送されたトークバラエティ番組。MCのいとうとユースケ・サンタマリアが「オトナになり切れない」大人として、「オトナとは何か？」をコンセプトにゲストと語り合う内容。

【周防正行】
一九五六年生まれの映画監督。監督作品に『Shall we ダンス？』『それでもボクはやってない』など。

【井筒和幸】
一九五二年生まれの映画監督。監督作品に『岸和田少年愚連隊』『パッチギ！』など。

人の代表は黒澤明監督*。黒澤作品は脚本、つまり構造がしっかりしているから再現性が高い。だから国を問わずでリメイクされる。

逆にもう一方の脚本を書かない、演出能力に超長けてる人の代表は溝口健二監督*で、天才で素晴らしい。何度も賞を獲ってるし、昔パリにはケンジ・ミゾグチ専用映画館があったほどらしいんだよね。それだけ評価されてるんだけど、彼の作品は他の人には再現ができないらしい。脚本にあまり忠実じゃなかったらしい。DVDのライナーノーツ読んだけど、「こんな脚本では……ウンヌンカンヌン」と確かに書いてあったわ。

脚本家と演出家は全然違う職能で、角田くんが云ってる「頭いい」は、どっちかっていうと脚本家の人になるかもね。

角田　さっきの「ブラピ超かっこいい」と「構造が分かる」って「演出と脚本」の関係とも言えるし、つまり「絵と構造」だとするじゃんか。それって結局、自分の中のケモノ性の配分のような気がする。

「頭いい」っていうのは多分、「ケモノ性じゃない」ことなんだよね。ケモノ性一〇〇%は人間でも超あるし、だからそれが「人間力があるやつ」で、もうどうやっても生きていける、みたいなことじゃん。

僕は多分すごく獣力、ケモノ力がないんだろうなーと思うんだけど、だから五〇代になった今、野性を取り戻したいのが今のテーマ。二〇一八年ぐらいからずっと言ってるのは、もう構造なんて置いといて「どっちを食べると死ぬ」で生き残るようなことがないと、身体性を取り戻すのは多分ダメなんだろうなって思ってます。「頭がいい」って

【黒澤明】一九一〇年生まれの映画監督。一九九八年没。『羅生門』でヴェネツィア国際映画祭金獅子賞を受賞。

【溝口健二】一八九八年生まれの映画監督。代表作『雨月物語』はヴェネツィア国際映画祭銀獅子賞を受賞した他、アカデミー賞衣装デザイン部門に画家としても知られる甲斐庄楠音（かいのしょうただおと）がノミネートされている。甲斐庄は、本作の聞き手・甲斐荘の親戚である。

いうのは、野性性の否定なんじゃないかなって。

加藤　すごく分かる。でもまあ、その代わりにできることも増えてるからね。

角田　そうなのよ。頭いいと火は起こせるからね、野性は火起こせないからね。

加藤　頭のいい人は「蓄積できる」ってことかな。「こないだこうやったら火起きた、こうやったらまた起きるかな」みたいな、再現性重視派というか。だから記録するし、遂行もできる。

角田　ってことは、さっきのケモノ性は「記憶」なのかもしれないね、記録と記憶の対比になっていって。「レコードとメモリー」の違いで、火を見て自分でも火を起こしてみようとするか、「アチっ」ってなるだけか。

「どっちもあったほうがいいんですよ」みたいな話になりがちだけど、僕は、これからの時代は「どっちか」だと思うよ。どっちもあるっていうと凡百の人間しか生まれないから、結局ＡＩ*に代わられるような人間ばっかりになっちゃう気がする。

だったら一〇〇％人間力がない頭いい人間か、逆にもう人間力しかない。そっちのほうがこれからの時代大事なんじゃないかな。日本の教育って多分、それを「両方やりましょう」みたいなところが破綻してんじゃねーかな。「あなたはどっちに向いてますか」みたいなことでいいんじゃないかと思う。

だからその時に役に立つのが、学歴の話なのかもしれないね。人間力じゃない、つまり学力・知識のほうにいかないといけないなら、「やっぱり学歴でもいいんじゃないの」って。

【ＡＩ】
人工知能。artificial intelligenceの略。ここでは、「言語の理解や推論、問題解決の知的行動を人間に代わってコンピューターに行なわせる技術」のことで、近年は機械学習や、その発展である深層学習といった技術の社会実装を指すことが多い。誤解されがちだが、ＡＩとはあくまで「機械的な情報処理能力」のことなので、定義上は「Excelの関数」や「ワープロの漢字変換」もＡＩと言って差し支えない。

加藤　ケモノとしての人間か。オレ、弱っちいわ。

角田　そうそう。人間力で生きていけるなら、全員学歴なんてシカトでいいじゃない。

加藤　劉邦か項羽か*みたいな話だよね。

角田　そうそう。で、劉邦が勝つわけじゃん。結局、人間力のほうが勝つんだ。

加藤　勝つんだねえ。

角田　ってことは、学歴のほうが滅ぶんだよ。とはいえ項羽は九九勝するわけだからね、最後一敗するだけだから。

【劉邦か項羽か】
始皇帝亡き後の秦を滅ぼした後、覇権を巡り対決する劉邦と項羽。武を誇り当初は優勢だった項羽が、次第に劣勢となり敗死するまでのいきさつは、「四面楚歌」の故事成語や、京劇の代表的演目『覇王別姫』の題材にもなっている。日本人の作品では司馬遼太郎の小説『項羽と劉邦』(一九八〇、新潮社)が有名。

き【キャリアデザイン】

角 そんなにデザインしたくない。突き詰めれば、キャリアデザインとは結局どう死ぬかだから。

加 考え始めた時点での選択肢が実は狭いデザイン、の可能性。

どうしても自分の明るい未来が見えません。どうやってキャリアデザインを描けばいいですか？

◉そもそも「キャリアデザイン」って何？

角田 まず、「キャリアデザイン」*って何なんですか。

加藤 サラリーマン的にいうと「仕事人として将来どういうふうになりたいか」ってことじゃない？

角田 僕、いまいち分かんないんだけどさ、キャリアっていうのは肩書きなの？　資格なの？

加藤 それにはいくつか論がありまして。昔は単純に肩書きだったと思うんだけど、二〇二一年現在的には肩書き＋自分にできること、みたいな話になってる。

角田 あー。単純に思うのは、「キャリアデザイン」とか言ってるから、分かんないんじゃない。日本語に直してみれば、なんとなく「キャリアデザイン」って言い方してるけど、

【キャリアデザイン】
「職業人生を自ら設計すること。また、その設計」（『広辞苑』より）

加藤　じつは「雰囲気悩み」みたいなのに近いかなと思う。

角田　それはそうでもなくてさ。会社というか、組織で働いている人たちは、多くの人が「自分の専門性*は何かを決めろ、固めろ」って云われている傾向が高い。

加藤　スペシャリスト*とジェネラリスト*でいうと、スペシャリストが求められてるってこと？つまり「スペシャリティがあった上でのジェネラリスト」なのかな。さっき云った「昔は肩書きとキャリアが一致してた」っていうのは、肩書き＝ジェネラリストになることが偉い、的な風潮だったわけですよね。

でも、二一世紀な昨今、大きな組織の中はポストが減ったし、「肩書きが上がることだけがキャリアのゴールではない」となってきた。じゃあ部長とか課長みたいに「長」が付かないけど、代わりに専門家として身を立てれば、給料が上がったり、社内外でリスペクトされたりする道もあるよ……っていう話。

角田　それさ、「会社員だけど、じつはお寿司握るのが上手い」とかでいいってこと？

加藤　サラリーマン、勤め人にとっての「キャリア」は基本的には「組織の中で、お前どうすんの？」っていうことだから、自分が働いている組織、ないしは自分が働いている職業、業態、職種の中でどういう専門性を確立するのか、みたいに考えてる人が多いんじゃない？

角田　それってできたらすごいでしょ。僕も教えてほしい。

加藤　並行して、組織の中のみで通用する専門性だけでは……っていう議論もいっぱい出てきてる。ので「パラレルキャリア」なんて呼ばれたりもしてますけど、広い意味でのキャ

【専門性】
「専門」は「特定の分野をもっぱら研究・担当すること。またその学科・事項など（後略）」『広辞苑』より）

【スペシャリスト】
専門家。ジェネラリストの対義語。

【ジェネラリスト】
「多方面の能力・知識を持つ人」（『広辞苑（見出しは「ゼネラリスト」）』より）

リアデザインは「組織外」で、つまり自分の人生全体で自分の仕事……仕事というか、「自分のアウトプット、人生全体での中の専門性」が社内外両方で使えると好いよね、みたいな話になってるんじゃないでしょうか。

◉キャリアをデザインしすぎると、閉じた人になる?

角田 元々の問いにそのまま回答すると、「自分の未来が見えません」ということと「明るい未来が見えません」*ということは、イコールじゃない気がする。キャリアデザインが見えてる人って、明るい未来なのか。それが僕には分からん。
　仮に、例えば「二種免許です」みたいなのもキャリアデザインだとしたら、AIでタクシー運転手がいらなくなったりしたら意味ないよね。だから「そこまで踏まえてるの?」みたいに思う。

加藤 それでいうと、二種運転免許*はあくまで「スキル」であってさ。

角田 キャリアデザインの「キャリア」じゃないんだ。

加藤 キャリアをつくるために必要な「スキル」かもしれないけど、「そのスキルを使って何やるの?」っていうところまで求められている感じ。

角田 じゃあ例えばだけど、タクシー運転手さんが二種以外にキャリアデザインを考えるとしたらどうなるの?

加藤 うーん……キャリアデザインに関しては、世の中一般的な道はなくて。多くのそういう

【明るい未来が見えません】
長州力や武藤敬司など主力レスラーの離脱に揺れた二〇〇二年の新日本プロレス。この危機の中、久々にリングに姿を見せたアントニオ猪木が若手レスラーにアピールを促した際、鈴木健想（現：KENZO）選手が発したのがこの言葉。呆れた猪木は「見つけろ、テメエで」と健想を突き放した。その後新日本プロレスを離脱した鈴木健想は、いろいろあった後、浩子夫人をマネージャーに「アヤシい日本人」キャラで米WWEに参戦。短い期間ながらも強烈な印象を残し、プロレス界にポジションを確立した。

【二種免許】
第二種運転免許。バスやタクシーなど、乗客を乗せる目的で自動車を運転するために必要な免許。

のを設計というか設定していても、組織、設計によって道は違う。だから「ウチの場合はこういうキャリアデザイン、キャリアルートがあるよ」になってるかなー。

これは、多分わりと日本特有のルールで、あまり組織を動かないことが暗黙の前提にされているから「うちの会社の中でどうすんの?」みたいな話に今まではなってたけど、資格を持ってたり、別に現時点で所属する組織じゃなくても自分を活かせる、活躍できる、自分がもっとワクワクできるフィールドがあるんだったら、働く場所を動かしてもいいじゃん?という風潮も出てきている。「ジョブスクリプション」というヤツですね。いわゆる就社じゃなくて就職。

角田 ああ、会社を変えてもね。

加藤 会社を変えてもいいし、独立でもいいじゃん?っていうことにもなってくるので、この「キャリアデザイン」が、自分が勤めてる組織ないしは外……まあ同業種転社を含めた、比較的そんなに広くないところでのキャリアデザインなのか、それとも自分本位に考えた時のキャリアデザインなのかで、話が全然変わってくる。

角田 ちなみに、加藤くんはキャリアデザインは見えてる?

加藤 現在勤めている組織内での職能でいうと、いわゆる広報・PRの経験が長いので、そのあたりの専門性は社内では「そこそこあるよね」認定だと思います。あくまでも相対的なものだけど。

角田 おお、なるほど。僕はキャリアデザインある?　分かんないんだけど。

加藤 それこそ「バラエティ番組を作れる」っていうのは専門性でしょ?　それが今まではテ

レビ局の中で、テレビ番組というアウトプットの中で、ある意味で限定されて発揮してきたわけだけど、テレビ局から出て独立すると、その、バラエティを作るって職能はいろんな対象、案件？に発揮され得るわけだし、今まさに、この本を作る段階でも発揮してるわけじゃん。

角田 うんうん。

加藤 「デザイン」っていう言葉がいいかどうかはいったん置いといて、何にせよ角田くんは自分のキャリアを自分のリソース／資源として以前よりも使えるようになってると云えるよね。それで儲かるのかは……また別だけど。

角田 「キャリアデザイン」って言葉には「閉じてるのか、開いてるのか」みたいなニュアンスを感じる。

つまり、「キャリアデザインが見える」っていうのは、「すごい閉じてる人」みたいな感じが僕にはしちゃうんだよ。すごい限定的というかさ。

ところが、今の話でいうと角田の「キャリアデザイン」はむしろ開いてる。だから「キャリアデザインが見えない」って悩んでる人が仮にいたら、「お前、閉じてるのがほしいと思ってるからなんじゃないの？」って思うんだ。汎用性の高いスキルなのか、人間関係なのか、行動力なのか、文章力なのかは分からんけど……それってキャリアデザインっていうより、単純に人間力なような気がしちゃってさ。

加藤 反応性の高いスキル、角田くんが「人間力」と云ったのはどっちかっていうとユニバーサルな、「それ、どの職種でも必要っすね」なスキルになる。それにプラスして、例えばかとうでいえばPRの、ある程度の回数、年数やってないと分からないPRの専門性がくっついた時に「それはお前しかできないよね」ってなる。「二つのスキルの真ん中の重なるところが君の価値だよね」みたいになっていく、会社でいうとね。主に会社・組織の中でやってるキャリアデザインは。

で、それを「自分自身でデザインするのか」っていうのはまた別の話でさ、神戸大の金井壽宏*先生は著作や講演で「キャリアドリフト」っていう概念を提唱されてます。「自分で自分の向いていることなんか、分からん」と。だから「与えられたことをちょっとやってみぃ」と。そうすると「おお、俺これいいじゃん」みたいなものがあるからって。あんまり自分で閉じて「これしかない！」とかってやってたら……。

角田 ああ、そうだよね。だからこの質問へのアドバイスって、そこな気がする。

加藤 まあ、年齢にもよるんだけどね。

角田 うんうん。僕の大学時代の同級生で、博物館で着物の権威みたいになってる人がいるんだ。でもこっちからすると、「オマエ、大学時代に着物のことなんかやってたっけ?」ってなるわけ。

で、聞いたらさ、最初に就職した別の博物館で、たまたま織物担当になっちゃったの。初めは「織物なんか全然興味ない」って思ったんだけど、やってたら今は日本の権威みたいになっちゃった。

だから、やっぱりキャリアデザインって、本当はその神戸の先生の「キャリアドリフト」だよね。「キャリアデザイン」とか言ってる間は、デザインできないいんじゃないの

【金井壽宏】 一九五四年生まれの経営学者。著書に『変革型ミドルの探求』（一九九一、白桃書房）など。

かな。強いて言うなら、来た環境・チャンスをどう自分に落とし込むかってことでしょ。

◉PDCAもあるけど、OODAってのもある

加藤 デザインって、PDCA*ならP（Plan）にあたるところじゃないですか。二〇二一年現在だと、まだPDCA優勢だと思うけど、ちょいちょい「OODA」（うーだ）って云って人たちがいるんですよね。observation（観察）、orientation（準用）、decision（決定）、action（行動）。要は「最初に計画を決めすぎるな」「状況を見て、そこから動け」みたいなのが、ちょっと注目されている。VUCA*時代ってこともあるんでしょう。

角田 それってさ、「ストーリーとナラティブ*」ってことと似てるでしょ。つまり今まではこういう決まったストーリー、単純に言うと「いつかはクラウン」とか「社長になったら〇〇する」みたいな定まった物語があったんだけど、今はそれがナラティブになってると。

narrativeっていうのは、つまりその人がどうやってその物語やその価値になっていくか、みたいなことだから、OODAもそれなんだろうと思うんだよね。そんなカチッとできねえよ。

加藤 OODAって、朝鮮戦争*時のアメリカ空軍の撃墜王の研究が発端みたい。当時、ソ連製のMiG（MiG－15戦闘機）のほうが……。

角田 ああ、速かったんだよね。

【PDCA】 「マネジメントサイクルの一つで、計画（plan）、実行（do）、評価（check）、改善（act）のプロセスを順に実施する」（『現代用語の基礎知識』より）

【VUCA】 「ブカ。不安定＋不確実性＋複雑性＋曖昧性（Volatility＋Uncertainty＋Complexity＋Ambiguity）の頭文字からの造語。欧米で現在の社会経済環境を表す言葉」（『現代用語の基礎知識』より）

【ナラティブ】 英語で「物語」「語り口」などのニュアンスを持つ言葉。客観的に整理された出来事ではなく、主観的な体験としての物語のこと。

【朝鮮戦争】 一九四八年に成立したばかりの朝鮮民族の分断国家である大韓民国（韓国）と朝鮮民主主義人民共和国（北朝鮮）の間で生じた朝鮮半島の主権をめぐる国際紛争。日本は、米軍の朝鮮出撃基地となったほか、多数の日本人が直接戦場に派遣され、少なからぬ犠牲者も出た。

加藤　だけどアメリカのほうに撃墜王がいて、なんでかって研究してみると「状況を見て、どうしようか」みたいな柔軟性があったっていう話なんだよね。ハードのスペックがすべてを決めたわけでもなかった。ただ……サラリーマンって、柔軟性があることを怖がるんだよね。自分もそうだけど。

角田　分かる分かる。

加藤　組織における評価の仕組み、今のところはPDCA型が多いだろうしね。「お前、今年何やんの？」を決めて、それができたかどうか、を積み重ねていく。でも、自分がどれだけ専門性やキャリア上のリソースを積めたか？って、一年ではなかなか積めないし、積める年と積めない年とがあるんだと思うんですよね。サラリーマン経験二〇年以上あるんで、そう思うんですけど。

たしかに「計画を持たないと怖い」っていう感覚はあるから、計画を持ちたいんだけど、「自分がまだ成れていない者になろう」を計画するのって、怖いし、分からない。だから、「先が見えない」って疑念があるんだとしたら、その根底には「やってみたことのないことを計画しろと云われても、どうしたらいいねん」とか、「このＡＩだ何だの時代の中で、今自分が計画しても、それがホントに合ってんの？」みたいな、そういう「自分で自分の将来を設計・設定することに対する怖さ」があるんじゃないのかと思うんです。

そんな悩みに対して「まあ、なるようになんじゃない⁉」とか「来た球を打とうとしてれば、そのうち打てるようになるよ！」なんて答えるのは、当事者からすると「いや、それあんたが打てるからでしょ」となりがち。悩むこと自体はよく分かる。セルフプロデュースって六つかしいよね。結局、自分で自分のことを計画立てたりするのは六つかしい……。

◉キャリアデザイン・ド。自分でデザインしない。されてみる

角田　だから「キャリアデザイン・ド」なんじゃないの?

加藤　ド?

角田　つまり「デザインされろ」ってこと。

加藤　design"ed"か。

角田　キャリアデザインを自分でしようって、すごい自己矛盾なんだよ。上から降ってきたものなのに。デザインって神様がやるものなんだよね。

加藤　お、来た。

角田　だってdesignも「創造」ってことでしょ。だから「クリエイター」って言ってんのがおこがましいと思ってて、最近僕、「クリエイター」って紹介されたのを全部「作り手」って書き直してるんだ。だってCreatorって、意味が神様だからね。その意味でいうと、「デザインしよう」がおこがましい。

あと、朝鮮戦争の話が出たから太平洋戦争*を例に出すとさ、僕は会社の中でそうだったんだけど、「今回、この目標ね」とか言われた時、それをやってる戦略がそもそも間

【太平洋戦争】
第二次世界大戦の局面の一つ。大日本帝国を中心とする枢軸国と連合国との太平洋を中心とした地域における、連合国側からの呼称。大日本帝国においては当時続いていた支那事変(日中戦争)を含めて大東亜戦争と呼んだ。写真は「学徒出陣」の時の様子。

加藤 違ってる、戦争がそもそも間違ってるのにな、ってずっと思ってたんだよね。

角田 「戦略と戦術の差」の話ね。

加藤 うん。「ここでミッドウェー*を攻撃して、勝つんだ」って言われても、こっちは「いやいやミッドウェーで戦わないほうがいいんじゃねえの?」って思ってんのに、自分が零戦で出発できないよね。みたいなことを僕はすごい感じる。

TBSでいうとそれは「視聴率*獲れ」になるんだけど、「視聴率獲れ」は、戦術的には正しいのかもしれないんだけど、「視聴率を獲る」っていう目標に一番クリエイティビティの高いスタッフを投入してるのって、本当に戦略として合ってるの?って思う。

加藤 話がずれるけど、会社で「自分のプロデュースができない」って迷ったりする人は、昔は上司みたいな人がデザインしてくれてたとこ、あったんだろうね。「お前、次これやってみたら?」みたいにさ。

角田 ああ、はいはい。

加藤 キャリアドリフトの幅は狭いかもしれないけど、「次、これやってみ」って仕事を割り当てられて、いい意味で押し付けられて、「えーっ」とか文句云いながらやったら、できた。そういう"carrier designed"な環境があったのかもしれない。

「自分で決めて、自分でやれ」って感じだけだと、それはまあ迷うよ。だから、それに対する別の手段として「メンター」がそのあと登場してきたのかな? メンターって、直上じゃなくて、横にいる斜め上みたいな人に習うようなことじゃない?

今みんなが「社外の学び」を求めてるのは、昔は上司が与えてくれていたものが簡単

【ミッドウェー】
ハワイ北西に位置する諸島。一九四二年六月のミッドウェー海戦では、仕掛けた側の大日本帝国海軍がアメリカ海軍によって壊滅したが、そもそも日本側の作戦立案に無理があったとされることが多い。

【視聴率】
「テレビの番組が視聴されている程度。その地域の全受信機台数に対するその番組を受信した台数の比率を種々の方法によって推計する。ラジオの場合は聴取率という」(『広辞苑』より)

には得られなくなって「自分で決めろ」って言われているので、本当に自分で探しに行ってるんだという気がする。

角田 「いや、勝手にやりゃいいじゃん」とか「視聴率上がれば、中身が最初と違ってもいいんですよね？」っていうのとは、またちょっとメンタリティの違いがあって、「結果を出せばいいんでしょ」まで腹をくくれるというか、ポジティブに逆ギレできる人は、そんなにいないんじゃないでしょうか？

加藤 それか、会社を辞めちゃうかだね。

角田 だから、自分をデザインしてくれる人……アドバイスと云ってもいいかもしれないけど、そういう人がいたら、とりあえず付いていけば？　みたいな、「守破離[*]の〝守〟をやってみれば？」みたいな話か、ないしは角田くんみたいにポジティブに逆ギレするか、とりあえずどっちかなんじゃないでしょうか。

加藤 まあ、そうだね。

◉キャリアを測る単位を長くしてみたら？

加藤 サラリーマンは基本的に単年度評価なので、ボーナスが上下したり、給料が上下したり、自分と同い年くらいのひとが多少目立ったり出世したりみたいな、ズレは当然生じる。区切るゴールが単年度で近いので、みんなそれに焦っちゃうんだよね。「五年後に追いついたらいいじゃん」みたいな感じがすごく少なくなってて、「いや、今年抜かれ

【守破離】
読み方、「しゅ・は・り」。「剣道や茶道などで、修業における段階を示したもの。『守』は、師や流派の教え、型、技を忠実に守り、確実に身につける段階。『破』は、他の師や流派の教えについても考え、良いものを取り入れ、心技を発展させる段階。『離』は、一つの流派から離れ、独自の新しいものを生み出し確立させる段階」（『デジタル大辞泉』より）

たんで……！」みたいにさ。トーナメント戦というか、短距離走的になってきてるんだけど、一〇〇メートル走ならまだしも、一年って長いじゃん。感覚としては四〇〇メートル走とか八〇〇メートル走くらい。たしか四〇〇メートルまでは無呼吸でいけるんだよね。で、四〇〇メートル走のつもりなんだけど、実は八〇〇とか一五〇〇走らされているような感じ。

角田 で、息切れちゃうんだよね。

加藤 だから、もう微差はあんまり気にしない。

角田 そう、微差は出る！

加藤 出るんだけども、それに一喜一憂しない。そして組織からの評価は単年度なんだけど自分のタームはもうちょっと長く持つ。それができると、サラリーマンでもちょっと変わるような気がする。

「仕事を選べ」ということをすごく云ってると、「来るもの拒むな」派の人もいるから、そこはどっちが自分にとって正しいかよく分からんのが六つかしいよね。

角田 僕のこの質問に対する答えは、「自分のキャリアデザインが見えない」「明るい未来が見えません」って言ってる人に対しては、「キャリアデザイン」とかガチャガチャ言ってる社会や会社がなおらない以上、むしろ日本の明るい未来はないんじゃないかって本気で思うんだよ。

大学でも「キャリアデザイン学部」とかがあるけどさ、あんなの学校の先生が教えられるわけないじゃん!?　だって、その人たち研究しかやってないんだからさ。つまりキャリアデザインってそもそも見えてないのに、それを教えようとしている根本問題が僕の中ではずっとあるんだよ。

だから「せめてカタカナじゃなくて日本語に直せ」ってさっき言ったのは、「キャリアデザインのキャリアデザイン」をもうちょっと明確化しないと。漠然としたまま突き進んでる感じが、すごく未来がない状況だと思う。

加藤 まあ、そうだねえ。

角田 これは日本の会社病でさ、「ちゃんとやってるんですよ」というのが「体(てい)だけやっておきましょう」という意味であれば、極めて日本っぽいんですよ。「大学にはキャリアデザイン学部作りました」とか、「一応人事もそういう研修やります」「メンターの制度を作りました」とか。それで解決するのかっていうと、僕は解決しないと思う。

加藤 自分の属している組織の、食い扶持を稼いでいる仕事そのもので自分の人生が輝く必要があるのかっていうことだよね。その対極が『釣りバカ日誌*』のハマちゃんになるわけですけど、じゃああれはキャリアとして輝いてないのか。

角田 社長とあれだけ懇意なら、それはもうすごいキャリアだよね。

加藤 だけどサラリーマンとしては評価されてないんだよね。

角田 役職ないヒラだもん。

加藤 だから「自分の人生が楽しいかどうかと、本業におけるキャリアデザインが輝かしいかどうかは別」ということに折り合いが付けば、また変わる。

角田 強いて言うなら「ライフデザイン」ならまだ納得いくんだけど、「キャリアデザイン」っ

【釣りバカ日誌】 作・やまさき十三、画・北見けんいちの漫画。一九七九年からビッグコミックオリジナルで連載。また様々な媒体にメディアミックスされており、中でも西田敏行と三國連太郎が主演した映画版は毎年の定番映画だった。

て言われると、「いや自分、キャリアデザイン見えないんですけど」って後輩が言ったら「とか言ってるからダメなんだよ」って言っちゃうな、やっぱり。

◉「就社」なのか「就職(業)」なのか

加藤 あえて訊くと、そう云ってる角田くんには、自分の未来や将来に対する「漠然とした不安」とか「おそれ」はないんですか?

角田 いや、それはめちゃくちゃありますね。あるんだけど、この前コルクの佐渡島庸平[*]さんと話したんだけどさ、「会社の中にいるのと会社辞めるのと、どっちが不安度が大きいか」って話題で、「不安が大きいのは会社の中なんじゃない?」って話になったの。

加藤 というのは?

角田 『会社の中は安定』、『会社を出たら不安定』っていうのはなんでだろう」って話になったときに、佐渡島さんは「作家を育てて漫画も作ることを突き詰めると、不確かなのはどちらも同じだけど、大手出版社にいるほうが、いないよりも不安定なんじゃないかと思った」って。

加藤 その「安定」っていうのは、どういうことを云ってるんだろうね。

角田 それはやっぱり「人生の安定」じゃない? 「やりたいこと」と「稼ぐ金額」と「どうやって自分が自由でいる」のどこをトレードオフするかみたいな話だと思う。

加藤 多分、佐渡島さんは「就・職業」、字の如く職業そのものに就くことをしたんだと思う

【佐渡島庸平】
一九七九年生まれの編集者。講談社で数々のヒット作を担当。二〇一二年に講談社を退社後、作家のエージェント会社「コルク」を設立。

んだよね。

角田 ああ、そうだよね。

加藤 「作家を育てる」っていう職業に出会って……でも会社にいると、異動によって社内転職させられる可能性あるわけだもんね。あるいは編集者としての担当替えもあるだろうし。自分としてはせっかく「俺、これ向いてるなあ」と思っているのに、組織人にはなかなかそれを追求しにくいところがある。

自分が儲かるかどうかは別として、いわゆる天職が見つかった自覚があったら、組織辞めても後悔しないんだろうな。

角田 だから僕は、TBSにいてもいなくても……まあ「TBSを辞めたほうが安定する」とはさすがに思えなかったけど、だけど「同じぐらいかな」とは思った。だから辞められたんじゃないかな。

それと、現実に僕には「自分の人生をデザインしよう」っていうのはないんだよ。それを始めると逆に不安だらけになっちゃうから、そんなことは考えない。

昨日も、ある大企業の社長と会食した時に面白いビジネスモデルを思いついて、それを社長に言ったら「面白いからぜひやりましょう」みたいなことになってさ。

その会社とはコンサルのような形で契約をしていて、僕の中の不安で言えば「そこのコンサルなくなると、来年自分の収入がドタ減りだなあ」、だから元々は「そのコンサルを継続したいなあ」があるわけなんだけど、一方でコンサルなんかやっていたくもないわけ、つまりは稼ぐためにやってるわけだから。

と思いながらも、その社長さんと話しているうちに「これビジネスになりますよね」なんて話からすごく盛り上がったりして、「今年テストして、来年別会社つくろう」とかって盛り上がったわけ。

……みたいな感じなの。そこに「自分のデザイン」とかは一ミリもなくて、やりたいことがまず先にあって、それをどうかたちにするかを考えて、やり続けていくしかないんだろうなと思うんだよね。僕の人生としてはさ。

◉僕らは、誰と比べて凹んでいるのだろう

加藤 ある程度経験やスキルセットを持っている人の場合はそれでいいかもしれないんですけど、この質問の場合は「僕、まだそれ持ってないんですよ」でしょう。

そこが問題なんだよね。「不安はずっとあるよ」っていう話と、不安はあっても帳尻を合わせられる、ある程度の自信・確信・積み上げてきたものがあると、角田くんのように行ける。でもまだ若かったり、組織の中でいろんな理由で転々としてしまって自分の中で積み上げてきたものがなかったりすると、「未来が見えない」とか「不安だ」になっちゃう。そこには分かれ目があるのかなー。

言葉として適切か分からないけど、「一人前」になったか、なっていないかによってキャリアデザイン的なものに対する考え方がだいぶ変わる説だな。

角田 僕はもう少し仏教的な考え方だな。例えば、最初に本を書いたのって四二歳なんだけ

ど、それまでもずっと、一〇代二〇代の頃から「本を書きたいなあ」と思ってきたわけよ。「書きたいなあ」と思ってきたんだけど、「僕のこのスキルじゃ書けないな」とか、書けない理由を探すわけ。「このキャリアがない」とか「ネームバリューがない」とか。ただ、そういうふうに思わなくなったら、書けたんだよね。つまり、「あるところに到達すれば書ける」と思ってしまうこと自体が若者の幻想じゃないかと思っていて、自分が無になればやれる。そこの考えがちょっと仏教に近い。

僕の場合、直接的には水道橋博士[*]のところでメルマガ[*]書いたのがきっかけ。博士に「書きなよ」って言われて、「博士に認められた」っていう自分の中での太鼓判みたいなものがついたから、本も書けた。

それと、いろいろな人にインタビューとかで会うようになってみたら、「どう考えても僕より物事知らないだろう」っていう人も本を書いててさ。「こいつが書いてんだったら、僕も書いていいだろ」って思えるようになったこともあった。だから「自分の中で積み上がっていく」というよりむしろ、外の環境が自分をそうさせたような気もするんだよね。

加藤 そういう意味では、悩んでいる人は井の中の蛙なのかもね。

角田 そうそう、「自分との戦い」だと思いすぎている。

加藤 なるほどなあ。

角田 逆にいえば、「自分のスキルなんて、一生誰も認めてくれないよ」ってことなわけ。「自分はイチローか」とか「自分は村上春樹か」とか「自分は桑田佳祐か」みたいに比べて

【水道橋博士】
一九六二年生まれのお笑い芸人・漫才師（浅草キッド）・著作家。中学の同級生にザ・クロマニヨンズの甲本ヒロト、オウム真理教元死刑囚の故・中川智正がいる。

【水道橋博士のメルマガ】
「水道橋博士のメルマ旬報」
https://bookstand.webdoku.jp/melma_box/jyunpo/

しまって、そうなれてないからプロ野球選手にも作家にもミュージシャンにもならないんだと思うんだよね。

加藤 「外を見る」と云った時に、イチロー選手を見ちゃうと圧倒的な差があって凹むから、「狭い外」で好いような、十分な気もするけどね。

角田 まあ、憧れの先輩でもいいしさ。誰でもいいんじゃないかな。

加藤 「憧れの先輩」がイチローまで行っちゃうと、すごすぎて凹むから、会社の外も含めて「身の周り三〇メートルくらいの中での、自分」ぐらいに区切りをちょっと変えるだけでもいいんだろうね。

専門性とかって、会社で「お前すごいね」って云われるためには世界一になる必要はなくて、社内で自分が関わっている人たちの中で一番詳しかったら「お前が一番の専門家じゃん」って扱われるようになるわけだよね。そういう、小さいグループ、人の集団の中での専門家になるところから始めるやり方はあると思うんだよね。

角田 ラジオのプロデューサーをやってて、第一回のゲストがクドカンさん[*]（宮藤官九郎氏）だったのね。面白かったのは、あの人っていつもすごく謙虚なんだよ、いつも下手に出る。

それで、「どうしてなんですか」って訊いたら、クドカンさんは「下手に出なくても僕に怒らなくなったし、意見も言わなくなった。そうすると、僕より若い人は、僕が何でも知ってると思ってるんですよね」って言うわけ。台本上で、単純に間違って同じセリフを二回書いちゃった時にも、「クドカンさんが二回書いてるから、これは繰り返し

【クドカン】
宮藤官九郎。一九七〇年生まれの脚本家、俳優、ミュージシャン。劇団「大人計画」所属。『木更津キャッツアイ』『タイガー&ドラゴン』『あまちゃん』『いだてん〜東京オリムピック噺〜』などドラマ作品の脚本で知られる他、コミックバンド・グループ魂のギタリスト「暴動」としても活動。

に意味があるんですよね？」みたいな扱い方をされちゃう。「だから謙虚にしていないとかえって対等に関わってもらえないんです」って。

変な言い方だけど、クドカンですらそうなのよ？　映画監督と会っても「この人、あんまり物事知らねえな」って思う時もあるし、だから実は、半径三〇メートル以内のひともイチローも、会ってみたら大して変わらないかもしれないんだよね。

ただ、それが運の巡り合わせとか、ほんのちょっとの差のところで、やった人は大リーガーになれるし、「俺、昔甲子園狙ってたんだよね」で終わっちゃう人もいる。そういうことなんじゃないかと思うんだよね。

加藤　分からなくもないけど、とはいえ、ある程度はトコトンやらないと頭ひとつ抜けないのは事実だよね。みんなと同じことだけしてても変わらないわけだから。

角田　それはそう。やっぱりミスチルの桜井さんが一番ギターの練習してると思うし、山下達郎さんが日本で一番ポップミュージック詳しいし、イチローが一番練習してるし、桑田さんがアレンジとかに一番時間かけるし……みんな「天才」というよりは、やることをやってるよね。

加藤　だからといって日本一の人との比較はあんまりお薦めしないと。ワークショップの機会がある時に云っているのは「使う時間とお金は今までと同じでいい」。「だけど、使い方の配分を何かにちょっと寄せるだけで、あれよあれよという間にチームの中で一番の専門家になれちゃうんじゃないですか？」ってこと。

例えば「●●監督の映画が好きで」って云う人に「その監督の映画は全部観てま

す？」って訊くと、全部観たって人、ほとんどいなかったりするんですよね。多作な映画監督で一〇〇本くらいだとすると、時間換算で三〇〇時間くらいでしょ？

角田 大したことないんだよね。

加藤 そこをちょっとズラすだけで、結構違うじゃないですか、と云いたいかな。使った時間とお金が、すんなり〝当たる〟かどうか分からないところは結構怖いけどね。でも、使う時間とお金の配分をちょっと変えるだけで、気付いたら差が出るんじゃないかなという気はします。

角田 分かる。僕も「週刊プレイボーイ」に映画の連載してるから「映画お詳しいんですね」って言われるけど、全然詳しくないんだ。

加藤 でも、人よりは観てるでしょ。

角田 テレビマンの性（さが）として「知らない人よりは知ってる」っていうことが死ぬほどあるわけ。専門家に会うと途端に玉砕することがたくさんあるわけだ。

でも、例えば映画の専門家は映画に詳しいわりには世界史は全然知らなかったりする。だから「これ、ローマ帝国のメタファーになってるのに、気付かないの？」みたいなこともあって、僕としては「そこに気付かないのに『この映画はすごい』みたいなこと言われても」って気になったりもするわけ。だから、専門家には敵わないけれど、実は大したことない知識でも大量に持ってると援用できると僕は思ってる。

それで、「キャリアデザイン」に関してもちょっとだけ抵抗を感じるのは、僕は「ジェネラリストという名のスペシャリストになろう」とずっと思っていたからさ。

加藤 狭い世界の中で配分を変える時に、「みんながやってる領域」に自分を寄せていくと相対的な比較は常に続くんだけど、「みんながやってなさそうなところに行く」というやり方もあるっちゃあるよね。

◉セルフプロデュース、たしかに六つかしいのですけれど……

角田 アップルシード・エージェンシー*に所属している麻生川静男*先生のことを僕はすごく好きで尊敬しているんです。めちゃくちゃ勉強していて物事を何でも知っているし、ものすごくリベラルな方なんですよ。それこそ「リベラルアーツ*研究家」って名乗ってるくらいだしさ。

麻生川先生は「この前後一〇〇年の話はしない」って言ってるんです。一〇〇年前の話や一〇〇年後の話はするけど、今から前後一〇〇年の話は興味ないからしないって言っているのね。それってリベラルアーツとしてはすごく面白い。「一九世紀の韓国はこういう技術力だった」とか「こういう精神性だった」とかすごくよく知っているし、話は面白いんですよ。

だから僕もそこはすごくリスペクトしているんだけど、でも彼が出してる本って結局「嫌韓本*」なんだ。ただ、そうなったのもちょっとだけ分かるのさ。麻生川先生が「一八世紀の朝鮮半島はこういうふうに劣ってた」って書くのは大局観であって、朝鮮人を貶めたいわけではない。研究的な事実に基づいて、日本も含めてさまざまな地域の文

【アップルシード・エージェンシー】
作家エージェント会社。麻生川静男の他、加藤昌治も所属。

【麻生川静男】
一九五五年生まれのリベラルアーツ研究家。著書に『本物の知性を磨く 社会人のリベラルアーツ』(二〇一五、祥伝社)などがある。

【リベラルアーツ】
「①自由学芸に同じ。(自由学芸：ギリシア・ローマ時代からルネサンスにかけて一般教養を目的とした諸学科。すなわち文法・修辞学・論理学(弁証法)の三学および算術・幾何学・天文学・音楽の四科の七学科。自由七科。)②自由な心や批判的知性の育成、また自己覚醒を目的にした大学の教養教育の課程」(『広辞苑』より)

【嫌韓本】
「韓国による日本への攻撃」とされるものを批判する書籍の総称。二〇一四年一〇月二六日の毎日新聞東京朝刊に掲載された第六八回読書世論調査によれば、「嫌韓・嫌中」本・記事を読んだ人の四五%が六〇代以上で、一〇代後半は三%、二〇代は八%とのこと。

化・歴史を批判している。
でもそれが、中途半端な編集者が担当すると「嫌韓の話が面白いから嫌韓本を書きましょうよ」って話になってしまう。おそらく麻生川先生も編集した原稿を読んで、「僕の言っていることとしては概ね間違っていないから、いいでしょう」ということで、「嫌韓本の著者」になっちゃうんだと思うのね。
僕は、麻生川静男先生の知性が「嫌韓本の著者」という形で世の中に出てしまうのは、断然間違いだと思う。そして「キャリアデザイン」って、本当はそういう問題なんじゃないの？
つまり、「僕は嫌韓本は出しませんよ」って言えることが「キャリアデザイン」なんだと思う。今の世の中で嫌韓本を書く人がどう見られるか、そういったことがトータルで分かってるかどうかだと思うんだよね。そこまで踏まえた上で「自分は嫌韓本を書いて有名になっちゃったほうが、世の中に出るルートが早いんだ」と思ったならいいんだけど、麻生川先生はもっとピュアだから、多分そこまで考えてないんじゃないかな。

加藤 セルフプロデュースはやっぱり六つかしいよね。

角田 僕が麻生川先生のプロデューサーだったら、「あの人の知の芳醇さをどう出すか」みたいなことを考えるんだけど、編集者は「先生の朝鮮の話は嫌韓本にしたら売れる」と考えたんだろうね。キャリアデザインについて、麻生川先生のケースのような方向に話が行っちゃう。

加藤 「プロデューサーを見つけろ」って云っちゃうのは簡単だけど、「じゃあどうやって見つ

角田　けたらいいんですか」になっちゃうよね。

加藤　実際「そんな人いないです」ってなっちゃうもんね。

これ、石井力重*さんから教わったんだけど、啐啄（そったく）といって、卵が孵（かえ）る時って、雛が内側から突くのと親が外側から突くタイミングが合うと、パカっと割れるでしょう。内側から突く圧力が弱いまま外から開けてもらうことを求めていても、それはやっぱり厳しい。自分が内側から頑張って突くことも必要なんでしょうね。それがもしかしたら「もがいてる」っていうことなのかもしれないけど。

だから、他人がどうにかしてくれるのを待つのではなく、本人ができることをやる。その「もがき方」としては、「半径三〇メートル以内の世界で一番詳しくなれるように、狙いを定めて時間を突っ込む」というのを最初はお薦めします。サラリーマンだから、かける時間とお金の総量は変えなくていいから。「そこで借金してでも突っ込む」ってなると、ポジティブなヘンタイとしてそれはそれでいいんだけど、普通はこわいからね。

【石井力重】
一九七三年生まれの創造工学研究者。著書に『使えるアイデアがあふれ出るすごいブレスト』（二〇一〇、フォレスト出版）、『アイデア・スイッチ』（二〇〇九、日本実業出版社）などがある。

角 人生はクレームで溢れているので、大事なことは、そのクレームをどう優しく伝えるか？

加 自分の願い、思いを正しく相対化できない時の過剰反応であるケースもある。

く【クレーム】

電話で怖いクレーマーにしつこく怒鳴られてトラウマになってます。クレームに対応するいい方法はありますか？

◉話せば分かるのは、八割ぐらい感覚

角田 クレーム*に対応するの、どうですか？

加藤 そりゃ怖いよ。昔、二時間くらいずっと電話で怒られたことがあります。

角田 「クレームを言われたら、言われた以上に返す」っていうのが、僕の中でのクレーム対応です。

テレビの場合、レギュラー番組だとクレームへの回答の仕方も決まっているから担当部署がやるんだけど、特番はどんな内容になるか決まってないから、スタッフルームにすぐに連絡が来ちゃうの。

それでね、「身の回りのもので、どれだけのものが作れるか」っていう科学特番を

【クレーム】
「①売買契約で、違約があった場合、売り手に損害賠償を請求すること。②異議。苦情。文句。（後略）」（『広辞苑』より）

やった時に、「これとこれを使うと発火できます」みたいな内容に高齢者の男性からクレームの電話が来て、「うちの孫が真似して事故になったらどうするんだ」と言うわけだ。

僕はそれに対して、「それは、おじいちゃんがお孫さんと一緒にテレビを見て、『これをやって爆発したら火傷しちゃうからな』ってあなたが言えばいいじゃないですか」って言い返したのね。ノーベルがどうのとか、「科学の進歩と危険は隣り合わせなんです」とか、いろいろ言いながらね。「ただし、それで人を傷つけちゃダメだって教えるのが大人の義務でしょ」って言ったら、向こうも「君、なかなかいいことを言うね」って言って、仲良くなった……ということがあったんです。

だからクレームの対応って、そこまでやるしかないんじゃないかと思うんだけど、ところがサービス部門の窓口って杓子定規にマニュアル対応するから客と揉めるんだと思うんだよね。

もちろん僕のやり方がいつも正解ではなくて、どうしても話の通じない人も数パーセントはいるよ。どんなに誠実に正面から対応しても怒り続けたり、なんならナイフ持ってやって来るみたいなやつがね。

その人と遭遇しないように、遭遇したらどうやって身を守るかということを頭の片隅に置きつつ、でも「八割くらいの人は話せば分かる」ということも信じることが大事なんじゃないかな。

クレームが付いたところが本当に悪いんだったら謙虚に反省しなきゃいけないけど、

「すみません」って認めちゃうと組織としては裁判で負けちゃうから「いいご意見をありがとうございます」って言わなきゃいけないとか、いろいろあるとは思うんですけどね。

加藤 返し方のところをもうちょっとほぐしておかないと、威圧的に云ってきた相手にさらに高圧的に返す人が出てきちゃいそうだね。

角田 そうだね。そこは「高圧的に返す」っていうことではなくて、「こういう思いで番組を作っている」という嘘じゃないことを伝えると、そこは相手もレトリックに乗っかってるわけじゃない？

それが、例えばTwitterでのクソリプ*のやりとりって、こちらの原理原則を無視してクソリプしてくるから議論にならない。だから僕はTwitterで議論しちゃいけないと思うんだけど、クレームもそれに近いんじゃないかなと思うんだよね。

◉先人の開発した偉大なスキルはパクっとけ

加藤 その話は、自分が手がけたものの話だから成り立ったところがあると思うけど、サラリーマンの場合は「俺のせいじゃないのに」みたいな、前線に駆り出される場合もあるじゃないですか。

そういう局面を考えるとしたら、まずはやっぱり「受ける技術」ってありますよ、本当に小手先かもしれないけど。「そこでいきなりハードにぶつかるな」とか、「とりあえ

【クソリプ】
主にTwitterやインスタグラムなどのSNSにおけるリプライ（特定の投稿に対する返信・応答）のうち、内容がまったく見当外れであったり気分を害するようなリプライを指す。

ず相手の云っていることをオウム返しにする」みたいな。本に書いてあるし、トレーニングメニューがあることだけどね。

実体験として、そういう研修を受けたことがありまして。終わった後にちょっと「面白いな」と思って、職場でもやってみた。わざと心を込めずに「そうなんですね」ってオウム返ししたりとか。でも、それを一〇日とか半月ぐらいやっていたら、だんだん自分の返事の仕方が「いい人っぽい感じ」になってきて、「これ、効くな！」と思ったんですよ。実際に効くし。

角田 だから、「先人の開発した偉大なスキルはそのまま素直にパクっとけ」。使ったほうが得ですよというのがひとつ目の回答。

武道でいう「型」だね。武道は「こうやるのが一番効率がいい」っていうのが、太極拳*だろうが合気道だろうが空手だろうがつくってある。だからまずはそれを覚えて、その上でのアレンジング。

◉「社会人芸名」を提案します

加藤 もうひとつは、現実にはなかなか六つかしいかもしれないけど、芸名作戦というのがあるんです。

角田 芸名作戦？

加藤 「社会人芸名」って云うんですかね。社員さんが全員、全員芸名で仕事されている会社

【太極拳】
中国武術のひとつ。れっきとした武術だが、健康法として捉えられることも多い。

さんがあるんだよね。ビジネスネームって云うんだけど。本名何だっけぐらいの浸透度みたい。

角田 へー！

加藤 ここからは想像たくましくして云うと、仕事上の別名があればさ、仕事で怒られている時も、自分じゃなくて別人格が怒られているような感じがして、結構健康でいられるじゃないのって。「加藤昌治」という本人が怒られているのではなく、芸名の「木村重成」が怒られているという状態だと、精神的にだいぶ楽になると思う。

角田 『ロバート・ツルッパゲとの対話』*という本が売れているワタナベアニ*さんという写真家がいるんだけど、その人もやっぱり「ペンネーム持つといいですよ」って言ってたね。世間から「アニさん」「アニさん」って言われているから、クレームも当然「アニ」に対して来るんだって。「それが本名で言われればイラッと来るけど、言われているのは『アニ』だから何とも思わない」って。だから、メンタルは弱いけど自分の名前を売りにしたい人は、ペンネームを持ったほうがいい。

加藤 名は体を表すからね。会社の中ではなかなか六つかしいかもしれないけど、心の中で切り分けると結構違うんじゃないかな。すべての会社、組織が導入すべきなんじゃないかと思っているくらいよ。

角田 本当にそうしたほうがいいね。その代わり、ビジネスネームはSNSとかに出してもいいってことにしたほうが楽だよ。本当は「鈴木たかし」さんなんだけど「木村さぶろう」って名乗っときゃいいんでしょ。「木村さぶろう」が何かやっても別に大丈夫って

【『ロバート・ツルッパゲとの対話』】
ワタナベアニの著書。二〇二〇年にセンジュ出版より刊行。

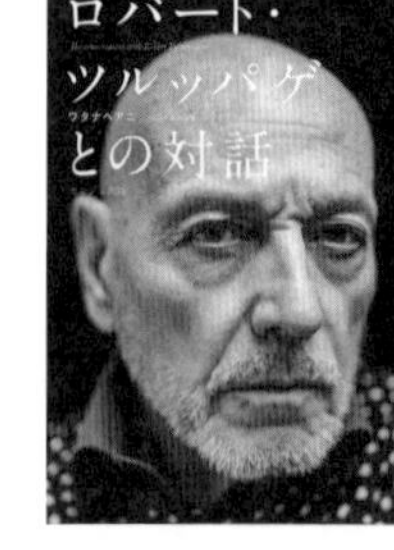

【ワタナベアニ】
一九六四年生まれの写真家、アートディレクター。

【ジャッキー・チェン】
一九五四年生まれの香港の俳優、監督、プロデューサー、武術家。ブルー・スリーに象徴されるような暗い復讐劇の多かったカンフーアクション映画のなかにコメディの要素を取り入れた映画作品を生み出した。アジア圏のみならずアメリカでも人気を博し、大スターに。

いう。

加藤 お薦めしたい。

角田 香港の人たちのイングリッシュ・ネームってあるでしょ。ジャッキー・チェン*の「ジャッキー」とかさ。あれって、思春期ぐらいに自分で付けるんだって。高校に上がった時に「自分のことはこれからロバートって呼んで」みたいに。

それ聞いた時に、僕、「羨ましいな」って思ってさ。自分の名前って親から与えられたものであって、自分で付けてないじゃん。だから、自分の名前を自分でコントロールできるって、すごくいいなあって。それができないことは、どこかで自分の弱さになるよね。

加藤 そう考えると、昔はみんな複数の名前を持ってたよね。

角田 そうなんだよ！ 幼名とかでしょ？ 藤吉郎と秀吉*みたいな。

加藤 どんどん名前変えてるもんね。

角田 日吉丸、木下藤吉郎、羽柴秀吉、豊臣秀吉って変わるわけでしょ。それってありだと思う。日本の現代人のメンタルの弱いところをカバーできる、ひとつの甲冑みたいなものが足りなくなってるんだと思うんだよ。

加藤 それって個人主義の影響かも？ 昔は社内だと名前で呼んでなかったでしょ。「課長！」とか役職で呼んでたわけで、あれって芸名、ペンネームなんだな。

角田 そうなんだよ。だから「吉田課長」なら、「吉田」の人格じゃなくて「課長」の人格とコミュニケーションしてるんだよ。

【秀吉】 豊臣秀吉。一五三七年生まれの戦国武将。のちに天下人、武家関白、太閤となり、一九九八年に没。秀吉は自身の御伽衆である大村由己に伝記『天正記』を書かせているが、秀吉の素性の説明は本ごとに異なっている。歴史学者・服部英雄はあらゆる史料をもとに秀吉を研究し、刊行した書『河原ノ者・非人・秀吉』（山川出版社）が二〇一四年に話題となり毎日出版文化賞を受賞。差別に耐えながらも社会の重要な役割を担う人びとと、非人の世界に身を置きながら関白にまで昇りつめた男として秀吉が描写された。

加藤　「課長、だからそうやっているんですよね、分かります」みたいな。

角田　「吉田さん、は本当はいい人なんですよね、分かりました。課長、は超ムカつきますけどやります」とかってやっていられたほうが、お互いに問題が少なかったんじゃない？

加藤　とすると、「役職は付けないで『さん』付けで呼び合いましょう」制度はもしかしたら、かえってつらい場合があるのか。

角田　個人としてズキズキくるじゃん。

加藤　強い人間を想定しているんだろうか？

角田　個人主義っていうものをムラ社会的な集権主義に対置したことで、個人を「加藤昌治」という一枚岩な存在にしちゃってることは、多分日本の勘違いなんだよね。むしろ、もっとペルソナを持っていられたほうがいいんじゃないかな。

加藤　なるほどねえ。平野啓一郎*さん曰くの「分人*」的なことだよね。そういえばアメリカだと、職場で普段はファーストネームで呼び合ってても、怒る時とかは姓を使うんだって。そこで人格が分かれているんだろうなあ。

角田　普段は「ボブって呼んで」って言ってくる上司とのやりとりでも、本当に怒られている時には「ミスター・スミス」とかって言っているよね。

加藤　なるほどね。というわけで、みんな芸名を持とう。

角田　いいね。これはそういう回答でいこう。

加藤　変な名前である必要はなくて、「加藤昌治改め、俺は木村重成だ」みたいな。

角田　なんで「木村重成」なの？

【平野啓一郎】
一九七五年生まれの小説家。『日蝕』（一九九八、新潮社）で芥川賞を、『マチネの終わりに』（二〇一六、毎日新聞出版）で渡辺淳一文学賞を受賞するなど、多くの話題作を発表している。「分人」の概念については『私とは何か「個人」から「分人」へ』（二〇一二、講談社）に詳しい。

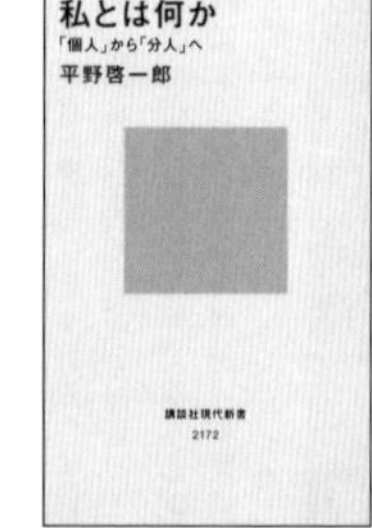

私とは何か
「個人」から「分人」へ
平野啓一郎
講談社現代新書
2172

【分人】
小説家の平野啓一郎が提唱する、「人間のパーソナリティは分割可能であり、対人関係ごとに異なる自分がいる」という考え方。

加藤　それは木村長門守重成*っていう、大坂夏の陣で豊臣方に付いて討死したうら若き侍がいたわけですよ。で、若き日の加藤少年は、少年少女講談社文庫の『真田幸村』を読んで「木村長門守重成ってかっこいいな……ボクは木村重成になりたい」と心に誓った一巻の物語。

角田　じゃ、これから「木村さん」って呼ぼうか。でも芸名はマジでありだと思う。

加藤　名前を付けよう。

角田　TBSに「サード吉田さん」って人がいたんだ。当時「吉田さん」が三人いて、その三番目だったからなんだけど、それからずっと「サードさん」ってみんなに呼ばれてるんだよ。あれ、すごく憧れるんだよね。

僕もそう呼ばれたいんだけど、君、高校時代から僕のこと呼ぶ時は「角田氏」か「角田くん」だもんね。「角田」からの脱却ないよね。

加藤　……じゃあ「陽ちゃん」にしようか（笑）。

角田　ははは!!　でもそれも人格は変わらないからね。我々、仲良いけど特にあだ名はないよね。みんな名前で呼び合うね。

加藤　でも女子同士で「ナントカ氏」って言うのも聞いたことあるな。あれも、ちょっとズラしてる感覚なんだろうね。

角田　別人格にしてるんだよ。「ひろこ」じゃなくて「鈴木氏」とかって呼んで、別人格にしてあげてるんだよ。

加藤　サラリーマンでも、役職で呼ぶなり「サード」って呼ぶなり、本人の個性を表しきらな

【木村長門守重成】
文禄二年（一五九三年）頃生まれの武将。豊臣家の家臣。慶長二〇年（一六一五年）の大坂夏の陣で討ち死にしたとされる。

い名前で呼んであげるのがいい感じなのかもしれないね。その「サード」って、本人の意志とか特徴じゃなくて、たまたまじゃん。

角田 そうなんだよ、たまたまなの。その感じって、すごくほっとするんじゃないかな。一段守られるよね。つまり「自分の人格に外堀つくれ」ってことなんだ。

◉「サードネーム」を持とう

加藤 その外堀コンセプトを広げていくとさ、名前っていくつあったらいいんだろう？

角田 実は二つじゃ足りない気がする。っていうか二つはもう持っていたりするよね。子どもの頃は「本名」と「あだ名」があってさ。

加藤 そうか。すでに僕らは二つ持っている人も多いのか。じゃ、それ使えばいいか。

角田 それはそれで違う。なぜかというと、さっきの話でいうとあだ名、二つ目の名前ってなんていうか、まだ自分自身だと思うんだよね。本名をちょっとひねっただけとか、悪口系になると身体的な特徴をあげつらってとかさ。本人も実はあんまり嬉しくない系のさ。

加藤 慣れちゃったけど、ホントは嫌なあだ名、あるあるだな。

角田 で、本名とかあだ名はもう過去のモノだから、それはそれで置いといて、さっきの会社とかジャッキー・チェンじゃないけど、自分で自分にちゃんと名前付けたほうが好いんじゃないの。愛着も生まれるし。

加藤 人生、名前みっつは必要ですよと。

角田 そう。「サードネーム」[*]って感じ？　サードプレイスってあるじゃん。あれって、自宅、会社、で三番目でしょ。名前も同じで、本名とあだ名とサードネーム。

加藤 どこで使うといいんだろう、サードネーム？

角田 だから、それはいろいろあっていいと思うんだけど、思い切って自分を変えたい時とか、なんかあるよねそれぞれのシチュエーションが。でもあれかな、特に自分が何かを表明したいときとか、それこそTwitter始める時とか。

でもあれですよ、そういうペンネーム付けるとして、みんななんていうか適当に付ける人が多い気がするんだよね。わけわかんないゴロあわせだったり、自分が好きなキャラの名前とかエピソードもじったりとかさ。なんか、そういうのはよくないというか、もっとちゃんと考えて付けるべきと思った。豊臣秀吉とか出世魚みたいに、途中で名前変えてもいいじゃんか。

加藤 画数見てもらったりして。

角田 考えてみたら、働いている時って周りの事情っていうか圧力とかいろいろやってくるから、一〇〇%自分を出すなんて無理なわけですよ。だから名前にも圧力がくるって感じがする。そういう意味でいうと、ゼロから名前を付けるってすごいチャンス。圧力から自由になれる。ちゃんと考えたほうがいいよね。

加藤 作家とかのペンネームエピソード、参考になるかもね。ちなみに角田くん、いまいまサードネームが必要な人？

【サードネーム】
本書のキーになる概念のひとつ。P127、193、202の本文と、詳しくはP139からのコラム「サードネーム」を参照。

角田　あーこのアイデアもっと早く知りたかったなーってのはありますが、今はまあ、いらないかな。

加藤　なんで？

角田　もう本名でやっちゃってます、というのがあるけど、自分の中にある程度、やってくるプレッシャーというか、悪口とかも含めたいろいろなのから身をかわせるというか、逃げられるとかあるいは反対に向かっていくやり方が分かっているからかな。

加藤　だとすると、ホントに全員が必要としないのかもしれないね、サードネーム。自分を守る殻、っていうの？　そういう性格もあるのか。

角田　そうだね。だから、必要としなくなったら本名に戻る、のもあると思う。

加藤　じゃあさ、誰か目の前にサードネームを必要とする人がいるとする。さてどんな名前にしたらいい、のアドバイスする？

角田　鑑定士か！　どうだろう。名前は自分のブランディング*にもなっていくから、その辺りと聞くことは同じかな？

加藤　どんなこと訊くんですか。

角田　まずは、何年後かにどんな自分になってたら嬉しいか、理想的かってのは聞くよね。具体的になっている人もいるし、あいまいな人もいるけど、そこは聞く。あとはそのために自分がいま持っている財産というか、できることとか、持っているものを聞くかな。どんな勉強してきたかとか、仕事上の得意なこととかも含めて。理想があるのはいいんだけど、実態と離れすぎててもキツいから。

【ブランディング】
「企業などが、自社製品や企業そのものの価値やイメージを高めようとすること。ブランド化」（『広辞苑』より）

加藤　なるほど……これ、「サードネームの作り方／使い方」だけで十分一冊分のコンテンツだな。一回ここで打ち止めしとく？　この話、最初クレームにどう対応するか、だったよね……遠く離れて三千里。でもいいか。で、ちなみに今、名前って変えられるのかしら。

——　変えられます。うちの父が戸籍から変えました。

加藤　そうなんだ！　でも戸籍名から変えちゃうと自分の名前だからサードネームにならないっすね。

角田　そう。だからあくまで、自分に「別の名前を付ける」ってことなんだよ。敢えて「リングネーム」って言ってもいいんじゃない？「ビジネスを戦場として、自分にリングネームを付けたらいいんだよ」っていう話。リングネームをそれぞれ持つと、強くなれるんじゃない？

加藤　リングネーム？　サードネーム？　いわゆるビジネス、に限定しないほうがいいのかな。まあ、どっちでも少なくとも自分がヘコまないで済む確率は上がるよね。自分的には、たまたまだけど「加藤莞爾」って名前を使ってるんだけど。

角田　それって「にっこり」って意味での莞爾（かんじ）でしょ？　石原莞爾*の莞爾ではないんでしょ？

加藤　本当は一冊目から「加藤莞爾（かとうかんじ）」名義で出したかったんだけど、当時の編集者から「石原莞爾を連想させるからどうかな〜」って云われましたね……。「泉鏡花文脈*の莞爾なんですけど……」などなど云ってみたものの、ダメでした。それでメールアドレスには採用しているなんちゃってサードネーム。でもずっと使っていると「莞爾さん」って呼ん

【石原莞爾】
一八八九年生まれの軍人。一九四九年没。満州事変の首謀者として知られる。

【泉鏡花文脈】
石原莞爾のイメージがついているが、そもそも「莞爾」とは「にっこりとほほえむさま。にこやか。」（広辞苑より）という意味の言葉であり、泉鏡花は作品中にこの漢字を「莞爾（にっこり）と笑いかける。」のように読ませている。余談だが「にっこり」といえば、「咲」の漢字にも「にっこりとほほえむ」という意味があり、「咲（え）みを湛（たた）える」などのように使う。

でくれる人もいるけどね。

名前と云えば、例えば「かちこ」さん、っているとするじゃない。勝ち負けの勝ちが名前になっているとして。黒川伊保子先生*にその話をしたことがあってさ。そしたら黒川先生は、仮に「まけこさん」っていう人がいたとしたら、「かちこ」のほうが明らかに自分に自信がつく、とおっしゃってました。人間が一生のうちで一番たくさん聴く音は、自分の名前なんだって。黒川先生は意味だけじゃなくて音を問題にしているんだけど、やっぱり自分の名前には影響されるらしいよ。云われて納得だけど。

角田 僕もそれはずっとマジで思ってる。トークイベントに出た時に「角田さんって細かい人だから、丸田になればいいのにね」って冗談で言われたわけ。それで僕も「丸田になろうかな」って一瞬思ったんだけど、でもやっぱり田んぼの田が入ってるじゃん。「角田」って、考えてみたら「田んぼオブ田んぼ」なんだよね。

だから僕が、比較的新しいことが好きなのに会社辞めるのには二二年かかったのとかって、農耕民族的な精神からずっと抜けられないだろうと思ったり、実際角田家ってずっと農民なんだけど、自分のスピリットがやっぱり「角田」にあるんだろうな、とか思っちゃうわけ。だから前に出られないというか、狩猟のほうには行けなかったんだよ。

あと、珍しい名前がもたらすアイデンティティというか、珍しい言葉への敏感さが備わったところがある。僕の場合、「角田」って読み方が七パターンあるから、学校でも絶対に最初から「かくた」とは呼ばれない。

【黒川伊保子】 感性アナリスト。株式会社感性リサーチ代表取締役社長。『怪獣の名はなぜガギグゲゴなのか』（二〇〇四、新潮社）、『妻のトリセツ』（二〇一八、講談社）など著書多数。

高校の時にも同じ漢字で「すみだ」っていう同級生がいたりしてさ。そういう「同じものが発する違うサイン」みたいなものにこだわるところは、今までの僕の思考の過程にすごく影響してるな。だから「名は体を表す」ってのはマジでそうだと思う。

◉「サードネーム」を持つと安全地帯ができる

加藤 名前は大事だな。夜の仕事の人たちも、みんな別の名前をお持ちですもんね。やっぱりこれ、会社でもある程度いけるね。今から初めて会う人に限らず、でいけるかサードネームのコンセプト。あれだよね、例えば結婚とかで名字が変わる人だって居るわけだし、さっきの話で、戦国時代からして名前が変わることには慣れているのよ私たち実は、ってコトですかね。

角田 いけるいける。「こう呼んでください」とか言えばいいんだもん。別人格としてのね。

加藤 いいねー、サードネーム。素敵だからもう一回繰り返しちゃおう。

角田 それで言うと、最近「ヨウイチロウ」に改名しようと思ってるんだ。でも僕の場合は「サード」ネームじゃないんだよな。元々が本名でやっちゃってたし、「ヨウイチロウ」も苗字をとっただけだからね。

なんにせよ、人って名前に影響されるじゃん。だからサードネームを付けることで、また新しい影響の下で活動できると思うんだよ。

加藤 「名は体を表す」だとしたら、それを先に自分で付けてしまえってことか。

角田　僕の場合、さっき出てきた写真家のワタナベアニさんから「あれ最近名前変えたんですか？　『角』がとれてよくなりますね」って連絡があったんだけど、実は僕の中にそういう想いがあったんだ。角田って「角張っている田んぼ」、いうならば「田んぼの中の田んぼ」じゃないですか。「角田、角田」って呼ばれていると、「やっぱり僕、田んぼなんだ」って思い続けちゃう。そこから脱却したいなと思ってさ。
　それで、レギュラー出演してるラジオ番組が丁度僕の誕生日に生放送で、「誕生日に何をやりたいですか」って話題になったから「ちょっと改名しようかと思ってまして」「『ヨウイチロウ』にするんで『ヨウさん』って呼んでください」って言ったんですよ。もちろんその場では「エー！」と驚かれたんだけど、残りの番組中ずっと「ヨウさん、ヨウさん」って呼ばれてたら、はじめは恥ずかしかったんだけど、なんとなく本当に「角がとれて」きたんだよね。「角田さん」って言われるより「ヨウさーん」って言われるほうが、角がとれた感じがする。

加藤　ちなみに「ヨウイチロウ」って、「よう・いちろう」で切れるわけ？

角田　そうそう。

加藤　でも知らない人からは「よういちろう」ってひと繋がりで呼ばれるよね。だから「ヨウ」と「イチロウ」の間に中黒（・）を打ったほうがいいんじゃないの。

角田　☆にするとかね。つのだ☆ひろ*みたいに。

加藤　お兄さんのつのだじろう*先生は中黒が付くんだっけ？

角田　なにも付かないいんじゃない？　全部ひらがなだよね。

【つのだ☆ひろ】
一九四九年生まれの歌手、ドラマー、作詞家、作曲家。次兄が漫画家のつのだじろう。四兄にリュート奏者のつのだたかしがいる。

【つのだじろう】
一九三六年生まれの漫画家。『うしろの百太郎』『恐怖新聞』などの心霊漫画で知られる。テレビ出演時の和服姿が印象的。

加藤　自分が使ってる「二枚目の名刺」もひらがなだけど、たしかにひらがなにするだけでだいぶ印象は変わるよね。時に、実際に改名を決意したきっかけは何だったの？

角田　おやじが亡くなって、今日葬儀だったんです。[*]　僕の五〇歳の誕生日の翌日に亡くなったんだよ。

加藤　そうだったんだ。

角田　僕が「苗字をとりたい」と思ったのは、加藤くんは知ってるかもしれないけど、うちのおやじは僕に似て弁が立ってわーっとしゃべる人で、まぁよく喧嘩になるわけですよ。亡くなる二ヶ月前にもすごい喧嘩になって、いつもだったら反論するんだけど、病気でまもなく死んじゃうから、そんなに反論もしなかったんです。

　本人も、死期が近いって分かってるから弁舌が厳しくて、僕は「もう分かったよ、じゃぁ縁を切ってやるよ」って言ってしまった。実家のダイニングで話してたんけど、僕はもう奥の部屋に引っ込んじゃったのね。

　で、自分として虚しいわけだ。あと数ヶ月で亡くなる父親なのに、「縁を切る」なんて言わなくてもどうせもうすぐ縁が切れるのに、そんなこと言うのかよ……って思ったりさ。

　でもこれって冷静に分析すると、おやじもおふくろも、僕たちも含めて、あらゆる人は自分勝手だし、大したことないってことなんだと思う。若いうちは体力もあるし理性もしっかりしてるから、なんとなく抑えて社会性を持ってるわけだけど、うちのおやじも七〇を過ぎたあたりから自分勝手な言動が増えてったんだ。

【今日葬儀だったんです】
P708からの「あとがき」を参照。

それで今年の誕生日、その時点ではおやじはもう一ヶ月くらい生きると思ってたこともあって、「角田」の姓を捨てたくなったんですよ。

おやじとの確執ではないんだよね。「陽一郎」という名前はおやじが付けたわけだからさ。むしろ「角田」という苗字がずっと引きずってきた、自分の歴史みたいなものを全部拭い去りたかった。それで、おやじが付けた名前をそのまま自分の名前にするだけじゃんと思って「ヨウイチロウ」と名乗ることに決めた。そうしたら、たまたま翌日おやじが死んじゃったんです。

それで、葬儀屋さんを呼んでスケジュールを決めてたら、通夜も本葬も、丁度ぴったり僕の仕事スケジュールから外れてはまったんですよ。ってことは、これはおやじの最後の遺言で「お前、俺が死んだことを理由に仕事サボってんじゃねぇよ」みたいなことかなとも思ったな。

加藤 名前には力があるんだね。

角田 そうそう。落合陽一[*]さんが言ってたんだけど、お父さんの落合信彦さんは「陽子と電子」という意味で陽一って名前を付けたんだって。陽子は＋、電子は－で表すから、「一」は「イチ」じゃなくて「マイナス」って意味なんだね。「だから自分の名前には宇宙が入ってる」って落合陽一さんが言ってたんですよ。

僕の「角田陽一郎」という名前は、「陽」で「一郎」だから、普通に考えたら明るい名前じゃないですか。ずっと、自分の中にある暗さとのギャップを感じていた自分がいたわけです。

【落合陽一】
筑波大学准教授。「メディアアーティスト」としての活動が有名。

　だから落合さんの話を聞いて、「陽一郎」という名前にも実はマイナスの部分が入ってたんだなって、ちょっとホッとしたんだよね。それまでは「陽一郎」という名前に無理くり合わせなきゃいけないと思ってる部分があったからさ。
　そんなわけで、自分の名前を変えることで解消できるコンプレックスみたいなものって予想以上に大きいんじゃないかなというのが実感としてある。だから今回も「角田」を外すことで、農耕民族的なもの、凝り固まっているもの、「角がたつ」みたいなものがなくなるんじゃないかなって思ってるんだ。

加藤　「ヨウイチロウ」って名前は、すごく自由に動ける感じがするね。

角田　そうそう。少なくとも自分がそう思うことのメリットは大きいかなって思うんだ。「呼び方が変わる」ことで、相手からどう思われるかだけでなくて自分の意識も変わるんだよ。
　だからこそ、サードネームを付けることでも、三番目の自分の人格が形成されるんじゃないかな。「角田陽一郎がヨウイチロウになる」っていうのは、サードネームじゃなくてセカンドネームの話だけどさ。
　「サードネーム」っていうのは、やっぱりサードプレイス的にファーストとセカンドをなくす場をつくるために付けるんだよ。だから名付けも、普段の自分と違うペルソナ・仮面をつけたほうがいいってことだと思うんだよね。

加藤　「ポジティブな仮面」と「逃げの仮面」とある気がするんだけど、名前を付ける時は「自分は、もっとこうなりたい」という希望で付けるのか、それとも「今の自分が嫌

角田 で、逃げとしての別人格をつくる」みたいなことなのか、どっちだと思う？

加藤 理想じゃなくてもいいと思う。司馬遼太郎もそうなんだよ。「遼」って「遠く離れている」って意味だけど、「司馬遷に遼（はる）かに及ばない」という意味で「遼太郎」と名乗っていて、つまり少し謙遜の意味があるわけだよ。だったら「司馬遼太郎に遥かに及ばない」って意味で「司馬遼遼太郎」って芸名はどうかって思うんだけど。二葉亭四迷*も「くたばってしまえ」でしょう。

別にサードネームを付ける理由は「なりたい自分になる」でなくてもよくて、自分の逃げ道になっていればいいんだと思う。

角田 どっちかっていうと逃げ道？

加藤 そう。「理想の自分」よりも、ファーストとセカンドのほうで追い込まれても、サードネームという逃げ場があるという安心感のほうが大事だと思う。加藤くんが話していた、みんなビジネスネームを使う会社も意図は同じでしょう。本名は「鈴木」さんだけど会社では「佐藤」と名乗ることで、鈴木さんの人格が守られるわけだ。

加藤 「安全地帯をつくる」という目的がある？

角田 そう、安全地帯なんだよ。

加藤 安全地帯を確保するという意味では、「何でもいいから、まず付けてみる」ってのもありなのかもね。

角田 SNSがない頃は、強いて言えばやっぱり肩書きがサードネームになってたんじゃないかな。社内で「部長」「課長」って呼ばれたり、社外で「ナントカ商事さん」みたいに

【二葉亭四迷】一八六四年生まれの小説家。一九〇九年没。代表作に『浮雲』など。エスペラント語話者でもあった。

呼ばれることによって本名の自分とは違う人格を持つことができて、多分それが安全地帯になってたんだと思う。

SNSによる繋がりが増えてきて肩書きの意味がなくなったんだとすると、肩書きではない、個人としての「もう一個の呼び名」みたいなものを持つことで生きやすくなるんじゃないかな、って話だよ。サードプレイス*もそういうことだよね。生きやすくするためのプレイスを持ったほうがいい、ってことだ。

加藤 なるほどね。その考え方はアリだね。

角田 繰り返しになるけど、「リングネーム」とか「源氏名」と言ってもいいんだと思うけど。源氏名は逃げのための名前ではない気がするけどな。

加藤 いや、逃げのためなんじゃない？　だってソープランドで本名でやってたら、やっぱりメンタルやられちゃうでしょ。キャバクラとかでも、「お店では『あけみちゃん』と呼ばれているけれど、私は本当はひろみなの」みたいなことだから働けるんじゃないかな。小林旭の『昔の名前で出ています』*で「京都では忍と呼ばれ、神戸では渚と名乗ったけれど、横浜ではあなたのために昔の名前で待つわ」って歌詞が成立するのもそういうことだよね。

角田 さっきの豊臣秀吉が名前を変えまくっていた話やね。その習慣って、昔から綿々とあったんだね。

加藤 そう、多分昔からあったんだよ。それが時代的に一回「会社の肩書き」になったけど、また時代が変わって、改めて「自分の名前を変える」に戻ってきてる。

【サードプレイス】
P202の本文を参照。

【『昔の名前で出ています』】
一九七五年発表の歌謡曲で、小林旭の代表曲のひとつ。

角田　幼名は近親者しか呼ばなかったんだもんね。やっぱり、そもそもはいろんな名前で呼ばれることで、いろんな人格があることが担保されてたんだと思う。それがその人が生きる安全地帯になってたんだ。

加藤　ということは「サードネームは安全地帯」ということでいい？

角田　むしろ「安全地帯だ」と言っていたほうがいいと思うんだよね。僕が「ヨウイチロウ」と名乗ろうと思ったのも、「安全地帯をつくっておいたほうがいいな」って気持ちがあったからだよ。ヨウイチロウはセカンドネームだけどさ。

加藤　「一度その名前で世に出ちゃったから」という理由はあるだろうけど、角田くんの場合はある程度自分に信頼感・自尊心があるからこそ「苗字を取っただけ」なわけだよね。逃げたかったら全然違う名前でもいいわけだしさ。

角田　それはその通りで、本当は全然別の名前にしたいんだけど、そうすると例えばTwitterのフォロワー数とかもまたイチから作らないといけないからめんどくさいってだけなんだよね。

　そんなこと言っときながら、編集者の人に「今度出る新刊の名義をヨウイチロウに変えたいんですけど」って言ったら「ダメです」って軽く断られたんだけどさ。「ああ、そうですよね。やっぱり。はい」みたいな。

加藤　本の著者名が安全地帯名称でいいかどうか問題はさておき、「サードネーム」が確立してフツーになるまで頑張りますか。

加藤昌治のコラム

サードネーム

この「サードネーム」という概念。この本で一番の〝発明〟かもしれない?と真面目に思っています（すでに云われていた部分もあるのでしょうけれど）。ただ、これが一〇〇％すべてでもない、とも思う。個人的にサードネームな考え方と反対の概念も大事だなーと思っているからです。二〇一〇年ぐらいから「公公私混同」（こうこうし・こんどう）って云ってます。いわゆる公私混同に、もうひとつ「公」をくっつけて。プライベートな時間に会った人を、自分の仕事に巻き込んでしまうのはアリ、と考えているし、ある仕事で出会った方を他の案件に混ぜてしまうこと、まあまあ実践しているからです。

大きめの、ないしはコンプライアンスを大事にする組織、個人事業主のみなさんだと、スマートフォン二台持ち、はよく見る風景です。その一線は当然守るべきですが、だからといって、個人の知り合いを仕事に混ぜちゃいけない、ということでもないのでは説。

ちなみに、読者みなさんの多くが働き始める以前は、公からワタクシへ向かうベクトルの混ぜ混ぜ、はたくさんありました。休日も同僚と一緒に時間を過ごす、的な生活です。二一世紀の今、こういう旧来型公私一体の生活を

推奨する気は毛頭ありませんが、変にスッパリ分けてしまうと、モッタイナイことがあるんじゃないか？とは思うんですよね。

閑話休題。

では「サードネーム」と「公公私混同」とは並立するのか？　以下、かとうの「サードネーム論」です。

サードネーム、という概念っていくつかレイヤーというか、取り入れ方があるんじゃないの、と考えています。

使い方のその一は、自分を守るためのセカンドネーム、サードネーム。いま置かれている環境がキツくてツラくて、あるいはなーんかちょっと違う。の自覚があって、その環境の中で「生のじぶん」をさらけ出すなんてとんでもない……ケース。この場合のセカンドネーム、サードネームを使うとは、人格そのものの使い分け。名前と名前との間に、しっかり壁を作って、自分を守る。自分のらしさをセカンド、あるいはサードネームの領域で発揮していく使い方。

これ、アリですよね。本文ではこちらの方向性で会話をしています。角田くん云うところのサードネーム論、もこちらに近いです。複雑だし、今までは出会うことがなかったはずの知り合いたちが〝繋がりやすい〟デジタルプラットフォームに囲まれているぼくら。積極的にフィールドを区切ったほうが、より自由に自在に活動できる、活躍できる可能性を担保するための名前。すでにセカンドネームでは足りないほど広がる、繋がってしまうのご時世です。ゆえのサードネーム積極活用論ですね。

実際、自分が初めて書籍を書いて世に出す時、ペンネームにしたかったんです。このときは、多分「守り」の意識があった。加藤昌治という個人で、書籍なんてコンテンツを背負い切れるのだろうか、自分自身に対する不信がありました。そんな気持ちがあって、「加藤莞爾」(かとう・かんじ)ってペンネームを使いたかったんです。莞爾、は泉鏡花の小説によく出てくる表現で、莞爾と書いて「にっこり」と読ませる。「莞爾として笑う」などと使われる。自分、ベースが暗いのでせめてペンネームは明るくなりたくて……。

ま、ヤリトリがあった結果、本名それも莞爾じゃなくて漢字の、で出すことになったのですけれど。振り返ると、この時が真剣に自分に二つめの名前を付けた時。といっても、ちょっと消極的だったんでしょう。それもあってペンネームには採用ならなかったんだと思います(でもこの名前、勝手に気に入っているのでメールアドレスなどで使ってます、しつこく)。

そんないきさつもありつつ、いま思うサードネームの使い方その二は、「公公私混同」的な環境の中でのサードネーム。拡げるため、という感じ(攻める、だと若干違和感あります)。

こちらの使い方をする時のイメージは、自分に可能な役割、機能、大げさに云うと提供価値を好い意味で〝小分け〟にしていくための名前。自己紹介をする時に、自分自身を含めて多くの人が「どこそこに所属している、かとうです」から入ってしまうわけです。(仕事上の名前をファーストとするなら)、ファーストではそうなりがち。かつ所属や肩書きにそうした機能が含まれていることも多いので、それで済んでしまうことも大半でしょう。

ただ、「公公私混同」的に各所をフラフラしていると、所属からはみ出している職能で出会うことも増えてくるように思います。かとう個人のケースだと、「九九％サラリーマン、一％物書きです」的な自己紹介をすることがあるのですけれど、名前≠名刺≠肩書きが一つじゃ足りないなあ、といったシーン。そんな時には、名刺を二枚一緒に差し出しておりますね。一枚は、サラリーマン名刺。そしてもう一枚が物書き名刺（サードネームの概念を発見したばかりなので、自分自身に関してはまだセカンド止まりなんですが……）。

サラリーマン名刺は当然ながら漢字で「加藤昌治」。それに比べて、物書き名刺には、「加藤昌治」（漢字）と「かとうまさはる」（ひらがな）、二種類の氏名を記載しています。ひらがなの〝なまえ〟を、新たにこさえた時にはそこまで深く考えていなかった、のが実情ですが、ひらがなのほうが級数大きめに印字してあります。漢字では伝えにくい、と自分なりに思っている自分像を投影したかったんでしょうね。そしてその、「かとうまさはる」には、「加藤昌治」では表しきれない何か、それは肩書きを差し替えることでも表しきれなかった何か、があるんだろうな、と改めて思います。

ハナシがこんがらがっておりますが、自分で自分に名前を付けることには意味とか意義があるんじゃなかろうか。いわゆるペンネーム的な、まったく違う名前でもいいでしょうし、漢字を仮名にするような、ちょっとだけ違う名前でもいいでしょう。一度決めてみたセカンドネーム、サードネームに拘泥せず、歌舞伎役者さんのように、時期を追って名前を変えていくのもアリ。

「名は体を表す」と云います。二番め、三番めの名前を持ってみると、世界が変わり始める……のは確かなんじゃないかなー、と思う今日この頃です。

け【言語化（げんごか）】

角 あらゆることを言語化しても、それでも言葉にできない自分の気持ちがある。
加 話し言葉と書き言葉を行き来させることで向上できる伝達スキル。

自分がイイタイコトを相手に分かりやすくバシッと言語化して伝えたい！

◉言語化とは抽象と具体を行ったり来たり

角田 僕は「渋谷のラジオ*」で番組を以前やっていたんですが、ラジオでしゃべることの何がいいかっていうと、毎週やっていたら、言語化力*が死ぬほど上がったんです。

毎週五〇分、音楽入れると著作権が面倒だしCMもないから、起承転結も持たせながら本当に五〇分ずっと喋ってるんだよ。聴いた人からも「あなた、よく五〇分淀みなくしゃべれるね」って言われる。

で、それまでにディレクターやプロデューサーをやりながら培ったものがあったのかもしれないけど、抽象的な話と具体的な話をバランスよく織り混ぜると一番面白くなるっていうことが、身をもって分かった。抽象的な話を五〇分話すこともできないし、

【渋谷のラジオ】
東京都渋谷区の地域コミュニティFM放送。渋谷川のほとりにオープンスタジオを構えており、渋谷駅の辺りを散策しているとよく目に入る。

【言語化】
「言語」は、「①人間が音声・文字・手指動作などを用いて事態（思想・感情・意志など）を伝達するために用いる記号体系。また、それを用いる行為。ことば（後略）」（『広辞苑』より）

具体的なエピソードだけを語ってても退屈でしょうがない。「こういうことがあった」という具体的な話を抽象概念に落とし込めるとか、そこから普遍化してこういう考え方になったとか展開させたほうが内容が深くなることが分かってきたんだ。

そうしたら、文章の書き方もそういうふうに変わったんだよね。言語化が苦手な人ってそれ、抽象と具体が全く考えられていないか、訓練できていないか、どちらかなんじゃないかなと思います。

加藤 それも言語化の問題ではあるけど、語りだから「ナラティブ*」に近いじゃない？ そのもう一つ前の段階として、「短い言葉にまとめる」「端的な表現をする」というレベルでの言語化で迷っている人も多いんじゃないかな。例えば「企画書を作る時に何て書いたらいいのか」みたいな。

角田 五〇分喋ったことを全部文字に起こしても企画書にはならないわけだから、端的にまとめていかなきゃならないし、特にテレビの企画書は長々と書けないでしょ。まあ「ペラペラにしろ」って言われるからね。

◉言語化力をどうやって高めてきたか

加藤 そういう時に自分の伝えたいことを圧縮したり、抜き出す言語化力はどうしたら身に付きますか？

角田 これは、この本で何回も出てくることになると思うんですけど、キーワードは小学校で

【ナラティブ】
P101の本文と脚注を参照。

必ず言われる「他のひとの気持ちになって考えましょう」ってやつ。
言語化がうまくない人って、仮に言いたいことがあっても「他人に伝えよう」という気持ちがないんだよね。「相手に分かるよう」に伝えないと、伝わらない。
どうしてそんな当たり前の話をするかっていうと、僕が大学を出て「東大卒ＡＤ」になって、じつははじめ一番苦労したのはそこだから。大学までは受験にしても何にしても、自分の技術の卓越性を見せると勝てるだとか、「頭いい」と認められる世界観だから、他人を説得する必要がそんなになかったんだよね。
ところが会社に入ると、いろんな人たちに僕が面白いと思っていることを伝えなきゃいけなくなる。だからそれからは、企画書を作る時に「誰に見せるのか」「誰にプレゼンするのか」を相手方の気持ちになって考えるようになった。

加藤 自分のイイタイコトを書く時に、相手をちゃんと想像するのね。テクニック的なことも教えて？

角田 あと、「言語化」ってある意味で手品に近いと思うんだよね。まずはじめにびっくりさせたり、「おっ」と思わせなきゃいけないんだ。
でもトークや文章が下手な人って、大体手品のタネから説明しちゃうでしょう。「これこれこういうふうになっていまして……」みたいなさ。ところが、相手はそもそも何のことを説明されているかが分からないままだし、分かった頃には「それで？」「はいはい、分かりました」みたいになって興味をなくしちゃう。だから面白くないんだよね。

加藤 流れがあるね。なるほど。

角田 まずは「トランプが一枚パッと消える」とかを見せてからじゃないと、その説明をしちゃダメなのにね。大事なのは、手品をちゃんと見せた上で「実はこうなっているんですよ、大したトリックじゃないでしょ?」と相手の反応に合わせてタネ明かしをしていく……みたいなことじゃないかな。

加藤 その話をもうちょっと、かとうなりに方法論として云うなら、「最初にしゃべるな。まずは書け」ってことかな。

角田 「しゃべるな」?

加藤 言語化力って二つ、つまり「耳で分かる言語」と「目で見て分かる言語」があるじゃないですか。そこがごっちゃになっているケースが多い。仕事上では、しゃべるにしても書類なしでしゃべるケースは少ないわけですよ。なんだかんだ云って、まずは言葉を書いている。だから最初は書き言葉を鍛えるのがいい気がするな。

ただし、いい言葉というかフレーズはいきなり書けない。だから、まず書く。それから他の云い方はないか探す……ちょっとズラしたり、漢字を変えてみたり、そういう作業をやっていく。それに慣れてくると頭の中でできるようになっていく。

角田くんみたいな人は自然にそういう作業をやっていて、それこそ言語化せずに自明の理のように話しているわけだけど、できない人はまずは書いたほうがいい。いくつか出してみて「これかなあ」みたいに考えるようなことが大事。そのプロセスを経たかどうか、上役の人は書類見たら大体すぐに分かるんだよね。不思議なことに。

角田 分かるよね。

加藤 「いきなり云っただろ?」というのと「考えてこの単語にしたね?」っていうのは見たら分かる。その下書きにどう取り組むかどうかで、変わってくるイメージはある。その時にやっぱり辞書はとても有効で、個人的に類語辞典が好きなんですけど、「ああも云える、こうも云える、その中でこれを選びました!」っていう取捨選択があるだけで、だいぶ違うんだよね。

◉「あらすじ力」を鍛えよ!

角田 でもさ、言語化できない人って、その「まず書く」ことができない人もいる気がするんだよな。加藤くんの言っていることもすごく分かるんだけど、僕が言いたかったのはその逆の入り口として「まずはちゃんとしゃべれるようにする」っていうパターンもあるよっていうことなの。

加藤 企画書ってどうしたら書けますか、と聞かれたら、「先達の企画書を借用して丸写ししてみよう」って云うんだよね。えーと昨今はコンプライアンス*のハードルは高いのですけれど。やれるとなったらですが、デジタルコピー禁止で、字の大きさとかも含めて、丸写し。それをやると、自分の中でテンプレート*ができていくじゃない。それはしゃべるのもまったく同じで、そういう作業をちょっとしておくだけでかなり楽になる。それは物書きも同じでしょう。結局みんな物真似から入るんだよね、いい意味で。

角田 ジブリの鈴木敏夫*さんは、映画を観てもらった時に感想を聞かずに、あらすじを言って

【コンプライアンス】
「要求や命令に従うこと。特に、企業が法令や社会規範・企業倫理を守ること。法令遵守」(『広辞苑』より)。うざがられがちだが、問題を起こさないための転ばぬ先の杖としては有用。加藤さんのアドバイスは、快く写させてくれる先輩の許可を得るか、個人の練習に留め他人には見せないかして生かしてください。

【テンプレート】
「(略)⑤コンピューターのソフトウェアで、すぐ利用できるように設定済みのパターン・雛形。テンプレ」(『広辞苑』より)。転じてコンピュータに限らず「はじめに当て嵌める型・類型」のようなニュアンスも。

【鈴木敏夫】
一九四八年生まれの映画プロデューサー、編集者。徳間書店所属時に宮崎駿、高畑勲と出会い、後にスタジオジブリに入社。

もらうんだって。「あらすじを説明してもらっただけで、その人がどこに感動したのか、どこに反応しなかったのかは分かる」って言うんだ。

加藤 分かるねー。さすがだな。

角田 学校で感想文の課題にあらすじ書いちゃうと怒られるけど、本当はあらすじでいいんだってわけ。教育はレベルがひとつ高いことをやらせようとしちゃうけど、そこが間違っている。「あらすじを書かせるだけでも、「この人は主人公に興味があったんだな」とか「この人は世界観に興味があったんだな」とか、それが見えてくれば十分感想として分かるから、それで大丈夫」って鈴木さんが言ってて、僕もすごく面白いと思った。だから部下にも同じことを言っているんだ、「君の思ったことはいいから、『事実』だけを単純に説明して」って。「思ったこと」を求められていると思うから、緊張する人もいるしさ。

加藤 短くまとめると、必ず「思い」は入ってくるよね。

角田 入ってくる。「俺は、今回の事件で何も悪くなかったんだ」って言いたいとか、逆に「自分は結構がんばったけど……」と言い訳したいのかが、ちゃんと見えてくるんだよね。だから、まず自分なりの「事実」を説明するというのが言語化には早いのかなって。

加藤 それはいいヒントですね。さっきの「具体と抽象」の話だけど、細谷功*さんの『具体と抽象』でも論じられているんだけど、仕事上の書類ってよくも悪くもつい抽象度が上がるんですよ。まあある程度は上がらなきゃいけないんだけど、上がりすぎると「何だか

【細谷功】
一九六四年生まれのビジネスコンサルタント。『具体と抽象』は二〇一四年にインプレスより刊行。

よく分からん」ってなっちゃう。

ワークショップでやっているケースだと、例えば「『コンビニエンスストア』とか『スーパーマーケット』という業種業態を表す言葉からどんな屋号、お店の名前を想像します?」って訊いたりしてる。ABCD…それぞれいるわけです。仮に、加藤が「屋号B」さんのつもりで「コンビニエンスストア」と言ったとするじゃない。その場合、具体的な屋号Bと「コンビニエンスストア」って業態名では、仮に文字数が同じだったとしても、抽象度が違うよね。抽象度が変わるだけで聞いてる人からしたら、全然イメージが違う、っていうかズレる可能性があるわけだよ。端的に云うと、イメージするカラーが違ってきたりする。すると、あれ、なんだか?? とそこからだんだん話がズレていく可能性がある。

つまり同じ文字数でも、自分の云いたいことを適切に伝える言葉が他にあるかもしれない。そこをコントロールできるようになると、適切な抽象度/具体度で伝えられるよ、と云ってるわけ。

それから、デジタルで書類を作る場合は文字組みを調整できるから、「少し詰めてでも、もう一言足してみよう」って云ったりします。分かりにくい書類って大体抽象度が高すぎる。確かにその抽象度の高い言葉は動かしにくいこともあるから、それは変えなくていいから、もう一言足して具体的にしよう。例えば「角田くん」だけだとイメージが湧かないけど、「体重が一〇〇キロの角田くん」だと具体的にイメージができる。そうやって一言足すと、自分のイイタイコトが適切に伝わりやすくなる。

角田　こういうスキルも含めて力が付いてくると、さっき角田くんの云っていた「抽象と具体をコントロールする」感じがだいぶ分かってきて、「わざと抽象度を上げてみよう」とか「ここはとことん語ろう」ということができるようになるんじゃないかな。「あらすじを書く」「いろんな云い方を書き出す」「一言足す」ということを、普段からちょいちょいやっていると、結構言語化力が上がるんじゃないですか？

加藤　シンプルに参考図書になるのは、田中泰延[*]さんの『読みたいことを、書けばいい。』だと思うんだよね。

角田　どの辺りがお薦めポイント？

加藤　あ、いや本の内容じゃなくて、タイトルのフレーズ。書く以前に「読みたいこと」がないんじゃないかなって。それはまた抽象度が高い？　僕としては、それって「自分の言いたいことが漠然としている」っていう悩みみたいに思っちゃうんだよね。だからさっきの「あらすじ」の話のポイントはそっちに近い。

角田　「言語化力」っていろいろあると思うけど、「あらすじ」っていわゆる「要は」、つまり要約力？「あらすじ」の話では、「自分なりの要約」がなされることを求めているわけでしょ？

加藤　そうだね。あらすじって、自分がどの観点で見ているかということだから。

角田　その時にどういう言葉が「ふさわしいのか」って大事ですよね。自分がコピーライターになりたいなら別ですが、「いいのか」とか「かっこいいのか」じゃなくてさ。自分がイイタイコトや伝えたいことに、どの言葉が「ふさわしいのか」をコントロールする力

【田中泰延】一九六九年生まれのコピーライター。『読みたいことを、書けばいい。』は二〇一九年にダイヤモンド社より刊行。

を鍛えるためには、やっぱり書いてみることが早い気がしますね。最近、英作文が流行ってると思うんだけど。つまり、書けないことはしゃべらないよね、大人は。あれってとても正しいと思う。

角田 それこそ自分が書いた『読書をプロデュース』*じゃないんだけど、僕は単純に、言語を読んでいないから言語化しにくいんじゃないの？とも思う。

加藤 それもあるある。

角田 単純に、人の文章を読んでいないのに文章は書けないよなって。「英語は量」みたいな話もあるじゃん。「読み書き」ってやっぱりまず「読む」からなんじゃないかな。

加藤 「書き読み」ではないよと。

角田 「書き→読み」じゃない、「読み→書き」なんじゃないかな。読まなきゃ書けないし、聞かなきゃ話せない。「読みたいことを、書けばいい。」っていうフレーズもそういうことで挙げたわけ。

加藤 言語化、ってそもそもが抽象度高いからな。それだけいろんなレイヤーがあるってことですね。いまいまの自分にとって必要なレイヤーはどこか。深い。広い。

【『読書をプロデュース』】 角田陽一郎の著書。二〇二〇年に秀和システムより刊行。

こ【コスパ】

角 高くても自分がいいと感じたモノを買うのが一番のコスパ。
加 パフォーマンスの測定期間をどう取るかによってかなり変わる指標。

「予算を抑えてコスパを高めろ」と会社からは言われてます。コスパを気にしていたらいいものは作れないんじゃないですか?

◉フリーになると、コスパ=値下げではなくなった

角田 会社を辞めてから「コスパ」*の概念が変わりましたね。

加藤 ほう。

角田 例えば、タレントさんが車で来た時スタジオに一番近いパーキングに停めるとするでしょ。一五分五〇〇円みたいな、めちゃくちゃ高いところに。ちょっと歩けば安いところもあるんだけど。その領収書はこっちに来る。制作費の予算だって限られているから、自分がプロデューサーだった時はそれに超むかついてたわけ。

ところが自分がフリーになってみたら、駐車料金を駐車場に払うか目黒区役所に払うかの違いだけなんですよ。どうせ経費であって、その時に出ていくか、あとで一度に税

---

*【コスパ】
「コストパフォーマンス」は、「①投入される費用や作業量に対する成果の割合。費用対効果。(中略)③俗に、支払った金額に見合う満足度」(『広辞苑』より)

金として払うかの違いだけだから。となると、自分が一番楽で近いところに停めた方がいい。

加藤 自分のお財布的にはね。

角田 タレントの場合も大体個人事務所だから、三〇〇メートル遠いところに停めさせて歩かせてタレントが不機嫌になったり、道行く人に絡まれたりするリスクもある。そのリスクをたかだか三倍の駐車料金の違いで抑えられるなら、それでいいやって考える感覚が、フリーになってみて分かった。だから、コスパをちゃんと考えたいなら、サラリーマンも全員確定申告やったらいいと思う。

加藤 税金の申告やってみるのは賛成。

角田 源泉徴収*って、右肩上がりで成長していく会社の中でなら有効なシステムなんだけど、もう右肩上がりにはなっていない段階じゃん。だったら自分の年収のうちどれだけが経費なのかを把握したほうが、むしろ「自分のために高いものを買おう」とか「使うならいいものを選ぼう」とか思えるようになる。

　会社にいると「一円でも安く抑える」って感覚になっちゃうじゃないですか。そうじゃなくて、「自分に一番向いているものを選ぶ」っていうことが、コスパなわけだから。そういう意味で、僕にとってのコスパは単純な高い／安いではなくて、「自分の年収」と「自分の払う税金」と「自分のやりたいこと」の掛け算みたいなことの最適化がコスパなのかな。会社を辞めた前後で、そういうビフォー・アフターがあった。

加藤 コスパって、そもそも概念的には「安く抑える」ことじゃなくて価値を最大化させるこ

【源泉徴収】 ここでは「所属している会社が、所得税・地方税などを計算して、毎月その予想額を給与から天引きしておいてくれる」の意味で用いており、要するに「会社が自分の代わりに納税してくれる」くらいのニュアンス。なおフリーランスの場合も、法人からの報酬の場合は通常、報酬金額の一〇．二一％が源泉所得税として支払元から納税される。確定申告で税額が決定した後、源泉徴収分との差額を税務署に支払うか、もしくは税額のほうが少なければ差額が還付される。経費がかかった分、所得は少なくなるので、還付されることが多い。（税率などは二〇二一年三月時点のもの）

とだから、確かに「あえて高くてもいいんだよ」ということも云えるよね。だけどサラリーマンとして働いていると、価値が確定するのは後の話で、払うその時はリターンがいくらになるのかは分からないから、結局先にケチりたくなるんですよね、きっと。サラリーマンの立場ではどうしたらいいんでしょうね。

――どこの会社も同じでしょうけど本当にお金が回ってない状況なので、結果が出ていない段階でできるだけ削れるものは削っておこう、「予算をかけるな」という発想が先にありますよね。結果が出た時に「これはコスパが悪かったね」と評価されて、次の機会にはまたバジェット（予算）は少なくなっていく……という悪循環に、特にクリエイト系の企業は陥っているんじゃないかという気がします。

角田 僕が組織を辞めた本質的な理由って、変なコスパを要求されたことがすごく嫌だったからだった気がします。べつに計算式があるわけでもないのに「制作費は安く抑えて視聴率は上げろ」って言われても、そんなの無理なわけじゃん。必要なコストを理解していない人が金額だけ押し付けてくる、その理不尽さが一番嫌だったわけですよ。

フリーになると、その呪縛はないんですよね。「三〇〇万もらえるんだったら、三〇〇万分やります」みたいな世界でしょ。「三〇〇万でどれだけいいことをやるか、切磋琢磨する」なんて気持ちは一ミリもなくて、「この仕事はそもそも三〇〇万の稼ぎのプロジェクトなので、過不足なく三〇〇万でやります」という感じで、コスパなんてものはやわざわざ考えなくても落ち着いちゃう。サラリーマン時代にはこの悩みをずっと抱えていた気がします。

加藤 「コスパ＝値下げ」ではないと考えるとして。コスパを改善するための手立てとしては、協働先やパートナー企業を変えたらどうなるかを考えるのはあり、と思うんだよね。そこをすっ飛ばして、いまお付き合いしている相手に値下げをお願いしちゃうケースが多いのか。

角田 つまり、「今ある限られた選択肢でどう安くするか」って考えるから縛られちゃうんだ。

◉レンタカー、最後にガソリンを入れる派？

加藤 毎回通るかは別として、「こういう案もありますよ」「この人に頼めばこういう見積りになるようです」というオルタナティブ*を探して示すことは組織にいてもできるんだと思う。それで結果的にコスパが変わらないかもしれないけど、だとしても、もう少しジタバタできるかなと。

もうひとつ、これは権限とも絡むので一概には云えないけど、単品管理*がすべてなのか問題。どうしても会社では単品管理、ひとつひとつのP／L（損益計算）*の話になりがちですが、だけど事業視点で見ると当たりハズレがあって当然。上役はもっと大きな目で見ているんじゃないだろうか。その視点をどこまで下ろせるかですよね。例えば映画を作るって内容の映画を見てると、って喩えがややこしいけど、映画って単品管理で見ていたらハズレも多いんだよ的台詞があったような。

角田 全体で見て「一二本のうち四本当たればいいや」ぐらいの感じだもんね。

【オルタナティブ】
英語の「alternative」は「他に取り得る方法」「選択肢」といったニュアンス。

【単品管理】
「単品管理とは第一義的には、商品の売れ行きを〝単品〟ごとに見極めることで、売れ筋商品が品切れを起こさないようにするとともに、死に筋商品を売り場・在庫から排除する商品管理技法をいう。」（『情報システム用語事典』より）

【P／L（損益計算）】
Profit and Loss Statement：財務諸表のひとつで、収益と費用の状態を表す。費用のほうが収益より多いのが、いわゆる「赤字」の状態である。

加藤 大きなスケールで考えられればいいんだけど、一介のサラリーマンだとなかなか六つかしい。でも値下げ以外の代替案は出せるんじゃないか。映画やテレビでいうなら、俳優さんや出演者を変えても効果が変わらないようにする工夫みたいなことはできる気がするな。

角田 また別の喩えになるけど、地方でレンタカー借りるとガソリン入れて返さなきゃいけないじゃん？　でも最近はガソリンスタンドも少ないから、知らない町で車返してから新幹線に乗らなきゃいけないって時に、「レンタカー屋の近くにガソリンスタンドがない」とか、「あるけど中央分離帯の向こうだから入れない」とか、結構大変なことになるでしょ。

加藤 あるある。

角田 かといってガソリンを入れずに、その分もレンタカー屋で精算すると割高になるから、何となく今まではちゃんとガソリンを入れて返していたわけ。でもある時、割り切ってガソリン入れずに返してレンタカー屋で精算することにしたわけさ。そしたら、一日乗るくらいだと一〇〇〜一五〇円くらいしか変わらないんだよね。給油のこと考えなくて済むようにしただけで、朝とか気持ちが超楽なの。これがコスパだなと思った。

単純に「一円安くして切り詰める」っていうんじゃなくて、自分の気持ちと時間の勘定の問題だよね。「あのガソリンスタンドに入らなきゃいけないのに右折できない」みたいなイライラを抱えることが、一番コスパが悪いなって。

加藤 コスパの分母をどこに定めるか。

角田　だから、コスパを一番良くするのは、イライラが一番少ないやり方を選ぶことじゃないかと思う。

加藤　「仕事レイヤー[*]のコスパ」と「個人レイヤーのコスパ」がサラリーマンにはあるとして、個人レイヤーのコスパのほうはどうだろう。単品管理で発想しちゃうと「ここで乗り換えると高くなるから歩こう」みたいになっちゃうじゃないですか。自分的には「大きな財布」で考える派。そうすると「ここは乗る。でも明日は歩く」みたいな判断をするタイプだな。

　長い目で全体を見ることも大事だと思うんだけど、みんなわりと案件ごと、ひとつひとつの単位で管理しようとしている？

角田　僕、ダイエットもそれがいいって言われたの。

加藤　おお？

角田　「一日単位で食べた食べないをチェックしていると面倒くさくなっちゃうから、一週間くらいで考えてください」って言われたの。そしたら実際四キロ瘦せたもん。「今日食べちゃったから明日食べない」って、本当は良くないって言われるんだけど、でも「それでいい」と。七日間で考えた時に、「この日は好きなものを食べていい」っていういわゆる「チートタイム」を一日入れることでモチベーションが生まれて、結果として他の日にセーブしやすくなるって言われたんだ。

　だからコスパって、やっぱり本質的に感情の問題だと思うし、その感情をどうコントロールするかということでは加藤くんが言ったように「一個一個にこだわらない」こと

【レイヤー】
「層、階層」。何かの構造や設計などが階層上になっているとき、それを構成するひとつひとつの階層のこと。転じて、「法律のレイヤーではOKだけど、モラルのレイヤーではNG」みたいにも使用される。

加藤 が大事なんだと思うんだよね。これは【キャリアデザイン】の話にも通じる気がする。本を読んでも、「ひとつ単位の単品管理か、人生ぜんぶか」みたいにスケール感が極端な気がするんだよね。その間のスケールを持つといいと思うんだけど。本を読む時も一冊一冊の当たりハズレじゃなくて、一〇冊読んで三冊当たりがあれば大儲けだと思えるかどうか。そういうスケール、幅で考えていくことだと思うんだよな。

角田 家建てる時みたいに総額何千万円の話だったりするとさ、「この柱にすると三〇万円高くなります」って言われても三〇万円出せちゃうよね。普段は三〇〇円とか一〇〇〇円とか気にしているわりに。「どうせ三〇〇〇万借りるんだったら、三〇三〇万も一緒だな」とか思ったりしない？

加藤 一〇〇万を超えると衝動買いが増えてきたりして。

◉お金も真空を嫌う？

角田 もうひとつ、アリストテレスが*「自然は真空を嫌う」と言っているけど、お金も真空を嫌うんだ。

富山県の氷見市に七五〇〇円のブリ丼を出す店があって、それをわざわざ食べに行ったことがあってさ。何人かで行ったから、なんだかんだで三万円くらいかかったんだよね。でも実際すごく美味しくて、「美味しー！」ってみんなで盛り上がったんだけど、食べ終わったら取材の発注メールが来てて、そのギャラが三万だったの。

【アリストテレス】
前三八四年に生まれ、前三二二年に没。「古代ギリシアの哲学者。プラトンのアカデメイアに学び、アレクサンドロス大王の個人教授となった。後、アテナイに学園リュケイオンを開き、ペリパトス学派の開祖となる。イデアを事物の本質としたプラトンに対し、実在する個物に内在する形相と質料を重視。また論理を整備して古典論理学を体系化した。自然学では天動説的宇宙観や、事物の変化の四原因を唱え、今日の科学的・合理的な世界理解の基礎を築く。万学の祖と呼ばれ、『形而上学』『自然学』をはじめ、論理学・倫理学・政治学、詩学・博物学などに関する著作が多数ある」（『広辞苑』より）

……みたいな経験が、僕、死ぬほどあるの。ブリ丼食べなかったらその三万の仕事は来なかったと思うんだ。なんかスペースが空いてそこが真空になると、ヒュンと入ってくる。だからブリ丼七五〇〇円は、それ自体は高いけど結果としてコスパはいいんだよね。

加藤 お財布にしてもさっきのダイエットと同じで、もうちょっと期間を長くとって考えると、七五〇〇円だって一週間の昼食を節約すればいいだけの話かもしれない。

角田 それにこの「七五〇〇円だって」っていう話は、もうこの本のネタにもなってるじゃん。これが「七〇〇円のブリ丼を食べた」だとネタにならないんだよね。だから僕の場合は、「ネタになるかどうか」まで含めてコスパかな。それでクライアントが「僕も食べてみたいです」って興味持ったらまた仕事になるかもしれないしね。

加藤 「期間と財布を広げましょう」ってことかな。

さ

【左遷（させん）】

角 加
左遷されたことがない人は、生きるための強さを得るチャンスがない人だ。
終わりか始まりか。どちらに捉えるかで大きく変わる転機。

これまで会社に随分貢献してきたのに、あるプロジェクトの失敗で左遷された……あまりに不条理じゃないですか？

◉「左遷されて好かった」と先に云ってしまう陽転思考

加藤　その瞬間だけを見るとつらいけど、長い目で見るとプラマイゼロになるんじゃないかな。敬愛する美輪明宏先生*は、「正負の法則」ってずっと云っている。要はプラマイゼロ。美輪先生には数度沈まれていた時期があるから説得力もあるわけですけど。【キャリアデザイン】の話と絡めれば、左遷*ってある意味キャリアドリフトと捉えることもできる。だから「左遷されたら、開き直って好きなことを勝手にやればいいんじゃないですか？」とも思いますけど。勝手に、は云いすぎか。ある程度勝手に、かな。

角田　これね、僕は自己分析として、「左遷されるのが嫌だから、会社辞めたんだよな」って思うところもあるんだよ。自分の意志で会社を辞められたわけじゃなくて、辞めざるを

【美輪明宏】
一九三五年生まれの歌手、俳優。代表曲に『ヨイトマケの唄』。また寺山修司作『毛皮のマリー』や江戸川乱歩原作、三島由紀夫脚本『黒蜥蜴』など舞台俳優としての代表作も多い。「正負の法則」については著書『ああ正負の法則』（二〇〇二、PARCO出版）に詳しく、かの松岡正剛も出版直後に「千夜千冊」で取り上げている。

得なかった。このまま現場にいても「あがっちゃった」っていうかさ。

ここから先は、会社の出世街道に乗って局長になるとか、取締役になるとか、そういうことをやらなきゃいけなくなる。でもそれはやりたくもないし、やったとしてもそんなに上に行かないだろうな、だったら「やっても左遷されるんだったら、辞めよう」と思った部分が、今振り返るとある。


加藤　それって加藤くんが今話したことと一緒でさ、だから左遷されようが、左遷されるの嫌だから辞めようが、「いいじゃん、それで」ってことは思うね。

別軸から云うと、ビジネスコンサルタントの和田裕美*さんの「陽転思考」も参考になるかなあ。「事実はひとつ、見方はふたつ」。左遷は左遷であって、この事実は変わらない。でもそれを悲劇的に捉えるか、「左遷されて好かった！」と捉えるか、見方はふたつ。和田さんは、「好かった！」と先に云っちゃいましょう、と強制するんだよね。ここ面白くて、効くなーと思うんだけど。「左遷されて好かった！」と先に云ってしまって、後で「なんで？」の理由を考えるアタマの癖をつけましょう、なやり方でさ。人間は何とかして理由を見つけ出そうとするらしいっす。

好かったと先に断言してから理由を考えると、「自由になる時間が増えたから」とか「家族と過ごす時間が増えたから」とか。左遷にも好いことがないわけじゃないことに気が付くし、好いことを見つけていく姿勢・態度で物事に接する人になる。事実は変わらないし、左遷されたらそら一回は落ち込むけど、ずっと、一〇〇％落ち込む必要はなくなる。


【左遷】

「（中国で、右を尊び左を卑しむ習慣があったところから）高い官職から低い官職におとすこと。また、官位を低くして遠地に赴任させること。左降」（『広辞苑』より）

【和田裕美】

ビジネスコンサルタント。著書に『世界No．2セールスウーマンの「売れる営業」に変わる本』（二〇〇三、ダイヤモンド社）などがある。

◉その左遷を相対化できたら?

角田 あと、サラリーマンは、運のほうが大きいよね。ちょっとした左遷はそういうやり方で対処できるかもしれないけど、本当に人生の岐路になるような左遷もあるじゃない。

その場合ってもう、本当に運としか言いようがないというか、神様を持ち出すとちょっといかがわしいんだけど、「いいよ、もう頑張らなくて」って肩を叩かれた時なんじゃないかとも思うんだよね。

イチローですら四五歳で引退を迎えたわけだし、安倍首相が首相を辞める時だって、それを普通は左遷とは言わないけれど、やっぱりターニングポイントなわけだから広義に考えれば左遷ってことじゃん。

誰にでも、どこかで来るものだと思うんだよ。それが幼稚園の時かもしれないし、死ぬ直前に来る人もいるかもしれないけど、それが来たら「もう頑張らなくていいんだよ」ってことで、ただ受け入れるっていうのもありなんじゃないかと思う。たしかに、「人生終わりだ」みたいな左遷が来る時もあると思うんだよ。

加藤 人生は終わらないいんじゃないの? それをどう使うかであって。

角田 とは言っても、本当に悲しい時だってあるじゃん。悲しい時に「こういうふうにやればリカバリーできるよ」って言われて済む悲しさもあるんだけど、「それも分かるけど、本当に悲しいんだよ」という時も人生にはあるじゃん。それが左遷によってもたらされ

加藤 た場合はどうしたらいいのかなって思ってさ。もちろん、その瞬間はどうしようもなく悲しいと思うけど、それが三六五日ずっと続くわけじゃないだろうから、少し長いスパンで見守るのがいいんじゃないかな。

漫画家の西村しのぶ先生*の名言に、これ勝手に名言認定しているんだけど、「失恋には男薬と時間薬」というのがありまして。その瞬間に「落ち込むな」とは云わないけど、時間が経てば癒える、っていうかさ。

占星術の來夢（らいむ）*先生が「占いを信じるな。使え」とおっしゃるのにも、なるほどと思う。和田さんの「陽転思考」とちょっと似てるよね。「左遷される」って占いが出たとしても、それをどう使うかって考えることができれば、落ち込んでいるだけにならずに済むんじゃないの？　と思います。

角田 もっと長いスパンで見れば、左遷されたところから復活していく人もサラリーマンにはいっぱいいるでしょう。左遷されたとしても、それは今まで流れてきた川から本当に陸に揚げられちゃったのか、それともすごく流れの悪い遊水池みたいなところにいるだけなのか、すぐに判断しなくていいんじゃないかという気もしますね。

加藤 つまり「左遷っていうけど右遷かもしれないじゃん」ってことでしょ？　左と右って、立ち位置によってどっちがどっちだか変わるわけだしね。

左遷って、自分にとってつらいことではあるけど、世の中にはもっとつらい人もいっぱいいるじゃん。そういう「他の人たちの話」をたくさん知ることでも、自分に起きた左遷をある程度は相対化できると思うんだよね。別のところで比較するな、って割と激し

【西村しのぶ】
漫画家。代表作に『サードガール』『下山手ドレス別室』『砂とアイリス』などがある。

【來夢（らいむ）】
アストロロジャー&スピリチュアリスト。著書に『運活力』（二〇〇九、実業之日本社）などがある。

く云った記憶もありますけど、使える時は使おうのずるさで。「下には下がいる」っていう云い方は好くないとは思うけど、「自分はまだそこまでじゃない」みたいなキープのしかただってある。それまでずっとプラスの比較をしてきたところに左遷されたんだとしたら、今度は逆にマイナスの比較も使えばいい。上に向かおうとする時だけはすごく比較を使っているんだけど、自分が左遷された途端、それが絶対的な位置みたいに思ってしまうわけじゃない？

角田 比較基準を変えるってこと？

加藤 常に『「相対的なものなんだ」って思って、「上に行こうが下に行こうが、どっちにしても途中でしょ」っていう考え方もあっていいと思うけどどね。常ならずの「無常」[*]に近いかもな。

角田 僕は今軽自動車に乗っていて、「要は走ればいいんじゃないの？」っていう気もするんだ。

高級車に乗ってようが軽自動車に乗ってようが、要は走ればいい、自分が満足して乗っているんだってことを実感できるタイミングとして、左遷って一番おいしいんだよね。どこかでそのタイミングが持てないと、ずっと高級車に乗りたいって人生になっちゃう。でも、一回左遷されると「軽自動車でもいいんだ」ってなれる。

加藤 それはまさに陽転思考だ。

角田 軽自動車しか停められない駐車場もあるとか、高速道路が一割引だとか、狭い道が超楽だとか、僕にとっていいことしかないいんだよね。むしろデカい車に乗る利点が分かんな

【常ならずの「無情」】
P496からの本文を参照。

くなっちゃった。だから、左遷ってそういうきっかけをくれると思う。

加藤 すべてのものに何かしらの意味も価値もあるってことに気付くよね。その価値を発見できると、自分の中で素敵なことが増えるわけじゃん。

角田 そうそう。一〇年前は「軽とか乗るわけないな」って思ってたもん。

加藤 会社だけが人生でもないからね。

角田 それは辞めた角田も、居続けている加藤くんもふたりとも思っているよね。

し

【上司（じょうし）】

角 仕事の上司はほとんど邪魔なんだけど、人生の上司は、絶対必要だ。

加 一〇〇%マネする必要は必ずしもない先人。

パワハラするあの上司……。何か「手」はないですか？

◉嫌いな人とは「社交する」

角田 のっけから過激ですが、「あの上司*に仕返ししてやる……」ってほど、恨んでいる？っていう上司って、います？

加藤 うーんとね、恨んでいたのとはちょっと違うけど、昔は「こんのやろ〜くそ〜」と思っていた人、いた。それで毎日「×〇●△□！」ってつぶやいてた。けど、一〇年経った頃から超感謝してる。

角田 おおー！　感謝まで行ってる？

加藤 あの人がいなかったら、今こうなってないなあ。……って本人にも云いました。「毎日『×〇●△□！』と思ってたんですよねえ」もプラスして。「知ってるよw」って云って

【上司】
「①上級の官庁・官吏。②その人より職位が上の人。うわやく（後略）」
（『広辞苑』より）

たけど。

角田　僕はTBSに、上司というかムカつくやつは当然いて、今でも復讐しようかなと思ってる。

加藤　復讐……！

角田　でも、今やっちゃうと刑罰になっちゃうじゃないですか。だからやらないだけで、そいつの一戸建ての家がなくなるぐらいのペナルティは与えてあげたいなって思う人が、三人ぐらいいる。その復讐心って多分消えない気がするな。

加藤　なんで？

角田　されたことは、事実として消えてないから。「こいつの家がどうやればなくなるか」って、若い頃なら本当に仕掛けてた気がする。今は、正直めんどくさくなったところもあるけど、それでも「あいつは僕にこんな悪いことをしたんだから神様はきっと許さないだろうし、何年後かに家がなくなるようなことになるに違いない」ってマイルドに思い続けてる（笑）。

なんでそんなことを言っているかというと、事実として、それがモチベーションになっているところはちょっとあるんだ。「TBS辞めてから貧乏してるんだろうな」って思ってるようなやつに対して、実際のところはどうであれ「TBS辞めてからのほうが金はあるんですけど」って言ってやりたくなるぐらいの人間の小ささが僕にはあってさ。ややこしいんだけど、そういう人間の小ささが僕は好きなんだよね（笑）。

加藤　わはは。

角田　みんな、聖人君子にはなれないじゃんか。なのに聖人君子になろうとするように教えるところに、教育の間違いがあるんじゃないかと思っててさ。悪いことも教えるのが教育だと思うんだよね。

例えば、「明智光秀*がなぜ織田信長*を殺したのか」って、いろいろそれらしい理由を挙げるけど、信長が嫌いだったんだよ、単純に。だってなんか理由があっても、嫌いじゃなきゃ殺さないでしょ。だから本質的には、とにかく嫌いだったんだよ。それがたまたま「あいつは少人数で本能寺に泊まっているから、やるなら今だ」って気持ちになったからやっちゃった。嫌いじゃなきゃやらないよ。

だから、好き嫌いが表面化して何かを実行するかは置いといて、その思い自体は誰もが持ってしまうものだし、消えないんじゃないかなと思う。それを無理に消そうとすることもないんじゃないかな。

それで本当に殺していいのかっていうと、ダメだよ。捕まっちゃうし、人間としてやってはいけないことだから。それが判断できる“ethical”というか、倫理的な抑制力がちゃんと自分の中にあるんだったら、何を思っててもいいんじゃないかなって思ってるのさ。

加藤　全員と仲良くはできないからねえ。

角田　平野レミ*さんや黒柳徹子さんは「嫌いな人とは仕事しない」って公言してる。それでもあの地位までいっているから、本当にそれでいいんだなって思える。だからその言葉は好きなのね。

【明智光秀】
一五二八年？生まれ、八二年に没。「信長の武将として京都市政を担当。一五八二年中国攻めに出陣の途次、本能寺に信長を倒す。山崎の戦いで秀吉に敗れ、居城近江坂本への帰途、京都郊外の小栗栖（おぐるす）で殺された。」（『日本史用語集 改訂版Ａ・Ｂ共用』より）

【織田信長】
一五三四年生まれ、八二年に没。「（略）一五六〇年、桶狭間で今川義元を討ち、『天下布武』の印判を用いつつ、全国統一の事業を進めた。一五七三年、室町幕府を滅ぼし、畿内平定を達成したが、八二年、本能寺の変に倒れた。」（『日本史用語集 改訂版Ａ・Ｂ共用』より）

その一方で、人間の場合は「嫌いな人と付き合わなくていい」と思っているのに、国の場合で考えたら世界の二〇〇近い国全部と仲良くしなきゃいけないのかなって、ちょっと思ったことがあるの。利害関係で付き合う相手を決めるんだから、国だって利害で仲良くするかどうか決めたっていいんじゃないかって。そこで、僕のヒューマニズムは相反するわけよ。

でもある人から「隣同士の国は永遠に隣じゃん」って言われてね。つまり人間同士だと物理的に離れられるんだけど、国同士は離れられないじゃない。ずっと隣同士にいるのは間違いないわけだから、「だったら、仲良くなれるように頑張るのもひとつのやり方なんじゃないの？」って言われた時に、ストンと腑に落ちたのね。

要するに、環境が変わるんだったら「好きなものは好き、嫌いなものは嫌い」でいいんだけど、あなたがその会社に骨を埋めると決めたなら、その相手とも隣同士の国みたいなものになるんだよ、と。あなたが仲良くするように頑張ると、相手も意外と仲良くしようと努めるようになるんじゃないの？　と思う。だから判断のポイントとして、その環境が変えられるものかどうかというのはあるよね。

加藤　「全人格的に仲良くなる必要もない」という考え方はありますよね。サードネームじゃないけどさ。

角田　そうそう。だから「貿易だけやってりゃいいや」とかさ。

加藤　利害関係のみの付き合いだってあるだろうしね。いい意味での社交っていうものはあるよね。これについては、山崎正和先生*の『社交する人間』*という名著がありまして。日

【平野レミ】
一九四七年生まれの料理愛好家、シャンソン歌手。料理番組での自由奔放な振舞いや独創的な料理、なにより明るいキャラクターで人気。

【山崎正和】
一九三四年生まれの劇作家・評論家。二〇二〇年に没。主な戯曲作品に『世阿彌』『オイディプス昇天』『言葉―アイヒマンを捕らえた男』など。また評論に『鷗外 闘う家長』『演技する精神』『柔らかい個人主義の誕生』『装飾とデザイン』『世界文明史の試み』『リズムの哲学ノート』など。成熟した個人主義に基づく近代社会の構築を提唱しており、企業メセナやボランティアの概念を日本に普及させた。

本の組織が家庭的な性格を残してきたからかもしれないけど、妙に全人格的な付き合い方をしようとする時があるよね。

角田 僕が教育に不満なのはおそらくそのあたりで、「個性、個性」って言うわりには全部を要求するじゃん。それ無理だとか、「嫌なやつとどうしたら揉めないか」とかを教えてあげたほうがいいんじゃないかな。

加藤 わざと仲悪くなる必要もないけど、全員とべたべたに仲良くする必要もない説です。

角田 「サンパウロは治安悪いから行かない」じゃなくて「サンパウロに行っても、治安の悪いところには行かなきゃいい」みたいな感じでさ。初めから「サンパウロには行かないか、行って骨を埋めるか」なんて選択肢だけで考えていたら、そもそも行けないでしょ。

加藤 ただ、相手である上司のほうが全人格的にぶつかってくる場合もあるじゃないですか。だからパワハラにもなったりして。それに対して、こっちも全人格でぶつかる必要はあるのかな。

角田 この前ある取引先と揉めて、その時は結局全部撤収したんだ。その怒りのメールで「一〇〇〇%やりません」って書いて送ったわけ。で、あとで冷静になって考えた時に、「なんで僕、『一〇〇〇%』って書いて送ったんだろう」と思ってさ1986オメガトライブ*の『君は一〇〇〇%』もそうだけど、一〇〇でいいじゃん。「僕、なんで一〇〇〇って書いたの?」って。

加藤 それはカルロス・トシキ*さんのおかげなんじゃないの?

角田 それで、「これって、単純に一〇〇の三乗だな」って気付いたの。一回目の粗相をやられ

【『社交する人間』】 山崎正和の著書。二〇〇三年に中央公論新社より刊行。

【1986オメガトライブ】 プロデューサー藤田浩一がプロジェクトしたロックバンド「オメガトライブ」の第二弾。前ボーカル杉山清貴の脱退を端に解散したオメガトライブの元メンバーに加え、カルロス・トシキ（ボーカル）などが加入して結成。一九八八年には「カルロス・トシキ＆オメガトライブ」とグループ名を変更した。

【カルロス・トシキ】 一九六四年生まれ、ブラジル出身の歌手。来日後、「1986オメガトライブ」のボーカルとしてデビュー。現在はブラジルで農業関連の仕事をする傍ら、定期的に日本でも歌手として活動。

た時は一〇の怒りで、まあ小さいわけ。それで、二回目をやられた時には二倍の二〇じゃないいんだよね。二乗になって、一〇〇になるわけ。相当ムカついてるけど、それでもまだ金もらえるから我慢するわけよ。

ところが、三回やられて一〇〇〇になると、「もう、一〇倍の金もらわないとやらんわ!!」って気持ちになるから、やめちゃったんだなあと思ったんだ。

音楽の音程も周波数の対数で構成されていて、二倍で一オクターブになるんだけど、調和のとれた音楽ってエンドルフィン*の分泌を促すから、感情に影響するでしょう。音圧のdB*(デシベル)もそうだけど、人間の体って対数に左右されるようにできているんですよ。

だから意外に、対数的な感覚で考えたほうが世の中の動きに合ってる。例えば平成は三〇年、平安時代は四〇〇年、縄文時代は一万六〇〇〇年だけど、それを「同じ時代」と括って考えたほうが歴史的には合ってる。なぜなら対数だから。そうやって「感情って対数なんだな」って考えるのはすごくいいと思うわけ、好きにせよ嫌いにせよ。

加藤 燃えてすぐ冷めるわけね。

◉当時「×〇●△□!」と思っていた上司、実は待ってくれていた?

——最初に加藤さんが触れた、当時「×〇●△□!」だったけど今は感謝している上司に対する心境の変化って何だったんですか?

【エンドルフィン】「脳・脳下垂体などに含まれ、脳内のモルヒネ受容体と結合して鎮静作用を表す一群のペプチド」(『デジタル大辞泉』より)

【dB】「デシベル」と呼ぶ単位の記号。「(略)電力・電圧・電流・エネルギー・圧力及び音の強さなどの比を表すのに用いる単位(後略)」(『広辞苑』より)。ここでは音圧を意味している。

加藤 入社二年目くらいで毎日企画書を書かされてて。ずっと横にいるんですよ。でもタバコ吸ってるだけで何もしてない感じでさ。書いているこっちとしてはムカつくわけ。

それでもしばらく作業したら、企画書が〝完成〟しちゃう。できた、上司横にいる。そしたらプリントアウトして見せざるを得ないじゃないですか。それで見せたら、いろいろダメ出ししてくるでしょ。「ふっざけんな!!」と思いながらそれを繰り返して、ある程度けりが付いた深夜くらいから飲みに連れて行かれて、あれこれ云われながら飲む、みたいな毎日でしたね。二〇二一年のいまいまだとあり得ないシチュエーションだけど。

今思うとさ、その人は横で待っててくれたんだよね。本当は帰りたかったんだと思うんだけど、自分の時間を投資してくれていたわけ、若かりしかとうに対して。それは……やっぱりその時は分からなかったんだよね。

逆の立場になって、待つのも仕事だな、になってくるじゃないですか。待つのはつらいし嫌なんだけど、「俺がやったほうが早い!」とか云っちゃうとホントはダメで、上司とか先輩は待つのが仕事だと思わないといけない。それが二〇年経ってようやく分かったわけ。

角田 今でもその人とは話する?

加藤 二年に一回くらいは話すね。

角田 本人は自分でも「そういう意味があってやってた」って言ってるの?

加藤 答えないでニヤニヤしてる。

角田　僕が「復讐したい人が三人くらい残っている」っていうのは、たとえ意味が分かっても消化できないほど理不尽だったよなって、やっぱり思ってしまう人だってことなんだよね。逆に言えば、許せなかった人が一〇〇人いたとして、九七人はそれで許してる気がする。その中で最後まで沈殿しているのがその三人。どんなに考えても、「あれは単純に僕へのジェラシーだったんだな」とか、「単純に嫌がらせだったんだな」っていう奴だったら、やっぱり〝地獄〟に落とさなきゃなって。

加藤　加藤くんの話みたいに「すごく厳しかったけど、たくさん勉強させてくれたんだな」って感謝している人もたくさんいるよ。

加藤　そもそもみんな、上司に云われたことって一〇〇%やってるのかな。ワタクシ、結構スルーしてるかも。

角田　加藤くん、結構スルーしてるよね。

加藤　云われたことを毎回一〇〇%やったこと、ほとんどない。一二〇%やってる時もありますよ？　平均したらちゃんとやっているつもりだけど。

角田　さっきの僕の「怒りが一〇〇〇%」の案件でいうと、僕は多分全部やってるんだ。だからこそ、「こっちが全部やろうとしているのに、そんな態度とるならもう一切やらん」みたいなことになる。仕事に関しては、僕はゼロか一〇〇〇なのかもしれない。やるって決めたら値段じゃなく一〇〇〇ぐらいやろうと思っているのに、そんな変な態度とるなら絶対やらないって。

加藤　みんな真面目だよねえ。

角田 そこは真面目だね。

加藤 受験で云えば「捨てる問題」ってあるでしょ。そのクチだな。

角田 要は受かりゃいいんだもんね。

加藤 そう。それは上司との関係も同じで、「お前、これスルーしやがったけど、こっちがこれだけできてるならしょうがねえな」みたいな、「トータルでは合格」っていう塩梅でいいじゃない、と思ったりする。

角田 仕事もそうだし、人間関係も「どうスルーするか」って大きいよね。恋愛もそうかもしれない。どう相手の嫌なところを説明しないで済ませるかって大事だもんね。

加藤 それこそ社交の技術だよ。

角田 僕、社交苦手だから多分ダメなんだね。

す【SNS】エス エヌ エス

SNSを仕事に役立てたり、交友関係を広げたり深めたり……。自分は苦手なんですがどうやって使えばいいですか？

角 新しい世界への入り口。それは危険だけど魅力にも溢れている。
加 抽象度高く、まま使うと危険な概念でありツール。一～二段具体化すると吉。

◉コミュニケーションの面積視点でSNSを見ると

角田 なんでSNS*が「す」の位置にあるんだっけ。「ソーシャル・ネットワーキング・サービス」なら「そ」なんじゃないの？

加藤 〝S〟って「スー」って音じゃんってことで。まあいいんだよ、細かいことは。赦せ。で、SNSって、どう使えばいいんだろうね。角田くん的に正しい使い方は「自分のタレント化*」っていうことだと思うけど、一方でそうやって使えてない人もいるよねという話をしたいんだけど。

角田 加藤くん、SNSそんなにやらないね。

加藤 私論なんですけど、何で疲れるかと云うといっぱい返さなきゃいけないからだと思うん

【SNS（ソーシャル・ネットワーキング・サービス）】
「同士が交流できる機能をもつ会員制サービス。サービスにより異なるが、プロフィール公開、文章・写真・動画投稿、メッセージなどができる（後略）」（『現代用語の基礎知識』より）

【タレント】
ここでは「TVタレント」とは別のニュアンスで使っている。詳しくはP206からのコラム「タレント」を参照。

です。で、疲れないために、「コミュニケーションの面積」で考えたほうが好いと思ってるんだよね。

角田 なるほど。

加藤 一回一回がへなちょこだと回数をこなさないといけなくて、面積が増えないから回数が要る。だけど、すごく濃いやつが一回あったら、別に一回でいいんじゃないかな。

SNS的には小まめに返さなきゃいけない作法があるのかもしれないけど、それが相手との間にどういうリスペクト関係をつくるのかを考えると、「濃いの一発」っていう発想はあってもいいんじゃないの？

角田 それ、僕でいうと「すごく濃い」っていうのが「リアルで会うこと」なのかなと思う。

加藤 それも含めて。

角田 だよね。「濃い一発でいいじゃん」って考えると、「SNSやるより、会って飯行きましょうよ」みたいな話でもいいってことだよね。

加藤 そうそう。

角田 そこで僕はSNSが嫌で、一緒に飲みに行くのも嫌なんだ。だけど、そうすると社会と隔絶してしまうわけで、僕の中では「濃いの一発」と「ちょこちょこTwitterでリツイート」してるのだと、ちょこちょこのほうを仕方なく、必要悪として選んでやってるんだよね。あんまり好きじゃない人に関しては。好きな人なら別に飲みに行ってもいいんだけど。

加藤 前にも角田くんと話したことあるけど、自分のクラスの女の子が他のクラスの男と付き合ってるの、むかつくよね。

角田 ああ、むかつくむかつく！　自分のもんじゃないのに、あるある、そういうの。

加藤 なんで隣のD組のやつと付き合ってんだよ！

角田 サッカー部の○○なんかと！　みたいな。

加藤 それって結局、しゃべってるかどうかは別として、一緒に居る時間が長いと、なんとなくそこに共有してる感じが生まれてくるわけじゃない。

角田 うんうん。

加藤 で、いま時分はその感覚をなかなか持ちにくいので。その点、SNSは便利なわけですけどね。

角田 でもね、僕はSNSがあるからプロデューサーがやれてる。二〇代の時はさ、一緒にゴルフ行くとか、ザギンでブークラ行くみたいなのをやらないとプロデューサーなんかできないと思ってたもん。

　だけどSNSがあれば、SNSで「なんか、このアーティストいい」とか言ってるとアーティスト本人からリツイートがきたりして、で相互フォローで繋がっちゃったりして、「今度出てください」「いいですよー」みたいになる。つまりSNSでキャスティングしてるんだ。

加藤 それ、かとうが「知ったもん負けの法則」と呼んでるやつ。初めてお目にかかる前に、お相手が先に角田くん情報を入手している。角田くんが相手のこと調べるよりも、ボリュームとしてたくさん知っている状態。で、知っているほうが〝負け〟になるわけなんですが長くなるので置いといて。

角田くん情報に関しては、書籍に関する紹介記事とかもいっぱいあるだろうから、ご本人が直接書いてないものも含めて、たくさん読めちゃう。「コミュニケーションの面積」がある程度すでに担保されてるわけよ。だから、本人同士はちょっとしたやり取りでいい。

角田 あー、なるほど。

加藤 本を書いてるとかメディアに出てる人は、別に相手が聞いてようと聞いてまいと、そこにある程度の面積があるから。むしろ本人同士は。

角田 ちょちょちょっでやれちゃうってことですね。じゃあ、そうじゃない人はどうすればいいと思う？　例えばミュージシャンで、ファンを全くシカトする人もいれば、いちいち「ありがとうございます」って書く人とかもいるんだよね。

田中泰延*さんもよく言ってるけど、その時にちゃんと名前出して、何なら顔もちょっと出してやってるファンのツイートだったりを覚えるわけだよ。

だから、自分には業界人のアドバンテージがあるとはいえ、加藤くんの言うコミュニケーションの面積って、SNSがなかった頃よりは、ちっちゃいところから耕せる領域になってるじゃんか。だから、今面積がない人は、むしろSNSで面積を増やしやすいってことなんじゃないかな。

加藤 そう思う。

角田 それが一番顕著なのが、「Twitter のフォロワー、何人いたら一冊本出せますよ」みたい

【田中泰延】
P150の本文と脚注を参照。

なの。出版社の人ってもはや、むしろ「Twitter のフォロワー数が○○人だから、初版これくらいで、みたいな本の発注をするじゃんか。
　だからこそSNSやるの疲れるんだけど、僕はやっぱりあっていいものなんじゃないかなと思う。

◉そのSNSに「仕入れ」はあるか

加藤　多分SNSに疲れる人って、すごく受け身だから疲れるんだと思うな。

角田　疲れるんだけどね、僕も時々「もうめんどくさいな」と思ったりする時もあります。

加藤　それはSNSというメディアがめんどくさいんじゃなくて、書くことがめんどくさいんじゃなくて？

角田　〝S〟がめんどくさいの。〝Social〟（ソーシャル）が。まあ、もう社会が嫌いなんだと思います。

加藤　「社会が嫌い」と「文章を書くことが嫌い」は同じ？　違う？

角田　文章を書くのは、実はそんなに嫌いなんじゃないんじゃない？　ただ書いた文章を読んでもらってどうなのかとか、つまり「社会に出すこと」がめんどくさいわけ。
　でも、「じゃあ出さなくて一人で書いてりゃいいじゃん」って話になってくと、それも嫌。寂しがり屋なんだよね。だから僕の中でいうと、Sは「寂しい」のSかもしれない。〝ソーシャルネットワーク寂しい〟。sadness かもしれないけど。

加藤　SNSの使い方って、何かに反応して投稿するタイプのやり方と、ちゃんと運用するのって違うと思うの。個人的には、士農工商*じゃないけど、なんとなく世の中的には業種に対するイメージ、これ先入観って云っていいと思うんだけど、商人ってただブツを流通させてるだけで何もしてないじゃない？みたいな前提があるような気がなんとなくするんですけど。

でも商人は商人で素晴らしくて。だって、知らなかったものを教えてくれる人でしょう？　生活者、この項で云えばSNSを見ている人に対して「こういう情報ありますよ」を右から左に伝えてるだけでも、それは「面積」になると思うんだよね。

で、さらに云うと、自分なりの「面積」を作るのに、自分のオリジナル、つまりメイカーである必要はないんじゃないかと。SNSの中での「商人」になれれば十分価値がある。

角田　それ、広告会社の価値みたいなのとちょっと話が似てるね。

加藤　近い。じゃあ「商人」と、ばんばんリツイートしてるだけの人との違いは何かと云うと、自分なりの「仕入れ」の感覚とか、目利き感覚の有る無しだと思ってる。

角田　その真贋が分かるところあるもんね。

加藤　もちろん間違っててもいいのよ？　でも、自分が「いい」と思って仕入れたものを渡すことは、「ああ、この人ちゃんと仕入れたんだな」というのが分かるから、ある程度面積化すると思う。反対に、ただ流れてきたものをポンと送ってるのって、仕入れてない感じがある。

【士農工商】
「江戸時代の職能に基づく身分制。社会を構成した主要な身分である武士・農民・職人・商人を指し、総称して四民という。公家・僧侶・神職は、武士に準じる身分とされ、農工商の下には賤民としてえた・非人があった」（『日本史用語集 改訂版Ａ・Ｂ共用』より）

だからSNSに疲れてる人たちにとって、この仕入れの感覚があるとちょっと変わってくんじゃないかなと、個人的には思うんだよね。まあ、仕入れるのも疲れるとは思うんですけど。でも、ちゃんとした仕入れたものにはある程度の面積があるので、そんなに頻繁にお店開かなくてもいいんじゃない？とも思うしさ。

◉自分ブランディングを助けるSNS

角田 今の話でいうとさ、本当のブロガーって、どう自分のブログを「バズらせないか」ってやっぱり苦心するんだって。

加藤 バズらせないか？

角田 例えば、仮に恵比寿で新型コロナウイルスの人が発見されたとするじゃん。「恵比寿で新型コロナウイルス発見された現場に、俺いたんだよね」ってブログ書くと、もしかしたら炎上するというか。バズるじゃないですか。

ところがそれって、新型コロナウイルス騒動が終わったらもう終わっちゃうんだよね。一番いいブログっていうのは「恵比寿のおいしいレストラン」みたいなの。その記事には五年経ってもブログに定期的に人が来てくれるじゃん。

だから、「どんだけバスらせないか」みたいなのがプロブロガーの大事なことなんだって。って考えた時にこの「疲れる」って、むしろ炎上とか批判とかクソリプとか、そういうのに疲れちゃうんだと思う。

だから、どれだけ自分がサステナブルになるのかに主眼を置けばいい。疲れる前に見ない、も含めてありなんじゃないかなとか思う。

加藤 時間軸長く。ですな。

角田 繰り返しになるけど、SNSがないと僕はプロデューサーがやれてない。更に言えば「バラエティプロデューサー」もやれてない。仮にTwitterとかがなくなっちゃったら、自分はフリーランスでは生きてけないんじゃないかなと結構思ってます。それには深い意味があるんだ。

アフェリエイトで食ってるインフルエンサー*みたいな人っているじゃないですか。でも僕はそういうことでは全然ないよね。SNSをやってることが直接金銭に繋がるわけじゃない。でも、だからこそ僕のほうがよりSNSの核心に触れていると思ってる。そこで知り合った人から連絡をもらえたり、SNS上で知り合ったことで番組のキャスティングもできている。それは「角田陽一郎はこう考えてる」ということを表明できるから、仕事に繋がってるってことなんだ。

加藤 連絡ツールという側面もあるけど、SNSを使って「角田陽一郎とは何ぞや」みたいなことを先出しできているということだね。

角田 そう。それが一番強いと思う。だから、僕が日課のように、「今日はこんなこと思った」とか「こんなことやった」みたいに書いているのは、やっぱりそれを外に出してないとフリーランスでやってけてないっていう事実があるからなんだ。

加藤 日記として使っているわけではないってことだよね。

【インフルエンサー】
「主にインターネット上で、ほかのユーザーの行動や意思決定などに対して影響力が大きい人物を指す。（中略）インフルエンサーに憧れる若者も多く、存在意義が増している」『現代用語の基礎知識』より）

角田　うん、日記としてはそんなに使ってない。「対外」しか意識してないかな。

加藤　だとすると、「SNSは投稿頻度が大事だから、あまり考えないで思ったことを毎日書くことが大事だ」と云ってる人がいるけれど、それに対しては反対？

角田　SNSは一種の「自分の窓」であって、投稿は「自分をどう表明するか」ってことだから、実は自分のブランディングなんだと思う。

なので、自分のブランドを形成するにあたって、「俺は何でも言う人だ」っていうブランディングをしたいなら思ったことを書けばいい。但しそのブランディングは敵もつくるしクソリプも飛んでくるから、精神安定上は相当大変なことが起こります、ってことだよね。

僕が開いている「本を書きたい人の個別相談会」で、SNSの使い方についていつも言ってるのは、まず「自分はこういう人間だ」ということを自分の中で決めること。これは後々変わってもいいんだけど、「こういう人間だから、自分の家族のことについてはつぶやく・つぶやかない、政治についてはつぶやく・つぶやかない、野球についてはつぶやく・つぶやかない」というルールはある程度決めたほうがいい。

子どもがいるんだったら、「子どものことをつぶやくのはありなのかな、子どもがいない感じでつぶやこうかな」とか、子どもについてつぶやくなら「小五って書いちゃうことはありなのかな」、なんなら「ひろ君って名前まで書いちゃうのもいいのか」「奥さんの顔写真もあげちゃうのか」って、さまざまな段階・レイヤーがあるじゃないですか。それを自分で決めることがブランディングだと思う。そこをちゃんと決められれば、ＳＮＳはちゃんと使えるんじゃないかな。「窓をどれぐらいの大きさで開けるか」を自分で決めるってことかな。

◉角田式・ＳＮＳの始め方（一）

加藤 「ブランディング」っていうと、「自分のいいところを見せる」「自分の得意なとこだけを見せる」という感じにも捉えられるんだけど、これからブランディングを始める人は何を心がけたらいいのかな。

角田 「ブランディング」って言い方だとそう捉えられちゃうとすると、「アイデンティファイ」のほうがいいのかな。「自分というものを定義する」ってことだと思うんだよね。

そうすると、いいことだけ書いてると「こいつ、いいことだけしか書かないやつ」っていうアイデンティファイをされちゃうよね。その定義によって自分が得するなら、それでいいんじゃないかな。

でも、自分のことって自分では分からないから、判断がずれちゃう人が多いんじゃないかなとも思う。じゃあ角田はずれてないのかと言われたら、もちろんずれてるかもしれないけど、僕の中には「バラエティ視点」みたいなものがあるんだよね。「ロケ現場では盛り上がったけど、編集したらつまらないね」みたいなことにならないように、自分という人間を一回外からの視点で見てみて、「こういう人間であろう」という形に自分自身を描こうとはしてる。

加藤　ある程度その手の経験がある人は、そこまで考えて対外で振る舞える。だけど社会人になったばっかりだったりして、自分の中にそこまで積み重ねがない自覚がある人にとって、自分のブランディングやタレントを明確にしてSNSを始めるタイミングってあるんだろうか。

角田　だから僕は、本を書きたい人の個別相談会でいつも「本を書きたいならTwitterを始めなさい」って話をしてるんだ。

なぜ「Twitterを始めなさい」かというと、「本を書きたい」って要は「作家になりたい」ってことでしょう。じゃあ作家の定義って何かといったら、昔だったら出版社の人に「先生」と呼ばれることだった。でも今は「先生」って呼ばれる人に本を頼んでも売れない。作家の定義が変わってきてるんじゃないかってことを佐渡島*さんとよく話すんだ。

それなら今の新しい「作家の定義」って何だって話になると、「その人が書いた本を、少なくとも一万人が待ってる」っていう状態なんだと思う。一万人が待ってるってことは、半分の五〇〇〇部売れれば初版五〇〇〇部刷*ってもいいわけだから、出版社も話に乗ってくれる。「一万人がこの人の文章を期待してる」ことが、新しい作家の定義なんじゃないかと思うんだ。

「一万人がその人の文章を期待してる」っていうのはTwitterでいうと「フォロワー三万人」だとしよう。純粋なフォロワーが三万人くらいいる人はその人の文章力で三万人集めてるわけだから、まあ作家になれるんじゃないかという話なわけ。

【佐渡島】
P108の本文と脚注を参照。

【初版五〇〇〇部】
本書の初版部数は……秘密である。

同じことをミュージシャンやレコード会社の人とも話したら、ミュージシャンも大体そんな感じだって言ってた。一万人の固定ファンがいれば、コンサート会場を満員にできるんで、まあなんとか食ってける。

そのイメージからいくと、まずフォロワー三万人が作家になるためには必要なんです。ちなみに僕はフォロワーが一万人しかいないんで、その意味では「角田は作家ではない」んですよ。

加藤 ふむー。そういう定義なのね、作家とは。

角田 じゃあ足りない二万人分をどうしてるかっていうと、「元TBS」だとか、「金スマをやってました」とか、なんなら「東大です」というところで補強して、なんとかその分の価値をつくってるわけ。

そんな中で、作家になるためにまずフォロワー三万人を目指すとして、Twitterをやる時のポイントが三つあるっていう話をよくするんです。

一つめは「Twitterは大学の試験、入試と一緒です」って話。大学の試験で、例えば「勘合貿易*について一四〇字で述べよ」みたいな問題がでるでしょう。Twitterはあれと同じなんだよ。

つまり、顔がかわいい子が「りんごおいしい」みたいな投稿ばっかしててフォロワーが三万人になっても、そいつは作家になれないわけです。一四〇字の文章そのものを面白いと思ってもらって、リツイートしてもらわないといけない。

だとして、「今日は渋谷でコーヒーを飲んだ」って内容で一四〇字書いて、ちゃんと

【勘合貿易】

「明が公認した貿易の証として、発給した勘合を用いて行われた朝貢貿易。足利義満の死後、四代将軍義持は朝貢形式を嫌い中断したが、六代将軍義教が再開。幕府が握っていた勘合の管理権は、応仁の乱後に細川氏・大内氏へと移り、寧波の乱を経て大内家が独占した。一五五一年に大内氏の滅亡で廃絶」(『日本史用語集 改訂版A・B共用』より)。また、「明が正規の貿易船であることを証明するために、交易諸国に与えた割符によって行った貿易。明初の洪武帝時代に始まるが、日本に対しては永楽帝時代の一四〇四年に明の使者が室町幕府に割符を与えたのが始めである」(『世界史B用語集 改訂新版』より)。日本史と世界史、立つ視点によって説明の力点が異なるのが面白い。(三二一文字)

リツイートされる文章ってそこそこの文章力が必要だよ。ちゃんと書こうと思ったら三〇〇字になる内容をなんとか一四〇字に収める。それを毎日練習してみましょうって話で、だから僕はいつもTwitterは一四〇字近くで書いてるんです。

二つめに、そういうことを続けていくと、「このことをつぶやくとフォロワーが増えて、このことをつぶやくとフォロワーが増えない」というマーケティングができてくるんだよね。

バラエティプロデューサーである角田という人間が「渋谷でコーヒーを飲むこと」を書いたってやっぱりフォロワーは増えないけど、「アイドルの引退会見について、こう思った」って書くとやっぱりフォロワーが三〇〇〇人とか増えるわけですよ。

つまり、「あなた」というブランディングの上で「どういうこと」をつぶやくとフォロワーが増えるか、増えないかは、やってみると分かってくる。

なので、まずは一四〇字で自分の思ったことを書く。そして「これを書いたら増える、これを書いたら増えない」を経験していくことでマーケティングを学ぶ。で、最終的にはフォロワーが増えていき、本を出せるようになる。

昔だったら有料でやらなきゃいけないような、文章力上達、マーケティング、ファン獲得の三つが無料でやれるTwitterを「なぜみんなやらないんだ」って話を個別相談会ではしています。

さらに言えば、僕はnote*に六〇〇字とか八〇〇字とかの文章を書いてるじゃんか。あれってTwitterに三つ書いた一四〇字をくっつけてるだけなんだよ。それが本の内容

【note】
テキストや動画の投稿プラットフォーム。他のブログサービスやSNSと比較すると、有料公開の設定や投げ銭機能が特徴で、様々な分野のクリエイターによる投稿の割合が多い。

にもなるわけ。

◉角田式・SNSの始め方(二)

加藤　Twitterの一四〇字が試験と同じだとすると、自分のブランディングツールとしてSNSを使う時には一四〇字を書く時にいきなりTwitterに打ち込まないで、別のところに下書きをしたり、推敲とかをするべきなのかな。

角田　僕にとってはnoteに六〇〇字とか八〇〇字の文章を書くのが本番なんだ。だから三つのTwitterの投稿をnoteの一文にするところで推敲をやってるのね。その意味でいうと、Twitterのほうは推敲してない地の文だね。

加藤　推敲してないんだ?

角田　まあ、その意味ではいきなり書いてるけど、「いきなり書いてる」ったって一四〇字にしてから投稿するボタンを押すわけだから、多少は減らしたり増やしたりはするよ。やっぱり一四〇字でまとめんのってすごく大変だよ。
　全部で二〇〇字ぐらいになって、一回一四〇字で書いた後に続けて六〇字ぐらい書き足したりするじゃん。そうするとリツイートされないんだ。だからポイントは一四〇字の中で、リツイートしたくなるような「ワントピック」にしなきゃだめだってことなんですよ。
　ところが、そこで二トピック書く人がよくいるんだよね。「Aという本が面白かった。でもBっていう本はつまらなかった」みたいにさ。

その時に、仮に僕の本が「面白かった」ほうだとするじゃん。「『最速で身につく世界史』*は超面白かったけど、他著者の世界史の本はつまんなかった」みたいに書かれちゃってたら、僕はリツイートしないもん。「『最速で身につく世界史』が面白かった」とだけ書いてくれれば、著者が見つけて勝手にリツイートしてくれますよ、って話なわけ。

サンボマスター*の山口隆さんなんかよくリツイートしてくれるから、本当にサンボマスターの曲が好きだったら、「この曲で感動しました」って書いたら山口さんがリツイートしてくれて、フォロワーがガーンと増えるよね。

でも、その時に「誰それの曲は退屈だけど、サンボは超いいです」みたいに書いちゃう奴が多いんだよ。それを山口さんがリツイートするわけないじゃん。

誰かのことを書くなら、当事者が「リツイートもいいな」となる感じで書いてみるのはどうでしょう、ってアドバイスをよくしています。

加藤 そういうアプローチは「フォロワー増やしのテクニック」にも聞こえるんだけど、自分のブランディングや、培ってきた経験を表明する場としてSNSを利用する場合は、何に気を付けたらいいんだろう。

角田 今の話から続けると、例えば「サンボマスターの『世界はそれを愛と呼ぶんだぜ』が好きだ、すごく感動した」ってだけでは、そんなにリツイートされないよね。でも大体みんな「あの曲超いいんです、泣けました」ぐらいしか書かないんだ。

【『最速で身につく世界史』】 角田陽一郎の著書。二〇一五年にアスコムより刊行。

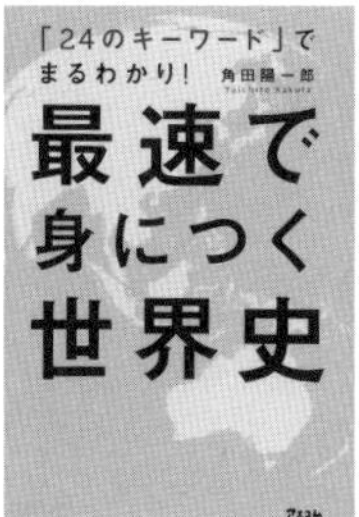

【サンボマスター】 主に、一九七六年生まれの山口隆（福島県出身）が作詞・作曲を担当しているスリー・ピースバンド。「氷河期世代」とか「失われた一〇年世代」と呼ばれる団塊ジュニア層から支持されている。

そうじゃなくて、『世界はそれを愛と呼ぶんだぜ』を聴いて試験勉強をしてたら、●●大学に受かりました」って書いたら、もしかしたらリツイートされるかもしれない。つまりそこには、「その曲を聴いた」にさらに「自分が●●大学に受かった」という、事実みたいなことが一個乗っている。そこに他人がリツイートする価値があるってことなんだよ。

加藤 単なる感想はいらないってこと？

角田 「自分が書いた一四〇字の情報が、他人にとっても価値あるものなのか」って考えた時に、「感動させる」とか「知らないことを教える」とか「役に立つ」とか、いろいろな「価値」があるじゃないですか、なんなら「むかつかせる」もそうかもしれない。

少なくとも付加価値を一個付けることが大事なんじゃないかな。自分の体験をただ外に出せばいいんじゃなくて、外の人にとっても「ほう！」って思う何か一個付ける。その「ほう！」は一個のほうがいい。Twitterの一四〇字では二個は書けない。

加藤 頻度はどれくらいがいい？

角田 僕は毎日三つぐらいつぶやいて、三つつぶやけたらnoteで一文にしてる。大した内容じゃなくていいんだ、「今日会社に行ったら〇〇だった」程度でさ。

一四〇字が三つ集まったら一文にすると考えると、まとめる時に文章足したりして読みやすくすると、noteでは八〇〇字くらいになるわけです。じゃあ一週間に一回八〇〇字を書いてたら、四万字もあれば一冊の本ができるとすると、八〇〇字が五〇個書ければ一冊分になるわけだよ。週一でnoteに八〇〇字の文章を一個書いていれば、五〇週、つまり一年間書くと本一冊分の情報をアウトプットしたことになるんですよ。週二回書いていれば半年で終わる。

だから、それをやってみるかやってみないか、ってことがまず大事だ、と個別相談会では伝えてる。

YouTuberで成功した人っていうのはやっぱり一〇〇日連続生放送やった人なんだ。「一〇〇日連続生放送をやった」っていうのは、やったっていう物理的な大変さもあるけど、やったことで結果フォロワーも増えていったから続けられているわけだよ。

だから、あなたが本当に本を書きたいなら、「まずはそれをやってみな」と言うわけだ。それが半年続いた、一年続いたってなると、フォロワーが三万人に増えてるかどうかは別にして、結果続けるだけの手応えがあるからやってるってことだから、「本を出すという目標に向かって一歩進んでるんじゃないですか」ってこと。

◉経験・体験をアーカイブ化せよ

加藤 実践を積んできた人ならではのお話ですな。とはいえこの本の読者の人みんなが本を書きたいわけじゃないと思うんだよね。それでも自分の価値というか、自分のブランドをある程度の形にしたい気持ちは多分あって、この本を読んでくれてると思うわけ。

「いや、作家まで行こうとは思ってないんですけど」な人がSNSを始める、ないしはもう一回仕切りなおすとしたら、どんな変え方がいいんだろうか？

角田 【貯蓄】の項とも繋がるんだけど、今みたいな話で自分のTwitterの投稿やnoteの文章が溜まることは、自分の情報を外に貯蓄してるってことだと思う。自分の情報を貯蓄する、自分という考え方を「アーカイブする*」とも言える。まずそれをやるということなんじゃないか。

ブランディングの話でいえば、【履歴書*】の項でも話したけれど、プラスチック*関係の人が「プラスチックコーディネーター」と名乗ったら、本を書けたわけではないけどフォロワーは増えたし、結果テレビの取材も来たんだよね。

加藤 だから「プラスチックコーディネーター」と名乗り「プラスチックコーディネーター」という名前でTwitterをやることが、結果的にその人の個人をちゃんとつくり、その考えを外に対して貯蓄することになり、やりたい仕事に近づくことになる。

角田 そのまま受け取ると「プラスチックコーディネーター」という自分への名付けが大事だって話と誤解しそうな気がするんだけど、角田くんが云ってることはさ、本当は「アーカイブ」のほうに重点があるんだよね。

加藤 そうだね。そのプラスチックコーディネーターの人も、事実noteの文章とかでちゃんとアーカイブしてないから、本を書くまではいかないんだ。

SNSの効能として、お金になるかどうかはさておき自分のブランディング、価値を高めるとか、角田くん云うところの「渦の人*」になる方向に自分を変えていくのに有効な武器だってのはあるよね。

その時に、みんなすごく表層的なところから入りがちだから、「名付けが大事」って

【アーカイブ】
本書のキーになる概念のひとつ。P210からのコラム「アーカイブ」を参照。

【プラスチック】
石油を原料とした合成樹脂のこと。

【コーディネーター】
英語の「coordinate」は「対等、同格、調和」などの意味をもち、形容詞、名詞、動詞のどれでも用いられる。

【渦】
本書のキーになる概念のひとつ。P286からの本文とP213からのコラム「渦」を参照。

話もそう受け取られないかなって危惧があってさ。「○○コーディネーターみたいな名前付けりゃいいんですか？」みたいな、「ガワが大事だ」みたいな感じではないわけだよね？　「先にプラスチックコーディネーターって思いつかないとだめなんですか？」って誤解がありそうな気がする。

角田 ああ、そういう人はいるね。「自分は思いつかないんですよ」って言うんだ。

加藤 「自分が見えてくる」ためにも、まずは自分の経験・体験をどんどんアーカイブ化していく。それが自分のブランディングに繋がるってことなのかな。

角田 そうだね。本当は「卵が先か鶏が先か」なんだけどね。

加藤 たまごニワトリ。でも、やったことがない人にとっては、まず「アーカイブする」ってことに対する恐怖心が強いと思うんだよ。

　この本のあちらこちらで、「自分の人生をアーカイブしていく」ことに価値があって、そのアーカイブがしやすい世の中になったんだからアーカイブしないと損だ、と角田くんはずっと云ってるじゃない。その「アーカイブの場」として、人が読まない日記ではあんまり意味がなくて、「外にアーカイブしていくことが大事だ」という話だよね。そこを掘り下げられないかな。

角田 そうすると、「サードネーム」[*]みたいな話にやっぱりなるんだよね。「外に自分を置く」ことには結果的に危険を伴うわけだよ。クソリプが飛んでくるとか、プライベートが暴かれるとか。だから「そこにアーカイブするのが嫌だ」っていう感覚もまず分かる。「先に卵」という意味でいうと、「自分はこういう人間で、この情報をアーカイブす

【サードネーム】
P127、202の本文とP139のコラム「サードネーム」を参照。

る。この情報は「アーカイブしない」ってはっきり決めたほうがいいと言ってるのは、それをやることでちょっと安心できるからなんだ。

その時に一番ガードを固くするなら、自分の名前を出さないで全く違う人格でやる、サードネームみたいな話になるわけだよね。

その上で、サードネームだろうがファーストネームだろうが、セカンドネームでもいいんだけど、自分の決めた名前で、自分の決めた思想の下、「渋谷で飲んだコーヒー」のことをコメントするなり、「昨日観たテレビ」のことをコメントする、みたいなことでアーカイブしていく。

そこで「自分がこういう人間だ」ということを定義しないで「ああ、コーヒーおいしかった」みたいなことを書いても、そのアーカイブはそんなに見てもらえない。よっぽど文章力があれば別だけど、誰と分からない人の文章なんて見てもらえないよ。

◉一四〇字の先にある、文章力の磨き方

加藤 とはいえ、やっぱり「演出としての文書力」は必要だよね。「何を書くか」what to write が大事なんだけど、それがアーカイブとして読まれるために「こういうことを意識してやると、いいことがある」みたいなアドバイスがほしいかな。

角田 そこは「A×B」で考えるんだ。僕は「結局は新しいものしかヒットしない」と思ってるんだけど、ところが人類の一番の問題点は「もう九九・九パーセントは世に出ちゃっ

たから、新しいものなんてない」ってことでしょう？

「新しいもの」を思いつける人は本当の天才だから、勝手にやっていく。そうでなくて凡人である我々が「新しいもの」を見つけられなくて困ったとしても、「新しい組み合わせ」ならできるんだよ。

じゃあ「新しい組み合わせ」をつくろうという時に、それを「A×B」って定義するんです。「A×B」の「A」っていうのは、この世に存在する何でもいい。むしろ「あなたが興味あること」でいい。広島東洋カープに興味があったら「広島東洋カープのこと」を書けばいい。でもそれだと「新しさ」がないから、「×B」が必要になる。

この「B」は、「僕（Boku）のB」だって言ってるの。「『A』というものを、僕（B）が見たらどう思うか」を文章に書きましょうっていうことなんです。その時に、例として、僕は『最速で身につく世界史』の話をするんだけど、あの本の場合『A』が世界史で、「B」がバラエティプロデューサーである角田なわけですよ。僕なんかより世界史の本を書ける人はたくさんいるし、バラエティ番組のプロデューサーという意味で僕なんかより優秀なプロデューサーもたくさんいるけど、「バラエティプロデューサーが書いた世界史の本」は僕しか書けない。だからきっとそこそこ売れたんじゃないか、って話をしてるわけです。

で、僕個人はその「A」をとっかえひっかえやってるだけなんだよね。Aが「運」だったら『運の技術』*だし、「地理」だったら『人生が変わるすごい「地理」』*だし……ってことをやってるだけ。なので、まず「B」を仮に決めないと、Aについて書

【『運の技術』】角田陽一郎の著書。二〇一八年にあさ出版より刊行。

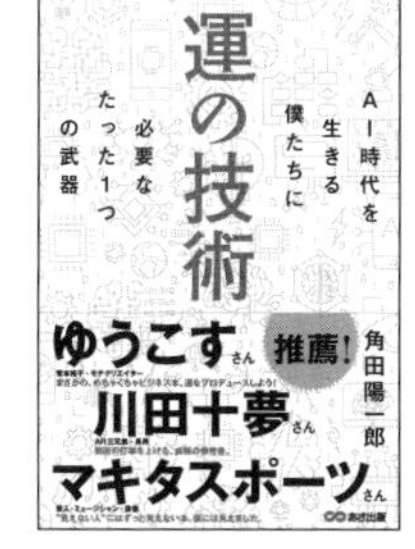

【『人生が変わるすごい「地理」』】角田陽一郎の著書。二〇一九年にKADOKAWAより刊行。

けないんじゃないかな、って思ってるんだ。

「Aだけ書く」というのは学者的な文章だよね。「Bだけ書く」というのはごく個人的なことだ。でも、それをかけ算したところに新しさが生まれる。「プラスチックコーディネーター」というBだけだと全然興味を持ってもらえないけれど、「プラスチックコーディネーターが『嵐』をプラスチックに喩えた」みたいな内容を書けば、少なくとも嵐のファンはその文章を読んでくれるかもしれない。

ちなみに「Bは僕」って言ってるのには二つの意味があるんだ。「僕」っていう字は「下僕」みたいな意味で、謙譲語の精神で使ってるわけ。「俺」でもない、「私」でもない、「僕」くらいの下から目線じゃないと、Twitterでは攻撃されますよ……っていう話がまずある。

さらに、文章が面白くてどんどんフォロワーが増えると、僕のBが「ブランド(Brand)」のBに変わるんだね。

加藤 読者からするとさ、ある程度自分の中に、「まああこれがBだな」ってのがあれば始められる感じがするけど、「わたしのBって何なんだろう?」って迷ってる人も多いと思うんです。その時には「Bは徐々に、だんだんできていくから、まずはアーカイブから始めていこうよ」ということなのかしら。

角田 さっきの話でいうと、僕が自由大学[*]でやっている「発展途上人学」って、一五人ぐらいが集まってきてその「B」を探す講座なんだよ。だから「Bを見つけたいなら僕の講義を受けてよ」って話になっちゃうんだけど。

【自由大学(FREEDOM UNIV)】 二〇〇九年に始まった生涯学習スクール。キャンパスがあるCOMMUNE OMOTESANDOは屋台村を中心にしたオープンスペースで、表参道〜南青山エリアで用件があった時、ふらっと外飲みしたい時にはとても便利。

「自分にBなんてない」って言ってる人も、意外にあるもんだよ。「四〇代の主婦」でもいい。「子持ちで四〇歳で共働きの私がSMAPの解散に思ったこと」でも別にいいわけですよ。

ただし、四〇代主婦で子持ちの人って何百万人といるじゃん。子持ちの主婦ってだけなら三〇〇〇万人ぐらいいる。だったらそこに「広島東洋カープファン」って付けると、ぐぐっと四〇万人に下がる。つまり、ちょっとだけ「個人的なもの」になる。さらにそこに「元風俗嬢」っていうところまで入れたら全国で四〇人になるかもしれないけど、「それはあなたのブランドとして間違ってますか、間違ってませんか」ってことは、自分で考えるしかないんじゃないでしょうか。

加藤 もちろん理想としては最初から埋没しないほうがいいんだけど、現実にはそうもいかない。その時に「Bが見つけられてなくても、埋没するかどうかは後回しでまずはどんどんアーカイブしていくことから始めよう」という話なのか、「ある程度自分の中でBが固まってから始めよう」なのかで、メッセージの意味合いが変わるよね。

角田 変わるね。どっちがいいんだろうね。僕でいうと、後で変わってもいいから「まずBをつくったほうがいい」と思ってる。なぜかと言うと、そもそも「Bを設定して、外に出してみよう」という発想がない人が日本には多いから。

気付きを与えることがこの本の目的だとしたら、「自分の定義」が実はあるんだけど、外では内緒にしてる人は多いじゃん。「俺、本当はこういう人間なんだけど、会社で見せるのは恥ずかしい」みたいなさ。

加藤 はい。あるね。

角田 という気持ちは分かるから、あえてまずそれをやってみましょう、本当に恥ずかしいならサードネームでもいいからやってみよう。単純に、それができない人のほうが多いから、大事になる気がするんだよ。定義は後々変わっていい。間違ってたら直せばいいわけだから。

◉本を書きたい人、はどうしたらいい?

加藤 にしても「B」は何なんだろうね。また本の話になっちゃうけど、本を書きたいんですって人から「どうしたら書けますか」って聞かれたとしたら、「今までの自分の人生で、仕事であろうが何であろうが、相当時間とお金を使ってきたことって、二時間ぐらいしゃべれますよね」って話だと思うんだわ。

本一冊って大体A4で一〇〇ページぐらいじゃないですか。普通の速さでしゃべるのをテープ起こしすると、大体一分間でA4一枚ぐらい。ってことは一〇〇分しゃべれれば、それで本になるわけだ。それが売れるかどうかは別としても。

なんにせよ、「自分がそれなりに時間とお金を投下してきたこと」には、その一冊の本に足るだけのコンテンツ量はあるはずで、それはあなたにもありますよ!ってアプローチもあると思うんだよな。

角田 そっちのほうがたしかにハードルは低いよね。

【演繹法】
「仮定から、定められた論理規則にしたがって命題を導くこと」(『理化学英和辞典』より)

【帰納法】
「数学的帰納法」は、「整数に関する命題に対する一般的証明法。命題が$n=1$のとき正しく、$n=k$のとき(または$1,\dots,k$のとき)正しければ$n=k+1$のときにも正しいということを証明すれば、すべての正の整数nについて証明されたとする」(『理化学英和辞典』より)

加藤 それも一つの「B」じゃん？「Bが何なのか」を一個に決めなくていいと思うんだけど、とにかく「あれもB、これもB、それもB」みたいなことが言えれば、読者の人にとってもなんかとっかかりにはなるかなって思ってさ。

角田 それつまり、「演繹法*か帰納法*か」ってことだよね。僕の言ってるやり方は演繹法で、つまり「自分というのは仮にこういうブランドだ」って決めてしまうわけだ。で、今、加藤くんが言ってるほうが帰納法だね。「とりあえずこれだけアーカイブされたから、このアーカイブした文章を鑑みるに、自分はこういうブランドだ」と後から見出すってことだから。

加藤 「これからつくるB」みたいなものもあるよね。「今まだBじゃない」みたいなものが。

角田 たしかにそうなんだけど、それについて『最速で身につく世界史』に、「決めてから迷う外国人と、決めるまでに悩む日本人」というようなことを書いたんだ。

「砂漠の民」みたいな話からいうと、「右に行けばオアシスがある、左に行けば砂漠が続いて死んじゃう」って状況で、どっちの方角が正解か分かんないけどとりあえず「右にオアシスがあるんだ」と思って進んで行って、結果オアシスがあるかどうかで悩むのがアメリカのハリウッド映画じゃん。

一方で日本は、『千と千尋の神隠し』*にしても、細田守*監督の話にしても全部そうなんだけど、まず「行くかどうか」で迷う。「行くと決めるまでに迷う成長譚」みたいなのが日本のアニメなわけ。

『ロード・オブ・ザ・リング』*とかも「指輪を捨てる」って決めてから、実際に指輪を

【『千と千尋の神隠し』】

スタジオジブリ・制作、宮崎駿・監督、二〇〇一年公開のアニメ映画。国内興行収入は三〇〇億円を超え、二〇〇一年から二〇二〇年まで日本歴代興行収入第一位だった。


【細田守】

一九六七年生まれのアニメ監督。オリジナル作品の代表作に『サマーウォーズ』『バケモノの子』などがある。二〇二一年には『竜とそばかすの姫』が公開。角田さんは鑑賞後、「すごく心地よい作品なのです。その救われる感じを体感したくて」と、すでに再び観に行くことをFacebookに投稿していた。


【『ロード・オブ・ザ・リング』】

ピーター・ジャクソン監督の映画シリーズ。二〇〇一年から二〇〇三年にかけて公開。J・R・R・トールキンによるベストセラー・ハイファンタジー小説『指輪物語』(一九五四〜一九五五)を原作とする。

捨てるまで大変な苦労をする物語じゃんか。これが日本だったら、やっぱり「指輪を捨てるために旅立つか迷う」みたいなのをずっと延々とやってるんだと思う。どっちが好きかは置いといてね。

そう思った時に「ジブリ的なアニメのほうが日本人っぽい」って意味では、僕が言う「先に決めたほうがいい」っていうのはちょっと西洋的・キリスト教的な考え方を推してるんだと思う。「日本ではそっちのほうが少ないから、そっちをやってみたら?」って言ってるのかもしれない。

加藤くんの言ってるほうはもしかしたら、「日本人なんだから、決めるまでに悩みながらいろいろ体験してみたら」ってことかもしれない。『千と千尋』みたいに湯婆婆のお風呂屋で修業してればいい、と。そうこう修業してるうちに、いつの間にか現実に戻れる方法が見つかるよ、ってことじゃないかと。

日本ではそういう人が大部分だから、それで徒労になってる人が多いんじゃないかなっていう考えが僕の中にはあってさ。僕も三〇代はそうだったから。「この能力が身に付いたら本を書ける、この能力が付いてないからまだ本を書いてないんだ」って思っていた。

ところが「本を書けるんだ」って思ったら、それで書けちゃった体験から言って、「書けるんだ」って思うことがまず大事だって今は思ってるんだ。

「B」を設定する時には、「今までやってきたことを振り返って、それから始める」方法もあるし、自分で「俺こういうキャラでいくわ」って決めてから経験を溜め始めてもい

加藤

いし、それはどっちでもいいんだろうね。この流れ、もう一個ぐらいあるかしら。

◉外にアーカイブ、自分ブランド、そしてサードネーム

——「人に決めてもらう」っていうのはありかなと思うんですよ。自分が所属している編集プロダクションの社長さんと話してる時に、名刺に「サイエンスライター[*]」って書いたらええんやないですか？　って言われたんです。ライターだし、東大の工学部を出てるし、「とりあえず書いてみたらいいじゃないですか」って。

「いや、なんの実績もないし……」と若干躊躇したんですけど、うちの会社は編プロだし、そもそも社長から薦められたわけだから「まあ、それもアリかな」と思って、名刺の肩書きを「サイエンスライター」にしてみたんですよ。

で、実際に肩書きを入れてみたら、自分でもなんかその気になるじゃないですか。「大学で化学や環境学を専攻してて……」みたいな話も気持ち的にしやすくなる。

そうこうするうちに、実際に科学系の本の構成を担当することができたんです。もちろん、その前から編集者さんといろいろ仕事をご一緒していたから戴けたお話ですけど、いざライターの人選をする際には「理系だからそういうの強そうだよね」って印象はやっぱりあったと思うんですよね。

加藤　それはいい話ですね。

角田　なるほどねー。今のやりとりは面白いな。加藤くんはどっちかって言えば「アーカイブ

【サイエンスライター】
科学（主に自然科学）に関連する記述を専門に行なう著作家のこと。聞き手・甲斐荘自身は科学記事「も」書くライター。

派」の話をしてたし、僕は「ブランド派」の話をしてたわけだけど、たしかにもうひとつ「人に決めてもらう」っていうのはあるよ。すごくいい。この本全体としても、結果的に「接続」を奨励しているわけだし。

加藤 人に決めてもらう、もありだね。自分に自分で肩書き付けるのは六つかしいからね。

角田 そう。だからこそ僕は「個別相談会」をやってるんだよ。「角田が決めてあげるから」っていうことなんだ。

それは、僕が本を書けるようになったのは、水道橋博士*のメルマガに連載してたからなんだよね。つまり、「水道橋博士に認められた」って勝手に思ったことが大事だったわけ。

それまでは「なに勝手に本とか書いて目立ってんだよ」とか言われると思ってたの。でもそこで「いや、水道橋博士に頼まれたんです」って言えることって、僕が一歩を踏み出す上ですごく大事だったんだよね。

あの個別相談会では、「角田から、そう名乗っちゃえよって言われたって、言っちゃっていいよ」って話をしてるの。ここ一番での後押しがすごく大事なんだよ。

加藤 名前の話になったからさ、「サードネーム」*の話をもうちょっと掘り下げてみない？

角田 そうだね。「サードネーム」の話の前に、まず「サードプレイス」*があったほうが生きやすくないですか？」って話から始めたいな。

現代ではネットの世界がリアルの社会とくっついちゃってる面があるけど、それでも「サラリーマンです」とか「家庭があります」みたいなリアルの社会と、ネット社会は

【水道橋博士】
P111の本文と脚注を参照。

【サードネーム】
P127、193、202の本文とP139からのコラム「サードネーム」を参照。

【サードプレイス】
P137の本文を参照。

別なんだと考えるのなら、ネット社会を「サードプレイス」にしてしまうのもありなんじゃないかな、とは思うんだよね。

そう考えると、Facebookみたいに実名でやるSNSは一種のセカンドプレイスだとも言える。「みよこさん」がいたとして、「みっちゃん」というセカンドネームでやってもいいわけだよね。

でも「セカンドプレイス」は、「自分と関係ない場所」ではないわけだね。リアルの知り合いも大勢いるわけだから。そんな時に、「自分と関係がないサードプレイス」みたいなのを持つことで、むしろ自分の存在意義みたいなものを確認できるんじゃないかと思う。その意味では、リアルの自分と全く関係ないサードネームを使って、ネットをサードプレイスにする価値はあるのではないかな。

加藤　そういうことだよね。

角田　それによって、ファーストネームやセカンドネームである自分が攻撃されることを防ぐことができる。

加藤　そのサードネームで人を攻撃するパターンがいわゆるクソリプ[*]で、それは一番最悪だとは思うけどね。ただのストレス発散でしかないし、結果、よりストレスが溜まるから。なんなら訴訟返しされるかもしれないし。

ブロガーのちきりんさん[*]は、ネットでのサードネームとサードプレイスとして「B」をつくりあげた人だよね。「B」としての立ち位置やものの見方が確立されていれば、べつに実名である必要はないわけだ。

【クソリプ】
P120の本文と脚注を参照。

【ちきりん】
関西出身。バブル期に証券会社に就職し、その後、米国への大学院留学を経て、外資系企業にて勤務。二〇一一年から文筆活動に専念している著作家。「ゆるく考え、心地よく暮らし、自由に生きる」がモットー。

角田　ないね。ちきりんさんは「○○企業に勤めてます」みたいなことは一切言ってないもんね。「ちょっと毒舌で、人と違う目線で社会なりを斬る」っていう、ナンシー関*的な面白さがウケたんだと思う。

加藤　それはむしろネット上で自分の「B」を積極的に打ち出していったわけでしょう？　だからみんなSNSをやる時に、いわゆる「演出としての文章」を書かないといけないと思ってる人も、なんか多いと思うんだ。

角田　まあでも、ちきりんさんは、「ちょっとした小粋なエッセイ」って意味ではなかなかの文章力だよ。だから「サードネームでも活躍する」って話にまでいくと、野球でいうところの「イチローを目指そう」って話と方向性が近い可能性はある。なんだかんだあれだけ書ける能力はなかなかないんじゃないかな。

　話は戻って、だったらせめて「私は広島ファンだ」とか、なにかしらの目線が一個ないとダメなんだと思う。でも多くの人は、自分なりの目線がない、全くないフィクションでやりたがるんだよね。それって「SF作家になりたい」とか「漫画描きたい」みたいなことと方向としては一緒なんだけど、でもほとんどの人が作家にはなれないのは、つまりどこかで「自分」が出てないからだと思う。

　逆に小説家として結果を出してる村上春樹*さんだって、『風の歌を聴け*』なんて多分ほぼ自分のことを書いてるわけだよね。「小説家だって実は自分のことを書いてるじゃん」って思うんだよね。

　だから強いて言うなら、「サードネーム」という名前を付けた上に、身元がバレない

【ナンシー関】
一九六二年生まれの消しゴム版画家、コラムニスト。二〇〇二年に没。自身が消しゴム版画で作った著名人の似顔絵を挿絵にし、鋭い観察眼で書かれたテレビ批評は人気だった。

【村上春樹】
一九四九年生まれの小説家、文学翻訳家。一九七九年『風の歌を聴け』でデビュー。八〇年代末から九〇年代前半に大ベストセラーになった小説『ノルウェイの森』の衝撃は大きかった。日本で最もノーベル文学賞に近い小説家といわれている。

程度に自分のパーソナリティーをちょっと出すってことな気がするかな。「関西人だから、関西弁っぽく書く」とかさ、自分と全く違う空想でやるのは、やっぱりなかなか難しいいんじゃないかな。

加藤 ということは「サードネーム」って、「全く新しい人格を立てろ」と云ってるわけじゃないんだね。

角田 そうそう。「サードプレイス」にしても、「自分が気持ちのいいカフェ」とか「自分がよく行く飲み屋」でいいわけだから。

加藤 とはいえ「自分の立ち位置を堂々と表明していくために実名でやる」という必要もそんなにないと。

角田 そうそう。サードネームについて写真家のワタナベアニさんが言ってたことがあって、彼の本名は「アニ」じゃないから、「ワタナベアニ、この野郎」とかクソリプがきても、「俺、べつにアニじゃねーし」って思えてショックが少ないんだって。自分がショックに弱いなって思う人は、むしろ全然違う名前にしちゃったほうがいい。……ってこの話、二回目だね。この辺りの話は【クレーム】*の項も参考にしてください。

【『風の歌を聴け』】
一九七九年発表の小説。村上春樹初の長編小説。

【クレーム】
P118からの本文を参照。

角田陽一郎のコラム

タレント

初対面の人に会う時、名刺を交換するのがビジネス上の慣習ですが、その名刺には何が書かれてあるでしょうか。会社名と役職、そして名前が大きめに印刷されていて、あとは会社の住所や電話番号、eメールアドレスなどが小さな文字で書かれてある、というのが一般的な名刺のレイアウトですよね。

このように仕事上では、「会社名」「肩書き」「名前」という三要素を伝えることが、てっとり早く自分のことを知ってもらう手段になっています。ということは最低限これだけのことを伝えれば、相手からビジネスの相手として認知されるというお約束が社会にあるということです。

でも、課長とか部長と言われても、実際のその人のことはほとんど分かりません。これまでどんな仕事をしてきたか、今はどんな仕事をしているのか、さっぱり分かりませんし、その人の性格も得意なことも何も伝わってきません。

しかしその人が開設しているブログやTwitter、Facebookに繋がったとたん、その人のつぶやきの中身や、どん

田中です
ちょくちょく
つぶやきます
タナカ
ザワ
ザワ

な投稿をリツイートしているか、誰をフォローしているかといったことから、その人の〝人となり〟を一瞬にして知ることができます。直接会って名刺を交換して、当たり障りのない挨拶をするより、はるかにその人のことを理解することができます。

というようにＳＮＳで、僕たちは瞬時に相手の人間性に触れることができるようになりました。そのことで、人とコミュニケーションをとる前に相手のことが分かった上で話ができたり、直接会わなくても自分と性格が合いそうな人や趣味が合う人を探し出すことも容易になりました。

ＳＮＳ登場前までのビジネス上の付き合いとは、相手の肩書きや社名で付き合う程度の、空虚で浅い関係でしかなかったことも浮き彫りになりました。

相手の人となりが分かるということは、互いに相手がどんな感性や才能を持っているのかを簡単に知ることができるということです。

ということは、あなたも周囲の人からあなたがどんな才能の持ち主かを簡単に知ってもらえるということです。

とすると、すべての人がタレントになる時代がやってきたことを意味します。

みなさん、タレントってどういう意味か知っていますか。もともとこの言葉には、「talent」、つまり「才能」という意味があります。

テレビで活躍する「テレビタレント」はテレビを通じて才能を発揮している人たちです。しかし今はテレビに出なくても、SNSやブログを通じて多くの人に自分の人となりを周囲の人たちに伝えられます。同じように自分も周囲の人の才能を知ることができます。それらを通じてテレビタレントと同じように、不特定多数の人に自分の存在や個性や特技を披露することができるようになりました。

ということは、誰もがその才能を他人から問われているということであり、あなたも、自分の才能を発揮して生きていくということにほかなりません。もちろんそれはビジネスにおいても同じです。

一昔前まではビジネス上の付き合いとプライベートを分けるのが大人の嗜みなどと言われていましたが、ビジネスとプライベート、オンとオフみたいな区分けはもうなくなるでしょう。仕事でも話が合う人や趣味が合う人、あるいは信頼できるかどうかを判断して付き合うようになるし、相手の才能や仕事上の実績を見込んで仕事を発注したり、友人づきあいが始まったりするのです。

会社員の人でも才能を持つ人にはどんどん仕事上のオファーも飛び込んでくるし、「友達」も増えていくことになります。芸能人でなくても、多くの人に支持されたり誘いがくるような〝人気タレント〟になる人も続々と登場するということです。

◉あなたはどんなタレントなのか？

よくテレビに出ている芸人さんを見て、「あいつセンスないな」とか「あいつら、つまんないんだよ」などと批評する人がいます。でもこれからはそんなことを言っている場合ではありません。他人の批評をすれば、じゃあ、おまえはどんなタレントなんだと逆に問われることになります。

少なくとも、テレビに出ている芸人さんは、すでに自分の才能で食っている人たちです。たとえあまり売れていない芸人さんでも、あなたより一〇倍も一〇〇倍も面白いです。

これまでは観客席にいて好き勝手なことを言っても許されましたが、これからはプロだろうとアマチュアだろうと関係なく、誰にもタレント性が問われるのです。

もしもいまだに、「ネットのいいところは、匿名で好き勝手に自分の言いたいことが言えることだ」などと言って、人の批判や悪口ばかり匿名で掲示板に書き連ねている人がいるとしたら、その人はネットの価値が全く理解できていない人です。

コストもかからず簡単な作業で自分の人となりや才能を、世界の人に伝えられるところにネット社会の本質があるのであって、自分の氏素性や人となりを隠して、ひたすら他人の批判や悪口などの罵詈雑言を並べたてている人は、全くネットの本質が分かっていないということになるわけです。もはや自分の名前を隠して他人のことをあれこれ言うことに何の意味もありません。

会社勤めをしている人も、情報革命が起こった以上、好むと好まざるとにかかわらず、ひとりの例外もなく、全員が自分の才能で生きていくことになります。すでにあなたはひとりのタレントなのです。

角田陽一郎のコラム

アーカイブ

私、角田陽一郎は現在一六冊の本を出版していますが、その度に都度都度思うのは、どんなジャンルの文章を書くのでも、結果ある一定の量の文章を書くことは、思考を積み重ねること。

そしてそれは、多かれ少なかれ自分が自分で経験したヒトモノコトへのその瞬間の想いを積み重ねることなんだということです。

そして、さらに大事なことは、そんな自分の思いは、その瞬間瞬間でいつも変化していってしまうこと。つまり、その出来事が起こった時に想った想いは、それが起こる前とは当然変わっているし、さらに数日経って、数年経って、数十年経つと、その記憶も変化するし、その変化してしまうという事実自体も、どんどん忘れてしまうということなんです。

つまり、その瞬間の想いは、その瞬間に記録をしないと、すぐに別の場所に流れていってしまうのです。

自分が自分の想いの記録をつけ始めたのが、要はブログを書き始めたのは、当初は匿名で非公開でしたが二〇〇八年の三七歳からでした。ということは、文章の拙さは置いといても、三七歳からの僕の想いの変遷は少なくとも記録に残っています。そして三七歳以降に振り返って想った、例えば二〇代のテレビ局のAD時代のつらい仕事の記憶は確かに記録はされています。でも実際の二〇代の時の、そのADの時につらい想いをした、まさにその瞬間の想いは、記録には残っていません。つまり今から振り返ったら、あの時はこう思っていたなあ、とかは当然記憶にあるのですが、それはその時思ったことと、なんか違うような気がするのです。

僕はそれをいい悪いと言いたいわけではもちろんありません。

ではなくて、冒頭で述べたように長い文章・書物を書いたりする時に、あの時の自分の若い時分の想いをそのまま書きたい！と思うことが実際に多いのです。今から振り返って見た、過去の記憶ではなく、あの当時の生の、生きた記憶の描写をしたいと思ったりするわけです。

ああ、どんどん忘れてしまった。もったいないなあ。という心境です。

あの時の想いの断片が、時間が経って風化してしまった記憶でない、その時の新鮮な想いが描写できたら、僕はもっともっとリアルな想いを文章に記すことができるのに！と、そんな歯がゆさを感じるわけです。

なので、この読者の皆さん、どんな形態でもいいです。その時の、今のそのままの想いを文章に記すことを、記録することをぜひともお薦めします。

「いや、自分は本なんか書かないから」

そう、思われる方もいるでしょう。でも、僕も二〇代のADの時はそう想ってました。そして五〇歳になった、今二〇二一年に後悔しています。

なんども言いますが、あなたの今の想いを文章にすることを強く強くお薦めします。

文章を書くことは、あなたの記憶を記録にとどめること。

記憶とは流動体で、いつも変遷していく。忘れたり想いが変わったり。その変化したこと自体を自分は忘れてしまう。

ならば、その瞬間の変遷をアーカイブしてみませんか?

角田陽一郎のコラム

渦（うず）

今や情報技術が進み、一方で自然環境が激変し、人間本来の生き方も、二〇世紀の大量生産消費を是とする資本主義から、新たなパラダイムへと急速に移行しつつあります。

既存の、皆が慣習にしていた、規則にしていた、ライフスタイルにしていた、今までの社会の枠組みのことを〝フレーム〟と呼びます。

そのまさにフレーム自体が今大きく変わってきています。

今までの変化は、あくまでフレームの中での変化です。

でもこれからは、フレーム自体の変化なのです。

僕はそれを渦（vortex）と読んでいます。

そして二一世紀になり、すでに二一年。

つまり、世界はもうそろそろ次のパラダイムに行くタイミングなのです。

実際、次の枠組みが形成され始めています。

それは新型コロナウイルスだったり、中国の台頭だったり、情報技術（ＩＴ）革命だったり……。

そしてさらに大きな変化が起こっています。昨今は異常気象が世界中で起こっています。コロナ禍も続いています。地球環境の激変という変化自体が、それは〝異常はもう異常じゃない〟という新たなフレームなのです。

とすると、生き方自体も大きく変わります。今まで異常な生き方にカテゴライズされるような生き方が、ある意味普通になるのです。

つまり今までの世界を維持してきた様々なフレームは、崩壊したり、もはや維持できなくなっているのです。

そんな中で、日本、さらに日本人は、少子高齢化をかかえ、経済の衰退等、さまざまな問題が今、既存のフレームでは解決できない領域に一気に襲って来ています。

そんな中、僕たちはどう生きるのか？　何を選択するのか？

あなたがもしサラリーマンでしたら、朝起きて、満員電車に乗って、会社に行き、仕事をし、時に残業で遅くなり、時に同僚と飲み会をし、週末は家族サービスをする、そういう行為が急に変わったという自覚はないかもしれません。

でもその一つ一つの行為をしている時の、あなたの意識がちょっとでも変化していたら、それはもう違う行為をしていることと同義なのです。

つまり、その一人一人の意識の変化が積み重なって世界は次のタームへと移行するんだと思います。

なぜ今のままでは会社の存続が危ぶまれるのかというと、会社という組織そのものがフレームだからです。

フレームというのは表計算ソフトのエクセルのようなものです。データを入力すれば設定された関数によって瞬時に計算が行われ、それをもとに表が作成されます。一つの理論によって構築させた世界観です。会社ではこのエクセルのような機能を働く人にも求めてきました。つまり会社はフレームの代表選手です。

オフィスという固定された施設が用意され、社員は決まった時間にその場所に集まり、決まった席が割り当てられ、決まった時間までそこで働いて、一日の仕事が終わると一斉に帰宅の途に向かうという画一的なスタイルはフレームそのものですよね。

組織の全員が同一の規範にもとづいて動き、一体となって活動をしています。そこには部外者が入る余地はありませんし、また個々人の思いつきで組織の形が変わることもありません。

しかしヴォルテックスの時代では、すべてが反転します。

鳴門の渦潮を見ていると、発生した渦は刻々と直径の長さや回転の速さを変えています。常にその形を変化させているのが渦、つまりヴォルテックスです。

それと同じように、これからの組織は内側から出ていく人もあれば、外側から入ってくる人もいて、枠で囲めなくなっていくようなイメージです。

つまりヴォルテックス型の社会では決まった場所にオフィスはなくてもよいし、行く時間も決まっていなくていい。端末一つあれば情報は共有できますから、大ぜいの人間が一堂に会する必要もありません。つまり今の働き方を続けていることが効率を悪くするのです。

例えば、テレビ番組などの映像物などを動画コンテンツと呼びます。

それはテレビというフレームの中にある中身＝コンテンツだからです。そのフレームがＣＤだったならば音楽がコンテンツであり、フレームが雑誌だったら記事がコンテンツなのです。

でも今や、誰もが感じるように雑誌は廃刊が続き、CDは激減し、テレビもかつての勢いを失いつつあります。

だからといって、ネット上では読み物が溢れていますし、音楽もSpotify等のサブスクリプションで聴かれています。映像でいえば、テレビのオンエア時の視聴率自体が低下しても、それを見逃し配信やYouTubeでスマホで楽しんでいますし、さらにいえば、AbemaTV等のネット自体のオリジナルコンテンツはものすごく増えていますよね。

つまり、僕らが見たり聞いたり読んだりしているモノは、もはやコンテンツではないのです。

なぜならそれを格納するフレームがどんどんなくなっていっているからです。

つまりフレームが技術の進化で次のフレームに移行したような従来の変化ではなく、フレーム自体の消滅を意味する根本的な概念の変化です。

でもコンテンツというフレームに縛られた世代は、そのコンテンツをどうヒットさせるかという概念で、さらにぶっちゃけて言えば、今までのテレビやレコード会社や出版社という既存のビジネススタイルの売り上げをどう死守するか？

今までのフレームの中で、

どう稼ぐか？

どう生きるか？

どう生き残るか？

それについ固執してしまいます。

でもそれは、悲しいかな、もう通用しないのです。

いや、逆です、悲しいことなんかありません。これまでのコンテンツという概念さえ捨て去れば、実は今まで以上に中身を外部とたやすくアクセスできるのですから。良いモノさえ産み出せば、むしろ今までのように既存のフレームに束縛されずに、自由にモノが産み出せるのです。

つまり新たなビジネスチャンスは無尽蔵なのです。

それは新たな生き方も可能な時代の到来なのです。

そんな未来のフィールドで何が生まれるかなんて、実は誰にも分かりません。むしろその不確定さに不安になり、人はつい過去のフレームの中で、実例や、実績、成功体験に固執してしまうのでしょう。

でも過去ばかり向いて、そんな新たなことは起こらないと言う人は、退屈でつまらないです。

これから何が起こるか分からない。そんな中で未来の話をすれば、それはペテンかもしれないけれど、それに乗りたいという気持ちを、そんなワクワク感を、実はみんな誰でも持っているんだと思います。

そのワクワクの渦に人が集まってくるのです。

せ
【セクシー】

角 セクシーな人とは、あらゆることに知的好奇心を持っている人。

加 これまで時間とお金をそれなりに投下したことに関してオーラが出てしまうこと。

人間の魅力ってセクシーさにあると思うのですが、自分にはまったくそれがない。どうすればセクシーになれますか？

◉セクシー「じゃない」人の定義を先に

角田 この質問に答えるにはまず「自分がセクシーかどうか」[*]って話になるから、すごく難しいね。加藤くんはセクシーなんですか？

加藤 特にセクシーじゃない自覚一〇〇％です。

角田 なのにセクシーについて語らなきゃいけないって、すごいよね。

加藤 つらいね。

角田 だからさ、まず「セクシーじゃない人って何か」という、定義の話から始めることにしよう。それで最近、セクシーじゃない人って「無意識的アパルトヘイト[*]をしてる人」なのかなと思ってるんだ。

【セクシー】
「性的魅力のあるさま。肉感的」（『広辞苑』より）

【アパルトヘイト】
「（分離の意）南アフリカ共和国の有色人種差別政策。一九九一年法的に全廃」（『広辞苑』より）

加藤 また六つかしい話だな。「アパルトヘイト」ってどういう意味よ?

角田 「アパルトヘイトをしてる人が多いんだよなぁ」と思うんだよ。意識的にアパルトヘイトしてれば、それは差別だから糾弾もできるんだけど、無意識的にやってる人がすごくたくさんいる。

アパルトヘイトって、本来は「人を差別して分けている」ことだけど、多かれ少なかれ、僕らが何かを選ぶことは「アパルトヘイトしてる」んだと思うんだよね。

例えば、ガーリーな服とドレッシーな服があったとして、「私はガーリーな服、嫌い」って女性がいたとしよう。その人は素朴に言ってるだけだとしても、じつはガーリーな服を着てる女性を無意識的にアパルトヘイトしてるんだよね。

加藤 出た、角田くん特有の比喩表現。で、そうなの? 自分が似合う、似合わない、じゃないの?

角田 自分が似合う、似合わないだけならいいんだけど、こういう話題になると「ガーリーな服を着てる女はどうだこうだ」って文句を言う女性が多い気がするんだよ。

自分が好きか嫌いかで何かを決めることは、多かれ少なかれ差別だと思う。それが分かっているか、分かってないかが、セクシーさにとって結構重要なキーだと思っててさ。

加藤 ……ごめん、全然分からない。

角田 つまり、「無意識でアパルトヘイトしてるやつってセクシーじゃないな、カッコ悪いな」ってことなんだ。学歴の話でもいいんだけど、「結局学歴があるほうが偉いよね」って価値観が無意識に話し方に出てくると、途端に「なんかセクシーじゃないよな」って思うでしょう。

加藤 それは、そういう目で人と比較するなっていう話だね。たしかに「セクシーな人」って周りに無関心というか、あまり周りと自分とを比べていない感じはするね。

角田 つまり周りとの比較を意識することは、結果周りを差別しちゃってると思うんだよ。優越感と劣等感は表裏一体なんだよ。

◉セクシーな人は「人に媚びない」？

加藤 じゃあ「人に媚びない」みたいなものが「セクシーさ」ってことですか？

角田 そういうことになるけど、「人に媚びない」と口にだして言っちゃう人って、ちょっと周りを見下してるじゃん。それをさっきから「無意識的アパルトヘイト」って言ってるわけだ。

加藤 たしかに、自分から云っちゃう人はセクシーとは違うね。周りから見て「あの人は媚びてないね」ってなる人がセクシーだってことか。

角田 媚びてるか媚びてないかで、同じことを言っても伝わり方が違うじゃない。【学歴】*の項でも話したけど、たとえば茂木健一郎さんがよく「学歴はいらない」って言うんだけど、それって絶対に「でもお前、東大じゃん」って言い返されるじゃんか。茂木さんは「最近のテレビはつまらない、NHKはこんなくだらない、もっとBBCみたいな放送

【学歴】 P80からの本文を参照。

しろ」とも言ってるけど、それにしたって「そのくだらない番組であなた有名になったんじゃん」って話になるわけでしょう。そういうのって、僕はセクシーじゃないと感じるんだよ。まああの人は天然だから、そういう意味で言うとセクシーかもしれないし、

加藤 そもそも「そう言う角田はセクシーなのか」問題もあるんだけどさ。

角田 それでいうと、角田くん自身もセクシーじゃない認定なんでしょ。

加藤 かもしれない。周りのことばっか気にしてるからね。で、「学問ってセクシーだなぁ」って思ってる。「セクシーな学問」と「セクシーじゃない学問」ってあるじゃない。

角田 云ってることは分かります。

加藤 「学問のセクシーさ」が分かってる人こそが本当に学問が好きなんだろうし、極論すれば、「学問のセクシーさ」が分からない人は学問なんてやらなければいいんだよ。

角田 分かるんだけど、その「セクシーさ」とは何なのかを言葉で教えてくれや。

◉「セクシーな学問」とはどういうことか？

加藤 それは「難しい本を読んで勃起してしまう気がする」ってことだよ。要するにすごい興奮してしまう。数学でも物理でも歴史でもなんでもいいんだけど。学問へのオーガズムみたいなものを感じている人はセクシーだなって思う。

角田 性的かどうかは別として、興奮するかどうかってことですね。

加藤 宗教学の若い先生の「中世のキリスト教の変遷」みたいな授業を受けたのね。正直、最

初はそこまで期待しなくて受け始めたんだけど、その授業は最後まで受講しちゃった。というのも、例えば聖アウグスティヌス*の一文とかがレジュメに出てくるわけだけど、それを読んでる時の先生が、目を瞑って恍惚としたような表情なんだよ。それを見て、「この人、これを読んでると気持ちいいんだろうなぁ」って、こっちも気持ちよかったんだ。

先生が感じてる、その学問に対する面白さみたいなものはこっちは分かんないんだけど、少なくとも、本人が面白いと感じている姿がセクシーだったんだ。だから、そのセクシーにちょっと付き合ってもいいかなと思って、最後までその授業を受けちゃったんだね。

加藤 「役に立つ、役に立たない」とは、全然別物だよね。

角田 もう、全く違う。むしろ全然役に立たないと思う。

加藤 「興奮する姿がセクシー」か。確かにな。

角田 別に「フェラーリに興奮する」でも「美味しい料理に興奮する」でもいいんだけど、それって興奮が簡単じゃんか。美味しい料理はみんな好きでしょう？

この前も僕が自由大学*でやってる講義で、「私は日本をこうしたいんです」みたいなことを言う受講生がいたんだよ。でもね、「日本をよくしたいんです」なんて、日本の全人口一億二三二五万人のうち、一億二〇〇〇万人くらいが思ってる、つまり大体の人は思ってるでしょう？　その「よくするやり方」に様々な見解があるから揉めてるわけだよ。

【聖アウグスティヌス】
三五四年生まれのローマ帝国の神学者。四三〇年没。ギリシア・ローマ哲学とキリスト教を統合した思想を確立し、中世ヨーロッパの思想に多大な影響を与えた。現存する著書に『告白』『神の国』などがある。初代ローマ皇帝アウグストゥスとごっちゃになりがちだが、当然別人。

【自由大学】
P196の本文と脚注を参照。

でもそういう人って「私はよくしたい。でも他の人はよくしたくない」って思ってるから、「私は日本をよくしたいんです」みたいな言い方を平気でするんだね。それってセクシーじゃないと思う。そんなこと、誰だって思ってるっつーの。

「この料理は美味しいんだ」とか「この車は二〇〇〇万もするんだからいいに決まってるんだ」みたいなところでセクシーさを出されても、なんか甘いと思っちゃう。

加藤 ところが、物理でも哲学でもなんでもいいんだけど、ちょっと他の人には分からないことにセクシーさを感じていて、それを語っている姿って、なんかすごいんだよ。

角田 「興奮する」とは別の云い方をすると、「深く研究してる」ってこと？ 「研究」がいわゆる学問的なやり方とは限らないけど。「コミットしてる」こととセットなんだろうな。

加藤 『ブルース・ブラザーズ』*で、ジェームス・ブラウン*演じる牧師が教会で歌うのを聞いた主人公の二人が、いきなり雷に打たれたみたいになって、「ミッション・フロム・ゴッド（神の使命）！」って叫んで旅に出るんだよ。

その「ミッション・フロム・ゴッド」みたいなものを持ってると、すごくセクシーだと思う。それが料理やフェラーリでも、「ミッション・フロム・ゴッド」に突き動かされてのことなら、セクシーだと思う。

角田 軽い意味でのファッションじゃなくて、好きで好きでたまらない何かがあるってことだよね。

加藤 そう。自分の本にも書いたことがあるんだけど、「やりたい」と「やらざるを得ない」って、全然違うことなんだよ。「本を書きたい」と「本を書かなければならない」は全然

【『ブルース・ブラザーズ』】
ジョン・ランディス監督、ジョン・ベルーシとダン・エイクロイド主演の一九八〇年の映画。本文で言及されたJBの他にも、アレサ・フランクリン、レイ・チャールズ、ドナルド・ダック・ダンなどソウルミュージックの大御所が多数出演している。

【ジェームス・ブラウン】
一九三三年生まれのアメリカの歌手。二〇〇六年没。通称「JB」。ソウル～R&B～ファンクといわれるジャンルのゴッドファーザーのひとり。

違う。「書かなければいけない」と思うことがその人にとっての「ミッション・フロム・ゴッド」でしょう。

だから、同じ「日本をよくしなければいけない」と思っているのでも、立候補するなり、何かしら運動しているんなら、すごくアホで間違ってるかもしれないけど、それはそれでセクシーだよ。だからマック赤坂[*]さんなんかはセクシーだなって思う。

◉「セクシーな人」は渦。人を巻き込む

加藤 「自分にはセクシーが足りない」というのは「のめり込めるもの」があるかないかってことなの？

角田 それが五歳で分かる人もいれば、五〇歳でも見つかってない人もいるんじゃないかってことだね。

加藤 それは結果の話だよね。「のめり込めるものが見つかっていない」って状態は、たまたま巡り合えてないだけというよりは、出会っても受け入れる方法が分からなくて素通りしちゃってるってことだと思うんだけど。

角田 そうだろうね。そのリテラシーは、ある一定の修業期間みたいなものがないと身につかないんだと思う。

加藤 ということは「セクシーだなぁ」と思う人って「修業してる」ってことか。さっき話に出た大学の先生はたしかにそうなるよね。

【マック赤坂】
一九四八年生まれの政治家。スマイル党総裁。東京都知事選や大阪市長選などさまざまな選挙に立候補するたびに泡沫候補と言われながらも、二〇一九年四月の東京都港区議会議員選挙でまさかの当選。ノンフィクション作家・畠山理仁が『黙殺　報じられない〝無頼系独立候補〟たちの戦い』（集英社文庫）で「今、日本で最も有名な『無頼系独立候補』、スマイル党総裁・マック赤坂への10年に及ぶ密着取材報告」を著しているので、そちらも参照のこと。

角田　うん。「修業してる」ってことは、多かれ少なかれ「弟子である」とも言えるよね。つまり、「師匠がいる人」は「セクシーな人」に近いんじゃないかな。その時に、「師匠」っていうのは誰でもいいんだよ。アリストテレスでもいい。

加藤　死んでる人でもいいし、会ったことがない人でもいい。

角田　つまり自分の中に「師匠」がいて、「その人に近づきたい」「その人から学びたい」、そのためになら頑張れるっていうことを一定程度やっているなら、それが仕事であれ趣味であれ、その人はセクシーなんだ。

加藤　たしかにすごくのめり込んでいると他人と比べてる場合じゃないよね。

角田　比べる必要がなくなるからね。これはキリスト教的な価値観なのかもしれない。師匠という「絶対的な神」みたいなものを持っていれば、他に神様がいても気にならないってことかな。今風に言うなら「推し」だね。

加藤　「推し」を推していくために修業してるもんね。

角田　例えば読書なら「〇〇が好きだから全部読んだ」とかみたいな修業が必要でしょう。僕はボルヘスが好きで、ADの時にそれを言ったらベテラン放送作家の人がいたく気に入って、「角田くんってのは、ボルヘスが好きなんだよ」ってさかんにみんなに言いふらしたんだよ。そのうちに、僕自身のキャラになってたんだ。

加藤　ちなみに、「こいつボルヘスが好きなんだよ」っていわれてから、追加修業みたいなことはしたの？

角田　それはしてないよね。本当にボルヘスが好きだから、べつに意識してない。新刊が出た

【師匠】
「①学問・技芸などを教授する人。先生（後略）」（『広辞苑』より）。詳しくはP235からのコラム「師匠と弟子」を参照。

【ホルヘ・ルイス・ボルヘス】
一八九九年生まれのアルゼンチンを代表する作家。一九八六年没。幻想的な作風の短編小説や詩を多く遺し、アルゼンチン国立図書館の館長も務めた。

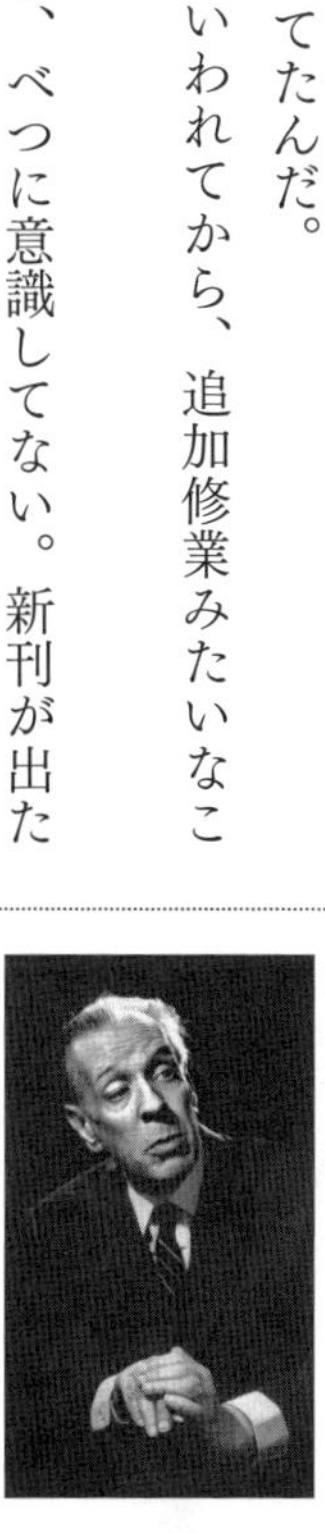

ら買うし、関係するものがあったら読むし、そこから「南米好き」みたいになったから、よくアルゼンチンや南米に関するニュースはチェックしてるし。

加藤 そういえば、アルゼンチンロケに行ってましたね。

角田 そうそう。結局、好きなものがあると自然に広がってくんだよね。僕らより一五～六こ上の尊敬する知り合いに武部好伸さんという方がいるんです。四〇歳くらいまで読売新聞の記者だったんだけど、阪神淡路大震災の取材をやってからフリーのライターになって、今は「ウイスキーと映画とケルト文化の専門家」として本を結構書いてる人で、僕と境遇が似てることもあって尊敬しているんだ。

彼がこの前Facebookに「自分がケルトが好きになったきっかけは、この一冊です」って本を紹介してたから、僕も読んでみたわけだ。それはケルト研究の第一人者である鶴岡真弓さんの『ケルト／装飾的思考』[*]なんだけど、研究書の枠を超えて半端なく熱いんだよ。「これを読んだら、たしかに本場のケルト文化を見に行きたくなるよな」って僕ですら思った。

だから、その本の著者である研究家の鶴岡さんはすごくセクシーだと思うし、そこから自分も研究家になった武部さんもセクシーだと思う。

加藤 セクシーさは人を巻き込む、渦的なものだと。

角田 セクシーは伝染するんだよ。

加藤 角田くん、自分が渦巻きなんだから、ということは立派にセクシーな人じゃない?

角田 いや、だからそこが最近僕の中でも悩みなんだけど、僕は「バラエティ」だから、「こ

【『ケルト／装飾的思考』】
鶴岡真弓の著書。一九九三年に筑摩書房より刊行。

れ！」っていうひとつのものがないんだよね。

加藤 深さっていう観点の話ね。

角田 そうそう。ずっと「ジェネラルがいい」と思ってきたけど、最近は「これってものが一個くらいあってもいいよな」と思ってる年頃でさ。

はじめは「自分の専門以外のことは何も知らない研究家、みたいなのって嫌だな」って思ってたんだけど、最近は、専門がある上でいろいろ知ってるのと、まったくなくて「なんでも知ってますよ」と言うのでは全然違うんだなって特に感じる。

加藤 たしかに「縦に深いセクシーさ」ってあるよね。それに対して角田くんの「物事をバラエティ化する」ことは、見た目こそ浅いけど、実は横に広くて面積としては広い。そういうセクシーさもあるんじゃない？

角田 それが例えば松岡正剛*さんなわけでしょう。正剛さんはものすごくセクシーで尊敬してるけど、でも、それは本当にセクシーかというと見る人にとってはいろいろな感じ方があって、ある面からは上辺だけをすくってるように見えちゃうな。

加藤 んー。そうも見えるか。

角田 僕はこれから修士論文を書いていくわけだけど（編注：二〇二一年初頭）、テレビをテーマにしようと思ってるわけだ。元になる構想は去年からずっと作っていて、そこでは「ネットとテレビの違い」みたいなことから、あらゆる項目をてんこ盛りにして書いていたわけだよ。

ところが、教員と話せば話すほど、それでは論文が意味をなしてないことが分かって

【松岡正剛】 一九四四年生まれの編集者、著述家。雑誌『遊』の編集長として、一九七〇年代のアートや思想に多大な影響を与えた。二〇〇〇年以降は書評サイト「千夜千冊」の執筆で若い世代からも知られる。聞き手・甲斐荘（一九八四年生まれ）を「若い世代」だとすれば。

くるんだよね。それよりも、「バラエティ番組が二週間に一回収録されていて、その二週間の間にどんなことが行われてるか」みたいなことをつまみびらかに書いた論文のほうが、やっぱり価値があるんだよね。そんなの論文にしてる人はいないからさ。

最初の構想では、まるで新書になりそうなメディア総論を書いてたんだけど、そこからどんどん削っていくと、結局「金スマでやってた二週間」とか「さんまのからくりテレビでやってた二週間」を詳細に書くだけのものになってしまった。「会議でこんなことをやってて、ロケではこんなことやってて」みたいな内容のほうが、じつは学術的に価値があるってことを指導教授とも議論したところ。

「ネットとテレビの違い」みたいなことは、いろんな人が言えるでしょう。門外漢の社会学者だって言えるし、キングコング西野*さんも言ってるしさ。仮に僕が「ネットとテレビの違い」を論じるんだったら、その前にテレビの内実についてちゃんとした修士論文を書いてからなんだよ。

養老孟司*さんにしても河合隼雄*さんにしても、司馬遼太郎*にしても西田幾多郎*にしても、そういう「なんでも知ってる人」に説得力があるのは自分の専門分野があったからだと思うんだよね。

◉「セクシーな人」はモテる。人数に差はあれど

加藤 自分の内側にあるのね、セクシーさの源泉は。

【キングコング西野】
西野亮廣（にしの あきひろ）。一九八〇年生まれのお笑い芸人、著作家。漫才コンビ・キングコングのツッコミ担当。絵本作家としてのペンネームはにしのあきひろ。近年は自身のオンラインサロン「西野亮廣エンタメ研究所」を軸に活動している。

【養老孟司】
一九三七年生まれの解剖学者。二〇〇三年に出版された『バカの壁』は、磯田道史『武士の家計簿』などと共に新潮新書の創刊ラインナップであり、二〇〇〇年代の新書ブームの火付け役となった。

【河合隼雄】
一九二八年生まれの心理学者。二〇〇七年没。一九七〇年代〜九〇年代を代表する知識人。ユング心理学を日本に紹介した第一人者として知られ、後に文化庁長官も務めた。

角田　異性との関係でいうと、僕が言ってる「セクシーな人」って、どんな奇人変人だろうが多かれ少なかれモテるんじゃないかな。そのセクシーなところをたまたま受け入れる異性……あるいは同性……がいるってだけな気がする。「量子力学にのめり込んだセクシーさ」を好きだと感じる異性は絶対いるんだけど、たまたま数が圧倒的に少ない、量子力学にセクシーさを感じる人よりも、たまたま肉体美とかに感じる人のほうが公約数的に多いってことだと思う。

加藤　そうすると、いわゆる「性的アピールがある人」というのも、性的な何かをある意味修業してる人なのかな。言葉は古いけど、「ドン・ファン*」みたいな人ってどうなんだろうか。

角田　大学時代に僕がもうちょっと痩せてて、比較的モテてた頃、近寄ってきた女子の頭に「結婚」がチラチラ見えることが多かったんだよね。当時、「これって、モテてるんじゃないんだよな」って思ったんだよ。

加藤　本質的な意味でモテてるんじゃないってことね。

角田　そう。僕の本質的なことでモテてるんじゃなくて、付随するバックグラウンドみたいなもので近づいてきてるんだなあって、大学二〜三年の時には如実に感じたな。

それって今で言うと、例えば「角田さん、お食事行きましょう」って話にしても、「テレビのプロデューサーと知り合いになると、うちの商品を紹介してくれるかも」とか「うちのタレントを使ってくれるから」みたいな感じで寄ってきてるのは如実に分かるわけだよ。それってセクシーじゃないじゃん。

【司馬遼太郎】一九二三年生まれの小説家。一九九六年没。産経新聞社在籍中に執筆活動を開始し、退社後の一九六〇年に『梟城』で直木賞を受賞。『竜馬がゆく』『坂の上の雲』などの歴史小説や『街道をゆく』など随筆・紀行でも人気を博した。

【西田幾多郎】一八七〇年生まれの哲学者。一九四五年没。京都左京区の通称「哲学の道」は、彼がよく散策したことに由来する。代表的な著書『善の研究』は文学青年が背伸びして読む本の定番。

一方でドン・ファン的なものってさ、それが分かった上で「この人の魅力だったら、エッチしたいって言うならまぁいいや」みたいなところあると思うんだよね。性欲と愛って「リンクしてるもの」と考えるでしょ。でも考えられているほどリンクしてないんじゃないかと最近思うんだよね。まず、男ってそこがリンクしてないところがあるんじゃないか。電気グルーヴ*の歌にも「本当に好きな彼女にはこんなエッチなことしない」みたいな歌詞があったと思うけど、「好きか嫌いか」と「エッチしたい」って、男の場合は別じゃんか。

それと同じことって多分女性側にもあるんだと思うけど、ジェンダー論みたいな話ではそこがごっちゃになってる感じがする。性欲みたいなものは本当は愛とはリンクしていなくて、「だから女性もフリーであるべきだ」という議論に行ったほうがジェンダー論はうまく行くような気がするんだけど、そこでいつも「不倫がどうこう」みたいな、愛だどうだみたいな話になっちゃうじゃないですか。

加藤 そこをくっつけて捉えるところが、すごく嫌だと思った時に、ドン・ファン的なセクシーって、くっついてないほうだよね。

そこと話を無理にくっつけなくてもいいんだけど、ドン・ファンの人たちも努力してるわけだよね。例えば鏡を見たりとか、前髪の形をいろいろ変えてみたりとか、そういう創意工夫の結果がドン・ファンなわけじゃない。

角田 僕の先輩にドン・ファン的なディレクターがいて、後輩の女の子がベッドインしたらしいんだよ。で、女の子が酔った時に僕にいろいろしゃべってくれたんだけど、「私に跨

【ドン・ファン】
一七世紀スペインの伝説上の人物。女たらしの代名詞として使われる。

【電気グルーヴ】
一九八九年結成のエレクトロバンド。現メンバーは石野卓球、ピエール瀧。

がってる時に前髪直されて、めちゃくちゃ冷めました」って、その先輩のドン・ファン的なダサさを話してた。

加藤　つまり、「カッコつけ」と「セクシーさ」はまた違う？　前髪だけじゃなくて、「知的カッコつけ」っていうのもあるけど、これもセクシーじゃないってことだよね。

角田　そこはさ、「セイイチロウ君問題」*がでてくるんだよ。我々の知り合いにセイイチロウって奴がいて、いい奴なんだけど、いいレストランあると「これ使えるぞ」ってのが口癖だったんですよ。彼がその場から去った後、僕と加藤くんで「何に使うんだろう、あいつは」みたいなことを言ってたんです。彼は美味しいレストランがあった時、「使えるか使えないか」で判断してたんだよね。

　ところが、レストランにとって大事なのは「使えるか使えないか」じゃなくて「美味しいか美味しくないか」でしょう。学問だって大事なのは「使えるか使えないか」じゃないし、本当は学歴だってそうだよ。

　僕は「東大クイズ」的な番組が本当に嫌いなんだけれど、あれって東大というブランドを「使えるか使えないか」というところだけであがめてるじゃない。本当は、東大の良さってそこじゃないのに。

加藤　まあ、当時のセイイチロウ君はそこまで深く考えないで云ってただけだと思うけどね。使える使えないって言葉づかいにしてもさ。

角田　今考えるとね。我々全員二〇歳そこそこだったわけだし。

加藤　セクシーさが「修業から生まれる」ってのは、ちょっといいねぇ。それがアピールする

【セイイチロウ】
角田、加藤の高校時代の同級生。背が高くて男前でモテてたね。（加藤）

相手の絶対数の問題はあるけれど。

角田 うん、そうそう。量子力学*だと一〇〇人くらいなんだけど、それがサッカーだと一〇〇〇万人くらいになるってことだよね。

加藤 「セクシーになりたいと悩んでる暇があったら修業しろ」。

角田 そう。なんだけど、でも若い時って「モテたい」があるからセクシーになりたいんだもんね。

加藤 修業がそこまで深くなくても、若い人同士だと相対的に深く感じるから魅力に転じやすいってことじゃない？　歳をとるとお互いに底が深くなるから、そんじょそこらの深さでは惹かれないってことかな。だから本当は、歳をとってるほうがセクシーになれる可能性があるってことだよね。

角田 そういうことだと思う。セクシーじゃないおやじたちもたくさんいるけど、セクシーな人もいるよね。「仕事で一生懸命な人」でもいいしさ。

加藤 天つばだけど、それまでの時間を無駄遣いしてるのは、セクシーになるチャンスを失い続けてきたってことなんですね。

角田 だから二〇代〜三〇代〜四〇代を小器用にやってきちゃうと、マニュアル本的に、修業しないでも手に入るテクニックだけで生きてきてしまうと、それが自分のセクシーさにはなんの役にも立たないんだね。ここまで言っといてなんだけど、「そもそも僕らにはそんなのあるんだっけ？　ハハハハハ」って話はあるよね。僕らもセクシーになれてない。

【量子力学】原子や電子といった微視的な領域を扱うためには必須の物理理論。初期の代表的な学者にニールス・ボーア、エルヴィン・シュレーディンガー、ヴェルナー・ハイゼンベルクなどがいる。ちゃんと理解できているかどうかは別にして、理系の大学生の多くはその影響下にある学問を学んでいるため、セクシーさを感じている人の数は多分一〇〇人では利かないと聞き手・甲斐荘は想像する。例えば甲斐荘の学部時代の専攻は化学工学だが、そこで学んだ化学理論の多くはもちろん量子力学を前提にしていた。

加藤　ないねえ。

角田　あったらもっと大成してるもん。だからそこは深く反省しているよ。

◉そのセクシーさ、横展開も利きそうです

加藤　でもそこまですごいセクシーってわけじゃないけど、まぁまぁセクシーに近づく行動はしてたんじゃん？って気もするけどなあ。そう考えると、仕事がすべてじゃないけど、職種自体をコロコロ変えるような転職は損なのかもな。

角田　仕事にしても人間関係にしても「時間の積み重ね」ってあるから、それをリセットしちゃうのはやっぱりもったいないよね。「自分の積み重ね」ってあるよ。

　よく科学とかで「巨人の肩に乗る」*って言うけどさ、その「巨人の肩」は自分の中にもあるんじゃないかな？　つまり、「自分の中にある、一番の巨人は何だろう」って考えて、やっぱりその上に乗ったほうがいいんじゃないかな。

　僕がテレビをテーマに修士論文を書くわけだよね。別に今から哲学をやっても宗教学をやってもいいんだけど、僕の中での一番の「巨人」はテレビなわけだから、そこで論文を書くのが一番早いわけだよ。

加藤　ある程度の修業をしていたら隣のコースにも行きやすいとは思うな。

角田　それはあるかもね。

加藤　経営コンサルの人ってわりと理系の人が多い印象がある。大前研一*さんだったと思うけ

【巨人の肩に乗る】
P39の本文と脚注、P473の本文を参照。

【大前研一】
一九四三年生まれの経営コンサルタント。

ど、彼は原子力をやってた方だよね。そこからマッキンゼーに移った時に、「コンサルって、四則演算くらいしか使わないんだ！　めちゃくちゃ簡単」と思ったって話を読んだことがある。

角田　対数も出てこないもんね。

加藤　『地頭力を鍛える』*の細谷功さん、彼も原子力やってたんだよね。だから「コンサルに移っても、やってることはほぼ同じです」的なことを云っていた。対象が物理なのか会社なのかだけなんだろうね。大学院まで行くくらいの突き詰めがあると援用できるってことだろうな。

角田　今僕が一緒に仕事をやってる住田興一(すみだこういち)*さんは、あの人は本来は会計士なわけだ。でも、僕が話してる演出論と、彼が話してる会計論ってすごい似てるんだ。企業の決算書とかを見るのって、「この番組はなんで当たってるんだろう、当たってないんだろう？」と分析するのと近いんだろうね。

　だから、住田さんは「会計と演出」って本を書いたらいいっていつも思う。「会計の話をしてるんだけど、実は演出論になっている」みたいなのって、なんか売れそうじゃない？

加藤　それは面白いねー。読みたい。

角田　だから、「自分は会計だから、演出全然分からないんです」ってことじゃないんだよ。論理・言葉で分析していく活動は、対象によって考え方が変わるわけじゃないと思うな。哲学だろうが社会学だろうが会計だろうが、テレビ演出だろうがさ。

【『地頭力を鍛える』】
細谷功の著書。二〇〇七年に東洋経済新報社より刊行。「フェルミ推定」ブームの立役者。

【住田興一】
一九六七年生まれ 早稲田大学大学院修了 公認会計士・税理士。一九九六年TBS入社、二〇〇九年、角田らとネット動画配信会社goomoを設立(代表取締役～二〇一三年)。二〇一九年TBS退社。現在、角田とKITE(カイト)というメディアブランディング会社を運営。

角田陽一郎のコラム

師匠(ししょう)と弟子(でし)

僕のイメージでは、上司と部下の関係はずばり、師匠と弟子のような関係になっていくと思っています。え?と思いますよね。

なぜ師匠と弟子なのか。

まず個人が才能を発揮し活動をしていくためには、人生のどこかの段階で必ず修業期間が必要になります。そしてその修業期間が「就職」だと僕は考えるわけです。つまり会社が一人ひとりの才能を育てる場所になるということです。

ということは、会社で過ごす期間は仕事であって仕事ではなく、人生を生き抜くスキルを覚え、才能を磨くための修業ということになります。

一方、上司とは部下を引き受けて、やがて一人前のタレントとして活躍できるよう育てる役目を担う人ということになります。

ご主人さまが
大好きな
お手は
この角度
はい
師匠!

こうして上司と部下はヒエラルキーの組織の中で指示系統を示す序列ではなく、師匠と弟子という信頼関係になるのです。

就職をそういう位置づけで考えると、残業や休日出勤は、会社の利益とか成長のために嫌々働かせられるものではなく、自分がやがて独り立ちするための勉強であり、貴重な経験になります。そこでいくら働こうと、働いた分だけ自分の将来の礎を築く血となり肉となるわけですから、ブラックだと騒ぎたてる必要もなくなっていくわけです。

上司と部下は師匠と弟子の関係になればいいという背景には、会社が将来タレントとして活動していくため仕事を覚える修業期間だと思うからです。

これは、会社の業績向上のために働くことで生計を立てることが大事なんじゃなくて、独り立ちするために仕事を覚えることが会社に勤める理由なんだということです。たとえ仕事の時間が減って帰宅する時間が早まったとしても、そのせいで仕事を覚えられなければ、会社に勤める意味がないわけです。ということは、たとえ社員は少ない給料であっても、将来のために仕事を覚えたいなら、休日でも深夜でもどんどん仕事をすればいいわけです。

つまり会社のため、国家のために働くのではなく、自分のために働くという感覚にこれからは切り替えていけばいいということです。だから上司は上司で、もう部下を自分の部署の目標やノルマを達成する〝駒〟として考えるのはやめるべきです。部下にしっかりと仕事を覚えさせて、独り立ちできるよう育ててやることが師匠たる上司の役割になるのです。

優秀な人を育てたら、「あの人は〇〇さんが育てた若手なんだよ」と言われて、師匠の名誉になるという、そういう価値観を広げていくことが必要なんじゃないかと僕は思っています。

つまりこれから大切なのは、上司と部下の間に信頼関係を取り戻すということ。師匠と弟子といえるほどの信頼関係が構築できれば、まちがっても誰かが過労死で死ぬなんてことにはならないはずです。

ここで問題になるのが、「野球部の草むしり問題」です。修業の一環と称して、本来の目的とは繋がらなさそうなことをやらされるのは無駄なことかどうかという議論。僕はそれを「野球部の草むしり問題」と呼んでいるのですが、中学でも高校でも、野球部に入ると必ず一年生や二年生の間は草むしりをやらされますよね。球拾いもあります。その草むしりや球拾いに意味があるのか、ということなんですけど、結論から言って僕は意味があると思っています。

落語家の立川談慶（Ｐ２３７の本文と脚注を参照）さんに修業時代のことをうかがった時のことですが、談慶さんも師匠の立川談志さんのもとで修業していた時代には付き人をしたり、運転手をしたり、冷蔵庫を綺麗に掃除したりと細かいことをいろいろと言われながらやらされたそうです。そして、それらが全部、落語家になるうえで必要だったと言っていました。

同じ理由でサラリーマンだって、コピー取りもお茶くみも修業と割り切ってやればいいと言いたいです、それで将来、タレントになれるなら。

もともとサラリーマンは休みが増えれば増えるだけ嬉しいと思うかもしれませんが、その分、仕事を覚えるのも遅くなります。

少なくとも芸能界で働くタレントたちは忙しさを尊び、喜びます。むしろ忙しくなるために日々、芸を磨いたり、自分を磨いたりしています。

そういう意味で働く時間を短くすることは、僕に言わせると仕事を覚えたい人の修業の機会を奪っているようなもの。今の働き方改革で時短や休日を増やす流れは、むしろかわいそうにも思えます。

ただしそこでの問題は、師匠としてふさわしい人がいるかということ。

師匠もまた生涯を通じて芸を磨き人間的にも成長するからこそ弟子に慕われるのです。

つまり、師匠も年齢を重ねるごとに人間が練れていくわけです。そして陰に日なたに弟子を守るという務めも果たしているはずなんです。

そうやって師匠は師匠で、弟子にそっぽを向かれないように芸を磨き、人間を磨く努力しているんじゃないかというのが、今の僕の考えです。

そ

【相談（そうだん）】

今更ですが、相談のしかたが分かりません。上手く相談するためのコツがあったら教えてください。

角 相談してもあまり意味ないけど、相談しないと人は生きていけないと思う。
加 選択肢を得るためのヒアリング。予想外の選択肢を得られるとありがたい。

◉相談内容のレイヤーを三つに分ける

角田 相談*の仕方、僕もちょっと分かんないです。
加藤 ちょっと前に云ってたじゃない。「ADの子がホウレンソウ*ちゃんとできない」って。
角田 ああ、「決定は遅めに。連絡は早めに」ってやつでしょ？
加藤 それと相談は違うの？
角田 ちょっと違う。あれは報告みたいなことだけど、「相談ができない」って言うのは自分ごとの悩みな気がする。
加藤 角田くんの場合は何に悩んでるんですか？
角田 「自分のことで他人の思考の領域を侵すのは悪いな」って、僕は根本的に思ってるんだ

【相談】

「互いに意見を出して話しあうこと。談合。また、他人に意見を求めること」（『広辞苑』より）

【ホウレンソウ】

「菠薐草」ヒユ科（旧アカザ科）の一年生または二年生葉菜。雌雄異株。イラン原産とされる。一六世紀頃に渡来。世界各地で広く食用に栽培。品種が多く、東洋種と西洋種に分ける。『法蓮草』『鳳蓮草』とも書く。スピナック。春の季

よね。「その人の頭の領域を角田ごときで使わせるのは悪いな」って、デフォルトで思ってる。だから、僕が「つまらないことで相談してすみません」って言うのは謙遜じゃなくて、「あなたの脳を僕の要らぬ情報で汚してしまって、本当にすみません」って思ってるんだ。加藤くんは相談される？　あるいはする？

加藤　特に人徳はないので、あまり相談はされないんですが……。相談には「which」「what」「why」の三段階のレイヤーがあるんじゃないかと思っています。

一番下が「which is better?」で、自分で選択肢をすでに持っていて、その中で「アンサー出したいんで、アドバイスください」っていう相談。

二番めが「what to do」。これは which とちょっと違うんだ。悩みは分かってる、でも選択肢が自分で分からないから、「選択肢は何がありますか？」っていう相談。応えとしては「こういうやり方もあるんじゃない？　ああいうやり方もあるんじゃない？」って返しを求めてる。

角田　つまりは「三択なんですか？　二択なんですか？　マルバツなんですか？」っていうことも含めて訊くってことね。

加藤　そうそう。課題は自分で分かってるんだけど、どうしたらいいか分からない時の相談。このwhat レイヤーに対しては、相談された人に経験があればベストなやり方じゃないかもしれないけど、「こういうやり方があるよね」って応えられる。

で三番めの why は、そもそも問い自体が分かってない、「僕は何を考えればいいんでしょうか？」っていうパターン。

語」（『広辞苑』より）……ではもちろんなく、「報連相」のほう。デジタル大辞泉によれば「企業活動を効率よく進めるための必須事項とされる、上司、同僚への、報告、連絡、相談の三つをまとめた語」（『広辞苑』より）

相談する側としてどのレイヤーなのかを提示しながら相談できると、相談されたほうも応えやすいんじゃないかな。

角田　それが提示できない問題って、「why」が一番多いよね。そうでもない？

加藤　相談する側の中で、which、what、why がごっちゃになっちゃってる気がする。

角田　整理すれば分かるってことか。

加藤　整理して、自分がどのレベルで悩んでるか分かると、もうちょっと相談がしやすくなるんじゃないの？

角田　今回のコロナの一番の問題は、今の世の中でいえばその「why」なんじゃない？

加藤　何が問いか分からない？

角田　いや「what」かもしれないけど、つまり何が正しいかが分からないじゃん。例えば震災だったらフローチャートが作れるわけでしょ。でも今回は経済封鎖したほうがいいのか、隔離したほうがいいのか、でもそうしたら経済死んじゃうじゃん、とかって、七九億人誰も回答を持ってないじゃんか。

加藤　そういう意味でいうと「what to do」だよね。

角田　あ、それが「what to do」なんだ。

加藤　そうでしょ。「経済よりもまずは感染者減少！」みたいな「どっちがいい、悪い」の話をしているわけじゃない。

角田　それが「which」だよね。

加藤　コロナ関連でいうなら、which は「経済を考えている人たちには三つ選択肢があると思うんですけどどうですか？」って訊くこと。what は「そもそもどうしたらいいですか」って訊いて「こういう選択肢があるよね」って返しがあるヤリトリ。で、why は「そもそもコロナの何が悪いんでしょうか」って訊いてる時のレイヤーということですかね。

角田　ああ、なるほど。そうするとこのレイヤーって、「why」のほうが深いっていうこと？

加藤　抽象度が高いし、「悩みが深い」というか、混乱度がいちばん激しいよね。たぶん。

角田　面白いなと思うのは「自衛隊は違憲かどうか」「平和憲法はあったほうがいいかないほうがいいか」っていう話は二択だから「which」じゃんか。自分が若い頃は、その答えが明確にあった気がするの。どっちなのかは別にいいとして。でも歳とってくると「what」になってくるっていうか、あるとかないとかじゃなくなってくる。最近の僕はその質問をされると「why だな」っていう気持ちになる。
　何が言いたいかというと、人生って、経験を重ねていくと「which」のほうに落とし込めるようになっていく気がするんだけど、僕は「どんどん分からないことが増えてるなあ」って感覚があってさ。若い頃は判断材料になる情報が少ないから「ダメだよ戦争は！」「だから自衛隊はダメ！」とか思えたんだけど、今は「一筋縄じゃいかねえしなあ……」みたいな。

◉相談内容の微差を捉えて返す

加藤 which の中で挙げられている選択肢が、ホントにそれでいいのか？って話はありますわね。問いの立て方というか。その意味では which を聞いているつもりで実は what レイヤーでしたね、もあるあるかな？

角田 だから、この三つのレイヤーで考えることはアグリーなんだけど、ややこしいのは、人生が深くなればなるほど意外と「why」的な根本的な悩みに近付かないかなと思ったんだけどさ。

加藤 それは別の云い方をすると、選択肢が微差になるってことだよね。「戦争には反対！」っていう単純なところじゃなくて、「専守防衛」とか刻んで考えるようになっていって、角田くんの云うような灰色感が増してくるというか。

角田 そうそう。灰色感が増してくる。

加藤 「微差を微差としてちゃんと選択肢として捉えられる」ってことも大事だからね。「which」の場合も、選択肢はいくつもあってよくて、そういう選択肢が見えてないと極論に走る人が出てきてしまう。

だから「相談の仕方が分からない」っていう問いに対しては、「そういう相談の仕方がある」という返しだな。つまり、「アンサー、結論になりそうな選択肢を自分が用意した上で相談する」にこだわるのではなくて、「自分が主導権を持って相談する」ということが、まずはできるといいんじゃないですかね。応える側としては、ただボーッとそのまま受け入れられてもムカつくし。変な話だけど。

角田 訊いてきたくせにこっちの話聞いてないやつとか、すごいムカつくよね。「お前が訊いてきたんだろ！」みたいな。

加藤 「お前はもうちょっと、よく考えてから訊きに来い！」って抽象度高く返されるってパターンですけど、「じゃあ相談する時の『考える』って、何をすることですか？」ってのが、今回寄せられたこの質問が意図する「分からない」ってことだとすると、今云ったみたいなレイヤーで自分の状態を整理することもできるんじゃないかな。

だから、話しているうちに「それは、君がはじめに思ってた悩みじゃなかったね、レイヤーが違ったね」ってなることもあると思うけど、それはそれとして、話のきっかけとしては「相談する側から持ちかける」という主導権を持った態度が大事なんじゃないでしょうか。

角田 相談って二種類あるじゃん。例えば「銀行に相談しに行く」のってさ、要は「金貸してくれ」って頼みに行くってことでしょ。これは「上司に何か相談する」というのとはちょっと違う。この質問者が言ってる「相談」とは、本当はちょっと違うんだとは思うけど。

加藤 それは「what to do」だよ。「金を貸してくれますか？　くれませんか？」の結果「貸してあげます」ってなった時、その次に「どういう借り方があるんですか？」っていう話、かとうの整理だとwhichが来るわけでしょ。

角田　いやいや、仮に僕が銀行に相談した側だとして、角田に金を貸すかどうかは向こうが判断するじゃん。つまり僕の中では「相手にお願いをする」相談と、「とにかく聞いてほしい」相談の二つがあると思っていてさ。

◉「相談上手」は「お願い上手」

加藤　聞いてほしい系ね。それはまったく別の軸。ある。

角田　だとすると、僕のところに相談に来る人も、あるいは僕が誰かに相談する場合も、前者の「お願いをする」ことばっかりだなって思っちゃったの。そんなことない？

でも、それはまあフリーランスだからかな。「角田さん、ちょっと相談ありまして」って、つまりは「これやれますか、どうですか」って問われている場合ばっかりだなってことか。だから、さっきの例でいえば僕の中ではすべてが銀行のケースになっちゃってる気がする。

加藤　それは、「お願い」を「相談」って云い換えているだけ？

角田　そうそう。それって僕の特殊事情かな。そんな人ばっかりだなって気がするんだけど。

加藤　それは言葉遣いとして戦略的だな。〝相談上手〟なんじゃない？

角田　じゃあさ、「ピュアな相談」の場合は誰に相談するといいんだろうね。

加藤　それが分かったら苦労しないでしょ。

角田　だよね。何が言いたいかっていうと、「誰に相談すればいいんだろうね」「いや誰に相談しても解決しない」っていうのが、僕の根本にあるのかもしれない。

加藤 そんなことはないんじゃないの。好い相談相手って、自分で応えられないことだったら「この人に相談してごらん」って正しくトスしてくれるじゃない。違うかな。

角田 いや、僕も基本的に性善説的な考え方してるから、そんなに人を悪く思っているわけじゃないんだけど、でも「この人に相談しても解決しないよな」って思いながら相談しに行ってた気がする。あー、だから僕は相談の仕方が分からないってことか。

―― 僕自身も特に大学院生の頃に教授や先輩にどう相談したらいいか分からなくて結構それで失敗をした経験があって「怒られたくない」とかもっと単純に言うと「拒絶されるのが嫌だ」とか、こわい気持ちがあったんです。

角田 上の人への持ちかけ方が分からないって悩みはありますよね。だからこの質問者も、もしかしたら「上司とのコミュニケーションが下手だ」とか「自分の仕事が上手くいっていない」っていう悩みを「相談の仕方が分からない」って言い換えているだけなのかもしれない。そういう意味では「what」に近いのかもしれないよね。

◉「相談される側」は、時にはわざと抽象的に

加藤 例えば、仕事で相談した時って、よく「お前は何が訊きたいんだよ」って返されるじゃない。ってことは、何をどこまで分かっていて、どこまで自分としても意見があって、そこから先の分かっているつもりになっていることと、分かっていないことの境目がな

くて……つまり「もわっと相談をもって来られること」自体にムカつくってことでしょ？

角田 逆に自分が相談される側になったとするじゃん。法政大学のある教授とFacebookの友達で、その人がこの前「リモート授業になるからZoom*の講習会があった」って投稿してたわけ。講習会では「Zoomで授業をやるとしたら完璧な資料を出すかしないと無理だ」っていう話になったらしいんだけど、その教授は「僕は学生に、完璧じゃない資料を渡して、先生の話を聞いて、どこをメモるといいのかっていうことを教えたい。だから授業がリモートだと、すごくやりにくくなる」って嘆いていたのね。

それって確かに一理あるよなって思ったんだ。僕も今久しぶりに大学に行ってるから、教授に対して「もっと資料分かりやすく書けよ」とか思うことは死ぬほどあるわけ。でも「教授としては、それもわざとやってるのかな」とも思ったりするんだ。いや分かんないよ、ほんとにめんどくさいだけかもしれないんだけど。

でも同じように、相談をされた側が完璧に応えちゃうと、相談として完結するのかなって疑問でさ。相手に気付かせなきゃいけないし、相談への対応として何が最適なのか、僕分かんないんだよね。

加藤 今度は相談される側の話だ。

角田 僕は、っていうことを「自分が相談する時に思っちゃう」わけ。「今この人の言っていることって、僕に対するベストの回答をくれているのか？　それとも適当に返してくれているだけなのか？　あるいはこの人のベスト回答ではあるけれど、そもそも能力がな

【Zoom】
二〇一二年にサービス開始したWeb会議サービス。本書は二〇一九年〜二一年にわたって執筆されており、途中から制作会議をZoomで行っている。

くて客観的にはじつはベストじゃないんじゃないか?」とか、あらゆることを思っちゃうわけ。

だから僕の中で、相手に相談する時ってやっぱりどうしたらいいか分からないし、「この人にどのような相談を持ちかけると、自分にとってベストなものが引き出せるのかな」ってことばかり考えてる。

——今「相談」っていう言葉への回答に二つのレイヤーがあるとお話を聞いていて思ったんですけど、一つは相談に対してアドバイスで返す。角田さんがおっしゃっていたことはそっちだと思うんですけど、加藤さんが仰っていたもう一つのレイヤーは相談に対して解決法で返すという方法なのかなと。

加藤 そんなことはない、つもりよ。むしろ、相談に対してどのレベルで応えるかは、相談された側が相手に合わせて考えて提示するべきじゃない? だから常に正解を与えればいいわけじゃないでしょう。

角田 やっぱりそうだよね。

加藤 わざとすごく遠回しに云うとか、「わざと抽象的に云うよ」って返事している時はかとう自身もそういう意図。

角田 ああ、加藤くんは禅問答みたいにしていくことは多いよね。それは相談者のことを見て決めることで、「こいつなら、これぐらいの禅問答にしておくといいな」みたいな。

加藤 そうそう。相談内容が書類の記入の仕方とかだったら、そういうのは端的に応えるよ。そりゃ相談と云うよりも質問だし。でも絶対的な正解がないようなことだったら、応える側は本当は応答の仕方から考えなきゃいけないことだったりする、はず。だから本当は相談を持ちかけるほうも、応じるほうもちゃんと考えるしかないっていうところはある。

角田 そうだよね。だからこの「相談の仕方がわからない」への回答って、「相談は難しい」っていうことになりそうな気がする。「そもそも難しいんだよね」っていうところに立ち戻って相談したほうがいいってことかな、僕が言いたいことは。

加藤 それは分かった上で、それだと回答が抽象的すぎるんだろうから、「やり方としてはこういうやり方もあるんじゃないの？」という選択肢、正解じゃなくて選択肢を示せるといいよね。こっちとしては、ここが着地点だなーと想像しつつ、ちょっと外すなんて感じも含めて。

◉相談メモ、こさえていくと素敵

角田 少なくとも加藤くんが言うように、相談する人が「自分がどのレイヤーなのか」を知った上で相談するのと、知らないで相談するのは全然違うしね。

加藤 あるいは、相談する前にメモ一枚作ってくるだけで全然違う。ある程度整理してあるだけで話が早いところはあるんだけど、訊く人が準備しないで相談しているケースが多い気がする。

角田 そうだね。

加藤 自分的には相談メモを作る。「打ち合わせメモ」とかタイトル付けて。自分が何を悩んでいるかは自分がよく分かっているわけだから、箇条書きでいいからメモを用意しておけば話も早いし、相談談義の途中で当初の時点に立ち戻ることもできるしさ。相談ってやっぱり話してて混乱するし。そういう工夫をちょっとするだけで、少なくとも段取り的には相談ってもっとスッキリサッパリするんじゃないですか。

角田 なるほど。ちょっとだけ分かったんだけど、加藤くんと僕が言っていることは同じなんだけど、僕は書かないだけなの。クライアントに「相談」に行く時にも、「このクライアントを落とすためにはこの三つが障壁だな」とか、そういうことを頭の中で一旦箇条書きにして整理してるんだよね。ラジオでしゃべってるときもそうなんだけど、僕の場合は頭の中で書いてるってことだね。

加藤 書いているし、おそらく最初に書いたことを頭から順番にしゃべっているわけでもないんでしょ？

角田 そう。むしろそこはドラマを作っていく。

加藤 書き出した後の編集作業ができている人は、相当高度ですよ。そのやり方が分かんないからみんな思いついたまましゃべっているわけで。

角田 たしかに、その論点の整理や編集がないのに相談に来られるのってすごくめんどくさいよね。ああ、なるほど。だんだん分かってきた。

加藤 で、繰り返しになるけど、それに対してどのレイヤーで応えるかは、また別の話。答えるじゃなくて、応答するの応えるって感じ。バシッと云うのか、ファイナルアンサーは云わないで「うんうん」って聴いてあげるのがいいのか、「こういうやり方もあるらしいよ」ってやんわり選択肢を出してあげて、でもその選択肢に着地しないように話してあげるのか……。それは今度は、受け手の応え方の六つかしさの問題になるね。

◉相談した結果、新しい選択肢を発見したい

角田 相談じゃなくて「お願いごと」の話になっちゃうかもしれないんだけど、A or Bの「which」の相談をするとして、相手の答えがAだったらラッキーで、Bだったらマイナスだなって場合があるとしてさ、みんなどこまで両方の場合を想定しているのかな。

加藤 それは、話し合ってみないとお互いの期待値は分からないから、話す中で決めていくことだと思っていていいんじゃないのかな。

角田 そんなに想定しなくていいんだ？　よく「想定内」って言うけど、「それってその人の想定が小さいだけじゃない？」って思うことが僕はよくあってさ。つまり「あなたの領域の中での想定」と、それが本当に正しいのかは違うじゃんっていう。それをかけ違えている人が結構多いなと思うんだよね。

加藤 一人の人に訊くだけで相談を済ませようとするからそういうことに陥るんだよ。例えばジャーナリズムの訓練を受けている人は、よっぽどのことがない限り一つのニュースリソースだけで決めないじゃないですか。裏を取ったり、他の人にも訊くなりで、複数のリソースにあたるのが基本だし。

角田 解決方法としてはそうだけど、おそらく僕が言いたいのは相談前の準備の問題なんだよ。さっきの話でいえば「箇条書きの量が少なくない?」みたいなこと。「考えてきたのは三つです」って言われるんだけど、「四番めと五番めが抜けてない?」っていうことなんだよね、「想定の範囲が小さい」っていうのは。

加藤 あるねえ。でもその想定数が少ないからこそ、相談を通じて四番目と五番目に気付いて「はっ、なるほど!」ってなるのが、ある意味正しい相談のあり方なんじゃない?

角田 ああ、なるほど。だったらぼくもその答え方をよくやっている気がする。よくやっている気はするんだけど、裏を返すと「この三択を角田さんのところに持っていったら、『四番め』を教えてもらっちゃったんだけど」っていうのは、はぐらかしているかのように思われることもあるんだよね。

「この三択の解答を聞きたかったのに」みたいな時に、僕にはその三択がちゃっちく思えちゃって「四択や五択で考えたほうがいいんじゃない?」って思って答えてるのに、「なんかはぐらかされた」みたいにさ。四択めと五択めを自分で排除しているのか、気付いていないのかは分からないけど。

加藤 それは「視点というか視座が一つ上がったところから見たら選択肢は他にももっとあるよね」っていう話だから、そこの視点、視座を変えてあげて、相談してきた人がそういう選択肢の広がりを得られたとしたら、「相談してよかった」っていうことになるんじゃない?

角田 という意味では、僕はいつもそうやって「別の選択肢」を探して答えてあげている気がする。

加藤 普通、経験のある人は選択肢の数は多いはずだから、相談されやすいよね。それともうひとつは、全然別の領域からアイデアを持ってこられる場合があって、それを相談してきた人が受け止めることができるかどうかは大事だよね。角田くんの場合でいえば、相談者はテレビの話なんだけど、角田くんは「本を書くとしたら……」っていうアイデアで答えたりとかね。

角田 そうそう。「テレビの話してるのに、なんで本の話するんですか」みたいな人が多いなっていうのは、ちょっとだけ思う。

加藤 それは相談リテラシー*の問題だろうね。

角田 多分「相談の仕方が分からない」も、そのリテラシーの問題なんだと思う。

加藤 相談を仕掛ける時のリテラシーと、聞いてどう応えるかのリテラシーは別でさ。とりあえず前者については「相談のレイヤーを分ける」とか「自分が分かっているところと分かっていないところを、紙に落とし込んで、見せる」ということをやるだけで、いい回答やいい結果が得られるかどうかは別として、相談というやりとり自体は円滑になるんじゃないですか、というのが回答だね。

それと「相手の時間の捕まえ方が下手な人」みたいな話とはまた別の問題である気がします。とこっちに応答するのはまた別の機会で。

【リテラシー】
ある分野について基礎知識を備えるだけでなく、さらにそれを活用する能力のこと。言い換えると「毒にも薬にもなるものを、有効活用する能力」のこと。「インターネットリテラシー」「情報リテラシー」などがよく使われる。

た

【退屈（たいくつ）】

角 退屈とは、次にやりたいことを探す一番の契機である。
加 非常に受動的な時間消費の形態。しかしゼロにする必要はないかもしれない。

いつも同じような仕事ばかりで退屈でたまりません。どうしたら仕事をもっと楽しくできますか？

◉仕事とは微差をつくり、微差を楽しむもの

加藤 「いつも同じような仕事ばかりで退屈だ*」ですね。口火を切ると、同じような仕事でも、途中でちょこちょこ変えるとかそういうトライをしていけば、そんなに退屈にならないんじゃないでしょうか？

角田 やめればいいんじゃないですか。僕はすごく「退屈だ」と思っちゃうタイプで、番組でいえば、フォーマットが決まっている番組は絶対やらない。

例えば「東京フレンドパーク*」とかさ、問題作るだけじゃん。ああいうのを退屈だと思っちゃう。自分がやっていた「さんまのからくりテレビ*」も「金スマ*」も、基本的にフォーマットがない、というか常に新コーナーを考えた。つまり、「出演者さんにどん

【退屈】
「①気力がおとろえること。飽きて、いや気がさすこと。（中略）③することがなく時間を持て余すこと。興味がもてずにあきあきすること。（中略）④仏堂修行の苦難・困難に負け、精進しようとする気持をなくすこと（後略）」（『広辞苑』より）

な企画をぶつけるか」ってことを毎回やらないと、自分が飽きちゃうんだよね。だから「恒例で一〇〇回続けています」みたいな番組や企画は自分の中ではすごく退屈だったの。

ただ対談番組に関しては、対談だから大きなフレームは毎回一緒なんだけど、あれが飽きないことは大人になってから分かった。

加藤 ほう。

角田 これって、何かヒントになりませんか？　加藤くんが言語化してくれると嬉しいんだけど……。つまり、「いつも同じ仕事ばっかりで退屈だ」って、毎回同じフォーマットだから思うんだけど、「対談」という同じフォーマットでもインタビューされる人が変われば面白くなることは分かった。そういうふうに仕事を考えれば退屈さは減るんじゃないかと思うんだけど。

加藤 フォーマットって入れ子構造*じゃない？　大きさがいろいろあって。小さなフォーマットが大きなフォーマットに入っていたりするでしょ。大きなフォーマットはなかなか変わりにくいけど、自分の裁量でいじれる小さなフォーマットは何かしら存在するから、そこからイジればいいんじゃないかな。

そこで事例主義、前例主義*で「この前と同じ」ということにして、本当はあるはずの工夫の余地を自ら消しちゃうから退屈になるんじゃない？　よく云うんだけど、「飲み物買って来て！」って頼まれた時って工夫の余地があるところなんだよね。他の業種のことは分からないんだけど、広告会社の場合、全部同じもの買ってくると怒られるんだ

【「東京フレンドパーク」】 正式名称は「関口宏の東京フレンドパークII」。一九九四年から二〇一一年までTBS系列で放送されたバラエティ番組。司会は関口宏と渡辺正行。エアホッケーのアトラクションにおけるホンジャマカの圧倒的強さは多くのゲストと視聴者を恐怖のどん底に陥れた。

【「さんまのからくりテレビ」】 正式名称は「さんまのSUPERからくりTV」。一九九二年から二〇一四年までTBS系列で放送されたバラエティ番組。司会は明石家さんま。

【「金スマ」】 二〇〇一年からTBS系列で放送されているバラエティ番組。番組開始当初の正式名称は「中居正広の金曜日のスマたちへ」。二〇一六年からは「中居正広の金曜日のスマイルたちへ」。司会は中居正広。

【入れ子構造】 「入れ子」とは「①箱などを、大きなものから小さなものへと順次に重ねて組み入れたもの（後略）」（『広辞苑』より）。どう説明しようか甲斐荘は頭を抱えましたが、さすがポイントを押さえている。マ

よね。

角田 ああ、僕もそうだったよ。「彩りを添えろ」とか言われるの。

加藤 「じゃあ、どうやって違うもの買ってこようかな」と思った時に、五種類しか売ってない自動販売機ってほとんどないわけで、いくらでも選べるわけじゃん。それを選べないで、いつもオーソドックスな同じものを買ってくるんだとしたら退屈になっちゃう。

でも、そこに違うものを入れると全然違うよ。「あの人、千葉県に住んでたはずだからご当地コーヒー入れようかな」とか「ご当地炭酸飲料も買おうかな」とかさ。そうやってフォーマットを小さくしたら工夫の余地は出てくる。

そうすると、その工夫に対してのリアクションも生まれる。「おお、これよく買ってきたね！」みたいなさ。そういうことやってると退屈度もちょっと変えられると思うし、「お前、××コーヒー買ってくるヤツなのね、じゃあさ……」みたいに次の機会にもつながるんじゃないかな？ どんな仕事でも自分がイニシアチブを発揮できる余地はあると思う。小さな決定権というか。

角田 どんなものにでも「微差」はあるからさ、その「微差」をどう楽しむかっていうことだと思うんだよね。

加藤 やろうと思えばいくらでもあるでしょう。定例の会議にしたって座席の配置とか、書類の置き方の間隔とかいくらでも自分なりに工夫できる。工夫の方向が間違ってて怒られても好いじゃない。

トリョーシカ、あるいは「親亀の背中に子亀を乗せて」みたいな状況。

【事例主義、前例主義】
過去の事例を踏襲することを重視し、その時々に柔軟な対応を取ることを拒否する類の姿勢のこと。

◉退屈と専門性はトレードオフ

角田 一方で、いつも同じようなことをやっているから「型」ができていくところも事実としてあるよね。自分の人生を振り返ると、さっき言った通りすぐ退屈しちゃうから新しい企画を立てるのは得意だし、まったく違うことをやる時の適応力はすごくあるわけ。海兵隊のようなタイプで、どんな土地でも揚陸できる。

　ところが陸軍みたいな持久的な戦力は持っていないから、一週間ぐらいしか持ち堪えられない（笑）。「俺が掻き回してるその間に、早く空軍と陸軍来てくれよ」みたいな、海兵隊のような人生なんだ。でもそれを選んで五〇歳になった自分に、じつはちょっと後悔しているところもあるんだよね。

加藤 え、後悔してるの？

角田 いや、それが楽しいなとは思ってきたんだけど、「人生でこれだけのことをやり遂げる」っていうのはできないんだなと思っちゃって。すべてが素人っぽいんだよね。それは海兵隊が揚陸艦(ようりくかん)*の馬力だけで乗り込んでいる感じで、その土地に合った戦術はしていなくて、浅いんだよね。

　それって「いつも同じような仕事ばっかりで退屈だ」というのとトレードオフな話で、いつも同じような仕事ばっかりやっている人は、それだけプロフェッショナルになれるのかなとも思うわけ。だから「自分はプロフェッショナルになれていないんだよな

【揚陸艦】
戦場において兵士や兵器を直接陸地に送り出すことを目的とした艦船のこと。話は変わるが、ガンダムシリーズでは主人公が所属する「空（宙）飛ぶ軍艦」が「揚陸艦」と設定されることが多いが（例：ホワイトベース）、敵地に突っこんでモビルスーツを発進させる運用からすると納得がいく。

加藤 あ」っていう悩みは、ちょっとあるな。つまり退屈と専門性はトレードオフ。*

角田 なるほどなるほど。

加藤 だとすると、あとはみなさんどっち選びますか？っていう話になるよね。僕は退屈は嫌だったので専門性を得る機会を失ったわけだよ。

角田 まあ、そうはいっても一〇年二〇年と続けてきて、番組・コンテンツ作りには結果として長けてるわけじゃない。

加藤 そうなんだけど、「ドラマ作れないか」って言われれば作れるけど、すごく感動的なドラマは作れないし、映画もそう。バラエティにしたって、僕なんかよりバラエティだけやってきたような人のほうが遥かに面白いものを作るよね。

　実際、第一線級のバラエティのプロデューサーたちが話すのを聞いてるとさ、すごく細かいことをしゃべってるんだよ。それに対して、「それってそんなに大事なのか」って退屈な気持ちもあるし、「そればっかり考えていられるって幸せだな」と羨む気持ちもあるわけ。

角田 でも、そこを考えている人たちっていうのは、さっき云ったフォーマットが一、二段下がったところでの可能性を追求しまくっているんだよ。だからそういう意味では、その人たちも退屈ではなくて面白いんじゃないかな。

加藤 それを僕の場合は退屈だと思っちゃったってことなんだろうね。

角田 退屈の定義も人によって違うからね。

加藤 僕は目まぐるしく変わらないとダメなんだ。ゴルフ場でいえば、僕は毎回違うゴルフ場

【トレードオフ】
「失業率を低めようとすれば物価の上昇圧力が強まり、物価を安定させようとすれば失業率が高まるというように、一方を追求すると他方が犠牲になるような両立しえない経済的関係」（『デジタル大辞泉』より）

に行きたいわけだけど、同じゴルフ場でスコアを上げたい人もいるじゃん。レストランとかも比較的いろんなところを体験したいほうだし。

　加藤くんの場合、それも視野を上げれば「ゴルフに行く」というフォーマットの中で、どこに行くかを工夫しているわけでしょ。

加藤　そうだね。だからやっぱり回答としては「もちろんいつも同じ仕事ばかりですけれど、退屈しない余地はまだまだあるんじゃないでしょうか」っていうことになる気がします。「やってみそ」と。

　……やって怒られてからでいいんだよ。「お前、なんでこんなもの買ってくるんだ」ってめちゃくちゃ怒られたことあるし、ある程度はトライアンドエラー*だよね。その時は確か、コーヒーの無糖系ばっかり買ってきて怒られた。「なんで甘いの買ってこないんだ」って。

角田　「甘いの飲みたい人もいるだろ」と。

加藤　「なるほど……」みたいに反省して、という感じで自分のやれることがだんだん増えていくってところはあると思う。そういう意味では、「全く同じことをしない」というのもひとつの回答かもしれないね。

角田　僕らテレビを作る人間が考えているのって、「あらゆることをどうしたらアトラクションにできるか」っていうことなんだよね。だから飲み物の話も全く同じその通りで、「さ、甘いのが飲みたい人ー?」って訊いて、甘いのが二個しかないところに飲みたい人が三人いたら、僕らとしては「勝ち」なんだ。「じゃあジャンケンにしよう」とか、アトラ

【トライアンドエラー】「(trial and error)新しい問題に当面した場合、思いつく方法を次々に試みて失敗を重ねていくうちに、解決するに至る行動様式。偶然成功した動作は以後繰り返して行なわれ、失敗した動作は行なわれないようになり、心理学では学習様式の一つとされている。試行錯誤」(『精選版 日本国語大辞典』より)

クションとして盛り上がれるでしょ。
　そういうふうに「どうしたらアトラクションにできるか」ということを僕らは教わってきたし、僕もそうやってきた。それはむしろ「どうやったら退屈しないか」を常に考え続けてきた結果の工夫なのかもしれない。単純に、いつも同じことをやるよりも違うものを出したほうが、その瞬間はアトラクションになるんだよね。

加藤　また会議の話するけどさ、強くフォーマットが決まっている定例会議であっても、「書類をどう並べるのか」みたいなところには余地がある。そのまま縦に並べて済ますのか、ちょっとずらして置いておくのか。前半と後半で二部印刷にするとか、ステイプラー*が重ならないようにガチャンする位置を考えてみるとか、そうやって大きな退屈の中の小さな冒険っていっぱいできると思うんだ。
　通信教育会社さんのダイレクトメールってすごくよくできてて、立てると全部高さが違ったりするんだよね。受け取った相手が絶対見落とさないようにサイズ変えて作ってるわけ。そういうことにも着目してみると、どんなにつまらなく見える仕事でもじつは工夫の余地はあるんだよ。

角田　結局、「退屈だ」って言ってるのって、じつは自分がそこまで踏み込んでないからなのかもね。逆に言うと、「なんかつまんないんだけど」って言ってる人って大抵、そのことに一生懸命になってないからなんだ。

加藤　「一生懸命」の方向が、同じことを繰り返すことに向いてたりすると損。

【ステイプラー】
stapler。いわゆる「ホッチキス」のこと。ホッチキスは日本で初めて発売されたステイプラーを製造したアメリカの会社の名前で、言うなればファミコンが「ニンテンドー」と呼ばれたようなもの。

ち

【貯蓄（ちょちく）】

角 誰もが貯蓄しなくても生きていける世界が到来したら、人類は次の段階に行ける（はず）。

加 使う前提の貯蓄と、なんとなくの二種類がある。あると動きやすいのは事実。

貯蓄がまったくできません。将来のことを考えるとお金は貯めておいたほうが良いとは思うのですが……。

◉そもそもお金って貯めるもの？

加藤 貯蓄*に関しては、お金も大事だけど、「貯める」っていうよりお金を流したほうがいいんじゃないのかなと思う。それに、ほんとに貯蓄しなきゃいけないものってお金なんだっけ？ 基本的にお金を回すのはいいことだけれど、回すものってお金だけじゃないよね。

角田 僕、ほんとに貯蓄ないんですよね。「お金って、ほんとは貯めなくていいんじゃないかな」とちょっと思っていて、ほんとに貯まってないんだ。でも、じゃあ「怖くないか」って言われたら、めちゃくちゃ怖い。もし病気になって働けなくなったら破綻するからさ。

*【貯蓄】「財貨をたくわえること。ためること。また、その財貨」（『広辞苑』より）

加藤　投資家の内藤忍[*]さんの話によると、一億円持ってる人は結構いるんだけど、結局貯金があっても使えないんだって。要は、貯金があるって場合は「崩していく」というお金の使い方になるじゃない。その「崩す」ことに対してものすごく抵抗があるから、使えないんだって。

　だったら、貯金が一億円あるよりも、貯金は一〇〇〇万でも五〇〇万でもいいから、必ず毎月入ってくる三〇万四〇万があったほうが、よっぽど健康的なんじゃないか、って聞いた。だから「貯めること」がいいんじゃなくて、毎月お金が入ってきて使えること。これは厳密には貯蓄じゃないかもしれないけど、お金に対する考え方をそういうふうに変えませんかって話。「日本人の貯蓄が一番多いのは死んだ時」ってよく聞くじゃない。

角田　はいはい、「意味ないじゃん」ってやつだよね。

加藤　お金の話に限定するつもりはないんだけど、理想を云えばお金の流れが、川の流れでいうと何本もある状況が理想だなと思ってる。

角田　上流には、何かしらの源流があるんだよね？　すごい「なるほどな」と思うんだけど、じゃあ毎月一〇〇万ほしいとして、そもそも毎月一〇〇万確実にもらえる状況って、果たしてあるのかな？ってちょっと思う。まあ大企業の給料ならあるけどさ。

加藤　そんな人めったにいないでしょうよ。

角田　そう、いないでしょ？とするとさ、タレントさんでいうなら、テレビのレギュラー番組が三年で終わると、そこでもらえてた一〇〇万円は四年目はもうもらえないわけじゃん

【内藤忍】
一九六四年生まれの投資家。著書に『内藤忍の資産設計塾』（二〇一五、自由国民社）などがある。

か。だとすると、実は「一億円持ってる」と「毎月一〇〇万円もらえる」って変わらない気がしたんだ。

つまり、「お金があると安定する」と思って、実際に一億円貯金があっても使えない。だから「毎月一〇〇万円のほうが使える」という理屈は分かるんだけど、実際は「毎月一〇〇万円、死ぬまでもらえます」は、ないわけじゃん。だとすると、一億円に走る人の気持ちも分からなくもないとも思うんだよね。

◉「お金を回す」ことに消極的な僕たち?

加藤 最終的にはお金があったほうがいいし、引退後のために若い時からちょこちょこ少額積み立てしていくのを否定するつもりはないんですけど、「貯めること」に気が行っちゃって、「お金を回す」みたいなことに消極的な人が多いような気がするんです。それで云ったらさ、角田くんが【コスパ】の項で、一杯七五〇〇円のブリ丼*食べた話をしてたじゃんか。

角田 そうそう、富山県の氷見に、旨い寒ブリがあるって評判を聞いて四人ぐらいで行ったら、一杯七五〇〇円もして、四人で三万円って言われたんだよ。「えーっ!」て思ったんだけど、「わざわざ氷見まで来てブリ丼食べれないの、何だなー」と思って三万円払って、食べ終わったらメールが来てて、ギャラ三万円の取材の話だったんだよね。あの時ブリを食べなければ、三万円は手に入んなかったんじゃないかと思うんだ。

【一杯七五〇〇円のブリ丼】
P158、159の本文を参照。

加藤 それで角田くんは、もちろん将来に対する不安はあるのは前提としても、お金を自分の中に変に貯めないで流していく、回していく感覚がクリアになったんでしょう？

角田 なってるなってる。それにお金貯めようとしても、収入が増えると税金も増えるじゃん。でも僕はフリーランスだから、仕事に必要なものは経費になる。

ってことは、簡単に言えば「ビックカメラで五万円のカメラを買う」ことはビックカメラに五万円を払うのか、税務署に五万円を払うのかの違いだけだと思うんだ。そこでビックカメラに五万円払うと、特典としてなんとカメラがついてくると考えるようになった。「カメラを買うために五万円使って、もったいないな」じゃなくて「どうせ五万円はどっかに払わなきゃいけないわけだ」と考えるわけ。

ふるさと納税なんかまさにそういう仕組みだけどさ、ふるさと納税だけじゃなくて、あらゆる買い物もそうなんじゃないかなって思ってるんだ。

そう考えると「お金を使う」という概念じゃなくなった。「お金をあげる」みたいなさ。「本を買う」じゃなくて「お金をアマゾンにあげると本がもらえる」というふうに思ってる。

加藤 仮に本が一〇〇〇円だったとして、トータルとして一〇〇〇円以上な感じがしてるということ？

角田 そうそう。その場合の一〇〇〇円は情報料のような気がするね。一〇〇〇円は自分が持っててもなんらインプットがないんだけど、その一〇〇〇円をアマゾンさんにあげるだけで、勝手に情報がやってくるんだよ。こんなすげーことないじゃん、って思ってる。

一〇〇〇円の本の価値が、もしかしたら一〇〇円の時もあるし、一万円分の価値があるかもしれない。一億円の価値も生むかもしれないじゃん。それはケースバイケースだから博打なんだけど、僕が五〇年間生きてる中でのその買い物は圧倒的にプラスだという肌感覚があるから、やり続けてる。

加藤 本を買った時にさ、「すごいお得でした」「まあ一〇〇〇円相当でした」「ほんとハズレでした」みたいな割合ってあるの？

角田 失敗すれば目利き度がどんどん増してくから、今はほとんど失敗しないな。だからBOOK OFFで一〇〇円の本は買わないんだ。

加藤 マジで？

角田 マジ。少なくとも定価ぐらいで本は買ってるかな。この前、心屋仁之助[*]さんの『50歳から人生を大逆転』という本を買ったんだ。僕が四五歳に読んでたら「こんなふざけた自己啓発本」って思ったかもしれないけど、前書きからすごく良くて、読んだらちょっと泣いちゃった。

つまり、その本自体に絶対的な価値があるわけじゃないんだよ。BOOK OFFで一〇〇〇円で売っていた本に一〇〇円、一〇〇〇円、一万円の価値があるわけじゃなくて、「その本を僕が泣いた」という事実でそれはもう一万円分の価値があるんだ。実はこっち側の問題なんだよね。「本の価値」って、絶対的な金額があるとみんな思ってるよね。で、それはアマゾンの星とかだと思ってるんでしょ？「この本は星三つか」とか

【心屋仁之助】
一九六四年生まれの心理カウンセラー。著書に『50歳から人生を大逆転』（二〇一七、PHP研究所）、『心屋仁之助のずるい生き方』（二〇二〇、かんき出版）などがある。

50歳から人生を大逆転
心屋仁之助
PHP

加藤 さ。あんなの関係ないじゃん。

「自分で価値を感じる」というのは分かります。例えば仮に一〇〇〇円の本に一万円の価値を感じたら、九〇〇〇円のギャップがあるわけだよね。でも、本を読んで「ああ、一万円分の価値があった」ってなるのは、あくまでも自分の中で回ってるだけ、とも云えるよね。その「価値」を、何らかの方法で自分の外に出すことで、「おお、やっぱり差額九〇〇〇円の価値があったわ」って自分の外で回る流れはつくれるの？

角田 それはね、まず今ここで心屋仁之助さんの本のエピソードをしゃべってるって意味で、実際この本のネタになってるわけじゃん。講演会とかでもたまにこの話をすることはあるわけ。

だから、最初から「心屋さんの書いた自己啓発本なんか、くだらないから読まなくていいよ」って態度は良くないよ、っていう話をすることがひとネタになってる意味で言うと、仮にその本に一〇〇〇円の価値しかなかったとしても、もう回収してるよね。

仮に一万円の価値があったってことでも回収できるし、一〇〇〇円の本が自分にとっては一〇〇円でしかなかったとしても、それを話題にしゃべってる段階で、結果少なくとも九〇〇円分ぐらいは取り返してるよね。

◉「お金の使い方」というより「時間の使い方」

加藤 たしかに講演とかをする人は、「ギャラに含まれてる」という意味でお金に換金されてる感があるけれど、サラリーマンはそういう形で換金されにくいよね。ゼロとは云わないけどさ。


角田 ところがそれが換金されるんだ。例えば映画の『マトリックス』*を観たその瞬間にあなたが花屋さんだったとして、花の売り上げが上がるかっていったら、上がらない。でもそれが二〇年後かに、バーチャルリアリティ*で花を売るシステムみたいなものを思いついて成功したとしたら、それは価値あるじゃんってことなんだよ。

「花屋に勤めてるから『マトリックス』を観ることは価値がない」って思うか、「あの時『マトリックス』を観たからバーチャルリアリティの新しい花の売り方を思いついた」と思うかは、もうその人次第なんだと思う。

……ということで「価値がある」って、僕は今むしろ自分を思い込ませてるわけだよね、ちょっと暗示をかけてるというか。

で、「その暗示にかかっちゃったほうがいいんじゃないの？」ってことを実は僕は言いたいんだ。『運の技術』*という僕の本には、つまりそういうことを書いてる。「自分には運がある」と思ってる人に運があるわけで、「自分には運がない」と思ってる人には運がないよね、ってことなんだ。

加藤 副業をしてないサラリーマンからすると、収入源は会社からもらうお給料がベースで。その本を読んだその年にリターンが返ってくるかどうかは別だけど、来年以降かもしれないけどいい仕事できてボーナスが増えるとか、そういうイメージなの？

角田 それもあるし、「週末に見た『マトリックス』の話題で超盛り上がって、上司とすごい

【マトリックス】

ウォシャウスキー姉妹監督、キアヌ・リーヴス主演の一九九九年公開の映画。


【バーチャルリアリティ】

「コンピューターの作り出す仮想空間を現実であるかのように知覚させること（後略）」（『広辞苑』より）。最近は「VR」という略称で目にする機会が多くなった。


【運の技術】

P195の本文と脚注を参照。

仲良くなった」とかでもいいんじゃないかな。それこそ、べつに金銭的な価値だけじゃなくてもいい。

『マトリックス』というのは一つの例として言ってるだけで、『マトリックス』でも『ブリジット・ジョーンズの日記』[*]でもどっちでもいいんだけど、『マトリックス』しか観てない人は、『ブリジット・ジョーンズの日記』が好きな上司とは馬が合わないよね。ところが二つとも観ておけば、どっちの上司にも対応できる。そういう意味で、たかだか一八〇〇円の映画を二つ観てるだけで、どんな上司が来ても少なくとも話のネタが一個増えるんだよ。これはもう、金銭を超える価値なのではないかなとか思う。

加藤 とはいえお小遣いには限度があるわけで観たいものを全部観てたら破産しちゃう。

角田 YouTubeなんかもそうだけど、今は結構無料で楽しめるものって死ぬほどあるんだよ。

加藤 毎月のお小遣いが決まってるとすると、その使い方にメリハリをつけるってことなのかしら。

角田 だから実は、「お金の使い方」っていうよりは結局時間の使い方、強いて言うなら「知的好奇心の使い方」だよ。

「お金がないから」とか「時間がないから」って言い訳してるだけで、実はあなたは「知的好奇心の使い方」がヘタなんじゃないの、とも思う。あなたの知的好奇心をどう上手く使うかっていうことを考えるんだよ。

Zoomで授業だか講演会だかをやった時に、「Twitterでこういうことを書いたんですよ」って言ったら、「アカウントを教えてください」ってチャットが来たんだけど、そ

【ブリジット・ジョーンズの日記】 シャロン・マグワイア監督、レネー・ゼルウィガー主演の二〇〇一年公開の映画。イギリスの国民的小説家ジェイン・オースティンの『高慢と偏見』を下敷きにしている。

んなのTwitterで「角田陽一郎」って検索したらすぐ出てくるじゃん。それをわざわざ、相手に「アカウントを教えてください」って言わないとTwitterにアクセスできないと思ってる段階がだめなんだって言いたいんだよ。

でもそういう人って「角田さんの書いたTwitterが面白いから見たい、Twitterのアカウントを教えてください」ってすぐ言うんだよ。裏を返せば「Twitterのアカウントが分かんないから角田さんのTwitter読んでなかったですよ」って逆切れするんだ。

でもTwitterなんだから無料だし、Twitterにアクセスできるかどうかは、Twitterの検索窓に「角田陽一郎」って入れるかどうかだけの話じゃん。それはべつにお金も時間も全然関係ないのに、お金と時間のせいにしてるんじゃないかなって。

◉自分が動くと、お金も動く？

加藤 サラリーマンの感覚で云うと、知的好奇心が命ずるままにどんどん好きなものにハマって歯止めが利かなくなると怖い、みたいな感じがあるとも思うんです。特に最初は失敗する確率も高いだろうから、「この一〇〇〇円は貯金箱に入れといたほうがいいんじゃないか」っていう保守的な、ないしは失敗したくない気持ちは結構あると思う。その境界線を最初踏み出すためのアドバイスって何かありますか？

角田 アドバイスになってるかどうかは分かんないけど、「日本が調子いい時ならそれでもいいんじゃないの？」っていつも言ってる。バブル期みたいなものが延々と続いて、

Japan as No.1 みたいな時代がずっと続いてるんだったら、百歩譲って「今までの考え方の延長線上で生きてく」ってのを生き方として否定はしないとは思うんだけどね。

僕でいうと、月に六〇冊ぐらい本買ってるんだ。毎日二冊ずつぐらい買ってる。授業受けて、ちょっと先生が「いい」って言ったらぼんぼん買ってるわけ。

「うわ、すげー金額だな」と一瞬思ったんだけど、冷静に考えると、僕は車移動だから一回移動した駐車料金だけで大体二〇〇〇円になるんだよね。

で、今はコロナで全然移動してないじゃん。だから「駐車料金が本に変わってるだけなんだよな」って思った時に、どっちが得かっていったらアマゾンにお金払って本一冊買ってるほうはどう考えても二〇〇〇円以上の価値を生むけど、タイムズパーキングに二〇〇〇円払ってるというのは二〇〇〇円分車を停めただけだよね。あくまで僕の例だけど、そう思うとつ辻褄は合っちゃってるんだ。

加藤　そういうふうに、使い方をちょっとずつ、置き換えていくところから始めるといいのかしら。

角田　「貯金箱に入れた一〇〇〇円を、一〇〇〇円以上の価値にするものは何だ」って思った時に、奥さんにプレゼントを贈ることが価値だと思うならそれだし、美味しいものを食べるほうが価値があると思ったら食事だし、本を買うなら本だし、いや貯金箱に一〇〇〇円入れてたほうが価値があるって思うならそっちでいい。その一〇〇〇円の価値を、使う段階でちょっと考えてみるってことかな。

お小遣いが三万円あるのか三〇〇万円あるのかで考え方が変わるみたいなことも含め

て、その瞬間その瞬間の、自分の中での一〇〇〇円の価値の最適化を目指してみるって話かな。

加藤 「価値」って言った時に特にお金が絡むと、さっきの花屋さんと『マトリックス』の話にしても、すぐ返ってこないと、モッタイナイ感じがちょっとするじゃない。そこの葛藤は角田くんにもあったんですか、それとも気がついたら今みたいになっちゃってたんですか？

角田 僕、宝くじに三回当たったことがあるんだ。自分で買って一〇〇万円と三〇万円、それと番組でよくある「宝くじは当たるか」みたいな企画で六五万円当たったことがあるから、生涯で二〇〇万円ぐらい当たったことがあるのよ。

この前その話をラジオで言ったら、「えー、すごーい」みたいなリアクションがTwitterできたから、「僕、宝くじ当たるコツ知ってるんです」って言ったら「聞きたい聞きたい」ってなって、次の週はそのコツをしゃべることになったわけ。

で、何を言ったかというとさ、僕がやってるのは厳密には宝くじじゃなくて、サッカーくじのBIGなんです。BIGをやってなんで当たるかっていうと、当たるとか当たらないって概念じゃなくて、「日本サッカーを強くするために寄付しよう」と結構本気で思ってるんだ。そして「日本のサッカーを強くするために毎週三〇〇〇円ずつ寄付しよう」って思ってると、時々配当として返ってくるんだよ。パッと五万当たるとか七万当たるとかみたいにさ。

だから、「BIGを当てよう」と思って買ってると当たんないんだけど、「当たっても当たんなくてもどっちでもいいや。日本のサッカーのためにお金渡す」って思ってると、時々戻ってくる。これが事実なの。

宝くじに当たった理由はもう一個あって、ある時、犬を飼ったんです。そうしたら足が悪くて、病院に行ったら「手術で三〇万かかる」って言われたわけ。

犬を買うのにすでに何万かかかってるのに、「え、犬の足治すだけで三〇万?」って思って、違う病院にセカンドオピニオンを求めたら、「いや、大きくなったらその時に手術するのでもいいですよ」って言われたの。つまり、「赤ちゃんのうちにすぐ手術しちゃったほうがいいですよ」って医者と、「大きくなってからでいいですよ」って医者で意見が割れたのね。

どうすっかなとも思ったけれど、その犬を飼ったんだから、もう家族じゃない?「家族なんだから、じゃあもう三〇万で手術しよう」って決めた日に、ＢＩＧ一〇〇万当たったんだよ。ほんとにそうなんだよ。

だからあの時、「犬の手術しよう」って思わなければ一〇〇万は当たらなかったんじゃないかな、って本気で思ってる。だから、その時は結局七〇万得してる。そういうことってやっぱりあるんだよ、事実として。そういうことを経験してしまったから信じられるんだと思う。

もしかしたら、いわゆる宗教的な体験、みたいなのもそうで、「そんなの無いよ」って言ってる人にはやっぱり起こらないんだろうけど、実際自分は起こっちゃってる。箱根の九頭龍神社*にお詣りに行ったら映画監督になれたりとかさ、やっぱりそういうのが

【九頭龍神社】
箱根・芦ノ湖の湖畔に位置する神社。パワースポットとして有名。

ある。

一方で、それって自分を催眠にかけてることも若干気付いてるわけさ。でもバラエティ視点的にいうと目線をいくつか持って、その上でそう思ってるほうが、結果的にハッピーだからさ。だから運がいいと思ってる人が運がいいんだよ。

そういうことをラジオで言ったら、ある人がTwitterに「今日の角田さんの話、『なんだそんなことか』って思ってる人は、絶対当たんないんだよね」って書いてきてさ、ほんとにそうなんだよな。だから、この本を読んでる読者のみなさんも、「そんなことで金が貯まるとか、金が動くわけないんだよ」って人にはやっぱり動かないんだよね。

◉お金を使って、自分の中にバッファを用意する

加藤 角田くんだと、そういう「お金を使う行動」を繰り返すことで、リターンとしてのお金も入ってるわけだけど、他に貯まってるものってある？

角田 本質的に言うと、「情報が貯まる」は圧倒的にあるなと思う。

もうひとつはやっぱり人間関係かな。一〇〇万円の仕事を一〇〇万円分自分が持っちゃって、一〇〇万円が自分の預金通帳に入るのでは一〇〇万円の価値しかない。物価が上がれば九〇万、八〇万って価値が目減りしていくよね。でもその一〇〇万円を人に仕事として渡すと、その次にその人から二〇〇万の仕事がやってくんだよね。

僕、あるタレントさんと番組を始めたわけですよ。そういう意味でいうと、その事務

所に一個貸しをつくったわけじゃん。そしたら社長さんから、「今度、ある会社から『そのタレントでCMをやりたい』って話が来たんだけど、そこの会社は広告会社とかよく分からないから、CMをどう作っていいか分かんないんです。角田さん、相談のってあげてくださいよ」って話が来たのね。それで相談に乗りに行って「こんなこと考えてます、あんなこと考えてます」って言ったら、そこの会長が気に入ってくれて、そこからその会社と仕事をやることになっちゃった。

でもそれは、べつにそこと仕事をやりたいと思ってたわけじゃないよね。タレントさんに仕事を渡したら、その事務所の社長が「この社長と会ってくれ」って言うから会いに行っただけだよ。

加藤 自分が自分なりに動いたら、お金になったってことだね。

角田 だから、事実そうなってるのは、お金とかはないけれど最初に僕がアイデアをどんどん言ってるからじゃないかってやっぱり思うんだよ。

加藤 アイデアは先に出すの？

角田 うん、先に出す。先に出すから、自分のところに空間があく。そこに次のものが入ってくる。だから「自然は真空を嫌う」*っていうギリシャの格言は、ほんとだなと思うんですよ。

それって多分、時間もそうなんだ。あるテレビ局の人から「新しいスポーツ番組をネットで放送するから、誰かMCいませんかね」みたいな相談を受けたことがあって、僕、比較的仲いいスポーツ系のタレントさんのマネージャーに連絡したわけ。

【自然は真空を嫌う】
「自然界では、まったく何もない空間ができそうになると、そこを何かが埋めようとする、ということ。（略）［由来］紀元前四世紀のギリシャ哲学者、アリストテレスが、その著書「自然学」の中で述べた考え方から。たとえば、ポンプで水を吸い上げられるのは、ポンプが空気を抜いてできる真空を水が埋めようとするからだ、といった考え方」（『故事成語を知る辞典』より）

そしたらマネージャーと「スケジュールいつですか？　あーその日、ちょっと大阪でテレビがあるんでだめです」ってやり取りがあって、結局流れちゃったわけ。

　ところがほんとにそのタレントさんのことを考えたらさ、大阪のその番組にゲストで出るのと、スポーツ番組のMCになるのって、後者のほうがいいじゃんか。今後そのタレントさんが毎年MCをやるかもしれないし、なおかつそのスポーツ競技自体の顔になるかもしれない。だから、ほんとはその仕事断るのって意味ないって思うんだ。タレント事務所側の気持ちも分かるよ。芸能人だから、先に決まってた仕事をキャンセルするのがどうかという気持ちは分かる。

　でも一方で、小銭を稼ぐためにレギュラーでもないその番組を入れちゃったことで、今後レギュラーになるかもしれない番組のオファーを断っちゃうことになるんだよな、って思ったんだ。やっぱり、その大事なものがやってくるだけの「真空の時間」が必要なんだよ。お金もそうだし、自分の身体的な余裕もそう。それを僕は「バッファ」って言ってるんだけど、入ってくるだけのバッファを確保しとかないと、次のことが何も生まれないんだよね。

加藤　何かにお金を使うことがその「バッファ*」をつくることになるのかね？

角田　うん、僕はなると思うんだ。基本は「お金を何に使うか」だと思う。僕の場合はやっぱり本とか映画とかになるんだけど。でもそれはべつに海外旅行もそうだし、美味しいご飯を食べることもそうなんだけど、僕の中の優先順位では、やっぱり本になっちゃうかな。二〇〇〇〜三〇〇〇円で買えちゃうものだからさ。

【バッファ】
P30、31の本文と脚注を参照。

◉大量経験社会の到来？

加藤 それは「消費」ではなくて「投資」になる？

角田 「消える、費やす」で消費って書くじゃんか。

僕は「これからの社会は二〇世紀の大量消費社会から、適量経験社会に変わる」って言ってる。今までの、大量に生産したから大量に消費しないといけない、大量に消費するってことはたくさん売らなきゃいけない。だから大量に広告をうつ。これが二〇世紀モデルだと思うんだけど、これって今では単純に、もう大量に生産しちゃうと地球が保たない状況があるわけじゃない。

だったら大量に作らなきゃいいじゃん、ということで適量生産になり、適量に生産したものを欲しい人に届けるから広告をうつ必要がなくなる。だから僕は「これからは広告じゃなくて『告広』*になる」って言ってるんだ。

さらに「消費か」って言われたら、メルカリとかって消費じゃないと考えるんだ。メルカリでTシャツを売る時に「Tシャツの気持ち」になって考えたら、TシャツがAさんからBさんに移った意味でいうと、「Tシャツが消費された」じゃなくて「Tシャツを体験した」ってことだと思えるじゃん。「AさんがTシャツを体験し、その後BさんがTシャツを体験した」って考えることができる。

消費財がなくなるとは思わないけど、これまで消費だと思われていたもののうち、あ

【告広】
ここでは軽く触れるに留め、詳しくはP282からのコラム「告広」を参照。

る一定のものは「体験」と言えるんじゃないかなと思うんだよね。そう考えると、本は「体験」だと思うし、食べ物も、衣服だって体験になってくる。「消費社会から体験社会」に変わっていくんじゃないかな。

◉時間とお金、総量は同じまま使い道を変えてみる

加藤 別項でも触れたけど、かとうの云い方だと「使う時間とお金は同じでいいから、その使い道を変えたほうがいいんじゃないですか?」ってことだ。

角田 うん。「そこから始めよう」というのが、この項目のまとめとしていいと思う。

加藤 まとめると、若い頃からちょこちょこお金を貯めることを決して否定はしないが、一方で価値あることにお金を使うと後に返ってくる。その境目の第一歩としては、「いつもと同じ値段で違うものを買ってみる」みたいな、体験を買うってことになるかな。

角田 体験を買うことで、経験を積めるってことかな。本を例にとると、一〇〇〇円で買ったのに一〇〇円の価値しかなかった、みたいな失敗を何回も積み重ねることで、一〇〇〇円のものが一〇〇〇円になり、なんなら一万円のものを選べるようになる。体験することで経験を積むんだ。

加藤 ちょっと乱暴な云い方だけど、一〇〇万円貯めたより一〇〇万円使ったほうが、結果としては一〇〇万円以上のもので返ってくる確率が高いのかなー。先に使うのはやっぱり怖いけど、どうなんだろう。

角田 そう考えると、僕いま、軽自動車に乗ってるから、フル装備で一番いいやつでも二〇〇万なわけだよ。

で、一度軽自動車に慣れると、「なんで七、八〇〇万の高級車とか乗るのかな」って思っちゃう。仮に価格の差が五〇〇万円あったとして、その五〇〇万円の使い方分、高級車乗ることで得る価値があるのかなって思っちゃうんだ。

もしかしたら、「それでクライアントのとこに行くと信用度が増す」みたいなものもあるかもしれないよ。「高級車に乗ってる人にしか、分からない価値があるんだよ」って言われたら、それを否定したいわけでは全然ないんだけど。

でも、その価値はガルシア＝マルケスの『百年の孤独』にもあるんだよな、ってことなんだ。だったら二〇〇〇円のガルシア＝マルケスでも二〇〇〇万円のすげー外車でも、どっちでもいいんじゃねえかなって思う。その延長で、貯蓄してることはもったいないって思うんだ。

◉体験はアウトプット。見てる人がいるかもくらいでいいから

加藤 話を戻すとさ、自分の感じた価値が二〇〇〇円であれ二〇〇〇万円であれ、自分ひとりが感じてるだけだと、価値が目に見えては増えないじゃない。その二〇〇〇円のものを二五〇〇円にする、一万円にするために、何と組み合わせると好いんだろう？

角田 僕は「アウトプット」だと思う。その「アウトプット」っていうのは、単純に言えば

【ガルシア＝マルケス】
一九二八年生まれのコロンビアの作家。二〇一四年没。一九八二年にノーベル文学賞受賞。

加藤　「ブログ書きゃいいじゃん、Twitterやればいいじゃん」ってことだよ。ネット社会の中ではそういうことだし、仮にサラリーマンだとしたら、「ガルシア＝マルケスの『百年の孤独』、超面白かったんですよ」って会社の中で言うってことだよね。

角田　アウトプット。それを表明しないと、ガルシア＝マルケスの『百年の孤独』を読破したことが周りに伝わらないわけじゃん。伝えなくてもいいんだけど、そうするとそれは手前勝手なものに留まるから、対社会的な価値にはならないよね。

だから、さっきの「消費じゃなくて経験だ、体験だ」って話の先に進んで、消費じゃない経験・体験をしたことを、アウトプットする必要があると思うんだ。

この時に肝心なことは、「イエーイ」って感じじゃなくて、パッと謙虚にアウトプットするってこと。【履歴書】*の項でも例に出したけど、『巨人の星』で星飛雄馬*がうさぎ跳びで猛特訓する描写があるけど、それに気が付いてるのは明子お姉さんだけなんだよね。この社会では、全面的にうさぎ跳びをアピールしたらちょっと嫌みだから、「飛雄馬も頑張ってるのよ」ってお姉さんだけが気付く程度のアウトプットをするのが正しいんじゃないかなと思った。

加藤　お金を使うんだったら、使った体験を自分の中に溜めとくだけではもったいなくて、その体験を他の人が間接体験できる、引用できる形までいくと、一〇〇〇円が一万円になる確率が上がるんじゃないかって話？

角田　そう。【引きこもり】の項と関連づけるなら、結果的にその人のパーソナリティが分かっ

【履歴書】
P592からの本文を参照。

【星飛雄馬】
梶原一騎・原作、川崎のぼる作画のスポーツ漫画『巨人の星』の主人公が星飛雄馬。後にアニメ化され、いわゆる「スポ根」の代表的な作品となった。ちなみに星飛雄馬の姉・明子は、劇中で飛雄馬のライバル花形満と結婚している。

【引きこもり】
P407からの本文を参照。

たほうが、そのZoom内でのミーティングが上手くいくわけだよね。そう考えるとFacebookなりで「『百年の孤独』を読んだんですよ」みたいな投稿をするにしても、「読んだんですよ、だけじゃないだろ」と僕はいつも思うんです。「これ読んで、こういうふうに変わった」とか、アウトプットに自分の色をつけることだと思う。

　編集者さんからも時々、こういう話をしていると「角田さんのあの文章、読みましたよ」って言われるじゃないですか。

　それがあると結果的に仕事が早いですよね。「角田はこういう人だ」って知ってるという事実があるから。それってあらゆる仕事でそうなんじゃないかと思うんです。だから、ひょんなことで仕事をすることになった人、きっと僕をネットで一生懸命調べたんじゃないですか？　そしたら「この人と仕事してもいいや」って思ったんじゃないかなと、やっぱり思うんです。

加藤　時間をショートカットするみたいな形での利息もあるってことね。

角田　うん。但し、時間をショートカットしようと狙うと、それはショートカットにならないんじゃないかなとは思うけど。

加藤　結果が出るまでは分からない。

角田　ちょっと禅問答っぽいけど、それはやっぱりそうなんだよ。

加藤　ここまでの話では、わりと「こう使ったら、こう返ってきた」という一対一の関係の話が多かったけど、お金だと「複利」や「投資」、つまり「お金がお金を生んでくれる」的な話があるじゃない。経験に対してお金を使うことにもそういうのはあるの？

角田　いや僕は、個人的にはそういうの嫌いなんだよね。「この事業に投資するとこれだけお金を生むかもしれませんから、投資しませんか」みたいなのは全然興味がない。

加藤　「体験を買ったこと」に対する複利はある？

角田　体験の複利は死ぬほどあると思う。例えば「今東大の大学院に通ってます、東大の大学院の授業料払ってます」って、普通だったら「一体何の仕事に繋がるんですか」って言われるけど、事実どんどん仕事に繋がってるし、クライアントが増えてるし、さらに言えば東大でも今度文化資源学*のイベントをやるから、東大の先生方と組んでプロデュース塾みたいなのをやろうみたいな話になってるんだ。

　でも、それをやりたいから東大に入ったわけではない。単純に知的好奇心で、文化資源学というのが面白いから入っただけなんだけど、結果的にもうビジネスになってるんだよな。複利というか、幸福の福って書いて「福利」みたいな印象だな。

加藤　「貯蓄」については、まあお金を貯めるのもいいけど、自分の知的好奇心が向く体験を溜めなさいと。それは結構複利もあるんじゃない？みたいな話かな。

角田　むしろ複利しかないと思う。つまらない映画を観たってことも体験としては価値があるから、マイナスがない。

加藤　ここでも顔を出してきましたね。単品管理*するなってことか。

【文化資源学】
東京大学大学院人文社会系研究科（以上は要するに「文学部の大学院」ということ）文化資源学研究専攻で研究されている学問。角田によれば「石灰岩で出来た山は、資源として採掘しないとただの山。同じように文化も、「ただ、そこにある」だけではまだ資源ではないので、「どう採掘するか」を研究するのが文化資源学」とのこと。

【単品管理】
P155の本文と脚注を参照。

角田陽一郎のコラム

告広(こくこう)

今の広告が人の心に訴えないのは、作り手が売ることだけを目的にしているからです。

つまり、情報としてウソくさいのです。

広告とは読んで字のごとく「広く告げる」こと。その会社の製品情報を知りたい人や聞きたい人がいるかどうかにかかわらず、国民全員に行き渡るよう、巨額の費用をかけて、朝から晩まで全国で流して大々的に告げる。結果、よく分かっていない人にまで売ってしまえというやり方です。

しかしこうした広告会社や企業のやり方は、すっかり国民にバレてしまいました。

僕は、これから「広告」は「広」と「告」の文字を反転させた「告広」になっていくと考えています。

じつは「告広」という言葉は、株式会社「POOL」の代表で、クリエイティブディレクターの小西利行さんと対談した時に、小西さんからうかがった言葉なんですが、僕はその言葉と発想に感銘を受けました。

「告広」とは「告げた結果、広がる」というもので、告げるというのは、ホームページやTwitterやFacebookなど、ネットなどの投稿による情報配信を意味しています。その〝告げたもの〟が人々の心に響いた結果、「いいね！」やシェア、リツイートなどで広がっていくという流れです。人の心に響いたものや情報だけが広がっていくというわけです

反対に、人が共感しないようなものは、情報として広がっていきません。結果的に、「いいね！」と思った人だけがそれを求めるので、生産量も欲しい人にだけ行き渡るだけの「適量生産」に変えることができるのです。ニーズのないものがムダに生産されることもなくなり、結果的に資源の無駄遣いをなくすことができます。

「告広」は一見、これまでの広告手法に比べて地味な感じがするかもしれませんが、実はそうでもありません。なんといってもネット上での広がり方は世界規模ですから、ひとたび評価されればあっという間に世界中で支持され、その効果は広告の比ではなかったりします。

「告広」のいいところは、経費が圧倒的に広告より少なくてすみます。そのため企業は広告にかけるお金を、製品づくりに回せるようになり、さらにいい製品が作れるというわけです。そうすると、これまではマス広告で全国CMが打てる大企業だけが儲かる仕組みでしたが、これからはしっかりといい仕事をしている人やものに光が当たっていくようになるのです。

反対に人を騙したり手抜きをしている人もしくは製品は、あっという間に世間にバレますから、騙しやウソが含

まれた広告もなくなっていくんです。

これからの商品の価値とは作り手がどれほどの思いを持ってそれを作ったか、というところにしかなくなっていくんじゃないでしょうか。

今までの大量生産・大量広告・大量消費というマス＝大衆の時代は「よく分かってない人にも売っちゃえ！」「よく分からないけど流行っているから買っちゃえ！」という上辺だけを取り繕った方法が通用しました。

しかし、そういうものはすぐにバレてしまうのです。もう小手先の騙しのテクニックは意味がありません。よほど注意深く作りこんだとしても、それはバレてしまいます。そして、不自然に作りこんだものは、受け手への一方的な関係のままです。

それだったら、むしろ本当に自分の気持ちがそのまんま伝わるんだ、という前提で行動したほうが、自然だし楽だし、いいものが生み出せるのではないでしょうか？

「本当にいいものを作っているか？」

「自分自身も楽しんで作っているか？」

「騙したりごまかしたりしようとしていないか？」

「手を抜いていないか？」

「受け手に対して誠実であるか？」

テレビだけでなくすべての産業で、すべての送り手は、自分の送り手としての原点、そんな〝ピュアな〟想いを持っているはずです。だとするならその気持ちをしっかりと核にして、よりダイレクトに伝えればいいのだと僕は信じています。

大量に作って大量に売ることを目指す先には、例えばどれだけ安いTシャツが作れるかを競うところに入っていくだけで、コモディティ化していくしかないでしょう。それは消耗戦です。

結局、作り手の熱情のこもったものが口コミで自然に広がっていくような、ドラマのような本当のストーリーを持つものだけが、広がっていく、そんな世の中になっていくにちがいありません。

つ

【つるむ】

角 つるむことで、見えなくなってしまう大切なものがある。

加 共同体への所属意識の表れ。出入りの自在がなくなると怖い。

インターネット上で人がよくつるんでいますが、あれって気持ち悪くないですか？

加藤 最近、昔と違う意味で「つるむ」[*]感じが流行ってる気がするの。以前は「つるむ」って、小学校からの腐れ縁とか、わりと狭い人間関係を繋げていくようなことだったと思うんだけど、最近は集まり方が変わってきていて、だけど閉じてる感じがする。いわゆる「オンラインサロン[*]的なもの」が最近のつるみの代表なのかなと。ものによっては人の集まり方としてあまり好くない感じが、最近チラつく印象なんだよね。

◉「つるむ」と差異を感じつつ、多様性を失っているかもしれない

角田 つるむことで何が一番良くないかって、やっぱりレベルが下がっていくんだよね。「主催者がこんなことやりました！って時に、全然すごくないけど「スゴいっす！」って言うようになっちゃうんだ。そうすると、本当にすごくなくなってくるんだよね。その上

【つるむ】
「【連む】連れ立つ。決まった仲間と行動する」（『広辞苑』より）

【オンラインサロン】
「ウェブ上で、個人が運営する会員制の集まり。ふつう、作家・実業家・芸能人などの著名人が主宰するものをいい、多くは外部への情報提供が禁じられている」（『デジタル大辞泉』より）

で「天才です」みたいな雰囲気なわけ。

　単純に、レベルが下がってくんだよ。それってナチスの「アーリア民族が世界一」ってのと一緒だと思う。どんどん純粋になっていって、多様性を持たないものっていうのは結果的に弱くなっていくんだよね。

加藤　それが「今っぽいつるみ方」ってこと？　多様性を失っていく、つるみ方というか。

角田　同じような人としかつるんでないもん。だから結果的に、考え方が全然ブッ飛んでないんだよね。もしかしたらどこのイノベーティブな集まりだって本質的にそうなのかもしれないけどさ。

加藤　元々そういう同質性があるから、つるむのかね。

角田　「記号論*」の授業でなるほどって思ったんだけど、『共感すること』と『差異を感じること』というのは実は同じだ」って言うんだ。『想像の共同体*』にも書いてある通り、ナショナリズムがなぜ生まれるかと言うと「他の国民がいるから」なんだよ。他の国民がいるから、「自分たちでまとまろう」ってなるわけ。

　でも「自分たちでまとまってひとつになろう」ということに共感するってことは、「他者との差異をつける」ってことでもあるじゃん。だから、差異をつけることと共感をすることは、実は一緒なんだよね。

　その差異って、どんどんいくと差別に繋がるじゃん。オンラインサロンとかで「俺たちスゲェ」って言ってるのも、高校野球とかで「我が校の伝統」とか言ってるのも、若

【記号論】

「①（semiotics／semiology）一般に記号といわれるものの本質・在り方・機能を探究する学問。米国のパースとスイスのソシュールに始まるとされ、論理学・言語学・人類学・芸術などに関連する。（略）」（『デジタル大辞泉』より）

【『想像の共同体』】

アメリカの政治学者ベネディクト・アンダーソンの一九八三年発表の著作。白石隆・白石さやによる邦訳が一九八七年にリブロポートより刊行。現在の版元は書籍工房早山。政治学のみならず、いわゆる文系にとっての基礎文献のひとつ。国民国家の概念が当たり前になる過程においてメディアが果たした役割を詳しく論じている。

定本
想像の共同体
ナショナリズムの起源と流行
ベネディクト・アンダーソン著
白石隆・白石さや訳
ナショナリズム研究の今や新古典。
増補版(1991年)にさらに書き下し新稿
「旅と交通」を加えた待望の
New Edition(2006年)、翻訳完成!

干気持ち悪い。「TBS魂」とか言われるのも「ワンチーム」とか言われるのも、ちょっと気持ち悪いと思ってたんだけど、「そのものが気持ち悪い」んじゃなくて「その他を差別することが気持ち悪い」んだなって、その話を聞いて初めて理由が分かった。「このチームのために頑張ろう」は、そんなに気持ち悪いと思わなくていいじゃん。なんで僕が生理的に気持ち悪いんだと思ったら、「このチーム以外の人は幸せにならなくてもいい」って言ってることと同じだからなんだなって。

つるむことの気持ち悪さって、本質的にはそこだという感覚が僕の中にある。同じように左翼だろうが右翼だろうが単純に僕の中では政党って気持ち悪いんだけど、それはやっぱり「つるむこと」への気持ち悪さなんだって思う。でも「共感と差異が同じなんだ」って聞くまでは理由が分かんなかったよ。

加藤 この三五年間、俺らはつるんでたのかな？

角田 ものは言い様だけど、「適度な距離感」なんじゃない？ 適度な距離感の具体例として「加藤くん」「角田くん」って呼んでるじゃん。ムーンライダーズ*でもそうだけど、この「くん」付けで呼んでるのってすごい好きなんだ。よく言えば「リスペクト」とも言えるし、「わざと距離を作ってる」ってことでもある。

さらに言えば、相対化という意味では「差異を生むまい」としてるんじゃないかな。共感しすぎないし、互いを見下さないみたいな距離感が、「加藤くん」「角田くん」って呼んでるところだと思うわけですよ。だから僕らは、定義としては「つるんでない」んじゃないかな。

【ムーンライダーズ】
一九七六年にデビューした日本のロックバンド。メンバーは鈴木慶一、岡田徹、武川雅寛（愛称の「くじら」で呼ばれることが多い）、鈴木博文、かしぶち哲郎（二〇一三年に逝去）、白井良明。角田が最も敬愛するバンド。

加藤 相手に敬称をつけると云えば、『映像研には手を出すな！』*では女子高生同士が「〇〇氏」って敬称をつけて呼んでたりして。ここにもつるんでる感じがあるけど、ちょっと違うのかな？

角田 多分、ああいうオタク文化で「〇〇氏」みたいに言ってるのは、同質な文化の中でお互いの線引きを作るためにわざと敬称をつけていたんじゃないかな。

加藤 似てるんだけど、完全に同質化することを拒否するとそうなるってことか。

角田 そう。自分の中に細胞膜みたいなものを張るために、相手をあだ名で呼ばない、わざと敬称をつけてたんだと思う。

同質な人たちってそうしないと喧嘩になるじゃん。韓国と日本がなぜ仲悪いかと言ったら、似てるからでしょう。日本とアフリカのどっかの国くらい違うと喧嘩にならないわけでさ。似てる者同士のほうが喧嘩になっちゃうんだよ。フランスとドイツにせよ、隣同士の国が喧嘩になるのが当たり前なのは、やっぱり似てんだよ。

◉つるまずに、「渦」に巻き込む、巻き込まれる

加藤 そうは云いつつ世の中的に、もしくは今の時代的に、サロンみたいに「つるみたがってる人」は多いような肌感があるんですけど。

角田 そう、ある。そこがね、予定調和のように言っちゃうと、僕は「渦*のように生きたい」と思ってる。つまり「自分が渦」なわけですよ。

【『映像研には手を出すな！』】
大童澄瞳による漫画。二〇一六年から「月刊！スピリッツ」にて連載。TVアニメ化、実写ドラマ化もされている。

【渦】
本書のキーになる概念のひとつ。詳しくはP213のコラム「渦」を参照。

僕自身が、渦でぐるぐる回ってる。加藤くんとつるみたいなら、加藤くんが僕の渦の中に入ってくれれば、多分一緒に回る。でも「もういいかな」と思ったらもうヒューって出ていけるじゃん。その「勝手に入ってきて、勝手に出ていける感覚」ってのがいいんじゃないかと思ってるんだよね。

加藤 「つるむ」って、なんか「ずっと繋がってる」感じじゃん。僕は流体のように、川のように生きたい。固体じゃなくて、流体でありたいんだよ。ホリエモンと何かやるなら、ホリエモンの渦のほうに巻き込まれて行ってもいい。でも巻き込まれてるからってそのまま消えていくんじゃなくて、好きな時にそこから出られる。

角田 「つるむこと」と「渦」を分けるってことは、つるみたい人と「渦」とは相性悪いのかしら。

加藤 「つるむこと」と「渦として巻き込む、巻き込まれる」がちょっと違うのは、やっぱり着脱の自由があるかどうかかな。「つるむ」っていうのは「同胞」みたいな感じがあるから、「ヤクザから縁を切る」みたいなことをやらないと集団から出られない。だから「集団」ってものも嫌なんだよ。固形のものが一箇所に集まるんじゃなくて、出入り自由な感じが僕はいい。

角田 もうひとつ、一人の人間が一つの共同体にべったりつるむ、というつるみ方もあるし、もっと気楽なつるみ方もある。つるむ時に自分の全人格・全存在を投げる、あるいは預ける感じってどう思う？

加藤 それって化学で習った結合の種類の違いみたいなものだよ。イオン結合とか共有結合みたいな。例えば金属結合って、一度結合したら外れないんだ。ところが液体はいつも外れたりくっついたりしてるわけだよね。

「つるむ」って言葉を固形物同士が結合しているみたいなものだとすると、「この集団とくっついてるけど、あの集団ともくっついてる」みたいにやってると、集団同士の仲が悪くなった時に、むしろ分人*が分裂しちゃう感じがするんだ。一人の人があらゆるレイヤーのあらゆる集団にいられるほど、人間って器用じゃないよ。

◉友達と知り合いは同じ？

加藤 ここまでは「つるむ」と「渦」の話だったけど、「友達」と「知り合い」の話に移したい。ぱっと聞くと似たような感じがするけど、「友達」とか「知り合い」という概念はどうみる？

角田 それでいうと、僕には加藤くんたちしか友達いないわけじゃん。ほんと、数人しかいないんだよ。逆にいうと、それ以外の僕が渦に入ってる人たちは、みんな友達じゃないよ。

加藤 ドライだな。

角田 渦は着脱自由だけど、友達って概念に「着脱」は合わない気がする。だから脱する時は「絶交」になっちゃう。それって、家族とかに近いんじゃないかな。僕が一番嫌いなのは、身内でもないのに「身内」って呼ぶ集団があるじゃん。あの「身内」って言い方は

【分人】
P124の本文と脚注を参照。

加藤　気持ちが悪いなと思ってる。○○ファミリーとか言うけど、「ファミリーじゃねーよ」みたいなさ。

角田　その感じはちょっと分かるけど、ファミリーとか身内を脱してしまうと一人でやっていけない感があるかな。つまり自分に自信がないから、よりその中にいたくなる。だから、そういう理由で「自分のチーム」みたいなことを大事にしてるってことじゃん。それって、結果自分勝手だって思わない？「こっちのほうが生存力が高いから集団で集まってる」ってことでしょ。

加藤　でもそれは人間の本能なんじゃないの？

角田　もしかすると蟻もそうだもんね。でも、なんか自分勝手だって思っちゃうんだ。

加藤　角田くんの発言から受ける印象ですけど、「つるむ集団」には搾取する感じがする。主催者はすごい美味しいんだけど、つるんでる人たちは搾取されていて、「王様とみんな」みたいになってる。でも「渦」は着脱自由だから、渦の中心にはならないのかもしれないけど、聞いてるイメージではそこまで搾取される感じはない。

角田　「集団の中で搾取されるしかない」みたいな話か、バンド[*]でいう「ギターとベースとボーカルとドラムの関係」みたいな話かの違いかとも思うんだ。

加藤　ということは、「つるむ」が変容してきたのか。横の関係的な、バンド的な「つるむ」だったものが、今は何か上下っぽい「つるむ」に変わってきたのかな。

角田　あえて人類を擁護すれば、昔はオールマイティーにできたんじゃないかな。ところが現代はスキルが専門化して難しくなっちゃったから、「ある集団のこの部分しかできな

【バンド】
本書のキーになる概念のひとつ。詳しくはP308からのコラム「バンド」を参照。

い」って思ってる人が多い。そうすると、「そこの部品として組み込まれるしかない」となってしまう。

「スペシャリストかジェネラリストか」[*]論で言うと、自分をスペシャリストと思おうが、ジェネラリストと思おうが、一人の人間の能力ってじつは一緒じゃん。

「A・B・C・D・E」という五つの工程があった時に、例えば自分はAしかできないとする。自分を部品だと思ってる人は、「Aしかできないから、BCDEのいるグループに入ろう」と思うわけ。これが今の「つるむ」。

一方で、自分を「渦」だと思ってる人は「僕はAしかできないから、BCDEの人集まれ！」って言ってるわけだよ。昔はABくらいしか工程がなかったんだけど、今は工程が複雑になっている。「自分はAしかできない」という事実は同じなんだけど、ジェネラリストっていうのは自分が持っているAを中心に、BCDEをつないで、何か渦にしようと思ってるんだよ。

加藤 つるんでる人は、やっぱり渦に入れない、入りにくいか。

角田 つるむ人は、カチャってブロックをはめている感じがする。化学で言うと固体なんだと思う。渦みたいに液体じゃない。

加藤 固体のほうが落ち着くっちゃ落ち着くね。

角田 落ちつく人は落ち着くんじゃないかな。ところが、ABCDEというつながりが崩壊するきっかけってあるじゃんか。会社の調子が悪いとか、BとCが喧嘩しちゃったとかさ。そういう時に、固体の人は抜け出せないんじゃないかな。

【「スペシャリストかジェネラリストか」】
P96の本文と脚注を参照。

◉やりたいことは後から。それでも「渦」はできる

加藤 自分にある程度自信とか自負がないと抜け出せないのか？

角田 「ＳＮＳ」の項でも話したように、それが「タレント化しなきゃ生きていけない」ってことだよ。僕は一貫してそう思ってる。「角田は自信があるからできるんだ」ってみんなに言われるんだけど、それが渦の大きさなんじゃないかと思う。別に大きい渦になれとは言ってない、小さくても渦でいいんじゃないのって。

加藤 世の中一般的に云うと、この「渦の大きさ」は大きいほうがいい、回転のスピードが速いほうがいい、みたいな優劣？はあるイメージ？

角田 「自分が生きられるくらいの大きさと速さ」でいいんじゃない。それを意識してるかしないかで違うんじゃないかな。同じスキルを持っていても、「自分はスキルがないから渦じゃないんですよ」って言ってる人が話を聞いてると多い印象があるな。

加藤 ホントは一つの渦になれるだけのものを持ってるんだけど、わざわざ「いやいや、自分なんて」って云ってる感じ？

角田 そうそう。でも誰もが村上春樹でも、誰もが桑田佳祐でもないわけで、「大体みんな同じくらいなんじゃないの？」って僕はちょっと思ってる。

加藤 改めて、渦になるメリットって何だろう？

角田 それは「窓が開いている」ことだよ。つまり、自分の中に入れるものも、出るものも自

由だってこと。渦にはいつでも水が入ってくるし、いつでも出ていく。ところが、固体的につるんでると出入りが不自由なんだ。「閉塞感があるからこそ安定している」と思う人はそっちのほうがいいんだろうけど、圧迫されると感じる人は開けたほうがいいんじゃないか。

そこで窓を開けると、ところが虫も入ってくるんだよね。つまりいいものだけが入ってくるわけじゃない。自分の渦に嫌なものが入ってきた時に、いつの間にか追い出す、さらっと流していく。『北斗の拳』で言うと、つるむのほうがラオウの拳*で、渦がトキの拳*って感じ?

加藤 でも渦だと、ずっと動き続けてなきゃいけない感じがして、疲れそうな気がします。

角田 そうでもないんだよ。二〇一一年から太極拳をやってるんだけど、太極拳って女性のほうが上達が早いんだって。というのも男性は「撃つ」みたいな時に力を入れちゃうんだよね。「力を入れずに、気で撃て」って言われてもやっぱりわかんないんだよ。

僕自身に「気で撃つ」って感覚が身に付いたくらいから、「渦のほうがいいな」って思ってる自分がいる。

「五重塔が地震に強い」みたいな話と似てるんだ。すごく揺れるものだからこそ、地震に強い。「固い槍で刺して殺そう」みたいなのが普通の武力だけど、例えば柔らかいはちまきでピシャっと叩いても痛いよね。あの痛さが太極拳の力なんだよ。

太極拳をやってるうちに身体的に肩の力を抜くことができるようになったら、精神的にも肩の力が抜けるようになったんだ。それが僕の「渦」の感覚に近いんだよね。

【ラオウの拳】 ラオウは漫画『北斗の拳』(武論尊・原作、原哲夫・作画)に登場する拳法家。主人公ケンシロウの義兄で、かつての北斗神拳伝承候補。乱世の中、圧倒的武による平定のために北斗神拳を奮う。

【トキの拳】 トキも同じく、漫画『北斗の拳』(武論尊・原作、原哲夫・作画)に登場する拳法家。主人公ケンシロウの義兄で、かつての北斗神拳伝承候補。乱世の中、目の前の人を守り、病を癒すために北斗神拳を用いるが、その才能を脅威と捉えたラオウによって幽閉される……のはネタバレなので未読の人は忘れてください。

加藤　と云うことは、角田式「渦」は力でぐるぐる回すってものじゃないわけだね。

角田　そう。勝手に回るもの。強いて言うなら、自分の中にある「好奇心」が回すエネルギーなんだと思う。

加藤　渦の大きさとか長さを自分でデザインして、そうなるようにコントロールするようなイメージじゃないんだ。

角田　そう。自分が大きい渦をやろうと思っても、それだけの渦力がなければ渦は作れないよね。だから自分が作れるだけの渦の速さと大きさでいく。自分であえて大きくする必要はない。

もうひとつ、この間自由大学*で講義をやった時、「○○を形にする時に、こういうスポンサーを見つけてきたんですよ」みたいなことを話したら、「じゃあ角田さんは、やりたいことがあるとスポンサー*を見つけてくるんですか」って質問されたんだ。

ところが僕は、「やりたいことが先にあってからスポンサーを見つけた」ことってないんだよ。加藤くんもそうなんじゃない？

そうじゃなくて、まず先に「こういうスポンサーがいる」と分かってから、「じゃあ、こういう企画やりませんか？」って言って、そこから企画を作っていく。一生懸命考えてるうちに、その企画が「自分がやりたいこと」にどんどん近づいていくんだよね。

多くの人は、最初に自分の中に「やりたいこと」があって、その「やりたいこと」を実現するためにスポンサーを集めて、人を集めて……みたいにやってるから、僕もそう

【自由大学】
Ｐ１９６の本文と脚注を参照。

【スポンサー】
「①資金を出してくれる人。後援者（後略）」（『広辞苑』より）

やってるように見えたんだろうね。だから「どうやってスポンサーからお金を集めればいいんですか？」と聞かれたんだけど、話は逆で、そのスポンサーから来た仕事を「自分のやりたいこと」にどうやって形を変えるか、ってことをやってるんだ。

加藤 それって、スポンサーが見つかった時点では実は「自分がやりたいこと」はないんだけど、やってるうちに後付けで「やりたいこと」が増えていく感じなのかな。

◉「渦」は同時にいくつあってもOK

角田 たとえば「杜仲茶*の宣伝をやってくれ」って話があった時に、「なんでこんなお茶の宣伝をやんなきゃいけないんだ」って思ったら、そのこと自体は自分が今やりたいことではないんだけど、「この杜仲茶なるものが好きなタレントさんを集めて、トーク番組をやった」となったら、それは「トーク番組をやりたい人」にとってはやりたいことでしょう。そうやって「やりたいこと」を実現させてる。

もうひとつは、たとえば漫画家になりたい人が、「自分は漫画家になれなかったから、夢は叶ってない」と言うとするでしょ。でも、『「好きなことだけやって生きていく」という提案』*にも書いたことなんだけど、「あなたが今いる会社で「漫画家的な仕事」をやっていれば、それは漫画家じゃん」って話なんだよ。

今いる職場にも「社内広報誌にちょっとした漫画を描く」って仕事があって、月一で締め切りがあるとすれば、それってもう漫画家じゃん。しかも、以前だったら社内広報

【杜仲茶】
「杜仲」とは「トチュウ科の落葉高木。中国大陸中西部の原産。（略）樹皮を乾燥したものを杜仲または唐杜仲と称し強壮薬とする」（『広辞苑』より）。杜仲茶は、杜仲の葉を煎じた飲料のこと。

【『「好きなことだけやって生きていく」という提案』】
角田陽一郎の著書。二〇一七年にアスコムより刊行。

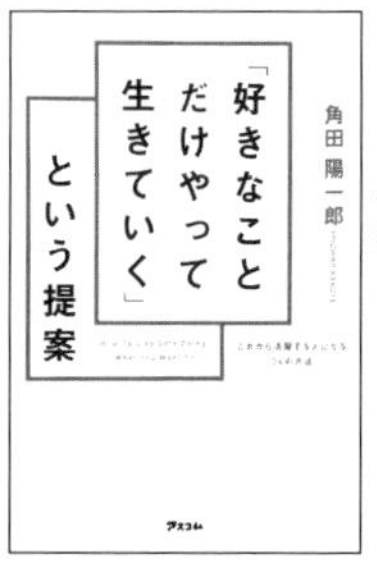

誌はクローズドな媒体だったわけだけど、今だったらそれをウェブに載っけたりするわけでしょ。それはもう『ジャンプ』で描いてることと、本質的には変わらないんだと思う。「それを漫画家だと思うか、思わないか」っていうことが、「好きなことだけやって生きていく」ことの意義だって話なんだよ。

加藤 云いたいことは分かる。その「渦」について、自分がその渦の中心であり、常に自分が回し続けていく、他の人が周りに寄ってくるイメージで捉える人が多いと思うんですけど、渦の起点はたとえばスポンサーであって、自分は「周りでぐるぐる回ってる人」みたいな解釈もありなの？

角田 杜仲茶の例で言えば、向こうからドンブラコと杜仲茶がやってきて、僕の渦に入ってきたわけ。そうこうするうちに杜仲茶の関係者の人と「こういう感じで企画をやりましょう」みたいな話になるよね。

そうなった時に、さらに僕はこの杜仲茶を、今度は「渦の外」に出しちゃうんだ。外に出たところに佐渡島庸平*さんがいたら、「佐渡島さん、この杜仲茶の企画があるから、何かやらない？」って、むしろ相手に渡しちゃう。

ドンブラコと流れてきた杜仲茶を、自分とこでぐるぐる回してるうちに、「杜仲茶でこういう動画をやりましょう」という企画にして、それをさらにもう一回外に出して、違う人の渦にも入れてしまう。佐渡島さんのところに「杜仲茶」というお金がついて行ったら「動画をやるんだから、今度それの漫画版をやるわ」みたいに作っている。

つまり、僕の周りの至るところに「関係者の渦」があるイメージなんだ、「角田」と

【ジャンプ】
「週刊少年ジャンプ」のこと。集英社が発行する週刊少年マンガ雑誌一九六八年に創刊された。

【佐渡島庸平】
P108の本文と脚注を参照。

いう渦があり、「加藤」という渦があり、「鈴木」という渦があり、みたいな。で、この「杜仲茶」が来たところで、「今回は角田・鈴木でやってます」とか、「角田・甲斐荘でやってます」みたいな感じ。

極論を言うと、自分のやりたくないことは「甲斐さん、パース」みたいなノリ。甲斐さんがそれをどうやるかは甲斐さん次第だし、やるならやってもいいし、バラしてもいいくらいの感覚だな。

つまり、僕は「自分に来たものを自分だけで受けとめよう」とそんなにしていないのかな。さっきも言ったように、今の世の中では「A・B・C・D・E」ってあったら、Aだけでできることってなくって、やっぱりB・C・D・Eのスキルを持ってる人と組んだほうがいいわけだからさ。

加藤 自分よりもっとベターにできる人がいるんだったら、躊躇なくその人に渡すと。

角田 渡す。佐渡島さんと僕だと「出版」と「動画」で分野が違うけど、分野が同じ動画の人にも渡す。結果、僕の仕事がなくなっても「それでいいや」って思ってる。

なぜかと言うと、その人に渡しただけでその人に「貸しイチ」を与えていて、今度その人から何かやって来るから。これはもう普通に信じてるし、信じてると意外と本当に来るんだよ。

加藤 自分も渦として回って、何か運動してるわけだよね。

角田 運動してる。この会議だってそれっぽくない？【引きこもり】*の項で話した「コロナで合宿旅行に行くか、行けないか」の話って、本当に今日の昼間にあった話なわけだよ。

【引きこもり】
P407からの本文を参照。

それを今日一九時からのこの会議で言っていて、その内容が結局本になっちゃうわけじゃん。

もしこの会議を昨日やってたら、「コロナの合宿旅行」の話はこの本に永遠に出ないよね。っていう偶然性がいいなと思ってる。「この本のために、このネタは絶対入れなきゃいけない」みたいなことはそんなに思ってない。「この月曜日の一九時」にセッティングしたという事実が、「月曜日の一五時にやった合宿の打ち合わせというネタを入れろ」という神様の啓示なんじゃないかな……みたいなことを無自覚、無根拠?に信じてる。

◉エネルギーを出す「渦」、エネルギーを吸う「渦」

加藤 自分自身は角田くんと似たような感覚を持ってるわ。自分は商人であって、「何かを作る」というよりは「仕入れて、流す」ことに価値があると思ってる。

でもかとう的には、そこにはあまり「渦感」がないわけよ。「好いものを仕入れてきて、流す」という仲介機能とか、「自分が気に入るものを発見しよう、仕入れよう」みたいな感覚はあるけど、「自分が渦だ」っていう感覚がないわけ。

今かとうが云ってる「商人」みたいなものと、角田くんが云ってる「渦」みたいなものって、違いがあるとしたらどこなんだろう?

角田 それは、あえて言えば「単なる販売をする人か、そうじゃないか」ってことだと思う。

加藤　「右にあるものを、そのまま左に渡しましょう、一〇％は手数料をいただきます」みたいな感じじゃん。一方で僕は自分をそういう存在だと思ってないっていうことな気がする。
だから自分のところを通過しちゃったら、良くも悪くも角田色が出てしまう。渡すにしても全くそのままスルーでは渡さないで、なんにせよ僕のところで二、三回渦としてぐるぐる回ってから外に出してる感じなんだ。

角田　それで云うと、かとうの感覚でも「そのまま右から左にトス」ということではないんだよ。そこに付加価値を付ける、付けないとは別に、たしかに自分から引き込むよりは向こうからやって来ることのほうが多いけど、角田くんと比べると自分のあり方は静的な感じがする。そこの違いって何なんだろう。

加藤　よく言うのは、以前の僕がやってたことは「テレビという枠があるから、金曜九時という枠があるから『金スマ』をつくりました」なんだよね。
でも『オトナの！』*という番組を始めた時には、「『オトナの！』*みたいな番組をやりたい」とまず最初に思ったんだ。で、やるためにはお金が必要だ。だから「お金のために、『オトナの！フェス』っていうライブをやろう」みたいに、「やりたいもの」にいろんなものを付随させていくイメージなんだよ。

角田　メーカーっぽいってことかな。回ってきたものを工場制手工業*（マニファクチュア）的に加工して輸出するみたいな。

加藤　その通り！　加藤くん、ほんとにすごいな。実は修士論文に「テレビ現場とはマニファクチュアである」という章を作ったんだ。テレビの場合は工場制だけど、でも手工

【『オトナの！』】
P91の本文と脚注を参照。

【工場制手工業（マニュファクチュア）】
「問屋制工業に続いて、またはこれと並んで行なわれた工業的生産制度の一形態。機械時代直前の爛熟した手工業労働を単一の工場に集めて、協業と分業とを行なったもの（後略）」（『広辞苑』より）

加藤 業なんだよ。工場制機械工業[*]ではない。「すごいクラフト」を作ってるイメージなんだ。それは分かるんだけど、「渦」という動的な感じとは、まだちょっと距離を感じるなあ。渦の概念、すごくわかるし、共感もするんだけど。この本の読者であろう多くの職業人は、組織の中でも散々「人を巻き込め」とか「巻き込み力」みたいなことを云われてるわけでしょう？　それと何が違うんだ、っていう疑問がふつふつと湧いてくる。

角田 それは巻き込まれてる人のモチベーションや気持ちよさの差なんじゃないかな。自分が「自分の渦」として回ってないと、「気持ちよさ」というエネルギーが生まれないんじゃないかな。僕の場合は、知的好奇心の赴くままに情報とかを吸収することが、「渦として回る」ことになっている

加藤 「吸収」ってすごく大事だね。「渦」と聞くと、「自分がエネルギーを外に出すことで渦が始まる」と捉えている人のほうが多いと思う。今の話だと出してるだけでなく、引いてる、というか吸ってるんだな。

◉「アイデアの源泉垂れ流し」

角田 僕はそれをずっと「アイデアの源泉垂れ流し」って言ってる。皆さんはアイデアを「神様がポンとくれるもの」みたいに思ってるんだけど、僕の感覚では自分の中に死ぬほど雨を降らせていて、自分という地層の中でミネラルとかが溶け出して温泉として出てくるものがアイデアだと思ってるんだよね。

【工場制機械工業】
読んで字の如く、工場において機械を使って製品を製造すること。カール・マルクスは、元々は人間的な活動であるはずの労働が、工場制機械工業にいたっては人間は「生産機械の部品」の役割を担わされ、人間性から疎外されていることを指摘した。本書「る」の項目では、その状況へのアンサーが議論されている。

だから実は「インプットとアウトプット」っていうのは、先にインプットするからアウトプットできるわけだよ。アウトプットってのがアイデアだとしたら、インプットしないでなんでアウトプットが出ると思ってんだって話。

加藤 「渦になれる人」と「そうじゃない人」の差を乱暴に分けると、インプットの量であり、ないしはバラエティの豊富さですか。

角田 「呼吸」とも言えるよね、吸うから吐いている。

加藤 でも、みんな「呼吸」はしてるわけでしょう？　その時の吸ってる量が足りないから、呼吸はしてるけど肺に息が入ってないから渦にならないっていうことを云いたいの？

角田 僕はそう思ってる。「この映画観てねーの？」とかよく思うもん。「この鰹節を売りたいのに、なんでこの映画観てないの？」と思っちゃう。本人に言わせると「その映画観ることと鰹節を売ることの間に何の関係があるんですか？」ってなるんだけど、僕の中では関係あるんだよね。『インディ・ジョーンズ』*を観たからあのアイデアが出た」っていうのは事実あるわけだからさ。

それに、吸い込んだものは使わなきゃダメな気がしてる。インプットした水は、アウトプットしないと渦にならないじゃん。溜まっていくだけだと淀んでしまうんだと思ってる。

「インプットだけしてる人」って死ぬほどいると思うんだよね。インプットしたものを定期的にアウトプットする。極論すれば Twitter でもいいし、note に文章を書くのでもいいし、なんなら仕事でもいいんだけど。

【『インディ・ジョーンズ』】
ハリソン・フォード主演の映画シリーズ。第一作『レイダース／失われたアーク《聖櫃》』は一九八一年公開。原案はジョージ・ルーカス。一九八〇年代に製作された三作品の監督はスティーヴン・スピルバーグ。

「『インディ・ジョーンズ』を観たことなんて、アウトプットに活かされないよ」って、みんな一対一で考えてるんだ。『インディ・ジョーンズ』って一九八〇年代の映画だけど、昔見た一九八〇年代の作品が二〇一四年にポンと出てくるんでもいい。渦ってそういう感じ。

加藤 話を聞いている視点に立つなら、「アウトプット」って単語は結構刺激的だと思うんだよね。「何かの役に立つこと」はアウトプットだけど、「役に立たないこと」はアウトプットじゃないみたいな雰囲気がある。呼吸で云うと、人間は酸素以外に窒素も吸ってるわけで、ほぼ八割は窒素。で、窒素をそのまま吐いてるわけだ。酸素は呼吸した後、二酸化炭素になる。これがアウトプットであって、窒素はアウトプットじゃない感じをみんな想像するんだと思う。

角田 だよね、ところが僕の中では成分は関係なくて、「横隔膜をちゃんと動かしてる」ことが大事なの。

◉二〇二一年のアイデアと『カラマーゾフの兄弟』、そして採掘

加藤 そうすると、たくさん呼吸をしろと。たくさん吸って、吐き出されるものすべてが有効かどうかはともかく、たくさん吐けってこと？

角田 そうそう。すると酸素量が増えていって、身体が鍛えられるからどんどんアスリートみたいになっていくんだ。呼吸が上手くなれば効率が良くなる。呼吸もちゃんとやってな

【ドストエフスキー】
フョードル・ミハイロヴィチ・ドストエフスキー。一八二一年生まれ、一八八一年没。「ロシアの小説家。『貧しき人々』で文壇に登場。体制批判の結社に加わって逮捕・流刑を体験。秘密結社内部の同志殺害・父殺しなどの題材によって社会と人間の深部を照らしつつ、神への反逆と自由なキリスト教的愛との葛藤を描き、二〇世紀文学に強い影響を与えた。（略）」（『広辞苑』より）。他の代表作に『死の家の記録』『罪と罰』『白痴』『悪霊』『作家の日記』など。

いのに呼吸がうまくなるわけがない。

加藤 たくさん息を吸ってたくさん息を吐いてると、なんとなくそこに渦ができてくるって感じか。

角田 そうするうちに、だんだん血液交換の効率が良くなっていく。脳もそれに近いんじゃないかと思う。

加藤 元々の「つるむ」という話と繋げると、たくさん吸ってたくさん吐いていることが、人なりなんなりを引き寄せていくイメージですか？

角田 強いて言えば、天才じゃなければそうしたほうがいいよ。それをやらなくてもやれる人はいるんじゃないかとは思うんだけどね。ところが九九％の人はそうじゃない。だったらまず大きく吐いて、大きく吸ったほうがいい。それと同じことが、アイデアとか思考とか人間関係とかビジネスとかにもあるんだと思う。

加藤 「つるんでる人」は呼吸量が少ないのかね。

角田 その例で言うなら、「空気が淀んでる」んじゃないかと思うんだよね。同じ人としか話さないから、どんどん空気がニンニク臭くなってるんじゃないかなって。

新しいことやっているはずのIT企業の人たちの中でもさ、若いのに全然新しいことを考えてない人もいるなって、その人の話を聞いてると思うんだよ。「ITで新しいサービスを産みたいんだったら、ドストエフスキー*読めばいいのに」って思うんだ。

みんな『カラマーゾフの兄弟*』を読まないのにアイデアを欲しいと思ってる。それはちょっとずるいよ。そりゃ出て来ねえよ。そういう人に限って、『カラマーゾフの兄

【『カラマーゾフの兄弟』】 ロシアの文学者フョードル・ドストエフスキーが一八七九～八〇年に発表した長編小説。本編だけでなく、登場人物のひとりイヴァンが劇中で披露する物語『大審問官』も世界中の創作に多大な影響を与えている。邦訳は原卓也訳が新潮社から、亀山郁夫訳が光文社から、米川正夫訳が岩波書店から刊行。

弟』、長くて読めないっすよ」とか「こんなの何の意味があるんですか」とか言うんだ。「意味がないけど読んでみろよ」「まず知ってみたら」って話じゃんか。

加藤　慶應義塾大学医学部の宮田裕章*先生が登壇されているウェビナーを伺う機会があったんだけど、アイデアがいっぱいあるクリエイティブな人のことを英語で「resourceful」って云うんだって。直訳すると「リソースをいっぱい持ってる」ってことで。それにイメージ近いね。

角田　リソースの話で言うと、大学院で僕が研究している「文化資源」って、そもそもなんだっていう話に授業でなったのね。「文化資源化する」って何なんだって話になった時に、例えば仮に石灰岩でできた山があったとすると、山から石灰岩を資源として採掘しない限り、その石灰岩はただの山の一部なんだよ。

ところがそれをちゃんと掘って資源にすれば結果、セメント作る原料になる。「文化資源化する」ことも全く同じことで、そこに歴史があるとか、そこに銅像があるとかみたいな「ただある」っていうのは資源じゃなくて、「それをどう採掘するか」こそが研究なんだって話になったんだ。

加藤　だとすると、ある情報を見た時に「〇〇を読んだ。面白かった。つまらなかった」って言ってるだけだと、それは「ただの山」とか「ただの森」なんだよね。

ということは、まず求めるのは、「最終的には掘って欲しいんだけど、まずは吸え」みたいなことなのかな。それとも、吸ってるだけではちょっと足りなくて、「吸ったらちょっと掘れ」みたいなところまで必要なんだろうか。

【宮田裕章】
一九七八年生まれの研究者。一般向けの著書には『共鳴する未来』（二〇二〇、河出書房新社）などがある。

角田 順番で行くと、「つまらなそうだから観ない」じゃなくて、「観たらつまらなかった」のほうがいいんだよ。「あの映画、面白くなさそう」って思ったら、観た上で「つまらない」と思えばいいじゃん。
「ほら、つまんなかった。時間やお金の無駄だった」とか言う人は多いけど、その「つまらない」って思う感覚が、自分の中での採掘なんだよ。「あそこ掘ってみたけど、金がなかったじゃん」「全然含有量ワルかったよね」ってことをやってくと、次の時に勘が鋭くなっていく。
　つまり、自分でつまらない映画を観る、つまらない小説を読むということをやらない限り、「つまらない」ということを理解できないんだと思う。「つまらないと思う」「面白いと思う」の目利き力がつくことが採掘だと思う。まずはインスピレーションでいいから「あの山を掘ってみよう」みたいな感じで、なんでも受け入れたほうがいいんじゃないかな。
「渦だ」って言ってるんだから、自分に合わなきゃ出してもいい。『カラマーゾフの兄弟』に三ページで飽きちゃったら、読まなきゃいいじゃん。それも採掘なんだよ。だいたい採掘なんて失敗する確率が高いんだよ。それを何回もやることによって採掘者としての勘が冴えてくるんだって。
加藤 「取り込むこと＝掘っていくこと、採掘すること」って定義は分かりやすいね。
角田 だから僕が「文化資源学」をやってるのって、いろんな知的好奇心みたいなものを掘りたいってことと、やってることは一緒なんだろうね。

角田陽一郎のコラム

バンド

自分も会社を辞めてこれからの組織の形はどんなものになるのか。そんなことを考えていた頃、僕はムーンライダーズという結成四十周年のロックバンドのツアーに同行させてもらったことがありました。高校時代から大好きなバンドの〝追っかけ〟です。

そして、バンドのメンバーと一緒にいて気づいたのです。

これからの仕事における個人と組織の形態は〝バンド〟なのではないか。

バンドのメンバーは友達ではありません。だからといって会社の同僚というのとも違うのです。同じ意思を共有した、その意思を達成するために必要不可欠な構成員とでも言いましょうか。

バンドには普通ベースは二人いません。ギターだって、複数いたとしても弾いているパートが違います。その都度その都度楽曲に合わせて、自分のパートに責任持って、時には一緒に歌い、楽器を奏でるのです。

もしこれが個人一人だと、当然ソロアーティストというのはたくさんいますが、一人だと使える楽器は限られま

すし、一人で演奏しようとしてもやはり限界はあります。ライブをやるにもサポートメンバーが必要です。

個人が個人でやれることにはやはり限界があり、一つの意思共有した個人同士がバンド（結束）する必要があるのです。

つまり、個人が個人同士で各パートを受け持ち、やりたい企画、やるべき案件をそれぞれが遂行していくような、まさにちょうどいい人数の集団（バンド）です。

そのバンドがスリー・ピースなのか、交響楽団のような大人数バンドなのかは、それこそやりたいプロジェクト次第だと思うのですが、情報革命が進む中、SNSを通してデジタルでコミュニケーションするのは大前提で、その海の中を同じ意思をもって進むアナログのリアルな関係をもつというのが、これから個人で独立する人には、あるいは、組織自体の構造としても、求められているのではないかと考えています。

固定メンバーが全員そろってステージに立つのが大原則。

今までの組織というのは、人間同士の距離は物理的に近いのに、むしろ距離感を感じる関係のような気がしてならないのです。

営業部が何部もあって競わされたり、何か企画を立ち上げようとしても関係各所のお伺いを立てて、ハンコをもらって、というような大きな組織にあるようなピラミッド型の上下関係だったり、それに起因する組織の硬直性はむしろ邪魔です。

バンドとは、メンバーの入れ替えはきかず、固定メンバーが全員そろって初めて成立するユニットであって、メンバーの誰が欠けても音楽は奏でられません。

その点で、ＡＫＢ48とは質的に違うわけです。ＡＫＢ48の場合、総選挙やじゃんけん大会でメンバー構成や編成が変わり、メンバー間が常にポジションを争っています。

それはＡＫＢ48という一つのフレームがあって、その中に同じ役割を演じるタレントが放り込まれて競争するという競争原理で成り立っているわけです。

ところがバンドは、互いが支え合う関係で成立しているユニットです。クリエイティブの考え方で意見が対立することはあっても、ステージへの出演や楽器をかけてのライバル関係になることはあり得ません。

これからの時代は、もうポジション争いをしたり、順位を競うという、偏差値教育みたいな制度は壊れていくことになります。

バンドはＡＫＢ48のようなメンバー入れ替え可能なユニットではなくて、年齢や役職による上下関係もなく、それぞれのメンバーがタレントして参加し、みんながフラットな関係で活動をしていく仲間です。

これからは、ロックバンドが自分たちの奏でたい音楽を演奏するように、会社員の人たちも会社という組織を離れ、それぞれの人が自分の好きな仕事をするために、自分の考えに賛同してくれる多様なスキルを持った人を集めて「バンド」を作って仕事をしていくことになると思います。

もし仮にこれからも変わらずＡＫＢ48のような競争システムが人気を維持するようだと、日本は全く変わっていないという証です。その点で、ＡＫＢ48は日本の社会の状態を知る上でバロメーターになっていると思います。

すでにお分かりかと思いますが、ここで僕がバンドとかＡＫＢ48とか言っているのは一つの喩えで、ロックバンドが気の合う仲間とともに音楽を奏でるように、あなたがやりたいプロジェクトのためのバンドを作るべきだと言っているわけです。

例えばそれを音楽のバンドに喩えて、「プロジェクトバンド」と言ってもいいでしょう。

つまり人は何かしたい仕事があれば、自分でプロジェクトバンドを作るか、それとも他の人が立ち上げたプロジェクトバンドに参加させてもらうかのどちらかで仕事をしていくのです。

て【テンパる】

角 どうテンパらないで生きるかが、これからのすべての人類の努力目標。
加 頻発は嫌だが、丸きりないと自分の可能性を拡げにくくなるピンチな状況。

人前に出て話すとなると必ずテンパって（緊張して）話せなくなってしまう。どうすれば緊張をなくせますか？

◉気合い不要。単純に練習

角田 加藤くん、テンパらない[*]？

加藤 これは練習ですね。ひたすら練習だと思う。以前は「慣れ」って云ってたけど、その機会が減っちゃってるから。その分練習したら埋められると思います。

例えば、自分がやった練習でいうと、プレゼンテーション[*]の練習を丸々二日くらいやったんですね。他のサラリーマンと比べたらプレゼン慣れしてると思っていたんですけど、最初と最後のビデオ見せられたら、もう別人っていうくらい全然違った。変わったわー。

あと、声の出し方も同じ。わたし、普段声が小さいけど、歌う時や人前に出る時は大

【テンパる】
「（「聴牌テンパイ」を動詞化した俗語）①マージャンで、聴牌の状態になる。（中略）③転じて、仕事が手一杯で処理できる量の限界に達する。また、怒りなどの感情が激しくて、抑えきれない状態になる」（『広辞苑』より）

【プレゼンテーション】
会議などで、計画・企画・意見などを提示・発表すること。プレゼン」（『広辞苑』より）

角田　声が出せる。これも発声の練習次第。「おお！　こんなに違うんだ！」ってなる。だから「人前に出るのもスポーツ」です。

加藤　あー、いい言葉ですね。

角田　向き不向きはあるよ。

加藤　スポーツだからね。

角田　でも、ある程度まではいけます。

加藤　ある程度やれば、だいぶ解消されるってことだよね。これもやっぱり、イチローにはなれないけど草野球では打率三割になれるかもしれないっていうことか。

角田　そうそう。すべてを気合で直そうっていうのはもったいない気がする。読み書きだって、習ったスキル。それと同じだよ。僕らはこれまでに相当いろんなことを習って身に付けてきたじゃんか。

加藤　だから、もっと習ったほうがいいってことだよね。

角田　そう、「読み書き・そろばん・テンパる」みたいなさ。ちょっと違うか。そこは自助努力もいいんですけど、自分の懐に合わせて習えばいいような気もする。本当に違うよ？

　それに、我々は学生の頃にはそんな練習やってなかったけど、ところが今の子たちは、学校でやってるのよ。

加藤　え、そうなんですか!?

――　ＰＢＬ*（Project-based Learning）って云うんですけど、授業を聞いて、暗記させるんじゃなくて、自由研究的なプロジェクトをやって、最後は人前で発表するまでやる学習スタ

【ＰＢＬ（Project-based Learning、問題解決学習）】自ら問題を発見し、解決する過程を重要視する学習方法。アクティブ・ラーニングの一種。

イルで。発表する時だけは、親とか学外から聞く人が来て。知らない人の前でしゃべらされる練習になるわけです。二〇二一年現在、大学生の年代は、全員ではないにせよ中学・高校からやっている子が多いんだって。

何回か拝聴したことあるんだけど、みんな堂々たるもんですよ。たまたま僕が発表を聞いた子たちが優秀なのかもしれないけど、でもみんなポテンシャルはそんなに変わらないんじゃない？「練習すればできるんだろうな」って、すごく思う。人前で話す、プレゼンテーションするってテンパるの最たるもんでしょ。昔は「やりたい」と思ってもどこで練習したもんだか分からなくて、だから「慣れろ」って云ってたんだと思うんだけど、今は教えてくれる先生たちがいっぱいいるから、練習すること自体は六つかしいことじゃなくなった。ただ先生との相性っていうのはあるかもね。メソッドとの相性もあるだろうけど。

角田 それは加藤くんが好きな、枕と一緒でしょ？ いろいろやってみろと。

加藤 そうそう。お試しコースとかを利用してお得にできるやつもいっぱいあるしさ。それこそ、ネットの評判とかもいろいろあるわけで。自分に合った教え方にさえ嵌まれば、もうぐんぐん伸びるでしょ。手の平に「人」の字を書いて舐めるとか、要らないよ。

角田 ちなみに、僕はめちゃくちゃテンパります。なので、もう「テンパるのやめよう」と思わないようにしました。

加藤 気合で直してるわけね。

角田 いやいや、気合で直してないです。つまり「テンパってなんでいけないんだ」ってこと。「さんまさんの前で面白いことが次々起こるのは、さんまさんの周りの人は全員さんまさんの前でテンパっているから」っていう法則があってね。

加藤 勝手にコケてると。

角田 『踊る！さんま御殿!!』*とか『恋のから騒ぎ』*がなんで面白いかっていったら、みんなさんまさんの前で緊張してるからだよ。緊張している人が面白い。例えばお葬式で、足痺れて焼香できないのって、緊張している人がそうなるわけでしょ？　つまり、人がテンパっている姿って他の人にとっては面白いんですよ。僕に言わせるとね。みんな、人生にだから強いて言うなら、「面白いという軸をつくる」っていうこと。「うまくいく」「うまくいかない」っていうX軸しか持たないんだけど、Y軸に「面白いか」「面白くないか」というものを考えると、「あの鈴木さんっていう人、すげープレゼン下手で、すげーテンパってて面白かったですよね」ってことになって、クライアントに好印象を与える場合もある。

加藤 ふふ。それもあるよね。

角田 「テンパるということがハプニングを生み、ハプニングこそバラエティなんだ」っていうことを僕は明石家さんまさんから教わったので、「テンパるってことは、むしろオイシイんだぜ」っていう乗り切り方はあると思ってる。ラジオとかで「やべ、いきなり話そうとしてたこと抜けちゃった」みたいなことがあっても、抜けちゃったところからどう話すかっていうのが面白い。

同じようなことを、いとうせいこうさん*も言っててさ。昔は「ボケに対してコンマ単

【『踊る！さんま御殿!!』『恋のから騒ぎ』】
どちらも日本テレビ系列で放送のバラエティ番組。司会は明石家さんま。『踊る！さんま御殿!!』は一九九七年～二〇二二年現在放送継続中。『恋のから騒ぎ』は一九九四年～二〇一一年。

【いとうせいこう】
一九六一年生まれの小説家、ミュージシャン、俳優。

位でツッコむ」のがいとうせいこうさんの腕の見せ所だったんだけど、ところが歳をとってきて、ツッコミが遅くなった。

三〇代の頃にあらゆる人たちと繰り広げていた応酬の、あの精度がなくなってきてどうしようかと思ってたんだけど、今度はツッコミが緩くなったところが面白くなってきたんだって。「あれ何だったっけ？」「何でしたっけ？」って、ずーっと思い出さないまま進行していくのが面白い、みたいな。そのいとうせいこうさんの話と「テンパる」っていう話とは通じるのかもしれない。

加藤 さらに余談ですけど、『七つの習慣』*の研修に行った時に言われたのは、「ゆっくり喋るんじゃなくて、しゃべるスピード自体は遅くなくていいけど、間をあけて平均時速を落とせ」ってことで、それはなるほどと思いました。とかね、いろいろ手があるんですよ。練習練習。これは、身も蓋もある。もう、すぐできますから。

◉睡眠できていますか？

角田 枕の話ついでで、加藤くん、よく眠れますか。

加藤 寝てますね。睡眠時間は短いんだけど、それを埋めるための方法があるので、結果として休めてはいます。

角田 それは何ですか。

加藤 いくつかあるけど、「瞑想」とかね。

【『七つの習慣』】 スティーブン・R・コヴィーによる一九八九年に出版されたビジネス書・自己啓発書。全世界で三〇〇〇万部のベストセラー。ジェームス・スキナーと川西茂による邦訳が一九九六年にキングベアー出版より刊行。

角田　瞑想って評判聞くことあるけど、あれって効くの？

加藤　自分には合ってるなあ。イメージとしては、二〇～三〇分昼寝すると疲れがとれたりするのを強制的に起こす感じ。

角田　へー。自分のマインドをそっちまで持っていくってこと？

加藤　あんまりマインドとかは関係ないんだよね、わたしがやってる方法は。物理の法則っぽいの。曰く、「有機物でも無機物でも、物体には必ず固有の振動数がある」と。それで「自分の身体が持っている、固有の振動数に合った振動が来ると、すごくリラックスする」っていう理屈なの。振動とは波なので、つまりは音だと。そういう意味で、万人に通じる最大公約数的な音もあるんだけど、自分に適した音を自分に当てるとさらにリラックスできるらしくて、「だから個々人によってその音は違うのである」……という話を量子力学に詳しい先生から教えてもらって、「なるほど！」と思って。結果、瞑想法だった的な。で、その個人別の固有の音、をマントラと称しているという。

角田　で、その人の固有のマントラってどう判断するの？

加藤　そこはよく分からないんですよ。自分で決めるわけでもなくて。だから、本当に自分に適切なのかどうかは、突き詰めてないから分からないんだけど。音と自分の身体の相性って云うんですかね。肌感だけど、そういう身体性への関心が戻ってきているよね。

角田　あれって、やっぱり「戻ってきている」のかな？　自分が歳とったからかなとも思うんだけど。

加藤　世の中的に戻ってきてるんじゃない？　それも、昔は「一つのメソッドをみんなでやる」感じだったけど、個々人に合わせた形に見直されてきているよね。

角田 加藤くんの分析としては、戻ってきているのってどうしてなのかな。

加藤 人間性を取り戻すために最もアプローチしやすいのが「身体」なんじゃないかな。脳を使わないとか、言葉を使わないとかさ。

南直哉(みなみじきさい)*さんという禅僧の話をまたしちゃうんだけど、仏教にもいろいろ教えがある中で、禅につながる流れのルーツは龍樹*とのことなんだけど、龍樹は『中論』の中で「言葉を使ってはいけない」と云い切っていると。だからかな？　禅って極力言葉を排するじゃない。

だから南直哉さんも「要は言葉をいかに排して身体だけで感ずるか、それをやるための只管打坐(しかんたざ)*なんだ」ということを書かれていて、なるほどなあ、と思う。一方で、やっぱりそれを説明するのにも言葉をたくさん使ってるじゃないですか。だからこそ、言葉をいかに使わないで身体でいかに感じるか、対話、これ比喩ね。言葉は使わない対話。どのようにそういう対話をするかということに回帰しているんだと思うんです。本当はできたはずのことなんだけど、忘れてしまっているんでしょうね。そういう流れは来ていると思う。

角田 ……ちなみに、睡眠はよくとれていますか？

加藤 そうだ、睡眠の話だった。

角田 眠れないことの何がつらいかって、やっぱり起きている時も眠いことでしょ。しかも眠いのに眠れないいんだよね。僕はずっとそっちだったんですけど。

【南直哉】
P70の本文と脚注を参照。

【龍樹（ナーガールジュナ）】
一五〇年～二五〇年頃に生きたと推定されているインドの仏僧。伝説的人物であるため、実在した複数の人物のエピソードが彼に紐付けられていると推察されるが、一般には『中論』の著者を指す。空の思想を理論づけ、大乗仏教の礎となった。日本では「八宗の祖」とも称される。ちなみに名前は「ナーガ＝アルジュナ」で分かれており、漢訳の「龍樹」は、ナーガは龍の意味、「樹」はアルジュナの音訳である。アルジュナはインドの聖典『マハーバーラタ』の登場人物で、中でも『バガヴァッド・ギーター』の主人公として有名。（参考資料『龍樹』中村元・著、二〇〇二、講談社）

加藤 眠れてないの？

角田 いや、最近は寝てるんだ。だから生活習慣が影響しているのかなと思う。テレビ局にいた時は眠れなかった……単純に、生活が不規則だったからね。

よく言うじゃん、「眠るためにも体力が必要だから、若い時はよく眠れるけど、歳をとってくると眠れなくなる」って。それは、三〇代の時はそうだったんだけど、四〇代になるとそんなこと言っている体力すらないから、やっぱり疲れて寝ちゃう、みたいな感じ。それで僕は「眠れない」状態は超えて、今はなんか眠れてるんです。

加藤 睡眠時間は四～五時間くらいですけど、起きている時はそんなに眠くならないね。眠い日もたまにある分は瞑想で補っているところもあるけど。

◉起きられない時はどうするか？

角田 池谷裕二*さんの『海馬　脳は疲れない』*っていう本があるでしょ。あれで僕がすごいなと思ったのは「起きれない時にどうするか」っていうとこでさ。起きられない時は、「起きる」んだって（笑）。つまり、脳は体の動きで影響されちゃうから、体が起きれば脳も起きるんだって。

「起きられないっていうのは、体が起きないから脳も起きないで眠いままなだけで、体が起きると脳も「あ、起きたんだ」って反応するから、結果脳も起きるんだ」ということが書いてあって、それを読んでから逆に眠れるようになったかもしれないです。だか

【只管打坐】
P69の本文と脚注を参照。

【池谷裕二】
一九七〇年生まれの薬剤師、薬学者、脳研究者。「脳の可塑性の探求」を研究テーマとし、米科学誌「サイエンス」にもこれまで、シナプス形成の仕組みなどについて複数の論文が掲載されている。

【『海馬　脳は疲れない』】
池谷裕二と糸井重里の共著。二〇〇五年に新潮社より刊行。

ら眠くなければ眠らなくていいし、起きられない時は起きてしまえば起きるから、眠れるとか眠れないとか、何時間眠れたかとかはそんなに考えないようになったかな。

加藤 一〇〇%私見だけど、「眠るためのサポートツールをいくらか試してみたら?」って云いたいなあ。枕を何個試したことか。

角田 枕が変わるだけで本当に変わるよね。

加藤 でも、最初からはそんなに当たらないですよ。コスパの話と同じで、「みんなにいい」から自分にもいいかは分からないのにそれで一喜一憂したり、たまたま自分に合わなかったからって枕の効果そのものを否定したりしないで、いろいろ試してみたらいいのにね。

角田 ははは。「いろいろ試したらいいのに」って言うの聞いてて僕がつい笑っちゃうのはさ、加藤くんって本当に試し続けてるよね。出会った一五歳の頃から三五年間、ずっと試し続けてる。

加藤 え、例えば何?

角田 何でもそうだよ。『考具』*だってそういう本じゃん。

加藤 そうか。でも昔に比べると試しやすくなったと思うんですよ。

角田 なんでも手に入りやすくなったしね。

加藤 それもそうだし、値段も下がったし。こないだ、ネット経由で枕を売ったんだけど、買う人がいるからね。いくら洗ってあったって、他人が使った枕って抵抗あるとも思ったんだけど。これまでに枕二つ売ったから。

【『考具』】
加藤昌治の著作。アイデアを求める人なら誰でもすぐに使えて役に立てる「考えるための道具」が紹介されている。二〇〇三年にTBSブリタニカより刊行。現在はCCCメディアハウスに発行元を変え、いまだに版を重ねるロングセラー。

角田　へー！

加藤　木のまくらと……。

角田　木のまくらも試したわけね。

加藤　試したねー。

角田　なるほど。じゃあ、今のまくらは完璧？

加藤　ベストかどうかは、まだ分からないけど、今は落ち着いているかな。と云いつついろいろ試してみたいっすね。

◉まずはお試し。最初から正解は手に入りにくい

角田　この話の結論に無理くり行くとさ、つまりは身体性が大事なわけだけど、身体性なんて一発じゃ分からないから「いろいろ試せ」と。

加藤　その中で「心持ち系」もあるし、「物理系」もある。実はアプローチはいっぱいあるから、もっと試してみたら？というのがアドバイス。それで少しでも良くなればいいわけじゃない。お試しのコスパは上がっているわけだし。新品信仰がなければ試せることは意外にたくさんあるんじゃないかな。

角田　コスパの話と共通していて、「試すことを嫌がって、早く正解を手に入れようとしてしまっている」というのが睡眠についても言えるってことなんだね。

加藤　いきなりベストを手に入れようとしてるというか、初恋の人と結婚するのが本当にいい

の？っていう感じだよね。もちろんそういう人もいるんだけど、それはとてもラッキーなケースであって普通はそうじゃない。

角田 なんなら離婚してもいいしってことだよね。

加藤 選択肢は結構ありますよね。マットレスもあれこれ試しましたねえ。

角田 いやいやいや、加藤くん好きだからね。

加藤 だけど、全然違うから。

角田 分かるよ。ずっと言われてるから。

と【倒産(とうさん)】

会社がいよいよ倒産*しそうなヤバい雰囲気です。まだ残るべきか、離れるべきか、迷っています。

角 自分が諦めたからか、他人が愛想をつかしたからか、神様が見切りをつけたからか。
加 自身と環境との不適合がもたらす退場宣告。法人だけが対象ではないと思う。

◉「サラリーマン曰くのヤバさ」と「フリーランスが切に感じるヤバさ」

角田 どこまで書けるかの問題があるんだけど、TBSの人に会うと、いつも「テレビ局ヤバい、テレビ局ヤバい」って言ってるわけ。僕がgoomo*って会社をつくったのは二〇〇九年なんだけど、その頃から「もう放送関係はヤバい」って言ってたから、一二年ずっと言ってるわけよ。だから「会社潰れそう」って、ずっと言ってるだけなんだよな、って思うんだよ。

加藤くんは知っている人だけど、住田興一*さんっていうTBSを最近辞めた人がいて、goomoも一緒にやったし、今も一緒にやってるわけ。住田さんはすごくいい人だから「この前○○に会って話を聞いたら、『TBSほんとヤバい』って言ってるんだ

【倒産】
「①財産を使いつくすこと。特に、企業が不渡手形などを出して銀行取引の停止処分を受け、事業を継続できなくなること（後略）」（『広辞苑』より）

【goomo】
TBSによる日本のインターネット動画配信サイト、およびその運営会社。二〇〇九年にサービスを開始、二〇一二年に終了。

よ」って話をしてくれるんだけどさ、「いや、住田さん。それ僕ら一〇年前からずっと言ってるじゃないですか」と僕は返すわけよ。「その『潰れそうでヤバい』って言っているやつって、実はそんなにヤバくないんですよ」「それで本当にお金が入ってこなくてヤバくなるのは、僕とか住田さんじゃないですか」と。

つまり、フリーランス*が感じているヤバさって、サラリーマンが「この業界はヤバい」って思っているヤバさとはレベルが違うんだよ。僕が住田さんとその時話したのは、ほんとにヤバい場合は「潰れそうなんですよ」なんて飲み屋で言ってられなくて、青い顔しながら「来月どうしましょうか」とか、もっと全然ヤバい話してるわけだよね。

だから、「もう潰れそうなんですよ」なんて言ってるやつなんて甘いし、ちょっとムカつく。TBSという籠の中にいるから「潰れそうなんですよ」なんて言っていられるんだよ、という思いはあるな。「潰れそう」って言っていられるうちが華、言葉に全然リアリティねえよって。加藤くんはどうですか?

◉「転社」するか、「転職」するか

加藤 勤め人からすると、会社を移ることには「転職」と「転社」のふたつの場合がありますよね。「転職」は「経理だったけど営業になります」みたいに職業が変わること。「転社」は、営業は営業なんだけど「A社からB社に移りました」っていう場合。

【住田興一】
P234の本文と脚注を参照。

【フリーランス】
「(もと中世の傭兵の意)特定の組織に属さず仕事をする人。自由契約の記者・作家や無専属の俳優・歌手など」(『広辞苑』より)。

世の中で云われる転職って、「転社」なことも多いでしょう。ということは、扱っている商材が変わるだけで、やることはある意味一緒といえば一緒だから、そういう意味で、ある程度自分に自信があれば会社が潰れるどうこうはそんなに気にしなくても大丈夫じゃないでしょうか。

角田 だから、そういう自信を身に付けるしかないってことだよね。だってこれからバタバタ潰れるもん。二〇二一年以降は特に。

加藤 そこにきて、いわゆるグローバルな場合は「転社」の人が多いんだよね。職業としての専門性を持っているから、所属する会社はどこでもOK、みたいなさ。凄腕の営業パーソンって、きっと何を売らせても売るじゃないですか。そういう実例があるわけだから、自分もそうなればいいわけだよね。

角田 だから「会社が潰れそう」というのも「貯蓄がなくて」というのも、「単純にその人の人間力がないからじゃん」っていう話になっちゃうよね。人間力がないからそこで心配してるんでしょう。とすると逆に「人間力を鍛えればいいじゃん?」っていう答えはおかしいわけだ。「俺、人間力ないんですけど」って訊かれてるわけだから。

加藤 まあね。でも仕事がスポーツだとしたらさ、トップオブトップにならなくてもいいけど、そこそこでも充分いいじゃん、という話はあるわけで。給料が上がる下がるはまた別として。

角田 ちゃんと運動はしておけよ、基礎体力はつけようよ、と。

加藤 学歴の話とも絡むけど、いわゆるパートタイマー出身で店長や社長になったケースもあるでしょ。まあ「長」が付かなくてもいいかもしれないけど、ちゃんとできる人にはそういう実例もある。

角田 ちょっと違う目線でいうとさ、二〇二〇年の緊急事態宣言にしてもオリンピックにしても、「なんで首相ははっきり言わないんだよ」っていう人がいるじゃん。僕、会社の顧問をやってて、その社長と飲んでたらさ、「これは社長やった人間なら分かる話で、決め事なんてギリギリに言うに決まってるじゃん」って言われてさ。「だって、うちの会社が潰れそうな時に早めに言っちゃったら、従業員みんないなくなって経営できなくなっちゃうじゃん」と。

「だから本当に潰れる時は『うちは安泰ですから』ってずっと言っておいて、潰れる前日に『潰れます』って言うよ」。だから「『なんで首相さんはちゃんと言わないんだ』って怒ってるやつは、経営者の気持ちが分かってない」「あんなふうに騒ぎ立てているのを見ていると、その人の考え方の浅さが分かる」って言うんだ。その話はちょっと「なるほどなあ」と思ったんだよね。

今の話を逆にいうと、「会社が潰れそうだ」って上司たちが言ってるってことは、それって本当は潰れそうにないんじゃない。逆説的にいえば。そう言って発破をかけてるっていうかさ。

加藤 やっぱりあれだよね、優秀な人ほど先に出ていくっていうことだよね。

角田 沈む船からは出ていくからね。僕は「会社」ってものも二〇世紀までの産物だと思ってるからね。会社という組織自体が形骸化するんじゃないかなと思ってる。

加藤くんの言う「転社」を繰り返すのを個人個人がするようになっていけば、それが会社なのかフリーランスなのかはその人の持っているスキルによって違うけど、相対的に会社という存在の持っているパワーはなくなる気がするんだ。そこから、今度は「自分だと一〇〇〇万しか使えないけど、会社だと一〇〇〇億使えた」っていう規模のプロジェクトをどうやっていくかという別の問題は出てくるけどね。

加藤 とはいえ日本も、じつは中小企業のほうが多いわけだから。

角田 八割とかだっけ。九割いくんだっけ？

―― 九割以上ですね。でも大企業から中小企業に移っていく人は結構多いんじゃないですか？

角田 それは逆はないからじゃないですか？　中小企業を大企業にした人以外で、中小企業から大企業に入る人はまあいないでしょ。よっぽどの人じゃない限り。

加藤 勤め先を変えるとなると、条件が全部同じというのは六つかしいところはあるよね。諦めなきゃいけないこととか、捨てなきゃいけないことも結構あるだろう。でもまあ、よっぽどのことがない限り餓死しないだろうとも思うんだけど。

角田 まあね。でも今回のコロナはこれから「よっぽどのこと」になるかもしれないから。こと興行界とかは。僕、一生ライブはもと通りにはならないんじゃないかと思っててさ。

加藤 なるほど。

角田 いや、そうすると「無観客でどう配信していくか」って方法を模索してアーティストは食っていけると思うんだけど、コンサートスタッフとかはどうするんだろうなあ……一

加藤　筋縄ではいかないんじゃないかな。
住むところを選ばなければやりようもある気はするし、「それは大企業にいるお前が勝手に云ってるんだろ」って返されたら、その通りのような気もするし。

◉会社が潰れそうで怖がってる人とは？

角田　僕、『反穀物の人類史』[*]を読んだんだ。

加藤　面白い本だった。

角田　面白いのよ。やっぱり疫病のことも書かれててさ。どういう本かって簡単に言うと、「狩猟よりも農業のほうが魅力的だから、農業をしている人たちがみんな都市に集まり、農業をやったから国ができた」っていうのが今までの歴史の説明じゃないですか。それが「逆なんじゃないかっていう話」なの。「人間が牛と羊を家畜にしたように、人間もその土地に家畜化されただけなんだ」っていう視点で語られるんだ。
「今から六〇〇〇年くらい前、つまり近代が始まるまでは、遊牧民とかのほうが圧倒的にいい暮らしをしていた」というわけ。それでは都市のほうはなんでできたかっていうと、「ちゃんと量れて計算しやすい『穀物』というものがあったことで、『人をコントロールしやすい』がために都市というものができただけで、そのほうが効率がいいという話ではなかった」ということを実証している本なんだよ。確かにちょっと面白い。
そう考えると、今回のコロナの話とも繋がるんだけど、会社とか都市……つまり「人

【『反穀物の人類史』】
反穀物の人類史：国家誕生のディープヒストリー。ジェームズ・C・スコットの二〇一七年の著作。立木勝による邦訳が二〇一九年にみすず書房より刊行。

がぎゅーっと集まることが効率的だ」って考えていたことが幻想だったんじゃないか、という気がしてくるんだよね。今は「二メートル離れろ」って言ってるわけじゃん。それって「都市に住むな」ってこととも同義なのかなって。

加藤 そうすると、さっきの【貯蓄】*だって「お米貯める」みたいな話なわけで……。「じゃあお米じゃないものがあればいいんじゃないの？」って考えると、お金を貯蓄する必要もないんじゃないですか？って僕の思想として全体的に今そうなってきてる。

会社が潰れそうで怖がってる人って、本当の意味での「ひとり暮らし」に対する自信がない人なんだろうか、とも思う。平たく云うと「家事ができない」自覚がじつはあるんじゃないのかな。

角田 なんとなく分かる。僕も家事できないから。

加藤 そんなに豪華なものじゃなくていいけど、ご飯が炊けて、野菜があれば野菜炒めを作って……そういう、一週間自炊できる自信があったら、「会社が潰れたら……」みたいなことは云わない気もする。

—— え、どういうことですか？

加藤 お金を稼ぐとかじゃない、基本的な生活力の話。「生活していく」ことの意味が「お金を稼ぐ」ことである人たちからすると、「会社が潰れる」ことが怖いんじゃないかな。暴論なのは自覚しつつですけど。

角田 つまり「ひとりで生きていけるよ」って思ってるか思ってないかってことだよね。

加藤 そうそう。

【貯蓄】
P26からの本文を参照。

◉命を大事にするケモノ力。まずは自分で洗濯をしろ

角田　「この仕事に命をかけます」っていう人がいるじゃない？　「そいつってダメだな」って最近思ったんだ。

そいつって、要するに仕事以外は見向きもしないってことでしょ。家事とか子どもの教育とかもどうでもいい。誰の話かって、うちの親父がまさにそういう人間だったんだけど、毎年恒例で行ってる正月の旅行に去年（編注：二〇一九年）も一緒に行ってきたらさ、もう八〇近いのに「今年が勝負だから命かける」とか、また言ってるわけ。僕が「親父、もう死んじゃうからさ、命かけなくていいよ」って言うと「お前はまだ甘い」とかまた説教されたわけ、この歳になっても。

それが四月になったらさ、おふくろが急に家から出てっちゃって、別居しちゃったんだよね。おふくろからすれば、「仕事に命かける」とか言っている親父の生活が破綻していることにイライラしてて、それで出ていったわけ。実際おやじは七月にガンになっちゃって翌年（編注：二〇二〇年）に死んじゃった。お医者さんによれば「二月か三月くらいから発症してたんじゃないか」と。だから「命かける」って言った親父は本当に命がかかっちゃったわけよ。

加藤　生活全部じゃなくて仕事だけだと……。

角田　いや、でもね。「命かける」っていうのは自分のメンタルもやられるし、身体にもくる

し、そうやって命かけてる人がいると、周りにも迷惑がかかるんだ。だから「仕事には命かけちゃダメなんだ」って思ったわけ。

それともう一つ、先日、車に乗ってたら西麻布の交差点でいきなりエンジンかからなくなっちゃって、アイドリングストップのまま止まっちゃったんだ。軽だから自分で押して何とか避けたんだけど、本当にヤバかったの。警察も呼んだし、とにかくＪＡＦ*にも来てもらうじゃん。

そしたら、そのＪＡＦのお兄さんが……まだ三〇手前くらいの若い人なんだけどさ、すごい冷静なんだよ。「角田さん、こういう時は落ち着いてください」なんて、二〇くらい下のやつなのに諭してくれてさ、超カッコよかったわけ。

「このお兄さんはＪＡＦの人だから、もっと悲惨な現場もたくさん見てるんだろうな……」って思って気が付いたんだけど、命を預かる仕事の人って、自分の命はかけないんだよね。だから多分、消防士も自衛隊も警察官もパイロットも、人の命を扱う人ほど自分の命を一番大事にしている。というか、「自分の命の安全がちゃんと守られているから、人の命を助けられる」って分かってる人なんだなと。そこで翻って、うちの親父みたいな人ってそうじゃないでしょ。

加藤　命がベースだわね。

角田　「人の命なんてどうだっていい、俺は自分の命もかけられる」ってやってるから、ああなっちゃったんだ。

だから二重の意味で、自分の命はかけちゃいけない。自分の命を大事にした上で、

【ＪＡＦ】
日本自動車連盟（JAPAN AUTOMOBILE FEDERATION）。出先で自動車が故障した際のロードサービスのほか、モータースポーツイベントの公認も行う。

加藤　「さあこの社会をどう良くするか」って考えないとダメなんだって、僕はそのＪＡＦのお兄さんに教わった。これ、いい話でしょ？

角田　いい話だね。

――　「それができることが大事」っていうのが家事とか料理の話とくっつくんだ。

角田　ああー、なるほど。

近いでしょ、言ってること。「自分がちゃんと生きていける」って言うことができる人は、多分大丈夫なんだよ。そこを、なんか精神的な問題として勘違いしている人が多いんじゃないかな。

　仕事って「人の命を預かる仕事」と「人の命を預からない仕事」の二種類があると思う。それで僕は「人の命を預かる仕事は嫌だな」って言って、テレビ局に入ったの。その中でも報道ってちょっと命を預かっているところがあるじゃん。だから報道はやらなかったの。

　つまり「人の命なんて一ミリも預かりたくない」っていうスタンスで生きてきたんだけど、それでいて「僕はこの番組に命かけてる」とか言いながら番組作りをやってた気がするわけ。でもそれって、ＪＡＦのお兄さんの尊さに比べるとさ、そっちのほうが断然大事だなって、最近すごく思う。

加藤　消防隊員の人がまったく同じこと云ってたニュースを見た。「災害時、まず消防署員が安全に」って。

角田　そうそう。そのことが分かっている人、今の日本のサラリーマンにどれだけいるのかな。

加藤　増えてきた気はすごくするね。

角田　やっぱりそれは東日本大震災の影響じゃない？　唯一の好影響というか、命の意味について直感したっていうかさ。

加藤　自分の仕事よりも、自分と家族の健康とか生活を優先して行動しようとしている人が増えてるよね。

角田　だから本当に、もっとそういう社会になるしか生きていく道はないんじゃないのかな。

加藤　たしかに、自分の命にしてもそうだけど、「なんとかなる」って思えるだけの冷静さを持つためには、基本的な生活力がないと不安なままになるかもね。

角田　それが、僕の言い方だと「ケモノ性」とか「ケモノ力」*っていう表現になるんだ。

加藤　仕事は分業だけど、生活そのものも妙に分業されているわけじゃない？　「俺は家事やらない」とか、それを見直したらいいのかもしれないね。

角田　そうなんだよね。自分がどう生きていけるか。

加藤　複雑な電子機器なんかは置いとくとしても、ある程度は道具の手入れや直し方は知っているとか。

角田　今、「自分のオフィスに洗濯機を置くか置かないか」っていうことが僕の一大転機なんだよ。「オフィス用に洗濯機を買わない」ということはさ、「誰かに洗濯を頼む」ことから抜けきれないわけじゃん。ところがオフィスに洗濯機を置くことによって、家に帰らなくてもよくなるし、自分で家事の一部をやることにもなってくる。

でも完全な家事までまだ至らないのは、「レストランで食えばいいや」とか「コンビ

【ケモノ力】
P92の本文を参照。

ニで買ってくればいいや」になっちゃってるからなんだけど。「洗濯機を買う」っていうのは僕にとっては自立の第一歩なわけよ、小さい話なんだけど。

加藤 乱暴だけど、この項目の締めは「命を大事にするケモノ力。で、まずは自分で洗濯をしろ」にしときましょうか?

(編注:結局、角田さんは洗濯機を買いました……)

な

【難問（なんもん）】

角 年齢を重ねるごとに、あらゆる問題が難問になっていく。きっと答えはない。

加 実は相対的な自分への制限。なくなることはないが、難易度も変わる。

難問にぶつかると思考停止してしまいます。どう難問と対峙していくべきでしょうか？

◉その難問だけ、ばっかりとは向き合わず

角田 ちなみに加藤くんは、難問*にぶつかると考えるのやめる？

加藤 うーん。自分なりに対策、解決あるいは解消方法、まあ落とし所は見つけるけど、それが採用されないことも多いからなあ。

角田 僕は考えることしかできないと思ってる。

加藤 ……なんかカッコよすぎない？

角田 いやいや、ホントホント。マジで。なんか困った時には、考え続けようって思ってる。それで答えが出ないことぐらい知ってるんだけど、でも考えるのやめたら人間として負けだなって思ってて、ずっと考え続けてる。

*【難問】「①解答するのが難しい問い。②解決を要するが、処理しにくい事柄。③難詰して返答を迫ること」（『広辞苑』より）

みんなが三択で悩んでいる時に「四択めを探す」、つまり「ある限られた範囲の外に、もうひとつユニバースがないか」みたいなことをずっと考え続けてる。極端なことを言えば、「最終的には自分が自殺すればいいじゃん」という六択めも含めて考えてる気もするし、「自殺じゃない七択め」も考えようとしてるところがあると思う。だから難問にぶつかったところで考えるのは止めないかな。

加藤 「考えるのを止めたほうが、楽は楽」という話になっちゃうところはあると思うんだ。ただ、かとうのイメージだと、難問にぶつかったら考えるんだけど、「時々考える」。ずっとそれを考えてるとにっちもさっちもいかなくなっちゃうから、「時々考える」くらいにして次に行くのもありなんじゃないかって。

角田 東大で禅の先生の授業を受けた時に聞いたんですけど、座禅してても何か考えちゃうじゃないですか。「何も考えないで「空（くう）」になれ」とか本当は言うんだけど、「何も考えない」って無理だから、何か頭に浮かんじゃったら、「そのことだけ考えなさい」って言うんです。そうすると他の雑念がなくなるから、結果「空」に近くなるって。

僕の感覚はそれに近いかもしれない。「まったく考えない」っていうのは人間にはそもそも無理なんじゃないかな。

加藤 そうは云っても、トイレ行く時には一瞬忘れたりするじゃない？　言葉をその通り受け取っちゃう人も多い気がするんだけど、「ずっと考えろ」って云われると「本当に二四時間考えるんですか？」って変に誤解される気がするんだよね。だからそれも込みで、

角田　「考えなくはないんだけど、時々」っていうくらいのほうが、嵌まるのかなあって。そういう意味でいうなら、僕はいつも「話半分で聞きなさい」って言ってる。「この本に書いてありました」とか言われても、「それは著者が思っただけのことで、あなたに適応するかどうかは別の話だからね」っていうことを忘れがちなケースはすごく多い気がする。

　この本でもそれはきちんと書いておいたほうがいい気がするな。「この本にはこういうふうに書いたけど、あなたが違うと思ったらあなたのほうが正しいよ」って。

加藤　それはそうだね。テストもさ、「総合点を取ればいい」と思っているので「その難問だけ」に悩んで「自分はなんてダメなんだ！」ってならなくてもいいんじゃないですかっていう気がするな。

「得点の範囲」のとり方って、仕事の中でのポートフォリオ*の得点もあるけど、家のことなんかも含めた「人生の総合得点」でもいいんだよ、派。仕事が五種競技なら生活も含めて十種競技で考えて、十種のトータルで勝つ、みたいなことでもいいと思うんだよな。それぞれを単品管理で捉えちゃうともったいない。逃げてもいいかんけど、向き合ってばっかりも好くないよ。

◉頭の中には「悩みの領域」が必ずある

角田　逆にいうと「難問にぶつかってない時」ってある？　僕、比較的ずっと難問にぶつかっ

【ポートフォリオ】元々は書類を入れるカバンの意味。そこから派生して、「リスクを避けるための分散投資」や「仕事上で能力を証明するための作品」など複数の意味で用いられる。

てるんだけど。

加藤　はっはっは。

角田　悩みって、なくならないと思うんだよね。頭には常に悩みの領域が三割くらいあるんだと思うわけ。その悩みを今、この時は何で使っているかっていうだけの違いであって。

　僕の場合は二〇一九年の七月に父親のガンが分かって、その悩みが三割くらいあったわけだ。一一月に治療法が見つかって、それをやってみようってことで悩みがなくなったと思ったら、次は頭痛が始まったわけ。それで頭痛が治ったと思ったら今度はコロナが二〇二〇年に来たわけよ。だから悩みって、空くとそこに来るんだよ。

加藤　なくならないのね。

角田　領域としてあるんだよ。自分の頭の中でその領域が三割なのか七割なのかは、個体差によると僕は思ってるわけ。

「難問にぶつかると考えるのをやめてしまう」というよりも、そもそも頭の中に「難問」という領域があるのよ、ということに最近気付いた。だって、次から次へと来るんだもん。「頭痛いの治ったら、何か来るな」と思ってたらコロナ来たし。やっぱり一個なくなったらそこに何か来ないと辻褄合わないわけだから、コロナが落ち着いたら今度はプライベートの何かがあるだろうなと思ってる。

加藤　今回はたまたま世間と共通したものが来たと。

角田　それが多分真実だと思うんだよ。だって、何も悩みがない時なんてないでしょ。

――ないですね。

加藤 その云い方だと一個一個クリアしていくようなものに聞こえるけど、難問が複数走っている状態もあるんじゃないの？

角田 そんなにある？

加藤 ……あるな。

角田 あ、そっか……。

加藤 「その時一個だけ」というスペース論は分かるとして、その時に占めているものは一個だけではないけどなあ。

角田 まあ「一個だけ」ではないね。小問がたくさんある気はするけど、難問って三つとか四つくらいじゃない？

加藤 すぐ答えが出なくてもいいんじゃない、死なないんならさ。全編を通してのわたしの立ち位置ですけど、やっぱり視野が狭いし近いと損。広く遠く持ったほうがいいよ。「他にも選択肢や可能性はいくらでもあるよー」みたいにさ。あと、自分にとっては難問でも他の人にとっては難問じゃないこともいっぱいある。

角田 あるね。

加藤 「今年の悩みは今年のうちに」みたいな考え方もあるけど、今年のうちに解決することなんて少ねえんじゃね？という気もするけど。「答えが出ない」みたいなことも含めて、それは難問と付き合ってるってことだよね。

角田 付き合ってるね。

◉その難問って、放置するか、遊水池に流しておいてもいいんじゃない？

加藤　「解決する」っていうよりは、「解消する」とは違うのかな？

角田　「解消する」ものもあるよね。「お金の件はこれで片付いた」とか。そうしたら別のことで悩むんだと思うんだよね。だから悩みはなくならないよね。それこそtotoとかＢＩＧ買って、一〇億当たるとするじゃん。あれ、逆に当たってみたい。それで悩みがなくなるのかを知りたい。少なくとも「お金」という悩みはなくなるわけじゃん。でもそしたらまた違う悩みが来るんだろうなって。

加藤　いっそ、とっておいてもいいんじゃないですか？

角田　難問を？

加藤　うん。で、すぐ解決できなくていいんじゃないですか？

角田　いや、すぐ解決できたら難問じゃないじゃんか。だからこれは禅問答だよ。難しい問題であるためには解決できてはいけないんだから。解決しようとするのも無理だよね。解決しないから「難問」なのであって、解決したら「易問」だってことになっちゃうもん。

――確かに……。

加藤　「確かに」って。

角田　そうなんだよ。これ、論理的に矛盾を抱えている問題だね。

加藤 結果論かもしれないけど、然るべき時に解決したり解消したりする問題もあるし。

角田 うん。時間が解決するのはある。「時間が解決する」っていうのは、僕の場合はむしろそうで、いつも言ってる「決定は早めに、連絡は遅めに」の話で、決定を遅くしちゃうと解決しちゃうんだ。

加藤 悩みの放置プレイ。

角田 ね。ダブルブッキングとかで「やばいやばい」とか言ってても、当日が近くなってくると先方がズラしてきたりするんだ。

加藤 話飛ぶかもしれないけど、それでいうと何かを「溜める」のが苦手な人っている。自分でボールをキープしておくことが嫌で、すぐパスしちゃう。仕事でいうと、窓口にあたる人が自分のところで二日くらいキープしている間に、先方が「すいません、あの話なかったことに」で難問が解消していた、みたいなこともあると思うんだけど、すぐにトスして、みんな右往左往みたいな。

角田 それもやっぱり遊水池[*]に近いんじゃない？　さっきも言ったように、溜めないで流したほうがいいんだけど、流し続けてると遊水池がなくなっちゃうってことだよ。

加藤 「ほっとく」……まあ「ほっとく」とも違うかなあ。大事なのは「流し方」か。

角田 なんか変なのが来たら一回遊水池に置いといて、ちょっと待ってるといつの間にか混ざっていなくなっちゃうかもしれないってことでしょ？

加藤 だから自分が何かのボールを持ってることが怖くて、すぐ手放そうとしてる気がするんだよなあ。ひたすらパス回ししてるサッカーみたいな。

【遊水池】
「遊水池」「川」は本書のキーになる概念のひとつ。詳しくはP346からのコラム「遊水池のある川／河」を参照。

角田　ああ、ずっと点入らないやつね。

加藤　ボールキープしておくのも悪くないと思うんですけどね。

角田　ということは、難問をちょっと自分のところで持ち続けているうちに、解決が向こうからやって来るかもしれないと。

加藤　そうそう。それでダメだったらすぐパスすればいいわけだし。

◉その難問、自らの「コントロール内」か「コントロール外」か？

――加藤さんのおっしゃってることって、自分のコントロールできるものとできないものの区分けをしっかりやっておいて、できないものに関しては時間なり何かで解決の糸口が見つかるかもしれないので、とっておく、溜めておくと。その判別がすごく大事なのかなと。

加藤　遊ばせておくというかね。

――その判別をどこで見極めるか、判断するかっていうのが重要ですよね。

角田　今の話、自分のコントロールできるものとできないものの見極めって結構真理で、その見極めが下手な人がいろいろ失敗するし、難問を抱えるんじゃないですか。それが上手い人はあんまり難問を抱えないいんですよ。

加藤　なるほどね。

角田　僕は基本的にずっと考えてる悩み性なんだけど、なんとか生きてるので、見極めはそんなに間違っていないだろうという自負はありますね。「自分が押さえておこう」とか「止めておこう」とか「早くパスしちゃおう」とか、そういう判断をそんなに間違えたことがない。

ロケなんかやってると、問題起こすやつもいるわけですよ。例えば未成年のインタビューしたのに、「昨日彼氏とお泊りしちゃって」っていうの放送しちゃって、翌日高校から「うちの生徒、外泊したんですか」って連絡が来るみたいな。それがまた、本人は外泊してなかったのにそいつが高校生に言わせちゃってて、すごい問題になったこととかがあるんですよ。そういうことをよく起こすやつと起こさないやつがいて、僕は比較的そういうのを起こさないいんです。

それは、その瞬間瞬間に「この人にはこういうことは言わせちゃダメだよな」って判断してるからで、それが何となく分かってる人と分かってない人がいるんだ。「ここまでやると社会が許さねえ」とか「ここまでやると人間関係が崩れる」とか、そのギリギリのラインを見極める肌感覚が大事な気がするんだよね。

加藤 その辺、角田くんは動物的な勘で対応してるんですか？

角田 僕は本当は苦手なんです。だから加藤くんが言ってる「練習」みたいなもので、ADになった時に先輩から「人間関係なんて、テクニックでどうにでもなるから東大入るより簡単だ」って言われたんですよ。それは「なるほど」と思ったんだ。「実際に行動する前に、一回逃げないで論理的に考えてみろ」と。「あれをやったら人は喜ぶし、あれをやったら人は怒る」。

それって、演出を考えるのと一緒なんですよね。何をやったら人は感動するかってことでしょう。そういうことを考えないでロケやってるから、みんな問題起こしちゃう。加藤くんの言う「練習でどうにでもなる」ということにすごくアグリーなのは、そもそも僕、そういうこと苦手だったでしょ。大学時代とか。

加藤 それはそうかも。

角田 どちらかというとすごくわがままだし、一緒にスキー行っても途中で「僕帰る」とか言って帰っちゃったりするし。

加藤 それって、大学でお芝居をやってたことが訓練になってたんじゃないの？

角田 大学の芝居はそんなに訓練になってない。やっぱり会社のＡＤだと思う。就職して一年目あたりにも加藤くんたちと軽井沢*にスキーに行ったんです。それまでの大学時代はチケットの取り方もろくに分からなかったから他の人にやってもらってばっかで、「角田はわがままなことしか言わない」っていうキャラだったんですよ。

ところがその時は、ロケをやった品川プリンスホテル*の関係者に無理くり軽井沢プリンスホテルのチケットを取ってもらっていたから、僕の名前で全部予約取ってたんですね。それで四人で軽井沢に行って、到着するなり僕がフロントにツカツカツカツカって歩いて行ってチェックインとか全部やってたら、加藤くんやミツカくん*がめちゃくちゃ感動してるわけですよ（笑）。「角田が!!」「え、受付に行ってる角田なんて見たことないぞ!!」みたいな。

で、部屋の鍵を渡しに行ったらすげーニヤニヤしてるから「どうしたの？」って訊い

【軽井沢】
長野県東部の町で、日本における避暑地・リゾート地の代名詞。

【プリンスホテル】
西武ホールディングス傘下の、日本最大規模のホテル会社・ホテルブランド。東京都内では品川駅の西側にいくつもの系列ホテルが並ぶのが印象的。

【ミツカくん】
角田・加藤の高校の同級生。「コッチくんなよ事件」は本当になかったことにしたい（加藤）

たら、「いやあ、変わるもんだねえ」とか言われたんだよ。あれ、すっごい覚えてる。確かに大学時代まではそんなのやったことないの。でも、ＡＤってそういうことをやる仕事だからさ。

加藤 やればできんだよ。

角田 そう、やればできんの！　やってないだけなんじゃないかなと思う。

加藤 ただ、それって自分でやりたくてやったわけじゃなくて。

角田 やらされたんだよ。

加藤 それも結構……。

角田 大事！

加藤 それでいいんだよね。

角田 だから、修業期間ってやっぱり必要なんだよ。今はみんな修業期間を持たないままスキルを付けようと思ってるから歪んでるんだ。

　ただめんどくさいのはさ、一％の天才っていうのはいるんだよね。確実に、修業期間もないのにパパっと世に出ちゃう素晴らしい人が一％くらいいて、そういう人が本を書いたりテレビに出たりしてるから、みんなそういうのに憧れる。だけど九九％は修業しなきゃダメだよ。社会性を身に付けた上でどういう絵を描くか。「おはようございます」って挨拶できる上での作曲。あなたが桑田佳祐なら別だけど……って、あの人たちもやっぱりちゃんとした社会人なんだけどね。本物はそんな傍若無人じゃないよ。

遊水池のある川／河

長らくお仕事をさせてもらっている中で、「ああ、企業とか事業経営って川、河川のようなものだなぁ」と実感することが多くありました。企業経営には売上高とか営業利益額とか、活動をする上での目標があるわけですよね。なので、経営しているサイドとしては、目指せ一直線、と云いたいし、やりたい。迷走するのはもちろん嫌だし、ズドーンと脇目も振らずに進みたいし、目標に到達したい。

けれどなかなか、そうも問屋がおろしてくれません。外側にある環境も、さらには内側に存在している各種の要素、ファクターがいろいろと〝邪魔〟をしてくる。これ、リソースなんて言葉で語っても同じこと。つまりは直線な、超・効率的な進行を許してくれません。結果的には、「川」になる。右に行ったり左に行ったりで、そこはかとなく蛇行する。自然に直線はない……とはよく云ったもので、まあ〝曲がり〟ます。アマゾン川のような、大きめの大河になれば進むどころか一回、元の方向に戻ったりしながら流れていくのが川です。その蛇行が許せなくて、〝護岸工事〟をガシガシとやって、直線にするのが好いかどうかは分かりませんけれど、経営者とその周辺にいる経営テクノクラート（いわゆる〝本社のみなさま〟）

は、川の流れはまっすぐにはならないけど、あんまり蛇行しないように、「幅に収めていく」ことに毎日大変な苦労をされているんだろうなあ、と推察します。

この、蛇行する（してしまう、というか）感じ、僕ら個人の人生も同じようなことだと思うのです。目指すゴール・目的と達成したい・クリアしたい目標はある。あるけれど直線に進まない。途中に固い地盤があれば迂回していくことになるだろうし、標高の高低差が少なければ、水に勢いがなくなってまったりしたり……とあれこれコトが発生しながら、川として流れていくのが、いろんな意味で自然の中に存在する私たちの人生なのかな、と思う次第。今日の明日、ぐらいの短期間ならともかく、それなりに長い期間を生きていく上では、多少は蛇行することを前提にしたほうがストレス少ないと思います。四柱推命なんかだと、天中殺の期間が何回かはありますけど、そうした環境を無視すると、大雨が降った時に川は氾濫して過度な効率化が徒になる。かえって周囲をダメにしてしまう、のは云わずもがなです。

その視点で川を見直してみると、たいていの川には遊水池があります。もろに池になっていることもあるし、普段はドライだけど増えた水のバッファとして、水を溜めておける機能がある。これもまた「幅に収める」ための智恵であり工夫なんですよね。都会の川だと、暗渠のように、目には見えないし普段は使わない余裕ゾーンが地下に準備されていて、いざ鎌倉の際にありがたかったりしたニュース、記憶にあるでしょうか。

じゃあ、僕らの人生にも遊水池、欲しい。ちょっと多めの水（例えば情報、とか。あるいはこれまで未体験のお仕事とか？）が川上からやって来た時に、その勢いや大量のボリュームある水をちょっと逃がす、あるいは一次的にプールできるような生活の中にある遊水池。気付けば、実はすでにやっていることもありますよね。「積ん読」とか。すぐには読まなかった本が、「そうそう、今読むのが自分にとってベターだったな〜」なんて（あ、この本がそういう存在になったらとても嬉しいです）。あるいは仕事上の連絡を、ちょっと考えた上ですぐパスしないで、わざと一日寝かせておくとちょうど好い塩梅になったり。自分のスケジュールの予定を埋めすぎないでおく、とかはよく聞く話。

あまり意識せずに、あるいは消極的に僕らはすでに遊水池を確保しておくスベを持っているじゃないですか。この技、もうちょい積極的に活用しても好いんじゃないか、と考えてます。デイリーやウィークリー、マンスリーに留まらず、イヤーリーだったりもっと長いタームで人生を川と捉え直してみると、私たちの人生がもっと素敵な遊水池のある川となって流れてゆく可能性、あるんじゃないでしょうか。

に【ニッチ】

角 あらゆることはニッチで、それが顕在化してるかしてないかの微差でしかない。
加 いわゆる非主流の領域。何が主流かニッチかは周囲が決めてくれてしまう。

成功したいなら「ニッチを狙え!」と言われますが、何がニッチなのか見つけられないんですが……。

◉メジャーかニッチかを判断することって?

加藤 個人的には、「わざわざニッチ*を狙いに行かなくていいんじゃないですか」説だな。

角田 加藤くんって「ニッチ」なの?

加藤 ニッチじゃない?

角田 角田はニッチ?

加藤 うーん……でも、角田くんはTBSで番組を作っていたから、作っているものはメジャーといえばメジャーだよ。

角田 うん。だから僕がTBSを辞めたのって、メジャーが嫌でニッチに行きたかったっていうのはあるんだよね。要するに僕って、大学時代は深夜番組とかよく観ててさ、深夜の

【ニッチ】
「①西洋建築で、壁面の一部をくぼめた龕(がん)状の部分。キリスト教会の内壁などに設け、彫像などを置く。壁龕(へきがん)。②生態的地位のこと。エコロジカル・ニッチ。③市場や産業で他社が進出していない分野(後略)」(『広辞苑』より)

エッチな番組とかふざけた番組とかを作りたいから入ったわけじゃんか。

でもTBSに入ると、矯正されるわけ。若い頃には「ゴールデンの番組ってなんかダセえな、じいさんばあさんしか観てねえじゃねえか」とか僕も思ってたわけ。ところが、会社ってよくできてるなと思うんだけど、一年くらい働いてみるとさ、「深夜番組しかやってないやつって、一線級じゃないじゃん」「ゴールデンで売れてるやつのほうが正しいんだ、ヒーローだ」みたいに、自分もそう思うようになっちゃったんだよね。だから会社というか、日本の資本主義ってすごく怖いなと思って。

そんな中、宮沢章夫*さんの舞台をバイトの若い女の子と観に行った時にさ、胸をはだけるシーンがあったわけ。小劇場演劇*では、おっぱいを出すとかってそりゃあるのかもしれないけど、目の前でおっぱいが出てきて超びっくりしたわけ。

加藤 おっぱい。

角田 そのあと、一緒に行ったその女の子とご飯を食べてる時に、その子が「役者とかにも興味ある」とか言ってたから、「じゃあ君も演出家に『脱げ』って言われたら脱ぐの?」って聞いたわけ。そしたら「演劇的に必要だったら脱ぎます」とか言うから、「おいおい、演劇的に必要だったら脱ぐのか」と個人的には超びっくりしたわけ。

加藤 それでそれで?

角田 一方で、僕らがテレビで作ってる「メジャー」なものではさ、その子におっぱいを出させることはできないわけ、まあやらないんだよね。って考えると、僕は「メジャー」の側で、宮沢さんの公演予算の一〇〇倍くらい大きな予算で毎週番組を作れてるけど、

【宮沢章夫】
一九五六年静岡県生まれの劇作家・演出家。八〇年代後半、竹中直人、いとうせいこうらとともに、「ラジカル・ガジベリビンバ・システム」として活動。九〇年からは「遊園地再生事業団」としても活動。『ヒネミ』で第三十七回岸田國士戯曲賞受賞。『時間のかかる読書』で伊藤整文学賞受賞。

「お風呂をどう掃除するときれいに磨けるか」とか「ダイエットはこういうやり方をすると効く」とか、メジャーなんだけど僕の中では中身はむしろ「ニッチ」というか、「こんなことやってて本当に意味あるのかな」みたいなことばっかりやらされてたわけ。旅番組の温泉紹介とかさ。
　演劇の人たちからすれば「何言ってんだよ。お前らの一〇〇分の一くらいの制作費でこっちは作ってんだよ」みたいに、彼らも制作者として「テレビ局は金持っててていいよな」とか思ってるんだと思うよ。なのに、その女の子を裸にさせることができるかできないかっていうことで、僕は作る人、作り手になりたくてテレビ局に入ったのに、メジャーを狙うと実は「自分の好きなニッチなこと」ができなくて、「やりたくもないニッチなこと」をやらされるんだなと思った。

加藤　それは、元々角田くんがニッチなことやりたいからズレてるだけでない？「ゴールデン枠の番組を作りたい」って入ってくる人もいるわけでしょ？

角田　うん、いるいる。

加藤　だからニッチをわざわざ狙うというか、結果ニッチなだけなんじゃないの？

角田　あー、自分のやってることがね。

加藤　そうそうそう。自分のやりたいことが元々メジャーで、実際にそれをやってる人もいるだろうし。

角田　まあそうだよね。だから、「メジャーかニッチか」と自分で判断しちゃうのは意味がないことかもしれないよね。

【小劇場演劇】一九六〇年代に台頭した日本の演劇ジャンル。五〇席～三〇〇席くらいのキャパの劇場（小劇場と呼ばれる）で上演される演劇の総称。時に、三〇〇人ならまだしも、五〇人程度の客数では、チケット代が五〇〇〇円と高額だったとしても一公演のチケット収入は二五万円。うち一〇万円程度が劇場利用料となる。そのため俳優の出演料は「呼んだ客数当たり一〇〇〇円」などのいわゆる「ペイバック制」で支払われることが多い。（聞き手・甲斐荘は社会人演劇の音響としても活動しており、内情に少し明るい）。どれだけ客を呼んでも、稽古期間を含めると考えるのも嫌になる薄給である。どうすれば演劇を「生業」にすることができるかは、多くの演劇人にとって大きな課題である。

加藤　世の中が変わって急にど真ん中に来ちゃった。自分は変わってないんだけど、周りがズレたから真ん中に来た、みたいな。そういう感じ、あるでしょ。

だから、ニッチとかメジャーって相対的で、それは周りが決めるもの。「自分がやりたいことをどれだけやるか」ということと「メジャーかニッチか」は関係ない。

とは思いつつ、「ニッチを狙え」とは云ってみたい。「ニッチを狙えと言われてもどのニッチが成功できるんですか」って、やりたいことが後回しで、先にニッチなところを探しに行って、当てに行ってる感じしない？「あえて外しに行ってる」っていうかさ。それがニッチだろうがメジャーだろうが、やりたいことがあるんなら、やろうよっていう気がするな。

◉ニッチとメジャーとの比率が問題

角田　そうだね。僕の中でのニッチとメジャーの定義って、「やりたくないけど、仕事だから金儲けのためにやらされること」がメジャーで、「そんなに儲からないんだけど、自分のやりたいことはやりたい」がニッチ。僕は若い頃に芝居を観た時はそう思ってたし、この問いもそういうことなんじゃないかなと思ってた。

だから、加藤くんの言ってる通り「そういうことじゃねえんだよ」と考えれば、自分のやりたいことをどう形にするかっていう話で終わるよ。終わるっていうか、シンプルな話になるよね。

加藤　うん。「成功できるか」っていう問い自体が好くないよね。

角田　なるほど。

加藤　成功するかどうかなんて、要はこれって「当たる宝くじ教えてください」って云ってるようなものでしょ。

角田　宝くじでいうと買わないと当たらないもんね。

加藤　そう！

角田　で考えるとさ、問いかけの「ニッチかメジャーか」みたいなのって、元々そうでもなかったし、それこそこれからは本当にそうじゃないんじゃない？

　つまり「メジャー」と言われているものがバタバタ倒れていってるじゃん。だから加藤くんの今言ったことは普遍的にそうだったと思うんだけど、これからは宝くじが当たる、当たらないの確率的にも、もうニッチもメジャーも関係ないかもしれないよね。もうYouTuberがヒットしちゃってるけど、それは昔だったらニッチと言われていたかもしれない。そういう人でも成功しちゃうわけだから。

加藤　自分のやりたいことが結果ニッチになってるかどうかは別として「自分のやりたいこと一〇〇％」だと素敵ですけど、そういうアーティスト的な生き方をしてるとサラリーマン的には苦しいかもしれないから、そのバランスを大事にしたほうがいいとは思う。ニッチがゼロでもよくないけど一〇〇でも極端だから、そのバランスの問題のような気がするけど。

角田　ちなみにニッチは「自分がやりたいことだけど儲からないこと」、メジャーは「お金や

加藤　サラリーの源泉」だとして、加藤くん自身の割合は何対何くらい？

角田　うーん。多分ニッチ度が大きいほうだと思うけど、ニッチ対メジャーが三：七か四：六くらいになっちゃってるんじゃないかな。多すぎるかもしれない。

加藤　……自分で言っといてあれだけど、どのくらいかなあ。

角田　例えば今のこの話してる時間もニッチですからね。

加藤　これは一〇〇％ニッチだよね。

角田　置かれている仕組みの中でニッチを確保することはできるんじゃないでしょうか、とは云ってみたいけどね。

加藤　それは全然違法ではないし、やりようによってはメジャーなところでも、ニッチ的なことはやれるってことだよね。

◉「選択肢を増やす」視点でニッチがたくさんあって好い

加藤　話を戻すと、この「ニッチを狙えと言われてもどのニッチが成功できるの？」って、結果的に一本足打法*的な問いじゃない？

角田　うん。

加藤　となると、二人して云いたい「選択肢を増やせ」とか「遊水池をつくれ」な視点で云うと、一個だけに決めなくていいんじゃないでしょうか、ってことかな。一〇〇個あっても多すぎると思うけど、一つに全力集中どーん！な一本足打法である必要はないと思う

【一本足打法】
現役時代の王貞治の打法として有名。後にこの打法を習得した打者にも門田博光や大豊泰昭などのホームランバッターが多い。

けどな。

角田 僕が今、加藤くんに質問したことを自分に問いかけるとさ、会社辞めてから今やってることは全部「ニッチ」なんだけど、それを一〇〇個くらいやってると、メジャー一個分くらいのお金にはなるかな、みたいな。……一〇〇個だと言いすぎか、一〇個くらい？　だから、そもそも「メジャーかニッチか」でorにしちゃうのも問題だってことだよね。

加藤 そうそう。orにしちゃいかんのよ。

角田 加藤くんの言ってるのって、「そこはグラデーションで」ってことで、メジャーの中にニッチも混ぜられるし、ニッチの中にメジャーも混ぜられる。一方で僕が思うことは、僕がやっていることは全部ニッチなんだけど、ニッチ一〇個やってるとメジャー一個分くらいの金にはなってるよ、っていうことかもしれない。

加藤 ただ、角田くんが今ニッチなことができてるのは、結局「メジャーで培われたニッチ力」があるからでしょう？

角田 はっはっは、僕はずるいからね。東大という肩書きを使ってTBSに入って、TBSという肩書きでフリーになってるからね。そう、だから僕はね、「肩書き否定論」って意外とナンセンスなんじゃないかってじつは思ってる。使っちゃえばいいじゃんと。まあ、そんな感じですかね。

加藤 ニッチかどうかなんて、所詮外からの評価ですからね。

角田 そうそう、相手が決めることだから。でもほら、僕も加藤くんも比較的ニッチな音楽好きじゃん。

加藤　まあ仮に一〇〇％ニッチになっちゃっても食っていけなかったら大変だから、そういう意味も含めてのバランスをとることはできそうじゃない？　と云いたいですかね。

ぬ

【盗む】

角 アイデアに盗む盗まれるは、本来は存在しない。

加 他人からモノやコトを拝借すること。拝借した後の処置によって好悪が変わる。

仕事はできるヤツのやり方を「盗んで覚えろ！」と言われるけれど、何を盗めばいいのか分からない……。

◉東大の先生たちは教えてくれない

角田 加藤くんたちって仕事は教えてもらえてた？

加藤 世代かなあ、全然教えてもらえなかったよね。

角田 だからやっぱり「盗んで覚えろ」*だよね。

加藤 それが「盗んで覚えろ」なのか、【上司】*の項で話題にした夜中まで待っててくれていた人の話もあるけど、結局「量稽古」というかさ、要は数をたくさんやってるので、できるようになったってことか。もちろん途中でいっぱいダメ出しはされるからご指導も受けてるけど、でも〝盗んだ〟よ。先輩や後輩の企画書もいっぱい参照に参考させてもらった。

【盗む】
「①他人のものをひそかに自分のものにする。（中略）③ひそかに学ぶ。まねする（後略）」（『広辞苑』より）

【上司】
P166からの本文を参照。

角田　なぜか目の前にある企画書を。

加藤　そういうのを見てたりしたし……。もちろん訊いてもいたけど、現物で勉強もさせてもらっていた。そういう盗みね。で、これって「盗む相手がいなかった」って話なのかな？　それとも「盗もうと思えるほどの人がいなかった」っていうことなのか……。

角田　東大の先生が「東大の先生は一概に教えない」って言ってた。「俺は自分の研究をただしゃべるから、盗め」ってタイプばかりだと。

何ていうんだろう、「教える」っていう意味で「盗め」って言う人と、本当に教えない人がいると思うんだよ。で、東大は「本当に教えない先生」が異様に多い気がする。「教える」というエデュケーションをサービスにしていない人が多いというか。

だから僕も、今通っている専攻って、面白いことがたくさんあるのは分かるんだけど、それをどう組み立てると自分の研究になるかってことを誰も教えてくれてないんだ。僕はそれでも、こんだけ生きてきたからまだいいんだけど、二〇代とかの若い人は、「これからどう組み立てればいいのか」なんて多分盗めないだろうなあと思う。

って考えるとさ、会社に入ったら「盗め」みたいなこと言われたけど、やっぱりそんなに教えてくれなかったなあとは思うんだ。僕個人は「先生から教えてもらった」という思いがずっとない。

逆に言えば、ずっと盗んできたような気がする。その「盗む」っていうのをどんどん拡張すると、周りの人とか先生じゃなくて、ちょっと観た映画からも盗めるし、ちょっと読んだ本からも盗めるし、なんなら旅先で「この町がこうなっているのはこういう理

加藤　由なのか」って自分が気付く力も「盗む」になる。

角田　なるほど。そういうことか。

加藤　反面教師だろうが、全面教師だろうが、「自分が何かに対応した時に、自分がどう思うか」を繰り返すことが「盗む」っていうことなんだと思う。「その人が教えてくれるかどうか」っていう意味でなら、基本的には教えてくれない人ばっかりだったな、学校でも会社でも。

◉盗むは三段階。「浸かる」「真似する」「換骨奪胎*する」

加藤　日本の社会や教育は「盗ませ方」が悪い、ヘタチンかも。

角田　悪い悪い。はっきり言って悪いよ。もっと盗ませ方が上手いところもあることを考えると、日本の教育の悪いところって、本質的にそこな気がするよね。

加藤　盗み方についは二種類あると思っていて、まずひとつは「真似する」系。ワクワク系マーケティング*実践会の小阪裕司*さんと慶應義塾大学SFCの井庭崇*先生とが「まねぶ」って云ってるんですよ。そしてその前にまず「浸かる」。「ドボンと入って、浸かる。そうすると見えてくるものがあるから」と。そのあとは「まねぶ」。真似をしながらコピペしていく、って提唱している。

角田　「浸かる」→「まねぶ」なんだ。

加藤　そう。で、今は「浸かる」がなくて、いきなり「盗め」って云っちゃってるのかな。

【換骨奪胎】
「(前略)詩文を作る際に、古人の作品の趣意は変えず語句だけを換え、または古人の趣意に沿いながら新しいものを加えて表現すること(後略)」(『広辞苑』より)

【ワクワク系マーケティング】
小阪裕司が提唱する、人をフォーカスすることを大原則に、「動機づけ」と「絆づくり」を二本柱とした、商いの考え方と具体的な実践方法のこと。または、「人の「感性」と「行動」を軸にしたビジネスマネジメント理論と実践手法」ともされている。

【小阪裕司】
経営コンサルタント。著書に『「惚れるしくみ」がお店を変える!』(二〇〇〇、フォレスト出版)などがある。

【井庭崇】
一九七四年生まれの研究者。専門分野は創造実践、パターン・ランゲージなど。一般向けの著書に『旅のことば』(編著、二〇一五、丸善出版)などがある。

「浸かる」をちゃんとやるってこと。例えば「映画が好きだ」なら、いいか悪いか別にしてとりあえず一〇〇本観ろ、みたいなことです。それをしないで名作だけから学ぼうとしている感じなわけでしょ？　そうじゃなくて、まずは好いも悪いも全部浴びる。浸かる。それから真似をして学ぶ。

大きな意味でのもうひとつの「盗み方」は、角田くんの云っていたように「全然違うものから盗む」。自分的にはそれを「換骨奪胎」と称しているんだけど、ゲーセンのクレーンゲームみたいに他のことからウィーンと引っ張ってくるように、他のことからも盗めるようになる方法がある。つまり「盗み方」は……あ、だから三つになるのか。「浸かる」「真似する」「換骨奪胎する」みたいなことは、多分云えると思うな。

ただ「浸かる」時には周りに人がいないと確かに浸かれないし、盗むったって盗む背中がないこともある。そこは環境に左右される問題があるよね。

◉仕事を盗ませる側の問題とは？

角田　逆に教える側としては、教え方が下手というか、盗まれ方が下手というのはあるじゃん。どう気を付ければいいんだろうね。

加藤　昔は一緒にいる時間が単純に長かったから、盗ませる機会がいっぱいあったんだと思うのよ。だから盗ませるほうは特にそこまで考えなくてよかった。だけどもう、そこまでべったり一緒にいられないから、盗ませるほうは逆に「盗ませ方を工夫しないと、盗ん

角田　でくれなくなっちゃった」っていう逆説的な状況は生まれてるんじゃない？加藤くんが今「昔は一緒にいた時間が長かった」って言ったのはまったくその通りで、テレビでも編集室に三日くらい徹夜でずっと一緒にいたりするわけじゃん。今考えるとさ、そういう時に「こういう編集の仕方があるよ」とか「テロップの入れ方があるよ」とか「カット点があるよ」とか、技術的なことを教えてもらえることもあったけど、より大事なのは、それよりも「三日間で仕上げなきゃいけない、今のこのタイミングにソファで寝てるんだ……！」とか「このディレクターってこんな感じで編集マンと喧嘩しちゃうんだ……！」とか「そこは耐えるんだ……！」とかなんだ。

今思うと、技術的なことは独学でいけるから全然盗んでなくて、むしろ、ある瞬間に訪れる精神的な苦痛とか喜怒哀楽を、どう自分で処理すればいいかについて、「あの時のあの先輩、そうだったたんだ……」「あれで怒ってたよな」とか、そういうことのほうが盗んでた気がする。

加藤　「to be」を盗んだってことね。

角田　そうそう。「to do」ではなく。だから今の言い方で言うと、テクニックについての盗む・盗まないはむしろ本を読むなりYouTubeの解説動画でも観りゃいいんだけど、生き方である「to be」のほうは一緒に時間を過ごさないと盗めないんだろうなと思う。

もしかしたら陶芸の先生とか寿司職人とかが「盗め」って言うのもそういうことかもしれなくて、ホリエモン*とかが言うように「リモートで学問やればいいじゃん」っていうやり方では盗めないことのような気がする。それで効率がいいかっていうとそんなに

【ホリエモン】
堀江貴文。通称、ホリエモン。一九七二年生まれの投資家、YouTuber、著作家。現在は宇宙開発から飲食店まで幅広い事業に投資している。

加藤 良くはないと思うけど、肌感覚ではそういう「盗む」はあると思うかな。そういう体験が濃くなるとその分個性は出やすくなるよね。一子相伝*だとやっぱり自分の個性は出てきやすくなる。

角田 それは、この編集会議もまさにそうだと思うわけよ。僕からすれば加藤くん以外は知らない者同士の四人が、結果的にこんだけスムーズにリモートで打ち合わせできてるのって、まずブレインストーミングみたいなことを三回くらいやって、それから対面のネタ出しを三回くらいやってるからだよ。知らない人からすると「初めからZoomでも良かったんじゃない？」ってなっちゃうかもしらんけど、今これが成り立ってるのはやっぱりそれだけの距離感で時間を共有したからで、それは大事だなと感じますね。

◉「オリエンテーション」の本をいつか作りたい

加藤 「昔ほど四六時中一緒にいなくてもいいよ」、「でもいきなりビシッと割り切ってもいけないよ」というバランスがどのくらいでいけるのかは、個人的な関心領域なんですよ。

自分みたいな広告会社に関係する分野でこれまで出版された本の中で、「アイデア、選択肢を出す方法の本」と、それを「ディレクションする方法の本」があるわけだけど、その上流には「オリエンテーションの本*」があるはずなわけよ。でも日本にはこれだけ本がある中で、オリエンテーションについて書かれた本は多分一冊もないんですよ。少なくとも日本語で書かれたものは。

【一子相伝】
「学術・技芸などの奥義をわが子の一人だけに伝えて他にもらさないこと」（『広辞苑』より）

【オリエンテーション】
「①ものごとの進路・方向を定めること。また、それが定まるように指導すること。方向づけ（後略）」（『広辞苑』より）

角田　それはなんで？　書けないってこと？　ノウハウ持ってる人がいないのかな。

加藤　うーん、なんでだろう。とにかくないんだよね。結局、特に広告会社はそうなんだと推測するわけなんですが、共有時間の長さに準拠しているオリエンテーションが多いのかな、とは思う。「愛だろ、愛っ！」みたいなさ。

角田　ははは。それって変えられるのかね。それともやっぱりそういうものなのかね。

加藤　いやあ、変えていないとダメなんじゃない？　その共有時間の長さに準拠してるとしたら、偉い人が「ちょっとこれ、アレだな」とか云った時に、その「アレ」はこういう意味ですね！　ってみんなが超ハイコンテクストなことを理解しなきゃいけない状態が続くってことでしょう。けど、初めて会った人は「アレ」って云われても分かんない。初めて集まったメンバーに対しても有効なオリエンテーションのやり方、あり方が何かないかな、って。

角田　僕は二〇二〇年に大学院修士二年なわけで、先週からリモートで授業が始まったわけです。僕は二年生だから去年一年間やってるから、リモートでも何となく成立してるわけ。ところがさ、一年生にはいきなり東大の大学院に入ってきた人とかもいるからさ、まったく状況が分からないのにリモートでいきなり授業受けることになって、すごく悩んでるんじゃないかなと思って。

加藤　ゲマインシャフト度*ゼロだとキツいか。

角田　一方、僕が慣れちゃっててハイコンテクストでやれてることって何かというと、例えば二限と三限のあいだって一〇分しか休みがないから、本郷*で授業取ってたら、次の時限

【ゲマインシャフト】
ドイツ語で「共同体」の意味だが、ここではドイツの社会学者フェルディナント・テンニースの用法により「血縁・地縁などによる共同体」のニュアンスで用いられている。対義語は「ゲゼルシャフト」で、こちらは政治や経済など目的をもって集まった共同体を指す。

【本郷、柏、駒場】
東京大学本郷キャンパスから駒場キャンパスまで電車で移動すると一時間弱、柏キャンパスまで電車とバスで移動すると一時間強かかる。

は本郷でしか授業取れないわけじゃん。ところが今はリモートだから、柏の授業や駒場の授業を連続で取れちゃうわけよ。「あれ？　リモート超便利じゃん」って僕の中ではなってるわけ。それって、やっぱり去年一年間毎日本郷に通ってたからっていうのはあるよね。

だから「オリエンテーションの本ができない」っていうのは、そこと通じる根源的な話のような気がする。書いても体現できない気がするんだ。だって実際に学校の便覧みたいなの見たら書いてあるんだけど、一年生がそれを読んでも分からないし、実際僕もいきなりだと分からなかったと思う。でも何回も授業通って先生の話を聴いてると「なるほどな」と思った。

加藤　だからオリエンテーションの本は書かれたほうがいいかもしれないけど、「できねえんじゃねえかな」ってちょっと思うところがある。知識じゃないところっていうかさ。さっきの「愛だろ、愛っ！」で笑っちゃったんだけど、それは「そういう人っているよなあ」っていうのと、「本当にオリエンは『愛』なんじゃないか」っていうのがあってさ。それ以上に説明できることがないのではないかって。

正直、そういうふうには思ってない。というか思いたくない。大学でのリモート話も「共有してる時間がすでにあるから、リモートになっても大丈夫」ってのがあるわけだけど、「そこの大丈夫、をどうやってつくるか」なのかもね。

共同体の中でチーム編成をしていて。同じ部族の中で「今日は狩りに行く人はこの三人」みたいにやってたわけだ。あるいは、それぞれは個人なんだけど、ある程度会社を超えた共同体で集まって、的に「昔から知っている人たちでやる」感じだったのが多数派として。

だけどこれからそうじゃなくなってくる。会社っていうか、組織もこれからちっちゃくなるだろうし、個人でやる人もいるところで、いきなり集まって「四人でチーム組みましょう」になっていくと思うの。

お互いにスキルや専門性があるのは分かっているんだけど初対面同士のチームで、いかに時間をかけずに効果を出すか、みたいな時に必要な「オリエンテーションのワザ」って何なんだろうな……っていう感じ。

チームビルディング*ともまたちょっと違うイメージがある。例えばでいうと、傭兵部*隊が一瞬だけ解け合って「はい、さようなら」みたいな、期間がもうちょっと短い感じのイメージなんだよ。

角田 そうすると、新人研修とかとはちょっと違うんだよね？

加藤 あくまで「その仕事のため」。四人のチームで好いもの作りたい、それをよりコンパクトにするにはどうしたらいいか、みたいなことかな。
結局、「専門性を持ってる人たちが集まってる中で、どうやってより好いアウトプットを生み出しやすくするか」ということだから、別に仲良しクラブである必要はないわけですよ。極論を云うと「べつに仲が悪くてもいいよ」みたいなね。そこをどう整理したらいいかなあって。「チームビルディング」は確かに近いんだけど、もうちょっと違うやり方があるんじゃないかな……と思っている段階なので、まだ自分の中に答えはな

【チームビルディング】

「同じ一つのゴールを目指し、複数のメンバーが個々の能力を最大限に発揮しつつ一丸となって進んでいく――そうした効果的な組織づくりや、チームをまとめる手法のこと。コーチングやファシリテーションなどとともに、リーダーに求められるマネジメント能力の一つとして注目を集める」（『人事労務用語辞典』より）

【傭兵】

「雇傭契約によって俸給を与え、兵隊として働かせること。また、その兵。雇兵（やといへい）。」（『広辞苑』より）。前述した「フリーランス」のもとの意。

いんですよね。

角田 これ加藤くんが本書いたほうがいいね。

加藤 できるかなー。まだ骨がないのよ。

角田 だから、これから仮にコロナがずっと続いて、「ずっとリモートでやっていくことになりました」ってなった時には、こういう編集会議も知ってる人とだったらこの感じでできるんだけど、知らない人とだったらまた変わってくるよね。

加藤 やり方、あると思うんだけどね。

◉盗む、盗ませるための秘訣がリモート会議にあるかもしれない

角田 てことは、話を無理くり戻すと、盗み方・盗まれ方が変わっていく可能性はあるよね。

加藤 そのへんは言語的にいうと「敬語」の機能じゃない？　敬語そのものを使いましょう、ではなくて。敬語って、相手との距離をうまく調整するための言葉*だから。だから文明文化が発展しているところには必ず敬語があるのだと思うんです。

角田 ハイコンテクスト・カルチャー*だもんね。

加藤 あとは「クレーム対応*」の話でも出たように、どこまで人格を切り分けてコミュニケーションするかだよね。

角田 それこそ「サードネーム」のようなものが求められてるだろうね。今回のリモートでいうと、Zoomってバーチャル背景がいろいろできるでしょ？「自分の家の中を見せたく

【敬語って、相手との距離をうまく調整するための言葉】
この辺りのことは橋本治・著『ちゃんと話すための敬語の本』（二〇〇五、筑摩書房）に詳しい。

【ハイコンテクスト】
「前提となる文脈を共有している」という意味。言い換えると「部外者にはようわからん」ということでもある。「ハイ（高い）」という接頭辞から良い意味に捉えがちだが、良くないニュアンスでも使われるため注意が必要。

【クレーム】
P118からの本文を参照。

ない人はいろいろ変えましょう」って、サードプレイスだもんね。

加藤　リモート慣れしている会社はそこが上手かも。「テレビ会議室に六人。今日のアバター* は何にしよう？」みたいに、もろにバーチャル化してるんだよね。会議での名前もまさにサードネームになってる。こういう会社は実際もう存在してて、でもこれは別に「リモートだから」っていうわけでもないのかどうか。

角田　「こっちのほうがいいや」って人が増えてるのも事実かもしれないし、僕なんかもリモートになってむしろ楽だって思ってるもん。

加藤　べったりもアレだけど、ある程度経験のある人同士だとリモートのほうが早い。その雰囲気の中だと、ニューカマーの人にはキツいかもしれないなあ。

角田　いや社会人一年目とかの人はつらいんじゃない？　これ本当に。

加藤　誰も知らないわけだし。

角田　誰の指示が合ってるのかとか判断できないしね。

加藤　大学の通信制も二ヶ月に一回か二回くらいは会うもんね……だからそういうことなんだろうな、バランスとして。

……話は逸れましたが、かとう的に云うと「盗む」は三段階。「何を盗めばいいかが分からない」っていうのもあるだろうけど盗み方を覚えましょうで、「浸かる」「真似する」「換骨奪胎する」。

角田　それは「僕もそう思う」で大丈夫です。

加藤　で、盗む相手の話に関して云うと、お宝を持っている人を探さなきゃいけないと大変だ

【アバター】
「①ネット上でユーザーの代わりに登場するキャラクター。②サンスクリット語で『神の化身』」（『現代用語の基礎知識』より）

よね。そもそも自分の周りにいるかどうかも分からないし。

角田 そうだよねえ。リモート会議について僕の知り合いの教授がTwitterでつぶやいてたんだけど、「リモート会議のほうが便利だ」と。「これからコロナ終わってもリモート会議にしてほしいなあ」って言ってるんだけど同時に、ほら会議って、出席者が三〇人くらいいるとしたら、始まる前に三分くらい三人で話たりするじゃん。「例のあの件どうなってました?」みたいにさ。そういう『ちょっとしたやつ』が全部できなくなってるのがつらい」とも書いてた。

加藤 そりゃそうだよね。

角田 距離感みたいなやつというか。

ね

【根回し】

（ね　ま　わ）

根回しもせずに物事を決めてしまう上司のせいでプロジェクトが失敗ばかりしています……。

角 根回しがうまいと生きやすい社会は、とても生きにくい。
加 確固たる存在に根っこは必要だが、こねくり回すと逆に水回りも悪くなる？

◉プロデューサーの根回しの極意。角田くんの場合

角田　プロデューサーは根回し[*]の仕事ですもんね。

加藤　じゃあプロデューサーの根回し論を聞こうか。

角田　例えば、キャスティングの時に「今度この企画があるので出演しませんか」って送るじゃんか。そうすると相手にとって断る理由って、単純化すると二つの場合がある。「本当に出たくないから断る」っていう場合と、「出たいけど出られないから断る」場合。そこで、「出たくないから断る」って、返答としてはまあないわけよ。「すいません、ちょっとスケジュールが合わなくて」みたいな言い方をする。

加藤　云い方として。

【根回し】
「大木を移植する一～二年前に、その周囲を掘って、側根の大きなものと主根とを残し、その他の根を切り、細根を発生させ、移植を容易にすること。果樹の結実を良好にするためにも行う。②比喩的に、ある事を実現しやすいように、あらかじめ周囲の各方面に話をつけておくこと」（『広辞苑』より）

角田 本当は出たくないんだけど、「スケジュールが合わなくて」とか言って断ることがほとんどなわけですよ。

ところが、そう言われた時に「じゃあ、いつのスケジュールなら空いてるんですか」とか返すプロデューサーがいるわけ。そうすると向こうは「ううーん」となっちゃうわけじゃん。だから、僕がキャスティングする時に気を付けてたのは「断れるようにお願いする」。この話を誰かにすると「断られた時に困っちゃうじゃないですか」とか言われるんだけど、でも断られないように物事を頼むって、相手を追い込むことだからね。

加藤 うん、なるほど。

角田 そうやって相手を追い込んでしまうと、その相手は今回の一回の仕事は受けてくれるかもしれないけど「こいつとはもう二度とやらない」っていう関係になるんだよね。二回目はメール送ってもシカトみたくなっちゃう。

だから、僕の根回しの一番のポイントは「相手に何かを頼む時には『相手が断れるような言い方』で頼む」っていうこと。これが根回しの極意なのではないかなと。「断っていただいて全然ＯＫですからね。ただ、できるんでしたらやりましょうよ」という言い方を、いつもするようにしてる。

そうすると向こうが本当にやりたいのか、やりたくないけど仕方なく受けてくれたのかも、返答でニュアンスが何となく分かるし、そのニュアンスも二通りあって、タレント本人の意志なのかマネージャーの意志なのか、僕に対する信頼度がどのくらいあるのかないのかも、向こうの文面や言い方で見えてくる。

だから、根回しをちゃんとやると、相手の幹というか、キャラクターが全部分かってくるし、そうすればこちらも対応の仕方が分かりやすくなる。これが根回しのコツなんじゃないかと。どうですか、加藤くん。

◉意志ある根回し、意志ない根回し

加藤 「根回しもせず決める上司に振り回される」っていうのは、「上司が下に根回しをしない」っていうことかしら。それとも「上司がその上に根回しをしないで『これで決まったも同然だ』って独断専行しちゃう」みたいなことかしら。

角田 でも、ワンマンな社長ってそんな感じなんじゃないの？　抽象的なことだけバーンと言っちゃって、あとは下の者とかお付きの者が何とかしろみたいなことでしょ。

今回のコロナで政府の政策が当たってるかはまた別だけどさ、なんていうか、最近の偉い人ってちょっと逆になってるよね。役所の人たちの動きに忖度を重ねて発言するから、発言になんかパワーがないっていうか。昔は、田中角栄*とかがわけわかんないことをとりあえず言っちゃってさ、お付きの者が後でケツを拭く、みたいなことが多かったんじゃないかと思うんだけど。

「根回しが大事だ」ってプロデューサーとしては言ったんだけど、実は上の人って根回ししないほうがいいんじゃないかなって気もちょっとするんだ。下の者がそれを形にしていく時に「自分がどうやるのかを考える」こともアリなのかなとちょっと思ったかな。

【田中角栄】
一九一八年生まれの政治家。一九九三年没。一九七二〜七四年には内閣総理大臣。首相在任中から金脈問題が追及され、一九七六年のロッキード事件により失脚したが、その後もキング・メーカーとして存在感を放った。

加藤 組織文化によるよねえ。

角田 そうだね。すべてがそれだと崩壊する気もするしね。「わがままな王様」ってことだもんね。

加藤 みんなが「うち、オーナーカンパニーなんで」とか分かってれば、別にいらないと思うけど。ただ、それはトップの話？　普通、根回しするのって中間管理職の仕事じゃないですか。この質問は、「部長に根回しをせずに物事を決めようとして失敗する課長に振り回される」なのか、それとも「こっちの予定もあるのに人の都合は全然聞かないで、俺たちに根回ししないで物事を決める部長に振り回される」なのかだけど、とりあえず、後者のほうで話を進めてみますか。

角田 えっと、勝手に言っちゃうタイプの上司ってこと？

加藤 ってことでいうと、さっきのリーダーシップ系の話だよね。

角田 加藤くん、根回しするよね？　広告会社の仕事ってイコール根回しだもんね？

加藤 えーと、イコールとは申しませんが……。「調整と作業」は多いかな。

角田 そういう場合はどうなの？　上司が根回しもせずにどんどん勝手に傍若無人に物事を進めるタイプの人と、すごく丁寧にやるタイプの人とどっちがやりやすい？

加藤 そりゃ丁寧なほうがやりやすいけど、問題は「意志のある根回し」なのか「意志のない根回し」なのかなんだよね。

角田 うんうん。

加藤 意志のある根回し、偉さはどうでもいいんだけど「これはこうしたい」って熱く願って

【オーナーカンパニー】
創業者などの一族が社長や会長などの立場に立ち、経営の実権を握っている企業のこと。迅速な意思決定が行える点がメリットである。

【中間管理職】
「トップ・マネージメントの下にあって、ある部門を管理する責任者。一般の会社の部長・課長クラス。ミドル・マネージメント。」（『広辞苑』より）。中間管理職がトップの意向の伝え方を誤ると現場社員のモチベーションを下げてしまうし、逆に伝え方ひとつで現場のパフォーマンスを向上させることもできる。まさに根回しのためのコミュニケーション力が必要とされる役割と言える。

いる人がいて、「それはいい、それは素晴らしい」ということでなんとか実現するためにやる根回し、っていうものはちゃんとあるんですよ。これは一緒にやっててそんなに嫌じゃない。

角田 意味があるからね。

加藤 元々の魂のカタチをできる限り残したまま……とはいえそのままじゃぶつかっちゃうなら、ちょっとヤスリ掛けながら……みたいな感じの根回し。

もう一つのほうは「通りゃ何でもいいよ」みたいなやつ。核がいなくて、なんかよく分かんない根回しってあって、そうするといろんな人が云ってきたアレコレを全部取り込んじゃうと、ぐだぐだになって……わけ分からん！になっちゃうんだろう。

角田 そういう人いるよね。

加藤 だから、上の人が根回しもせずに云ってきたとしても、そこに何か「意志」があれば、一応わかる。反発心はあってもやれるでしょ。

だけど朝令暮改の最高潮な感じで適当に、コレ悪い意味ね、で云ってるのが分かると、「またまたぁ……」ってなる。そこの違いなんじゃないですか。

◉適するに当てる、「適当」で？

角田 意志のないほうでさ、要は「うまくやってよ」みたいな人もいるじゃんか。それはそれでやりやすいのかなと思ったりするんだけど、そうでもない？

加藤 それは今度は権限委譲の話になるな。口出さないならいいけどね。

角田 出すんだよね。

加藤 「任せてないじゃん」っていうね。

角田 じゃあ、強いて言うなら、「根回しをする時は、ちゃんとどこに回すかを考えて根回ししろ」みたいなことかな？

加藤 「何がやりたいか」を分かっているから、根回しする相手も分かるよね。だから「何がやりたいか」とか「どうしたいか」という意志があって云ってるんだったら、根回しがなくてもまあ諦めがつく、「それはそれで」って思えるけど、それがなくて思いつきで云われると、まさに「振り回される」ってことになるんじゃないかなあ。

角田 日本政府まで含めて、いろんな組織の文化があると思うんですけど、それって多かれ少なかれ、どこもうまくいってないんじゃないかなと思っちゃったりするんです。アメリカ軍とかホワイトハウスとかもね。ＴＢＳとかも……。

加藤 社長が思ってる一〇〇%なんて全然実現できてないんだよ。でもそれでも利益出るんだって聞いたことあるぞ。

角田 そうだよね。だからこの質問だけで言うと「そんなもんだよ」っていう……。これが広辞苑だとすると回答として間違ってるんだけど、でも「そんなもんだよ、社会は」っていう回答になっちゃう気がしちゃうというかさ。

加藤 「上から下」の話だとすれば、振り回されていいものと、振り回されなくていいものの二種類があるんじゃないの。「降りてきたことを一言一句文字通りに受け取らなくていいんじゃない？」っていう話な気がするなあ。

角田 そうだよね。だから仮に上司にそう思ったとしても「捨てられるところは捨てろ」ってことでしょ？「見なくていいところは見ないようにしとけ」っていうか。

――何度も出てくる話ですが、「見極め」とか「判断」の大事さが、やっぱりお話として出てきますよね。どこで見極めて捨てるのか、あるいは拾って自分のものにするのか。【難問】*でも出てきましたけど、自分の中での「これ以上関わるor関わらない」の判断をしないといけないってことですよね。

角田 経験値でそれが分かってくるところは多々ある気がするんです。【盗む】*でも出てきたように、長いこと一緒にいると「この人の言ってることは大体ここまで聞いておこう」とか何となく分かってくるんですけど、新入社員から、まあ入社五～六年目くらいまでだと見極めができないですよね。おそらく、そこですごく四苦八苦してわけ分かんなくなっちゃう人がいたり、転職しちゃう人が多い気もしますよね。それは、編集者の箕輪厚介*さん的な言い方をすると「死ぬこと以外かすり傷」*ってやつに近いじゃないですか。それと似ちゃったら嫌なんだけど、「崩壊しない程度に適当にやる」ってことかなと僕は思っています。

僕の言葉でいうと「適当にやる」になるんだと思うんですよ。「適当」っていうのは、まさに「適するに当てる」っていう言葉じゃないですか。だから、その「適当」勘を自分で身に付けるしかないんだろうなと思うんです。「これ以上やったら、上司本当に怒るだろうな」っていうところは聞いておくべきだし。それは経験しかないんじゃな

【難問】
P335からの本文を参照。

【盗む】
P357からの本文を参照。

【箕輪厚介】
一九八五年生まれの編集者。幻冬舎所属。NewsPicks Bookの創刊や自身のオンラインサロンの運営でも知られる。

【「死ぬこと以外かすり傷」】
幻冬舎の編集者・箕輪厚介の言葉として有名であり、元々は彼の著書名。

いの？
ただ、意識すると変えられると思うんだけどね。この本の中で何度も言ってることだけど、みんな意識しないで「できない」「できない」って言うんだけど、そこを意識してから行動してみると、意外と違うんだよ。暗示効果なのかもしれないけど。

◉人の見極めに資する情報は先？　後？

加藤　こないだ仲山進也*さん（楽天大学のがくちょ。その他いろいろやってる謎の人）が主催してくれてのZoom飲み会をしたんですけど、その時に才能診断ツールのストレングスファインダー*をみんなやったことがあったから、それを自己紹介代わりに先に上げとこうみたいな話になったのね。それを見てると「大体こういう感じの人なんだ」って分かるから、付き合いは短いんだけど、何となく距離感は測れるみたいなところはあって、そのやり方あるなあ、って思ったんだよね。そんなような、相手や上司の新しい理解の方法みたいなものもあるのかもね。

角田　ちなみに、話題としてストレングスファインダーの結果の話で盛り上がったかどうかっていう意味じゃなく、そういう情報があったほうが実際飲み会はやりやすかった？　つまり、事前に情報を持ちすぎるのが正しいか正しくないかっていうか、「相手をそんなに知らないうちに自分が出会って話してみて分かって気付くこと」と、「事前に先入観を持つこと」ってどっちが大事なのかって考えちゃうんだけど。僕はストレングスファ

【仲山進也】
仲山考材株式会社 代表取締役。楽天株式会社「フェロー風正社員」で楽天市場の店舗向け教育講座「楽天大学」学長（愛称は「がくちょ」）。株式会社ヤッホーブルーイングエア社員。『組織にいながら、自由に働く。』（二〇一八、日本能率協会マネジメントセンター）、『サッカーとビジネスのプロが明かす育成の本質』（菊原志郎との共著、二〇一九、徳間書店）など

【ストレングスファインダー】
米国ギャラップ社が開発した才能診断ツール。

加藤　インダーって面白いなって思うけど、「事後」な気がしてて。
角田　事後？
加藤　例えば佐渡島庸平[*]と付き合ってて、佐渡島さんが「自分はこういう性格の診断結果でした」って後で言うと「うわ、当たってる！」みたいなのが面白いっていうこと。
　ところが佐渡島さんのことを知らないのに「こういう人間なんだ」って知っちゃってから佐渡島さんと会うと、会うことが面白くないいんじゃないかなって、ちょっと思っちゃう。「相手のことを知ったほうがいい」っていうのは、戦略論とかゲームとかならそりゃそうなんだけどさ、人間関係って戦いだけでもないじゃない。
　前にも言ったけど、僕の場合はマジックを見せる時と同じで、最初に情報を言っとかない。最初に驚かせて「わあ、びっくりした」って言わせてから種明かししたほうが面白いんじゃないかな。エンタメだと一〇〇％そうだからさ。
角田　ありましたね、「フリと落ち」[*]。
加藤　で、人間関係ってエンタメ要素が結構あるんじゃないかと思ってさ。
角田　効率化とあんまり合わないかもしれないね。
加藤　そうそう。
角田　ストレングスファインダー、どんな人か？の前捌き(まえさばき)[*]、場の共通言語としては機能してたけどね。
加藤　そう、分かる分かる。だから理論的にはそれがあったほうがいいっていうのは分かるんだけど……。

【佐渡島庸平】
P108の本文と脚注を参照。

【フリと落ち】
P45～47の本文を参照。

【前捌き】
「主要な事柄を順調に進めるため、あらかじめ行う処理。事前処理。下準備」（『デジタル大辞泉』より）

加藤　万人向けじゃないかもしれない？

角田　「この人ってこんなにかわいい人なのにこんなに性格悪いんだ」とか、そういうことが後で分かったほうがやっぱり面白い気がする。

◉日記を書くと振り回されなくなる？

加藤　それは確かに。もう一回「根回しもせず物事を決める上司に振り回される」に戻れば、入社して五年目の人って社長とちゃんと話す機会ってそんなにないじゃないですか、会社の規模にもよるけどさ。社長じゃなくても、二階層ぐらい違うと話さなかったりして。だから「上の云ってることに意志があるのか」とか「本気なのか」とかは確かに五年目の社員は分からないよね。「上がこう云ってるんだ」って職制上の伝達として聞くけれど。

角田　大体理不尽に聞こえちゃうかもしれないよね。分からないんだし。

加藤　だから「判断することができない」っていうのは、確かにそうかもなあ。

角田　どうなんだろうねえ。五年目の人って、これ判断できたほうがいいんだっけ？　何が言いたいかって言うと、「能力が高いほうがいいんだ」ってことが社会の前提になってい るんですけど、能力高い人で一〇〇％の社会なんてあり得ないじゃないですか。だから「……ということで悩んでるんですよ」「うん、そうだね」で本当はいいんじゃないかなってちょっと思ってるんです。それだと本が売れないから「こういうふうに生き

加藤 ろ」って指針を出す必要があると思うんだけど。「それでいいんじゃないかな」ってちょっとだけ思ってる自分がいるんですよね。

角田 だから「根回しもせず物事を決める上司に振り回される？　そんなもんだよ」っていう（笑）。「その中で君はどう生きていくかっていうことを学べよ」っていうさ。「それであなたが上司になった時に気を付ける」か、「気を付けないで真似する」か。どっちでもいい気がしちゃう。

加藤 だとあれだね、「どういうふうに振り回されたかを記憶・記録しておけ」が答えかもね。それは僕がずっと言っているアーカイブ*とかレコーディングとかヒストリーってことになるんだけど、結果としてそれを伝えていくことが社会とか人類とかの財産なんじゃないかなって思うわけ。

角田 「歴史に学ぶ」のミニ版か。

加藤 そうそう。そういうことになっちゃうんだけど、でもいい落とし所じゃないですかね。精神科医の最上悠*先生とご飯を食べた時に、「日記を書くと高血圧が改善する*」って話があったんだけど、レコーディング、記録しておくことって大事なのね。

角田 そう思います。

加藤 日記を書こう。

角田 はっはっは。この根回しの悩みは「日記を書こう」が解決方法なのかもしれない。

加藤 その時に「振り回された」っていう感情だけ残っているともったいなくて、「そっかー、オレこういうふうに振り回されたわけね」までがトレースできると落ち着けるか。

【アーカイブ】
P210のコラム「アーカイブ」を参照。

【最上悠】
もがみゆう。精神科医、医学博士。うつや不安、依存症などの治療に携わる。認知行動療法・対人関係療法・家族療法を専門とし、薬やカウンセリングだけでなく食やサプリメント、読書や運動療法などを治療に取り入れている。

【日記を書くと高血圧が改善する】
詳しくは最上悠の著書『日記を書くと血圧が下がる　体と心が健康になる「感情日記」のつけ方』（二〇一八、CCCメディアハウス）を参照。

角田　【言語化】*でも話したけど、ジブリの鈴木敏夫*さんから「感想書かせるよりもあらすじ書かせるとその人の着眼点が分かって結果として感想が得られるし、そのほうがその人の構成力とか物語力が増すんだ」って言われたことがあってさ。それで今の加藤くんの話も「感想」じゃなくて、そこかなと思った。

感想だと「怒り」とか「苦しみ」とかしか書かないいんだけど、本当は「何があったか」を書いといてくれたほうが、「ああ、それがあったから君は苦しかったのね」となる。どうせ分かるんだから、むしろ「苦しかった」とか要らないいんだよね。「こういう事実があった」って書いてくれればいい。書いてる段階で自分の歪んだ色眼鏡で見ちゃってるかもしれないから事実じゃないかもしれないいんだけど、でもそうやって書いておいてくれたほうが「こいつはこういう色眼鏡で歪んでるんだな」っていうことも分かるし。それってすごく加藤くんの言ってることに合ってるなあと思ってさ。

◉アーカイブもある意味「あらすじ」。自分の視座が後から分かる

加藤　「あらすじ」書くのもある意味日記か。

「根回し」に関して云うと、さっきの「意志があるか意志がないか」と考えてますが、「五年目だとそれは分からないですよね」もあると。「だからしょうがないから振り回されるわけだが……」みたいな感じで繋げて、「振り回された時の最初に抱いた感情だけ憶えていると、二回目も同じことを繰り返しちゃうから、経過を書いておこうぜ」って

【言語化】
P143からの本文を参照。

【鈴木敏夫】
P147の本文と脚注を参照。

角田 ことになるかな。

加藤 それと、最初に言った「相手が断りやすいようにお願いをする」っていうところを絡めて、「自分が根回しするほうだったら、根回しってそういう考え方でやるんだよ」って言うだけでちょっとは防げる気がするんだよね。

角田 ん。振り回されることは変わらないけど、自分が振り回さないようになるっていう。

加藤 そうそうそう。そういう上司にはなれるんじゃないかっていうこと。部下に対しても「ここまでやったら追い込んじゃうんじゃないか」っていう一歩手前までの発注にしておくとか。それは対外的にも、対部下でも、なんなら対上司でも。

それやっといたほうがね、本当に怒った時とか効くんだよ。普段から怒ってると本当に怒った時にも効かないからさ。ずっと怒らないでやっとけば、ここぞという時に怒った時それがちゃんと効くからさ。

加藤 じゃあ「若いうちは振り回されちゃうよね」は受け入れてもらって。で、「その時は感情論だけじゃなくて経過についても記録しとこう？　自分なりの視座がそこには書いてあるから」があって、そして「今はそう云っている君もいつか根回しする立場になるよね」と。「その時はさ、」で冒頭の話に戻ると。

角田 で、いい感じじゃないかと。

加藤 なるほどなるほど。しかし、この項も長いな。

角田 いいんじゃないですか、大著のほうが面白い気がするから。

加藤 大著って。

の【能率（のうりつ）】

角 能率を上げないでどう気持ちよく生きるかが、人生の鍵。
加 情報を扱う際、便利なことも多いスキルとその結果。楽にはなるが楽しいかは別。

仕事の現場で能率が悪い部下にイライラしてばかりいます……。じゃあ果たして自分が能率がいいのかと言われると……。

◉能率って、その人の能力じゃないでしょ！

角田 加藤くん、能率*の悪い部下にイライラします？

加藤 折り合いは付くのではないかと。

角田 それはどういう折り合いですか？

加藤 ひとつは「業務付与の適切さ」みたいなこと。あんまり任せすぎてもいかん、みたいなさ。さらに云えば、「能率が悪い」ってのとはちょっと違うけど、復活、再生はあるでしょう。野村克也*監督のような。

角田 「再生工場*」ね。

加藤 一緒に仕事してたら、「あー、こういうことか」「相手のここをこうすると、こうなる

【能率】
「①一定の時間にできあがる仕事の割合。仕事のはかどり方（後略）」（『広辞苑』より）

な」っていうのが分かると思うんだよね。そこからだんだん対策していくってできるんじゃない？

加藤　へー。

角田　でもそれは能率とはちょっと違うかな。やり方を知らないだけの人に対して怒っているケースがすごく多い気がするんだよ。やり方を教えないで怒っているというか。

加藤　ちなみに再生工場をやるとした時のモチベーションは何だろうね？　やっぱり愛情？

角田　もったいない、じゃないですか。

加藤　ああ。そいつがそのまま潰れていっちゃったらってことだよね。

角田　「再生」って大げさで、その人が元々持っているところまで引き戻せればそれでいいわけで。例えばだけど、ぜんぜん違う職種、専門性が必要とされるところへ異動したら、今までの知見が、一〇〇%じゃないけどそれほど役に立たなかったりするわけじゃない。ある程度年齢いってると、「できるんでしょ？」って感じで独りぼっちでポーンと放り出されちゃったりしてさ。

　放り出されたほうは、それこそ盗もうとしたって誰もいないから「どうすりゃいいんですか」ってなっちゃって、ポテンシャルはあるんだけど誰も教えてくれないし、手がかりがないような感じで、ヒュルヒュルっとパフォーマンスが発揮できなくなっていくと思うよね。そこまで面倒見ずに成果しか見ないとしたら、「途中はできたけど業績は上がらないね」みたいなこと云われちゃうと、厳しいでしょ。

加藤　確かに「能率が悪い」って字面だけで言われると、本当に「知らないから能率が悪い」

【野村克也】一九三五年生まれの野球選手、野球指導者。二〇二〇年没。捕手としては唯一の三冠王の他、二九〇一安打、一九八八打点、六五七本塁打などNPB史上に輝く名選手。監督として南海ホークス、ヤクルトスワローズ、阪神タイガース、東北楽天ゴールデンイーグルスの四球団で采配を振った。

【再生工場】野村監督はそれまで芽が出なかった、または全盛期を過ぎたとされていた選手を戦力として甦らせることに定評があり、その手腕は「野村再生工場」と呼ばれるようになった。代表例に南海のエースになった江本孟紀、松井秀喜の天敵として有名になった遠山奨志、三九歳でホームランと打点の二冠王を獲得した山﨑武司などがいる。

だけな気がするね。能率って、その人の「能力」じゃない気がする。ちゃんと教えたり状況を理解させればできるのに。それでできる人じゃなきゃ、そもそもその会社に入れてなかったりするもんね。

加藤 少なくとも、その組織に入った時点での平均的な中央値としての能力はあるわけじゃない？「イライラしてる」ってことはそこに達してないって上司さんが判断してる状況なんだろうけど、それ本当にポテンシャルがないのか、やり方を知らないだけなのか、じつはそこがほったらかしになっている気がする。

角田 ちなみに僕の場合は、能率の悪い部下にイライラはしません。自分よりみんな能率が悪いと思っているから。つまり、「自分より能率がいいやつなんていないだろう」と思っているから。ことテレビの現場でいうと、能率が悪い部下は当たり前。だって自分より経験ないわけだから。だから、何なら「自分より能率のいい部下」がいたほうがムカついてたかもしれないって、わりとマジで思ってる。ここ、笑うとこね。

加藤 はっはっは。

◉仕事の適材適所、人間的な適材適所

角田 逆に、能率の悪い上司は本当にムカつく。「僕より上なのになんで分かんないの?」「何経験してきたわけ?」みたいなところがあるから。僕はむしろ「部下は能率が悪い」がデファクトだと思っているかな。だから、加藤くんの言ったように「単純に教えればいい

加藤 いんじゃないか」っていうのはその通りだと思う。仕事ってべつにその瞬間に終わるわけじゃなくて、ある程度スパンがあるわけじゃないですか。そのスパンで見ているかどうかだよね。夏休みの宿題でいうなら、最後の最後に追い込みゃいいじゃん派だな。

角田 それはある。強いて言うなら、もし能率が悪いやつがいたとして、そいつをどう動かせるか……「馬鹿とハサミは使いよう」じゃないけど、それを考えることしか上司はできないんじゃないかな。

加藤 それはどっちかというと「業務付与」、その人にどういう仕事を与えるといいかの話だよね。

角田 そうかもしれない、適材適所というか。むしろそこに「この人はやっているのに、こいつはやらない」みたいな平等主義はない。「なんでこの人の遅刻は許すのに、俺には許さないんだよ」みたいなことを言われたことがあるんだけど、「遅刻を許すのはキャラが良かったからだ」って僕は返したんだ。「だって、あいつが遅刻してもみんなが怒らないんだったらアリじゃん。でも君が遅刻すると怒るんだよ。そしたら君が怒られないキャラに変わるか、遅刻しないかどっちかじゃん」って言ったことがある。

加藤 なるほど……なんか深いぞ。

角田 要するに「怒られないようにしたほうがいいよ」と。だから適材適所って仕事の分量もあるんだけど、人間的なところの適材適所もあるよね。

加藤 ある。

角田　誰もが時間を守れるわけじゃないから、守れない人にどういうキャラを付けるか。そのキャラ付けって上司の役目でもあって、「あいつは時間にルーズだからね〜」って会議で言ってあげるだけでさ、遅刻してきても怒る空気じゃなくなるじゃん。「え、今日の言い訳は何？」って言ってあげるとかさ。そうするとそいつもネタとして考えてくるわけよ。「いやコンビニ行ったらですね、おつり間違えちゃいまして……」みたいな。そういうような余剰をどう作ってあげるかっていうのも、チームビルディングなんじゃないかって思うんだよね。

加藤　それいいね。「言い訳を用意させる」って。

角田　それって【根回し】*で出てきたキャスティングの話も同じなんだよね。それこそ加藤くんと出会った高校生の頃はまだ若気の至りというか、「どれだけ詰将棋すれば相手に勝てるか」みたいなことばっかり考えていた人間だったのが、テレビ局に入ったらどんどん相手から詰められるみたいな。その時に詰められても「論理的にはじつは勝ってるのになー」とか思ったりするわけよ。でも、そういう時に「あ、そっか。この詰将棋は、勝っちゃいけないんだ」っていうことをたくさん経験したから、今こうなってるのかもしれない。「どんだけ詰将棋を勝たないようにするか」っていう価値観かな。

◉「単品管理」より「ポートフォリオ管理」で能率、を考える

加藤　能率に話を少し戻すと、「成果を搾取する」って視点だけでいうと確かにイライラもす

【根回し】
P369からの本文を参照。

角田　るんだろうけど、その人を育てて、ないしは育てていただいて、例えば「五年間のトータル・クオリティはどうなの？」な視点で見たら、ちょっと話は変わるよね。

加藤　変わるよね。だってそれって複利だもん。どんどん増えていくんだもんね。

角田　だからこれも単品管理するとイライラするけど、ポートフォリオ*管理するとちょっとイライラが紛れる感じも、するんじゃないですかねえ……。

加藤　ただ、そうやって「五年目に回収かなー」と思っていると、四年目に辞められたりする時あるよね。

角田　まあでも、しょうがないっすよ。

加藤　ちょっと悲しいけどね。

角田　しょうがない、それは。

加藤　「向こうも育っちゃったんだなあ……」みたいな。育ったってことはしょうがないんだけど、悲しい時あるよね。

角田　分かる分かる。そういう意味でいうと、かとうは猛烈に能率悪かったよ。

加藤　加藤くん、能率悪いよね。

角田　……悪い？

一同　（爆笑）

角田　いや、僕とか加藤くんの周りの友人たちは、加藤くんの能率の悪い、ぐるぐる回ってる感じがたまらなく面白いんだよね。

加藤　うっ。

【ポートフォリオ】
P337の脚注を参照。

角田 それもさっきの「キャラを付けてあげる」っていう話でいうと、「僕ら友人にとっての加藤くんのキャラって『むつかしい人』だよね」ってよく言ってるの。「むずかしい」じゃなくて「むつかしい」なんだけど。

加藤 それと「能率が悪い」の話は関係なくない？

角田 いやいや。「そっちも考える？」みたいなところあるから、そういう意味で言うと能率は決して良くないと思う。

加藤 あー……。

角田 でもそれは、ポートフォリオ的に言うとめちゃくちゃいいことじゃん。人間的な深みというか。そのへん、能率や効率ばっかり考えている人って深みがないじゃん。

加藤 まあ……最近会社では、そういう人認定なんだけどね……。

角田 ははは、そうなの？　決してそうじゃない気がするけど。

加藤 「結論が早すぎる」っていつも怒られてます。はい。もっと悩みたいんだけどね。

角田 まあ加藤くんはポテンシャルとしての頭の良さがあるからさ。僕らほら、話が早いじゃん。そういう意味では回答する時間は短いんだけど、その短い中での考えてるプロセスってめちゃくちゃ能率悪いことまで考えてるタイプだと思う、お互い。

加藤 最後は褒め言葉ということで。ありがとうございます。

は【破壊衝動（はかいしょうどう）】

何かを破壊したい！って気概がないとクリエイティブな仕事はできないのでしょうか？

角 仕事も人生も革命も、破壊した後どう創造するかが、一番のクライマックス。

加 自然な感情。しかし壊した対象をそのまま復活させる必要もないと思う。

◉マーケットイン、プロダクトアウトは配分？　レイヤー？

加藤　最初にクリエイティブ*、って方から始めますか。お題が大きいから、順々に話したほうが好い気がして。で、一言に「クリエイティブ」「クリエイティビティ」って云うけど、人によってもレイヤーによっても、いろんな発揮の仕方があると思うんですよね。テレビ番組作りで「クリエティブ」と聞くと、「ディレクター」と「プロデューサー」の二つがあるよね？　それぞれ立場が違えば、発揮するクリエイティビティも違ってくると思うんだけど、両方を経験してきた角田くんからすると、プロデューサーとディレクターとのクリエイティビティは何が違うの？

角田　よく「マーケットイン*かプロダクトアウト*か」って話があるじゃないですか。それで言

【クリエイティブ】
①創造的。独創的。②広告制作」（『広辞苑』より）

【マーケットイン】
「商品の企画開発や生産において消費者のニーズを重視する方法」（『デジタル大辞泉』より）

【プロダクトアウト】
「商品の企画開発や生産において作り手の論理や計画を優先させる方法」『デジタル大辞泉』より）

うと、基本的にはプロデューサーのほうがマーケットインで、ディレクターのほうがプロダクトアウトだと思う。番組って、その組み合わせがあるとうまくいくんです。ところがプロデューサーがプロダクトアウト的な人で、ディレクターも同じくプロダクトアウト的な人だと大体当たらない。「無限に金がなくなっていく」みたいなことになる。

もしプロデューサーがプロダクトアウト的だったら、マーケットイン的なディレクターがついたほうがいいし、あるいはディレクターだけどマーケットイン的な人がいるなら、上のプロデューサーはプロダクトアウト的な人のほうが向いている。

例えば『金スマ』*を作ったとき、番組のプロデューサーだった僕の師匠はプロダクトアウト志向がすごく強いクレイジーな人だったんだけど、だからこそディレクター、つまり演出、映画でいえば監督である僕のほうがむしろマーケットインを気にしてた。「Pだから、Dだから」というよりは、チームの中でのマーケットイン感覚、プロダクトアウト感覚のバランスのような気がする。

加藤 テレビ番組制作におけるプロダクトアウトって、どういうもの？

角田 極論すれば、「面白ければ何をやってもいい」ってことかな。「女の子の服、脱がしちゃうか。面白いから」みたいなことを平気で言っちゃうみたいなことだと思う。市場や視聴率、予算だけでなく、コンプラみたいなものも含めて気にしないわけ。

加藤 逆に「マーケットイン」は「視聴者が見たいものを作ろう」っていうこと？

角田 そういうことだね。もちろん「視聴率獲れそう」ってことはプロダクトアウトの人も考

【金スマ】
P255の本文と脚注を参照。

えてるんだけど。

逆にマーケットイン重視のチームになっちゃって、「視聴率を獲るために」ばかりでプロダクトアウト的な発想が消えていくみたいなことは何回も目にしてきたけど、それはそれで失敗するんだ。

加藤 それはそれで視聴率獲れないんだ？

角田 それと、「マーケットインかプロダクトアウトか」って個人の属性というわけでなくて、自分の頭の中にもグラデーションがあるじゃない。例えば、僕のマーケットイン頭脳が二割ぐらいしかなくてプロダクトアウト八割になっていることってあるよね。その時に、一緒にやってる編集者が急にマーケットイン的な話をしてくれると少しバランスが戻る。チームでいることの良さってそういうことだと思うな。

加藤 角田くんの感覚で、黄金比率みたいなのあるんですか。

角田 黄金比率は時代によって変わるんだと思う。つまり、経済が好調な時はプロダクトアウトみたいなほうに行く。例えばSONY*でいったら、「It's a SONY」に象徴される、「何を作っても売れる」とか「ソニーらしさが光るよね」みたいな時代があったわけだよね。

でも経済が悪くなると、やっぱりどんどんマーケットインになっていく。だから今はマーケットイン的なものがすごく多いんだと思う。そういう状況で我々はどうプロダクトアウトみたいなものを出してくかってことをずっと思ってるんだ。

【SONY】
一九四六年に創業した、日本を代表する電気機器メーカー。音楽や映像、ゲームなどのソフトウェア産業でも世界的な企業である。

◉プロデューサーとディレクターの関係は「こっくりさん」

加藤　比率の話で云うと、例えばテレビ番組というひとつのコンテンツを考えると、マーケットインとプロダクトアウトがコーナー別に切り分けられる感じ？　それともコーナーの中でも混ざるの？

角田　比喩で言えば「レイヤー」*の違いかな。Adobe Illustrator*とかで、いくつもレイヤーを重ねるイメージだよ。プロダクトアウト的な画面にマーケットインな設計を重ねると矛盾するところが出てくるよね。だから、そういうところを潰していく感覚なんだ。

　例えばディレクターって基本的にプロダクトアウトなところがあるから、ロケで撮ってきたプロダクトアウトなものを、そこからどうマーケットに寄せてくかを考えるわけだ。その時、上のレイヤーに写し紙のように乗せて、修正して、矛盾してるところはどうしようって議論する感じ。

加藤　ひとつのコンテンツの中に両方のレイヤーがあるんだね。

角田　うん。テレビの場合は、プロダクトアウト的な層の上に、マーケットインを後から乗っけたほうがいい感じがしていて、逆だとだめな気がする。

　広告の場合は逆なんじゃないかな。元々マーケットインのところに、どれだけプロダクトアウトを出していくかみたいな感じなのかな？

加藤　そこは「広告だからどうこう」という理屈ではなくて、クライアント次第だね。プロダ

【レイヤー】
P157の本文と脚注を参照。

【Adobe Illustrator】
Adobe社のソフトウェア。雑誌の誌面やパンフレットのデザインの業界標準ソフトウェアであり、デザイナーはもちろん、編集者やディレクターにとっても持っていないと仕事にならない。

角田　クトアウトがバリバリな商材もあるわけだから、両方あるよ。番組の企画を議論してると、「ターゲットは」みたいなマーケットイン的な話からいっちゃうことがよくあるんだよ。でも、本当は「ターゲット」なんかなくてさ、年寄りだろうが若かろうがさんまさんを好きな人は好きだし、嫌いな人は嫌いなわけ。

いつもマーケットイン的な話から始まっちゃうと、プロダクトアウトがどんどんシュリンクしていく。それが悲しいから、僕はどっちかっていうとプロダクトアウト的なプロデューサーのほうがいいと思ってるんだ。

プロデューサーが一番暴力的なことを言って、むしろ部下のほうがびっくりして「それ、やっちゃっていいんですか!?」と言われるほうが、逆に部下が暴力的なことを言ってプロデューサーが止めるより勢いがある、健全な組織になる感じがするんです。

加藤　レギュラー番組にしても特番にしても、最初の立案者はプロデューサーなわけだよね。ってことは、先にプロデューサーのプロダクトアウト・マーケットインの個性があって、そこにディレクターの要素が乗っかってくるわけじゃんか。
だとすると、一番最初に「プロデューサーが設定した方向性」があって、その大きな方向性の中でディレクターが乗っかってくるのか、それともディレクターのクリエイティビティがすごかったら後からグイーンと変わっちゃうものなのか、そのへんの、変化の可能性はどういうものなの？

角田　喩えるなら「こっくりさん」*な気がするな。二人で一本の鉛筆を持って書いてる感じなんだ。「この方向にいきましょう」みたいに計画を立てるというより、テレビって毎週

【こっくりさん】

「こっくり」とは「(狐狗狸」と当て字)占法の一つ。ひもでしばり交叉させた三本の竹で盆を支えて三人で軽く盆を押さえ、一人が祈禱・伺いなどをし、盆がひとりでに動き出した時、霊が憑ついたとし、その動きで物事を占う。遊びとして行われ、盆の代りに文字盤を用いることもある。こくり。こっくりさん」(『広辞苑』より)

やらなきゃいけないから二人で一緒に鉛筆を持ちながら、「やべやべ、北行っちゃった。今度は南に行きすぎた」みたいな感じで決めていて、そんなに戦略的じゃないんだ。僕がいたチームがそうだったってだけかもしれないけど。

加藤 あんまりPDCAっぽくないわけね。

角田 そうそうPDCAっぽくない。こっくりさんなんだよ。

加藤 その感覚を持ってるテレビの人が、今はテレビじゃないビジネスのお手伝いもしてるわけじゃないですか。その、「コックリさん的な感覚」や「プロダクトアウトとマーケットインのバランス」からして、違和感だったり「こうしたらいいのになぁ」って感じる時、ある？

角田 それでいうと、打ち合わせで散々「マーケティングとかターゲティングとかって意味ないよね」って話をしてたのに、いざ予算が決まりそうになると、結局「やっぱり主婦向けに作りましょう」みたいな話に落ち着いちゃうんだよ。最初に「『主婦』ってターゲットは幻想だ」って言ってるのに、何ヶ月もやった議論は何だったのか……って脱力感を覚えることはあるな。

加藤 それってなんでなんだろう。諦めちゃうのかね。

角田 彼らと接していてなんとなく分かったんだけど、プロダクトアウトって、自信がないとできないんだよね。

逆に言えばマーケットインって自信がないんだよ。だか、「『主婦向け』と言っとけば売れるじゃないですか」みたいなことで、主婦を馬鹿にしてると思うんだけどね。僕の

加藤 こういう話も、はじめのうちは「そうですよね」って頷いてるんだけど、いざ予算出す段になるとどんどんコンサバ*になっていく。

角田 ということは、「自信なくやってること」が結構多いのかね。

加藤 「それをやらないと決まらない」からじゃないかな。秋元康*さんみたいなすごい人が登場して「これがイケるんじゃない」って言われれば「ハハァー」ってなるけど、そうでないなら「ハンコを押すための作文」みたいなものは必要じゃないですか。その時に、プロダクトアウト的なものだとただアイデアを書くだけになるから文面上何の担保もないわけだけど、マーケットイン的なものだと「ハハァー」って言わせやすいのかなとは思う。

角田 実際はプロダクトアウト的なものなんだけど、企画を通すためにマーケットインを一枚嚙ませることってあるよね。

加藤 そうそう。だからやっぱり、プロダクトアウトとマーケットインは「レイヤーの違い」なんだよ。最初からマーケットインでやるんじゃなくて、「面白い企画あるんだよ」って盛り上がって、「社内で通しましょう」って段階でマーケットインのレイヤーを後から乗っける感じのほうがテレビの場合はいいんだと思う。

角田 自分も本とかワークショップを通じて、ずっと「考える順番は先にわがまま、その後に思いやり*」って云ってるんだけど、それと同じだね。

加藤 そういうプロダクトアウト的な現場で、「自分、全然プロダクトアウトじゃないんです」みたいな人が目の前にいたとしたら、何て声をかけたらいいんだろうね？

【コンサバ】
「コンサーバティブ」は「①保守的。②保守的傾向の人。保守主義政治家」(『広辞苑』より)

【秋元康】
一九五八年生まれの音楽プロデューサー、作詞家、放送作家。八〇年代にとんねるずのブレーン、おニャン子クラブのプロデューサーとして世に知られるようになり、二〇〇〇年代以降はAKB48を皮切りにAKB48グループ、坂道シリーズのプロデューサーとしても有名。

【先にわがまま、その後に思いやり】
デザイナーの川崎和男先生が自身のデザイン観を語った書籍『川崎和男　ドリームデザイナー　課外授業ようこそ先輩・別冊』を読んだ際にかとうが感銘を受けたフレーズで、川崎先生に「使わせてください」とお願いした経緯あり。川崎先生についてはP461の本文と脚注も参照。

角田 やっぱり「マーケットインで行けば？」って言っちゃうかな。これは本に書いていい話か分かんないけどさ、大体の人は才能なんてないじゃん。さっきのは「社内で通すため」って話だったけどそれだけでなくて、「本当に作りたいものは違うんだけど、これを作ればゴールデンでは人気になるからさ」みたいなのって、自分の才能がないことに対する恥ずかしさと自信のなさを、マーケットインのスタンスでなんとか担保させてるんじゃないかな。僕らも含めて、そうなんじゃないかと思うよ。

◉破壊衝動　VS　偉大なるマンネリ

加藤 クリエイティビティって定義するのが六つかしいな〜。じゃ、次に「破壊*衝動*」いきますか。

角田 加藤くんは破壊衝動そんなにないよね？

加藤 そんなことはないよ。わりとあるよ。

角田 それはどういう時に感じますか？

加藤 前向きな破壊衝動と後ろ向きな破壊衝動があるよね。「後ろ向き」はいわゆるイライラした時。物投げたりね。人としてダメなやつ。「前向きな破壊衝動」っていうのは別の云い方をすると「ゼロベースで考えよう」みたいな時だから、それはそれで普通にあるよね。

角田 僕は破壊衝動ばっかりなんですよ。なんかあると、「壊す」も含めてすごく変えたく

【破壊】
「うちこわすこと。うちこわされること。こわれること」(『広辞苑』より)

【衝動】
「①人の心や感覚をつきうごかすこと。衝迫。②反省や抑制なしに人を行動におもむかせる心の動き」(『広辞苑』より)

【『男はつらいよ』】
渥美清主演、山田洋次原作・監督のテレビドラマおよび映画シリーズ。テレビドラマは一九六八年〜六九年にフジテレビ系列で放送。映画は一九六九年から一九九五年まで製作。一九九六年に渥美清が死去した後も特別編がつくられている。

なっちゃうタイプ。それをどう防ぐか、若い頃は分からなかったんだけどさ。例えば『男はつらいよ』でいえば「寅さんってあのキャラで四八作やっちゃったから面白くないよね」って言ってキャラを変えられちゃったら、やっぱり寅さんじゃなくなっちゃうじゃん？　破壊衝動って常に起こるんだけど、それをぐっと抑えるのがクリエイティブなのかなって。「もうマンネリだな」みたいな破壊衝動っていうのは、つまりみんなが考えることなんだよ。僕の好きな言葉でさ、忌野清志郎が「ローリングストーンズの曲はいつも同じでサイコー」って言ってたんだ。

加藤　同じが最高なんだ。

角田　それは忌野清志郎が言ってるからかっこいいんだ。RCサクセションの曲も忌野清志郎の曲もいつも一緒じゃん。ミック・ジャガーはいつも一緒の曲歌ってるし、キース・リチャーズはいつも同じギター弾いてるじゃん。にもかかわらずかっこいいのって、そこがむしろクリエイティブだよ。……なんていうんだろう、作り手側が飽きちゃうことって死ぬほどあるんだ。

加藤　同じコトが期待されたりして。飽きますね。

角田　例えば『さんまのからくりテレビ』でいうと、「玉緒が行く」のコーナーはこちらとしてはマンネリになっちゃってて、「また同じことやらせんのかよ」って内部からは言われるんだけど、マンネリになってきた頃から視聴率が上がっていったんだよね。「それはもう昔やったことじゃん」って言うスタッフもいるんだけどさ、でも昔やったことって見てない人も多い。視聴率が上がってから見た人が多いわけだからね。ってこ

【忌野清志郎】
一九五一生まれのロック歌手。二〇〇九年没。RCサクセションのヴォーカルとして知られる。

【ローリングストーンズ】
一九六二年にミック・ジャガー、キース・リチャーズを中心に結成されたイギリスのロックバンド。二〇一二年に至っていまだ現役。

【玉緒】
中村玉緒。一九三九年生まれの女優。一九六二年に俳優の勝新太郎と結婚。多くの時代劇に出演したが、一九九〇年代以降はバラエティ番組でも人気を博す。

とは、じつはマンネリだと思うことをどれだけやるか、つまり「破壊衝動にどれだけ耐えるか」みたいな、「どれだけサステナブルにやり続けるか」みたいなことのほうが大事なんじゃないかってことを、むしろレギュラー番組やってて学んだんだよね。

加藤 それはワタクシ的に云うと、クリエイティブというよりブランドだね。ブランドって偉大なるマンネリなんですよ。

角田 うんうん。ユーミン*とかね。

加藤 聞いた話で恐縮ですけど、強力なブランドをお持ちの会社さんの話でさ。ずっと同じブランドメッセージを続けていると、社内的には飽きるところもあると。だけど、メッセージの発信側が飽きているだけで、多くのお客さんは初見でもあるわけで、担当者レベルでは飽きてたとしても、ずっと云い続けることがブランドなんだと。

ブランド論でも似た議論はある。ブランドを重視するなら、コマーシャルに起用するタレントを頻繁に変えるのはどうかと思うと。もちろんテコ入れというか、策は必要なんだけど、根本は変えないほうがいいのだ説。

角田 それは僕も同じように思うところがある。最近、続きものっていうの？　そういうCMも多いけどさ、多分、一九八〇年代後半くらいに続きもののCMが出てきたと思うんだけど、あの頃はまだ続きもののドラマ感があって、それが良かったと思うんだけど、今は「ちょっとしたところが違うやつ」を何十パターンも作って放送してるじゃんか。あれって「新しい顧客を獲得する」という、CM本来の目的を捨てちゃったんじゃないかなと思ってさ。そういう戦略で食ってるというならそれでいいんだけど。

【ユーミン】
松任谷（旧姓・荒井）由実。一九五四年生まれのシンガーソングライター。一九七〇年代以降、多くのヒット曲を生み出した。特に八〇年代中頃～九〇年代前半のバブル期には、「恋愛至上主義」のムードを牽引した。他の歌手への楽曲提供では「呉田軽穂」名義を使うこともある。

加藤 売っている商材によって戦略もいろいろあるんだけどね。流通、どこに行けばそれが買えるか、を消費者側が熟知しているタイプの商材だと、「想起されるかどうか」が大事だよね。ブランドが想起されればどこに買いに行けばいいか分かるから、想起することが重要なのであって……。

角田 目立てばいいってことなの？

加藤 極論を云うとね。例えばコンビニエンスストアで展開してる商材は、商品名を何となく認知できれば買えるわけですよ。商品名、ハッキリと覚えてないけどお店に行って「あぁ、これ！」みたいな。専売のお店が充実している商材もそう。商品名だけ何となく認知できれば、値段はともかく買えるわけです。そういうものは刺激的な表現でもいい。あるいは日本で三社しか売ってません、的なのとか。

反対に、誰も知らない商品・サービスは、その時点では誰も知らないから「知ったもん負け」にするためにそれなり時間をかけて説明することが必要になる。っていうことなんだよね。

◉山手線ゲーム*ができなくなった業界は終わる？

角田 これを問題提起したのはさ、加藤くんの話は「全くその通りだな」って……ちょっとだけ思うんだけど、「果たしてそれでいいのかな」とも思ってるというか。「だけどクリエイティブというものが……」というか……何ていうんだろう？　今の話で立ち返ると、

【山手線ゲーム】何人かが集まって、特定のジャンルのものの名前（例えば「山手線の駅名」）を言い合い、言葉に詰まった人が負け、というゲーム。「古今東西」とも呼ばれる。

加藤 「……ってことで競合が三社しかないからそれでいいじゃん」ってことで作ってるよう

にも見えるわけよ。

加藤 クリエイティブ上のアウトプットが目指す目標としてそれでいいってことかな。

角田 そうなんだよ。ただ、「それでいいのか」って言われると、ビジネス的にはそれでいいんだけど、本当にクリエイティブなのかって言われると僕の中では破壊衝動が出ちゃうかなと。

角田 広告って広告会社だけの著作物じゃないからな。

そう。僕もACC*（広告賞）の審査員させてもらっていたけどさ、だから僕の中ではさ、七〇年代や八〇年代を知っている人間って、広告業界に憧れがあるじゃないですか。広告＝クリエイティブ、ある意味広告を作る人たちが一番アーティストだって思ってたぐらいだったんだけど、その広告でも「あれで獲れちゃうのか」という話になると、もうクリエイティブを捨てたんだなって。いや「元々そういう話じゃなかったんだよ」とかいう議論は分かるんだけど、なんか残念な気がしちゃう。

やっぱりこう、キラキラ輝いてるCMを作り続けるクリエイティブネスみたいなものを持ち続けないと、一周回ってシュリンクしていくんじゃないかなと。「事実シュリンクしていってるじゃん」と思っている。この世界に適合させすぎている。本当だったら、適合しないから突然変異が起こるし、人類の知性もアートも拡張されるのに、一流のアーティストの人たちが適合しすぎちゃってるというかさ。

加藤 それはおそらく、広告におけるアート度の問題かなあ。ファインアートって上手くいく

【ACC】
一般社団法人ACC（All Japan Confederation of Creativity）のこと。コマーシャルに関わる企業により構成される業界団体。テレビCM・ラジオCM等の優れた作品を表彰する賞にACC TOKYO CREATIVITY AWARDSがあり、ACCが主催している。

かどうか、確率が低い、そこが分からないからパトロン*から「ドーンと行け」みたいな後押しがあるといいよねと。だけど広告の役割として「今月の販売促進をサポートする」ことだけが期待されているとしたら、ってことでしょうか。そうなるとアート性は減るよね。

角田 減るよね。で、「減っていいんじゃん？」っていう感じも支配的になっている気がするわけですよ。「カンヌ*で賞獲って意味があるの？」みたいになってるじゃん。そういうふうになっていくと、結局その業界自体の魅力が減っていく。

僕は、「山手線ゲームができなくなった業界は終わる」と思ってるんです。例えば昔ってコンビニの名前で山手線ゲームできたけど、今はできないでしょ？

加藤 業界が成熟してくると確かにその傾向はある。

角田 つまり、各会社が自分の業界でのシェアを大きくすることばっかり考えてるから合併とかをするわけだけど、それで大きくしても、どんどん会社の数が少なくなっていくと、結果として業界自体に興味なくなっちゃうっていうか、破壊衝動が起こりにくくなっちゃうっていうか。だから、本当は破壊衝動がポコポコ起きてるほうがジャパン・ビジネスもジャパン・カルチャーもジャパン・シビリゼーション*も伸びていくのに、そこの袋小路みたいなものに行き当たってるんじゃないかなって。

本来は、テレビ局にせよ出版社にせよ、広告業界にせよ、優秀な人は多いんだから、そこで破壊衝動を起こしていかなきゃいけないんって思うんだ。つまり一周回って優秀じゃないじゃん。出来上がって生存しすぎちゃって、この世界の環境変化に対応できな

【パトロン】
「庇護者。保護者。後援者。特に、芸術家や芸人などに経済的援助を与える人」（『広辞苑』より）。転じて、水商売などの女性を金銭的に援助する男性を指すことも。

【カンヌ】
「カンヌライオンズ 国際クリエイティビティ・フェスティバル」のこと。一九五四年から始まった世界的な広告賞。映画併映広告の賞として始まり、現在は広告表現にとどまらず、コミュニケーション全般が対象になっている。

【シビリゼーション】
英語の「civilization」は「文明」「文明生活」といった意味。ここでは「文明化」くらいのニュアンス。

い人になっちゃってる。

◉小さいところから、壊していいんじゃないですか？

加藤 手厳しいねー。少し話をずらすけど、クリエイティブっていわゆる「表現系」のことに限る必要はないと思っていて、すべての職業はクリエイティブであり得るし、すべての職業にクリエイティビティは必要なわけじゃないですか。

　自分がやってるワークショップの参加者からたまに、「私、総務なんでこういうの要らないんです」ってことを言う人がいるんですけど、何をおっしゃいますのと返事してます。総務部とかが作成してくれる書類、出張届とか証票みたいなのがあるじゃないですか。部署名がカタカナばっかりで長いと、欄が狭くて書ききれないわけよ。最後にぐしゃっとなったりして、超めんどくさい。人の時間が一番の資産だとしたら、その出張届の部署名記入欄がちょっと広いだけでも全然イノベーティブだしクリエイティブ。

角田 うん。

加藤 それは既存のルールを変えることだから、いってみれば破壊衝動。

角田 まあそうだね。

加藤 それで、この質問に対して云いたいのは、すべての職種にはクリエイティビティが必要で、それは何かを変えることだから、結果的に何かを破壊するっていうことで、その衝動が湧き起こってくるかどうかは別として、「壊していいんじゃないですか？」と。

角田　つまり「破壊衝動が必要？」っていう問いに対しては、「必要」ってことでいいと。

加藤　うん。だから憲法だって変えていいことになってますよね。そこまで大げさじゃなくても「いや、だけどこれルールなんで」って云う人がいるけど、「じゃあルールを変えりゃいいじゃないですか？」と……いや、必要だったらだけどね。……というところまでを含めた、前向きな破壊衝動があっていいと思うけどね。

角田　破壊と「変える」ってちょっと違うもんね。だから破壊した事後を考えるのも結構大事な気がするんだ。例えば革命って「破壊だけすればいいや」みたいな時あるじゃんか。それでいいのかなって問題はずっと考えているんだけど、僕個人の素直な思いでいえば、そういうふうに生きている人は羨ましいなとは思う。
　だから今の話って、生きていく上で破壊した後にどう作り直すか、リクリエイト*するかみたいなことが大事なわりには、疾走感というか、盗んだバイクで走り出して*、夜の校舎の窓ガラス割る*みたいな尾崎豊*的な感覚で語られてるよね。僕なんかは「窓ガラス割った後どう弁償しようか」とか、「どう先生に怒られないようにやるか」とかを考えちゃう、という意味で、単純に破壊衝動が弱いんだなという寂しさもある。

加藤　仕事上はそれはセットだよね。

角田　セットだよね、やっぱり。

加藤　さっきの出張届の話でいうと、例えば「部署名の記入欄を一センチ二センチ大きくしましょう」と始めると、玉突きになるからどこかで二センチはみ出すわけじゃん？　それをA４ならA４に収めなきゃいけないだろうから、「破壊した後に帳尻合わせるのは

【リクリエイト】
「re・create」。英語の意味は「再現する」だが、ここでは「新たに創造する」のニュアンス。

【盗んだバイクで走り出す】
尾崎豊の楽曲『15の夜』（アルバム『十七歳の地図』収録）の一節による。

【夜の校舎の窓ガラス割る】
尾崎豊の楽曲『卒業』（アルバム『回帰線』収録）の一節による。

【尾崎豊】
一九六五年生まれのシンガーソングライター。一九九二年没。繊細な歌詞と高い歌唱力で一九八〇年代に「二〇代の教祖」として熱狂的な支持を集めた。

セットですよ」って話もしてる。ただ、「先に破壊して、その後で帳尻合わせるっていう順番でやったほうがいいんじゃないですか？」は必ず云ってる。

角田 ちなみにTwitterやSNSでよく「対案・代案がないのに批判するなよ」みたいな意見ってあるじゃん。それどう思う？

加藤 断然そっち派。

角田 「対案・代案がないのに批判するなよ」について「まったくその通りだ」と思うってこと？

加藤 うん。一緒に仕事してる人の部屋に行くと、壁に「否定はするな。代案で話せ」って貼ってあるんだけど、それはすごくいいなと思ってる。

角田 なるほどね。僕もさっきの話だと、まったくその通りだと思うわけ。まったくその通りだと思うけど、今回のコロナはまた特殊だとしても、いろんな不満が募った時にさ、「もう不満も文句も言えねえのかよ」って話になっちゃうと思っちゃったりもするんだよね。本当に対案・代案が見えない場合もあるんじゃないかなって気がするんだよね。

コロナでいえばさ、解決策分かってる人なんて七九億人のうち一人もいないじゃん。誰かいればその人の意見に従うんだけど、誰も明確な答えは分からない。経済優先なのか隔離優先なのか分からないから、こんなにみんなぐちゃぐちゃ言ってるわけで。

コロナを例にしたけど、あらゆることがじつはそっちに近いのかなと思う。対案・代案がない時も意外とあるし、今後はさらにそれが増えていくかもしれない。そこで「代案がないなら破壊はするなよ」っていう話に行きすぎちゃうと、「破壊しないんで」ってことでなんだろうなあってCMが増えちゃうんじゃないかって思ったりするんだ。

角田 代案がないものなんてある？

加藤 うーん、「思いつかない」ことはあるんじゃないかな。加藤くんの中では必ず代案がある？

角田 ある。でも優れてるかどうかは別だよ？

加藤 ああ、まあね。

角田 オルタナティブ*がないものなんて、あるのかしらねえ。

加藤 ……どうなんだろうね。今、自分で言っといてそう思ったけど。

角田 そういう時に多数決がいいかどうかは別だよね。

加藤 そうだね。

角田 名経営者と呼ばれてる方で「衆議独裁」を旨としていると云ってる記事を読んだことあるよ。「いろんなオルタナティブをガーッと聞いた上で、責任者が決めるんだ」。独裁、って言葉は強いけど、意味的にはそういうこと。

加藤 確かに、本当に決めるのは一人の人間がいいんだろうなって、僕もちょっとだけ思うかな。相談して良い方向に進んだことってそんなにない気がする。伊藤賀一*さんっていう日本史のスタディサプリ*で日本一生徒数が多い予備校の先生がいるんだけど、僕らの二つくらい下で、今は早稲田の大学院に通ってるのね。つまり僕は東大で彼は早稲田で、二人とも大学院生なんだけど、彼に「大学院に通うことにしたんです」って言ったら「角田さん、仕事来ますよ」って言われたの。

【オルタナティブ】
P155の本文と脚注を参照。

【伊藤賀一】
一九七二年生まれの講師、著述家。専門は日本史。「スタディサプリ」の社会科講師。一方、四三歳で早稲田大学を一般受験し、教育学部生涯教育学専修に入学。その後は大学院に進学。

【スタディサプリ】
リクルート系列のオンライン予備校・講義動画サブスクリプションサービス。

どういうことかというと、日本って「学歴が高い」という言い方をするんだけど、実際は学歴が高いわけじゃなくて「学校歴が高い」だけで、学歴が高い人なんて役所には誰もいない。みんな大学院なんて行ってない。つまり「学校歴が高い」ということだけで会社に入っちゃうし、官僚になっちゃうし、政治家になったりする。

そうすると専門的なことは自分たちで判断できないから、「学歴」がある人に訊こうってことで、専門家会議をやるんだと。「だから角田さんも、大学院に行けば少なくともその分野の専門家にはなれるから、角田さんに諮問したい人が死ぬほど来ますよ」って言われたことがある。

加藤 なるほど。

角田 確かに、「学歴社会[*]」とか言ってるけど「学校歴社会」なだけなんだよなって。実際フランスとかでは全然違うって、学校歴が高いだけじゃダメっていうしね。まあ言われてみれば「厚生労働省っていっても、厚生や労働の専門家でもないのになんでお前らが指図してるんだ」っていうのは確かにちょっとあるもんね。地頭は悪くないかもしれないけどさ。

加藤 京都芸術大学の教授をやられている本間正人先生[*]が「学歴」じゃなくて『学習歴』であるべきだって話はしたよね。つまり「『最終学歴』じゃなくて『最終学習歴』を問うべきだ」という主張。なるほどなと。

角田 だから僕は「学習歴」としてはまだまだ現役ってことでしょ。

加藤 まだ終わってないね。羨ましいっす。

【学歴社会】
「職業や社会的地位、収入、さらには人物の評価までが学歴によって決められる社会。学歴が過度に重視される社会。」（『広辞苑』より）。学歴社会の価値観で育てられた子どもが親になると、自分の子どもにも学歴をつけさせようと必死になるケースが散見される。また、五〇歳を過ぎた高学歴の人間が、これまで仕事でさしたる実績がないと自分の学歴にアイデンティティを求める姿もよく見受けられる。

【本間正人】
P86の本文と脚注を参照。

ひ【引きこもり】

角 内側に引きこもることで、むしろ外側が見えてくることがある。
加 無理して全員と仲良くしなくても好い、説。

外出するのが億劫です。仕事だってリモート会議で全部済んじゃう気もします。引きこもってちゃダメでしょうか？

◉あらゆることは不要不急ではない

角田 大学院で所属してるゼミで、「毎年行っていたゼミ合宿に、今年は行きますか？ 行きませんか？」っていう話をしてたんです。当然「コロナだから行かないほうがいい」みたいな話もありつつ、「去年は長崎の離島に行って楽しかった。今年は秋田に行こうか」「なんにせよ大学に、ゼミ合宿に行ってもいいか許可を取らなきゃいけない」みたいなことを話すわけですよ。

修士過程の一年生が幹事だから、一年生の中で会議をして「こういうことをやりましょう」という資料が出てきたんだけど、これが明らかにやる気がない、みんな行きたくないわけだ。「コロナだから行きたくない」ってのもあるんだけど、そうでなくてもたしかに僕も去年は「めんどくさいな」って思ったよ。行ったら行ったでなかなか楽しかったわけだけど。合宿ってそういうもんじゃないですか。

いつもだったら先生も「行こう行こうよ」って無理矢理に連れて行って、「ほら、行って良かったでしょ」みたいなノリなんだけど、今年はコロナだからそうも言えず、「まあ、皆さんが行きたくないって言ってるのに無理には行けないわよね。じゃあやめましょうか」みたいな雰囲気になったわけ。

でも、そこで先生が「もしこの状態が一〇年続くとしたら、どうしますか」って言ったことで、流れが変わったんだ。

つまり、「行かなくていいよ」と思ってる時の僕たちは、「まもなくコロナは収まるんじゃないか」と思ってんじゃないか。イベントとかでも今「延期」「中止」ってすぐに言ってるのは、「またやりますから」みたいに思ってるからなんじゃないか。

ところが、「仮にこのコロナが一〇年続くとなったらゼミ合宿をやるか、それとも延期するか」という話になった時、「それじゃあずっと行けないじゃん」って思って、それだけでみんな「じゃあ行くか」みたいな雰囲気になってきたのが、ちょっと面白かったんだ。

加藤　どこに面白さを感じたの？

角田　みんな反対してたのが、初期設定を変えるだけでころっと変わるわけよ。大学に許可の書類を出す時には「不要不急*なのはダメ、今この瞬間にしかできない学術活動ならOK」みたいなガイドラインがあるから、「ゼミ合宿なんて、不要不急じゃないしね」っ

【不要不急】
「どうしても必要というわけでもなく、急いでする必要もないこと」（『広辞苑』より）。二〇二〇年から始まった新型コロナウイルス感染症の拡大に伴い耳タコになるほど聞いた言葉。何を以て「不要不急」とするかの定義は不明。

て話になるわけじゃないですか。

ところが実際には、来年には卒業しちゃってる人もいるわけでしょう。本当は「今年のゼミ合宿」だって、不要不急なわけじゃなくて「要・急」で、このメンバーで合宿に行くことはこの瞬間にしかできない。

だから今回の話だけでなくて、「不要・不急」って言ってるいろいろなことはそもそも何なのかなってちょっと思った。「あらゆることは不要不急じゃないじゃん」って。

加藤 人生は瞬間の連続だもんね。

角田 ごめんね。引きこもり*と関係ないかな。

◉2D画像にすると何かがカットされる

加藤 「引きこもり」という単語はふさわしくないかもしれないけど、会議とか打ち合わせ、かなりリモートでやれるようになったよね。その上で、「リモートとの相性がいい会合」と「悪い会合」が少しずつ明らかになってきた。

角田くんは「いろんな会合に出てる人」でしょう。仕事だけじゃなくて学生の会合や地元の会合とかも含めて。その「いろんな会合に出てる人」から見てリモート会合の好し悪し、向き不向きに何かご意見はありますか?

角田 まさに、さっきの話の時に先生がぽろっと「本当は、この会議を対面でやっているなら『行ってもいいです』って言ってるけど、本当は『行きたくない』と思ってる」みたい

【引きこもり】「自宅や自室に長期間とじこもり、他人や社会と接触しないで生活する状態(後略)」(『広辞苑』より)

なことは分かる。それがZoomだと分からないよね」って言ってたんだ。行きたくないけど「行きます」って言ってるのか、先生に逆らうのが嫌だから「行きます」って言ってるのか、本当に行きたいから「行きます」って言ってるのか。その差はZoomじゃ分からないでしょう。

加藤 顔は出してやってるんでしょ？ それでも読み取れないんだ。

角田 読み取れないね、やっぱり。逆に言えば、直接会ってるとなんで読み取れるんだろうね？

もうひとつ、これは別のゼミの発表会での話なんだけど、早稲田とか東大とか、いろんな大学の学生が発表しあう「インターゼミ」*というのをやったんだ。もちろんいつもは対面でやってるんだけど、今回はリモートだったわけ。

リモートなのに頑張って結構成功したんだけど、ある人が終わった後で「発表に対する先生のコメントが少なかった」って感想を言ったんだよ。「いつもなら一人が発表すると四〜五人の先生がわーって質問するのに、今回は平均二人ぐらいだった」、みたいな話をさ。

そうしたら先生がぽろっと、「いつもは先生同士でアイコンタクトを送って、『あんた、ちょっとコメントしてあげなさいよ』みたいなことをやってるから結構コメントが出せる。ところがZoomではそのアイコンタクトが出せないから、結果的にコメントの量が減っちゃった」みたいな話をしてたんだ。なるほどと思った。

加えて、やっぱり会議の前後に「ちょっと内輪で話す二人会議」みたいなものが開け

【インターゼミ】大学の異なるゼミ・研究室が合同で行うゼミ発表会のこと。日常のゼミでは研究内容が近い研究者や学生に向かって発表するが、インターゼミでは隣接分野やまったく専門性が異なる人々に対して発表し、議論することとなるため、新しい切り口での発展や人材交流を狙って企画される。

なくなっちゃったよね。「定例会議の終わりで、ちょっとあの件話しますか」みたいなものがなくなっちゃった。この本でずっと言ってる「微差」に感覚が近くて、「微会議」「微打ち合わせ」みたいなものがなくなっている。良くも悪くも「オフィシャル」になってしまっている感じがするかな。

加藤 そこ、「日本人のよくないところ」ってずっと云われてたことだよね。「本チャンで決めないで前後で決めるのはよくない」って。それがなくなるのはいいことなの？ ちゃんと会議するようになったのかしら。

角田 かもしれないし、僕はずっと「個人がタレント化する」って話をしてるから、「それがZoomで早まるな」って思った。みんな「テレビ」で会議してるわけだからさ。タレントさんがテレビに出て「ここまでしゃべっていい、ここからは喋っちゃいけない」みたいなことは、松本人志さんやビートたけしさんみたいな大物だって気にしてるわけじゃん。同じことを、みんながより気にするようになってるなって思う。

「後でウラで話せばいいや」じゃなくて、加藤くんが言うように「このオモテでちゃんと話さないといけないよな」になっていく。西洋化していくという話でもあるし、それも含めてトータルでテレビ化していってる。元々tele-vision（遠隔の・映像）なわけだからさ。その「テレビジョン」に対応しなきゃいけない意味で、それぞれの人がタレント化していくんだろうなと。

加藤 その「テレビジョン」にうまく適応できている人と、そうじゃない人は何が違うの？

角田 芸能人でいえば、「演劇やってる芝居人」みたいな、「舞台ではあれだけ映えるのに、テレビに適応できない」みたいな人がいるんだよ。リモート会議のメタファーでいえば、「会えば気持ちいい人」ってことでしょう。生で会えば舞台映えするんだけど、画面上では画面で映えるテレビ向けの芸能人と差が出ちゃう。

それはさっきのゼミ合宿の話で出た「画面では腹の中が分からない」みたいなことと、ちょっと似てるよね。舞台では通じるけどドラマでは通じないものがあって、単純に情報量が少ないんだと思う。

ちなみに、元々の映画のフィルムって情報量がちょうど今の8Kテレビくらいなんだって。「今になってやっとフィルムと同じ情報量に追いついた」ってことは、極論すればフィルムじゃなかったこの二〇年ぐらいにデジタルで作ってた映画は、将来的には「一番画質が悪いもの」になるって言われてるんだ。それって面白いなって思う。

つまり『風と共に去りぬ』*のほうが画質がよくて、ハイビジョンで撮ってる時代が一番悪いんだよ。テレビでも三対四の標準画質の時はまだフィルムで撮ってたからさ。ところが「ハイビジョンで撮ればいいや」って言ってデジタルで撮り始めちゃったじゃないですか。音源でも、ハイレゾ*以前のwav*でしか録っていないものはその時のwav以上の音質にならない。レコードの場合は当時のMTR*が残っている可能性もあるけれど……というような話をしていて。だから、「画像にすると何かがカットされている」ってことだと思うんだよね。

加藤 それは二つ可能性があって、Zoomで話してると、肉眼の時と比べて一人あたりの面積?がそもそも狭いじゃない。つまり「画角の問題」なのか、それとも「4Kだ8K

【『風と共に去りぬ』】
マーガレット・ミッチェル原作、ヴィクター・フレミング監督、ヴィヴィアン・リー主演の一九三九年公開の映画。

【ハイレゾ】
高品質なデジタル音楽データ。CDの三〜六倍程度の情報量を誇る。

【wav】
デジタル音声データの記述形式のひとつ。

【MTR】
「マルチ・トラック・レコーダー」の略。トラックを個別に録音するテープレコーダー。バンドの録音は、一般にドラムやベースを先に録音し、それに合わせて後からギターや歌を録音する。現在はコンピュータ上で録音・合成・ミキシングまで行うのが一般的で、プロとアマチュアの機材のギャップがデジタル化により縮まったことが、ボカロ・ブームなど音楽シーンに大きな影響を与えた。

角田　だ」っていう単位面積あたりの情報の画素数の話なのか。それはどっちなの？

加藤　それでいうと、「複合現実感」っていう授業を取ってて知ったことなんだけど、基本的に人間の目って2Dなんだよね。その2Dが二つあるから、両目の間で差をつけて3Dにしてるわけだよね。それがZoomでは「2Dの目で2Dの画像を見てるから、立体にならない」ってことなんじゃないかな。

「立体」というものを認識することで、もしかしたら腹の中、心の中もも見えるんじゃないかな。だから、「じゃあ3D画像でZoom会議みたいなのやれば分かるようになるのか」っていうのは興味深いよね。落合陽一*さんとかがそういうのを研究してるんじゃないかなと思うけど。

で、あえて引きこもりに話を戻すと、「リアルで会う」のが3Dで会うことだとすると、引きこもってる人がZoomとかでミーティングやビジネスをすることは、「3Dの自分が2D化されなきゃいけない」ってことだよね。つまり「自分という存在」が持っている情報を「2Dにダウンコンバート」しなきゃいけない。2Dには画像と音声しかない。匂いすら送れないわけだよね。それだけダウンコンバートした上で、それでも自分の意思とかをどう相手に伝えるのか。そういうことに長けている「タレント力」が必要になるんじゃないか……なんて思うんだ。

角田　芝居は五覚*で伝えられるけど、テレビは二覚だと。

加藤　そう、視覚と聴覚しかないわけだから。なおかつ視覚も2Dなわけだから、一・五覚ぐらいしかないかもしれないよね。五覚あるのと一・五覚じゃそりゃ違うし、その一・五

【落合陽一】
P134の本文と脚注を参照。

【五覚】
「五感」のこと。「視・聴・嗅(きゅう)・味・触の五つの感覚。これらの感覚によって外界の状態を認識する」(『デジタル大辞泉』より)

覚にマッチした人が向いてるんだと思う。

加藤 二覚ね。それはよく分かるな。そういえば、会議中に手を動かさなくなったかもしれない。まず「手元のメモ」を取らなくなっちゃってる。もうひとつは職業柄なのか、書いた紙をすぐ壁に紙を貼ってみんなで一斉に見ることが多かったんだけど、それが少なくなった。リモート会議でもたまにはやるけど……。元々はみんな、書き言葉で議論を定着させたり、まとめたりしてたと思うんだよね。

角田 そう言われてみると、たしかにノートが全然減らなくなった。

加藤 とするとさ、二覚でいう「聴覚」、つまり音声言語をものすごく鍛えてないと話がとっ散らかっていくし、「五分前何を話してたから今こうなってるんだ」という議論の歴史もですよ、メモがあったら戻れるところが、音声で直線的にだーっと流れちゃう。だから？　打ち合わせが長くなってる気がする。同じ時間でまとまりが足りないし、時間切れ感が高い。

角田 だからテレビのバラエティはしゃべりにスーパー[*]を入れるようになったんだよ。以前のテレビはずっと音だけでやってたわけじゃんか。ところがそれだとなんかバシッと決まらないんだ。

編集してると感覚的に分かるんだけど、決まらないところに「すると」ってスーパーを入れるだけで「すると感」が出るから次の画面に進めるし、「しかし」って入れると今までやってきたことが反論されていく。Zoom 会議ってそれがないよね。一応字幕機能はあるけれど。

【スーパー】
ここでは「字幕スーパー」の意味で使われており、これは元々は「スーパーインポーズによる字幕」の意味。「スーパーインポーズ」は「写真や映画・テレビの映像に、他の画像や字幕を重ね合わせること。二重焼付など」（『広辞苑』より）

パシッとするために文字情報をあえて入れる。さっき話した「2Dで足りない部分」を字幕スーパーとかテロップとかで誤魔化すことで、バラエティって作ってるのかなって今思った。つまり「むりくり段落をつけてる」ってことだよ。

視覚だけじゃなくても音でも同じことをしていて、それが「ナレーション」だよね。「ということで、加藤くんはさっそく食べ物屋さんに行ってみたのでした」みたいなやつ。ナレーションなんか流さなくたって、映像だけ見せりゃ分かるわけじゃんか。「なんで同じこと言うのかなあ」って今でも思ってる。

レストランに向かってる加藤くんに「実は行きたくないのであった」っていうモノローグを被せるなら、意味は分かるじゃん。でも「ということでレストランに向かうと」って、向かってる映像なんだから本当は言う必要なんかないでしょう。でもそれを言うことで2Dでの情報量の少なさを補完しようとしてるんじゃないかな。

加藤 云われて気づくね、そういう奥深いテクニック。やっぱりテレビって鍛えられているな。マジで。で……まだそこまで鍛えられていないリモート会議お作法的には、「するとテロップ」とか「のであったナレーション」がないわけだから、我々自身がそれに当たるようなしゃべり方をできないと「つまんなかったテレビ」になっていくってことか。これ、ものスゴイ気付き、発見じゃない?

角田 そうなるし、逆に言えば僕らの間では「加藤くん、こういうこと話したいんだろうな」「角田はこういうこと話したいんだろうな」とお互い思ってるように、「関係性」でも解決できるよなぁとも思う。つまり、知ってる人同士だったらやっぱり大丈夫なんだよ。

加藤　初対面だとすごい難しいよね。
ここのところ、中学・高校の先生たちと話す機会があるんだけど、私立だと、二〇二〇年夏時点で、中一の子たちはまだ実際に会ったことなかったりする状況がある。いつしか解禁されて実際に会うわけですが、その時に登校できない子がいるんじゃないか、ってリスクも想定されていた。「登校鬱」というか「初めて会うリアル同級生」みたいなもの？　反対に、リアル状況では学校に来られなかった子が、リモートだと授業に〝参加〟できて、ポツポツ登校できるようになった子もいるとも聞いたんだけど。そんなところを含めて、リモートお作法、これからですな。

◉これからもっとやってくる「声の時代」

角田　今、僕は古事記*の授業を受けてるんだけど、四人しか学生がいなくて、そのうち二人は外国人なのね。一人はイタリア系の女性なんだけど、画像出さないままやってるから、音声でしか知らないわけ。そうすると、僕も「ヨーロッパに住みたい」みたいな願望もあるから、そのイタリアの女性に興味が出てさ、「どんな顔してるのかなあ」とか「話を聞いてみたいなあ」みたいなことをすごい思うわけ。それって、またちょっと面白いなって思うんだよね。
もしこれが対面で会ってたら、「プライベートでお話ししてみたいな」とかはそんなに思わない気もする。日本語もうまくて、イタリア人なのに古事記研究なんかしてるん

【古事記】

「現存する日本最古の歴史書。三巻。稗田阿礼（ひえだのあれ）が天武天皇の勅により誦習（しょうしゅう）した帝紀および先代の旧辞を、太安万侶（おおのやすまろ）が元明天皇の勅により撰録して七一二年（和銅五）献上。（略）神話・伝説と多数の歌謡とを含みながら、天皇を中心とする日本の統一の由来を物語る」（『広辞苑』より）。聞き手・甲斐荘が読んだ時には、歴史上の敗者への鎮魂の意味が込められているように感じた。

加藤 だからきっと頭もいいわけでしょう。べつにセクシャルな意味じゃなく、本当に興味が出てきちゃってさ。それって、むしろ情報が足りないからなんだよね。

角田 古事記あたりから平安時代の男女って「直接会うまで和歌[*]のやりとりをしまくる」スタンダードあったよね。

加藤 そう、顔を見ないもんね。

角田 平安時代の和歌は、和歌って「うた」じゃない。だから書いてたから文字という意味では視覚情報ではあるけど、「音声言葉の力」が今より強かったのかね?

加藤 そうなのかね。

角田 その人が好きかどうかを、歌で決めてたわけでしょ。

角田 つまり、人間の想像力のほうが本物より上回ってんじゃないかな。和歌を詠んでもらって、「あの女性、会いたいな」と思う気持ちと、本当に会ってから「また会いたい」と思う気持ちを比べると、和歌を詠んでの気持ちのほうが想像力が働くわけだよね。僕でいうと、イタリア女性の学生さんへの想像がすごい働いちゃってるんだろうなと。

加藤 そっちのほうが人間関係として豊かなのか?

角田 豊かなんじゃないだろうかと、ちょっと思うな。「お見合い結婚のほうが良かったんじゃないか」とか「結婚してから初夜を迎えるほうが幸せ」みたいな価値観って、ちょっと分かる気がするんだ。

つまり、どんな人間同士でも、相手のことを知っちゃうと、ある一定量の「やなこと」ってあるじゃん。とすると、それを最初に知ってる上で結婚するのと、そういうの

【和歌】
「①漢詩に対して、上代から日本に行われた定型の歌。長歌・短歌・旋頭歌(せどうか)・片歌などの総称。(略)②和する歌。かえしうた。奈良時代に『和歌』と書くのはすべてこの意(後略)」(『広辞苑』より)

は知らないでむしろ手紙や和歌みたいな文字情報とか、なんならお見合い写真とか、そういうのだけで出会ってから後でそういうの知るのって、実は大差ないような気もするんだよね。

加藤　ただ順番が違うだけってことか。顔を見る見ないでいくと、「リモート会議の時に顔を出さないはダメ」って風潮がちょっとあるじゃない。リアルに近づけたい欲求の表れでもあるけど、「視覚情報は多いほうがいい」な判断でもあって。それって視覚が多すぎってこと？　実はそれにも増して言語情報、「自分の考えてることを言語として伝えられているか」のほうがついてこないと、リモート会議を使いこなせないってことなんだろうね。

角田　「複合現実感」の授業で聞いたんだけど、視覚と聴覚では、聴覚のほうがリアクションが速いんだって。だから耳と目だと耳のほうが能力が高いらしい。例えば順番みたいなものも音で言われたほうが覚えてるんだって。目だと「ＡＢＡＢＤＡ」って出てきて、後から「はい、順番はどうだったでしょう」とか言われても、分からないじゃん。音のほうが覚えてる。円周率の「3.141592～」も、音として覚えてるみたいところがあるじゃんか。ゴロ合わせもそうだけど、人間は音のほうが違いを判断しやすいんだって。

加藤　【英語力】の項でも触れたけど、言語学習では音読がすごく見直されているよね。音の時代の再来なのかしら。

角田　つまり、グーテンベルク*が印刷術作ってから「文字の文化」になってたんだよね。マクルーハン*（『メディア論』*など）も言ってるけど、多分「文字の文化」の中で、視覚情報の

【グーテンベルク】
ヨハネス・グーテンベルク。一三九八年頃生まれのドイツの印刷業者。一四六八年没。活版印刷の発明者とされる。

【マクルーハン】
ハーバート・マーシャル・マクルーハン。一九一一年生まれカナダ出身の英文学者。一九八〇年没。本文でも言及されている『メディア論』はメディア研究における基礎文献のひとつとされ、それらの著書を通じた一連のメディアに関する理論が主な業績。

中でもしかしたらナショナリズム*も生まれ、もしかしたら映画とかも生まれてきた。その次の段階は「音」に戻るんじゃないかって、なんとなく僕も思ってたわけですよ。

そしたらオング*っていう学者の『声の文化と文字の文化』*っていう本に、「もともと声の文化だったのが、今は文字の文化になった」ってことが書いてあるの。「文字の文化」と「声の文化」の違いが箇条書きで書いてあるんだけど、「音の文化」の箇条書きの内容って、すでにバラエティ番組にすごく適用されたんだ。

つまり「文字文化」を拡張したものがドラマや演劇、映画なんだよ。「文字で作った脚本を、どうやって映像化するか」がドラマなり映画じゃないですか。でもバラエティって台本通りやらないじゃん。明石家さんまさんみたいに、「その場のしゃべりにどう落とすか」ってことで考えるわけで、テレビでバラエティ番組が出来上がってきたのって、実はグーテンベルクからずっと文字情報で来たこの世界を、もともとの「文字情報より音が主流だった時代」に戻そうとする力なのであって、そっちのほうがじつは身体性があるんじゃないかなって思うんだ。

それはダンスにも近いのかもしれない。文字・視覚にどんどん行くことは、結果的に「固定化」してしまうことにも繋がるけど、音とダンスが近い気がするのって、固定化の傾向に抗ってるところがあるんじゃないかって、ちょっと思ったんだ。

加藤 面白い。バラエティがメインで、映画も作ったことある人の発言としても説得力ある。改めてだけど、視覚情報のほうが効率的ではあるよね。録音をずっと聞いてるとそれだけ時間がかかるけど、読んだら何倍も早く済んじゃうもんなあ。

【『メディア論』】
マーシャル・マクルーハンの一九六四年の著書。邦訳は後藤和彦・高儀進による『人間拡張の原理——メディアの理解』が一九六七年に竹内書店より、栗原裕・河本仲聖による『メディア論——人間の拡張の諸相』が一九八七年にみすず書房より刊行。

【ナショナリズム】
「民族国家の統一・独立・発展を推し進めることを強調する思想または運動。民族主義・国家主義・国民主義・国粋主義などと訳され、種々ニュアンスが異なる」(『広辞苑』より)。近年、「グローバリズム」(「国を超えて地球全体を一体としてとらえる考え方や主義」(『広辞苑』より))の対抗軸としてとらえられる傾向もある。

角田 それを「効率が良い」って言うほうが、効率が悪くなってきてるんじゃないかな。つまり、視覚情報に寄っていくから、結果的に「リモートのミーティングでもいい」ってことになるわけじゃない。一見リモートは、時間的には効率がいいじゃんか。

ところが、効率の良さのためにいろんなサブ情報を、五覚で言うと三覚くらい、嗅覚やら触覚やらを奪っちゃってるわけでしょう。奪われている分、実は効率が悪くなってることもあるんじゃないか。時間的には効率がいいんだけど、身体的には本当に効率がいいんだっけ？　トントンなのかもしれないけど。

加藤 本質的には、人間って触覚なんだと思う。触覚が身体に一番近いじゃんか。触ることが一番大事なんだと思うし、「空気感」って言ってるのも、実際に触覚で空気に触れてるわけじゃん。その意味で「空気」っていうのは広義の触覚だと思う。だとすると、リモートでは「空気」が伝わらないことがもしかしたら一番大きい。

角田 画面越し、あるいはインターネット越しだと空気を直接感じられないにしても、それを感じさせるためには「視覚」と「音声」のどっちがいいのかね。さっきの和歌の話だと、音声のほうが空気を感じやすいような気がしたけれど。

それは、音のほうが空気が振動するからじゃないかな。空気が振動するってことは、その振動を肌も感じてるわけだから。

「五感」って言ってるけど、触覚だけは全身にあるんだよね。視覚は目にしかないじゃんか。だから「五感」って分けてるのも、実は本質的には間違ってる。例えば「嗅覚」なんてのも触覚のひとつの現れかもしれない……みたいなことを、その先生は言ってた

【オング】
ウォルター・オング。一九一二年生まれ、二〇〇三年没。アメリカの英文学者、哲学者、文化的および宗教的歴史家、イエズス会の司祭でもあった。オラリティからリテラシーへの移行が文化にどのように影響し、人間の意識を変えたかを調査、研究した。

【『声の文化と文字の文化』】
ウォルター・オングの一九八二年の著書。桜井直文、林正寛、糟谷啓介による邦訳が一九九一年に藤原書店より刊行。

加藤 かな。ちょっと余談だけど、最初はリモートだけで知ってた人同士の「リアル初めまして」シチュエーションに同席したりすると、なんだか背の高さとか身体の大きさ？　にびっくりしてる人が多いのよね。「思ったより大きいですね」的な会話が交わされている。リモートでの画角の問題なんだろうけど、やっぱり「場」にいないと人間の全体が感じられないのかな。

角田 トム・クルーズ*とかも小さいんだよね。『ミッション・インポッシブル』*とか見てると、そんなふうに思わないじゃん。

男性アイドルなんて典型で、某有名人気アイドルと最初に会った人って誰ひとり「かっこいい」と思わなかったっていうよ。僕もそうだったけど「こんなちっこいんだ」としか思わない。

さらに言うと、「キムタクは顔が大きい」って一時期言われたことあるじゃん。でも、実際測ると顔なんかべつに大きくないわけ。あれってキムタクの顔は誰もが知ってるでしょう。誰もが見た顔が普通の身長のところに置いてあると、イメージとして「顔が大きい」って思っちゃうんだ。

加藤 昔の俳優さんってみんな顔でかいよね。

角田 演劇だと、顔がでかい人のほうが舞台映えするとか言うよね。それこそ、かつて夢の遊眠社*のプロデュースをやってた、シス・カンパニー*代表の北村明子さんに「いい役者ってなんですか」って聞いたことがあって、その時彼女は「声です」って言ってた。「役

【トム・クルーズ】
一九六二生まれのアメリカの俳優、映画プロデューサー。代表作に『7月4日に生まれて』『ザ・エージェント』など。幼い頃に失読症という学習障害を持っていたために、障害の理解を推奨する映画『レインマン』に出演したり、自身が『デイズ・オブ・サンダー』の製作主演をしたりした。

【『ミッション・インポッシブル』】
トム・クルーズ主演の一九九六年公開のアメリカのアクション映画。その後もシリーズ作品が製作されており、二〇二二年までに六作品が公開されている。

【夢の遊眠社】
野田秀樹を中心に旗揚げした劇団。七〇〜九〇年代の演劇シーンをリードした。旗揚げメンバーで制作を担当していた高萩宏は、二〇〇八年に野田秀樹が東京芸術劇場の芸術監督になった際、同劇場副館長に就任した。

【シス・カンパニー】
一九八九年に法人化した芸能事務所。舞台の製作も手がける。

者は声でしか選ばない」って言ってた。
顔は、「誰だって舞台上だったら美人に見えるのよ」って。ちょっとメイクしてツカツカって歩いてきて、「あ、美人が歩いてる」ってセリフを誰かに言わせれば美人になる。「舞台」ってつまりそういうことじゃん。どんなにかっこいい人でもかっこ悪い人でも、「かっこいい」っていうホンにしちゃえば「その人がかっこいい」ってことになっちゃうから、かっこいいとか悪いとかでは全然ないんだって。

　ところが「声」がかっこ悪いとたまらなくかっこ悪いし、声が可愛くないとたまらなく可愛くないんだって。

　なので、役者は声でしか選ばないって言ってた。北村さんは日本一の舞台プロデューサーだから、その人が言ってるんだからほんとにそうなんだろうと思うな。

加藤　音の時代というよりは「声の時代」と云い直した方が正確なのか。

角田　声の時代なのかもしんない。山下達郎*さんにしてもみんなそう思ってるし、永ちゃんなんか聴いてると「そうだな」って思わない？　やっぱり声だよね、永ちゃんって。

　ムーンライダーズ*も同じことがあって『初音ミク plays 月光下騎士団*（ムーンライダーズ）』ってアルバムが出てて、「それ、すげえいいな」と思って買ったら、これが死ぬほど良くないわけ。僕や加藤くんとかで聴いてた時、「慶一さん歌下手だなー」とか言ってたじゃん。「こんなにいい曲書くのに、慶一さんのボーカルがもっと上手かったら、もっといいのにな」って言ってたのに、初音ミクが歌ってるムーンライダーズの曲、ただの普通の曲だったよ。一曲も良くなかった。

【山下達郎】
一九五三年生まれのシンガーソングライター。七〇年代中盤に大貫妙子などとバンド「シュガー・ベイブ」として活動。解散後はソロミュージシャンとして「RIDE ON TIME」など、また楽曲提供でも「硝子の少年」（KinKi Kids）など多くのヒット作を生み出した。

【ムーンライダーズ】
P288の脚注を参照。

【『初音ミク plays 月光下騎士団（ムーンライダーズ）』】
聞き手・甲斐荘は大学時代に打ち込み音楽サークルに所属しており、じつはこのアルバムはサークルの二学年上の先輩（ムーンライダーズのメンバーの岡田徹と親交が深い）が打ち込み等を担当しているため、この話を聞きながら心中複雑であった。

ってことは、つまり慶一さんが上手いか下手かの問題じゃない。ムーンライダーズの曲がいいのはやっぱり、ムーンライダーズのおっさんたちが歌ってるからなんだよ。

加藤 プロの作曲家って、先に歌い手がいてその人に向けて作ってるものね。

角田 アテ書きというかね。

加藤 その人に映えるように作曲してんだな。

角田 多分そうなんじゃないかな。「本当に声なんだな」って思う。昔だったら、岡村靖幸*トリビュートとか宇多田ヒカルトリビュートが出た時、嬉しかったけど、でもどう聴いてもオリジナルを超えないよね。旬のバンドがビートルズを歌ってても、どう考えてもビートルズのほうがいいもん。

加藤 時々カバーしたほうが売れる歌があるけど……。

角田 本当のラッキーで、オリジナルのほうよりたまたま合ってただけなのかもしれない。

角田 小室哲哉*さんが言ってた話で、音はもともとLPレコードが一番音が良くて、その上と下を切っちゃって四四・一メガヘルツにしたのがCDじゃんか。それからMDになって、今のSpotifyはMDの音より情報量が少ないんだ。だから実は音はどんどん劣化していってる。一方で画像のほうは、標準からHDになって4K、8Kってなってるわけだから、一応テレビの画素数は増えている。

【岡村靖幸】 一九六五年生まれのシンガーソングライターダンサー（最後に「ダンサー」がつくのが本人のこだわり）。渡辺美里などに楽曲提供の後、一九八六年にEPICソニーからデビュー。ファンクをベースに昇華させた独自のスタイルは多くのポップスミュージシャンに影響を与え、本文にもある通りトリビュートアルバムも発売されている。

【小室哲哉】 一九五八年生まれの音楽プロデューサー、キーボード奏者。TM NETWORKのメンバーとして、またtrfや安室奈美恵、華原朋美への楽曲提供で知られる。一般には「TK」という愛称が有名だが、TM NETWORKのファンからは「哲っちゃん」、プロデューサー期のファンからは「先生」と呼ばれることが多い。加藤、角田、甲斐荘は全員TM NETWORKのファン。

◉2D会議に必要なのはファシリテーターではなく、MC

加藤 「声の時代」の復活ないしは来訪がやってきてたとしてもさ、「自分の持ってる声自体の好さ」の再現度は落ちてるわけじゃない、画面を通じてしまうと。それはいかんともしがたい。とするとライブの時、直接話してる時はその劣化がないから、自分らしさがもっともっと通じたりするということかな。

家からリモートすることは別にダメじゃないじゃない？　新たなポジティブな引きこもりだよね。その時に、誰しもにとっての武器であった「声」が劣化しちゃうとすると、どうやって補っていけばいいのかな。「テレビで映えてる人」にヒントはある？　っていうのも、舞台映えする人はそのままの自分で通じたりするけれど、テレビ経由だと、多少は劣化しちゃうわけじゃない。だけどテレビ映えする人は、見た目もあるけど声を何かで補えているのだとしたら、やってる本人も気付いてない秘密があるの？

角田 それはまさに僕が修士論文でバラエティ番組について書いた話。さっきの「会議が長くなってる」って話と一緒なんだけどさ、結局「MC」が必要になるんだと思う。

つまり、『金スマ』って番組は、中居さんのMC力があるから適当にやってるようでも見られる番組になってるし、『さんまのからくりTV』はさんまさんのMCがあるから、電波に乗って3Dよりも圧倒的に情報量が少なくなっても、その分を代替してた。

そうするとZoomで会議をやってる時とかにも、「MC力」みたいなものが必要なんだよ。それは四人で会議してたら四人の中の誰かって意味もあるし、逆にいうとひな壇芸人が「さんまさんがこういうふうに言ったからこう返そう」「雨上がり決死隊*がこう言ったからこう返そう」みたいに待ち構える、プロレスみたいなのがある。バラエティー番組は、情報量の少なさをそういう面白さでカバーしてきたと思うんだよね。

MCは「Master of Ceremony」のことだから、テレビの場合は「番組のマスターオブセレモニー」という意味だけど、同じように「自分という立場を、どう『マスターオブセレモニー』として提示するか」みたいなことなんだよ。「今言わなきゃいけないこと」と「五分後に言わなきゃいけないこと」と「一時間後に言わなきゃいけないこと」をちゃんと自分の中で進行台本を作って、やってみる。この「進行台本」っていうのが結構大事で、バラエティの場合はいわゆる台本がなくて進行表しかない台本なんだけど、「進行表」的なものを常に持っておくことなんじゃないかな。

加藤 それは「進行表通りにやれ」ってことでもない。バラエティなんてハプニングがあったほうがいいわけじゃないですか。なんとなくの進行表があって会議は進行するんだけど、ハプニングはあり、みたいな態度でさ。進行表にはないハプニングが出てきて崩れた時の適応力、それが「タレント力」なんじゃないかと思うんだよね。

その「進行表を作る力」や「適応力」をどうやって鍛えるかだよね。なんというか、会議上手な人たちって、その力を比較的持ってる感じがするんですね。「最後何かいいこと云おう」とか「途中で話がダレてきたら、この発言ぶっ込んで」とか、その感じがだ

【雨上がり決死隊】 宮迫博之と蛍原徹によるお笑いコンビ。二〇二一年現在コンビとしては活動休止しており、蛍原は引き続きテレビで、宮迫はYouTubeを主戦場に活動中。

いたい分かるんじゃないか。多分その力を鍛えていかないとリモートでのやりとりがあまり上手くいかない。だから話がヨレたり長くなったりする。「バラエティ番組ＭＣの力」って、分かるようで分からない、っていうかできないよ。どうやって鍛えていけばいいんだろうね。

角田　答えを聞く前に自分の仮説を先に云っちゃうと、自分の音声力、声力の鍛え方には二つの方法があると思った。台本を作っていくような、ちょっと先のセリフやト書きを自分で書いていく「脚本家的な力」「構成作家的な力」と、音声が劣化してる中で自分の声自体をどう伝えるかという「表現の力」と。このふたつはちょっと違うじゃない。鍛えるということでいうと、【言語化】*の項でも言ったように僕はラジオ番組やってからネタの完成度が増したわけで、やっぱり実際に五〇分ノンストップで話すことをやってたから相当鍛えられたと思います。

　それとは別に、やっぱり「聞き手のことを常に意識してるかどうか」だと思うんだよね。つまり、聞き手のことを意識しないで、自分の言いたいことをしゃべろうと思ってる人が多いんだよ。さらに言えば、「聞き手のことを意識してる」って自分では言ってる人も、「聞き手の人にどう思われるか」ばかり気にしてるんだよ。「こんな激しい言い方をするとちょっと怒られちゃうかな」とか「気分を害するかな、怒られちゃうかな」みたいなのって、自分のことを気にしてるじゃん。結局みんな自分勝手なんだ。

　ところが「相手のこと」を気にすると、「相手が知りたい情報をどう言おう」かということを常に気にし始める。実際ＭＣのさんまさんも中居さんもマツコ・デラックス*さ

【言語化】
Ｐ１４３からの本文を参照。

【マツコ・デラックス】
一九七二年生まれのタレント、コラムニスト。以前はゲイ雑誌の記者・編集者だったが、テレビ出演で一躍人気者に。現代日本芸能界の女装家ブームの先駆けと言えるかもしれない。

んも、みんなそれをやっている。まるで自分が好きなことを勝手にしゃべってるように見えるんだけど、実は「相手が聞いてほしいこと」を聞こうとしている。「相手が言いたいこと」を言わせるために、その意見を引っ張ってるわけだよ。

加藤 それを仮に「テレビ番組におけるMC力」と定義した時に、ビジネスシーンだと、ビジネス会議スキル的には「ファシリテーション力」っていうと、「○○さん、どう思いますか」って話を振ったりして、MCに近いところがあるイメージだけど。角田くんが云ってるMC力とファシリテーション力は、似て非なるものなのかな。

角田 「ファシリテーション力」ってやっぱり3D、リアル対面の能力の感じがするな。「MC」って言ってるのは、セレモニーだからさ。「儀式」っていうニュアンスがあるんじゃないかな。Zoom会議という儀式の中で何をやるか、みたいな。

◉3Dが2Dになると切られてしまうことがある

加藤 今名前が挙がっている方々は「テレビ番組内でMC力の高い人」。スタジオでほぼ全員が揃ってて、3Dで撮ったものをテレビ番組として編集して放送するんじゃなくて、スタジオには誰もいなくて2Dを繋いだ状態でのバラエティ番組作りも始まってて。

その新しいバラエティの作り方って、角田くんから見ると3Dのスタジオで上手い人は、リモート上の四画面の中で上手いのか、それとも3Dだと上手いんだけど、言葉を

【ファシリテーション】
会議やミーティングの成果がちゃんと出るよう仕切ること。ファシリテーションを行う人のことを「ファシリーテーター」と呼ぶ。本書の制作会議では編集の鈴木氏に加え、著者である加藤さんもさすがのファシリテーターとしての腕を発揮しており、聞き手・甲斐荘はその都度感嘆していた。

角田　選ばずに云うと「外してる」感じがあるのか、どっちだろう。

それについて、「明らかに違ってる」と思うことがあるんだ。つまり「ロケ*現場で超盛り上がったのに、編集所で見ると超つまんない」って、死ぬほどあるの。「あんなに面白いロケやったんだけど、なんで編集したらつまんないんだろう」みたいなことを、この仕事をしてると幾度となく体験するわけですよ。

でも僕個人は、そうなる理由は分かってる。つまり、特に素人って「その場の空気で面白いこと」だけで「面白い！」と思ってることが多いんだよ。

ところが、さっきの「空気」の話に戻るんだけど、「空気」って後からは体感できないよね。録画したテープからは届かない。だから、その部分の情報がない以上笑えないんだよ。

もちろん、状況を解説すると若干笑えるかもしれないよ。つまり「この映像自体は面白くないけど、この何分か前に○○さんが入り口に入ってくる時、ちょっとこけたんだ。そしたらこのおばちゃんが大笑いしちゃってさ。大笑いしたことでみんなが呆気(あっけ)にとられてる……っていう映像なのよ」というところまで説明したら、少なくとも呆気にとられてる映像の意味は分かる。

たしかに今言ったような「たまたまその場にいた人がちょっとこけてる」みたいな些細なことって、その場のリアルタイム体験としては死ぬほど面白いんだよ。

ところが映像では「こける」程度のことなんて、チャップリン*みたいにこけるならともかく、ちょっとつまずいたくらいじゃ全然面白くないいんだ。


【ロケ】

ロケーションの意の一部。「（略）②撮影所外で実景を背景として行う映画・テレビ・写真などの撮影。野外撮影。ロケ」（『広辞苑』より）。関連して、よく耳にする「ロケハン」とは「ロケーションハンティング」の略で、撮影場所を探すこと。


【チャップリン】

一八八九年、ロンドン生まれの映画俳優・監督。一九七七年没。「（略）哀調をたたえた滑稽味をもつ独特のしぐさと扮装で、弱者・貧者の悲哀と現代西欧社会の不平等の怒りを表現。作『黄金時代』『街の灯』『モダン・タイムズ』『ライムライト』など」（『広辞苑』より）。彼が作曲した『モダン・タイムズ』のテーマ曲『スマイル』は、スタンダードナンバーにもなっている。

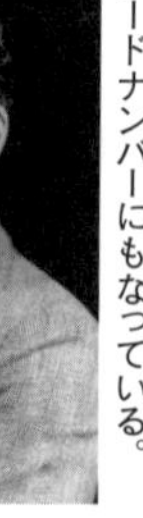

その上で、「面白い空気が撮れたからもう充分だ」と思っちゃうか、「あのこけた映像だけじゃ全然伝わらないよね」という目線を持ってるかどうかが、優秀じゃないディレクターと優秀なディレクターの差なんだよね。僕個人は「このロケやばいな」ってその場でもう分かる。

逆にいうと、収録でハプニングなんて一個もなくて、MCとゲストが真面目に話してるとするじゃん。空気感が賑やかではないんだけど核心をついたトークをしてると、むしろ映像のほうが面白くなったことは何回も体験してる。三〇分ぐらいしゃべって映像が撮れて、ディレクターが「はいOKです」って言うと、「今ので撮り終わって大丈夫なんですか」ってタレントさんもびっくりするわけだけど、僕は「あのコメントが取れてるから大丈夫です」って説明して、実際編集室に行くと面白いんだ。

ところがそういうのに慣れてない人って、「こけるみたいなことがないから、まだ面白くないよね」って思ってるところがある。「一発芸はつまんない」っていうのとちょっと似てるのかもしれない。

加藤 「こける」的な見た目のことじゃなくて、「核心をついてること云った」みたいな音声上のものを摑んでるってことかな。

角田 音声上の話でいうと、「言い間違い」ってみんな笑うんだよね、「あー、噛んだ噛んだ」とか。あれ、後で映像で見たらくそつまんないよ。その人が噛んだことなんかどうでもいい。

ところがほとんどの人は、「噛んだか噛まないか」みたいなことで笑うんだよ。噛んだくらいで笑ったり、「あー、噛んだ噛んだ」とか言って話を止めたりするの、めちゃくちゃむかつく。せっかくいい話をしようとしてるのに。「噛んだごときで盛り上がりやがって」と思っちゃう。言わないけどね。

若い女の子が「あー噛んだ」とか言って調子乗ってキャハキャハーってやる合コン的なやつ、くそ寒いと思うんだよね。その女の子がちゃんと面白いこと言ってるんなら、面白いってのはいろんな意味があるんだけど、それを笑ってあげるっていうのが真の男女平等だと思う。舌足らずなことに、「あー、かわいい」みたいなのは、「いや、かわいいってのはそこじゃねーよ」ってことでしょ。そういう情報こそが2Dに落とすと真っ先に切られちゃうんじゃないかな。

◉窓を開けてリモート会議をすると……？

加藤 2Dと3Dの違い*はおぼろげに見えてきたけど、2Dでその違いというか壁を越えていくための技、ヒントはあるのかな。2D、サラリーマン的にはリモート会議の中で「正しく自分らしさを出す」というか、「正しく自分のイイタイコトを云って相手に伝わる」とか、そういうことを実現していくには。

角田 うまく回答になってるかわかんないけど、これはまさにメルマガで書いたことなんで、今は真夏なわけだけど、このZoom会議をやりながら窓を開けているわけ。でも窓を開けてると暑いから、クーラーつけてるんだよね。「窓を開けてクーラーつけてる」っ

【2Dと3Dの違い】
ここでいうDは次元（Dimension）で、2Dは空間の次元が2方向、つまりのことで、紙に描いた図やディスプレイ上の映像は2Dに分類される。3Dになると奥行きが加わり、普段我々が体験している空間と同様になる。

て本当はだめじゃん。クーラーつけるなら窓を閉めないといけない。なんでかっていうと熱効率が悪いからだよね。

でも実際に、今は集客する施設はそういうところが多い。スポーツクラブとかも空気を入れ替えるために窓を開けてるんだけど、暑いから空調をつけてるわけだよ。

そういうスポーツクラブみたいなとこって、去年の夏（編注：二〇一九年）みたいに密閉したとことでクーラーをガンガンかけるより、窓を開けてクーラーつけてるほうがなんか気持ちいいんだよね。自分の部屋もそっちのが気持ちいいんだよ。

で、そこで同じ原稿を書いてるとするじゃん。密閉されて熱効率が良いクーラーの環境で書いて一時間かかるものが、外の風を感じながらだと三〇分で書けるんだよ、本当に。僕、いつも朝はそういうふうにちょっと窓を開けて書いてるんだけど、そのほうが結果的に原稿が早く上がるの。

だとすると「結果的に熱効率そっちのほうがいいじゃん」と思って。「密閉させて熱効率を良くさせる」みたいなことがテクニック論としてはいつも言われるんだけど、本当は「自分が一番気持ちよくやれる」現場を作ることが、結果的に効率がいいんじゃないかなと思ってるわけ。で、そのことをメルマガに書いたんだ。

だから、「コスパ論」こそ間違ってるんじゃないかと思う。コトを「クーラーと電気代と熱交換」というデータで考えればそっちが正しいんだけど、人間ってデータよりも感覚的な気持ちよさのほうが上回る。そっちを大事にする時代がきたんじゃないかなって、ちょっと思った。

もう一個、そうやって窓を開けてると鳥の鳴き声がすごくするんだよ、港区のど真ん中で。「鳥鳴いてるのって、もしかしたら経済活動がコロナで停滞して自然が戻ってきたのかな」って一瞬思ったんだけど、でもたった数ヶ月でそんなんなるわけないじゃん。

ってことは何なのかと思ったら、単純に今まで窓を開けてなかったの。つまり、コロナで閉じこもったことで、自分が世界に開いた。そうしたら鳥のさえずりが聞こえた。今までは閉じこもらないで外にたくさん出てたんだけど、それでは鳥の鳴き声は聞こえてなかったんだと思う。

これってすごく面白い「コロナでの気付き」だなと思った。引きこもったことでむしろ外と繋がれた、そういうことってちょっとあるのかなって。

加藤 あえてZoomの話に繋げると、Zoomって窓みたいなものじゃん。「閉じこもってる自分がどう外界と接するか」の窓だよね。僕は単純に窓のサッシを開けてみたら鳥の鳴き声が聞こえた。それは外界との繋がりだけど、もしかしたらZoomというツールの中でも、音と映像しかやりとりできないけど、何かやり方があるのかなと思うんだよ。時間帯にもよるけど、外からリモート会議に入ってくる人もちょっと増えてきた気がするね。

角田 加藤くんもこの間どこかの庭からこの本の会議に参加してたよね。僕も歩きながらZoomやることを「ウォーキングZoom」って言ってる。これ、いいんだよ。歩きながらだとアイデアが死ぬほど出るから、会議が一番進む。

それに授業を聞くのって、座りながらだと寝ちゃうじゃん。ところが歩きながらだと絶対寝ない。京都に「哲学の道*」があるのってそういうことなんだな。つまり「哲学の椅子」じゃないんだな。座ってるより歩いてるほうが哲学ができるってことは、今自分でも実感してる。

加藤　先日拝聴していたオンラインのディスカッションで、パネリストの一人がご自宅からの参加で。彼は窓を開けてたから、まさに鳥の鳴き声がずっとしていて、相当いい感じだったんです。音源どうしようの前に、窓開ければいいんだって。

角田　さっきのメルマガで「鳥の声が聞こえる」ってことも書いたけど、窓を開けてると加えてリコーダーの音が聞こえるのよ。近くの小学生が吹いてるんだと思う。

これが下手でさ、学校がコロナで休みだから家で吹いてるわけだよ。「そうだよなぁ。リコーダーの練習もしなきゃいけないもんな」ってほほえましく聞いてるから、笛が聞こえないと「大丈夫かな、笛吹いてないぞ」みたいにとちょっと心配になるし、またプープー吹いてるとちょっと安心する。そういうことも、窓を開けたから初めて体験したわけさ。

そうしたらこの前マンションの入り口に「どこかの部屋で楽器を鳴らしている家庭がありますす。このままだと楽器禁止になるのでやめてください」ってことが書いてあるわけだよ。それを見た時に、「いや、楽器って、べつにドラム叩いてるわけじゃないしさ。どこも行くなって言って、公園に行っても球技はやるなって、じゃあ小学生は黙ってスマホでゲームやってればいいのか」ってちょっとむかついた。

【哲学の道】
京都府京都市左京区にある、水路・琵琶湖疏水分線に沿った約一・五キロの歩道の通称。北端は銀閣寺、南端は永観堂と、観光でも人気の寺院同士をちょうど結んでいることもあり、京都有数の散策スポットとして知られる。明治の頃、付近に文人が多く住んだことから「文人の道」と称されていたが、その後西田幾多郎などの哲学者が好んで散策し、思案を巡らしたことから「哲学の小径」とも呼ばれるようになった。

でも、仮に二〇年前、三〇歳の僕だとすると、編集の徹夜明けで家帰ってきて寝ようとしてるところに、下手なリコーダーが聞こえたら絶対キレて、そのクレームは多分僕が、もっと完膚なきまでに言ってたと思うんだよ。「僕が徹夜でテレビ作って帰ってきたのに、ふざけんな」ってさ。

これって、閉じこもったから自分の中での変化があったのかな。それが面白いと思ったんだよね。

加藤 野球の応援なんかでも、家の中でタオルぶんぶん回したりするしね。むしろ「ポジティブな引きこもり」の時間になった。みんな部屋の中でそれぞれ身体的に動いてるのかもしれないね。

角田 そう、そういうふうに僕は「小学生のリコーダーぐらい大目に見ようぜ」って思った。天変地異や異常気象とか大変なことが起こっているこの時代でさ、もう人類は、小学生のリコーダーみたいなちっちゃいことにイライラしてる場合じゃないんじゃないのかな。

メルマガに書いたことだけど、窓を開けるとリコーダーの音が聞こえてきて、鳥のさえずりも聞こえてきて、なんなら虫も入ってくる。ところが「虫が入ってくるのはダメ、リコーダーの音はダメ」、でも「鳥のさえずりはＯＫ」っていうのは、人類ちょっとずるいよねって思っちゃう。鳥のさえずりがＯＫだったらリコーダーだってＯＫだし、なんだったら虫から言わせたら「俺の領域になんで建物建ててんだ」って話じゃん。「とすると、コロナも同じなんじゃないか」ってふうにその文章はまとめたんだ。

これが人間界に入ってくるのはダメで、これはOKっていう身勝手さの中に、今まで人類は生きてきたんだと思う。それを「身勝手なんじゃないの」っていうふうにコロナが我々のところに入ってきたんじゃないかって、ちょっと思ってる。じゃあコロナは良いことか悪いことかって言ったら悪いことだと思うけど、コロナっていうのは結果的に「リコーダーの音」なのかな、「鳥のさえずり」なのかな、「入ってきた虫」なのかな。その三つのどれかはその人次第で、僕はリコーダーの音くらいじゃないかなと思ってるんだ。

加藤 鳥のさえずりではないよね。

角田 そうそう。コロナというものが僕の中に入ってきたことで、少なくとも「他者に優しくしよう」という気持ちは生まれたって意味でさ。

加藤 「引きこもってて窓を開けた」もそうだけど、リモート会議に参加することによってある種「テレビに出た」自分になって、五感が二感に減ってることをみんななんとなく感じている。その減った分を何か取り戻そうとする自分がいて、窓を開けたりするのかもね。その時には、予想外に音の力、声の力を再評価する、みたいな。

角田 この本では「微差」みたいな話をしてきたけど、音を感じるって音の「高低」を感じるってことだから、すごい微差を感じることだよね。「CDで上と下の音を切ろう」みたいな話と「リコーダーの音入ってくるな」みたいな話は一緒なんだと思う。今はむしろ、そういう高低の微差を感じることが大事な時代に来たんじゃないかな。

「死ぬこと以外かすり傷*」っていうのがコロナ前の時代だったとしたら、「死ぬこと以

【死ぬこと以外かすり傷】
P375の本文と脚注を参照。

外のかすり傷って言ったっていっぱいいろいろある」じゃん。その「かすり傷」ってものを、なんならいちいち心配しようよ、気付こうよっていう時代が来たんじゃないかなと。

◉文字文化の国ニッポン、声の国へ?

加藤 まとめると、多分、今は「音の時代」「声の時代」なんだね。少し前まで、電話するのはウザいからメールをする、「文字の時代」がかなり優勢。それがコロナをきっかけに引きこもりになって、もう一回「音の時代」に戻ってきてるって話でした。

僕ら、いったん電話の練習をやめてしまって、メールの練習になった。若干強引ですけど、文字情報もそうだし、「眉を整える」みたいな見た目・ビジュアル的なものに一回すごく寄っていた。

でもここから改めて音の時代、声の時代の復権が来たんじゃないか。できることがいっぱいある。ないしは文字の時代に失ってしまったことをどうやってリカバーすればいいのか。今すぐは答えが分かんないけど、なんにせよ「もっとみんなしゃべろう」みたいなことかな。

角田 「口で言うんじゃなくてメールでください」みたいな話になっちゃってるけど、実は意外と逆なんじゃないかって話だよ。「口でうまく言ってみな」ってこと。もしかしたらこれは日本人の進化の話なのかもしれない。ヨーロッパ人やアメリカ人は、口で言う文

【源氏物語】
「平安中期の長編物語。紫式部の作。(略)宮廷生活を中心として平安前・中期の世相を描写し、(略)主人公光源氏を中心に藤壷・紫の上など幾多の女性を配して、その華やかな生涯を描く(後略)」(『広辞苑』より)。大和和紀がコミック化した『あさきゆめみし』は、『源氏物語』の内容を掴む上での大学受験生定番の名作。

【牧瀬里穂】
一九七一年生まれの女優。一九八九年バブル華やかなりし頃、JR東海「クリスマス・エクスプレス」のテレビCMで一躍脚光を浴び、トレンディドラマ・映画の常連出演者になった。

化だったのかもしれない。日本はもともと文字文化の国だったから、それがもしかしたらこのコロナで、もうちょっと「言語的に発話する」ことの価値を身に付けろって話なのかもね。

角田 日本って昔から文字の国なの？

加藤 日本は比較的文字文化の国だよ、やっぱり。もちろん中国もそうだと思うけど。それが科挙なわけでしょう。南と北じゃ言葉が通じないから漢字で書くわけだからさ。それは日本も同じだよ。

角田 そこからの復権なのか。それは面白いね。電話の時代はむしろテロップがなくても成立したのかもしれないけど。

加藤 だってあの頃って、恋人と何時間も公衆電話でしゃべってたでしょう。それでも恋愛が成就してたわけだから。それって源氏物語*の世界に近いよね。牧瀬里穂*とか富田靖子*とかがCM出てた頃のNTTなんてそんな感じじゃんか。

ネット文化になって一回文字のほうに、ドキュメント文化になっちゃったんだ。5Gの話なんかもあるけどそこからまた動画が活発になって、コロナが拍車をかけて、リモートですべて伝えるってなった時に、ドキュメントだけじゃなくて音というものが改めて問われている。

角田 5G*＝動画、映像って思いがちだけど。

加藤 オーラルが必要なんじゃないの。本当はオーラルなんだね。

角田 たしかに、そうすると今までとは違う意味でのしゃべり方教室とかが要るのかもね。

【富田靖子】
一九六九年生まれの女優。一九八三年、中学在学中に映画『アイコ十六歳』でデビュー。ベテランになってからも名脇役女優として活躍している。

【5G】
「5th Generation（第5世代）」の略語で、正式には「第5世代移動通信システム」。ざっくり言えば「携帯端末の通信システムの新しいスタンダード」。従来よりさらに高速・大容量かつ多数接続を可能にするため、スマートフォンに限らないあらゆる端末と情報システムとの連携がさらに進むと考えられている。このあらゆる端末がインターネットを通して情報システムと連携することを「IoT」(Internet of Things)と呼び、日本では一般に「モノのインターネット」と訳されているが、一時期IT業界にいた聞き手・甲斐荘は勝手に「なんでもインターネット」という訳語を提案している(Things＝なんでも)。よかったら使ってください。

角田 みんな本当にしゃべれないんじゃないかな。結論を言わないでダラダラしゃべってる人って本当にZoom会議向きじゃないもん。やっぱり先に結論を言った上で、「それは何かというと」みたいにやるとかさ。ここから慣れてきて日本人の下手さ加減が修正されるんだと思う。

加藤 それはまさに2Dという、条件が厳しいところで鍛えられた話術が、これからは活きるってことだよね。NHKアナウンサーご出身の松本和也*さんからいろいろ教わる機会が多いんだけど、やっぱりしゃべり方が全然違うのよ。ニュース、ナレーション、生放送のスタジオもの、まさに鍛えられてる。

　松本さんの話で最初に衝撃を受けたのは、「向こうの岸に桜の花が満開です」ってナレーションはダメですと。「桜です」「満開です」って順番。結論や大事なところから先に云うことが大切で、桜が向こうにあろうがこっちにあろうが、そんなことは後回しでいいのか！って。そんなしゃべり方したことない。会話の作法ともまた違う、しゃべり方。書き言葉では「満開です」を一番最後に書くけれど、オーラルで書き言葉的にしゃべっちゃうと通じないんだ……って話を聞いて「おおー！」って感動するんだけど、当然、やってみると、ぜんぜんできないのよ。

角田 それって、高校の時にアイカワくんっていたじゃんか。アイカワくんは「朝起きてよー」みたいに話しはじめて、「歯ー磨いてよー、テレビ見てよー、電車乗ってよー」ってずっと続いてさ。「この人はずっと何をしゃべってるのかな？」って思って聞いてると、「今つけてるコンタクトが痛い」って話なの。だったらそれを先に言えよ的な！

【松本和也】
一九六七年生まれのナレーター、司会者。『英語でしゃべらナイト』の司会で好評を得、『NHK紅白歌合戦』や『NHKのど自慢』でも司会者を務める。音声表現コンサルタントとしても活動。

加藤　そうだったそうだった。

角田　アイカワくんってかっこよくてモテそうな感じでさ。まさに織田裕二*さん的な、熱い感じだよね。話に出たNHKのアナウンサーの人と真逆なのは、そういう感じだよね。

加藤　2Dで鍛えられた技術がリモート会議の時代で生きるってことですね。それは面白いな。

角田　音の時代が来てるんだよ、きっと。

加藤　「音の時代」と「声の時代」だと、どっちがいいのかね。

角田　マクルーハンだと「声を文字にする」って流れだよね。「表意文字か表音文字か」っていう話からすると、「また声に戻った」って言ったほうが学説的には正しい感じがするけど。

加藤　「声の時代」ね、確かに。アルファベットは表音文字だもんね。そうそう、古代エジプトのヒエログリフ*も表音文字っぽく使うらしいね。西洋のみなさんのほうが、そういう言語体系の中で鍛えられているのか？

角田　そうなんだろうね。でも「オノマトペ*」って日本語にしかないとも言うよね。だから逆にいうと、日本語にはカタカナとひらがなという表音文字があって、漢字っていう表意文字がある。表意文字と表音文字を両方持ってる民族って相当めずらしいらしいよ。

日本人が「比較的頭が良い」と言われているのって、実はそこなんだと思う。普通、表音文字文化の人って表意文字が分からないし、表意文字文化の中国人とかも表音文字が分かんないらしいよ。その転換にタイムラグが起こるんだって。

【織田裕二】
一九六七年生まれの俳優。一九九一年『東京ラブストーリー』の出演で大人気に。九七年に始まり映画化もされた主演ドラマ『踊る大捜査線』は一世を風靡した。近年はTBS系列の世界陸上中継の顔としても印象的。

【ヒエログリフ】
（「聖なる刻字」の意。）古代エジプトの象形文字。聖刻文字。神聖文字」（『広辞苑』より）

【オノマトペ】
「擬音語（onomatopoeia）」のこと。「実際の音をまねて言葉とした語。『さらさら』『ざあざあ』『わんわん』など。擬声語。広義には擬態語も含む（後略）」（『広辞苑』より）

ところが、日本人は普段から漢字仮名交じり文を読んでるから、瞬時に表意と表音をスイッチングできる能力を初めから持ってんだよね。だから結果的に処理能力が早いんだって、何かの本に書いてあったな。

加藤 2Dの中で話が上手い人って、漢語をあまり使わないもんね。

角田 そうそう。音だけだとあまり分からなくて、伝わらないからね。さっき話したメルマガのタイトルを「窓の換気をすると、身体を喚起して、精神が歓喜する」ってしたんだよ。これ、タイトルとしては上手いと思うわけ。ところがこれをラジオで読むと「この漢字はこの字で」っていちいち言わないと伝わらないから、そういうタイトルにはしないんだよね。書き言葉の時に最適な単語情報と、音にする時に最適な単語情報って違うなって。

同じく、テレビのスーパーだとコトを漢字の「事」では書かない。「事」で書くとやっぱり「事件」を想像するから、すごくカタく見えるんだよね。僕ら口語で言ってる「コト」のニュアンスって、事件の「事」じゃないでしょう。だから、ひらがなの「こと」と漢字の「事」は、もう意味が変わってるんだ。それに気付いているか、気付いていないかだね。

ふ【副業】（ふくぎょう）

角 正と副、両方必要。時に逆転させることも必要。
加 本業と云われる「仕事」の中にも実は「副」がある。社内外の別だけではなく。

副業してみたいな、と思うんですが、自分にはどんな副業が向いているのか手がかりが欲しいです。

◉副業に二種類。あなたはどっち？

角田 「副業」*ってことは、本業もあるってことかな？　ほら、よく「『副業』っていう言い方が間違ってる」みたいな話もあるじゃん。加藤くんの言ってた、「転職」と「転社」の話だっけ。それと似ていて、つまり「自分にスキルがあれば転社で生きていけるじゃん」っていう意味だとすれば、「副業」ってことはその「スキルがパラレルであったほうがいい」ってこと？　いや、「副業」の一般的な意味はもちろん分かっているんだけど、概念をもうちょっと明確化したほうがいいなと思っていてさ。

加藤 「本業では足りない収入を補うための補助カネ稼ぎ業」としての副業の話題が最初は多かった。

【副業】
「本業のほかにする仕事。内職」（『広辞苑』より）

角田 ってことはその副業って、自分の専門性が何かあったとして、本業以外のバイトみたいにやることが副業なの？

加藤 そう捉えている記事も多いよね。従業時間外のアルバイト的なことを副業と呼んでいるケース。もうひとつは「自分の得意なことでお金になりました」。「サラリーマンだけど、イラスト描いてたらそっちでもお金稼げるようになりました」みたいな、自分の得意技系。この二種類があるんだろうね。

角田 どっちの話にするかっていうことを決めなきゃいけないよね。

加藤 それは「二種類あるんじゃないの？」が最初にあった上で、「お金が足りないものを埋めるのは自分で探そ？」でいいんじゃないですか。それって業種業態はともかく、結局は「自分の時間を切り売りする」系になるわけじゃない？
　もうひとつの「自分の得意技」系に関しては、楽しいかどうかはともかくとして、今まで自分がそれなりの時間とお金を突っ込んできたことか、これから突っ込むか、まあどっちかですよね。

角田 あのさ、「投資しましょう」みたいなパターンは副業に当たらないの？　今のお金の話でいうと、拡張するとそれも副業になるよね？

加藤 なる。

角田 だよね。質問は何だっけ？　それを「やったほうがいいかどうか」みたいなことなんだっけ？

加藤 そうか。分け方が好くなかったな……。「足りないお金を埋める」という云い方でなくて「お金を稼ぐための副業」と、「自分の好きなことをやるための副業」とに分ければいいかな？
　そこから「お金を稼ぐ」をさらに二つに分けて、「足りないものを埋める」というマイナスをゼロよりちょい上に持ってくるのと、「もっとあるといいなあ」とさらにプラスにするのとで区別して考えてみましょうと。

角田　ちゃんとそこまで定義をしたとして、僕の感想で言うと……「お金は大事だねえ」って思うよね。【貯蓄】*の項でした話に戻るけど、副業はできたほうがいいし、やった方がいい。でも時間の切り売りだとやっぱり寝る時間なくなっちゃうし、体力的につらい。とすると、そうじゃないほうの副業ができるスキルや人間関係は、やっぱり持っておいたほうがいいんじゃないかな。すごい普通の回答だけど。

加藤　「副業しましょう」の嚆矢だったと思われる、『金持ち父さん 貧乏父さん』*が出てきた後、お金の話をしている人たちの多くは「種類は何でもいいから収入源を複数持て」と主張している印象だな。ロバート・キヨサキ*さんなら不動産だけど、なんにせよ本業のサラリーとは別の収入源を複数持てというのは、お金系の人たちが結構前からずっと云っていることではある。

角田　副業を奨励する企業が増えてきてるのって、つまり企業が従業員に払う給料を減らしたいからなのかな。

加藤　そこは、組織によるけど両方のパターンがあると思う。「固定費である人件費を減らしたい」という思いがあるのかどうかは置いといて、「やってもいいよ。でも本業に抵触

【貯蓄】
P261からの本文を参照。

【ロバート・キヨサキ】
投資家・著述家。日系四世としてハワイで生まれ育ち、海兵隊を経てビジネスの世界に。四七歳でビジネスを売却し、いったん引退した際に書き上げた著書『金持ち父さん貧乏父さん』が全世界で大ベストセラーとなった。

【『金持ち父さん 貧乏父さん』】
ロバート・キヨサキの一九九七年の著書。白根美保子による邦訳が二〇〇〇年に筑摩書房より刊行。

しないでね」っていうのと、もうひとつは「自分の専門性を会社だけで発揮するのはもったいないから、好きなこともやっていけ」と云う組織と、二種類あるんじゃないですか？　制度として二つが混じってる組織も含めて。

◉自分にできること、世の中に見せてます？

角田　この質問の思いっていうのは、つまりその時に自分が何やればいいか分からないってことだよね。正しいかどうかは分からないけど、僕的なひとつの回答としては「アウトプットしてみる[*]」。

加藤　どこまでやったら、アウトプット認定？

角田　「自分に専門性がある」と感じられるようなものを、会社の中っていうクローズド・ドメスティック[*]なところでしか使っていないんだったら、Twitter とか note とか YouTube で発信して、やっぱり「自分はこういうこともできるんですよ」っていうことを世に出すしかない。もちろん、世に出すことで直接お金が来るかどうかは分からないんだけど、少なくとも「この人にはこの能力がある」っていうことを他人に知ってもらえば、その人から発注やコンタクトが来る可能性は出てくる。

そういう自分のスキルや能力をアピールすることを恥ずかしがる国民性なんだけれど、「イチローほどの技術じゃないんだけど、ちょっと野球上手いんです」っていうレベルからでもいいから出していくのが、副業への道を増やすことになるんだと思うんだ

【アウトプットしてみる】
P210のコラム「アーカイブ」を参照。

【クローズド・ドメスティク】
closedは「閉ざされた」、domesticは「国内の、家庭内の」という意味。対義語は「オープンな」「外部との交流がある」。

加藤　よね。実際、僕はそれをやってきたんだと思うし。

角田　確かに。

加藤　そうなのよ。発注主がその人の能力を分からないと、発注しようがないもんね。僕、「本を書きたい人の個別相談会」っていうのをやってるけど、「書いちゃってアイデアがパクられたらどうしよう」みたいなことで悩んでる人って、死ぬほどいるんだ。

角田　そうなんだ。

加藤　「このアイデアが盗まれたらどうしよう」みたいなことばっかり言ってんだよ。「盗まねえよ！　そんなに大したアイデアか！」って……当然それは言わないんだけどさ。「あなたがそのアイデアを持ってるって知らないのに、なんであなたに発注が来るんですか？」ってことじゃん。

角田　まあそうだよね。

加藤　こっちもそうアドバイスするしかない。アイデアでもスキルでも何でもいいんだけど、「ある」って表明していないのに不満を言っている人がやっぱり多い。「見つけてもらえない」「自分は世から見出されない」みたいな。「でもお前、見せてないじゃん」ってことじゃん。「だったら毎日Twitterつぶやいてるの？」って訊くと「つぶやいてないです」って言うんだよ。「いや角田さんは有名だから」とか言われたこととかあるわけよ、全然有名じゃないのに。それ言われると一番カチンとくるわけ。

角田　僕だって、七～八年マメにTwitterやってるもん。やってたら一万人くらいフォロワーが増えただけだし、それでも高々一万人くらいしかいないわけで、べつにいろんな力を使ってそうなったわけでもないしさ。だから「それは結局、日々発信してるかどうかしかないんだよ」って話をよくするわけ。「そこまでやって、あなたは自分の能力を世の中に見せていますか？」って訊くと、やってない人のほうが多いんじゃないかな。

加藤 まずアウトプットがあることが前提にはなるけど、それをどう出すか、見せるかについて云うと、角田くん説だと「情報化の頻度・回数」がポイントのように聞こえる。それはそれでアドバイスとしてアリだとして、もうひとつは、やり方とか云い方の模範というかサンプル？をアウトプットの中に入れ込むことも大切だと思うんだよね。

例えば「副業で少年野球のコーチをやっています」みたいな話があったとして、それをみんな自分のブログやTwitterに書く時に「今日はコーチをしました」しか書かない人っているじゃない。結果や結論の部分しか書いてないと、「どういう教え方なの？」がまったく分からないわけよ。そうすると、発注しにくいよね。

そうではなく「少年野球で、こういう練習法でコーチをしました」まで、途中の過程にある「How」のところが見えてくると、「ああ、そういう教え方をするんだ。じゃあうちにチームにいいかも」ってマッチングの精度が高まるわけだけど、そこまでやっている人は少ないように見える。

角田 本当に少ないんだよね。さっきの個別相談会でも、「じゃあTwitterやります」っていう人もいるにはいるんだけど、こういう言い方は嫌だけどさ、俗に言う「ポエムっぽい一四〇字」を書いちゃうんだよ。

例えば、その人がライターをやっているって他の人は知らないのに「今日インタビューに行ったらこうだった」って書くわけ。でも、あなたがライターだってみんな知らないんだから「インタビューに行った」ってことだけ書かれても分からないわけよ。仮にいいことを言っていても、その人のことをほとんど知らない人には伝わらないんだよね。

　だから、「ライターをやっている私」について書かない限り、一四〇字でどんなにいいこと書いても伝わらないんだけど、それを書かない人が圧倒的に多いんだ。有名人ならいざ知らず、あなたが何者か誰も知らないのにあなたの感想だけ書いたってそりゃ伝わらんわ。それは今の加藤くんの話とそっくりな気がする。

加藤　角田くん的に云えば「あらすじを書く」ね。

角田　そう。つまりその人が少年野球で何を教えたかをちゃんと書かないと、単純に何の情報もない一四〇字になっちゃうんだよ。

加藤　わかるわかる。

角田　それを気にしないでやってる人が、異様に多いんだよね。「それは、あなたの知り合いに向けた日記でしょ」っていうものは、それは副業には繋がらない気がするよね。

加藤　そこはやり方な気がするけどね。例えばライターだったらさ、今、目の前にある録音機、*ゴツいじゃない？　これ見ると「おお、スゲー」「プロっぽい」と思うわけよ。「これは録音ミスなさそうだな」って。機材も過程で、そこの過程をちゃんと見せてあげることで「注意深くやる人なんだな」と思わせることができるわけだから、「過程を言語化する」ことはとても大事だね。

【今、目の前にある録音機】　TASCAM社　DR-07。普通のICレコーダーの倍のサイズがある。聞き手・甲斐荘が映画のロケ現場に録音助手として放り込まれた際、上司になった録音技師の方が環境音の録音に使用していたため、甲斐荘も演劇の効果音録音用に購入したもの。ライターとしてのインタビュー時に「なんかすごいレコーダー持ち出してきたぞ」とハッタリをかます役にも立っている。

過程の言語化で思い出しましたが、落合博満*さんに『バッティングの理屈*』っていう本があって、これがなんとダイヤモンド社から出てるんだよね。この本は和田史子さんとおっしゃる超辣腕編集者に教えてもらったんですが、もう本当にバッティングの理屈と過程だけしか書いていない本なの。「肘の上げ方はどうだ」とかそんな話を延々としているだけ。それを実際の写真入りで。社会人野球の人がモデルになって載せてる、ただそれだけの本なんだけど超面白いわけ。

角田 比較的最近の本なんだね。

加藤 確か復刊したんだよ。落合さんって理屈の塊だなーと。写真入りで「肘はこうあるべきだ。なぜならば……」みたいなことを延々と論じている、そう書いてじゃなくて論じているの域よ、これたぶん。野球好きかどうかは別として、過程の言語化、すごい。要はこういうことだよねと。

「Twitter は字数制限もあるから、過程を詳細に語るには連投しないとダメだし、落合さんレベルじゃなくてもいいんだけど、こういうことが書かれていると直接習いたくなったり、発注したくなる。だからこの本は、過程を可視化することのすごくいい例だと思うんだよね。

角田 今 Amazon でこの本見てたらさ、「スポーツ」ってジャンルでは一五六位なんだけどさ、「哲学」っていうジャンルにもちゃんとランキング入ってるのね。これ面白いね。だから、そのダイヤモンド社*の編集者さんが分かってるってことだね。バッティングのことしか書いてないんだけど哲学を語ってるってことだよね、つまり。

【落合博満】
一九五三年生まれの元プロ野球選手、野球指導者。現役時代に三度の打撃三冠王、監督としても八年間で四回のリーグ優勝と抜群の実績を誇る。

【『バッティングの理屈』】
落合博満の著書。二〇〇三年にベースボール・マガジン社より刊行。二〇一五年にダイヤモンド社から復刊。

落合博満
バッティングの理屈
三冠王が考え抜いた「野球の基本」
落合博満 著
ダイヤモンド社

【ダイヤモンド社】
経済・ビジネスジャンルの内容を得意とする書籍や雑誌を刊行している出版社。近年では出版するジャンルは多様化し、童話の分野にも進出しヒットを飛ばしている。ウェブメディアも充実し、今絶好調の出版社のひとつ。

加藤 理科の実験の本みたいな感じ。で、僕らは野球じゃないことで同じことをやればいい。

角田 落語家の立川談慶師匠って、確か本を一三、四冊書いてるんだけど、最近出した『教養としての落語』っていう本が売れてるんだって。それ、すごく分かる。今までは「ちょっとした粋な生き方」とか、そういう本をたくさん出してて、まあ売れてなかったわけじゃないと思うけど。

でも『教養としての落語』はすぐに増刷が決まったらしく、本人がそのことについて「『その著者に何が求められているのか』ということはすごく大事なことだ」って書いていたのね。

確かに、僕もいつも献本をもらうんだけど、こっちも師匠のことを知っているから、今までのエッセイ的な本はそんなに読みたいと思わなかったんだ。でも「教養としての落語」って言われるとちょっと知りたいじゃん。

加藤 知りたい。

角田 だから本人も、「俺が書くべき本はこれだったんだ」って自分で言ってた。「餅は餅屋」じゃないんだけど、やっぱり落合さんに世界情勢を語られてもね。それが仮に正しいとしてもね。やっぱり落合さんにはバッティングとか、強いて言うなら「プロ野球での優勝の仕方」だったらまだ読むけど、「世界情勢を分析する」だったら、内容正しくてもやっぱりみんな興味湧かないんだよ。

加藤 そこは「換骨奪胎」で。テーマじゃなくて作り方に着目してみた次第。テーマも大事ですが。

【立川談慶】
一九六五年生まれの落語家。立川談志を師匠にもち、二〇〇五年に真打昇進。

【『教養としての落語』】
立川談慶の著書。二〇二〇年にサンマーク出版より刊行。

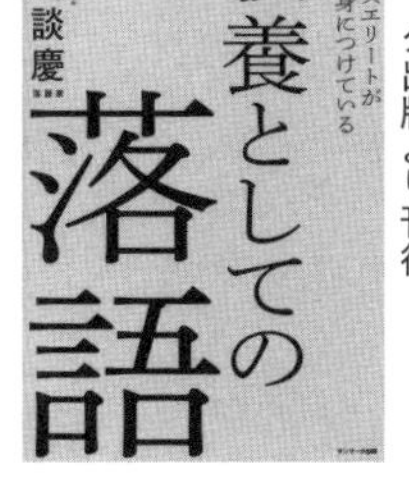

ビジネスエリートがなぜか身につけている
教養としての落語
立川談慶

◉役に立つかと関係なく、まずはアーカイブから

角田 テーマでいうと、何が副業に繋がるか分からない、って話なんだけどさ。

加藤 お、話振ってきましたよ。

角田 「やらなくていいこともやらなくちゃいけない」っていう話なんだけど、『日曜美術館*』を僕の知り合いが「面白い」ってTwitterでつぶやいてたのをたまたま見たんだけどさ、法隆寺の金堂壁画*ってあるじゃない? あれって昭和二四年に焼けちゃってるんだよね。

加藤 焼けてるね。

角田 それから二〇年経った昭和四〇年代に修復事業があって、今の壁画って当時の日本画の大家の人たちが修復したものなんだけど、なんでそんな修復ができたかっていうと、昭和一〇年代に、模写してた無名のお坊さんみたいな方がいるんだって。その方が徹底的に模写していたものが残っていて、それがあるから修復できたっていうことがひとつあるわけ。

加藤 へー。

角田 その人は本当に無名の人で、芸術家として全然大成してないんだけど、金堂壁画の素晴らしさに魅入られてずっと描いてたんだって。それは「なるほど」と思って観てたんだけど、もうひとつすごいなと思ったのは、昭和一〇年代に当時の文部省が、「国宝を保

【日曜美術館】
一九七六年に放送を開始したNHKの教養番組。読んで字のごとく、国内外の様々な美術や、開催中の展覧会の情報を紹介する。

【法隆寺の金堂壁画】
七世紀末のものとされる仏教絵画群。一九四九年の火災により多くが焼損した。

存しておこう」ということで写真に撮ることが事業として行われたんだけど、その時担当した技師がどうやったらクオリティを残して撮れるかを考えて、四二枚に分割して全部ピントを合わせて撮ったらしいのね。

それ自体もすごいなと思うんだけど、当時はカラー技術なんかないのに、その人は「色も残しておいたほうがいい」と思ったらしく、赤・青・黄のフィルターをかけて、その濃淡をデータとして残しておけば「いつかカラー再現ができるんじゃないか」ってことで、黒を含めて四色の写真乾板を残しておいたんだって。

角田 ほお。

加藤 当然その人もカラー技術なんていつできるか分かっていないんだけど、何十年か経って戦後の修復作業をする時になったら、カラーで残っていたからそのデータで再現できたんだって。

僕、その話が本当にすごいなと思うのはさ、つまりその「無駄なこと」っていうか、今それをやろうって言ったら「そんなの予算がない」とか「そんなこと無駄だよ」とか「よく分からないからやるなよ」とか言われて、やめちゃうじゃん。ところがやっておくと、結果的にそれが二〇年後に価値のあるものになっているってことがあるんだよね。「無駄だからやめろ」とか「決まりだからやめろ」って言われるようなことって、むしろやる人がいないとイノベーションが生まれないんだなって思ったというか。

加藤 時空を超えた、壮大な「副業」ですな。副業ってさ、「儲かる」とか「なんか役に立つ」とか、そういう領域になりがちじゃない。

角田 そう、全く意味のないことかもしれないんだけど、やっておくことが結果的に意義を持つようなことを「副業」って呼んでもいいと思うんだよね。

もうひとつ、昭和新山*だっけ、有珠山のところの。あれって確か戦中の昭和一八年にむくむく盛り上がってできちゃった山なんでしょ？

加藤 あそこ元々私有地なんだよね。

角田 その過程をずっと記録してたのって確か郵便局の人なんだよ。

加藤 聞いたことあるな。

角田 郵便局の人が記録してたんだけど、当時は戦時中だから「そんなのやめろ」って話も来てたんだって。なおかつ、火山が噴火するってことで箝口令みたいなのも敷かれてたから、なんなら近寄ると罰せられるみたいなこともあったぐらいなんだって。ところが「山がこれだけ変化してるんだから、どう考えても記録しておいたほうがいい」って、その人は毎日記録してたんだって。

そしたら、戦争終わってからその記録は「噴火活動でどうやって山ができるか」っていう初めての具体的な記録資料になったんだよね。でもそれって、はっきりと体制側からはNGとされていた行為で、その人は学者でもないのに「それでもやっておいたほうがいい」ってやっていたわけで、やっぱり素晴らしいなと思うんだ。

「役に立つか立たないか」じゃないんじゃないかな。「自分はこれをやっておいたほうがいいと思う」と直感で思うこととか、「なんかやりたいな」と思うことはやっておけっていう。金にならなかろうが役に立たなかろうが、関係ないと。

【昭和新山】 北海道有珠郡にある火山。一九四三年〜四五年の火山活動により形成された。

加藤 本当に副業としてはいいよね。あとあれだね、改めて「知に対する貢献」って記録することから始まるんだね。

角田 そうそう、どっちもアーカイブ*だもんね。だから僕はアーカイブってひとつのテーマだなって思う。

加藤 なんの形であれね。

角田 なんの形であれ。今、「知的好奇心向上委員会（ＩＣＵＣ）」っていうのをやっててさ。元々は月イチでトークイベント的なものをやってたんだけど、今コロナでできないから、トークは一回二時間だったから今は週に一回三〇分の動画を上げてるわけ。YouTube に置いてあるんだけど、大した再生数とかいってない。別にそれはそれでいいんだけど、でもだったらなんで上げてるのかっていうと、自分が今コロナの時に「こんなこと思ってたんだ」っていうのは絶対にアーカイブしておいたほうが、何年後か分からないけど必ず何かフィードバックがあるんだろうなと思って、ただやっているだけなんだ。やっぱりアーカイブするっていうのは大事だよね。

加藤 動画も日記も本も、ＳＮＳもアーカイブ。

角田 アーカイブについて僕自身のことで言えばさ、僕はべつに世界史キャラ*じゃないわけじゃんんか。だから今まで発注が来てたのは、全部「テレビマンとしてはどうか」みたいなことだったわけ。ところが世界史の本が売れたことによって、一段階拡大したわけだよ。それが「本当の教養」かどうかは別として、「なんちゃって教養書をこいつに頼んでもいいんだな」っていうラインが一個できたって考えると、副業が一つできたわけで

【アーカイブ】
Ｐ２１０のコラム「アーカイブ」を参照。

【世界史キャラ】
キャラは「キャラクター」の略。ここでは「世界史に詳しい」「世界史のことは角田さんに聞いてみよう」みたいに印象がリンクしていること。

しょ。

加藤 売れたほうがもちろん好いけど、まずはカタチにするところまでは。

角田 だから、自分の専門ならテレビのことしか書けなかったわけだけど、一つ増やすと道は拓ける。「こいつに語られたくないや」っていう本の山積みになっちゃう可能性はあるんだけど、一個でもヒットすればそれは副業として認知されやすくなる。

加藤 とはいえ、その世界史の本だってさ、そこに至るまで結構時間をつぎ込んできたわけでしょ？　アーカイブたんまりあったわけでしょうよ。

角田 まあそうだよね。実際に学部は西洋史学科*だったからね。

加藤 ある程度の「タメ」がないと、コンテンツとして浅くなる、上澄みになっちゃうわけだから、自分が足りているのかどうかは見極める必要があるよね。

角田 あるある。まあ、その「タメ」をどう作っていくかみたいなところはあるだろうね。

加藤 超ハイスペックじゃなくてもいい。「周りの半径三〇メートルの人よりは上手いよ」ってところまで行けば、書籍にはならないかもしれないけど、副業にはなり得る。そういう感じな気がするね。

角田 これいいね。なんかまとまった感じがする。

加藤 あと「途中をちゃんと見せる」。

角田 そうだね。「経過を言語化して可視化する」っていうことだね。「アーカイブ」と「あらすじ」ね。

【西洋史学科】
P6の角田陽一郎のプロフィール参照。

へ【ヘンタイ】

角 ヘンタイを自覚してるようなら、それはヘンタイではない。
加 自らの行動、思い、理念に周囲が理解・賛同を示さないだけの状態。とも云える。

いろいろ検索してたら「ヘンタイになれ!」って記事を見つけました。だけどヘンタイになるってどういうことですか? 一〇〇%ヘンタイだとヤバいと思うんですが……。

◉ヘンタイになる必要、ありますか?

角田 加藤くんはヘンタイ*だと僕も思うんだけど、自覚してる、してない?

加藤 してるんじゃない。カタカナで書いた「ヘンタイ」ってわりと褒め言葉になってきてる感じしない? 「トラリーマン」って聞いたことある? サラリーマンの虎。レオス・キャピタルワークスの藤野英人*さん(ひふみ投信)と仲山進也*さん(楽天大学がくちょ他)との会話で藤野さんが「仲山さんはトラリーマンですね」って認定ところから始まった話で。

このトラ、本当は「タイガー」なんだけど、かとうが勝手に「フーテンの寅さん」の

【ヘンタイ】
「変態」は「①もとの姿・形をかえること。また、その姿・形。(中略) ②正常でない状態。③(変態性欲の略)性的行為や性に対する関心が正常でないこと(後略)」(『広辞苑』より)

トラだと思ってて、仲山さんと大笑いになったのは余談なんですが、トラリーマンたちは、ポジティブな意味でヘンタイだという。

角田　トラリーマンってどんな定義なの？

加藤　藤野さん曰く、「群れず、自由気ままに生きながら、強さを持ち合わせているのが虎。この虎的な働き方をしている会社員」。自分なりのイメージだと、会社の業務からは若干離れているのだが、自分で動けて価値を出せる人。あるいは副業が本業にもなっている人。上の言うことにヘコヘコしてるわけじゃない感じの。

角田　それが「ヘンタイだ」ってことなのね。

加藤　まあ、ヘンタイのひとつ？

角田　ああ、ヘンタイの変体*ってことか。ふふふ。加藤くんから見て僕はヘンタイですか？

加藤　角田くんはヘンタイじゃない？　だって普通のサラリーマンからしたら、サラリーマン時代に、所属の名刺的には相当ヘンなキャリアでしょ？　それで干されたわけでもなく、会社を辞めた辞めないは別にして、今も存在価値があるわけじゃないですか。

角田　ま、ギリギリね。

加藤　今ヘンタイという言葉を使いながら、「組織の奴隷にはなりたくない、だけど飛びだすのは怖いところもあって、自分なりに組織という環境をうまく使ってる」ってのがトラリーマンだと思うんだけど、それと類似した意味で、楽しく自由に仕事をしている人が「ヘンタイ」って呼ばれているんではないでしょうか。

角田　っていうことは、ヘンタイっていうのは根本的には、ちょっとポジティブワードってこ

【藤野英人】
一九六六年生まれの投資家。株式会社レオス・キャピタルワークス代表取締役会長兼社長・最高投資責任者として「ひふみ投信」シリーズを運用するほか、マネーリテラシーの教育・啓蒙でも活動している。

【仲山進也】
P376の本文と脚注を参照。

【変体】
「普通の体裁と異なること。また、その体裁」（『広辞苑』より）

と？

加藤 そうそう。カタカナのヘンタイはね。

角田 そうか、ヘンタイってのはポジティブなんだね。なるほど。じゃあそこまで一致したとして、この問いにどう答えましょう。

加藤 ヘンタイになるって、怖いんだよね。意図的になのか結果的になのかは別として、「人と違うことをする」ってことになるので、たぶん怖いと思うんですよ。それに耐えられるか。質問にある「なりきれない」みたいな悩みは、ヘンタイ的に考えたり行動したいんだけど、躊躇する、人の目が気になるというので、行動が止まってしまうってことがあるんじゃない。

角田 それって、微差みたいな話と似ているような気がするんだ。「出すぎた杭は打たれない」って言葉があるじゃんか。ヘンタイは「出過ぎた杭にならないと」みたいに思うから、ヘンタイ度が弱いと躊躇して、「だったらもう杭じゃないほうがいいや」ぐらいの感じなんだと思うんだよ。

　そうすると今の話への回答ってさ、「出すぎなくてもいいんじゃないの？」ってことかもしれないよね。ちょっと出ればいい。

加藤 おそらく、「杭」の意味、種類が増えていると思っておりまして。それでヘンタイ。多様化してるよね。

角田 多様化してるよね。

加藤 今までは、サラリーマンですごい出世する、爆走してる人か、サラリーマンなんだけど全然会社のことしてない、『釣りバカ日誌*』のハマちゃん的な人かがヘンタイだったと

【釣りバカ日誌】
P107の本文と脚注を参照。

思うんだ。
そこに最近、会社の中で普通に仕事してて、そんなに仕事してるわけじゃないんだけどヘンタイ、っていう「第三のヘンタイ」が生まれてきてるんじゃないかなと思うのよ。特に副業をしてるわけじゃないんだけど、会社の中でよく分からない動き方をしていたり、みたいなことでさ。企業というか組織もそれをちょっと認めて赦し始めているというか。

角田 会社って赦してはじめてるっていうか、望んでるって感じまではいってない？

加藤 「全員がそうなると困るけど、そういう人もいたほうがいい」って思ってるんじゃないかな。

角田 そうだよね。さっきの質問に答えるという意味でいうとさ、「ヘンタイになりきれない」っていうか、そもそも「なりたいのかなりたくないのか問題」もあるってことだよね。なおかつ、その素養があるかないか問題もある。「ヘンタイになりきれない」って言ってる段階で、まず素養がないような気がするし。

加藤 ですかね。

角田 だって、「なりきれない」って悩みが、そもそもヘンタイじゃないじゃん、ヘンタイな人ってもっとこう「それでいいや」っていうか、ある意味の投げやり感があってさ、そこを悩んでたらヘンタイじゃないじゃん。
「パンティが好き、誰に言われようがパンティ、女よりもパンティがいい」みたいなのがヘンタイだとすると、「ヘンタイになりきれない」って「おれ、パンティが好きになりたいんだよね」って言ってるように聞こえちゃうじゃん。だったらヘンタイじゃないほうの、社会から当然望まれてるほうでいいじゃん。ヘンタイな人たちだけではやっていけないわけだから、なんなくていいんじゃないの？ってのが回答かな。

加藤 無理してなる必要はない。

角田 無理してなる必要はない。ベタに言うと適材適所というか。

◉ヘンタイに〝マーケティング〟は不要！

加藤 トラリーマン第一号である仲山進也さんに『組織にいながら、自由に働く。*』って本があります。これ名著。この中で「加減乗除の法則」と主張してる。「自分が仕事環境の中でどんどん自由になるための四つの順番」みたいなもの。

角田 加藤くん、相変わらずよく読んでるね。

加藤 サラリーマン的に好い本ですよ。「働くことと好きなことをどうやって両立させられるか」って誰もが悩むテーマ。でも、いきなり自分のやりたいことだけ云ってもなかなかうまくいかないのも事実で、「一回はとことんやろうや」にスタートがある。キャリアデザイン・ド*だったり、OODA*にも近い。

それで「加減乗除の法則」ですが、「できることを増やす量稽古の〝加〟」「強みに集中するって意味で余計なことをしない〝減〟」「強みを掛け合わせる〝乗〟」「一つやるといろんなことが勝手に進む〝除〟」の順番で成長していくモデル。これは非常に当ては

【『組織にいながら、自由に働く。』】
仲山進也の著書。二〇一八年に日本能率協会マネジメントセンターより刊行。

【キャリアデザイン・ド】
P103の本文を参照。

【OODA】
P101の本文を参照。

まるなと。

角田 ああ、そうだね。面白いね。

加藤 仲山さんはこうやって型にするのが好きかつ上手。要は「ヘンタイ」って、強みがあって、それが仕事になるかどうか、評価されているかどうかは別として、周りから認識されていることだよね。「ヘンタイになりきれない」って悩みは、自分の強みをそこまで研ぎ澄ませられてないってことかもしれないね。

角田 そうか、その「加減乗除」が、みんなそれぞれに緩いのかもしれない。本当のヘンタイってこれを無意識にやってるってことだよね。

あらゆる本って、そういう無意識にやってる天才みたいなのが書いちゃうから、「俺はできない」「俺、ヘンタイになりきれない」とか思うんだけど、確かにこういうメソッドを聞くと……それをやったからってヘンタイになれるかどうかはともかく、気にするポイントは分かるね。

加藤 その時にさ、「盗んで覚えろ」と同じような話になるんですが、「量稽古」はある意味強制されたこともあるし、自分から仕掛けていくこともあって、どちらにせよ量だからいいとして、あとに続く「強み」が、「世の中的にこれがいい」から始まってしまうと、自分の中から出てくるんじゃないものを強みにしようとして、ヘンタイになりきれなくて苦しくなっちゃうんじゃないかな。

角田 知り合いに健康アプリ*を作った人がいるんだけど、健康バカで健康マニアで健康オタクで、もう「健康のためなら死ねる」ぐらいの人だったら、多分成功するんだと思うんで

【健康アプリ】
体温や血圧、心拍数や歩行距離や歩行時間、場合によっては食事での栄養管理までカバーするスマホアプリのこと。スマホとは別の測定端末と連動することもある。

す。でもその人はそもそもそれがなくて、ただ頭がいいから分析はするんです。そうしたら「二〇一七年、今からやるなら健康のアプリだ」とかって思ったんでしょうね。でもそれって、そもそも健康が好きじゃないから、馬力がない。

加藤 角田くんが云うところの〝マーケティング〟ってやつだね。

角田 そう！　僕の嫌いなマーケティングみたいなことをやりすぎちゃう、頭でっかちって非ヘンタイっていうか。「自分の感性を信じる」でいいんじゃない。自分の感性が正しいかどうかなんて誰も分かんないんだけど、「アイドルが好きだから、流行ってようが流行ってまいがアイドルやるんじゃ」みたいなのがヘンタイな気がする。そういう意味では、非マーケティング。

◉ヘンタイとは「いいわがまま」から始まる人

加藤 分かります。考える順番は「わがまま→思いやり」がお薦め。デザイナーの川崎和男さん*の名言。「自分がやりたいこと」はある意味わがままじゃない？　最初にその個人のわがままがあって、それを会社とかクライアントとか世の中とすりあわせていく、ある意味「丸める」っていう順番で考えればいい。

角田くんが嫌う〝マーケティング〟みたいに、先に世の中があって、そこに自分のやりたいものが入ってないと、美しいんだけど魂入ってない仏像になっちゃう。やっぱり最初に「云い出しっぺは自分である」っていうことでいいと思う。その時に「ヘンタイ

【川崎和男】
一九四九年生まれのデザイナー。二〇〇一年度〜二〇〇三年度までグッドデザイン賞審査委員長。彼のデザイン論は『川崎和男　ドリームデザイナー　課外授業ようこそ先輩・別冊』（二〇〇二、KTC中央出版）に詳しい。

になりきれない」人って、それを分けちゃうんだと思う。

角田 それはそれ、これはこれ的なね。

加藤 ずっと「公公私混同*（こうこうし・こんどう）」って云ってんだけど。お金とか捕まっちゃう領域は別として、公私は混ぜる。さらに公、まあ仕事だね。仕事のAプロジェクトで知り合った人をBプロジェクトで一緒する。混ぜちゃえばいいってことだよ。ダメだったらちゃんと誰かがダメ出ししてくれるから、最初は自分のわがままが起点。もちろんお題に対してもある程度有効だと思ってなきゃダメだとは思うけど、最初にわがままから始めて、あとで丸めりゃいい。

ハワイ好きだったら、企画書に「ハワイ」と書く。提案相手がハワイ好いね〜と賛同してくれれば好いじゃない。

角田 仕事ででしょ？

加藤 そうそう。自分がいいと思ってることを、人にいいと思ってもらう段取りって、あるんだなと。

角田 その人ってさ、ハタから見ると〝ハワイヘンタイ〟だもんね。だから「ヘンタイ」ってそういうことなんだ。なんか、そうするとヘンタイの作り方が分かるね。

加藤 「ビジネスに正解がない」って云うけど、最初はそういう個人の情熱から始まってるんじゃないかな。世の中にあるヒット商品って、最初個人のわがままから始まり、続いて周囲の無理解および反対によって潰されそうになり、どっかでブレイクスルーして大ヒットみたいな話じゃない。やっぱり、その一、その自分なんだよ。

【公公私混同】
P139のコラム「サードネーム」の本文を参照。

ワークショップで百万回この話をしてるんですけど、やっぱりみんな「最初に自分の意志を立てるのは怖い」って反応ですよね。分かる。最初に〝マーケティング〟したくなっちゃう。調査とかを否定してるつもりはないですよ。ただ調査結果のひっくり返しが全部ヒット商品でしたっけ、って話。

最初が自分のわがままで、いいじゃない。それで誰か困ります？みたいなことだよね。ただ、確かにわがままって日本語は語感が悪い。で、わがままには二種類あると云うてます。ひとつは「邪なわがまま」。「私腹肥やしたい」とか「自分だけ得したい」とか、そういうわがままはちゃんとオミットされる。組織はそこはよくできてる。一回くらいすり抜けちゃうかもしれないけど、だいたいちゃんとダメになる。

角田 二回目にだいたい、返ってくるもんね。

加藤 そう。それに対して「いいわがまま」って、他の人が乗っかってくる。最初は一人のわがままなんだけど、二人のわがままになり、チームのわがままになり、会社のわがままになり、多くのお客さんと共有するわがままになる。「そういう、わがままの云い出しっぺになれるの、楽しいんじゃないですか」です。「やっぱり怖い」って思われがちですが。

角田 だからそこは、「いいわがままが思いつける人＝ヘンタイ」って定義しちゃっていいと思うんだよね。

加藤 うんうん、そうそう。そこで自分を出すのが怖いので、本当は自分はこう思ってるんだけど、最初から自分を出さない、自分がいいと思ってることを最初から云わないところが、なんかヘンタイになりきれないね。自分がいいと思ってることを云い続けてたら、いつか形になるかもしんないじゃん。谷川俊太郎*さんに詩を書いてくださいと頼んだことのある、わがままかとうはそう思います。

角田　僕もほら、「キムタクで金田一やりたい」って言ってたら、「中居くんで金スマ」になった。言ってたら叶うっていうのはあるね。

加藤　そうなんだよね。わがままって一〇〇%は叶わない。

角田　そうそう、僕は「ズレて叶う」って言ってんだよね。ちょっとだけズレる。

加藤　そこの感覚が分かってて、あえてピュアなわがまま一〇〇%をある程度まで云い続ける感じが大事なような気がするけどね。

角田　そこに根拠はないんだけどね。そういうことを僕も講演会とかで話すと、「角田さんの理想の人は誰なんですか」とか「理想の生き方はどうなんですか」とかよく聞かれるわけ。突き詰めて考えると、いないいんだよね。

　で、仮に僕がヘンタイとして、そういう「ヘンタイになりきれない」って言っちゃう感じって、なんか「自分の理想のヘンタイ」みたいなのがいて、「その人みたいに生きれればいいなー」と思っちゃうテンプレというか、プラトン*じゃないけどイデア論*っていうかさ。

　自分の中の「ヘンタイのイデア」みたいなものがあって、その「ヘンタイのイデア」みたいなものに自分を重ねるようなことを思ってるんだろうけど、そのイデアがある段階で、もうヘンタイじゃない。「何かと比べて」があるから「ヘンタイになりきれない

【谷川俊太郎】
一九三一年生まれの、日本を代表する詩人。『二十億光年の孤独』などの詩の作品のほか、『鉄腕アトム』『春に』などの作詞や、『ピーナッツ』の翻訳など、多くの分野に代表作を持つ。

【プラトン】
紀元前四二七年生まれのギリシアの哲学者。紀元前三四七年没。著作に『ソクラテスの弁明』『饗宴』『国家』などがある。ソクラテスの弟子にしてアリストテレスの師。ソクラテスは自身の著作を遺していないため、後年ソクラテスについているイメージはプラトンの著作の登場人物としてのものが大きい。

自分」みたいに言っちゃうんだよ。そうじゃない、自分オンリーなんだ。その概念を超越しない限り、ヘンタイじゃないんじゃないかな。

加藤 それが世界第一級レベルである必要もないっていうこと。

角田 そうそう、それはこの本のテーマだね。草野球がうまくなりゃいいってことだ。

加藤 ポイントは、自分が好いと思ってることを、仕事でも表に出せばいいってこと。そしたら一〇〇%じゃないけど、いつか叶うかもしれないし。あとは出し方でさ、口で云ってたらほら吹きになっちゃうかもしれないけど、それこそ紙にするとか。いわゆる理論武装の話、テクニックでどう見せるか。

角田 そういうのはテクニックでだいたい乗り切れるよね。

加藤 実際仕事でも、最初にある仮説に足が二本あるとしたら、少なくとも一本は自分自身でいいような気がするけどね。ヘンタイになるためにはもっとわがままになろう、みたいな感じ？

【イデア】
「イデア論」とは、物理世界の背後に、「イデア」が存在すると考え、人間の魂の遍歴をイデアへの接近として捉える思想。例えば善行の背後には「善のイデア」への接近があると捉える。観念論、実在論の下敷きとなった。

ほ

【本質（ほんしつ）】

角 物事の本質ってのは、この世界に厳然としてある。貴方がそれを認めないとしても。

加 人により云い方が違い混乱する時がある。また周囲の〝最大公約数〟ではない。

上司からよく、おまえは本質を分かっていない、と叱られます。だけど、本質の見つけ方を教えてくれません。

角田

◉言葉尻だけで判断したら、本質は消えてしまう

コトブキツカサ*っていう映画パーソナリティがいるんですけど、「角田さんの口癖を真似します」って言って「それは本質*じゃない」ってやるんです。だから、コトブキツカサがなんかワーとか言うと、無自覚のうちに「それは本質じゃねえよ」って言ってるんだ、僕。だからコトブキツカサと飲みに行くと「また角田さんの言う、『本質じゃないわけ』ですね、それはつまり」みたいに揶揄されるんだけど、だから僕の中では「本質って何なんだ」みたいな話をずっと考えてるんだ。

例えばだけど、安倍晋三さんが云々を「でんでん」って言っちゃったのがあるじゃないですか。で、あの時に反安倍の人が「でんでん、でんでん」って言っちゃったで

【コトブキツカサ】
一九七三年生まれの映画パーソナリティ。角田陽一郎と組んで、二〇二一年現在YouTube番組「寿司特」を配信中。

【本質】
「①あるものをそのものとして成り立たせているそれ独自の性質。例えば、動物を動物たらしめている性質。本性。②変化する現象的存在に対し、その背後または内奥に潜む恒常的なもの。この意味での本質は実体として形而上学的な存在と解される場合が多い（後略）」（『広辞苑』より）。①の説明は指示語が多くて面白い。

しょ。安倍のことを支持するか支持しないかでいうと僕は全然支持しないんだけど、あれって典型例で、僕は「議論が本質じゃないな」と思うんですよ、自分だとして、言い間違いみたいなのを直されるのって一番むかつくじゃないですか。あの人の学がないところの恥部がバレちゃってるってことじゃないですか。そういう意味でいうと、自分がもし間違えちゃった時に、間違えたことだけを延々言われるのって一番ムカつくんですよね。

安倍本人にとっても、「どんなに正しいことを言ってる野党でも、俺を『でんでん』ってバカにしたから絶対許さない」みたいな感情を喚起しちゃうような気がするんです。だから本当に、モリカケ問題*とかいろいろあると思うんですけど、そういう話と「でんでん」と言ったことを一緒にしちゃわないほうがいいなとずっと思ってるんです。

後輩に対してとか、クラスでもあるんだけど、プレッシャーをかけるいじめ的なやり取りがあるじゃないですか。そこで度を越す人がいるじゃないですか。それ以上度を越しちゃったら、本当にそいつがパワハラで訴えちゃうかもしれないし、病んじゃうかもしれない。ギリギリその前で止めればいいのに、っていうことが分かってないやつがいるんですよね。僕の中での「本質」ってそれにちょっと近い。

この議論の時に「でんでん」って言うのはやめようとか、「こいつはデブ」もそうだし。「いじっちゃダメ」みたいなことじゃなくて、いじってもいいんだけど、本人が本当に気にしていることは言わない。その一番大事なとこ……それがつまり僕の中での本質なんだけど、そのことに関してはすごい尊重してあげよう、みたいなところなんじゃゃ

【安倍晋三さんが云々を「でんでん」って言っちゃった】
二〇一七年一月二四日の参院代表質問答弁の際、民進党代表（当時）の蓮舫参議院議員の代表質問に対し、「訂正でんでんというご指摘はまったく当たりません」と答えたが、これが「訂正云々（うんぬん）」の誤読ではないかとインターネット上などで話題になったこと。

【モリカケ問題】
二〇一七年前半に取り沙汰された、学校法人森友学園の用地取得の経緯ならびに学校法人加計学園の獣医学部新設に関する経緯に安倍晋三内閣総理大臣の口利きがあったのではないかという疑惑の総称。いわゆる森友問題と加計問題」（『新語時事用語辞典』より）

ない。

加藤 それは、云い方の話?

角田 うーん、でも一番思うのは言い方かもしれないな。

加藤 問題としては、「本質を摑めない」っていうことと、「摑んだことを上手く云えない」があるよね。

角田 それは本質が何かが分かってないからだと思う。例えば、言論の自由ってあるじゃないですか。言論の自由って絶対守られるべきだと思うわけ。でもそれも、「どんなことを言ってもいい」ってことじゃないんだ。言論の本質、自由の本質は何かって言ったら、「相手が本当に嫌なことは言っちゃだめだ」ということだとすると、イスラム教徒の前でマホメット*やアッラー*をバカにするようなことは絶対言っちゃダメだと思うんだよ。

でもフランスで爆弾テロ*があった時に、実際そういう揶揄するマンガを描いてたじゃないですか。あれが、フランスでいうと言論の自由なのかもしれないけど、僕は「言論の自由は超大事だから、アッラーのことを変なふうに書いちゃダメだ」っていうことのような気がする。だから、それが僕の中では本質なんですよ。

だから僕にとっては、もしかしたら言葉なのかもしんない。「言論の自由」という言葉を拡大解釈もせず、過小解釈もせず、それって本当は何だって考えたら、やっぱアッラーの神を冒瀆(ぼうとく)するのはダメだと思うんですよ。

加藤 見た目の言葉尻だけで判断するなと。

角田 「Twitter の揉めてるのとかって、だいたいそういうやつじゃないですか。「これはこう

【マホメット】
「ムハンマド」とも。五七〇年頃生まれのアラブの預言者、宗教指導者、イスラム教の創始者。仏教やキリスト教は「釈迦やイエスの死後、彼らの教えを信奉する人々が成立させたもの」であるため、仏教の創始者は釈迦ではないし、キリスト教の創始者はイエスではない。それに対して、イスラム教はマホメット(ムハンマド)という明確な創始者が存在することが特徴である。

【アッラー】
アラビア語で「神」の意味で、イスラム教における唯一神。ユダヤ教、キリスト教におけるヤハウェと同じ神を指している。

【フランスで爆弾テロ】
二〇一五年一月七日に風刺新聞「シャルリー・エブド」の発行元がイスラム過激派に襲撃された事件。

じゃないですか」みたいに言葉尻を捉えて。「そうも取れるけど、そこのこと話してるんじゃないじゃん、今は」って感じでしょ、大体。その時に僕はつい「それは本質じゃないよ」って言っちゃうんだと思うんですね、コトブキツカサの前で。だからそれをコトブキツカサはよく見て、聞いてて、僕の真似をする時は「それは本質じゃない」って言うんだなーと。

加藤 そうすると、「ムスリム*の人の前でアッラーがどうのこうのと云っちゃダメよ」ってことは、ムスリムに関する知識、イスラームに対する知識がないと何がダメか分かんないから、つまりリベラルアーツ*というか、常識の話なのかな？

角田 「知らなかったんです」っていうのは、やっぱりいけないんじゃない？　誰だって、当然そういうことはあるよ。あるんだけど、それを乗り越えていこうとして生きることが、イコール大人であって、そのために義務教育をやってんじゃないかな、なんて思うんですよね。

◉本質とは、相対的なもの？

角田 「表現の自由」じゃない話でいうと、最近いろいろ芸人の不祥事があったじゃないですか。あの中で一番の本質的な問題は、税金未払いだと思うんです。いろいろあっても、本質的には法律違反してないケースもあるじゃないですか。でも脱税って国民三大義務*の一つを怠ってるわけでしょ。

【ムスリム】
「（『神に帰依した者』の意）イスラム教徒。女性形はムスリマ。モスレム」（『広辞苑』より）

【リベラルアーツ】
P115の本文と脚注を参照。

【国民三大義務】
日本国憲法に定められた第二六条二項の「教育の義務」、二七条一項の「勤労の義務」、第三〇条の「納税の義務」は日本国民が負う三つの義務とされる。この文脈では「第三十条 日本国民は、法律の定めるところにより、納税の義務を負ふ。」が当たる。関係無いが、今日日「負ふ」という歴史的仮名遣いがされていてびっくりする。

加藤 あの時、言い訳で「知らなかったんですよ」とか「自分が会社作ってたけど全然ルーズで」って言ってたじゃないですか。でも、あれだけの人気者がルーズってことがもう、僕の中では、ダメだと思うんですよ。あれだけの影響力がある人は、少なくとも税金のことは気にしないといけないんです。それと、反社勢力[*]となんかやっちゃったっていうのは、ちょっとレベルが違う話。

「無自覚だからいいでしょ」じゃなくて、「無自覚だからダメ」なんですよ。だから僕は、あの芸人の話の中で一番嫌なのって税金未納なんです。「全然無自覚に税金払ってませんでした」って、一番ダメな気がする。だって、そんなこと言ったらみんな払わないじゃない。お金払うのやだけどみんな払ってるわけで。それを「無自覚でした」って言っちゃったらダメなんじゃないかって僕は思う。

角田 「人のあり方」話だね。それもあるけどさ。質問的には「本質の摑み方って何ですか」って聞かれてるわけで、それでいうと何なのかね。

加藤 「リベラルアーツ」って言ってんのは、そのためなんだなって思う。教養って何で学ばなきゃいけないかって、本質的にはそこだと思う。

本質というものは、じつはある程度の幅の中に収まる相対的なものであるということ?「同じ表現にしても、このケースではいいけどムスリムのケースではNG」のように、ある程度の幅の中の相対的なものだと。その幅の中での適度・適切な位置がどこであるかを判断するには、周りの比較対象がないと判断できないわけで、それを判断する土俵みたいなものがリベラルアーツのようなことなのかね。

【反社勢力】
「暴力や威力、または詐欺的手法を駆使した不当な要求行為により経済的利益を追求する集団又は個人」であり、「暴力団、暴力団関係企業、総会屋、社会運動標榜ゴロ、特殊知能暴力集団」などが当たるというのが政府の見解であり、その意味では定義されている。近年は加えていわゆる「半グレ集団」も該当すると考えられている。反社(はんしゃ)と略される。

角田　そうだね。そう思った上で、「だから、少なくともこれは知らなきゃいけないんだな」って自分で判断するしかないと思う。重要度のグラデーションという意味で、イスラム教でいうとべつに「六二二年にメディナ*に拠点を移して、これを聖遷といって」までは知らんけど、少なくとも「イスラム教徒にとってはアッラーは冒瀆しちゃだめなんだ」っていうことぐらいは知ろうよっていうこと。

まず自分がそう思わない限り、墾田永年私財法*を覚えるのとイスラム教の神様をアッラーと覚えるのを、同レベルで覚えちゃうわけでしょ。それって、だから意味がないと思うんだ。「墾田永年私財法は覚えてても覚えてなくてもいい。ただ、イスラム教徒の神がアッラーなのは絶対覚えとけ」っていうことを、もしかしたら大人は教えたほうがいいかもしれないし、それを知ってる、知ることが摑み方なのかなと。

加藤　とはいえ、エラー&トライ、アゲインは認められるべきかな。「世界史を選択してなかったからよく分かんなくて、一回宗教的な機微に触れてしまった」みたいなことがあって、めちゃくちゃ怒られたり嫌なことがあった後でも、やり直しの権利があるってのは大事だよね。

角田　「若者の稚拙さについて、そんなに怒るな」っていうことにも、僕の中では持論がある。だって、稚拙だから若者なんだから。稚拙な若者に対して「今度はやっちゃダメだぞ」って言うのが大人な気がしてる。だから、一回は失敗しても、次に覚える機会を奪っちゃやだめだなと思う。

【メディナ】
メジナとも呼ぶ。「サウジアラビア西部の都市。メッカの北方約三四〇キロメートルにある。六二二年、ムハンマドがメッカから移住(ヒジュラ)して以来、イスラム教第二の聖地となった。ムハンマドの墓と預言者のモスクがある。メディナ。アラビア語名マディーナ」(『デジタル大辞泉』より)。加えて、文化への敬意から、西暦六二二年はこの移住をもって「イスラム暦(ヒジュラ暦)元年」であることにも言及しておく。

【墾田永年私財法】
「七四三年発布。七二三年の三世一身法に代わって、墾田の永久私有を認めた法令。一位の五〇〇町より初位(そい)・庶人の一〇町に至るまで、身分によって墾田所有面積に限度を設けた。従来ほとんど規定がなかった墾田についての規定を明確にして、未墾地(墾田)も口分田などの既墾地と同様、国家が掌握しようとし、土地支配を強化した」(『日本史用語集 改訂版A・B共用』より)

◉考えろ、そして感じろ。

加藤 本質を摑むためには、「言葉尻のところに誤魔化されず、ある程度の相対的な中で最適なものを摑め」ってのはいいとして、それをどういうふうに云えば好いんだろう、についてはどうでしょう?

角田 そうだね、なんかピリッとしたやつが欲しいよね。

加藤 それって、ズバッと「云い切り力」が想定されるような? 教員の先生が驚いたメソッドで、KP法、*紙プレゼンテーション法ってあるんだよね。「先生たちにとって新鮮だ」ってこと自体が、めちゃくちゃ新鮮でさ。学校の先生たちって、正確に書きたいから表記が長くなっちゃうみたい。

角田 厳密さを追求するとそうなっちゃうよね。

加藤 でも「云い切る」って、ある程度「単語バーン! フレーズバーン!」ってことだし。そうなると「本質を云える人」って、喩え話が上手なのも含めて、短く云える人だ。でも短く云い切ると、冒頭の話に戻ってしまって、言葉尻で捉えられる危険性がある。その矛盾があるからみんなグルグルしてるのかしら。

角田 Amazonのレビューのマイナスのコメントって、だいたい言葉尻を捉えてんだよね。だから、それはすごく思うなあ。「いやだから、そんなこと分かってるちゅうねん。そのことについて反論もちゃんと本の中で書いてんだけど、それは読み取れなかったのね、

【KP法(紙芝居プレゼンテーション法)】
『KP法 シンプルに伝える紙芝居プレゼンテーション』(川嶋直著、二〇一三、みくに出版刊)に詳しい。

【巨人の肩に乗る】
P39の本文と脚注を参照。

【キンコン西野】
P228の本文と脚注を参照。

【デュルケーム】
エミール・デュルケーム。一八五八年生まれのフランスの社会学者。コントに始まる社会学を近代的な学問として確立した。ヴェーバーの歴史主義的方向性に対して、自然主義的アプローチで知られる。代表作に『自殺論』など。一九一七年没。

あなたには」とかすごく思ったりするんだ。

だからズバッと言うのってすごく危険だし、「ズバッと相手が言ったことを、適度に信じて適度に疑え」って僕はずっと言ってる。それってもしかしたら「本質を摑むためには、適度に信じて適度に疑え」だとも思う。

その「適度」っていうのを学ぶためには、もうある程度の勉強をしないといけないし、ある程度の本を読まないといけない。「本質」の本は、「本」の本だと思うんだよね。本ってなんで「本」って言うのかっていうと、本質の「本」なんじゃない。

加藤 なるほど……！

角田 だから、本を読まないで本質分かる人はいないんだと思う。本が「本」になってんのって、すごく本質だなって思う。"book"にはその語源はないような気がするんだ。

加藤 何かを相対化するためには、それぞれを言語化できないと、やりにくいだろうからね。

角田 だから夏目漱石が言語化して、村上春樹が言語化して、そして今僕らが言語化して……みたいなくり返しがあって、本質が見えてくるわけじゃん。「巨人の肩に乗る*」じゃないけど。

それを全くないものにして「今、俺こう思うんだよね」みたいなのは、やっぱりあんまり本質じゃないような気がする。「キンコン西野*さんが言ってることはもうデュルケーム*が言ってますよ」「堀江貴文*さんが言ってることはマルクス*が言ってるんだよね」みたいな、そんなようなことかなあと、ちょっと思っちゃったんですよ。

加藤 ってことは、今議論している「本質」って、動詞が「思う」じゃダメだってことだよ

【堀江貴文】
P361の本文と脚注を参照。

【マルクス】
一八一八年生まれ、八三年没。ドイツの経済学者・哲学者・革命家。科学的社会主義の創始者。ヘーゲル左派として出発し、エンゲルスとともにドイツ古典哲学を批判的に摂取して弁証法的唯物論、史的唯物論の理論に到達。これを基礎に、イギリス古典経済学およびフランス社会主義の科学的、革命的伝統を継承して科学的社会主義を完成した。また、共産主義者同盟に参加、のち第一インターナショナルを創立した。著「哲学の貧困」「共産党宣言」「資本論」など。（『デジタル大辞泉』より）

ね。個人の感想は本質じゃない。本質って、何らかの対象があってそこから抜いてくるものだから、「自分から湧き起こってくる」というよりは、自分の外にある対象から抜き出して「これですよね」って示すものなのかしら。

角田 それで言うと、「考えるな、感じろ」って言葉が流行りすぎてるって感じるんだ。「考えて感じりゃいいじゃん」ってずっと思ってる。EXILEの歌とかでも「感じろ」みたいなのが多いじゃない。ヤンキー的な文化って、「感じろ、考えるな、直感で行く」みたいなのが多いでしょ。それは日本だけじゃなくてハリウッド映画とかもそうだと思うけど。

本質って、考えるし、感じなきゃいけないんじゃないか。もちろん、感じることもシカトしちゃいけないんだよ。「自分が思った」ってことはある意味では本質だと思う。

例えば「アッラー」って言葉を聞いた時に、「馴染みがない言葉だな、何のことだろう」って思ったとしたら、それを思ったことはある意味での本質だと思うわけ。ところが、「アッラーってこういう神で」ってことを外から聞いて考えてみたら、「なるほど、だから知らないからって自分の中で馬鹿にしちゃだめなんだね」ってやっぱり分かるもんでしょう。だから、考えるし、感じなきゃいけないんじゃないか。両方やんなきゃ。

加藤 それでいいね。考えると相対化できるもんな。

角田 多分、昔は考えてる人が多かったから、ブルース・リー*の『燃えよドラゴン』も「考えるな、感じろ」みたいに言ったたし、そればかりが独り歩きしちゃったんじゃないかな。で、今僕は両方やったほうがいいと思ってる。

【ブルース・リー】一九四〇年生まれの武道家、俳優。一九七三年没。截拳道（ジークンドー）の創始者。主演作品に『燃えよドラゴン』などがある。

【マズローの欲求の五段階】「アメリカの心理学者であるA・H・マズローは、人間の欲求は低次元なものから高次元な欲求まで5段階の階層性をなしていると唱えた。低次元なものから順に「生理的欲求」「安全と安心の欲求」「愛と所属の欲求」「自己の尊厳と他者尊重の欲求」「自己実現の欲求」とされている。自己の存在を可能とする基本的、物質的な欲求から次第に、より客観的で社会性に目覚めた欲求へと変化していく。人間は低次元な欲求が満足されるにつれ、より高い欲求の実現を目指すものとされている」（『広告用語辞典』より）

加藤 有名な引用句も、そこだけ見てると引用している側も、聞いた側もそれぞれ誤解してるのがけっこうあるもんね。マズローの欲求の五段階*もそうだし、『人は見た目が九割』*もそうだし。『書を捨てよ、町へ出よう』*も。

角田 一方で切り取ってる言葉が一個の真理をついてるということが分かった上で、一方で適度に疑う、みたいなことじゃない。そればっかじゃないよねみたいな。

加藤 この質問は、ただ感じようとしていて、「自分が本質を感じ取れないんですけど」って云ってる感じなのかもね。

角田 かもしれない。

加藤 「感じるだけじゃ無理だ」みたいな。好いかもしれない。

【『人は見た目が九割』】 竹内一郎の著書。二〇〇五年に新潮社より刊行。

【『書を捨てよ、町へ出よう』】 寺山修司の評論集、戯曲、監督映画の名前。芳賀書店から一九六七年に刊行された評論集は寺山修司の代表的著作でもある。この言葉は、本ばかり読んでいる頭でっかちに向けて町に繰り出すことを薦めているのであり、「はじめから本を読むな」と言っているわけではない。というか、そもそもこれは本のタイトルである。

ま

【学び直し】

角 学び直しとは過去の人生の伏線回収である。
加 新規領域への進出、もしくは温故知新の双方。人生知らないことだらけ。

リカレント教育に興味があるんですが、大学院に行くほど頭もよくないし、お金もないです。大学院とかに行かないと、学び直しってできないのでしょうか?

◉「学び直し」ではなく、「学び足し」

角田 僕は大学院に通ってるけど、加藤くんが言ってた「学習歴」のような気がしてるから、べつに学び直してる感じはしないな。

と言っときながら、四八歳で大学に行くってのは、すごく勉強になるな、と思いました。よく言われてることと違うことで思ったのは、たまたま昼間に自分の指導教官と面談をやって一時間ぐらいしゃべったんです。先生は五七歳くらいで僕の九歳くらい上なんだけどね。「多分、先生は分からないと思うから言うんですけど、この歳になってから『新たに師ができる』、これってすごい安心するんですよ」って話をしたんです。

【学び】
「学ぶ」は「(前略)②教えを受けて身に付ける、習得する。(中略)③学問をする。勉強する(後略)」(『広辞苑』より)

【直し】
「直す」は「(前略)⑩(他の動詞の連用形に付いて)間違いなどを訂正するため、もう一度始めから行う(後略)」(『広辞苑』より)

自分の中の、「この人に聞けばいいんだ」っていう師匠っていうのが、五〇歳近くで新たにできる感覚って、なおかつコロナでこんな大変な時にさ、この上なく安心なの。「この師匠に相談すればいいんだ」って思えるのって、すごく嬉しいんです……みたいな話をしたら、先生もまんざらでもない笑顔になった（笑）。

学び直しって意味を字面で取れば、年を取ってから学び直す時に師匠みたいものが生まれることは、人生にとってすごいプラスなんじゃないか。自分の中で「知識とかテクニックを学ぼう」ってのが学び直しになってくるんだけど、意外と価値があるのは人間関係なんじゃないかなって僕は思った。

加藤 個人的には、「直し」っていう単語の語感が過去の上書き保存みたいな感じする。

角田 リライトな感じだもんね。

加藤 「師を交換する」「マスターを交換する」ニュアンスにも云えるから、めちゃくちゃハードルが高いのかなっていう気もする。過去否定したくないじゃない、みんな。だから個人的には「学び足し」って云えば好いんじゃない？

角田 この質問、「学び足し」に直そうよ。足せばいいんだもんね。

加藤 学ぶこと自体はお薦めとしてね。あとはあれだ、「学び」という語感の印象として、角田くんの世界史話じゃないですけど、「学ぶ＝暗記」する的な印象がある人もすごく多い気がするんですけど、その辺どうですか。

角田 僕は「暗記じゃない」って思えたから東大に入れたんだ、ってずっと思ってるんだよ。むしろ、暗記力全然ないの。

加藤　学ぶ＝何かを暗記する、何か資格を取る、云い換えると「合格することが学び」であって、インプットだけじゃない？　「学んだものを使う」感じが語感として弱い。それを「もう一回ゼロからやり直す」語感が「学び直し」っていう単語についてるような気がするの。

角田　すごいネガティブな要素が入っちゃってるよね。

加藤　言葉そのものにはその意味はないんだけど。それを変えられるといいね。

◉「興味と師匠」で学び足す

加藤　角田くんは大学院に入って、師ができたのは素晴らしいとして、何を学びに行ったんですか。今何を学んでるんですか、ないしは、学んだあとどうなるんですか。

角田　改めて、「学び直し」っていう気持ちは一ミリもなくて、学び足しっていう感じはすごくあるね。四月って新しい講義の履修登録期間なわけ。修士の一年目は自分が興味がある宗教学とかを取ってたの。自分の専門であるバラエティ番組の論文を書こうと思っても全然違うもの取ってたんだけど。

二年目は何を取ったかっていうと、リモートだから柏キャンパス*とか駒場キャンパス*の授業も取れるわけよ。そうすると、理系の科目とかも取っちゃうんだよね。それって単純に、学びというよりは興味だよ、ほんとに。「興味があることを知りたいから取る」だけでしか科目を選んでない。

【東京大学柏キャンパス】
新領域創成科学研究科などが設置されている、大学院メインのキャンパス。聞き手・甲斐荘も大学院生時代に通っていた。辺りはとても風が強く、日によっては自転車より徒歩のほうが速く進める場合すらある。

【東京大学駒場キャンパス】
主に教養学部、理学部数理学科があるキャンパス。東大の新入生は教養学部の所属になるため、全学部生が一〜二年次は駒場キャンパスに通うことになる。

一限ってのは、朝八時半からだから、だいたいみんな取らないんだ。でも今はリモートだから、「べつに八時半でもいいじゃん」と思ったら、「イタリア語初級」とか「ラテン語基礎」みたいなのがあったわけ。僕、今それ履修してるの。だって、朝起きてパッとリモートで聴けるわけだから。それでラテン語とか分かっちゃったら得じゃん、とか思っちゃって。

加藤 それはどう？　「興味関心で学ぶ」だと、学んだことがすぐ役に立たないふうに聞こえるんですけど、

角田 「役に立つ学び」っていうのが、僕の中では本気で分からない。多分、資格を持ってないからだろうね。資格マニアの人とかっているじゃんか。ここだけの話本当に、本質的にはあの気持ちがちょっとよく分からない。漢字検定*に受かるかどうかはともかく、漢字に詳しくなりたいなとかは思うよ。「この漢字はこういう意味です」とか知ってたら「おー」って思うけど、漢字検定みたいな資格とか、個人的には全然興味ない。

加藤 日本の大学や教育の仕組みそのものに、「役に立つための最短距離」みたいな、そういう設計がもともとあるのかな。

角田 もともとあるんじゃない。科挙*だよね、科挙。「これに受かったから、この士大夫になれます」みたいに「いい大学を出たら財務省に入れます」が延々続いてるのが今の大学。だけど、東大の一番すごいところは「東大という学歴」じゃない。その学問について本当にいい教育をやってるってことだよ。世界的にトップかは置いといて、日本の中ではかなり良い講義をやってるのは事実だと思うんだよね。

【漢字検定】
正式名称は「日本漢字能力検定」。一般に「漢字検定」または「漢検」と呼ばれる。聞き手・甲斐荘は中学時代、家庭教師の先生に準一級レベルの問題集を散々やらされ、中学生からすればあまりの重箱の隅に一時期トラウマになったが、おかげで現在はライターを職業にしている。ものを知らない若いうちは、四の五を言わずに勉強することもある程度は必要だったのだと感謝している。

【科挙】
「（科目ごとに選抜挙用される意）中国で行われた官僚登用のための資格試験。隋代に始まり、唐では秀才・進士・明経などの六科に分け、経典・詩文などを試験した。宋になると、科目は進士中心となり、郷試（きょうし）（解試）・会試（省試）に加え、皇帝自らが試験官となる殿試の三段階が設けられ、三年に一度の実施となった。清末。一九〇五年に廃止」（『広辞苑』より）

なんか、そこをみんな誤解してるじゃん。東大という肩書きのために東大に行ってると思うけど、それって学び直しみたいな姿勢と真逆なんじゃないかな。

加藤 そうすると、何から始めればいいのっていうと、師やマスター探しみたいなことなのかな？

角田 「興味」じゃない？　興味を教えてくれる誰か。それが死んじゃった人なのか生きてる人なのかによって師が変わるんだけど、生きてるんだったらその人にどうコネクトできるか。その人が名古屋大学にいたら名古屋大学に入ってみる、みたいなことなような気がするけどね。

今のって偶然に言ったんだけど、冷静に考えたら、僕がそもそも大学院に行こうと思ったのって小川さやかさん*っていう立命館の教授と大阪でトークイベントやったことがきっかけなわけよ。面白いお姉さんだったんだけど、そのあとで一緒に飲みに行ったら、「角田さんも大学院に行ったほうがいい」って言うんで、「行きます」って盛り上がったわけ。立命館って京都だから、「普段はリモートでやってて、月一で京都に来る人もいますよ」って言われたから、「月一京都」って言葉に惹かれて、「やります」って言ったわけ。

盛り上がった後、最後に別れる間際に、「だけど大学に行こうと角田さんが本当に思うんだったら、『好きなこと』か『師事したい先生』か、どっちかでもう一回調べたほうがいいですよ」って言われた。期せずして今僕が言った「興味と師匠」って、それなんじゃないかな。だから小川さやかさんも同じことを言ってたんだなと思う。

【小川さやか】
一九七八年生まれの文化人類学者。一般向けの著書に『都市を生きぬくための狡知』（二〇一一、世界思想社）、『チョンキンマンションのボスは知っている』（二〇一九、春秋社）などがある。

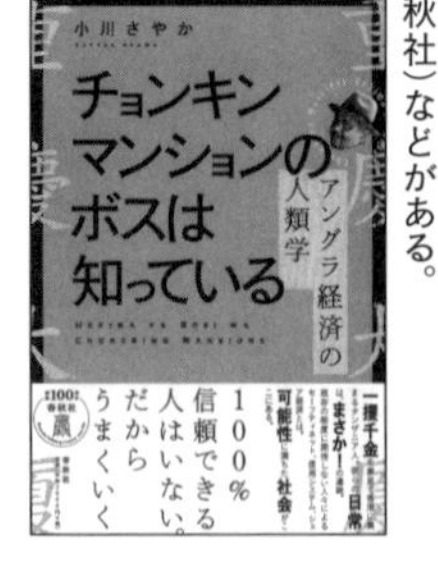

で、家に帰ってきて早速インターネットでいろいろ検索したわけ。僕が受けられそうな、社会人を受け入れてて興味がある分野を調べたら、結局立命館と東大と青学だったのさ。で、青学と東大の説明会とかに行ったのが、そもそもだからね。

加藤 「関心と師」ってのはいいね。自分の反省として、最終学歴であるところの大学は、師で選んでない。偏差値で選んじゃったから、入ってから「あれ?」ってなってた。そこで学びを失敗してるかもね。いいこともたくさんあったけど。たまたま「〇〇ゼミの〇〇先生に出会えました」って人もいるだろうけど、そういう人のほうが少ないんじゃないか。

◉「師匠がいる」という感覚が羨ましかった

角田 この「師匠と弟子」みたいなのって、それこそ仕事でもそうだと思うんだ。自分の職場に師匠みたいな人がいるかどうかで全然違うじゃんか。だから「上司と部下」という観点から「師匠と弟子」になるべきだと思ってる。

で、「師匠と弟子」という関係になったんだったら、その上で残業するかしないかを決めるべきだと思うんだよね。その場合、師匠が弟子に「普通だったら今日はもうほんと九時五時で帰るのは分かるけど、この仕事を明日までにやるということが会社のためにもなるけど、君のスキルアップのためなんだよ」ってことをちゃんと伝えて、弟子のほうが「師匠がそこまで言ってるんだったら自分もやります」って思うんだったら、残

【談志】
七代目立川談志。一九三六年生まれの落語家。落語立川流家元。二〇一一年没。毀誉褒貶のある人物だったが、それに見合う確かな実力を誇り、また現在落語界をリードしている多くの弟子の育成や『笑点』の立ち上げなど、落語文化に大きく貢献した。

【中村先生】
中村雄祐。一九六一年生まれの研究者。主な専門領域はリテラシー研究。一般向けの著書に『生きるための読み書き』(二〇〇九、みすず書房)がある他、大学のテキストとしては異例のヒット作となった『知の技法』(小林康夫・船曳建夫編、一九九四、東京大学出版会)の執筆者のひとりでもある。全然関係ないが、聞き手・甲斐荘は学部生一年次の必修のフランス語で小林康夫から不可を喰らったため、この名前を見ると今でも頭痛がする。

業したほうがいいと思うんだ。

それが一律二〇時には消灯して「ダメ」って言っちゃったらダメな気がする。だから上司が部下に「残業しろよ」あるいは「するなよ」って言ってることを、超えるしかないんだと思うんだよ。少なくとも「師匠」が弟子を育てようと思ってるんだったら弟子に残業を言い渡してもいいし、弟子も「師匠から盗もう」とか「師匠に学ぼう」と思ってるんだったら、残業やろうよと思う、その関係性を作るってこと。さっき「学ぶって、じつは関係性だ」って言ったのって、そこなんじゃないか。

加藤 ちなみに角田くんの師匠って何人いるんですか。

角田 いないんだよ、僕。TBSには一人阿部さんって人いたけど、阿部さんしかいなかったね。大学ではいなかった。だから「五〇歳でやっとできたな」ってことなんだよ。

加藤 二人めがついに。

角田 そうそう。仕事のほうはいたんだけど、勉強のほうはほら、偏差値で決めちゃったから、結果的に師匠がいなかったんだよね。それが、僕の中では「師匠がいないな」って思ってて。立川談慶さんはいつも談志*さんのことをつぶやいてるわけ。「談志ならこう言った」とかさ。水道橋博士もいつも「北野武は」って言うわけ。僕、それがすっげえ羨ましいのよ。僕にそういうのがいれば、「誰々はこう言ってた」って言えるのに。

仕事だったら「阿部さんがさ」ってよく言うわけだけど、阿部さんってすごく怖い人だからみんな誤解してたり、敵も多かったりする。「いや、ぜんぜんそんなレベルじゃないんだから」みたいな話ができるっていうのは、「あ、これ、水道橋博士がたけしさ

【『超人ロック』】
聖悠紀によるSF漫画。初めて発表されてから五〇年以上も続くシリーズ。

【ラフノール】
『超人ロック』に登場する惑星。人が移住しはじめたころの厳しい生活環境に適応するために、住民のほとんどがエスパーとしての修行をしていた。

【ジェダイ】
『スター・ウォーズ』シリーズに登場する、銀河を司るエネルギー「フォース」を扱う人々の総称。フォースの光の面に仕える者を特に「ジェダイ」と呼び、フォースの暗黒面に魅入られた者は「シス」と呼ばれる。そのためジェダイとシスとは表裏一体であり、作中でもとある重要人物がジェダイからシスへと鞍替えしている。

んのこと言ってんのはこの感覚なんだな」「談慶師匠が談志さんのこと言ってるのもこの感覚なんだな」と思うと、すごい羨ましかった。

それが僕には学問のほうで、中村先生*っていう師匠ができたから。少なくとも文化資源学って分野のリーダーだからさ。「文化資源学を一緒に盛り上げようぜ」くらいは思ってるよね。

加藤 人の敬称として「先生」って呼ぶけど、「〇〇師」とか「〇〇師匠」って芸人の世界とお坊さん、だけじゃないか？　宗教の世界くらいですね。

角田 そうだね、華道なんかもそうだし、芸事はあるね。芸事とお坊さんくらいかもしんないよね。あと柔道とか、〇〇道だよね。

加藤 あとは『超人ロック』*のラフノール*だな。

角田 ははは、『超人ロック』だね。ジェダイ*だってそうじゃんね、ジェダイマスターなんだから。

加藤 自分もそうだけど、逆に「師なる自覚と覚悟」がある人も少ないかもね。

角田 うん、ない。僕もその話を水道橋博士か談慶さんかどっちかに言ったわけ。そしたら「今度は角田さんが師匠になるべきなんじゃないですか」って言われた。「もう師匠が欲しい欲しいって言ってる歳じゃないんだから、あなたが弟子を育てたほうがいいですよ」って言われた。

それって広義で言うと、「自分が弟子を育てようか」も学び直しなんじゃないのかな。誰かに教わるというんじゃなくて、自分がスキルや考えてることを伝承するみたい

【『アメリカのニーチェ』】
アメリカの歴史学者ジェニファー・ラトナー＝ローゼンハーゲンの二〇一一年の著書。岸正樹による邦訳が二〇一九年に法政大学出版局より刊行。

【ニーチェ】
フリードリヒ・ニーチェ。一八四四年生まれの文学研究者、哲学者。一九〇〇年没。著書に『悲劇の誕生』『ツァラトゥストラはかく語りき』『この人を見よ』などがある。「ルサンチマン」「アポロン的―ディオニュソス的」「超人」などの概念を導入し、以後の思想に影響を与え続けている。聞き手・甲斐荘は『この人を見よ』の各章のタイトル（「なぜ私はこんなに賢明なのか」「なぜ私はこんなによい本を書くのか」など自画自賛に溢れている）が大好きで、元気がなくなった時にはよく目次だけを読む。

加藤 なことも。【副業】*でも言った「インプットばっかじゃなくてアウトプットも」みたいな意味も含めて。学び直しの拡大解釈版なのかもしれない。

角田 「師匠」って項目があってもいいかもしれないぐらいだな。確かに師匠がいるかどうかは重要。「学び直し」の言葉が異質に感じられるのは、「師」じゃなくて、「最低限の資格やスキル」的な話だから?

加藤 インフォメーションとスキルだもんな。もっとぜんぜん型だし、道なんだ。

角田 こないだ『アメリカのニーチェ』*って分厚い本を読んでたら、ニーチェ*はアメリカのエマーソン*が大好きで、エマーソンの本を死ぬほど読んでたんだって。二人は会ったことないらしいけど。

加藤 それってもう、師なんだろうね。

角田 「ニーチェの師匠、アメリカ人なんだ」ってさ。エマーソンの思想が一回ニーチェに来て、またプラグマティズム*的にアメリカに帰っていく、ってのは面白いなって。

加藤 面白いね。今の話って、「イチローか草野球か」っていう意味で「イチローだ」って意味で言えば、出会えなくても、死んじゃった人でもいいんだよね。「すごい小さな草野球でもいい」って話だったら、身近に師がいたほうがいいんじゃないかってのはある。

角田 多分、師は何人いてもいいんだよ。

【副業】
P441からの本文を参照。

【エマーソン】
ラルフ・ワルド・エマーソン。一八〇三年生まれのアメリカの思想家。一八八二年没。著書に『自然論』『自己信頼』などがある。

【プラグマティズム】
「（事象の意のギリシア語のpragmaから）事象に即して具体的経験を基に考える立場。観念の意味と真理性は、それを行動に移した結果の有効性によって明らかにされるとする。主としてアメリカで唱えられ、パース、ウィリアム・ジェームズ、デューイがその代表者。実用主義」（『広辞苑』より。）

み

【味方（みかた）】

角 この世の最大の悲しみは、相手が味方から敵に変わった瞬間に訪れる。
加 人間関係は動的である、と考えると、ずっと味方でいてくれるには？

いい仕事をするには、たくさんの味方が必要だって言われたんですが……。

◉味方とは損得ではない

角田 加藤くん、味方*多い？……多くないよね。

加藤 多くないですねえ。

角田 「友達と知り合いは同じ？」のところで、「友達って加藤くんたちしかいない」って話をしたじゃん。味方って意味でも、僕の中では味方って友人に近いんですよ、なんとなく。もしかしたら師匠もそうかもしんない。その意味でいうと、「作る」というより「残っていった人」みたいなイメージなの。

加藤 この「味方」って大きく分けて二パターンかなと。一つは、今角田くんが云った「全人格的な味方」、こちら失敗もするけど最終的に赦してくれる人みたいな、共同体的な、

【味方】
「①（賊軍に対して）官軍。（中略）②（敵方・相手方に対して）自分の属する方。自分の方の仲間（後略）」（『広辞苑』より）

角田　ゲマインシャフト[*]的な意味での味方。もうひとつは仕事上で自分に賛成、賛同してくれるっていう意味のゲゼルシャフト的な味方。これはどっちを聞いてるんだろう？

後者でいうなら他人事じゃなくて、例えば企画があったとして、僕が相手を味方にするんだったら、やっぱり「僕がこうしたい」って言うんじゃなくて「相手にも得がある」ことをどうプレゼンできるかなのかなと思う。相手にも、「相手の企画」にしてしまう。「企画の発案者は僕なんだけど、この企画自体を回すのはあなたです」みたいな感じにしない限り、なんて言うんだろう、向こう側が損得でやってる段階だと、やっぱり途中で揉めた時とかうまくいかない時に敵になるよね。ところがそこでお互いが自分ごとだと思ってる時は、揉めたりもするんだけど、「味方」は崩れないかな。

そう考えると、そこに金銭のやり取りがある時ってなかなか難しいよね。やり取りがある場合ってプラスとマイナスじゃんか。結果、どっちかが足し算でどっちかが引き算だから、同じ方向を向いてないんだよね。

同じ一つのプロジェクトをやってる時にそういうお金の出し引きがあると、味方ってすごい作りにくいなぁと思うわけ。そこじゃないポイントで、「どういう形で自分ごとにするか」みたいなところのロジックを最初にプレゼンしないと、味方にはならないんじゃないかと思うよね。要は、「得だから手伝ってます」みたいなことじゃなくてさ。

例えば、編集さんがどう思ってるか分かんないけど、金になるかどうかは別として、「この話、おもろいからやってるんです」って思ってくれないとやる意味がないって僕は思ってるんで、向こうがその気だと、面白いことを言おうかなと僕も思うし。

【ゲマインシャフト、ゲゼルシャフト】
P363の本文と脚注を参照。

――はじめは探り探りでしたが、三回目の打ち合わせくらいから面白く楽しく、入れ込んで参加してます。

角田 そういう相乗効果みたいなことがある段階では味方なんだけど、それがなくなっていって「金のためにやる」みたいな話になってってっちゃうと、ぱっと見は味方なんだけど、じつはそんなに味方じゃないって思っちゃう。

加藤 〝お仕事〟になっちゃうね。

角田 そうそう。

加藤 味方が少ない人が云うのもなんだけどさ、味方の作り方を誤解してる人も多いかもね。多い。損得で「あなたがこれだけ得をしますよ」みたいな言い方をする人、すごい多いなと思う。「この企画すごい儲かるんですよ。角田さんやりましょうよ」みたいに話が来た時とか、「そんなに得だったら自分でやればいいじゃん」と僕いつも思うわけ。「これすげえ面白いから、何かやりませんか」だったらまだ分かるよ。話し方の順番な気もするんだけど。

角田 今回のこの本も「加藤くんと共著が作ってみたいな」っていうのが本質にあるだけだから。売れたほうがいいとかはいろいろあるけど、そもそもは「共著を作るのは面白そうじゃん」っていうのしかないもんね。

◉で、どうやったら味方って作れるの？

加藤　「味方にならないのは損得」で「味方になるのは面白そう」だとすると、損得じゃなくてやる意味や価値を共有してくれる、あるいは共同体的な、全人格的に赦してくれる味方っていうのはどうしたらできるんですか。どういう残り方をするんだろう？

角田　僕は会社辞めた時に、なんとなくその限界を感じたのかもしれないね。つまり「角田の言ってることは分かるんだけどさ」って言って協力してくれない人がたくさんいた。「気持ちは分かるよ」とか「心では応援するよ」とか言ってて、実際応援してくれない人が多い時に、「つまり、味方じゃないんだな」とちょっと思った。

と、そこまで言っておきながら、今回コロナでこうなってるとさ、**【学び直し】**[*]で話した師匠の阿部さんの会社からも「角田、なんかやろう」って電話が来たり、TBSにいる先輩から久しぶりにメッセンジャーが来たから何かなと思ったら、「なんか企画やらない？」みたいなのが来たわけ。それって向こうからしたら、もしかしたら助けてくれてんのかなともちょっと思うんだ。「フリーで大変なんじゃねーの」みたいにさ。

これだけ「そういうのがないからTBS辞めた」とか言ってんのに、いざ「コロナで仕事なくなるかもな、怖いなー」とか思ってる時に新しく来た案件って、結局どっちもTBSがらみなんだよね。二十何年間いると、味方もいたんだなって、それは感じるね。醸造するのに必要な時間とか長さみたいなものは、ちょっとあるよね。

【学び直し】
P476からの本文を参照。

加藤 非常に共同体的だ。

角田 共同体的。校長先生も替わって生徒も変わってんだけど、それでも残る校風とかって、そういうものなんじゃないかな。「麻布高校*には麻布高校の伝統がある」みたいなものが生き残ってるのも多分そういうことだし、それはむしろあるなあとすごく思うよ。

加藤 共有する時間も含めた、コミュニケーションの総量みたいな話だね。それは一つあるけど、会社でそこまで行くのがなかなか六つかしかったり、そういう意味じゃない味方を作る時には、損得じゃない巻き込み方……曖昧だけど、損得じゃなくて何があると好いのだろう？

角田 僕がもう一個やってるのは、ベタだけど、すごい性善説*だけどさ、「人間性に訴える」ってこと。「これは地球のためだからやりません？」「これって社会のためだからやろうよ！」みたいなさ。順番でいうと、まず「あなたが面白いと思うでしょ」って感じでプレゼンするじゃん。二番目に「やったら儲かるじゃないですか」よりも、「これやると地球のためじゃん」みたいなことを、暗に言ってる気がする。

　やっぱり、ほぼすべての人は悪い人じゃないからさ。自分の身体っていうか、金銭が絡む時だけ悪者になると思ってる。みんな道徳観みたいなものは大体持ってるから、「これが社会のためなんだよ」「これが地球のためなんだよ」って言うと、ちょっと味方度が増すなと感じる。僕は順番でいうと、儲けよりそっちを先に言ってるかもしれない。

「あなたは面白いと思ってる」、なおかつ「これは地球のためだし」、なおかつ「これを

【麻布高校】 東京では「御三家」と称される、中高一貫の名門校。自由な校風で有名で、著名な出身者に元西武鉄道グループオーナーの堤義明、社会学者の宮台真司、ジャズピアニストの山下洋輔などがいる。

【性善説】「人間の本性は善であり仁・義を先天的に具有すると考え、それに基づく道徳による政治を主張した孟子の説。荀子（じゅんし）の性悪説に対立」（『広辞苑』より）。『孟子』と『荀子』を読み比べると、性善説と性悪説の違いは「人間の本性は善か悪か」というよりは、「生来の美徳を尊重して伸ばすか、古典を勉強させて模範となる人間像を叩き込むか」という、教育の方法論の違いであるように思える。

加藤　するとと儲かったりするのよ。なぜやらないの?」って言ったら、最終的に人は落ちる。その時に大事なのは、もしかしたら順番かもしれない。最初に「儲かる」を言っちゃうとなにかあった時に揉めるよね。「儲かんねーじゃん」みたいな。

角田　それはサラリーマンだと「査定が上がる」とか、そういうこと?

加藤　「結果上がるかもしれないじゃん」「結果儲かるかもしれないじゃん」は、僕は最後に言うか、あるいは言わない。「向こうが勝手にそう思ってくれる」をやってるかな。

◉味方の人を何と呼ぶ?

加藤　人の気持ちはうつろいやすいから、「角田を応援しよう」って気持ちはずっと続かないかもしれない。それはどうしてるの?

角田　実際、それはけっこう経験するんだよ。僕は激しく落ちこむね。つまり、さっきの一番めと二番めでやってくれてたかと思ったら、結果三番めだったんだな、「結局、儲かる儲かんないだったんだな」って。「性善説」って言ってるけど、「人間って、そんなに信じちゃだめなんだな」っていつも後悔してる。

加藤　そこまでエグくなくても、一番と二番のことに対するモチベーションが落っこっちゃうこともあるんじゃないの。

角田　あるかもしれないよね。

加藤　他にもっと面白いことができたとか。

【査定】
「(金額・等級などを)とりしらべて決定すること」(『広辞苑』より)。当然査定者は自分の上司ということになるわけで、その上司と相性が合わなかったりすれば、査定が悪くなることは必至なのがサラリーマン社会の常。

角田　そうそう。その時にリカバーするのって難しいとは思うよ。ただ「神は細部に宿る」*じゃないんだけど、【上司】＊の項で話した揉めごとの時もそうだったけど、ちょっとでも違和感があると、その違和感自体はちっちゃくても、それと同じような揉め事が絶対起こるんだよ。最初に「こいつの言い方、ちょっと気に入らねえな」って思うことがちょっとだけあったとしたら、そういう時にどっかで来るんだ。

だから細部の「ダメだ」みたいなのがちょこちょこあったりすると、それは大きい割れ目になるなとは思ってる。なので、自分的にはそれを気を付けたほうがいい。でもそんなのは、神様じゃないからすぐ覆るし、予想も外れるしさ。

例えば一つの例でいうと、今回併走してくれてるライターさんのことを加藤くんは「カイちゃん」って呼んでて、僕は「カイさん」*って呼んでるじゃんか。これって考え方の違いで、でもどっちも仲間だと思ってると思うわけ。加藤くんは、多分フレンドリーに言うほうが仲間だと思うタイプだ。

加藤　そうでもないかな……。

角田　そっか。僕はタレントさんもそうなんだけど、どんなに年下でも敬語にしようと思ってるんだよね。だからって「甲斐荘さん」って言うとなんだし、自分のほうが年上だし……っていうところのギリギリが「カイさん」なわけ。
僕の中でいうと、年上の人に「さん」付けで呼ばれるのって二通りあって、「この人距離があるな」とも思うんだけど、一方で「僕のことリスペクトしてくれてるんだな」って思ったりするわけよ。だから今、指導教官とは別に小林先生っていう女性の先

【神は細部に宿る】

格言、慣用句の一つ。「一流の作者の本物の作品には、その細部に至るまで作者のこだわりが貫かれている」ということ。本当に素晴らしい技術やこだわりは目に見えにくいことの喩えでもある。起源には曖昧なところがあり、ドイツ出身の建築家ミース・ファン・デル・ローエの言葉として、ニューヨークタイムスのローエ追悼記事にこの言葉が載っている、ということだが、それ以前にも、ヴァールブルク、フローベル、アインシュタイン、ル・コルビジエ、ニーチェ等が使っているという話も。


【上司】

P166からの本文を参照。


【カイさん】

本書の制作会議は、角田、加藤、甲斐荘(ライター)、鈴木(編集)の四人で行った。「カイさん」とはライター甲斐荘のこと。

生がいるんだけど、その先生は初めは「角田さん」だったけど途中で「角田くん」になったわけ。角田くんって言われるのはちょっとだけカチンと来るんだけど、でも「この人は本当に生徒だと思ってくれてんだ」と思うと、「角田くん」と言われるとちょっと「嬉しいな」と思うわけ。指導教官からは「さん」付けだからさ。

そこがまた女性なんだろうなと思うんだけど。その辺の若い兄ちゃんと角田をある意味同列に「くん」付けする、いい意味で使うのも「それはそれでいいな」とか思うから、「角田くん」がいいのか「角田さん」がいいのかわかんないんだけど。

ただそういうディテールみたいなものはあるよ、「味方にするかしないか」みたいなものには。【本質】*の項でコトブキツカサ*の名前を出したけど、それ以外のタレントさんには基本的に敬語なんだ。コトブキツカサってそんなに有名人じゃないんだけど、こういう時にはよく「コトブキツカサにだけはタメ口をききます」ってネタにしてんの。それってコトブキツカサ的にもおいしいじゃん、っていうか、「誰、コトブキツカサって?」ってなるから。「あいつだけには敬語使わなくてもいいかってなってんだけど、あとはあらゆるタレントさんには全部敬語なんです」っていうネタとしてもちょっと面白いし。

というようなことを無意識にやってるかな、味方であることを延ばそうというか、「延命」というと語弊があるけど。「丸め込む」だとまた語弊があるか。なんにせよ気を付けてる。

【本質】
P466からの本文を参照。

【コトブキツカサ】
P466の本文と脚注を参照。

◉「味方」と「仲間」は同じか、違うか

加藤 世の中的になんとなく「一回味方になったらずっと味方」みたいな先入観があるような気がするね。果たしてそうなのだろうか。

角田 それはそうでもないよね。『オトナの！』*って番組やってた時に、僕はいつも「この番組、一回出たらレギュラーですから」って、ネタというか半ば本気で言ってたわけ。「一回出たらレギュラーなので、またいつでも出てもいいですし」みたいなことを言ってた。本当にそうだなと思ってくれてる人たちもいるんだけど、こっちがそう思ってたのに三年ぶりくらいに会ったタレントさんに「ああ初めまして」みたいにリアクションされたりすると、ちょっと凹むよね。「やっぱりそうじゃなかったんだ」みたいにさ。「一回付き合うと味方だよね」ってのは多分嘘だと思ってるし、「友達の友達はみな友達」じゃないなって思ってる。でもそれって結構、なんか括る人が多いじゃん。「このミュージシャンとこのミュージシャンは一回フェスで一緒にやってるから仲良いんだ」みたいに議論してるファンとか多いんだけど、「意外にそうでもないんだな」みたいなこと。「あくまでお仕事なんだな」みたいな。

むしろそういうのを感じるから。芸能界と付き合うようになってから、ある意味いい意味で淡泊（になった）かもしれない。毎回毎回、新しい関係を作ってくって感じでやらないと。一回仕事したからって味方じゃないんだ。

【『オトナの！』】
P91の本文と脚注を参照。

加藤 味方に近い概念で「仲間」ってあるじゃないですか。最近、仲間って単語の頻度、使用率が上がってる肌感覚があるんですけど、「仲間」って何ですか？

角田 それってドイツ語のゲマインシャフトじゃないの？

加藤 日本語で云うとさ。仲間と味方は同じなのか、違うのか。

角田 味方って、「仲間じゃないのに仲良い人」なんじゃないかな。仲間は、「身内」みたいな言い方をするじゃん。味方は一緒にやらなくても、「何かを企てた時に援助してくれる」とか、「助太刀してくれる」とか、あるいはもしかしたら「黙認する」でも味方かもしれない。

仲間はチーム、「ワンチーム」なんだよね。だから僕は「仲間」って嫌いです、高校の時、ラグビー部辞めてるし。だから「仲間」より「味方」のほうがいいかもしれない。

自分は基本は一人なんだけど、味方がいるからこのプロジェクトは実現するとか実行できる、っていうほうがいいかなって。「仲間割れ」って言葉はあるけど「味方割れ」って言葉はないね。味方は、割れちゃったら味方じゃなくて敵になるってことだよね。仲間は、「仲間割れしてても仲間」なんでしょ。つまり協議離婚*みたいに心情がまったく結ばれてなくても、会社組織的には味方を装わなきゃいけないことがあるわけでしょ。

加藤 所属概念ってことね。「味方割れ」って云わないね。

角田 だから仲間というのが、僕の中ではなんか苦手なんだ。

加藤 味方はゲゼルシャフトで仲間がゲマインシャフトなのかもしれない。

【協議離婚】
「夫婦の合意による婚姻の解消。判決は不要で、戸籍上の届出によって効力を生ずる」（『広辞苑』より）

角田 そうだね。

加藤 そうすると、「味方になってほしい人」に対して仲間的にアプローチしたら、「仲はいいけど役に立たない」みたいになる?

角田 そうそう、そういうことが起こるんじゃないかな。「味方」と「仲間」の違いをちゃんと考えるって、確かに面白いね。

加藤 二〇二〇年代ないまいま、仲間、優勢じゃん。そこに「楽しさ」はあると思うけど、いわゆる「成長」的なこととか「革新」的なことがあるかっていったら、少ないのかもしれないね。

角田 僕は本当に、仲間が苦手かもしれない。

加藤 同じです。

む

【無常観】(むじょうかん)

角 無常観とは、自分がこの世界から消えることへのプラクティス。
加 絶対的価値観、相対的価値観。両方の人生に存在する自分と世界との関係のひとつ。

時々、自分何やってんだろ、って感じます。ネガな感情が湧いてきてしまいます。無常観というか、何をやっても無駄なんじゃないかと……。

◉**無常＝サステナブル**

角田 無常観*ってさ、どんな時感じます？
加藤 この言葉も、元々の仏教の言葉と意味が変わっちゃったよね。
角田 うん、日本的になっちゃってるよね。
加藤 『レ・ミゼラブル』*の翻訳者が悪いんじゃないかみたいな。
角田 『ああ無情』ね。
加藤 本当は仏教的な意味での「常ならず」で使ってると思うんだけど、でも「酷い」みたいな意味になって。

【無常観】
「無常」は「①一切の物は生滅・変化して常住ではないこと。（中略）②人生のはかないこと（中略）③人の死去（後略）」（『広辞苑』より）

角田　「ああ無情」は「情け」のほうじゃないの。
加藤　あ、そうか。すいません。
角田　この無常は「常ならず」だ。
加藤　無常と無情が、混じっちゃってんのか。
角田　こっちの無常は、「常ならず」のほうでいいんだよね。無常観って年々感じてるんだけど。加藤くんそんなに変わんない？
加藤　感じますよ。
角田　これって何なんでしょうね。
加藤　仏教的な無常って、ペシミスティック*なところがあるじゃないですか。人は老いるし死ぬし。「若いままでいられない」意味での無常が、根本的にこの言葉の始まりのエピソードとしてあると思うんです。
　でも個人的にはわりとポジティブな意味で感じておりまして。「学び直し」じゃなくて「学び足し」みたいなことを含めて、ポジティブに「常ならず」≒「過去と同じでならずで好い」みたいなイメージは、最近するなあ。
角田　無常って「サステナブルの逆」じゃん。ところが最近この間サステナビリティについての授業受けてた時に、「式年遷宮*ってサステナブルなんだよね」って話になったんですよ。
　二〇年で神社を壊してるから、サステナブルって意味だと建て直してるからサステナブルじゃないじゃん。でも日本の中では二〇年で社を作り直していくことを「ずっと

【『レ・ミゼラブル』】

フランスの作家ヴィクトル・ユーゴーが一八六二年に発表した小説。ジュニア向け邦訳のタイトルとして『ああ無情』が使われることが多い。

【ペシミスティック】
（pessimistic）厭世（えんせい）的。悲観的。その対義語は「オプティミスティック（optimistic）」で「楽天的」。

【式年遷宮】

「式年遷宮祭」は、「神社で、一定の期間をおいて新殿を営み、旧殿から神体を移す祭。伊勢神宮では二〇年毎に行われる」（『広辞苑』より）

やってる」ことがサステナブル。つまり、無常とサステナブルって対極にあるように見えるんだけど、じつは「無常観を大事にする」ことのほうがサステナブルなんだって思うわけ。

　そうすると、SDGs*とかって「無常観じゃないほうのサステナブル」を要求してるんじゃないかってすごい思うんだ。本当は「無常観を大事にするサステナブル」にしないとダメなんじゃないかということを論理的には思ってる。

　じゃあ「具体的にどうやるのか」みたいな話になると、「無常観／感」って、センス、感じるってことじゃんか。じつはそこが一番大事なんじゃないかな。CO^2排出量とかプラスチックゴミとか、そういう話にすごく行っちゃってるんだけど、なんかこう「儚いものだから、この瞬間観なきゃな」という気持ちみたいなものを大事にしないと、SDGsにならないんじゃないかなってなんとなく思ってる。すごく抽象的な話だけど。でも無常観って抽象だからね。

加藤　仏教的には、「常ならずだから、『今ここ』を大事にしましょう」っていう話ですかね。

角田　「『今ここ』を大事にすること」が、「ずっと大事なんだ」ってことと同一なんだと僕は思ってるね。キーワードで言うと、川は流れてるから川であって、止まっちゃってたら池じゃん。「無常だから川である」というか。「ゆく河の流れは絶えずして、しかももとの水にあらず……」の方丈記*じゃないけどさ。

　そう考えるとじつは、「無常だから生きてる」と言えるというか。

加藤　その「常ならない」ことをポジティブに捉えたいけど、常ならないから諦めモードと

【SDGs】
「二〇一五年九月の国連総会で採択された「持続可能な開発目標」。途上国の教育問題などだけでなく、地球環境や都市、雇用、格差問題の解決など先進国にも関係する広範な目標を立てた野心的なものになっている」（『現代用語の基礎知識』より）

【方丈記】
鎌倉初期の随筆。鴨長明著。一巻。一二一二年（建暦二）成る。仏教的無常観を基調に種々実例を挙げて人生の無常を述べ、ついに隠遁して日野山の方丈の庵に閑居するさまを記す（後略）」（『広辞苑』より）

か、諦観の話になりがちじゃない。でも「常ならぬ。だからいつからでも始められる」とか、「一回ダメでも常ならぬだから、何回やっても好い」とか、その可能性を感じる名詞として「無常」があるのではないか。そういう捉え方を個人的にはしたい。

角田 そうか、現代用語で「無常」とか言ったりすると、諦めとかの境地になるんだね。

加藤 そうそう。「常ならないから、頑張ってもしょうがない」みたいな。「今日の努力は明日続くかどうか分からないから、今日そんな努力しなくてもいいんじゃん」とか「今日やったことの成果を明日に求めるな」みたいな。欲望をいさめるとか、「足るを知る」的な感じになりがち。

それこそサステナブルな感じには合ってると思うんだけど、別の云い方をするといわゆる「清貧」*、質素なほうに寄りがちな感じがするんだよね。質素でもいいんだけど、「いくらでもやり直せるチャンス」みたいな感じもなんかあるといいなと。読み方の提案になっちゃうけど。

◉儚いって素晴らしい

角田 そっか。僕は鎌倉時代の人*と同じように思ってて、「無常」っていうのにネガティブな気持ちが一ミリもなかった。言われてみたらそうだ。「無常」ってめちゃくちゃネガティブかって言われると、ポジティブとかネガティブとかを超越してるから無常な気もするしね。でも世間では、ネガティブワードなんだね。

【清貧】
「行いが清らかで私欲がなく、そのために貧しく暮らしていること」(『広辞苑』より)。一九九二年に刊行されベストセラーとなった中野孝次著『清貧の思想』(文藝春秋)が引き合いに出されることが多い。「虚飾を捨て、安らかな心を重んじ、身の丈にあった清楚な生活とは何か」が記され、当時、バブル時代に物欲と生活に追われてひた走った日本人に猛省を促した書として話題になった。経済がうまく回らないと必ず出てくる生活信条における思想のひとつ。

【鎌倉時代の人】
鎌倉時代の著名な文学には『平家物語』『宇治拾遺物語』『方丈記』『徒然草』などがある。

加藤 ネガティブだったり、諦め系だったり、無駄なことするのやめようだったり。わりと静的な、さっきの『レ・ミゼラブル』との混同も含め、儚い感じに捉えられてることが多いと思う。

角田 それってラテン語だと「メメント・モリ」*だっけ？「死を想え」ってやつも、だから無常観なんだよね。「死を想え」って、「常に死ぬことを考えろ」みたいなことじゃなくて、「だからこそ一生懸命、日々を謳歌しよう」みたいな意味だとすると、メメント・モリと無常って同じことだと思うんだけど。でもみんな、それをネガティブって捉えるんだな。そっかそっか。なるほど。僕は勝手にネガティブじゃないって思ってる。

加藤 ネガティブっぽい。

――ネガティブですね。「祇園精舎の鐘の声」*ですよね。あれは明らかに「平家、滅んじゃったなあ」っていう感想じゃないですか。ここでいう「無常」は完全に平家物語のあのイメージです。

加藤 無常という言葉が元気のいい人、平家みたいに一世を風靡した人たちに対して使われることが多いから、「繁栄は続かないじゃん」ふうに、教え諭す流れで使われるので、言葉の向いてるベクトルがネガティブっぽく受け取られるんだろうね、きっと。

角田 僕、ほんとにネガだと思ったことがないんだ。

加藤 もともとネガじゃないし、もっとポジに使おうよ、っていうことでいい。

角田 『銀河鉄道999』*って「機械の体がいいのか生身の体がいいのか」ってテーマじゃん。それで、初めは機械化人を目指していた鉄郎が「生身の体だから素晴らしい」って

【メメント・モリ】
「死を忘れるな」という意味の警句。古代ローマでは「今を楽しめ」という意味で言われたが、キリスト教では、現世のはかなさを覚え、来世の救いに思いをはせるように勧める言葉となった（『広辞苑』より）

【祇園精舎の鐘の声】
『平家物語』冒頭の一節。「諸行無常の響きあり」と続き、これから語られる平家の栄枯盛衰を予感させる。ちなみに「祇園精舎」とは釈迦が説法をするために信者が寄進した、かつて存在した寺院の名前。

【『銀河鉄道999』】
松本零士作のSF漫画。一九七七年より連載。またアニメ版もヒットし、ささきいさおやゴダイゴによる主題歌も有名。

いうことに気付く旅じゃんか。それって多分「無常なほうが素晴らしい」ってことだと思うんだよね。実際に999のアニメ版を僕たちは小学校とかで観ちゃって、「機械化人よりは、鉄郎のように生きて大人になる」と思って、大人になっちゃったからさ。だから「無常がネガ」って思ったことが本当にないわ。

儚いってことは、素晴らしいことなんじゃないかな。松岡正剛*さんの影響かもしれないけど。フラジャイル*、「弱い」ということに価値がある。それって日本の……っていうとあれだけど、人間の価値なんじゃないかなと、基本的に僕は思ってるんだ。

◉無常を諦めと捉えるのは、逃げである

加藤 先のことが分かんないから、それこそネガティブ、ないしはペシミスティックな態度になっちゃって、「だから今日、木を植えない」になっちゃう人が多いんじゃないの。「それでもやっぱりリンゴの木を植えたい」んだよね。そこはシンプルに思ってるかな。

角田 宗教学の授業を取ってて思ったことがあるんだ。例えば明日の朝死ぬとするじゃん。その時に仮に自分の部屋が汚かったり、隠しごとがあったとして「そのまま死ねる？死ねない？」っていう命題があったとしよう。そういうのを女子とかに訊くと、みんな「やだ」とか言うわけですよ。ところが、じゃあ死んだ後にそれが分かっても、「あの子の部屋、じつは汚かったんだって」って揶揄されてることは、本人はもう死んでるから分かんないんだよね。

【松岡正剛】
P227の本文と脚注を参照。

【フラジャイル】
「壊れやすい」といった意味。ここで使われているニュアンスは松岡正剛の著書『フラジャイル 弱さからの出発』（一九九五、筑摩書房）に詳しい。

フラジャイル 弱さからの出発
松岡正剛
ちくま学芸文庫

だから「死ってそういうものじゃんか」と思うわけ。ところが、「やっぱり部屋が汚いと死ねないや」って思ってるってことは、本質的には、「来世を信じてる」のか「死に対してのリアリティがない」だけなんじゃないのかな。

本当に死ぬってことになると、自分が死んだ後の未来がどうなるかなんか、気にしても気にしなくても関係ないんだよ。ところが、みんななんか気にしてるじゃん。「こんな部屋汚ければ死ねない」とか、もっと言ったら「自分の子どもが大事だ」とかさ。それはそうなんだけど、究極的にいえば、自分が死んだあとに自分の子どもがどうなったかなんてことは、分からないんだよね。来世を信じてれば、また話は別なんだけど。

……というようなところまで突き詰めていくと、「メメント・モリ」ってそういうことだと思うんだけど、「いつ死ぬか分かんないんだから部屋をきれいにしようかな」とか、「その親族のことを大事にしようかな」っていうふうになるんじゃないかと思うんだよね。

つまり、無常というものを「諦め」として使っちゃうのは、死へのリアルな気持ちからも逃げちゃってんのかなって。

加藤 そうかもしれない。

角田 だから、じつは無常ってそこまで考えた上での言葉なんじゃないかなと思うんだよね。

加藤 そうは知りつつ、毎日を精一杯生きられないんだけどね。

角田 生きられないね。

◉「人が死ぬ」ことと「二度と会わない」ことは何が違うだろう？

──当然、これまで亡くなった方っていらっしゃると思うんですけど。同世代で。プラマイ五歳くらいで。そのときって、無常観みたいなものに近い感覚ってありましたか。

角田 知ってる人が死んだ時に悲しいか悲しくないかっていうと、「悲しい」は当然ある。でも無常を感じたかって言うと、僕は感じてないかな。「無常」は、悲しいとは繋がってないので。

むしろ、千利休*の言う「一期一会*」じゃないけど。「この時のこの瞬間は、この瞬間しかないから、一所懸命生きよう」ってことに無常という概念を使ってるんだよ。だから、その方が亡くなったって意味では当然悲しいけど、思い起こすと、僕はそれを無常とは感じてないかな。

悲しい悲しくないでいうと、ちょっとだけ次元が違う話なんだけど、たとえば付き合ってる人と別れたとして、もう二度と会わないとするじゃん。「二度と会わない」ってことと「その人が死んだ」ってことにはどこが違いがあるんだっけ、ってちょっと思ったりする。だって、二度と会わないわけでしょ。で、その人が死んじゃったら二度と会えないわけ。例えば人間関係が壊れて、もう二度と会わないってなっちゃうってことは、自分にとっては実は死んだことと一緒なんだよなって思うんだよ。

そこで逆に質問なんだけど、このプロジェクトが仮に終わって、カイさんともう二度

【千利休】
一五二二年生まれ、一五九一年に没。「安土桃山時代の茶人。日本の茶道の大成者。宗易と号した。堺の人。武野紹鷗（じょうおう）にまなび侘茶（わびちゃ）を完成。織田信長・豊臣秀吉に仕えて寵遇されたが、秀吉の怒りに触れて命じられて自刃」（『広辞苑』より）。秀吉の怒りがいったい何だったのかは謎に満ちており、一説には、自分以外に価値を生み出す権威者となった利休に対する嫉妬やそこからくる恐怖が元にあったとも言われている。

【一期一会】
「（略）生涯にただ一度まみえること。一生に一度限りであること」（『広辞苑』より）

と会わないかもしれないじゃん、会うかもしれないけど。その「二度と会わない」ってこととと、カイさんが死んじゃって会わないってことの間に本質的に違いがあるんだっけ？「知ってる人が死んじゃった」っていうノスタルジアな悲しさは当然あるよ。だけどそれはノスタルジアな感じなだけであって、論理的には、どうせ自分の人生として今後は会わないんだったら、「じつは大した差はないんではないかな」なんて思ったりする。

加藤 相手が生きてると、知り合い経由とかでいわゆる消息が伝わったり、まだがっちりとじゃないけど繋がってるのはあるよね。

角田 それって、「死ぬ時は部屋をきれいに片付けなきゃ」と思うこととちょっと似てる気がする。

加藤 同じじゃない？「死ぬ時に部屋を片付けておきたい」と思うのは、「残された人が何て思うのか」みたいな発想があるんじゃないですかね。孤立無援の人はそう思わない確率が高いんじゃないかな。

◉無常って、ポジティブな概念だよ！

角田 その考え方でいけば、僕、孤立無援なのかもしれないね。

加藤 あるいは「お天道様に恥ずかしい」みたいな気持ちもあるかもしれない。

角田 うん、そうだね。だから宗教は「それだと極楽浄土*に行けないよ」とか「最後の審判で

【極楽浄土】
P77の本文と脚注を参照。

【大乗仏教】
紀元前後頃からインドに起こった仏教の一派。従来の仏教が出家者による涅槃の獲得を目標としていたのを小乗仏教として批判し、自分たちを菩薩と呼び成仏を目標とする立場をとった。東アジアやチベットなどの北伝仏教はこの流れを受けている」（『広辞苑』より）

地獄に落ちるよ」みたいなことを言い始めたんじゃないか。それを言わないと、「どうせ死んだら分かんない」ってなっちゃうと、すごい刹那的だし虚無的になっちゃうじゃん。「いやいや、死後の世界があって、あなたは審判されるんだから、つつましく生きなさいよ、仲良くしなさいよ」と言いやすくするために、そういうシステムを作らないと人間はやっていけなかったんだろうって。

加藤 キリスト教はその通りだね。イスラームってそうなんだっけ。

加藤 ——イスラームは「死んだら全員極楽に行く」みたいな感じじゃなかったですか。

仏教は元々から「死後のことは分からん」で、答えなかった宗教だもんね。「仏の教え」自体は死んだ後のことは一切考慮してない、生身のものだったのに、角田くんの云うようにそれではみんなついていけなくなったから、大乗仏教*の多くは死後の世界を後付けした歴史ですか。

角田 「浄土真宗*がキリスト教と似てる」ってそういうことだよね。そうしないと宗教にならなかったんだと思う。じゃなきゃやってけねえじゃん、解決策がないんだもん。

加藤 時期としては法然*・親鸞*よりももっと早くて、大乗が生まれてからでしょ。大乗ってそういう発想だ。そう考えると「無常」って、元々の単語の起こりと、僕らの一般的な生活の間のものすごい距離がある単語・概念なんだね。だからなかなか受け容れられないんだろうな。元々の出自もあるけど、もっとポジティブに捉え「やり直したり新しいこと始めたりするのはオッケーですよ」がいいような気がする。

角田 そうだね、無常を現代に落とすとそういうような話だよね。

【浄土真宗】
浄土門の一派。浄土三部経を所依とする。阿弥陀仏の他力本願にもとづく信によって往生成仏は確定しているとし、称名念仏は仏恩報謝の行（ぎょう）であるとする。親鸞を開祖とし、浄土宗より出て一派をなした（後略）（『広辞苑』より）

【法然】
一一三三年生まれ、一二一二年に没。「浄土宗の開祖。（略）比叡山に入り、皇円・叡空に師事。四三歳のときに専修念仏に帰し、東山吉水（よしみず）で浄土法門を説く（後略）」（『広辞苑』より）

加藤 本当は、「今ここ」を頑張るが正しいかもだけど、それにちょっと未来まで足す感じかな？　「常ならず」だから明日はどうなってるか分からないけど「木を植える」で、明日まで含めてこの言葉を捉え直せると、もっとポジティブになるのではないかと。

角田 そうだし、道徳という教科じゃなく、僕が今言ったようなことを一回教える場があったほうがいい気がするんだよね。「無常ってのはこうなんだ」みたいなさ。「諦めを言う時にみんな使うんだけど、じつは違って、本当はこう使うんだよ」みたいなさ。なんでそれを知ったほうがいいのかまでを含めて、今言ったような事例を教えたほうがいいと思うわけ。

それは、強いて言えば道徳の時間なんだけど、道徳って「正しいか、正しくないか」「こう生きるべきだ、生きないべきだ」みたいな話ばかりになっちゃってるじゃない。そうじゃなくて、僕の宗教学の先生は「倫理」って言ってたけど、ethicについて学ぶ時間が若い人には、もしかしたら大人にも、本当は必要なのかもしれない。

その「ethicalなことを学んだうえで、さあどうする」ってところがちょっと弱いんで、昔だったら多分宗教が肩代わりしてたんだよね。で、宗教が相対的に弱くなって、近代文明とか近代社会みたいな話になっちゃった時に、無常っていう言葉がなんか独り歩きしちゃったような気がする。

【本質】の項のアッラー*の話じゃないけれど、ethicを知った上で「じゃああなたはそういう行動に出ますか、出ませんか」みたいなことと、それを知らないで言っちゃうことは、やっぱり違うんだよね。

【親鸞】
一一七三年生まれ、一二六三年に没。「鎌倉初期の僧。浄土真宗の開祖。皇太后宮大進日野有範の長子。（略）比叡山で学び、のちに法然の弟子となる。一二〇七年（承元一）念仏弾圧により越後に流され、この間、愚禿（ぐとく）と自称して非僧非俗の生活に入る。のちの恵信尼を妻にしたのはこの頃とされる。一一年赦免され、（略）関東にあって信心為本などの教義を以て伝動布教を行う。著『教行信証』（後略）」（『広辞苑』より）

【大乗が生まれて】
本書の「て」の項目にも出てきたとおり、大乗仏教の成立は龍樹が唱えた「空」の思想を下敷きにしている。

【アッラー】
P468の本文と脚注を参照。

加藤　そうだね。知ってて賛成しないのはアリだよね。

角田　そう、そこまで全部知った上で、それでもアッラーのことを冒瀆したいなら「もうやれば？」ってことなんだけど。「その代わり、そいつは殺されるよね」までを話すことが大事な気がする。

加藤　政教分離*だと難しくなっちゃう？

角田　そうなんだよ。だからその先生は、「宗教神学じゃなくて宗教学を授業ですべきだ」って言ってた。

加藤　学問として。

角田　そう、学問として。「政教分離だから神学はいらない」じゃなくて、「政教分離するからこそ、宗教学を学ぶべきだ」って言ってて、それは僕もすごく賛同する。

加藤　檀家になってる寺の坊さんと話したりとか、そういう機会が昔は多分あったんだよなあ。歩いて行ける距離に「マスター」がいたんだよね。

角田　だから【学び直し*】の項で話した「師匠が必要だ」っていうのと根は一緒な気がする。

加藤　でもポジティブに捉えよう。

角田　「無常とはポジティブなことなんです」が僕の言いたいことだった。

加藤　それは賛成でございます。

【政教分離】
信教の自由を保障するために、政治と宗教が相互に介入し合うことを禁止すること。日本国憲法は厳格な政教分離の原則を採用し、国や地方公共団体が特定の宗教に特権を与えたり、財政的援助を供与したり、自ら宗教的活動を行なったりすることを禁止（二〇条・八九条）（『広辞苑』より）

【学び直し】
P476からの本文を参照。

め

【名刺（めいし）】

角 名刺をくれないビジネスパーソンを、ボクは基本信用しない。
加 連絡手段の明確化と、セルフプレゼンテーション、二つの役割を持つカード。

朝活に参加したら、みんな会社じゃない名刺を持っていて、焦りました。SNSもそれなりにやってるし、やっぱり自分名刺って作るべきですか？

◉タレントさんは名刺を持っていない

角田 「名刺*なんていらない」みたいな話があるじゃん。僕は反対で、名刺くれない人を基本信用しない。なおかつ、いちばん信用しないのは「名刺切らしてましって」っていう奴。無常観の話でいうと「おめーと会うのはこれで最後かもしれねーのに、なに名刺切らして俺の前に現れてんだコラ」みたいな。それで「後でメールしますから」って言ってメールもしないやつとかいるじゃん。三ヶ月後くらいに要件があって来ても、僕はシカトするね。そういう気持ちを見るのに大事なものが名刺だと思ってるから。

「効用」で名刺をいるいらないみたいな、「名刺とかくだらない」と言ってるのを見

【名刺】
「（昔、中国で竹木を削ってこれに姓名を記したものを「刺」といったところから）小形の紙に姓名・住所・職業・身分などを印刷したもの。訪問・面会その他、人に接する場合に用いる」（『広辞苑』より）

て、レベル低いなって思う。その人の「態度」を見せるものなんだよ、名刺って。

加藤　情報じゃなくて。

角田　そうそう。情報はFacebookで友達になればいいし、ネットで検索すればいいんだ。「私はあなたと会うことをこれだけ大事にしてます」ってことを提示するのが名刺。一方で、タレントさんは名刺持ってない。だからタレントさんに名刺渡す人は、「この人はタレントさんと仕事したことがないんだな」ってことがバレるわけ。

タレントさんは名刺持ってないっていうのは、タレントさんは「タレント」だから、名刺を持たなくていいんですよ。逆にいえば、今の「名刺の文化」みたいな話をした上で、「さあ、名刺がなくてもいい」って人は、つまりタレントなんですよ。「タレントでもねえのに名刺持ってねえのかコラ」っていうのが、名刺を持ってない人への僕のむかつきの一番の原動。「おまえタレントかぶれか。タレントでもねえのに『名刺ない』とか言ってんじゃねえよ」って、本気でそう思う。

──売り出し中のまだ知名度ないタレントさんも持ってないんですか。

角田　持ってないよ。基本的にはマネージャーさんが配るものなの。そういう暗黙のルールってのがあってさ。

アーティストがCDを出すと、本人から相手に渡さないといけないんだよ。例えばサカナクションがニューアルバム出して、そのニューアルバムをボーカルの山口一郎*さんが配る時とかは、マネージャーさんが自分のカバンから出して本人が持って、本人が渡すんだよね。「さんまさんこれ」って。で、これをマネージャーさんが渡すのが時々い

【山口一郎】
一九八〇年生まれ。ロックバンド・サカナクションのボーカリスト兼ギタリスト。「文学性の高い歌詞と郷愁感あふれるフォーキーなメロディ、バンドのフォーマットからクラブミュージックのアプローチをこなすなど独自のスタイルを持つロックバンド」(公式HP 二〇二二年八月五日現在)として高い人気を誇る。

るんですよ。「ああもう、分かってないんだなこの事務所は」って僕はもう分かる。つまり、タレントって多分人間じゃないんだろうね。人間界同士は名刺の交換をしないとダメなんだけど、タレントってのは神様なのかな。もっと下に言えば商品。商品自体が名刺を渡しちゃダメなんだよ。ということをなんとなく感じてる。

◉「二枚目の名刺」はいつ、どうやって配ったらいいんですか？

加藤 この問いかけは「社外の」だから、いわゆる「二枚目の名刺」だ。

角田 社外の名刺って、加藤くんある？

加藤 あるよ。

角田 それは、広告会社の人だと知って欲しくないから渡してるの？

渡す時は二枚渡してる。仕事の時はもちろん会社の名刺だけど、「もの書き名刺」も持ってて、取材とかもの書きがらみの時は、だいたい二枚渡してる。で、もの書きとして会う時は、「もの書き名刺」を上にして渡す。もの書き「でもある」んですよ、っていう時は会社名刺を上にして渡す。

角田 順番で変わるんだ。

加藤 例えば書籍の編集さんに初めてお会いする時に、このプロジェクトは「もの書き加藤」だから、なら「もの書き名刺」を上にするし、仕事でお会いした時には「一応もの書きもやっています」「『考具』*の加藤さんですね」のヤリトリある感じで会社の名刺を上に

【考具】
P320の本文と脚注を参照。

角田　して。でもあれだな、「もの書き名刺」には肩書きが書いてないんだよね。……それは何なんだろう。あんまり深く考えなかったな。

秋元康さんの名刺って肩書き書いてないからね。「秋元康」って書いてあるだけだから。でも秋元さんって、絶対名刺配るんだよ。だから「タレントじゃない」って自分で思ってるんだと思う。「俺はタレントじゃないから名刺を配る」って。ところが、「作詞家」とか「コピーライター」とか「作家」って書きたくないんだってね。だから「秋元康」って名刺を配ってるんだと思うんだよ。

加藤　【クレーム】*や【盗む】*の項でサードネーム*の話をしたじゃん。その意味でいうと、二枚めの名刺っていうか、「三枚目の名刺」もあったほうがいいよね。

この問いって多分、聞かれてることが二つあるよ。一つは、「名刺を作る＝配る」っていうことだから、「どういうふうに配ったらいいですか」。例えば仕事外で会う時は会社のを出さないで二枚めだけ出してとか、やっぱり一緒に出してとか、渡し方みたいなこと。もう一個は肩書き的なものが、あるかないか。

会社から与えられた名刺は所属名が書いてあって、つまり所属名＝機能、自分の機能を提示していることが多いわけじゃない。人事部にいたら「人事のスペシャリストなんですよね」的なね。異動直後はドギマギしたりして。「自分が何に詳しいのか」とか、「自分が今何をやっているのか」を説明する機能が付いているわけですけど、二枚めの名刺にもその機能はいるんですか、っていう二つの質問だと思う。自分自身、実際に聞かれるし。

【クレーム】
P118からの本文を参照。

【盗む】
P357からの本文を参照。

【サードネーム】
P139のコラム「サードネーム」を参照。

角田 そうだね。加藤くんの二枚めの名刺に肩書きないってのは、「肩書きを付けてない」とも言えるけど、ひらがなで「かとうまさはる」って書いてあるのが結局そういう効果をもたらしてるかもしれない。

加藤 自分自身は、マインドシェア的に作家・もの書き業のパーセンテージが低いので、肩書き、あってもなくてもいいやって思ってるのかもしれない。ブロガーの人は「〇〇ブロガー」と付けてる人も多いよね。

角田 そういう目で見ると、名刺って肩書き論にもなるのかもしれないね。

加藤 二枚めの名刺を渡す時って、二枚めだけ？　会社と一緒？　この二択か。基本的には。

角田 さっきのやつだと、二枚出すってことでしょ、基本は。

加藤 でも、少数派だと思うよ。

角田 それはサードネームじゃなくてセカンドネームだからでしょ。ファーストネームが「広告会社の加藤昌治」で、セカンドネームが作家もしてるけど一応肩書きを書いてない、ひらがなで書いてある「かとうまさはる」でさ。

もしサードネームがあるんだったら、一枚めと二枚めがバレたくないから出さないんだよ。サードネームを出したい。

加藤 確かに、二枚めの名刺を出す人って勤め先を云いたがらない人多いよね。

角田 そうそう。加藤くんの場合に「マインドが低い」って言ってるのはさ、勤め先込みでの、ひらがなの「かとうまさはる」ってことじゃん。

加藤 二枚めの名刺で本業を明かさないようにする人が、自分にめちゃくちゃ自信を持ってる、それこそ自分のタレントに自信を持っていてそうやってるかというと、そうでもないんだよなあ。サードネームになりきれてない？

角田 そうだよね。「自分が出すという行為」って、そういうところまでを含めてのラベルな気がする。

「こう見て欲しい」が複合的なものだから二枚出す人もいれば、一枚めの肩書きとかを知られたくないから二枚めとか、「こんな仕事やってますけど本当の私はこれだから」みたいなことで二枚めを出す人もいるじゃんか。

加藤 自分としてはさ、「公公私混同論*」だから。仕事じゃない場所で知り合った人と、その仕事してもいいわけで。そういう意味で渡す際に二枚の上下の区切り、区別はあるけど、別に渡して損はない気はするけどね。

角田 ただ「一枚めがバレたくない」って人は圧倒的に多いんじゃない。

加藤 多いよね。業務外では極力名刺を配るなって会社もあるからな。

角田 そんなこと言ってる会社あるよね、たしかに。

加藤 それは会社の決まりだからしょうがないとして、個人の名刺を出す出さないの判断ってどこにあるんだろう。

角田 僕はちなみに「二枚めの名刺」を持ったことないからね。

加藤 goomo*やってた時って二枚あったんじゃないの？

角田 二枚あったんだけど、結局ＴＢＳのしか配らなかった。そういう意味でいうと、独立した後にもＫＩＴＥ（カイト）って会社の名刺を作ったりもしたんだけど、配ったことな

【公公私混同】
Ｐ139、462の本文を参照。

【goomo】
Ｐ323の本文と脚注を参照。

い。面倒くさいんだもん。

◉その人の人間性まで分かるのが名刺

角田 ほらみて、僕の名刺*って裏側に死ぬほど書いてあるじゃん。あれは「僕っていうのを全部知った上で、僕とどう付き合うかを判断してよ」っていうメッセージなんだ。パラレルな情報を提示するよりもさ。

僕はそっちで考えちゃう人間なのかもしれない。さっきの「名刺は人格だ」って言ってることと一緒だから。自分の分人がいろいろいるというのも含めて、「これです」って出したほうが話が早いのよ。「私のこの部分は知ってるけど、この部分は知らないんですよね」みたいな人とのやり取り、面倒くさいんだよ。「ああ、この部分って説明してませんでしたっけ」みたいな。

加藤 蛇腹みたいになってて本当にいっぱい情報が入ってる名刺もあるじゃない。そういうのどう思う？「やりすぎだ」とか「そんないらねえんじゃねえか」とか、「いや、すごいいいんじゃない」とか。

角田 それねえ、僕は、本とかCDとかもそうなんだけど、定型を崩されるのが異様にむかつくんだよね。CDとかでも時々、大きかったりしてCDラックに入んなかったりするじゃん。「順番通りに並べたいのに」とか思うんだよね。

ユーミンとかは昔からよく分かってて、一枚目からデザインも一緒でさ。そういうふ

【僕の名刺】 角田陽一郎の名刺の裏側。生まれ年から出身地、経歴、番組制作実績、著書の数々に現在の学習歴まで詳細に印字されている。

1970年千葉県生まれ。東京大学文学部西洋史学科卒業後、1994年TBSテレビ入社。TVプロデューサー・ディレクターとして『さんまのスーパーからくりTV』『中居正広の金曜日のスマたちへ』『EXILE魂』『オトナの！』などバラエティ番組の企画制作、2009年ネット動画配信会社goomo設立。映画『げんげ』監督、音楽フェスティバル開催、アプリ制作、舞台演出、『ACCCMフェスティバル』インタラクティブ部門審査員、『全国高校生SBP』審査員等、あらゆる案件をバラエティプロデュース。テレビ・ラジオ出演や全国各地で講演・トークイベントも開催。2016年末TBS退社。メディアブランディング会社KITEファウンダー。小説『AP』『仕事人生あんちょこ辞典』『最速で身につく世界史／日本史』10万部突破！！『人生が変わるすごい「地理」』『読書をプロデュース』『天才になる方法』『出世のススメ』発売中。『角田陽一郎のメルマガ DIVERSE』『水道橋博士のメルマ旬報』で好評連載中！！JFNラジオ『Seasoning』月曜MC全国放送中。東京大学大学院にて文化資源学博士課程研究中。

うにやってくれる人のほうが僕ははるかに好きだから、「名刺入れに入らない名刺とか、本当にやめてよ」とか。正方形とかで作ってるとか、もう面倒くさい。だってなくなっちゃうもん。

加藤 形は別にしても、情報の量はどう？

角田 情報の量は、「人格をどこまで説明したいか」が分かるから。

ちょっとだけ話は変わるんけど、**【言語化】***【根回し】*でも話したけど、ジブリの鈴木敏夫さんが「感想文よりもあらすじを書かせたほうが、その人がどこに着目したか分かる」って言ってた話をしたじゃんか。名刺もね、そのような意味だと思うの。「どこまで書いてあるか」ということよりも、「この人は『どこまで書いた』ことを選ぶのか」ということで、その人の着眼点が分かる。あらゆることについて、僕はそういうことを思っててさ。

鈴木敏夫*さんが言うのも、あらすじがどうかを知りたいんじゃなくて、「この人にとって、こういうふうにあらすじを説明するんだ」ってことでしょう。その人の説明の上手さも分かるし、着眼点や視点の違いも分かるから。

二枚めしか出さないで一枚めを出さない人、つまり一枚めの情報を出さないで二枚めの情報だけで名刺を渡す人がいるんだったら、「あ、この人はだから、元々の本業については隠したいんだな」とか「コンプレックスを持ってるんだな」っていうのが僕にとっては一番大事な情報。メタ情報、タグ付けが大事ってことか。その名刺自体に何を書くかは本当にあなたの自由でよくて、それがどういうふうにメタ情報*として相手に伝

【言語化】
P143からの本文を参照。

【根回し】
P369からの本文を参照。

【鈴木敏夫】
P147の本文と脚注を参照。

【メタ情報】
「メタデータ」とも言う。「データに関する諸情報を記述した基本データ。メタmetaとは『超』『包括的な』『上位の』を表すギリシア語由来の接頭辞である。データそのものの内容とは別に、そのデータに関連づけて作成された補助的な情報をさす」（『日本大百科全書』より）

わるかのほうが、意外に大事ですよ、みたいな。

加藤 だから僕の名刺の裏とかに死ぬほど書いてあるっていうのは、「死ぬほど書いてある」っていうネタがバラエティっぽいからっていうこと。なおかつ、死ぬほど書いてあるんだから、名刺の裏側を読んだ人は、初対面の人でも打ち合わせしてたら、少なくとも「こういうことやってる人なんだよね」って分かった上での話になるから、そのあとの打ち合わせが楽なわけですよ。「じつは本書いてまして」みたいな紹介は要らない。「書いてるんです」って分かった上での話のほうが早いから。

角田 それって「名刺が誰のためのものなのか」の話にもなるよね。自分のことを調べる手間を省くってことでもあるじゃない。いっぱい情報載せるって。

僕はフリーで特にそれを意識してるから、そういう名刺になってる。「ＴＢＳ」って肩書きがついてればやってなかった。ＴＢＳ制作局制作二部ってのがあればいいじゃん。プロデューサーまで付ける人がいたんだけど、ＴＢＳの名刺でいえば僕は「制作局制作二部　角田陽一郎」までしか書かなかった。その頃は、「肩書きなんてものはその人にそんな教えなくてもいいかな」「ＴＢＳの人間なんだって分からせればいいじゃん」って思ってた。

ＴＢＳの人間でいえば、名刺に「プロデューサー」って書いてる人のほうがプロデューサー能力は低かったよ。つまり、「自分はプロデューサー能力低いんだな」ってちょっと自分でも気づいてるから、「プロデューサー」って入れたくなる。僕はメタ情報的にはそう思ってたかもしんない。

加藤　肩書きって「職能」を示すケースと「偉さ」を示すケースがあるからね。そういえば、会社の名刺、ディレクターになった後でも、プラナー*と書いてあるのを使ってたんだよね。「自分の仕事はディレクションすることじゃなくてプラニングすることだから」って。もう時効になってる話と思いますが。

角田　本当に字面の意味で使ってたのね。

加藤　若気の至りで。じゃあ、社外の名刺を作ったほうがいいのかどうかでいうと……。

角田　僕は作ったほうがいいと思う。

加藤　話が早い。

角田　それに、僕的な「バラエティ的な言い方」だと、今の加藤くんのプラナーの話って一つのネタになるじゃん。「ネタがある」ってことはその人にとってはもうおいしいことだって思うから。「肩書き的にはプラナーって低いんだけど、僕はずっとディレクターじゃなくてプラナー、「プランを立てる人」だからプラナーって名乗ってたんだよね」って、加藤くんが最初に、話のとっかかりとして話すだけでさ、その人の面白さと面倒くささが分かるじゃん。
「その人の人間性まで分かるのが名刺」だとすると、これからはその人間性が分かったほうがいい。特に「二枚めの名刺」なんてのは絶対に人間性が分かんないと意味がない。そこまで考えた上でどこまで情報を載っけてどう作るか。なんならサードネームにしちゃってもいいし。

加藤　名刺が何かを表すのは確かだな。もの書き名刺をお渡しすると、「なんで、ひらがなの

【プラナー】
planner。一般には「プランナー」と記載されることが多い。各種企画の立案を行う仕事。加藤さんの所属企業では「プラナー」と呼称されている模様。

ほうがでっかいんですか」って七割聞かれるもんね。

角田 なんて答えるの？

加藤 「好きだから」、以上。

◉名刺とは、自分を売る企画書である

加藤 えーと、自分自身で名刺を作る時にさ、情報や、最終的には図形を含めたデザインってどう考える？　載っける情報については、「自分がどう思われたいか」とか「相手をどんだけ楽にするのか」っていう視点で選べばいいですよねと。これはいいと。じゃあそのデザイン……「名刺ってのは格好良ければいい」な人がけっこういると思うのよ。「どういう情報を載っけるか」ではなくて「本当に見た目が大事」って。それはどうなんだろうね。

角田 それは僕、インターネットのホームページでもよく言っててさ。「かっこいいけど、どこに何書いてあるか分からないホームページ」問題ってあるじゃない。僕の中ではそういうホームページを作ってるだけで「あ、少なくともネットリテラシーが低い会社なんだな」と思う。

だから今の名刺の話でいうと、「情報をどうデザインに載っけるか」までも情報なんだってことを理解してる人なのか、理解してない人なのかが分かる。「自分はこんだけ活躍してるんですよ」とか言っときながら、素人がデザインしたような名刺を配ったり

する人いるじゃんか。あれって、だからその人の言ってる情報はブラフっていうか、つまり本質じゃないんだなって、「この人の言ってる肩書きってのは本質じゃないんだな」ってちょっと思っちゃう。

加藤 それは見た目のデザインの話？

角田 うん、見た目のデザインまでも含めて情報だから。

加藤 順番としては先に原稿で、その次が見た目のデザインっていう。

角田 色とか、文字の大きさとか、そういうレイアウトとかも含めて情報じゃない。

それって、僕が番組作ってて、「テロップをどこに入れるか」とか「スタジオのセットがこの色だから」とかって、けっこう綿密にやってるわけだよ。その綿密にやってるのを気付かせないのが一番カッコイイじゃんか。それができてない名刺を見ると、「少なくともこの人にはこの感覚がないんだ」ってのは分かって。

この感覚がないのは、逆にいうといいことでもあるんだ。その感覚のない実直な人なら、「その感覚をコンサル*すればコンサル料もらえるんだな」と思うわけ。つまり、それがちゃんとできてる人って「僕が介入する余地ないじゃん」とも、ちょっと思うわけよ。僕なんかよりはるかにデザインに詳しい人がブレーンにいる、そういう構成要素みたいなのを把握できるからさ。その人本人なのか、その人の部下にいるのか。つまり周りに、仲間にそういう人がいることが名刺で分かる。

だから一番アレなのは、そういうことができてないのにグラフィックデザインとかをやってる、つまりデザイン力がないのに、ないってことがバレてるホームページを作っ

【コンサル】
「コンサルティング」のこと。「専門家の立場から相談にのったり指導したりすること。また、企画・立案を手伝うこと」（『デジタル大辞泉』より）

てるデザイン事務所ってダメじゃん。

加藤 企画書に近いな。

角田 そう。名刺は自分を売る企画書ってことじゃん。

加藤 よく、「企画書とは読み物であり見物（みもの）である」って云ってるんですよ。正確には、企画書を含めたビジネス文書はすべからく読み物であり見物であるって。先に「読み物」、やっぱり原稿が大事で、原稿ができた上でそれをどう見せるかが「見物」。そこまで気が配れたら最高。自分のことは棚の最上段に上げて云いますが。

角田 「読み物と見物」ってあらゆることがそうで、マンガなんかも本当はそうじゃん。「話はいいんだけど絵がな」みたいなのもあるし、「絵はすげえんだけど、やっぱり読み物として弱いよな」みたいなのあるもん。やっぱり両輪だと思うけど、ただ映画とかもほら、「俳優が大事なのか監督が大事なのか」とか言うけど、やっぱり「脚本が一番大事なんじゃないか」って言うよね。それがあった上での、演出をどうやるかとかになる。
　名刺だってそうなんじゃない。まず「読み物として何が必要か」で、それをどう最適化して「見物・見せ物」にするか？

加藤 名刺はうまくいかなかったら作り直したっていいんだもんね。

角田 そうそう。三〇〇〇円くらいで作れちゃうじゃん。それでも「それがなくてもいい」ってのは、企画書がなくてもあなたの企画が通る人は、名刺なくてもいいよ。自分がスタスタって出てって、その名前だけで仕事が来ますって言う人だったら、名刺いらないんじゃない？　それがつまりタレントなんじゃないかと。

タレントじゃないのに「名刺ない」って言ってる人は、つまり企画書がないわけじゃん。じゃああなたの企画は一生通らないよ。そういうことじゃないですかね。なんかまとまった気がします。

加藤 いいね。自分ブランディング的なワークショップだと、最後のアウトプットを「名刺のデザイン」プログラムにしてる人、いるな。

角田 そういう人たちは、今僕らの言ったことは分かってるんだね。だから、こういう議論を踏まえてないのに「名刺なんか要らねえよ」とか言ってるのとかって、分かってないんじゃないかなって僕はやっぱり思っちゃうんだ。だから秋元康さんとかは渡してるわけじゃん。

「名刺はなくてもいい」って言ってる人に対しては、「そういうことが分かんないんだよな、ってことが分かるんだよ」ってことな気がする。

加藤 話は若干逸れるけど、ワタクシの社外師匠である小阪裕司*さんの「ワクワク系マーケティング*」では、「自己開示をしろ」って云ってるの。まさに「二枚めの名刺を出せ」的なことです。名刺に入りきらない情報を相手に伝えましょうで。

角田 サードプレイス、サードネームみたいな話になるとすると、もしかしたら「三枚めの名刺」だってあってもいいんだよ。もし一枚めが弱いとして、二枚めに一枚めじゃない「カウンターとしての自分」があったとすると、まったく違うものを三枚めとして活用するってことで、別人格の自分が持てるということもあるかもしれない。

加藤 SNSだと、裏アカ*を持ってたりするわけで、サード、フォース、フィフスの名前があ

【小阪裕司】
P359の本文と脚注を参照。

【ワクワク系マーケティング】
P359の本文と脚注を参照。

【裏アカ】
「ソーシャルメディアなどにおいて、自身のアカウントとして開設した本来のアカウントとは別に、秘密裏に設けた、匿名アカウントのこと。いわゆる「裏アカウント」の略。「垢」の字は「アカウント」の意味で用いられるインターネットスラングである。裏垢は、自分自身の言動として関連づけられたくない振る舞いをするためのアカウントとして用いられる。第三者への誹謗中傷や、差別的発言、モラルを問われそうな言葉や画像投稿、などが裏垢を用意する主な目的として挙げられる。」（『実用日本語表現辞典』より）

るけど、それは匿名性で使ってるところが都合が好いんだろうし。ネガに触れやすくもなる。でも名刺の場合、顔、自分自身とリンクした三番めなんだよね。

角田 そうそう、「記名なんだけど、本質的な自分とは別」っていうものを持ったほうが生きやすいんじゃないかってことは、このサードネームの話をいろんな企業で話しても、みんな本当にうなずくわ。この話、この本のけっこう核になると思ってんだよね。

も

【モラル】

角 自分のモラルと世界のモラルのチューニングが一番困難である。
加 相対度の高い社会では、年を重ねて確となるはずが揺さぶられ続ける内なる判断基準。

「モラルがないから」ってキレられて彼女にフラれてしまいました。そんなつもりないんですけど……。モラルがない人ってどんな人ですか？

◉そもそも「モラル」って何だっけ？

加藤 モラル*って日本語にするとなんなの？

角田 道徳じゃない？　倫理かな。

加藤 「大辞林」*を引くと……。道徳。倫理。また、人生・社会に対する精神的態度。「新明解国語辞典」*だと、一番目に道徳。倫理。一緒になってますな。多くの知識人にも区別はついてないのかしら。モラルってじつは定義が曖昧なんだよな。

角田 それって、そもそも「言語が一対一か」って話もあるじゃん。僕らがカタカナで言う「モラル」って、「そもそも今の日本人にとって何か」みたいな話のような気もする。

【モラル】
「①道徳。倫理。習俗。（中略）②道徳を単に一般的な規律としてではなく、自己の生き方と密着させて具象化したところに生まれる思想や態度（後略）」（『広辞苑』より）

【大辞林】
三省堂が発行する中型国語辞典。初版刊行は一九八八年。二〇一九年刊行の第四版では二五万一〇〇〇語を収録。

「道徳」だと思ってるのって何割かでしかないよね。むしろ「道徳的にはこっちなんだけど、モラル的にはこっち」みたいに言うことってあるような気がするから。

例えば道徳的に正しいことより……鄧小平*の「白猫と黒猫、鼠を捕るのが良い猫だ」じゃないんだけど、「上司が言ってることに合わせるのがこの会社のモラルだろ」って言うことはあるけど、「この会社の道徳だろ」とは言わないじゃん。「この会社のモラルだろ」って言われたら、「そうですね、じゃあ犯罪ですけどやります」っていうパターンの言葉としては成立するからさ。

加藤 伊藤亜紗*先生に教わった話から自分なりに考えると、それは「倫理」かなあ。

角田 ethicってそういうことなんだよね、本当はね。

加藤 共同体の生活とか文化に左右されるもの、相対性があるものは「倫理」で、そういうのと関係ない、いわゆる絶対的なことが「道徳」、がかとうの定義。でも、いくつか辞書見ると、あいまいだね。

角田 それこそモラルがないんだよ。

―― 「あいつモラルがないやつだな」みたいな言い方をする時ってだいたい批難だと思うんですけど。編集者的には「モラルがない」ってのは褒め言葉だと思うんですけど。

角田 KKベストセラーズ*的にですか。KKベストセラーズではそんな感じしますよね、昔から。

―― いやあ、そうでなくちゃいけません!

角田 そうでなくちゃいけないですよね、なんか、わかります。我々としては「カタカナのモ

【新明解国語辞典】 三省堂が発行する小型国語辞典。初版刊行は一九七二年。二〇二〇年刊行の第八版の収録項目数は約七九〇〇〇。編集者インタビューでは「新明国」と略されているが、個人的には「新明解」という略しか聞いたことがない。ユニークな語釈や用例で知られ、そこにいちいちツッコミを入れた赤瀬川原平の書籍『新解さんの謎』(一九九六、文藝春秋)はベストセラーに。

【鄧小平】 一九〇四年生まれの中国の政治家。一九七八年から一九八九年まで中国の最高指導者。

ラルについて」って話にするしかないよね。

◉品のある／なしは「微分と積分」が決める

加藤 それはそれとして「モラルって何？」って話だね。

角田 僕が思うのは、あえて挑戦的に言うと「品」ですね。KKベストセラーズが「モラルなき」って言ってるのって、「会社としての品」があれば大丈夫なんじゃないかな。つまり、「そういうことをやってる会社ですから」っていう品がさ。

だから僕の中では、集団なのか共同体なのか分からないけど、その中でどんなにケバケバしいマンガを描いてようが、「それを描いてるんだから」ってのが許されれば「品がある」と思ってて、モラルってちょっとそれに近いのかな……うーん、うまく言えないな。

「それを言っちゃあおしまいよ」っていうところを、止めるか止めないかっていうところだと思う。「それを言っちゃあおしまいよ」ってことを言って議論を弄ぼうとする人とかいるんだよ。それって、僕はモラルを欠いてるなと思う。

加藤 今の「品がある・ない」を「KKベストセラーズが品がある・ない」っていう観点からだと、「品があるかないかを決めるのはKKベストセラーズ自身だ」だったよね、角田くんが云ったのは。

角田 「微分と積分*」なんじゃないかな。「その瞬間の微分としてモラルがあるかないか」は、

【伊藤亜紗】 一九七九年生まれの美学者。一般向けの著書に『記憶する体』（二〇一九、春秋社）などがある。

記憶する体
伊藤亜紗
Asa Ito
時間の厚みを生きる
春秋社

【KKベストセラーズ】 本書の版元。一九六七年に設立。エロ雑誌から思想書までなんでもござれの無頼漢出版社。ワニのマークがシンボル。

【「微分と積分」】 多くの数学嫌いを生み出した、高校数学の鬼門のひとつ。ここを乗り越えいわゆる「理系」で大学に入った学生は、入学後すぐに微分・積分の論理的により厳密な定義を学ぶが、その際に必要になるε—δ（イプシロン—デルタ）論法が高校までとは段違いに難解なため、やはりここでも多くの数学嫌いが生み出される。イメージ的な理解としては、微分とは「その瞬間での変化量」のことで、例えば「位置に対する速さ」に相当する。

加藤 それまでの積分に拠っているんじゃない？

角田 その是非は「行動の主体者であるＫＫベストセラーズが判断する」に聞こえたよ。「判断する」っていうよりは「責任を被る」ってこと。つまり、今まで本当に清廉潔白なものしかやってない出版社があったとして、仮にいきなりエログロ*的なものをやったとしたら「モラルに反する」って言われちゃうんだけど、「うちはエログロを標榜してます」みたいな会社がそれを作ってたら、それはモラルに反してない気がする。そこからは売れるか売れないか、社会的に通用するか通用しないかみたいなことだと思う。そこで、「通用してきた」っていう実績というか、歴史というか、積分？が、その時のモラルを決めるのかな。

加藤 なるほど。「品がある」って一般論的には、主語がすごく曖昧な「社会」とかいわゆる「世論（せろん）」が決めたり、つまり「行動した主体者以外の人が勝手に決めるもの」なのが一般的な品のあるないの区切りになっちゃってる気がするけど。

角田 なってるよね。そこで僕はちょっとだけそこに抗いたくて。「品があるかないか決めるのは自分次第だ」って思ってるの。その自分というものの品があるかないかを選ぶのは、【本質】の項でも話したように、それこそリベラルアーツの話に戻るんだけど。「品がないな」って思っちゃう人、いるよね。頭はいいかもしれないし、金持ちかもしれないし、実行力もあるかもしんない。言ってることは正しいし、あえて悪い言葉を使ってることも分かってる。全部分かってるけど、僕が一番納得いかないところは……その人と面識もあるし、仲も悪くない。その上で嫌なのは、品がないところ。

対して積分とは「履歴を足し合わせたもの」であり、例えば「速さに対する累計の移動量」に相当する。ちなみに聞き手・甲斐荘は現在、三〇代の手習いで、大学時代さっぱりわからなかった微分・積分を家庭教師してもらっています。

【エログロ】
「エログロ」とは、「エロチック」と「グロテスク」を足して作られた和製英語。「エロチックでグロテスクなこと。煽情的で怪奇なこと」（『広辞苑』より）。言葉としては“eroticism”と“grotesque”を並記しているとおり、高尚な芸術と違って、双方でこの方向性の刺激を優先したような作品について形容する。一九九〇年代の日本のカルチャーシーンの一つ「サブカルチャー」において、エログロ・悪趣味・鬼畜系といったジャンルのブームが存在していた。

で、僕が思うに、そういう人の品がない理由は、これだからまた品がない言葉で言えば、「成り上がり*的な品のなさ」みたいなものを話してるとすごく感じるわけ。「品」っていう言葉って、だから「上品・下品」の品かもしんないし、本当に言葉通りの品（しな）っていうか、もしかしたら「本質」なのかもしれない。【本質】と話が似ちゃうんだけど、「その話は本質の議論じゃないよね」っていうのと、「政治家が言葉を読み間違えたことについてここで議論しちゃうのは、モラルがないよね」って言ってることは、僕の中では同意かもしれない。ただ、そん時僕は「モラル」という言葉は使わないと思うけどね。

◉「社会の倫理」と「個人の道徳」

加藤 倫理は、「正しい―間違ってる」の判断をする基準、水準。ただし、それは共同体や文化によって左右されるので、ある意味相対主義。だから「一〇〇年前、とある社会は夜這い*しても別に問題なかったけど、今は不倫だ」となったり、「日本では許されるけどイスラームの国じゃダメだ」となったり、「昔ならこういう事情の復讐のために人を殺してもよかったけど、今はどんな理由でもダメだ」となったりする。空間的なものとか時系列的なものも含めて相対的だけど、「いい悪い」の判断をする基準が、倫理。

それに対して「道徳」は「いい悪い」じゃなくて、自分がどうするかを決めるための原理原則。だから、自分が「こうだ」と思ってやったことが正しいかどうか、相手に

【成り上がり】「①貧しかったり地位の低かったりした者が金持ちになったり高い地位を得たりする。（略）③位階が上がる。昇進する」（『デジタル大辞泉』より）。『成りあがり』といえば、一九七〇年代後半に発売され大ベストセラーになった矢沢永吉の著書が思い出される。そのいわゆるゴーストライターは糸井重里で、まさにゴーストライター本の先駆けでもあった。話は逸れるが、聞き手・甲斐荘は個人的に、「著者自身が実際話したことを文章にする」ことを「ゴースト」と呼ぶのに違和感があるので、自身では「ブックライター」「聞き書きライター」を名乗っている。

【夜這い】日本にかつてあった夜這い文化については、自身もその只中に生きた赤松啓介による民俗学的研究『夜這いの民俗学・夜這いの性愛論』（二〇〇四、筑摩書房。初出は一九九四、明石書店）などに詳しい。

角田　とっては分からない。そこでどうするかを決める、自分の中での原理原則が道徳。倫理は社会にあって、道徳は自分の中にある。だから倫理と道徳は時にしてぶつかる。という概念理解を今はしている。

加藤　そういうことじゃない？　僕が「品」って言ったのって、そこの前提の上に置いて「決め方はどうする」って言った時に、「品がないな、品があるな」は感じるかなと。「その業界ではそういうことをやるのがモラルなんでしょ？　分かるけど、品がないなあ」とか。

角田　「角田道徳的に品がある、ない」ってこと？

加藤　うん。これはだから、角田道徳的な話だね。だからあえて「モラル＝品」って言ったけど、今の話で言ったらもしかしたら「モラル＝道徳」なのかもしれないね。

角田　かとう理屈でいくと、倫理は「社会が持ってるもの」だから、自分が決めなくていいわけよ。むしろ自分では決められない。だから、勉強しなくても倫理はある。従う従わないは別にしてね。

一方、道徳は「自分の中の基準」だから、自分がある程度歳をとって経験を積むか、自分は未経験だけどいろんなものを寄せ集めてきて自分で決めないと、道徳は定まらない。つまり極論、小さい子どもにはまだ道徳がない。これ、かとう理屈ね。

それに対してプラトン*みたいなギリシャ哲学者は、「あるんだ」と云うわけだよね。「個々の人間を超えたところの、普遍の道徳がある」と。

イデア*なんだよね、それも。

【プラトン】
P464の本文と脚注を参照。

【イデア】
P465の本文と脚注を参照。

加藤　「道徳のイデア」について語るタイプの人と、「神が道徳なんだ」「キリストが道徳なんだ」と宗教に立脚するタイプの人と、個々人にあると考える人、例えばニーチェ*のような人。そこが分かれてるかもしれないね。

角田　今の話でいうとさ、そういうふうに道徳と倫理を仮に分けたとしても、対立概念じゃないというか……つまり「自分の道徳」だけど、それを松本人志さんが声高に言ってしまえば、社会共同体の正しい話になっちゃうかもしれない。それに、今まで信じてたものがコロナでころっと変わったじゃん。

そう考えると、「自分が信じてる道徳」ってのを訴えるだけで、倫理も変わるんだよな。それが変わりやすくなってるような気がするんだよね。それが良くも悪くもSNSなわけだから。SNSがあることで、自分の道徳を良くも悪くも……いや「悪くも悪くも…良くも」くらい？「悪い」が二倍くらい、いや三倍くらい多いけど、出せる世の中になってきちゃってる。だからそんなに、エシックとモラルを、いやモラルと道徳を分けられなくなってきてると思うわけ。

それをいいと思うか、悪いと思うかというと、「自分はこう思ってるんだ」って表明し続けることで社会が変わるなら、表明することもありなんじゃないかな。だから、もう「社会がこうだから、自分はこうじゃない」ってことではないような気がする。

加藤　今でも、倫理のことはよく知ってるけど、道徳がない人がすごく多い、きっと。

角田　まあ、「多い」というか、そういう道徳がない人が声高に叫んでるケースが多いというか。僕の中ではやっぱり、根拠はないけど「八割ぐらいはみんないい人なんじゃないか

【ニーチェ】P484の本文と脚注を参照。

な」と思うけど。「いい人」っていうのは「道徳的な人」って意味で。で、その「八割」っていうのは人口の割合として八割ってこともあるし、「その人の中での八対二」ってこともある。基本的には道徳的に生きるんだけど、マスク欲しい時だけ獣になってマスクを取っちゃう可能性もあるじゃん。

加藤 今の角田くんの言葉を云い換えさせてもらうと、ほとんどの人は「倫理的には生きてるけど道徳がない」じゃないのかな。だから「世の中こうなってるからそれに合わせてる」が前に来て、自分自身の価値観がない。ないは云いすぎかもだけど。

社会の倫理観に迎合してるつもりは本人には全くなくて、それが自分の道徳だと思っているんだけど、今かとうが言ってる意味での道徳はなくて、好くも悪くも倫理的に生きている、っていう人が多いんじゃないかなと。

角田 そういう話にのっかるとすると、さっきの八対二って割合は置いといて、道徳と倫理は八割くらい一緒なんじゃない。差分が二割くらいっていうか。「個人の道徳」と「社会の倫理」は、だいたい八割ぐらいは同じなんだよ。二割ぐらいの差のところで揉めてるっていうか。だから八対二の……七対三かもしんないけどそれは置いといて、この部分だけ個人と社会が違う時があるよね。僕の肌感覚だと二割くらいな気がするんだ。大体合ってるんだけど。

時々それが合ってないのが田代まさし[*]さんだったり、そういう人だったりするのかもしれない。

加藤 自由恋愛のポリアモリー[*]って価値観というか、人生への態度と行動、あるじゃない。そ

【田代まさし】
一九五六年生まれの元歌手、元コメディアン。ラッツ&スターの元メンバー。二〇二二年現在、覚醒剤取締役法違反で刑務所にて服役中。

【ポリアモリー】
お互いの同意に基づき、複数の相手と同時に恋愛関係を結ぶこと。要するに「一人の人だけを愛するなんて不自然だ」という感覚や、その実践のこと。

れなんかもそういうことなのかな。

角田 そういうことだろうね。それも時間と空間で変わるもんね。

加藤 ある意味「倫理と倫理の対決」であって、「道徳と道徳の対決」ではないというかね。「その八割は同じなんだな」と思ってる人と、思ってない人の差がけっこう大きくなる。「一致率が低いほうがすごい」じゃなくて。一〇割一緒でもぜんぜんいいんだけど、自分の道徳を確認した上で社会の倫理と照らし合わせるっていう、そういう作業をしてない人が多いんじゃないかな。

角田 無自覚な人と自覚してる人の両方がいるよね。それがまた、無自覚な人が面倒くさい。俺の道徳＝社会のモラル、一〇〇％一致してると思ってる人がいる。

加藤 さっきの本質論は、そういう話だよね。

角田 この本の中でずっと言ってる「微差」とも言えるし、案配・グラデーションっていうかさ。やっぱりずっとこれがテーマなんだと思うんだけど、それを知るしかないんだと思う。自分が思ってる道徳ってのは「自分が思ってる」って意味では確かに一〇割なんだけど、その自分の思ってる道徳は二～三割くらい社会からズレてるんだなってことをまず知った上で行動する。

加藤 知った上で「倫理的に行動する」っていうのは、大人だけどね。

角田 大人だけどね、ってことだと思う。ああ、そんな感じですかね。

◉倫理と倫理が対立したら、どうする？

加藤 共同体の倫理と社会の倫理との対立もあるか。

角田 そうだね。それはすごいあるだろうね。だから会社集団とかもさ。

加藤 ああ、たしかにそうか。

角田 それはすごいあるんじゃない、集団同士の倫理の対決は。日本国とアメリカっていうのもそうかも知らんしさ。中国とってのもそうかもしんないし。この学校ではこう、このクラスではこうってのもある。

加藤 たしかに。そうすると、「分人」*の話とか、「自分をいい感じにサードネームみたいに分ける」っていうことは、それぞれの分人的に所属した物事に、ところにより倫理がちょっとずつ違うわけじゃない？ それはそれでいいんだ。

角田 そうじゃない？ 乱交パーティに出る時は乱交するのが倫理的に正しいってことでしょ。

加藤 自分の中の「道徳」は、分人という概念を受け容れた時には一本なのだろうか。それとも自分の中での道徳も分人ごとに複数あるのだろうか。

角田 「分人」は平野啓一郎*さんだっけ。彼はどう言ってんだろうね。「個人の中でそこまで分けろ」っていうことなのかね。それとも「そこは一緒なんだけどキャラクターだけ分ける」ってことなのかね。でも、プラトンのイデアじゃないけど、そこまで分けらんないんじゃないかなって個人的には予想するけど。自分ってものがいて、グラデーションが

【分人】
P291の脚注を参照。

【平野啓一郎】
P124の本文と脚注を参照。

加藤 ある。「本当はこうなんだけど、この部分では七割くらい合わせて、この部分では俺の真っ黒な部分だけやろう」とか。そんなふうに分けてるのが「分人」なんじゃない。

角田 プラトンのイデア的には、個別の倫理との差分を分人ごとに感じつつ、どう行動するかっていう話ですか。

加藤 そうだよね、それがもし本当に分かれたら、『二四人のビリー・ミリガン』[*]じゃん。基本、人はそうじゃないから。そうすると、その中のグラデーションの違いでいろんな共同体で分けてく。それでファースト、セカンドが苦しくなるんだったらサードプレイス、サードネームみたいなものに活かすことで、あなたの苦しさが救われるんじゃないですか、みたいなことかな。

角田 なるほど。

加藤 「モラルの違い」みたいなものを調整するために、サードプレイス[*]とサードネーム[*]を使う。自分は変えられないから、度合いだけ変える。

【『二四人のビリー・ミリガン』】
解離性同一性障害（多重人格障害）を患っており強盗強姦で逮捕された実在の人物ビリー・ミリガンを描いた、アメリカの小説家ダニエル・キイスの一九八一年の著作。堀内静子による邦訳が一九九二年に早川書房より刊行。

【サードプレイス】
P137、202の本文を参照。

【サードネーム】
P139のコラム「サードネーム」を参照。

や

【約束（やくそく）】

角 貴方が守らない分だけ、他人は貴方を守ってくれない。
加 社会の規範。所属共同体の規範。当人同士の規範。強度について誤解もある。

約束をすっぽかしてしまった後、どうやって謝ったらいいのか、いつも悩んでばかりです。

◉やっちまったら、とりあえず一晩寝かせてみる？

角田 約束[*]守れない人、嫌いです。僕なんかでいうと、相手が守らないとむかつくわりには、自分も結構締め切りとか守ってないよな、みたいなこととかもむしろ思ったりもする。どうしたら約束って守れるんですかね。約束を守ろうとしてるのに守れないものってあるじゃないですか。締め切りみたいな。これってなんか解消方法あるんですかね。

加藤 締め切りに関しては……サバ読めばいいんだよ、じゃダメ？

角田 約束には本当の約束とサバ読んでる約束があるってこと？ 質問に戻って、この場合の約束って、どっちの約束をテーマにします？ 締め切りみたいな約束だったらさ、言い訳もあるじゃない。それとは別に、「人間的にこれやったら本当にまずいでしょ」みた

【約束】
「①くくりたばねること。②ある物事について将来にわたって取り決めること。契約。約定（後略）」
（『広辞苑』より）

いな約束を破る場合もあるじゃないですか。「破った約束がどれか」の判断によって回答も微妙に変わるよなと。

約束を破ってしまった時にすぐ謝ったほうがいいのか、謝るまでバッファを持ったほうがいいのかっていうと、よく「すぐ謝ったほうがいい」と言うけど、意外に時間を寝かすと相手がちょっと弱まってることとって、事実としてあるよね。すぐだと、破った相手の怒りがあるじゃないですか。なんて言うんだろう、昔は「誠実な生き方って」さ、「約束を破ったらすぐ謝るべきだ」って話になってるんだけどさ、意外に、置いといたほうがちょっと冷静になれるところってあるよなって、最近気づいた。

逆に言うと、自分が約束を破られた時も、すぐに言わない。すぐ言うと怒りにかまけてしまうことがあるから、すげームカついたんだけど、「とりあえず一晩寝かしてみるか」みたいな。「一晩寝かす」みたいなものは結構大事だなって思う。アイデア出しとかもそうだと思うけど、謝罪とか、嫌なメール返すとかでも「一晩寝かす」って大事だよなって思うんです。

加藤 話をクリアにすると、時間系の約束、締め切り破りとかダブルブッキングみたいな感じの約束と、あとは「信義を裏切る」系の約束があると思う。

角田 僕、約束ブッチされるの本当に嫌だ。特に思うのはさ、一ヶ月後のスケジュールとか決めたりするじゃん。決めると、「そのスケジュールがあるからここの一週間に旅行行くのをやめる」みたいに、その一個があるために結構影響を受けてたのにさ、実際近づいてきて三日前くらいに「ナシ」とか言われるのって、本当に腹立つんだ。前々日くらいに「やめる」って言うんだったら、そもそも何ヶ月前とかにブッキングしとくなよ。不可抗力は当然あるから、分かる時もあるんだけど、時々すごく先のことを決める人がいたりして、決めたわりに直前にひっくり返すのはあり得ないかな。

◉メモらないことで、逆に保険をかけてる

角田 「信義にもとる約束」っていうことだと、書面に落としてないことって、「言った言わない」みたいなことで死ぬほど揉めるじゃないですか。「相手が絶対間違ってる！」って思ったこともあるんだけど、意外に「自分のほうもすごい色眼鏡で見てたな」と思うことも結構あると、最近気づきました。

約束した時、相手の言葉を好意的に解釈するんですよね。「次の約束」って、基本ポジティブなことじゃないですか。仮に「頑張って三万円払いますよ」って言われたとしたら、「三万円はもらえるんだな」って思うんだけど、言ったほうはさ「頑張って」だからね。結果、支払いの時期になって、「頑張ったんだけど、三万無理だったんだけど……」みたいなことって、こっちとしては「約束破りやがって」と思うじゃん。そういうことって意外にある。向こうとしては、その約束を握りたいからさ。

三万だと話が低いか。三〇万でもいいんだ。「そんぐらい言っとかないとこの人は出ないんだろうな」と思うからさ、「頑張って三〇万」とか、まあ言ったりするんですよ。でもそれ、本当は「頑張って」だからさ、いざ参加が決まったら、「二〇万にして

くれんなら二〇万のがいいな」とは、やっぱりみんな思ってんだよね。三万ならともかく、「じゃ二〇万で」って後で言われたりすると、「あれ、三〇万って約束したのにな」って、やっぱ思うじゃない。

ところが、冷静に考えると「向こうの希望的約束で三〇万」って言ってるだけで、「マックスで捉えるかミニマムで捉えるか」みたいなことってすごい希望が入る。約束ってけっこうバッファっていうか、閾値の差が、なんかあるなあって思う。

加藤 だから「信義にもとるか、時間を破るか」みたいな話だとすると、むしろ僕らの業界って「時間ぐらいしかちゃんとした約束がない」。それ以外のものは拡大解釈が超できたりとか、基本的に「改変ありの約束」なような気がすんだよね。

角田 改変すること自体は別にいいんじゃないの？　お互いが認識しちゃえばね。「あれ、三ヶ月前に話したことと変わってるよな」みたいなのって、僕も言ってるかもしんないし、相手もあるんだろうなと思う。

「希望的約束」と反対の言葉って何なんだろうね。だから、なんかジャンル分けできる気がするな。同じ約束でも、「最大限同士で盛り上がって決めた約束」と「最低限だけ決める約束」みたいなのがあるんじゃないかって思う。業界の方って「最大限」のほうで決める約束が多い気がする。「やれれば」みたいな。で、「永遠にやれない」みたいな。「今度飲みに行きましょう」みたいな。で、「永遠に行かない」みたいな。

加藤 それは約束じゃなくて社交辞令[*]、ほとんど。

角田 さらに言うと、約束まで行かない、約束の残骸たちをどこでコンクリートする（固める）

【社交辞令】
「社交上の応対の言葉。つき合いの上でのほめことば。外交辞令」（『広辞苑』より）

かみたいなことが、けっこう業界の一つの仕事のような気がする。「いつかやりましょう」って言ってたことの「いつか」を具体的に「来年」とか「三ヶ月後」とかに決めることが。

一緒に仕事してる人間とよく話すんだけどさ、その「約束を約束にする」までって、サッカーに似てるなって。ボールをキープして攻めてても、ボールがゴールに入らないと点が入んないじゃんか。それが約束だとして、「結構いい試合してんだけど、点が入んないよな」みたいなサッカーってあるじゃないですか。この業界の仕事ってそんなのが多い。約束で言うと、「いいボール回してきてんだけど、なんで点入んないんだろうな」みたいに感じることは多いな。

加藤 そうね。

角田 「言った言わない」みたいなのが一番揉めるもんな。じゃあメモればいいんだけど、メモんないことで逆に保険をかけてるとこがあるような気がする。守るんだったら紙にするんだけど、そうしないからこそやれてる、緩さみたいなことがすごくある。

◉約束は自分から持ちかけたほうがいい？

加藤 自分から「会いたいです」ってお願いしたことは、あんまり忘れないじゃない。自分がお願いされたことって忘れがち。だから、質問とはちょっと変わっちゃうけど、ポジティブに生きる視点でいくと、「自ら約束しにいく人になりましょう」って話はあるのかね。

角田 あー、なるほどね。

加藤 約束は、どっちから持ちかけるか。

角田 たしかにさ、自分から約束を持ちかけるのって、自分がポジティブだからだもんね。そんなにやりたくないことを自分から約束しないよね。それ確かにいいね。

加藤 自分から持ちかけてる約束がいっぱいあるということは、自分が今ポジティブだったり、結果がどうなるかは別だけどアグレッシブに動けていたり、っていうことな気がするんだよ。云ってる自分自身はわりと消極的なんだけど。最近人と、特に新しい人とあんまり会ってない。やっぱり自分から約束してないんだな。

角田 やっぱり自分がポジティブじゃないと自分から約束かけないから、結果、人と会う量も減ってくってことだね。それはたしかにあるね。

加藤 だから、社交辞令の「今度会いましょうよ」を超えて、「自分からちゃんと約束する」ことができると、なにか好いことあるんでは？　みたいな。自分から約束するとさ、〝お土産〟を持ってくじゃない？　本当の、お菓子的なお土産の時もあるし、情報として面白い話仕入れていこう、とかさ。自分が行動的に、「商いをする人」になっていく感じしない？

角田 ちなみに加藤くんとして、今そんなにポジティブじゃないのは何かあんの？

加藤 今、自分の時間を取りたくて。本読んだりなんだりの、一人の時間ほしくて、あんまり出歩いてない。

角田　今の話を聞いててさ、「それってサラリーマン的な羨ましさだな」って一瞬思った。フリーランスだと、自分から約束しないとビジネスにならないからさ。自分のリズムがネガティブでも約束をしていかなきゃいけないんだなって一方で思うわけよ。

　ところが、今そういうふうに言おうかなと思ったんだけど、一瞬考えると「僕って自分から約束事しないな」と思ってさ。なぜかというと、「来た仕事を受ける」ってやってるとなんか大丈夫になってきたって感じがむしろしてて。サラリーマンの時のほうがむしろ、焦ってたのかもしれないけど、自分で探してた感じがする。自分で約束事を作るために、「ロックフェス[*]やろう、あれやろう、これやろう」みたいな感じだった。

　今はむしろ、「来た約束事を、どう返答するか」ということにちょっと意識してやってる気がする。「神様からご褒美が来るんじゃないかな」みたいな、すごい漠然とした話なんだけど。自分からガツガツ攻めると上手くいかない。人から来た話でもガツガツ攻めるじゃん、僕。

◉その約束、どちらがイニシアチブを持ってます？

加藤　自分が約束をするにしても、持ちかけられたにしても、どっちが優位に立ってるか？ちょっと云い方が悪いかもしれないけど。
角田　主導権？
加藤　角田くんは「持ちかけられてる側」だけど、実は主導権は持ってるというか、イニシア

【ロックフェス】

ロックを中心にしたジャンルの多数のミュージシャンが出演する、大規模な音楽コンサートのこと。ロックに限らずジャンルの間口は広く、ロックフェス初出演当時はアイドルの括りだったPerfumeのようなグループや、矢野顕子やアース・ウィンド・アンド・ファイアーのようなジャズフェスに出演しても違和感のないミュージシャンが目玉になることも。

角田 チブはこっちが持ってる。そういう感じ？

加藤 そういう意味でいうと、僕の仕事はほとんど僕が主導権を握ってるね。人から来た仕事でも、自分が持ってった仕事でも。ということなので、自分から持っていかなくなったのかもしれない。「他の人から来ても、どうせ主導権自分が握るし」みたいな。

自分が握れない仕事って、やっぱりたくさんあったと思うわけです。そうすると結局、なんていうんだろう、関係が終わってったっていうかさ。

今の話を「約束」って言葉に戻すと、どっちが主導権を握っても、「約束を破らない」ってことはやっぱできない。でも少なくとも自分が主導権握ってれば、「その約束に関して破ることはないから」って言えるんだ。相手が主導権を握った約束だと、相手に破られる可能性があるから「仕事が超やりにくい」って思うのかもしれない。なので自分は、イメージで言うと「約束するなら自分が主導権握るぜ」っていう感じなのかもしれない。

角田 それが、「自分から持ちかける」ということであったり。「ブランド」って結局「自分に主導権がある関係」になるわけじゃない？

加藤 そう。だから約束の主導権を握るってことは、「自分のブランドが確立する」とか、そういうことなのかもしんないね。最終的には。

角田 なんでここでブランドと云うかというと、「どっちが主導権を持ってるか」と、「どっちが商流上、上か」「会社の組織上偉いか」ってことは、別じゃないかと思うの。

加藤 するする。だって、お金もらってるのに僕のほうが主導権握ってるもん。

加藤　ってことだよね。

角田　そう。お金もらってるほうに説教する。その時の一番のポイントは、「お金もらってて言うのもなんですけどね」って最初につけるの。「お金もらってるけど、ちょっと言わせていただきますが」って言うと、向こうはだいたい聞く。「いやいや、ぜひ言ってください」ってなる。っていうのが僕のポイントというか、小さいテクニック。

加藤　「約束には二種類あるよ」と。「自分がイニシアチブ持ってる約束」と「させられてしまった約束」があって、自分が動けてなかったり、自分にパワーとかブランドがないと、その分「受けの約束」が増えちゃう。

角田　約束破られることも多いし、義務っぽい約束が増える。

加藤　つまり「守らなきゃいけない」が増えると。反対に自分が主体的に、主導権持てるようになってくると、変な話、自分から破る必要がない。ないしは事前に打ち合わせしたりとか約束を調整しようという気になる。その辺がポイントなのか。

角田　つまり上下の関係とか、商流の下流上流みたいなものと関係なく、「自分がイニシアチブが取れる約束のほうがいいですよ」ってこと。

加藤　ここの「イニシアチブ」は、「自分が主催する」でも「自分が偉い」でも「自分が決める」じゃない。それは「リーダーとリーダーシップの違い」でもある。リーダーシップ論的には、偉いからリーダーシップがあるんじゃなくて、最近は「ものごとを前に進めていく行動ができること」をリーダーシップって呼ぶみたいですよ。「企画が用意してあって、さらに企画を紙に落としておいて、打ち合わせで参加者に見せる」。この一連の行為はさ、これはリーダーシップがウルトラ発揮されたアウトプットなわけでしょう。リーダーシップが約束の中にあればあんまり破らないし、仮に遅刻しても役に立つし、みたいな感じ。

自分の目の前にある約束が、そういう意味でのイニシアチブとか、リーダーシップを持った約束なんだっけ、をもう一回見直せばいいし、もしリーダーシップがないんだったらそこから取りに行けばいいんだよ。極論、聞いてるだけの会議から、「すいません、一つ意見を云わせてください」って陣地を広げていくとかさ。

◉進める力?

角田 ジャストアイデアなんだけど、それを「リーダーシップ」とか「イニシアチブ」って言うと、ちょっと違う感じしない?「気持ち的に主導権を握れ」みたいなことじゃん。この本で新しい言葉作らない?ってちょっと思ったんだ。

「あなたはその会議とかその約束とかそのビジネスで、○○を握ってますか」とか「○○性を持ってますか」の「○○性」みたいな新しい言葉ができたほうがいい。「主導権」というと、ちょっと戦いみたいなイメージだし、「リーダーシップ」っていうと「自分リーダーじゃないんで」って言われちゃうから。違う言葉を作ったほうがいいな。

なんでそう思ったかというと、ちょっとだけ話変わるんだけど、僕らでいうと「チーフAD」とは何か」って話をよくしてるんだ。テレビを作ってる時の「チーフAD」というのは何者?ってなった時に、TBS在籍当時、僕はよく「進める力」だって言ってたの。つまり、誰かがディレクターとかに「今度の会議で何やりましょう」とか、「今度の内容は何日までに決めなきゃいけないんですよ」って言わないと、ずっと決めないんだ。それをプロデューサーの偉い人が言うと命令になっちゃうんだけど、組織が自発的にやったほうがいい。

とすると、実はディレクターじゃなくてADから上げてもらったほうが、組織ってすげえうまくいくんですよ。番組とかでもADから「来週の企画、何にしましょうか」とか言われたほうが、上から「やれよ」って言われるより、よっぽどやる気が出るんだよね。

だから、舞台でいうと、明確な役割分担として舞台監督*が運行するわけだよ。舞台監督は、演出家より偉くはないんだけど、小屋入り前とかにギリギリ「もう明日までに決めてくださいね、赤にするか青にするか」みたいなことを言うじゃん。その「赤にするか青にするか決めてください」みたいなことを仕切る立場の人って、すごく大事だなって思ってて。多分、チーフAD*に求められる役割って舞台監督なんだよね。だからTBS時代、チーフADには「お前が〝進める力〟になれ」ってことをよく言ってたんですよね。

その「進める力」みたいなものが必要だ、みたいなことはこの本で言ったほうがいいかなと思う。新しい言葉を作ると、この本オリジナルになるよね。そうすると「約束の時もそれを持て」みたく言えるじゃん。立場とかを超えて……「超える」っていうか、

【舞台監督】
舞台芸術における「(出演者以外の)技術スタッフの取りまとめ役」のこと。文字通りの「舞台装置の製作責任者」を兼ねることも多い。映画でいうところの「監督」に相当する役割は演劇では「演出家」であり、舞台監督ではないため注意。

【チーフAD】
「テレビ局や映像制作会社などで番組制作に関わるAD(アシスタント・ディレクター)のリーダーを意味する語。複数のADを束ねる役割を持ち、ADよりも番組制作の深い部分に関わることが多くなる傾向がある。一般的に、一年近くADを経験した人が昇格して、チーフADになることが多いとされる」(『実用日本語表現辞典』より)

関係ないんだよね。「ポジティブ」ってのともちょっとちゃうじゃん。

加藤 そうね。「リーダーシップ」だと地位になりがちだね。辞書的に云うとイニシアチブのが近いかもね。

角田 「イニシアチブ」のほうが近いよね、リーダーシップよりは。ただ「イニシアチブ」ってなんかこう、「多数派を占める」みたいな雰囲気ってない？　その、「主要なほうにいる」みたいにさ。べつに主要なほうは他の誰か……上司だったり部下だったりが持っててもいいんだけど、それに「もうちょっとポジティブに関わる」ってことなような気がするんだよな、自分の立場が少数派であったり、自分の役割が限定的だとしても。その時に「感情的にポジティブに頑張ろう」っていうことなんだけど、ほら、「ポジティブ思考ばっかじゃ良くないぞ」みたいな論調が最近多いからさ。「ポジティブ」っていうのとも、なんかちょっと違うんだろうな。

加藤 英単語だと多分、progress*が近いのかな。仕事を進める系だと。

角田 「進化」っていうとダーウィン*の「進化論*」の意味に捉えられちゃうけど、「進める力になれ」って意味でいうと進化だよね。だから、あなたは会議とかで……。

加藤 「進力」？

角田 その「進力」とかさ。まあこのキーワードは宿題でもいいんだけど。

加藤 確かに、約束っても、一〇〇%受け身のものと、自分から出すものがあるかどうかでだいぶ違うね。

角田 違うよね。だからその、進力があるかどうかで全然違う、って言えるじゃん。そんなこ

【progress】
「プログレス」。①前進する、進む。②(時間が)経過する。③進展する(させる)[一部省略]」(『プログレッシブ英和中辞典』より)

【ダーウィン】
一八〇九年生まれ、八二年に没。「イギリスの生物学者。進化論を首唱し、生物学・社会科学及び一般思想界にも影響を与えた。著『種の起原』『ビーグル号航海記』など。」(『広辞苑』より)

【進化論】
「生物のそれぞれの種は、神によって個々に創造されたものでなく、極めて簡単な原始生物から進化してきたものだという説(後略)」(『広辞苑』より)

とを今思いましたね。

――こんな話になると全然、思いませんでしたね。

角田　これが僕と加藤くんの進力だから。僕の中では、「進力」という単語がいいかどうかは置いといて、なんかそういう感じで「ウロウロ探してる」感じ。さっきサッカーで喩えた続きをするなら、自分がボールをもらいにいくスタンスじゃないとボール来ないじゃん。その「常にボールを取りに行く感じ」ってのを僕は持ってるんだ、ホームだろうがアウェーだろうが。その気持ちみたいなことなんだよ。気持ちとテクニックも含んでのことなんだけど。で、「隙をついたらすぐゴールしちゃいますよ」みたいな。だから、九〇分のうち八〇分ぐらいはボール持ってないんだけど、「いつボールが来てもゴールできる」ぐらいのスタンスでいるみたいなことかもしれないね。proceed*スタンスっていうのか。

加藤　サラリーマン的にもさ、社長のあいさつ、発言の中に、自分が云い出しっぺになった企画が触れられていたら、単純に喜びなんだよね、きっと。あるいは会話の中で、自分がよく使ってたフレーズが社長スピーチに採用されちゃったりとか。スピーチライター的な喜び？

自分に決定権があるわけじゃないけど、「要素を自分が入れこめた」ってサラリーマン的にも嬉しい。「進める力」とはちょっと違うかもしれないけど。

角田　僕らが好きな川の喩えを使うと、フロー……はちょっと違うか、「流れる力」みたいなのがなんかあったらいいね。「流れを作る」とか。わかんないけどね。

【proceed】
「プロシード」。「①進み出す。前進する。②続ける。続行する」（『プログレッシブ英和中辞典』より）

加藤　角田くん語感だと「渦*」な感じなの？

角田　もしかしたら「その力が、その人の渦の回る力の原動力なんだ」みたいことは言えるかもしれないね。その自分の場にいて、その流れを引き込んで自分のところに渦を作るのって、やっぱり何か、自分以外の力がないと回らないんだけど、「その『気持ち』というか『想い』みたいなのがあると、やりやすいですよ」みたいな。

加藤　それを持つと、「すげーアウェーな職場だな」とか、もしかしたら「超やりたくないな」みたいなことでも……ほら加藤くん、「どんなことでも改善の余地がある」って話してたじゃんか。「それを見つけ出す力」というか「想い」みたいなのも「そういうのがあるとできるよ」というような言い方ができたりすると、なんかいいよね。

そこがその「渦」だったり、もうちょっと平たいサラリーマン用語なら「巻き込む」って単語になると思うんですけど……。

角田　渦って言う時には、「巻き込む」って概念は当然入れて言ってる。

加藤　なんか、スケール感が必要以上におっきく取られちゃうような気もしないでもない。

角田　うん、そうだね。もっとささいなことでいいよね。

加藤　小さい渦。約束レベルだと。まだ。

角田　そっちのほうが、「自分がネガティブなプロジェクトの『やりたくないな』が、そういう気持ちを持っただけでちょっとやる気が起きますよ」みたいな言い方になったりするといいよね。これは宿題にして次行ってもいいけど。

（編注：この後にも何度か議論がありますが……結局、新しい単語は生まれませんでした！）

【渦】
P213のコラム「渦」を参照。

ゆ

【ユーモア】

角 この世界を救えるのは、もはやユーモアしかないと思うのです。

加 第三者視点や瞬間的な〝幽体離脱〟によって状況を楽しく／興味深く記述する技。

会議でちょっとユーモアっぽい、面白いこと言って笑わせる人、場を和ませる人になりたい。

角田

◉健全な美に、幻惑を足すのが大人の美

ユーモアでいうと、「雑な雑談する人」が嫌いです、僕。雑談には「雑な雑談」と「雑じゃない雑談」があるんだけど、「しょせん雑談でしょ」って本当に雑な雑談する人とかがいると、会議とか会食とかの流れが作りにくいなと思う時がある。

落語のマクラとかもそうだと思う。あれってなんでもいい話してんじゃ全くなくて、「今日自分が演ってもいいな」と思ってる噺にちょっとでも繋がるようなマクラを、落語家の人はやっぱり考えてると思うんだ。そりゃそうじゃないですか。「雑じゃない雑談」ってそういうものだと思う。

ユーモアってのもじつはそういうことなんだと思うわけ。「これ自体が面白いから

【ユーモア】
「上品な洒落やおかしみ。諧謔（かいぎゃく）」（『広辞苑』より）。この初耳の「諧謔」という言葉を同じく広辞苑で引いてみると「おもしろい気のきいた言葉。おどけ。しゃれ。滑稽。ユーモア（後略）」とのこと。

【落語のマクラ】
落語家が演目を始める前にするちょっとした小咄や世間話。観客の空気感を観察したり、演目への伏線をはったりする。著名な落語家の場合「マクラ集」が出版されていることもある。

言ってもいいでしょ」っていうような言い方されてもさ。その場で的確な雑談があるし、その場に的確なユーモアがある。「その場」ってのは場所もそうだし、「その人に、そのキャラに合った、ブランドに合ったユーモアってあるのにな」みたいな。

でも、これがポイントなんだけど、そういうことを考えて、「自分はこういうキャラだから、こういうユーモアしか言わないんだ」っていうのに凝り固まっちゃうと、退屈なんだよね。

だから、時々壊す。「こんな真面目な人なのに、なんで猥談*言ってんだっけ」みたいな。そういう予想外なことまで行くと、ユーモアってのが飛ぶんじゃないかな、と思ったりするわけよ。いやさ、あの、山中俊治*さんっていう日産にいたデザイナーの方が、いま東大の教授やっててさ、こないだ「美しい人工物のためのワークショップ」って授業の一回目に出てみたわけ。べつに取ろうと思ってなかったんだけど、すげえ面白かったから毎週取ろうって思っちゃったんだけど。

今ちょっとその授業のノート見てんだけどさ、その方が、そもそも「美って何だ」みたいなことを考えたら、「健全さ」だって言ったわけ。つまり、肉体だろうが植物だろうが健全さだと。生き生きとした花を見るとみんな美しいと思うし、健全な、躍動感のある動物とかを美しいと思う。自然もそうだけど、そういう「健全さ」みたいなものに人は美を感じるんだと。なるほどなと。

ところが、それはある意味「自然的な美」なんだけど、そこからも山中さんの話は続いて、「文化的な美」ってことを考えてみると、例えば食べ物でいうと、赤ちゃんが甘

【猥談】
「性に関するみだらな話」（『広辞苑』より）。「猥談」の名手と言えば、作家の吉行淳之介を例に挙げる時代があったが、いま吉行の猥談が通用する時代かと言えばおそらくはノーだろう。いま「猥談」は、それが語られる場所や空気をしっかり選ばないと、容易にセクシャル・ハラスメントになってしまう時代なので要注意。現代でも数少ない猥談の名手は漫画家の田中圭一かもしれない……。

【山中俊治】
一九五七年生まれのインダストリアルデザイナー。著書に『デザインの骨格』（二〇一一、日経BP）などがある。

いものを一番食べたくなるのって栄養価が高いからで、つまり健全さ側なんだ。ところが大人になってくると苦かったり、辛かったり、しょっぱいのが食べたくなるじゃん。つまりちょっと魔術的な、幻惑するものがあったほうが美を感じる、ということになると。

デザイナーは基本的に「健全な美」みたいなものを目指すんだけど、そればっかりになるとすごい退屈だから、そこにこう、「ちょっと辛い」とか「ちょっと苦い」みたいな、ちょっと幻惑するようなものを入れられることが「デザイナーとして一番必要なことだ」みたいな話をしてて、面白いなあと思ったんだよね。

今僕が言った「ユーモア」ってのも、それに近いのかな。だから、「健全さ」って話とはちょっと違うんだけど、つまり「ユーモアとして正しいか正しくないか」ってことを基本は守ったほうがいいんだけど、守り続けるとユーモア性がどんどん失われていく。その中でどれだけ「基本を守らないものを入れられるか」みたいなことなのかな、ユーモアに関しては。

◉「うまくなりたい」と思ってる段階でユーモアは生まれねえよ

加藤 場が見えてないとユーモアになんないよね。観察眼というか。

角田 「求められてるものが何か」とかね。関係性とか、文化的なものもそうだよね。【本質】*の項で出てきた「アッラーを冒瀆していいのか」みたいな話も含めて、あらゆることが

【本質】
P466からの本文を参照。

加藤 そうなんだけど。だからといってその規範に乗りすぎちゃうと面白くないんだよ、ユーモアは。同じく「アートは」とも言えるし。

「距離をとって何かを見る」ことができないと、面白いことを云おうとしてもそれがユーモアとしてウケないよね、きっと。

角田 そういう意味でいうとさ、Twitterとかでもそうなんだけど、「面白いことをつぶやこう」としても、面白いことは言えないよね。僕は昔から「面白いことを言おう」と思ってないというか、「面白いこと言おうと思うと、スベる」ってことをすごい怖がる業界にいたからさ。だから「面白いことは言っちゃだめなんだ」っていうことはずっと思っていた。

だから……うまく言い表せてるか分かんないんだけど……僕がやってることとって「一生懸命しゃべってる」だけなんだよ。ところが、トークでも時々反射的に返せちゃう、反射神経は自分ってあるよな、とは思うわけ。それをやってると、時々「ワーッ」と受けたりすることは確かにあるよなとは自分で感じてる。

だから「ユーモアが上手くなりたい」って質問に関していうと、「上手くなりたい」とか思ってる段階でユーモアはもう生まれねえよって僕は思うし、そもそも面白いこと言おうと思ってるやつの話は面白くない。千原ジュニア*さんならそうかもしれないし、マツコ・デラックス*さんならそうかもしんないけど、そうじゃないんだったら「面白いこと言おう」なんてのはいらなくて、一生懸命だけしゃべればいいんじゃないかな。

一生懸命しゃべって、人の話をよく聞いて、それにどうレスポンスするか……ってこ

【千原ジュニア】
一九七四年生まれのタレント。お笑いコンビ千原兄弟のボケ。相方の千原せいじは実兄。いまは司会者やコメンテーターでテレビ出演することが多い。

【マッコ・デラックス】
P426の本文と脚注を参照。

とだけを考えて、ただ一生懸命やってると、時々ウケる。それが「ユーモア」なんじゃないかな、みたいなさ。

加藤 『アオアシ』[*]ってサッカー漫画読んだことある？　ユースの子が主人公の話なんだけど、いいプレーができる時って「周りが見えてる」んですよ。「好い球筋が見えてる」っていうか、「ここにパスを出せば通る」が見えてる。

うまいサッカープレーヤーって、ポジションにかかわらず「そこに走っていける」とか「そこにパスが出せる」という意味で自分が見えているのかなと。その時に「追いつくだけのスピードで走れるか」とか「空いてる場所にちゃんとパスを蹴り込めるか」って身体的な技術の話は別にあるにしても、「見えてる」かどうか。

雑談もスポーツと同じで、場＝フィールド全体がある程度見えていて、「ここに球を蹴り込めばパス通るな」が見えてると、多分ユーモアは繋がりやすくなるよね。ユーモアも「第三者的な視野」と「何を発言するか、どんな技術でパス出すかのチューニング」が必要じゃない。いつでも同じこと云えば好いってもんじゃなくて。

◉一発芸はユーモアじゃなくて〇〇〇!?

加藤 一方で、「ユーモアのある人」とみんなが思ってる人として、いわゆる一発芸、必殺ギャグみたいなのがある人も「ユーモアのある人」認定されてるような気がするんですけど、その辺り、どうですか。

【『アオアシ』】
小林有吾によるサッカー漫画。『ビッグコミックスピリッツ』にて二〇一五年より連載。

角田 僕は一発芸*が嫌いでさ。こんだけ一発芸の人とかとたくさん会ってるんだけど、個人的には全然ユーモアだと思ってない。

加藤 そこをご解説ください。

角田 強いて言うならユーモアじゃなくて、アートだね。一発芸は、コンテンポラリーアート*だよ。

　ユーモアってのはやっぱり文脈があるものだよ。「この環境だから、この人にはこう刺さるから、こうだ」とかいうプロセスがあってのものだと思う。

　一発芸って、そういうのを飛び越えちゃうからさ。それで面白いものは、やっぱりたくさんあるよ。あるけど、一番ポイントなのは、一発芸を何百発もやられると「もう飽きたね」ってみんな言っちゃうじゃん。あれって、一発芸ってのはアートと一緒で、基本的には一回限りのものだと思うんだ。

　だから一発芸をユーモアだと思ってるのは、すごい間違い。ユーモアっていうのは、もうちょっと歴史を伴ったものというか、アーカイブされるものというか。「もの」と「もの」との関係性において、どういうふうに人が捉えるか、みたいな時にクスって笑うとか、豊かにすることがユーモアだから。

加藤 一発芸はユーモアだ認定してる人、けっこういると思う。「それはちゃうよ」って話があり、「平面的に場が見えてないとユーモア的に面白いことが云えない」のもそうだけど、コンテクスト*って時間軸でもあるから。どこまで遡るのかは別にして「平面」と「時系列」の両方が立体で見えてないと、どこにボールを出せばみんなが笑ってくれる

【一発芸】
「一回だけの動作で、人を笑わせたり驚かせたりする芸。」(『広辞苑』より)。一発芸で人気になった者はほとんど一発屋(一度または一時期だけ活躍した人)で終わるケースが多いが、近年は「一発屋」というイメージを活かして広告などに起用される例も。

【コンテンポラリーアート】
現代芸術を観た時の「ワケワカラなさ」の大きな要因は、作品に投影されている作者の思想や問題意識が、鑑賞者にとってハイコンテクストすぎて文脈を共有できないことにあると聞き手・甲斐荘は感じる。

【コンテクスト】
「文章の前後の脈絡。文脈」(『広辞苑』より)

のかが見えないわけだから、観察力みたいなのは必要だよね、きっと。

あるいは、いまいまボールは自分が持ってるんだけど、場の支配力は相手にあるっていうかさ。

角田 そうだね、「決定権は相手にある」かもしれないもんね。

加藤 その感じがズレてる人が多いような気がしてる。自分自身が面白いこと云うべきだ論じゃなくて、自分が面白いことに、ある意味で〝合わせに行く〟ってことじゃない？

角田 そうそう！　さっき僕が「面白いこと言わないようにしてる」って言ったのは、今の言葉で言い換えれば「合わせに行こうとしかしてない」ってことかも。「どうやって場に自分を入れていくか」ってことしか考えてないというか、「場にどう自分を調整させるか」しか考えてない。

だから対人的には、人が言ったことに対してリアクションをしたり、レスポンスしたことが面白くなったらいいなとは思ってるし、もし自分一人でしゃべる時は、話す相手はいないけど、オーディエンス*がいるという意味では、その場にどうレスポンスすればいいかしか考えてないかな。

でも、一発芸ってそういうのを超越しちゃうもんね。

◉空気読んだほうがいいに決まってるじゃん

加藤 なんか、違いが見えてきたぞ。「どこにパスを蹴り込めばいいのか」は、その時のパス

【オーディエンス】
「①聴衆。観衆。②（テレビの）視聴者。（ラジオの）聴取者」（『広辞苑』より）

がどういうパスであればいいのかが、場によって違ってくるよね。強いパスが好い時もあればスルーパスが素敵な時もあれば、アタマの上を飛んでくパスが有効な時もある。ホント、いろんなパスが技術上は存在するわけじゃないですか。

　ユーモアがある人って「場が見える力」があって、「いろんなパスが蹴れる」人なんだよね、きっと。

角田　今の話にさらに足すと、っていうサッカーの話をしてんのに、「サッカーじゃないことやると面白い」と思ってる人がいるんだよね。「どこにボールを蹴れば」みたいな話をしてるのに、「僕は弓道をやります」とか言うと面白いと思ってる人がいるんだよ。今サッカーの話してるのに、「でも野球ってこうだよね」みたいなことを言うのとか。

　面倒くさいのは、それでかき混ぜようとしてんならまだいいんだけど、それが「面白い」と思ってる人がいるんだよ。「異種格闘技だからいいんでしょ」じゃなくて、やっぱり「その場を見る」ってのは、「今回はサッカーだよね」とか「今回は野球だよね」とか「今回は弓道だよねっ」てことを知った上で、そのルールに基づいた中で「さあ、どう戦いましょう」なんだ。「ルールを超えたら面白いよね」って言ってんのは、僕はもう本当に「寒い」としか思わない。

加藤　異種格闘技入れがちだ、自分。でなくて同じ競技をする、のチームプレイか。

角田　チームプレイなんじゃないかな、基本は。だから「チーム」ってのが一人の場合は山登りみたくなるけどね。「山にどう対応するか」みたいな。

加藤　角田くん的には、「パスの出しどころ見る」のと「空気を読む」は、どう違うの？

角田　「空気を読む」[*]って今、ネガティブだもんね。でもやっぱり、ネガかポジかは置いといて「空気読んだほうがいいに決まってるじゃん」と思う。

それと「日本人ばっか空気を気にしてる」と言うけど、個人的には「外国人も超気にしてんな」と感じるな。「空気の色が違う」っつーか……色っていうか、空気の匂いとか色とか、気圧が違うだけで、あらゆるところに「空気」があるわけだから。学会には学会の空気があるし、サークルならサークルの、会社なら会社の、基本は空気を読むべきだと思う。

読んだ上で、その空気を壊すのもアリ。「この空気、壊したほうがいいよね」っていうなら壊したほうがいいんだけど、読まないで壊されてもアナーキーすぎる。「おれ、壊したいから壊してんだよね」って言うんだったらまだ認めんだけど、壊さなくていいものを壊すのはただの環境破壊じゃん、とは思うかな。基本は空気を読むのは大事かなと。

もう一個は、そうなった時に、役人が今のコロナ問題で様々なことを叩かれたりしてますが、役人的には空気を読んでんだと思うんだよね、役所の中の。「役所の中の空気」を読んだ上で二枚のマスクになったりしたんだと思うんだけど、今度は「その役所が日本国の空気を読んでるか」とか、「日本国が世界の空気を読んでんのか」っていう、入れ子構造[*]になってるんじゃないかなと思う。だから「自分の組織の中の空気」ばっか読んでるやつはもうダメで、SNSもできて、こんだけコロナも出ちゃうとすると、じつはもう全宇宙的に空気を読まないとやってけないんじゃないか、みたいに思う。

【空気を読む】「その場の雰囲気から状況を推察する。特に、その場で自分が何をすべきか、すべきでないかや、相手のして欲しいこと、して欲しくないことを憶測して判断する。」(『デジタル大辞泉』より)。空気を読めない人のことが「KY」と呼ばれ揶揄されることがある。

【入れ子構造】P255、256の本文と脚注を参照。

加藤 そうなると「自分の組織的な空気はこうだけど、日本の社会の空気はこうだから、この場合はこっちだね」っていうような判断を求められるじゃない。それって大変かなとも思うんだけど、インターネットができてむしろ大変じゃなくなったんじゃないかな。インターネット以前は外のことを知らないからさ。

角田 とはいうけど結局、空気をとことんまでは読みきれないわけじゃない？　知らないこともあるわけだから。空気をつかみ切れてないけどボール蹴らなきゃの時は？　「モラル」のとこで話したけど、自分の中に軸というか「プリンシパル」*があれば、球を蹴ることはできるよね。でも自分に軸がないと、「空気は読んでみたけど動けない」みたいになっちゃうみたいな話なんでしょうか。

加藤 「その時の空気に流されちゃう」ってことでしょ、気流の流れみたいなものに。流されたほうがいい時は流れてもいいんだけど、流れちゃダメな時は棒にしがみついてでも流れないようにすると。なんなら「酸素ボンベを持ってきて、そこの空気を吸わない」も含めて。今風に言うなら「マスクしてでも」っていうか、そういうことのような気がする。

角田 パスを打ち込むのは、【約束】*の「進める力」でもあるわな。好いんじゃないでしょうか。「ユーモアと一発芸は違う」ってのは分かりやすいし、議論への入りとして。

加藤 一発芸を「アート」と言ったほうが、一発芸を落としてないからいいかなと。どっちも褒めてんだけど、同じ種類と勘違いしてるのがダメだと。

角田 「本当に素晴らしいアートは一〇〇万回見られるけど、つまんないアートは二、三回見

【プリンシパル】
principle。原理、原則、行動の方針、などの意味。白洲次郎（一九〇二〜一九八五）の没後に編纂されたエッセイ集『プリンシプルのない日本』（二〇〇一、メディア総合研究所）の用例が印象的。

【約束】
P534からの本文を参照。

たら飽きる」ってところに繋がるところもいいね。

角田 なおかつ、死んだ人の絵画は価値が上がるじゃん。って意味で言うとさ、志村けんさん*のコントなんてのは、残念だけど亡くなっちゃったら「やっぱり、もう一回見たいな」ってみんな言い始めるじゃん。ところが、五年前はともかく二〇年前とかに『タケシムケン』*とかやってた時は、みんな「もう志村の笑いは古いよね」って言ってたんだよ。一億三〇〇〇万人が言ってた。

だって、みんながそう言ってなけりゃドリフは終わってないじゃん。「ドリフつまんない」ってなったから（『8時だョ！全員集合』は）終わったんだよ。みんな、偉人になると「あの人はすごい面白かった」って言うんだけど、「だったらドリフずっと視聴率二〇%続いてたじゃん」って話だと思う。事実終わってるんだから、あの時にはやっぱりもう「あのドリフのネタは飽きたね」ってみんな言ってたんだよね。僕は渦中にいたから超分かるんだよ。

いや、僕の中では志村さんの素晴らしさは一ミリも崩れないんだけどね。ただ、少なくとも場はそういうふうに対応するんだよ。

加藤 うつろいやすいんだよねえ。

【志村けん】
一九五〇年生まれのコメディアン。二〇二〇年没。ザ・ドリフターズのメンバーとしてデビューし、『だいじょうぶだぁ』『バカ殿様』など多くの冠番組を持った。

【タケシムケン】
神出鬼没！タケシムケン。一九九九年から二〇〇〇年にかけてテレビ朝日系列で放送された、ビートたけしと志村けんが司会のバラエティ番組。当時中学生だった聞き手・甲斐荘は、「まず～いラーメン日本一決定戦」「子供たちに贈る歌」などのコーナーを毎週楽しみにしていた。

【予算（よさん）】

角 生きていて、仕事をしていて、予算通りに進んだことは、一回も無い。

加 一般的には縛りに思える一方、自ら作れるとやりたいことを前進させられる制限。

マネージャー、管理職になりました。自分の課の予算を作らきゃいけないんですが、やったことありません。

◉予算の立て方、二者二様

加藤

予算*ねー。ひとつの案件における予算の使い方の話もあるけれど、年度予算みたいな、全体というか大枠の予算って意外に立てたことないよね。普通はそういうのって上から降ってくるものであって、自分で「立てる」経験ってあまりない。たまたま、仕事上それをやる機会があったんだけど、自分でやった時に「なるほどなあ」って面白かった。予算の内訳とは、実際にやることであって、戦略は予算に現れる、というか。やってみると、って当たり前なんだけど、予算の立て方ってじつはものすごく脳みそ使うことが分かった。細かくしちゃうの簡単なんだけど、細かくしちゃうと、その先にある裁量の余地が減っちゃうから、「アローワンス*を含んだ感じでどこまでやるか」とか、「この項

【予算】
「①あらかじめ算定すること。また、一定の目的のために必要な金高・数量など。（中略）③一般に、収入・支出の計画（後略）」（『広辞苑』より）

目はここに入れてもいい」とか、そういう「予算設計と費目の書き方」みたいなのは初めてだったなーと。
　で、テレビ番組制作の現場では、番組の予算総額、会社から「これぐらい」って枠があるんだろうけど、面白い番組を作るために、どういう方針で配分していくものなの？

角田　予算自体は「一本いくら」みたいな形で編成から降ってくるんだよね。で、「大体二〇〇〇万です」って言われたとすると、「二〇〇〇万だったら海外ロケに行けるか、行けないか」みたいなことはプロデューサーとして考える。でも、企画会議の時には、ディレクター陣には番組をまずプロダクトアウトで考えてほしいから、初めから「海外は行けないね」とは言わないよね。

加藤　例えば「タレントにいくら使う」とか、番組の企画によって予算の配分って変わるんだよね？　それはどうやって決めてるの？

角田　「じゃあとんねるずさん使います」って話になったらギャラが高いから、「普通なら二〇〇〇万ですけど一回三〇〇〇万じゃないとできませんよ」ってこっちから話をすることもある。でも、逆に言えばその程度で、普段は「今回二〇〇〇万あるんだな。じゃあこれぐらいの番組にしとこう」みたいな感じなんだよ。
　だから「テレビのプロデューサーってプロデューサーじゃないんだよな」って話をよくするんだ。「予算管理者」でしかない。一般に言われる「プロデューサー」って、最初に「その番組が二〇〇〇万になるか三〇〇〇万になるか」を決めたりとか、映画でいえば「この映画は一億で作れ」みたいな、「予算を持ってくる」仕事をする人のイメー

【アローワンス】（allowance）「メーカーが卸業者や小売業者などの取引先に対して支払われる協賛金のこと。例えば、小売店による新聞折込広告費用や、店舗内に特別なスペースを取って販売促進活動をする際にかかる費用などがアローワンスに該当する。アローワンスは、どの取引先に対しても共通の基準によってオープンに支払われる。ちなみに、共通の基準がない、あるいは、オープンに支払われないものは『リベート』と呼ぶ」（『新語時事用語辞典』より）

ジだよね。でもテレビの場合は、予算が先に決まっている上で「じゃああなたがプロデューサーやりなさいね」って振られるほうが多い。二〇〇〇万と決まっているなら二〇〇〇万の中でどう割り振るかが仕事だよね。

加藤 そうかー。意外に「立てて」はないのか。でも割り振りの自由度はあるわけだね。それはどうやって決めてるの？

角田 いろいろと細かいことがあってさ。TBSでいうと、「社内のスタジオを使う、スタジオのカメラを使う」ってなると、それは技術局の管轄だから技術局の予算になるんですよ。

だから制作費を「これは制作局で使える予算、これは技術局に回す予算」みたいに、右と左で分けるのね。「スタジオを使う」ってことは、結局制作局以外の人員、技術のためにお金を使うので、結果的にスタジオをやるかやらないかが、予算管理上一番大きな話なんだよね。

だから新しい番組が始まると、技術のプロデューサーがつかつかと「おっ、角ちゃん」みたいな感じでやってきて、「今度のやつ、どんな番組なの？　スタジオ使うの、使わないの？」って聞いてくる。

加藤 聞かれている番組プロデューサーの側が、自分の中で配分のイメージを持ってるんでしょう？

角田 そうだね。例えば『鉄腕DASH』*って、最初の頃は福澤朗*さんのスタジオパートがあったよね。でも途中からスタジオをやめてDASH村とかができたのは、いろいろあ

【『鉄腕DASH』】
『ザ！鉄腕！DASH!!』。一九九五年から日本テレビ系列で放映されているTOKIO出演のバラエティ番組。

【福澤朗】
一九六三年生まれのアナウンサー。元日本テレビ所属で、二〇〇五年からフリーランス。主な出演番組に『全日本プロレス中継』『エンタの神様』『真相報道 バンキシャ！』など。

るだろうけど予算のことも大きかったんじゃないかな。スタジオをやめると一回一〇〇〇万くらい浮くから、そことタレントさんのギャラを天秤にかけたりしてさ。

◉予算の中にある自由演技パート

加藤 それを聞くと、最初にカッチリ予算を作ってる感じはあまりしないね。

角田 全然戦略的じゃないよ。よく言えば現場に裁量権を委ねてくれている。僕なら、例えばレギュラー番組なら「この特番では金かけたほうがいいから、レギュラーではロケを減らそう」みたいな長期的な視点では考えてるね。

加藤 予算って、つまり企画の内容とリンクするわけでしょう。企画が先にあって、その企画をやるためにやってお金を使いたいというアイデアが自分の中にあって、そこから調整をしていくものだと想像するんだけど……つまりテレビって、企画オリエンテッド*で予算配分していくってやり方なんじゃないの?

角田 最近厳しくなったからどうか分からないけど、僕がバリバリでやってた二〇〇〇年代前半～中盤は、視聴率を当てれば赤字を出しても許されると思っているから、とりあえずやりたいことを全部やっちゃってた。例えば一本の予算が二〇〇〇万だとして、やりたいことを全部やったら三〇〇〇万かかったとする。そんな時は「三〇〇〇万かかってもいいから、とりあえずやってみよう」みたいな感じで初回～二回目をやっちゃうんだ。で、赤字になった分は半年くらいかけて出っ張り引っ込みを均していこう、みたいな感

【オリエンテッド】(oriented)「何事かに対して方向付けられていること、などを意味する表現」(『新語時事用語辞典』より)。ここでは「～が前提にあって」くらいのニュアンス。

じだったな。

加藤 わりと長い目で見てるってことね。

角田 少なくとも三ヶ月〜半年は続くわけだから、「半年で赤字がなくなればいいよね」って考え方だね。もうすぐ終わる番組が最後の四回くらい全部総集編だったりするでしょう。あれはそれまでの一〇分の一くらいの予算でできちゃうからだよ。そういうところで辻褄を合わせていくのよ。

加藤 テレビ番組の予算は一般の会社よりフリーフォーマットなのかな。一般的には、組織だと与えられた予算の中にも「絶対やらないといけないこと」「最低限やらないと死んじゃいます」みたいなことがあるから、まずはそれを確保する。その上で残ったお金と時間とで何やるか、そこの自由演技パートがアタマの使い処なわけで。

そこで前例踏襲的にこぢんまりとせずに、どれだけ自分のやりたいこと、かつ組織にとっても好いことに割けるかが予算を立てる・取ってくる時の頑張りどころで、予算を立てるという企画作業、そこが面白いと思ったんだよね。

角田 テレビのほうが自由かっていうとそうでもなくてさ。逆に言えば、今のテレビ番組ってどれも似てるでしょう？　あれは単純に、自由になるところが少ないからだと思う。「これぐらいロケやって、これぐらいタレント入れて」って積んでいくとミニマムな金額が大体決まっちゃうわけだよ。

だからこそ、例えば『電波少年』*なんて当時は珍しいクロマキー合成*で、スタジオを使ってなかったでしょう。あれは予算の面で結構革新的だった。

【『電波少年』】
一九九二年から二〇〇三年まで日本テレビ系列で放映されたバラエティ番組。初代番組名『進め！電波少年』で有名。数々の名物企画を生み出し、中でも「ヒッチハイクの旅」は社会現象にまでなった。

【クロマキー合成】
青や緑など特定色をバックに撮影した映像の、特定色の部分に他の映像を合成する技術。バラエティ番組の他、天気予報でも用いられる。

今でも一番予算がない時に使うやり方って基本的にあの流れで、例えばナスD*みたいにディレクターやADがロケに行く方式だと、ギャラがいらないから一番安上がりじゃないですか。ここ三〇年くらいでそういうテクニックを一通りやっちゃったから、結果、どの番組も似てきちゃったんじゃないかなって思ってる。

ここからさらに減らそうとするなら、極論すれば「全部 iPhone で撮ればいい」って決めちゃえば技術費がゼロでもいけちゃうわけだけど、さすがにそれはなんとなく怖いんだろうね。

番組の作り方って、本当に予算で決まっててさ。ブラタモリ*とかを観ると、この時代にそぐわないものすごくでかいカメラを担いでるのが時々映りこむんだよ。それを見て僕なんかは「今や、SONYの●●みたいな小型カメラのほうが綺麗なのにな」って思うんだけど、それでもなぜでかいカメラを使ってるのかというと、NHKにでかいカメラを持ってる機材チームがあって、それを使ったほうが結果的に安いからだよね、多分。

◉単品管理じゃない、でもプロダクトアウトな予算の立て方？

加藤 予算を組むことの楽しさ、面白さって、もうちょっとあるような気がするんだよね。それは個人も同じで、お小遣いの枠がある中でどういう配分にするか。ご飯代みたいに絶対に必要なものは確保して、除けておくとしても、プロダクトアウト的な配分をもっと楽しんでいいと思うんだけどなあ。

【ナスD】
一九七五年生まれのテレビプロデューサー、ディレクター。テレビ朝日所属。

【ブラタモリ】
二〇〇八年からNHKで断続的に放送されている散歩・教養番組。

角田　そうだよね。「木を見て森を見ず」＊って言葉があるけど、予算を立てる時は「木も見て森も見る」じゃなきゃいけないわけだ。ところが、どっちかに偏ってる人が多い印象があるな。もしかしたら「マーケットイン」というのが森ばかり見てる人で、プロダクトアウトが木ばかり見てる人なのかな。

加藤　でも、組織の予算って基本的には年度ごとでしょう。仕事の内容によっても違うけど、大概は、たくさん使う月とそうでもない月が当然あって、その結果「年間でいくら」ってなるわけじゃない。普段の仕事で「年度で収まるように」っていう感覚ってどうなんだろう？　やっぱり単品管理になってしまうか。

角田　どうなんでしょうね。出版社さんはその感覚って持ってますか？

――　年間何点刊行って原価と売り上げと実売予測を計算します。その上に宣伝費、○○管理費をのせて年間予算を作成します。

角田　それって何なんだろう。例えば、新しいテーマパークを作るとするじゃないですか。「月間の入場者数はいくらで、単価いくらで、これだけ売り上げが見込めるから、これだけの開発費でテーマパークを作りましょう」みたいにやるわけですよね。

　ところがテーマパークのキャラクターが変だったりして、「どう考えたってその人数いかないよな」って誰もが思ってるのにゴーしちゃうプロジェクトって、結構あるじゃないですか。「チケットが五〇〇〇円で、何人来て」って緻密に計算してるわりには、「そのキャラクターのテーマパークに、そもそも行かないでしょ」ってことを忘れちゃってることがすごくありますよね。

【木を見て森を見ず】
「細かい点に注意し過ぎて大きく全体をつかまない」（『広辞苑』より）

っていうか、『鬼滅の刃』*ならこのくらいのテーマパークが作れる。ドラゴンボールなら、ワンピースなら……」っていくら計算したって、仕事ってそういう計算通りの結果にはならないじゃないですか。観客動員だけで「予算がいくら」ってやってるの、無駄なんじゃないかなって思うんですけれど。

とある映画関連の人から聞いた話で、例えば「年間一二本の映画を出す」って決めてたとしても、全部は当たらない。だから、「一二本やるんだけど、四本しか当たらなくていいや」って思ってやってるらしいです。

――それはやっぱり出版も近いですね。

角田 そうですよね。どれがヒットするか分からないけれど、でも確実に四本ヒットしていればなんとなく大丈夫だっていうわけです。

それと比べると、テレビって週七日二四時間すべて当てようと思ってるんですよね。スポンサーがいるから、「もう捨ててもいいんじゃない、この曜日？　だって裏の日テレ超強いもん」みたいな戦略にはならないんですよ。

でも、本当はそうしたほうがテレビってもっと面白くなるのにっていつも思うんです。つまり「この枠は捨て枠だから、好きなことやっていいよ」って言われたほうが、冒険できるじゃないですか。その冒険の中からバカ当たりするものが生まれるかもしれない。テレ東っていうのは比較的そういう局だから、時々バカ当たりするものが生まれるんだって言われてますよね。

加藤 過激だけど、そこ、ポイントかも。当てるイコール売れる、と面白いとは違うんだね？

【『鬼滅の刃』】
吾峠呼世晴による漫画作品。『週刊少年ジャンプ』（集英社）にて二〇一六年から二〇二〇年まで連載。大正時代を舞台にした和風ファンタジーアクションで、欧米でいうところのヴァンパイア・ハンターもの。TVアニメ版の放送以降社会現象になり、巷には緑と黒の市松模様や丁度いいサイズの竹を咥えているモチーフが氾濫した。

当てに行くと面白くなくなるジレンマ?

――出版も今の話に近くて、だんだん一点一点、「全部が少なくとも重版がかかるように。そうでないなら出さない」という風潮に近づきつつあります。

角田 それって絶対無理でしょう。野球でいったら「毎打席、絶対にヒット打て」ってことですよね。「そもそも毎打席ヒット打てるわけない」って発想でやらないとダメですよ。だからって全員がヒット打たないと、それはそれでだめなんだけど。

今言ったような縮小再生産が続いているのが、この日本経済ですよね。マーケットイン率がどんどん高くなっているんだけど、それに応じてマーケットの質がどんどん悪くなってるから、どんどん袋小路に入り込んでいる。ひと言で「不景気」というよりも、もっと根が深いような気がする。

◉気持ちいいことに使えるお金の流動性をキープしておく

加藤 そこにさらに突っ込むと、個人のお小遣いって放っておくといつの間にかなくなっちゃうわけですけど、少しはちゃんと使おうと思った時に「プロダクトアウト的なお小遣いの使い方」と「マーケットイン的なお小遣いの使い方」って違いはあるんだろうか。あまり意識されてないと思うけど、それを意識するとお小遣いの使い方ってどう変わるんだろう。

角田 お小遣いでいえば、僕は「あぶく銭はあぶくに使おう」と思ってる。この前『最速で身につく世界史』[*]が重版になって、二〇万くらいポッと入ったんですよ。そんなお金はもともと予定してないから、「じゃあこの二〇万はあぶくに使ったほうがいいな」と思って、今家に飾ってる絵を二四万で買った。

加藤 足出てんじゃねーか。

角田 まあそうなんだけど(笑)、どうせあぶく銭だから、あぶくで使わないとバチが当たるなと思ってさ。

プロダクトアウトかマーケットインかは置いておいて、僕は「自分が気持ちよくなるもの」に最大限お金を使うようにしてる。人はそこを我慢する感じがあるんだよね。

例えばマッサージ行くと気持ちいいことは分かってるけど、「マッサージのお金ってもったいないなぁ」って思う人は結構いると思うんだ。「マッサージに行けないから肩凝ってる」っていつも嘆いてるなら、マッサージに行けばいいのに。「一回六〇〇〇円で月二万四〇〇〇円だから行かない」みたいな人は、逆に二万四〇〇〇円で済むんだったら真っ先に行ったほうが肩の不快感はなくなるのにって思う。その二万四〇〇〇円を他に使うなら、マッサージに使ったほうが絶対にいいよ。

僕は「自分の気持ちいいところに使ったほうがプライスレスだ」と考えてるんで、【コスパ】[*]の項でも話したけど、例えば駐車料金の高い所でもよく駐めちゃうわけだよ。路上駐車して捕まるリスクは避けたいし、安い駐車場を探して時間がなくなるんだったら、一番近いところに駐めたほうが、結果二〇〇〇円高くてもその後の打ち合わせがスムーズになったりして、長い目で見ると得だと思うからさ。

【最速で身につく世界史】
P189の本文と脚注を参照。

【コスパ】
P152からの本文を参照。

加藤 仮に何に使うかアテがなくても、そういう「気持ちいいこと予算」は先に確保しといたほうがいいのかしら？

角田 固定費*は決まってるにしても、変動費*の幅をなるべく増やしておいたほうがいいってことだね。

それと僕は「エンタメにはお金を絞らない」って決めている。それは中学〜高校ぐらいの時からそうだったんだ。「このコンサートに行きたい」って時、「お金がもったいないからダメだ」って言う親に逆に説教してたもん。

だって、例えば忌野清志郎*さんのそのコンサートは、その時にしかないわけだよ。チケットが五〇〇〇円だとして、五〇〇〇円ケチるよりその機会のほうがはるかに大事じゃんか。

仕事で部下に対しても、例えば「RADWIMPS*が好きだ」っていうADがいたら、「どんな仕事よりRADWIMPSのライブに行くほうが大事だからね」って話をしてる。その人はRADWIMPSが好きでこの業界に入ったわけだから、仕事が忙しくて行けないなんて意味がないじゃないか。「その時は、『何月何日にライブがあるから、行かせてください』と事前に僕に言っとけよ。そうしたら、その日はどんなに忙しくても行っていいから」って僕は言っています。

「お金がない」とか「時間がない」って言って行かないのって本末転倒だよ。「バイトのスケジュールが入ってるからオーディション受けられません」って言ってる役者志望とかがよくいるんだけど、「いや、あなたは役者をやりたいからバイトなんだよね？

【固定費】
「生産量や売上高の増減とは関係なく発生する一定の費用。地代・減価償却費・租税公課など。固定費用」（『デジタル大辞泉』より）。ここでは個人の財布の話をしているので、地代だけでなく食費などの生活費も「（一種の）固定費」と考えていると思われる。

【変動費】
「生産量や売上高に応じて増減する費用。直接原材料費・外注費・荷造運賃など。変動費用。可変費用」（『デジタル大辞泉』より）

【忌野清志郎】
P397の本文と脚注を参照。

【RADWIMPS】
P42の本文と脚注を参照。

加藤 なのにバイトのシフトが抜けられないからオーディション受けないって、じゃあもう役者やめればいいのに」っていつも思う。

今のは時間の話だけど、お金もそれと同じだね。年間にどれだけ使うか分かんないけど、好きなアーティスト分は最初によけておく。「流動性の高いものを、あえて取っておく」みたいなことか。そういう前裁きのお小遣い編成になっていればいいけれど、みんなそう思ってないから、いざその時になって「あー、お金ない」って止まっちゃうんだろうね。

―― ちなみにカイちゃんは自分のお小遣いはどういうふうに使ってますか？

現状はコロナで外に出ないので、予算がオーバーすることはあまりないですけど、まずやるのは「仕事で使うものは何も考えずに買う」ですね。四月頃、コロナで「あ、これはもう会社に出れないや」と思って、まず最初に「Adobe CC を買う」ってことをやりました。この打ち合わせの中でも、面白そうな本の名前が出てきたらさっさと買う。例えば今もマクルーハン*の『メディア論』*が手元にあります。

「仕事のために買ったものは、どうせ後で何かの形で元が取れるだろう」って感覚があるので、今はそれを自分の予算配分のファーストプライオリティーにしています。

加藤 一ヶ月単位で見るとしわ寄せがくるじゃないですか。それはどうしてます？

―― しわ寄せがくる前に、プールは必ず作っておくようにしています。一ヶ月単位では予算を決めてなくて、「半年でいくら積み立てる」だけを決めておいて、その目標に合うように辻褄を合わせる感じですね。

【マクルーハン】
P418の本文と脚注を参照。

【『メディア論』】
P418の本文と脚注を参照。

「予定では現時点で貯金が一〇〇万になってたはずだけど、まだ九〇万だ。今月は抑え気味にいこう」とか、逆にそれこそあぶく銭が入った時は「一一〇万だったはずが一二〇万貯まってるから、今は仕事に使う機材関係は買っちゃっていいや」というポリシーです。総量を決めて、その中では何を使うかは考えずに、アラートが鳴り出したら「やばっ」て絞る感じですね。

◉自立した人にとってのあぶく銭、って何？

加藤 なるほどね。でもさ、普通のサラリーマンは「あぶく銭*」を稼ぐ機会が少ないわけだよなー。自分もサラリーマンだけど、なんやかんやで実質的なあぶく銭があるから、角田くんやカイちゃんの考えに近い感覚もあるんだけど、読者の多くは「そもそもあぶく銭なんてないよ」って思いそうだよね。

角田 たしかに、あぶく銭がない人はどうするんだろうね。そもそも、みんなお金ないよね。考えてみると、なんでないんだろうね。

加藤 「だから新しい収入を探そう」は別項の話題として、ここでは限られた予算でもっと豊かな使い方ができるためにはどうしたらいいかを話したくてさ。

角田 僕は圧倒的に、あぶく銭だと思ってるものをあぶくに使ってるから、それが別にゼロになっても痛くない。でも多くの人はあぶく銭をあぶく銭だと思ってないんだよ、株式投資なんかも本来はそうだと思う。

【あぶく銭】
「正当な労働によらずに、苦労しないで得た金銭」（『広辞苑』より）。角田さんは印税収入を「あぶく銭」に分類しているが、書籍の執筆は初版印税だけでは決して割の良い仕事ではない（たとえば著者印税率10％としたら一〇〇〇円の本を初版五〇〇〇部刷ったとして、著者に支払われる印税は五〇万円）。そのため、「当たれば重版印税で儲かる！」的な期待も含めた仕事の意味合いは、正直なところあります。

みんなレストランのバイキング[*]とかに行くと「元を取る」みたいなことばかり言うじゃん。僕なんかは、元を取ろうが取るまいが二〇〇〇円取られちゃうんだから、多く食べようが少なく食べようが、自分がその時満足すればいいだけなのに、って思っちゃうな。

加藤　「二〇〇〇円のバイキングに行ったんだから二〇〇〇円分の料理を食べよう」とか「この英会話スクールに行ったんだから英会話覚えなきゃ」みたいな、お金に対して「元を取ろう」みたいなのって「あぶく銭」の考え方じゃないんだよ。お金がないという問題以前に、使う時のスタンスの問題な気がするんだよな。

この前も妹と話してたら「〇〇をやると税金が高くなっちゃうんだよ」とか言うんだよね。それに対して僕は「税金を払うのって国民の義務じゃん」って普通に言ったの。税金って、払えって言われたら払わなきゃいけないものであって、それを払わないようにしようという邪な感じが、結果的に自分にお金が回ってこないことに結びつく気がしている。「ずる賢い」って言ったら語弊があるかもしれないけど、「回収しよう」みたいな気持ちって、有り体に言えば貧乏性でしょう。本当に貧乏かどうかは別にしてさ。

角田　んー。「あぶく銭」の定義そのものが違うのかぁ。ここまでの話をちょっと整理すると、「一回使う時の使い方」の話と、「長い目で見て帳尻合わす」話の二つがあったよね。この項では、どっちを主に云うべきかな。どっちもあると思うんだけどね。

加藤くんの問題提起のほうが切実な人が多いよね。「自分にはお小遣いがない」とか「お金がない」と思ってる。

【バイキング】
英語の「バイキング」には食べ放題の意味はなく、日本でそのような意味を持ったのは帝国ホテル内のビュッフェレストラン「インペリアルバイキング」（一九五八年開店）に由来すると言われている。

加藤 そうなると「毎月じゃなくて半年で管理する」とか「使う時には、貯金が底をつかないように少し長い目で見る」っていうお小遣い帳の付け方もあるんじゃないですか、って話か。

角田 そういうとだから、前も言ったかも知れないけど、僕は全然貯金ないんだよ。それに不安がないかって言われたら、やっぱりめちゃくちゃある。でもそれって、多分貯金があっても不安なんだよね。その不安って、何をやっても消えないんじゃないかな。頭の中に「不安」のパーセンテージが一定であって、そこの置き場の中身が変わってるだけだと思ってるんだ。

加藤 そもそも予算ってみんな立てたことがないから、「一回の使い方」の話が先に来て、「使い方のターム」の話が続いてくるといいのかな。

角田 立てたことない人が多いよ。

加藤 予算を立てることって「制限がある中でいかに自分がいいと思ったことに回せるか」みたいな知的パズルだとは思ってる。それは会社の予算もそうだし、個人のお小遣いもそうだし。

角田 予算立てられないのって、お金に対するあらゆるところに他力本願なものが多いんじゃないかな。自分の稼ぎに対してもそうだよね。

加藤 逆に、主体性を持って使っていれば、その分どっかで帳尻合わせられるようになるってことですか。

角田 そう。それが「自立してますか」ってことな気がする。

ら

【来年（らいねん）】

角 歳を重ねるごとに、来年のことがむしろ分からなくなってきてる。
加 単年度主義で見るかどうか大きく変わる未来の単位。

景気が悪くなってリストラの噂が流れています。自分はまだ対象の年齢じゃなさそうですが、来年以降もこの会社にいて大丈夫か不安になってます。

◉想定の幅が実は狭いかもしれない。勤め人は

加藤　これ「一年先のことを心配するってどういうこと」って捉えてみようか。

角田　一年先のこと、加藤くん心配してる？

加藤　会社のことはそこまで心配してない。自分のことは心配してるけど。

角田　逆にいうと、一年以上先のことそんなに考えないな。二年後三年後って考えても予想がつかないし。どれぐらい未来を考えてるかっていうと、コロナの話は置いといたとして、今年来年ぐらいしか考えてない気がするな。*

加藤　この質問は「会社ありますか」と聞いているけど、奥底は「会社がなくなっても、お前

【来年】
「今年の次の年。明年。こんとし」（『広辞苑』より）。この質問項目はもちろん「来年のことを言えば鬼が笑う」の諺を意識している。

が大丈夫なら大丈夫だろ」って話じゃない。だから「自分自身に何かを蓄積する」発想をもっと持ちませんか。さらに「仮に会社がつぶれても、多少給料下がるかもしれないけど、食いっぱぐれない確率は上げられる」と云ってみる。会社にしがみつくのもありだけどさ。

角田　逆にいうと、会社の中にいれば一年後は大丈夫なの？　大丈夫だってことなんだよね。この人の質問は。

加藤　「そうでもないんじゃない？」って話なんだよね。もはや。

角田　お前がどうなんだ、ってことなんだよね、つまり。

加藤　どうなんだ、と聞かれた時に。ひとつめは、まあ「自分の何が役に立つのか」ってことで。転職市場的にいうと「あなたの専門性」って話になりがちですけど、実はいろいろあるんじゃん？とも思う。いわゆるエキスパティーズ*だけじゃなくて、たぶん十分価値があって。

　最近、ニュースで聞くから、まだ珍しいことなんだと思うけど、「大企業*の経験を持ってる人が、これから大きくなる中小企業*に移る」ケースがあるよね。「大企業になると、コレコレが起こります」って予言しに行く役みたいな。

　成長途上の企業には、そういう未来が分かんないから「大きな会社を回したことがある」ことはすなわち専門性であると。一部の人にとっては。以前はギャグだった「部長ならできます」が瓢箪（ひょうたん）から駒になるような。えーと話がヨレましたが、部長になれと云ってるつもりはなくて、自分がこれまで経験してたことにも意外と使えるところがあ

【エキスパティーズ】
(expertise)「①(ある分野の)熟達者、専門家」(『プログレッシブ英和辞典』より)

【大企業】
実は明確な定義は存在しない。通例では「中小企業の基準を超える企業」のこと。

【中小企業】
こちらは「中小企業基本法」によって定義されている。基準は業種によって異なるが、例えばサービス業なら「資本金五〇〇〇万円以下、または常勤従業員一〇〇人以下」になる。日本に存在する企業の九九・七％は中小企業である。

るかもしれません、って話です。

もうひとつは大丈夫かどうかを判断する心持ちっぽい話で。再々度登場ですが、ワクワク系マーケティング*実践会・小阪裕司*先生の言葉を紹介します。「最善と最悪を両方想定して、真ん中の中庸を行く」とおっしゃる。サラリーマンって「極端を想定すること」がすごく弱いと思ってんの、自分をふり返ってそう思うんだけど。だから現状維持になりがちじゃないか仮説。最低と最高を想定してないから、結果、中庸でもない中途半端になる、ような。そこを少し変えてみるだけで何か違う気も、ちょっとするんですけどね。

角田 この質問者に言うとすると、「会社潰れる」も想定するし、「売り上げが二倍になる」も想定した上で、ってことか。

加藤 幅を持って想像できると、打ち手が広がるんじゃないの、説ね。

◉バラエティ感覚だと、三ヶ月先しか考えてない？

角田 一年先ってどういうこと、ってのを議論するとさ、テレビなんてさ、もしコロナなかったとして、春の時点で「秋の特番何やろうか」なんて決めてるバラエティ番組のスタッフなんていないわけですよ。『世界の果てまでイッテQ！』*ですら、「イモトいつ登らせる？」は考えてるけど、オンエアを秋の特番にするかどうかは今決めてないと思うんだよね。

【ワクワク系マーケティング】 P359の本文と脚注を参照。

【小阪裕司】 P359の本文と脚注を参照。

【世界の果てまでイッテQ！】 『謎とき冒険バラエティー 世界の果てまでイッテQ！』。二〇〇七年から日本テレビ系列で放送されているバラエティ番組。本文で言及されたイモトアヤコをはじめ、タレントやカメラマンやADの体を張ったロケが魅力。

一方で、ドラマのほうは四月の時点で「秋はこれやろう」とかも決めたりしてるわけですよ。って思った時に、「日々がバラエティ」なのか「日々がドラマなのか」みたいなことだと思ってたんだ。

計画を立てるって、「ドラマを作るようなこと」なんだなと思ってて。僕は自分がバラエティやってたからじゃないんだけど、「人生はバラエティだ」って言ってんのは、「計画通りにいかないじゃん」ってことと、四月ですら「一〇月からの番組何やろうかな」なんてことも分かんないわけでさ。

「五月はこれやろうかな」とか「六月は何やろうかな」ぐらいは考えてる。さらにいえば、ということでなんとなく視聴率をキープしていって、人気をキープしていって、当然「秋以降も一年後も、番組が続いてるようには頑張ろう」と思ってるわけですよ。

だから、「そういうことでいいんじゃないかな」なんて僕は思ってる。五年後一〇年後の自分を予測して、見据えてみたいな話って、ぶっちゃけ「嘘くさいな」ってちょっと思ってるわけ。五年後一〇年後も人気番組でありたいなっていう願望はあるんだけど、三ヶ月先ぐらいまでしか見据えない、みたいな。

僕は番組作ってた時はそうだし、番組を二十何年作って会社を辞めちゃったから、今の人生も基本的にはそれになってるなあと思う。そういう意味では、一年後も本当はそんなに考えてないのかもしんない。「ここ三ヶ月ぐらいをどう生きるか」を考えることをずっと繰り返して、一年後も二年後も、五年後も一〇年後も続いてればいいかな、とは思ってる。

加藤　と云ってる角田くんが、なんで数年間必要な大学院へ行ってんですか?。

角田　あー。修士って二年だから、「二年終わったあとどうしようかな」とか考えずにやっぱ受験したよね。それで入ってみたら意外に面白かったじゃん。「じゃあ修士論文書いて二年で卒業だな」、で「先生と仲良くなったから、なんだったらそのまま博士にもなって」って今は思ってるよ（編註：角田さんは二〇二一年、東大大学院博士課程に進学）。

ところが実際、修士を受けた時はそんなことさらさら思ってなくて。そもそも受かるかどうか分かんないから、まあ受けてみる。受けようと思ったのは夏の終わりで、試験が一月だったから、四ヶ月先しか考えてないよね。で、受かりましたと。二月に合格が決まったから、そこで「四月から大学院行こう」って決めたけど、行ってみたけど仕事とスケジュールが合わないとかもあるかもじゃん。「やっぱり行ったけど、大して面白くなかったら途中でやめちゃってもいいや」くらいの気持ちだった。

そしたら、行ったら意外に、っていうかむしろすっげえ面白くて、なんだったら「このまま残りの後半の人生を学業に捧げてもいいや」と思った時に、「これはもう、この歳で行ったんだからむしろ博士を取ったほうがいいだろうな」とかは今は思ってる。

さらに言うと、「二年目の四月からの授業は何取ろうかな」みたいなことも全然決めてなかったの。去年で全部単位取っちゃったから、極論すればマストな授業一コマだけ取りゃいいんですよ。ところが今、死ぬほど授業受けてる。文学部の授業以外の理系の授業も取ってる。

っていうのも、今決めてるだけだからさ。基本はそんなに決めてない。今あるネタ、材料で、どう番組を作ってくかをずっとやってたからさ。今自分の周りにあるネタで、どう「自分の人生」というか「ライフ」というか、「生活」という意味も含めて構築しようかな、しか考えてないかも。

◉まず、「この面をクリアしなきゃ」次にはイケないから

加藤 さりながら、角田くんは単年度主義じゃないじゃん、結果的に。

角田 結果的にね。

加藤 そこ、結果的に単年度主義じゃない姿勢を上手く云えないなって思ったんだよね。「来年、来年」と云う人って、「短めPDCA*」な感じがする。「いつまでにこれやんなきゃ」みたいな。狭く期限を区切っているPDCAな感じがするんだけど、僕らって、OODA型な発想じゃない？　長めのPDCAというか。この本ぜんぶを通じても。

　なんだけど、PDCA派の人にOODAの話をすると、「成長がない」って反論されることが多いのよ。「OODAって、来たやつ返すだけでしょ」みたいな。刹那的に見えるのか。「PDCAのほうが先を見てて偉い」と認識している感じがするんだけど。

　今の角田くんの云い方だと結果的に二年越し、三年越しにすることがあるわけじゃないすか。結局「来年までに」ってより、じつは長い時間かけてやることがある感じでしょ、OODAでやってんだけど。「そういうのがいいんじゃない？」と云いたいな。

サラリーマン歳時記とはいろいろズレるけども。

【PDCA】【OODA】P101の本文と脚注を参照。

角田 そうすると、【約束】の項で言った、「進める力、進力」[*]みたいなものがあれば大丈夫だってことなんだよ、このスケジューリングも。現状の環境の中で、自分の進力が活かされるにはどうすればいいかを考えてると、結果、一年後〜三年後〜五年後みたいな話にもなるんだよな、みたいな。

みんな、環境自体が悪いから悲観したり、いいから調子に乗ったりしちゃうんだけど、さっき言った「進力」って僕の中ではそれとは違うんだよね。環境にもっと自分を合わせる、「川の水になれば?」みたいなことだから。川で喩えると、自分は上流に行くでも下流に行くでもなくて、「ここにいる」っていう位置にしかない。情報は、自分のとこに上から流れてきて下流に下りていくだけなわけですよ。受け止める以上にはできないんだよな。これをみんな、「この水が自分より下流に行ったらどこに行くのかな」とかそんなことを考えてる感じがちょっとしちゃうんだよね。

そう思ったきっかけを今思い出した。浪人した時だね。浪人までは四月になると、小学校五年生から六年生になったとか、中一から中二になったとかがあると、自分の中にスケジュールのカレンダーができるわけですよ。

でも、高校三年生が終わって大学全部落ちて、浪人して河合塾[*]行きました。するとね、手帳みたいなのでスケジュール・カレンダーを作るじゃないですか。その時に三月までしか作れなかったんだよね。四月以降が真っ暗なんだなってことを、ビジュアル的に思っちゃったわけ。

次の年の三月までは、罫線のあるスケジュールのエクセルみたいなのがピシってある

【進める力、進力】
P544の本文を参照。

【河合塾】
一九三三年に英文学者の河合逸治が開校した「河合英学塾」を起源とする、名古屋を本拠とする大手予備校。通ったことはなくても、河合塾主催の「全統模試」を受けたことがある大学受験生は多い。

のに、四月以降は、大学受かるかどうか分かんないわけだから真っ暗、みたいなことをすごく感じたわけですよ。色として「黒」を感じたわけ。

その時が五月だったか六月だったか忘れちゃったんだけど、そう思った時に、「ここで頑張らない限り、四月以降のスケジューリングの線が引かれないんだな」って感じたわけよ。

ってことを考えると、受験が終わる三月以降のことを考えたって意味ない、まず三月までをどう生きるか考えないと。で、考えてクリアしたら、ゲームでいうと「次の面に行ける」というかさ。三面をクリアしたから四面に行けるんだけど、三面をクリアしないのに四面のことを考えたってさ。ってことを浪人の時に思ったのを今思い出した。それと、テレビの番組でも一年後のことを考えるより、まずこの特番をどうするかをクリアしないと。一年後のこと考えたって番組終わってるかもしんないし、みたいなのが繋がっているのかもしれないね。

◉歴史上の人物と自分の年齢を比べつつ、四〇過ぎに転換点が来た

加藤 大学に入るまでの話と、大学院に入ったら面白くて続けちゃいました～博士過程までいっちゃうかも話って……。

角田 繋げる？

加藤 うん。両方とも成立するんだと云えないと「目の前にあること頑張ろう」で終わっちゃ

うから、刹那的に聞こえる。成長がないわけじゃないだろうけどさ。いい意味で曖昧に続ける、でも単年度主義じゃない、な感触を伝えられないかな、が自分の中にある。本を読むのだってそうじゃない。「何月何日までに一〇〇冊読もう」ってガチ目標じゃなくて、読んでて面白くてって、予定と違う本読んじゃった、で好くってさ。

どんどん進んでいくと読みたい本はどんどん増えていくけど、べつに期限なく、しかし止まらずに読み続ける。期限が縛られてないんだけど行動は継続していて、「気付いたら一年こうしてる」みたいなこと。そういう時間の使い方ができるかどうかは、なんか違う気がすんのよね。

角田 僕の中では、「自分の人生の一年後、五年後」みたいなのはそんなに考えないんだけど、歴史好きだからなのかもしんないけど、「この自分の年齢の時、この人が何やってたか」を超気にしてる。ナポレオン*が皇帝になったのって三〇歳だから、「三〇歳までに皇帝になれないんだったら、僕皇帝になるの諦めよう」と思った。比喩でいう「皇帝」よ。テレビマンだったら「一流のディレクター」とか。政治家でもなんでもいいんだけど、ナポレオンが皇帝になったの三〇歳だから、それまでに皇帝になれないなら皇帝的なものは諦めようって思ってたね、ずっと。

ブッダ*が悟ったのって三五とかなんだよ、確か。「三五歳までに悟れないんだったら悟るのやめよう」って思った。で、坂本龍馬*って三一歳で死んだんだっけ。チェ・ゲバラって三九で死んでるから、「三九で革命を起こせないんだったら、革命すんのやめよう」っていうふうにずっと考えてきた中で、僕の中の一個のポイントは「四二歳」だっ

【ナポレオン】
ナポレオン・ボナパルト。一七六九年生まれの軍人、革命家、皇帝。一八二一年に没。フランス革命後の混乱を収拾し独裁政権を樹立。その卓越した軍事力と政治力により、イギリス、ロシア、オスマン帝国の領土を除いたヨーロッパ大陸の大半を勢力下に置いた。最終的に対仏大同盟との戦いに敗北し流刑地のイギリス領セントヘレナにて没した。

【ブッダ】
「(略)悟りに達した人。特に釈迦牟尼(しゃかむに)を指すが、広義には過去・未来および十万世界に多くの仏陀が存在するという。(略)」(『広辞苑』より)。ここではもちろん歴史上の人物とされる釈迦(ガウタマ・シッダールタ)のこと。釈迦は北インド出身の人物で、初期仏教の開祖である。

たんですよ。なんでかっていうと、松方弘樹*さんが『元気が出るテレビ*』を始めたの四二歳だから。

四二って、後厄じゃん。四〇歳になって「不惑」になり、僕、「不惑って言ってるのに、四〇歳なのに惑ってばっかじゃん」と思ったわけ。そしたら、ちょうど僕らが四一になる年に三・一一が起こったじゃんか。ってふうに考えたときに、僕のなかで、goomoを作ったとか震災が起こったとかがぜんぶ四〇の時だったわけですよ。そこから厄年が終わったぐらいでようやく、「惑わずに本当になったんだよな」と思ったわけ。

で、四二でそういうこと立ち上げようと思った人っていろいろいるって話も聞いたんだけど、その中で松本清張*が作家デビューしたの四一、二歳なんですよ。松本清張ってすげえたくさん作品作ってんじゃんか。だけどあの人、四〇過ぎから書き始めてるわけ。ってことは「四二から作品をあんだけ書けるんだ」、ってことは「四二から書き始めないんだったら、もう無理だな」と思ったの。量的に。

つまり、三〇歳でナポレオンに挫折し、三五で釈迦に挫折し、三九にチェ・ゲバラに挫折した僕は、「じゃあ何歳になったらどうなるんだ」ってさすがに考えたわけですよ、四〇超えた時に。で、四二歳でなんか自分が生まれ変わる、つまり松本清張の作家デビューが四二なんだから、「四二歳までに自分の名前で勝負できないんだったら、もう永遠にTBSのサラリーマンでいいや」と思ってたら、四二歳で本書いて同じ年に映画監督もやった。ネームバリューとして有名か無名かは置いといて、少なくとも映画と本は自分の名前で勝負したから、「できたじゃん」みたいになったのが、僕にとっては

【『元気が出るテレビ』】一九八五年から日本テレビ系列ほかで放送されたドキュメントバラエティ番組『天才・たけしの元気が出るテレビ!!』。現在政治家として活動している山本太郎が、高校生ダンス甲子園で「メロリンキュー」として無敵の人気を誇っていたのが懐かしい。

【坂本龍馬】一八三六年（天保六）生まれの武士、商人。一八六七年（慶應三）に没。土佐藩郷士の家に生まれ、脱藩後維新志士として活動。貿易会社と政治組織を兼ねた亀山社中（のちの海援隊）を結成。薩長同盟の成立に協力するなど、倒幕および明治維新に関与した。大政奉還成立の一ヶ月後に中岡慎太郎、山田藤吉らとともに暗殺された。司馬遼太郎の小説『竜馬がゆく』で大きく脚光をあびることになった維新の志士の代表で、その実際の姿はいまだに謎に満ちている。

変換点。

で、二〇二〇年に五〇になるんだけど、四九になった時に、糸井重里*さんがほぼ日を作ったのって四九歳なのね。ってことは、あの人はコピーライターをずっとやってきて四九で新しいことやってる。あと、伊能忠敬*がずっと商人だったところから、地理を学び始めたのって四九歳なんですよ。で五四歳かなんかで測量に旅立つんだよね。「ってことは、四九になって新しいことやっていいんだな」って思ったの。で、大学院に行ったの。で、四九は西郷隆盛と織田信長と夏目漱石が亡くなった歳で。というようなことをメルクマールというか、指標にしている。

という上で自分の中では、川という喩えでいうと、川の中に竿を立てて、「それに成れてるか、成れてないか」みたいなことで一喜一憂して……だいたい憂のが多いんだけどそういうようなものがあって、あとは自分の目の前のことしか見てない。みたいなことかなと思う。

加藤 角田くんの中には「すごく近い視点」と「かなり遠い視点」と両方あるんだね。

角田 そう、「すごい近い視点」と、もうひとつは死ぬほど遠いんだよね。「五年後の自分」とかじゃないわけ。織田信長とかナポレオンとかなわけ。

加藤 ちなみに「五十何歳でなんとか」ってのは、さっき例を挙げていた伊能忠敬さんの次、今はベンチマークしてるわけ?

角田 そんなにしてない。まず「四九で新しい仕事」。ほぼ日を始めた糸井さんじゃないけど、だからKITEって会社を去年作ったんだけどさ。KITEっていう会社はメディ

【松方弘樹】
一九四二年生まれの俳優。二〇一七年没。ヤクザ映画や時代劇だけでなく、バラエティ番組でも活躍した。聞き手・甲斐荘にとっては「遠山の金さん」のイメージが強い。

【松本清張】
一九〇九年生まれの小説家。一九九二年没。社会派推理小説の第一人者で、没後二〇年以上経ってなお、毎年小説のドラマ版が製作・放映されている。

アブランディングみたいなことをやろうと思ってんだけど、ちょっと新しいことをやろうと思ってる。

だから僕の中では四九になった後、「新しいビジネスモデルを作る」みたいなことをちゃんとやるのか、あるいは大学院をちゃんと修了して、「学問をプロデュース」をちゃんとやるのか、あるいは、一個小説書き終わっててそれが二〇二一年の夏に出版されるんだけど、それがどうなのかな、と三パターンくらいは一応考えてるかな。それが全部失敗するかもしれないし、「どれか一つくらい何か道になったらおもろいな」くらいは考えてる。

加藤 ってことは、五〇代でのベンチマークの人は今、いないんだ。

角田 今んとこいない。吉田兼好*が『徒然草』を書いてたのが四八歳って言われてて、それに触発されて『出世のススメ*』って本を書いたんだ。「出世」ってのは「偉くなる」ことじゃなくて「世から出よう」っていう意味で。もしかしたらそういうような、例えばこれからある仕事の発注が来たら、「五一歳の時何やってたのかな、歴史上の人物みんな」みたいな、もしかしたらそういうとこからネタを出してるかもね。

◉千日、がひとつのタームと考えると……

加藤 スコープが長いよね。川っぽいよね。

角田 長いよね。時空間的に長い。

【糸井重里】一九四八年生まれのコピーライター、経営者。コピーライターとしてはセゾングループやスタジオジブリ作品のキャッチコピーが有名。一九九八年以降は、本文でも言及されている「ほぼ日刊イトイ新聞」(ほぼ日)の運営で知られる。

【伊能忠敬】延享二年(一七四五年)生まれの商人、測量家。文化一五年(一八一八年)没。五五歳から一七年かけて日本全国を測量した。元は商人だったところから、隠居後に別分野で当代一流の実績を遺した点は、同時代を生きた画家の伊藤若冲とも共通する。

加藤　この質問の人、なんか短いよね。

角田　短いね。

加藤　もちろん来年は来るんだけどさ。「川なんで、もっと先まで流れていけますから」、みたいな感じ？

角田　そうかもしれないね、っていうか。キーワードみたいなの作って伝えたいんだ、この感覚を。「予定通りに行かないと分かって予定しろ」みたいなことなんだと思う。

加藤　冒頭に出した「両極端を想定して中庸を行く」もちょっと似たようなとこがある。この本の企画段階からある「遊水池のある川」が、今んとこの仮説フレーズであるけどね。

角田　そういうほうがいい気がする。ほら、『考具』*って本が売れたの、「考える道具」だからね。あれ、超いいネーミングなんだよ。というのがたくさん出てくるとおもろいよね。

加藤　話を戻すと、「目の前のことは一生懸命やるんだけど、遠いところと二つ視点持ったら？　だって川だし」。そんな感じ？

角田　いずれにしても「一個の視点だけで見るな」ってことは、僕がずっと言ってる永遠のテーマ。「ワイプ*目線を持て」って。バラエティ番組だったら、つまり「その番組、VTR自体を自分が面白いと思うかどうか」というのと、「それを明石家さんまさんが観て笑うかどうか」というのと、二つを持て。

　って考えると、「視点を二つ持つ」ってことは、つまりそれぞれの焦点距離が違うってことなんだろうな。

加藤　レンズを二つ持てと？

【吉田兼好】南北朝時代の歌人、随筆家。生没年不明だが、弘安六年（一二八三年）頃の生まれとされる。『徒然草』の作者として有名。作家の橋本治によれば、ひらがなと漢字の和漢混淆文（かなと漢字が両方使われる文）は『徒然草』において結実し、その意味で現代日本語の原型だという（『失われた近代を求めてⅠ　言文一致体の誕生』（二〇一〇、朝日新聞社）に詳しい）。

【『出世のススメ』】角田陽一郎の著書。二〇一九年に日本実業出版社より刊行。

角田　焦点距離が違う時に、「何ミリから何ミリまで一本で対応できるレンズ」を持つってやっぱりなかなか難しい。だったら焦点距離が違うレンズを二つ持てばいいじゃん、二つを付け替えればいいじゃん、みたいなことかなと僕は思ってる。

強いて言うなら、みんな「信長、秀吉、家康、誰が好き？」みたいな話するじゃん。僕の順番で言うと「信長です」「秀吉です」「家康です」の順番で年齢で変わってった。で、今は「みんなすごいね」なんだよね。この「みんなすごいね」って感覚を持つことな気がするんだ。

ところがみんな、「信長がすごいから信長、秀吉がすごい、家康はここがすごい」、あるいは「信長ここだめ、秀吉ここだめ、家康ここだめ」って感じでやるんだけど、僕は「いや、みんなすごくない？」って思ったわけ。

この「みんなすごいじゃん」と思うことなんじゃないかな。禅問答に近いんだけど、なんかそんな感覚なんだよね。「一年毎に良いか悪いかを判断する」ってのはさ、「信長がいい」とか「秀吉がいい」とか言ってる気がしちゃうんだよね。信長のダメなとこも含めてよかったし、秀吉のダメなところも含めていいんじゃん、とかさ。家康、頑固だったけど、だから関ヶ原で勝ったんだろ、とか、なんかいろいろあるじゃんか。「三人ともすげえなあ」みたいなことなんじゃないかなと、ちょっと思うんだよ。

加藤　個人には「単年度決算」はいらないとも云えるか。

角田　「ブームは千日」って話はしたっけ？　どっかの本で書いてんだけど、ＳＰＥＥＤがちょうど一〇〇〇日で解散してんだよね。一つのブームが大体一〇〇〇日で、その一〇

【『考具』】
Ｐ３２０の本文と脚注を参照。

【ワイプ】
「拭き取る」の意味で、自動車の「ワイパー」と同じ語源。映像においても当初は「端から徐々に次の画面に切り替わる」ことを指していたが、転じて「画面の中に子画面をはめ込む」意味でも用いられる。

【家康】
徳川家康。一五四三年（天文一一）生まれの戦国大名、天下人。一六一六年（元和二）に没。関ヶ原の戦いに勝利したことで、一六〇三年に朝廷より征夷大将軍に任命され、その後二六〇年続くことになる江戸幕府を開いた。将軍職を秀忠に譲り、大御所と呼ばれた。

〇〇日を乗り越えると次の一〇〇〇日がやってくるんだって。モー娘。*とかはうまく期を変えて、「第何期」みたいに、一〇〇〇日、一〇〇〇日って更新してやっていて、AKB*とかもそうだって話があって。

多くの会社でいうと四月からものごと始めるじゃん。一〇〇〇日ってさ、そこから始めて、次の年の四月になって、二年目が過ぎて、三年目の一二月で一〇〇〇日なんですよ、ぴったんこ。三期目の一月、二月、三月の間に「この事業をやめるか、やめないか」みたいなことを判断して、やるんだったらまた次の三年がやってくんだよね。

っていうことを何となく思ってたら、僕の作ったGoomoって会社はまさにそうだった。だいたい一つのプロジェクトって三年で判断される。三年で判断されるんだけど、最後の一月から三月まではもう判断の材料が決まっちゃってるわけだからさ、実際判断されるまでって一〇〇〇日なんだよなと思って。住田興一*さんとかと会社作った時も「まず一〇〇〇日もつかやってみようよ」って話をしたんだ。

そう思った時に、僕は二〇一六年の一二月に会社辞めて一七年の一月からフリーになって、二〇一九年の秋がちょうど一〇〇〇日だったんですよ。だからそのタイミングで「これからの一〇〇〇日、何やろうか」みたいなことは考えたと思う。プロフェッショナル、玄人になるのも「一〇〇〇日続ければ」とか言うじゃん。だからなんとなく、この「一〇〇〇日」ってのを僕の中では一個のタームにしてるな、とは思う。

加藤 その感じ、あるかもね。企業だって中期経営計画ってだいたい三年だもんね。

角田 三年で、残りの三ヶ月はもう判断されないからさ。実質一〇〇〇日なんだよな。

【SPEED】一九九〇年代後半に活躍した、メンバー全員が沖縄出身のダンス・ヴォーカルグループ。

【モー娘。】モーニング娘。一九九七年に発足した女性ボーカル&ダンスグループ。プロデューサーを退任した直後の一時期を除き、つんく♂がほぼ全楽曲の作詞・作曲を手がけている。国外にもファンが存在し、海外ライブも行っている。

【AKB】AKB48。二〇〇五年に東京・秋葉原を拠点に活動を開始した、秋元康プロデュースの女性アイドルグループ。

【住田興一】P234の本文と脚注を参照。

◉ゴールよりも途中の道すがらで何を見た？

加藤　「来年」に対して「一〇〇〇日」ね。でもさ、計画性のある一〇〇〇日なのか、川下りのように、計画せずに進んでいって、結果いい感じで次の一〇〇〇日なのかは違うよね。あんまり計画性を持たないほうがいいような気がする？

角田　僕は計画は全然立ててない、今の話でいうとね。目標とか目的もそんなにない。なぜかというと、目的って「到着」ってことじゃん。英語でいうと目標を「ゴール」って言うじゃん。ゴールって、突き詰めるとその人の「死」じゃん。つまり、「目標を持つ」ってことは自分の中に「プチ死」を作ってるってことな気がする。

そうするとさ、【無常観】*では「メメント・モリ」みたいな話もしてるんだけど、一方で、死に到達することばっか考えてるのってなんか本末転倒で、考えるべきはむしろ「行く道のプロセス」なんじゃないかなと思って。だからゴールはどこでもよくって、ゴールに行く道の、さらに小さな道の中で、「歩いてんだったら道の景色を楽しもう」とか、「観光しよう」みたいな。

つまり、旅行はやっぱり「道すがら何を見たか」のほうが大事なんだよ。だから目的地を持ってしまうと、「移動すればいいんでしょ、だったら早いほうがいいよね」になる。「新幹線や飛行機だよね」みたいな。でも本当は、大阪行でも、本当は大阪までの車窓の景色を見ることのほうが大切だし、なんだったら歩いて行くぐらいでいい。「浜

【無常観】
P496からの本文を参照。

松でうなぎ食ってさ」みたいなほうがいいんだと個人的には思ってる。だから、そんなに目標は持ってないかな。「なんとなくそっちに行くけど、行くまでのプロセスを楽しもう」みたいなイメージが僕の中にはある。

加藤 それだと「角田さんは実力があって、自分に自信があるから目標なくて大丈夫だからじゃないですか？」っていう質問、来そうだよね。

角田 その場合に答えるのは、むしろ逆で、「自信がないから目標もつけられない」ってのが最初だった。それはさっきの浪人の比喩だと……比喩っていうか事実だけど、東大受かれば東大のスケジュールになるし、受かんなきゃ分かんない。立教だったら立教のスケジュールになるし、全部落ちたら高卒？みたいな。「だったらアメリカの大学とか受けるか」って当時は言ってたけど。そういうような時に「目標通りにならないんじゃないかな」って思ったのが、そもそも最初にあるんだよね。

「自信があるから、目標なんかなくたって生きていけるじゃん」じゃなくて、目標があると「目標が叶えられない」という怖さに耐えられないから。「目標が叶えられない」という自分の弱さに耐えられないから、あえて目標は作らない。目標＝死だっていうのはそういうことだと思う。

加藤 一方で「目標がないと頑張れない」、「目標は、今の自分に対するストレッチなフューチャー、延長線上にある未来」だから、ってところにモチベーション感じる人もいるしなあ。

角田 言える。あとは「その人の性格に合った」としか言えないんだけど。なんか僕は、目標を作ると「それをクリアできるかクリアできないか」っていう、そこだけに話が行っちゃう気がする。仮にクリアできなくたって「楽しかったじゃんこのゲーム」みたいなことでいいんじゃねえかなってちょっと思ってるから、辿り着かないって選択肢もあるよね。辿り着かなかったことを嘆くのではなくて、「辿り着かないんだけど、その行程が楽しかったんだからまあいいんじゃない」って。

だからって、じゃあ「日々楽しければいいや」って刹那的なわけでもなくて。刹那的にしてるとどこも行けないからね。「なんとなく、天竺*目指しますか」みたいな、目指す方向はある。それが三〇歳のナポレオンであり、三九歳のチェ・ゲバラ*かなってところはある。三九歳の時にチェ・ゲバラは革命してんだから、じゃあそれぐらいまで革命的なことを、僕の置かれた状況で……あの時はまあテレビだったから、テレビの中で革命的な番組を作りたいし、革命的なGoomoって会社を作りたいし、とかやってたんだ。あとはそれが失敗するか失敗しないかは、もう頑張るしかないよね。っていうことかな。

加藤 まとめると、「来年」と云う言葉の裏にスパンの短い計画主義があるんじゃないのではなかろうか。視野を一〇〇〇日ぐらいは長く持つ、視野は目の前と、長いのと。レンズは二つ持つ。そもそもゴールを持つというのがいいことか。持たないでいくやり方もあるよね、っていうあたりですか。

角田 そういう感じですかね。

【天竺】
「①中国および日本で、インドの古称。天竺国。②そら。天。高い所。上の方。頂上（後略）」（『精選版 日本国語大辞典』より）

【チェ・ゲバラ】
エルネスト・ゲバラ。一九二八―一九六七。アルゼンチン生まれの革命家。キューバのゲリラ指導者。「チェ・ゲバラ（Che Guevara）」の呼び名で知られるが、「チェ」は主にアルゼンチンやウルグアイ、パラグアイで使われているスペイン語で「やぁ」「おい」「お前（親しみを込めた）」「ダチ」といった砕けた呼び掛けの言葉であり、ゲバラが初対面の相手にしばしば「チェ。エルネスト・ゲバラだ」と挨拶していたことから、キューバ人たちが「チェ」の発音を面白がり付けたあだ名であった。彼の肖像画は今やファッションアイコンになっている。

り

【履歴書】

りれきしょ

角 相手に自分の思考と嗜好のアーカイブをどう開陳するか？

加 活動や実績でもなく所属歴の記載枠だけが正しいか、怪しくなってきた書式。

転職を考えていて、履歴書を書いてみたんですが、ありきたりなことしか書けなくて転職活動が上手くいかなさそうです。何をアピールするべき？

◉「自分がどうやって生きてきたか」を書けばいい

角田 「アピールできるところがない」みたいなことって、履歴書*以外でもみんなまあ言うよね。昨日も「本を書きたい人の個別相談会」をやっててさ、そこで「こういうふうに書けばいいんですよ」みたいなこと話したらさ、「アピールできるところがないんですよ」的なことを向こうが言うわけ。「あなたという人間が、どう思ったかを書きましょう」みたいに言ってんだけどさ、「自分という人間がないんですよ」「角田さんなら『テレビ作ってきた』みたいなのがありますけど、そういうのがないんですよ」みたいなことを言う人が多いんだ。

【履歴書】
「履歴を書いた書類。経歴書」『広辞苑』より）。さらに「履歴」は「①現在までに経て来た学業・職業などの次第。来歴。経歴。②今に至るまでの経緯。その記録（後略）」（『広辞苑』より）

でもそれって僕の中では「ちょっとずるいな」と思ってて。僕だって「ない」と思ったから探してきたんだけど。探してきて探してきて探してきて、仮に僕に見つかってるか見つかってないかは置いといて、僕もまだ見つかってないかもしんないんだけど、「見つけてるんじゃん」って言われた時に「お前ら探してきたのかよ」ってちょっと思うんだよね。探してもいないくせに「ないんで」って言われてしまうと、「ずるいな」ってやっぱ思っちゃうんだよ。

じゃあ聞いてみるとさ、その人だったら、「自分は元々アイドルオタク*だったんだけど」みたいなことをいろいろ語る。今は三七、八で、結局「個人で小学生とかに教えてて、教育みたいなものをもっとこうやればいいや」みたいなこととか言ってる。

僕は「え、その経歴、べつに面白いよ」って言ったわけ、普通に。華やかかどうかは別として、オタクで引きこもりだった自分が、「そういう人にはこういう教育をすれば学べる」みたいなことをサジェスチョンするようなのって面白い。「自分は全然研究家でもないし学問のプロではないけど、『街場の学習家』みたいなことを名乗って、街場の学習家としてはこういう教え方をしてます」みたいなことを言って、ちゃんとブログなりnoteなりを書けば、「もし本当に面白いこと書いてたらけっこう伸びると思いますよ」って言ったらけっこう自信持ってくれたのよ。

だから、加藤くんの言ってる「イチローじゃなくて草野球」じゃないけどさ、ないんじゃなくて、「まず探してんのか」が一つ。探してんだったら五年一〇年やってれば、一〇年間探し続けてたってことがアピールになるんだよ。まだ見つかってないですけ

【アイドル】
「①偶像。②あこがれの対象者。特に、人気のある若手タレント」（『広辞苑』より）とあるが、聞き手・甲斐荘の観察によれば、現在はそれに加えて「まだ無名のアイドルがスターダムを駆け上がっていくのを推す快楽」が、現代のアイドル文化の大きな特徴であるように思える。その意味でのアイドルが一般化したのは、「アメリカン・アイドル」の放映が開始された二〇〇二年〜「ハロプロ研修生」がスタートした二〇〇四年〜AKB48が活動開始した二〇〇五年あたりだと思われる。

加藤 ど、「一〇年間これを探してきた」ってことをアピールする言い方を考えればいいんじゃないですか、っていう。それをその経歴・履歴に書きゃいいんじゃないですかとは思うかな。

角田 そうだね。【副業】[*]のところでも議論したけど、「何をやりました」の結果ファクトじゃなくて、「どうやりましたか」がアピールポイントじゃなかろうか。

加藤 話せば、ゴールの話をしなくてもいいんじゃないかな。それとたぶん一緒だと思う。【来年】[*]で話した「ゴールと行程」でもあるね。どんな景色を見てきたかをどうやってたか、「how」を書くってことだよね。

角田 「何者か」はいらないんだよ。

加藤 履歴書は「what」、つまり「やったことの結果」の連続フォーマットになってるのは事実だけど、それにペライチ足せばいいんだもんね、勝手に。

角田 あと実際、大学院の願書にそういうの書くとこあったよ。

加藤 いわゆる就活って、まだそこを訊くと思うけど、中途採用だと深くは訊かないかもね。

角田 事実しか見ないよね。

加藤 職能しか求めてない感じなのか。

角田 ってことを考えると、実は企業側のほうが間違ってるのかもしんないね。

加藤 一方で「何をやったか」じゃなくて「どういう人か」が大事だから、社員と二〜三時間喋ってみて、相性見るプロセスがある採用方法もある。「焼肉面接」する会社のニュースを聞いたことあるけど、焼肉の食べ方で判断するのも同じだよね。

【副業】
P441からの本文を参照。

【来年】
P574からの本文を参照。

角田　そこに表れるとものとして、結果、学歴とかはあると思うんだよ。だから「早稲田に受かってる」みたいなのも、「受かってるだけ勉強してんじゃん」ってことは事実だし、そういう意味での経歴っていうのはあるんだけど。

そうすると【言語化】*なんかでもしたジブリの鈴木敏夫*さんの話じゃないけど、「おまえの人生のあらすじを書けばいい」っていうこと。じつは、アピールするポイントがないんじゃなくて、表現方法なような気がするんだよね。伝え方だよ。

加藤　それ！「履歴書って自分のあらすじです」って、おもろいね。

角田　おもろいよね。そうなんだよ、「自分がどうやって生きてきたか」を書けばいいだけであって。

加藤　多分「アピール」って単語に対する先入観もあってさ。すごいところ、素晴らしいところ、人より秀でてるところ以外はアピールしちゃいけない、ダメだ禁止だ、と捉えている人も多いかな。「あらすじ」*は、どんなものにもあらすじがあるわけじゃない。それが秀でてようがなんだろうが。秀でた結果だけを書くのが履歴書であると考えてるなら、筆が止まるってことだよね。

◉「自分をブランディングする」方法とは？

角田　個別相談会でいろいろ書き方を教えてさ、「自分をブランディング*したほうが楽ですよ」って話をしてさ。「バラエティプロデューサー」で名乗ってからだいぶ楽になっ

【言語化】
P143からの本文を参照。

【鈴木敏夫】
P147の本文と脚注を参照。

【あらすじ】
P147、148の本文を参照。

【ブランディング】
P128の本文と脚注を参照。

たって話をしたのね。そうすると、相談してる時に「あなたの肩書きを作りましょうか」みたいになるんですよ。
【SNS】*の項でもちょっと話したけど、実は本を書けるかどうかは別なんだけど、「お仕事何やってんですか」っていうと、プラスチック*関係って言ってたの。「どういうことですか」って聞いたら、要はトヨタとかスズキとかから、「ダッシュボード用に、こういうプラスチックで、こういうクオリティのを求めてます」って依頼が来るじゃないか。来たらその人が「あ、そのクオリティならA社の町工場に頼もう」とか、「B社の町工場に頼もう」ってのをコーディネートしてる仕事なんだって。そういうことやってる人って珍しいから、けっこう仕事が来るんだって。プラスチック関係では、この人に頼めば最適な町工場教えてくれるから。

加藤 フリーな方なの？　企業の一部門じゃないんだ。

角田 もともと企業でやってたけど、今はフリーで、一人でやってんの。面白いでしょ、なかなか。でも、「じゃあ仕事は？」って言ったら「プラスチック関係」としか言えないんだよ。自分はプラスチック作れないし。なので、いろいろ二人で話して、「プラスチック関係」じゃなくて「プラスチックコーディネーター」*って名乗れば、と。少なくとも、そういうことやってる人だって分かるじゃん。それで「note 書いたり Twitter やれば」みたいなこと言ったんだ。
それから半年後くらいにもう一度会ったらさ、書いてるほうは Twitter とか書いてるんだけど、「仕事が増えた」って言うの。つまり「プラスチックコーディネーター」っ

【SNS】
P175からの本文を参照。

【プラスチック】
P192の本文と脚注を参照。

【コーディネーター】
P192の本文と脚注を参照。

て名乗ってるから、その人を知らなかった人もコーディネートの依頼に来るんだって。あともう一個は、今ってほら、プラスチックの海洋ゴミの話とかあるから、その取材が来るようなったって言ってた。僕もテレビ局にいたから分かるんだけどさ、「プラスチックの専門家」に話を聞きたいんだけど誰に聞けばいいんですかっていったら大学教授くらいしか思いつかないんだけどさ、検索してて「プラスチックコーディネーター」って出てきたら、ちょっとその人に話聞いてみようってなるじゃん、どう考えても。

というふうにすると、じつはその人が「プラスチックコーディネーター」って名乗っただけでめちゃくちゃアピールポイントになって、「プラスチック関係の仕事です」って言うより一万倍くらい効果があったと思う。

加藤 この話が「あらすじ」になっているのは、話を盛ってないからだな。

角田 盛っちゃダメだと思う。

加藤 そこだね。履歴書も含めての文書、あるいは企画書は「表現ではなく表記しよう」って云ってる。「表現」ってなんか、慣れてないと盛ったりとかするから。「表記しましょう」。あらすじって盛れないね。その感じがすごく好い。

角田 僕も、個別相談会で肩書きについて言う時にそういうアドバイスしてんの。まず絶対嘘はダメだし、盛りすぎちゃうとダメだっていう話をしてて、「街場の教育家ぐらいがいいですよ。プロ家庭教師とかじゃなくて『街場の』とか付けたほうがいいですよ」みたいなね。

それはテレビの演出で培ったやつでさ。『巨人の星』で、星飛雄馬[*]がうさぎ跳びするじゃん。苦労してるんだけど、その苦労をすごいアピールされると嫌味になるじゃん。あのうさぎ跳びは、お姉さんだけが見てたんだよね。で、飛雄馬が大リーグボールを投げた時に、お姉さんが「飛雄馬……！」って泣いてるわけだ「こんなに苦労して」「お父さんは知らないのに」みたいなさ。

つまり、僕は「努力はチョイ出ししろ」って言ってるんだ。努力を全面的に出すと、みんなの前でうさぎ跳びしたら嫌味になっちゃうじゃん。だからって、一方で全然努力を見せないと、その人が努力してるのを気付かれないわけですよ。だからTBS時代は、後輩に「こんだけ隠れて努力してたんですよ」とか言われても意味ないから、その場合は僕だけに努力したと言ってくれと言ってた。「僕がお姉さん役をやってあげるから」と。「アイツ全然働かないんですよ」って言ってる奴がいたら、「でもアイツ後ろでこんなことやってんだよ」って言ってあげるからと。

努力のチョイ出しってのが必要で、ポイントは「チョイ」なんだよね。それをみんな、出すのも嫌がるし、出す時は超過剰に盛るんだよね。「こんなすげえことやってきました」みたいにさ。相手が「なるほど」と思えて気持ちいいぐらいの、努力のチョイ出しがいいの。もしかしたら、劣等感とかもそうかもしんないし、長所も短所も、あらゆるものをチョイ出しする。それが加藤くんの言ってる「盛りすぎない」「表現じゃなくて表記」ってことかなと、今の話聞いてて思ったけど。

【星飛雄馬】
P279の本文と脚注を参照。

◉「あらすじ力」で一冊の本になるねぇ

加藤　しかしさ、「あらすじ」の作り方って、いろいろやり方、人なりにメソドロジー＊があるんだと思うけど、まとまってないね。

角田　文芸的なものでまとめてるのはあるけど、働き方で「あらすじのまとめ方」みたいなのはないよね。こういうビジネス本的なもので。

加藤　いいね。応用力広そう。「あらすじ力」は、いろんなことに使えるね。

角田　使えるね。

加藤　自分にも他人にも有効。

角田　企画の時も「そのあらすじは？」とかさ。「プロジェクトのあらすじは？」とか「仕事のあらすじは？」とか。

加藤　そう考えるとさ、受験とかテストで、要約ってずいぶんさせられたじゃない。

角田　超大事なんだね。

加藤　だけどやり方ってあまり教わってない。

角田　そうなんだよ。だからジブリの鈴木さんじゃないけど、みんな「感想文」を書かされるんだよね。本当は「あらすじ」を書きゃいいのに。「あらすじ」が分かんないのに感想文読まされてもさ。

加藤　「あらすじ」の作り方って、結局は編集的な態度が必要で、すべてのパートを均等に書

【メソドロジー】
（methodology）「筋道だった『やり方（method）』の体系のこと。体系として構築されたメソッド群。主に『方法論』と訳される」（『実用日本語表現辞典』より）

角田 けばいいわけじゃないですよね。

角田 僕が思うのは、どこに重きを置くかによって「あらすじ」の書き方は千差万別になるから、それがもう結果的に個性になるんだよね。その人の個性になる。

だから「あなたのあらすじ」を履歴書に書けば、その個性が、苦労というところに焦点を置いたのか、あなたのやってきた遊びに焦点を置いたのかによって「あらすじ」の書き方が変わるわけだから、結果、その人の人生がよく見えて、つまり伝わる。

加藤 さらに第二弾に行って、そこでメタな視点を持てて、「自分の人生のあらすじ」をいくつかのパターンで作り分けられたら、超いいよね。

角田 超いいよね。超いいいね。

加藤 「あらすじ」は一冊行けますな。

角田 加藤くんが『あらすじ力』みたいなの一冊書けばいいよ。そうすれば『考具』みたいな本になるよ。加藤くんってマテリアル的な話も好きだけどさ、実はストーリーとかナラティブの話をいつもしてるから、本当に「あらすじ」だよね。向いてると思う。

加藤 ふだん「要はさ」って、あらすじ風に切り出した後で、みんな死ぬほどしゃべってるもんね。あらすじボリュームを超えて。

角田 「要は」のあとがみんな大事なんだよ、きっと。

加藤 「要は」の要は、の仕方が、ヘタチンなのも事実だもんな。

角田 ってことはつまり、「あらすじ」がきちんと描けてない。

加藤 そういうことですね。

る【ルサンチマン】

仕事ができる先輩の口癖が「ルサンチマンがないとダメだ」です。反発心ってことだと理解しているんですが、正しいでしょうか？

角 結局、ルサンチマンで始まったプロジェクトでうまく行ったモノはない。

加 ニーチェ曰く弱者が抱く感情。云い換えると比較の呪縛から生まれると思う。

◉ルサンチマンがなくなったからTBSを辞められた

角田 ルサンチマン*って「恨み」みたいなものですよね、ざっくり言っちゃえば。

加藤 ですね。

角田 敵わないからルサンチマンになるわけですよね。ということは「ルサンチマンがあるから何か大きなことができる」って論理矛盾を抱えているというか。「仕事ができないからルサンチマンを抱える」という説もあるわけじゃないですか。

加藤 ちなみにどんな定義かを調べてみると……。

――デジタル大辞泉によりますと「強者に対する弱者の憎悪や復讐（ふくしゅう）衝動などの感情が内攻的に屈折している状態。ニーチェやシェーラー*によって用いられた語。怨恨（えんこ

【ルサンチマン】
「①ニーチェの用語。弱者が強者に対する憎悪や復讐心を鬱積させていること。奴隷道徳の源泉であるとされる。（中略）②一般に、怨恨・憎悪・嫉妬などの感情が反復され内攻して心に積もっている状態」（『広辞苑』より）

ん）。遺恨。」とのことです。

角田 哲学的に意味が合っているかどうかはともかく、僕はルサンチマンの塊でしたね。

加藤 おお。

角田 中学生くらいからですかね。ルサンチマン的な塊だったのは。それがずーっとあったんですけど、最近ないですね。

加藤 おお！

角田 最近ないんですよ。だからって哲学的に合っているかどうかは置いといてですよ？　僕がルサンチマンで思うことというと。で、ルサンチマンがなくなったから会社辞められた気がするんです。

加藤 ほー。

角田 自分的に分析すると、中学校とか高校とか会社とか、ある「場」があって、その中で自分のやりたいことが叶わなかったとか、そういう時にルサンチマンを感じるんですよ。ところが、四一、二歳くらいの時かな。「絶対叶わないんだ」って思ったことがあって、そうすると「ルサンチマンを持っててもしょうがないんだ」って気持ちになったのが四二歳ぐらいでしたね。僕でいうと。

加藤 絶対叶わない？

角田 だから、「叶う」と思っているけどできないからムカついてるとか、「あいつに負けた」とか。でも「負けるのが前提なんだ」と思うようになった。なんて言うんでしょうね、若くて能力がある人がいたとして、自分が若い時はライバルじゃないですか。自分が歳

【シェーラー】
マックス・シェーラー。一八七四年生まれ、一九二八年に没。「ドイツの哲学者・社会学者。カントの形式主義倫理学に反対し、実質的価値倫理学を確立。現象学的方法を心理学・社会学・哲学などに適用した。晩年は、哲学的人間学の樹立に尽力。著『倫理学における形式主義と実質的価値倫理学』など」（『デジタル大辞泉』より）

加藤　をとってくると、そういう人にはジェラシーを感じるわけですよ、「若いくせにこんなにできやがって」みたいに。それが自分を「どうせおじさんだし」って、適うも適わないも「そんなレベルじゃないじゃん」って思ってしまうと、それと同時にルサンチマンも消えたというか。加藤くんはどうですか。

角田　「遺恨」とか「復讐」とまでは思っていないと思うけど……ゼロではないよね。根本的に、ルサンチマンっておそらく「他人と何かを比較すること」から生まれる感情じゃないですか。その、比較してしまうことからは脱しきれてないよね。

加藤　あ、今でも？

角田　脱してない。無常になってない。

それって、【来年】の時にも僕は「目標なんか持たないほうがいい」みたいな話したじゃん。というのも、「目標」って僕の中ではなんとなく「比較対象」なんだよね。でも、その比較対象がナポレオン*とかチェ・ゲバラ*とかだったら実感として比較にならないから、逆に僕の中ではそういう人は比較対象にできたんだ。周りの現実的な比較対象と、比較して負けたりするとめちゃくちゃムカつくじゃん（笑）。だから、「まあ、チェ・ゲバラには負けてもいいや」みたいなことだよね。

遠いところに目標を置くのは大丈夫なんだけど、近くに目標がいるのは嫌だっていうのは、近くにジェラシーの対象を置きたくないことの顕れなのかもしれない。そういうことだとすると、ルサンチマンって今は本当にないかな。会社にいた時は確実にあった。自分より下のやつが作った番組のほうが視聴率いいとムカつくし、「あいつのほう

【ナポレオン】
P582の本文と脚注を参照。

【チェ・ゲバラ】
P591の本文と脚注を参照。

が先に総合演出[*]になった」とか。学校ではテストの成績とか、モテるモテないとかさ、それと同じようなことはまあいろいろあるじゃん。それが今は本当にないかな。

加藤 へえ。それでちゃんと暮らせるなら好いよね。

角田 だからこの質問に関して言えば、「ルサンチマンが大きい人ほど仕事ができるのか」っていうのは、僕ははっきり「ノー」って答えるかな。

加藤 ほうほう。

角田 そういう感情があるからモチベーション[*]になるってことはあるんだけど、そこはゴールじゃなくてスタートのような気がするわけ。「ルサンチマンを持つ」っていうのは、「ゴールのイデア」というか、理想的なゴールにどれだけ近付けるかを考えて、近付けないことにムカついてるのかなと思って。それよりも、目的はないけど一個ずつ地道に積み上げていくほうが大きい仕事ができるんじゃないかな。

◉能力ではなく、やる気で判断しようよ

加藤 人には二つの比較があるってことだよね。「他の人との比較」と「自分の中での比較」。二つめは「自分はもっとできるはずだ」的な。日本では、年少の頃からわりと、そういう教育というか教えというか躾というか、を受けてきているのは事実だよなー。

角田 どっちの比較を？

加藤 両方。「あなた、もっとできるはずでしょ？」だったり、「○○ちゃんちは○○だ」みた

【総合演出】
番組の内容に最終的に責任を持つポジション。大きな番組の場合に設置されやすい。

【モチベーション】
「①動機を与えること。動機づけ。誘因。②物事を行う意欲。やる気（後略）」（『広辞苑』より）。カタカナにするとニュアンスがあいまいになるが、動詞形のmotivateは「mo-tive（動機）＋ate（～にさせる）」であり、つまり、動機を「持たせる」の意味である。

いなさ。

角田　「ルサンチマン」とリンクするか分からないけど、普通、人って能力で判断されるじゃん？　僕、能力で判断されないほうがいいんじゃないかってマジで思ってて。

加藤　その心は？

角田　じゃあ能力じゃない何で判断するのかっていうと、単純に「やる気」。だから仕事の評定も、やる気だけで判断していいんじゃないかって思っているわけです。それはなぜかというと、やる気はあるのに仕事ができないやつが一概に評価低かったりするじゃないですか。でも僕の感覚ではなんとなく、仕事できない人は全体の八割ぐらいな気がするわけ。仕事できる人は二割でしょ。だとすると、八割の人のモチベーションを上げたほうが社会が良くなるんじゃないか。そう思った時に、少なくとも、クサってる人間を減らすことを考えたほうがいいんじゃないかって。

つまり、「その人が働いている」ということ自体が、その人のやる気・モチベーションを上げることに繋がるようにお金を渡すような仕組みにしたほうが、仕事の成果は拙いかもしれないけどやる気のある人が増えるようになる気がするんです。じゃあ二割の、能力はあるんだけど、比較として「能力が評価されない」って悔しがるような人は、能力があるんだからそれを乗り越えられると思うんだ。「能力があるんだから、そこはなんとか頑張れよ」っていうか。

で、「能力ないんだけどやる気もない」っていうやつを減らすことが社会にとって一番プラスだとすると、全体で考えると能力評価じゃなくてやる気評価にしたほうがいいって僕はずっと思ってるんです。

　ところがあらゆる本には「あなたの能力を高めましょう」みたいなことばっかり書いてあるし、「能力が高い人が成績がいい」とかみんな思ってるんだけど、べつに能力がなくたって成績がいいやつは成績いいんだよ。だから、ベーシックインカム*の考え方を働き方にも応用するみたいな話なんだけどさ、全体の能力は置いといて、全体のやる気のない人を減らすほうが社会にとっては得なんじゃないかなって個人的に思ってる。

加藤　その話、社会を漸進(ぜんしん)主義*的に見てるってことだよね。急激な発展をするためには成果への評価を重視しないといけないと思うのと反対で。

角田　それは僕も考え方が一緒。自由大学*で「発展途上人学」っていうのをやってるのもそこで。「もし僕が首相になったら」っていう話なんだけど。残念ながら、日本は後進国になってしまった、なんて発言する人もいるじゃない。デジタルとかITとかのジャンルでさ。で、「後進国になっちゃった」って言うんだったら「発展途上国になっちゃった」って言ったほうがかっこいいなって思ったわけですよ。

　でね、もし僕が首相だったら、世界に対して「日本は発展途上国だ」宣言をしちゃうなと思ったの。つまり先進国だったのが後進国に落ちたのではなくて、「日本は発展途上国です」って言ったほうがかっこいいなって。

　これにはもうひとつ命題があって、「発展」というのは何なのか、新しく問い直すっていう意味での「発展途上国」。だから、さっきの漸進主義っていうのもそういうことなのかもしれない。つまり「発展」というのは、GDP*を高めることや就学率を増やす

【自由大学】

P196の本文と脚注を参照。


【ベーシックインカム】

「最低限暮らしに必要な現金を、無条件ですべての個人に死ぬまで定期支給すること」(『日本大百科全書』より)。BIとも。ソーシャル・リベラルな立場の政治家や学者が主張するだけでなく、ミルトン・フリードマンをはじめ新自由主義者も、他の社会保障の廃止を前提としたBI導入を提言することがある。


【漸進主義】

「急激な手段を避け、順を追って徐々に前にすすもうとする立場」(『広辞苑』より)

【GDP】

「国内総生産」は「一定期間に国内で生産された財貨・サービスの価値額の合計。国民総生産から海外での純所得を差し引いたもの。国内の経済活動の指標として用いる。GDP (gross domestic product)」(『デジタル大辞泉』より)

ことだと思われてきたけれど、そんなことではない「発展」というものがあるのではないか、それを捉え直すために「日本はこれからも発展し続けますよ」と。そうやって「発展」を考えていきますよ、みたいなことのほうがいいんではないかな、ということをずっと思っていて。それは人間にも応用できるんじゃないかと思って「発展途上人学」を始めたっていう経緯があるんですよ。

加藤 なるほど。それで「発展途上」でしたか。

角田 だから漸進主義と言ったらそうだし、人間も基本的にはいくつになろうが「発展」はできる。ただその「発展」というのは、成績を上げるとか能力を高めることではないんだろうと思って。

◉ヨーロッパ視点の自然、日本視点の自然、どっちも自然。

加藤 デンマークに関する本を読んで知ったんだけど、あの国では学校を卒業すると職種の資格を得られる仕組みがあって、それが仕事始めるスタートなんだって。「新聞記者資格」とか「大工資格」とか。そうすると、ほぼ自動的に職業別組合に入ることになって、働いていようが働いていなかろうが、ある程度年収を保証されるんだって。でも「こういう仕事の人はここまで」みたいな年収の上限があるから、年収を上げようと思ったら職種を変える。また勉強して、新しい別の仕事の資格を得られると所得も上がっていくという仕組みらしい。

角田 ああ、なるほど。もうひとつスキルを付けて資格を持たないと上がれないんだね。

加藤 そう。そういう「越えられる天井」がいっぱいある社会。税金はめっちゃ高いけど、国民総番号制がほぼ普及しているので所得税とかの取りっぱぐれとかがほぼないんだって。日本は取りっぱぐれがまだある国だったはずで、税金の捕捉率もそこまで高くないでしょ？

　だから北欧は税金は高いんだけど、みんな払っていることへの実感があるので行政に対する信頼度も高くて、っていうことらしいんだよね。そういう社会ってイノベーティブなものを否定するわけじゃないけど、なんでもかんでもイノベーションじゃなくてもいいじゃん？　っていう考え方につながるんだ、という説ね。

角田 多分ヨーロッパの人って、アメリカの人に比べてそう思ってるよね。

加藤 思ってるよねえ。

角田 「車なんてべつにマニュアルでいいじゃん」ってことでしょ？　やっぱりオートマにしないもんね。だからすごく不便なところも多い。ヨーロッパの建物に行くと本当にそうだもん、「なんでこんなに古いエレベーター使ってるの？」って訊くと「だってこれ使えるから」みたいな。「イノベーションで便利にしよう」とか「快適になろう」とか、そんなに思ってないよね。なんか僕はそれでいいような気がちょっとしてるんだよね。

加藤 龍安寺*に「吾唯足知（われただたるをしる）*」って手水鉢、あるじゃない？　あれとヨーロッパの感覚は同じなのかしらね。

角田 「キリスト教と仏教みたいな対立概念が入ると違う」みたいな意見も多いんだけど、僕

【龍安寺】
京都にある臨済宗の寺院。本文にも出てくる「吾唯足知」の文字が彫られた蹲踞（つくばい・茶室に入る前に手口を清めるための手水鉢）の他、石庭や湯豆腐でも有名。

【吾唯足知】
「知足のものは、貧しといえども富あり、不知足のものは、富ありといえども貧し」という知足の心を釈迦は説いた。「欲張らず、今の自分を大切にしなさい」「足る事を知る人は不平不満が無く、心豊かな生活を送ることが出来る」という意味。手水鉢の水溜を、全ての漢字に含まれる「口」の字として見立て、その上に「五」、右に「隹」、下に「足」の下部、左に「矢」の字をあしらい、「われ　ただ　たるを　しる」と読ませる。

加藤 は同じなんじゃないかなって思ってる。まさに今読んでたのはこの『日本の風景・西欧の景観 そして造景の時代』*っていう本でさ。今、大学でいろんなキャンパスの授業が受けられるから工学部の都市工学の授業を受けてたらさ、その先生がお薦めだって言うから読んでるんだけど。簡単に言うと、例えばベルサイユ宮殿*ってすごい対称性があって、庭園なんかも人工的じゃないですか。

加藤 そのイメージ強いですね。自然を従えよう的な。

角田 対して日本の庭園っていうのは「なるべく自然を生かす」みたいな造り方をしてるから、日本人に言わせると「ヨーロッパの庭園はすごく人工的で、日本のほうが仏教徒だから自然を大事にしている」みたいな論がすごく多いと。ところが、このオギュスタン・ベルク*っていう人はフランス人なんだけど、「自然というものをどう捉えるかの違いがあるだけだ」という話なわけ。自然の中にはシンメトリーもあるし、すごく幾何学的なところもあるから、「それをちゃんと造るほうが自然だと考えてヨーロッパの庭園は発展したんだ」と。

そうすると、「日本は自然というものを重視していて、ヨーロッパは軽視している」という考え方は間違っていて、「どっちも自然を重視しているんだけど捉え方が違うだけだ」と。そうやって造ったのが、あのベルサイユ宮殿であって、逆に西洋人から言わせると、日本はむしろ遠近法的なことを考えない借景である枯山水*的なものを「自然を取り入れた庭」として考えただけだから、看板のペンキ画みたいに見えるんだって。

加藤 そうなんだ。

【『日本の風景・西欧の景観 そして造景の時代』】
オギュスタン・ベルクの著書。篠田勝英による邦訳が一九九〇年に講談社より発行。

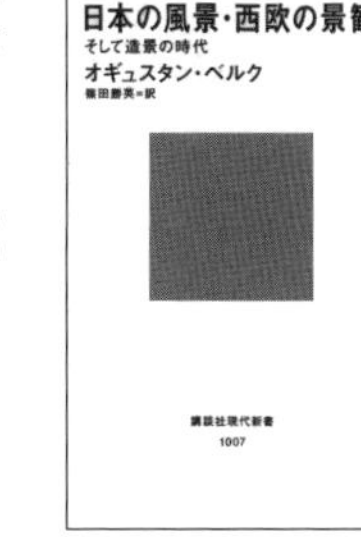

【ベルサイユ宮殿】
一六八二年にフランス王ルイ一四世が建てたフランスの宮殿（建設当初は離宮）。主な部分の設計はマンサールとル・ブランによって行われ、庭園はアンドレ・ル・ノートルによって造営された。バロック建築の代表作で、豪華な建物と広大な美しい庭園で有名。二〇二一年には敷地内に宿泊施設がオープンした。

角田　「奥行き無いじゃん」みたいな。

加藤　スーパーフラット*なわけね。

角田　「全然自然じゃないじゃん」と。だから「どっちが自然か、なんて超ナンセンスだ」ってことを書いてる本で、なるほど面白いなと思ったの。
　だから今の話にしても、「ヨーロッパもじつは仏教的だ」とか思っちゃうけど、つまるところ考え方として、快適なことなんてそんなに違わないんじゃないかな。

◉「同じ部屋」にいるから、人との比較が生まれる

加藤　多くの宗教が、ルサンチマンを生みやすい、この相対性、比較の呪縛からどうやって逃れるか、距離を置くか、を大事にしていると思うんです。「下々の我々人間がいかに比較しようとしても、比較対象である神との距離がとんでもなく遠いのだからその比較には意味などないのである」が説明としてはとっても乱暴だけど一神教的な、大乗仏教的な脱出方法としたら、上座部仏教*は、特に絶対的なものは置かないで、「自分自身でそれを捨てろ」って感じで。自分で捨てなきゃ行けない分、キツいよね。禅もキツめ、だと思う。

角田　そうだよね。なんかノルマがきついっていうか。「ノルマ」っていうのもあれだけど。

加藤　ルサンチマンに悩んでる人たちって、それこそニーチェが指摘したことだと思うんだけど、つまりキリスト教的なものに疑問を持った瞬間に、それまでは「神の領域だから

【オギュスタン・ベルク】
一九四二年生まれの地理学者、東洋学者。フランス社会科学高等研究院教授。

【枯山水】
水のない庭のことで、池や遣水などの水を用いずに石や砂などにより山水の風景を表現する日本庭園の様式のこと。

【スーパーフラット】
現代美術家の村上隆が提唱する、美意識に関する概念。平面的で立体感のない絵画空間や、ファインアート・ポップアートの区別のない批評空間に顕れている。

しょうがない」と諦めがついていたアレコレが全部自分の問題になってしまうから、それはそれでキツい。で、それに耐えられなくてダメになっちゃうから、ニーチェ曰くの「超人」的な概念が必要になってきて、「自分が超人にならないとそれを超えられない」という流れになる、自分としてはそういう理解をしているんですけど。

もしルサンチマンを感じているんだとしたら、自分ではなかなかそれを克己できないわけじゃないですか、自分が感じてるってことは。だとしたら、さっきの角田くんの話のようにナポレオンを見るような……。

角田 超人ってことでしょ?

加藤 ニーチェの「超人」って、自分が超人になることだからさ。

角田 ああ、そっか。

加藤 自分自身が超えなきゃいけないから、ものすごくハードなわけですよ。だから人間の優生理論にもなるし、ナチズムと結び付いていったり的な話になったのでしょう。

そうじゃなくて、自分をそこまで変えられなくても好いんだけど、比較する対象を近くに置くと、それもまた苦しいから、ものすごく遠くにする。少なくとも少し楽になるというのはあるのかもね。比較の呪縛に苦しまない自分でいられるように。

議論の中で、「イチロー*さんと比べるなよ～」っていう話も何度もしているんだけど、それって実際にはイチローさんを近くに感じる人も多いのかなあ。

角田 いや、近くないんじゃない。

加藤 でもさ、イチローさんと自分とを比較して「くそう!」と感じる、思うってことは、イ

【上座部仏教】
「大乗仏教に対し、それ以前からあった部派仏教の呼び名小乗仏教とも呼ばれた。『小乗』とは小さな乗り物の意で、自己だけの解脱(げだつ)を志す狭小の悟りをたとえた。この呼び名は大乗からの蔑称であり、信徒自身は上座部仏教と称した。地域的には、北伝仏教はすべて大乗、スリランカ・ミャンマー(ビルマ)・タイ・カンボジアなどで行われる南伝仏教は上座部である。原典はパーリ語で書かれている」(『旺文社世界史事典』より)

【イチロー】
一九七三年生まれの元プロ野球選手。二〇二一年現在はシアトル・マリナーズの会長付特別補佐兼インストラクター。日本でもっとも成功した大リーガーのひとりだが、その後を投手と打者の二刀流で活躍する大谷翔平が凄まじい勢いで追っている。

角田　チローさんと自分が同じカテゴリーに入っている自意識ってことじゃない？　神は遠く離れた部屋にいらっしゃるから、見えなくて自分と比較しないけど、イチローさんは同じ部屋にいるんだって思ってるってことですよね、それって。みんな自分に対する自意識、部屋の広さが相当広くて、ないしは高くて、実は結構イケる気になってるのかな。

加藤　イケる前提なのかな。同じホモ・サピエンス*ではあるけれど。

角田　もしかしたら、いける前提でいるのにいけないから、ルサンチマンを感じるのかもね。で、ヨーロッパって意外に「いけない前提」の人が多い説もあるよね。大学の進学率も日本よりは低いんだよね？

加藤　だってエリートじゃなきゃ大学行かないっていうことだからね、そもそも。

角田　だからいまの日本のほうが、むしろルサンチマンが生まれやすい社会構造なのかもしれないと、今の話を聴いてて思いました。

加藤　同じ部屋にいるんだもんね。

角田　それって昔で云うところの、「総中流」ってやつ？

加藤　「一億総リビング住まい」だよね。だってみんな同じＬＤＫの単位で家の間取りを測るんだもん。

角田　同じ尺度でか。

加藤　建物がそうなってるっていうかさ。日本の居間って、テレビがあって、みんながいて、その中でお父さんが巨人戦を観て……みたいなことが行われてきた社会じゃないですか。だから、「個室文化じゃない」っていう意味で部屋の喩えを続けるとさ、「同じ部屋

【ホモ・サピエンス】
「現生人類を含む、直立姿勢を完成した脳の大きな人類。もともとギリシア哲学以来、人間の本質は英知の優れていることにあると考えられてきた。これに応じて、賢い人間という意味でこの名がある」（『日本大百科全書』より）。

の中にいろんな人がいる」みたいな感じでこの日本社会もできてるから、「別々の部屋があって、この部屋だけ良かったらいい」みたいなことだと満足しないんじゃないかな。「同じリビングの中で相手に対する優越性がないと、勝ったと思えない」みたいな。本当は、自分の部屋にいればどっちだっていいんだろうけどね。

　だから夏目漱石*の『私の個人主義*』じゃないけど、この国ってやっぱり「個人」っていうものが確立されていないんじゃない？

加藤　その「個人」の裏にあるのは、やっぱり他人と比較しちゃうってことだよねえ。

角田　だから、リビングで隣にいるからだよ。見なきゃいいじゃんっていうかさ。

加藤　その比較のしやすさは、むしろインターネットのおかげで拡大してる。

角田　してるしてる。

加藤　そう考えると、以前に比べて、もっと比較されやすい・比較しやすい環境になってきているのかしら。

角田　うん。だから「LINEグループ外されたからいじめられた感じがする」みたいな話もそうかもしれないし。

◉バンドを組むような、大括りな分業がルサンチマンを解消する？

加藤　それに対して僕らはここまで「微差を大事にしたら、自分の価値がもっと高められるかもしれないぜ？」って話を何度もしてきたけど、それとこれとはどういう関係になるん

【夏目漱石】
一八六七年生まれ。一九一六年没。小説家、評論家、俳人。明治末期から大正初期にかけて活躍した近代日本文学の作家。松山中学、五高等で英語を教え、英国に留学した。留学中は極度の神経症に悩まされたという。帰国後、一高、東大で教鞭をとる。『吾輩は猫である』『坊ちゃん』『草枕』と話題作を発表。その後、新聞社に入社し創作に専念。『三四郎』『それから』『こゝろ』など傑作を残した。享年五〇。

【『私の個人主義』】
夏目漱石による一九一四年の講演、およびその講演録。

私の個人主義
夏目漱石

角田 だろう？　その「微差を大事にしたほうがいい」っていうのを今の比喩で言うと、ヨーロッパ人はともかく日本人としては、同じ場所で比べられることになった時に雑な比べ方をされると我慢できないんだけど、「お前はサードは上手いけど俺はショートが上手いからさ」みたいな比べ方をするってことじゃない。ただの草野球のレベルでの上手いか下手かじゃなくて、「俺はショートで上手くてお前はサードで上手いと、うちのチーム強いよね」ってことであればルサンチマンも解消されるじゃん。

だから「比べるんじゃなくて、人との違いを明確に感じられれば感じられるほど、自分の劣等感をむしろ感じなくて済むんだよ」っていうことが言えたらいいんじゃないかなと。

加藤 【つるむ】[*]のところで出てきたバンド理論[*]だね。

角田 バンド理論、バンド理論。ギターとベースみたいに、「お前がサードやってくれるから俺ショートで頑張れるんだよ」「ショート同士で競うのやめようぜ」みたいな。

加藤 そうなると、「分業」という概念というか言葉の整理が必要になるかな。「バンド理論」って、普通に考えたら「分業」だよね？　でも、「分業」という言葉がそもそも持っているニュアンスとしては、「あるひとつの統一した目的」を全員で効率的にやるために、「自分が好きなことかどうかとは関係なくみんなが分業する」をやっているわけだよね。人によっては、させられているわけだよね。

その辺りの違いは大きい。「バンド」は全員が全員好きな楽器やっているところはあ

【つるむ】
P286からの本文を参照。

【バンド理論】
ちなみに化学の分野では、「固体の中にある電子の取り得るエネルギー準位は、帯（バンド）状に広がっている」という理論を指して「バンド理論」と呼ぶ。聞き手・甲斐荘は学生時代は化学を専攻していたためこちらに馴染みがあるが、もちろん本文に出てくるバンド理論とは一切関係ない。本文での意味はP308からのコラム「バンド」を参照のこと。

るだろうから、そういう「自分の得意なこと持ち寄り系」と「いわゆる分業」はちょっと考え方が違うじゃない。

角田 そういう意味では、僕の言っていることは「分業」とはちょっと違っていて、つまりすごい大きな規模の工場と、工房っぽい工場の違いだと思うんだよね。デカイ工場だとがっちり分業して、工程を分けて、何百万台も造れるんだけど、工房サイズだと、そんなには作れない。例えばで聞いた話だけど、フェラーリって一日に四〇台くらいしか造れないんだって。で、四〇人ぐらいがそれぞれ一個ずつエンジンを造ってるんだって。

加藤 そうなんだ。

角田 だからすごい手間暇がかかるんだけど、「出来上がったものが、その人の一個のエンジンになる」っていうやり方なんだって。だからそのエンジンの調子がいいも悪いも、それを造ったアントニオさんとかロミオさんのクオリティによって違うし、そのクオリティ自体にもしかしたら差があるかもしれない、というような職人的な話なんだよね。

加藤 はい。

角田 で、僕が思うのは「バンド理論」ってそっちに近いと思うわけ。

加藤 分かる。

角田 「世界にあまねくジャパニーズプロダクツを供給しましょう」だったら、エンジン一〇〇万個造る必要があると思うんだけど、もう人口減ってきてるんだから、「四〇台でいいじゃん」っていう考え方でいいんじゃないかと思ってきてるところがある。
　その代わりフェラーリの価格は高い。車だって一〇〇万円で買えるものもある中でさ。だったら二〇〇〇万の車を造ってったほうが価値があるのではないかな……っていうことの、個々人の仕事版ってこと。

「たくさん造らなきゃいけないから、分業にすべき」だったと思うんだけど、だったら、たくさん造らなきゃいいじゃん。今のフェラーリの喩えで言うと「俺はアントニオが造ったテスタロッサ買います」「俺はロミオが造ったコレ買います」みたいなことでいいんじゃないかなと思ってて。農業で言うと「生産者の名前が書いてあるものを買います」と同じなのかもしれない。仕事もそっちでいいんじゃないのかなって思ってる。

加藤 その世界って、もっと広範囲に有り得るかな。今自分が着てるシャツがそうで、ピラっとめくると名前が二つ、営業担当と縫製担当のお名前が付いてて。「かとうのシャツを縫ってくれる人」が決まってるの。で、注文する時に「担当者が引退するので職人を変えてもいいですか?」とか「いつも頼んでる〇〇さん、仕事立て込んでるんで納期遅れますけどいいですか?」みたいな会話があって、職人仕事でかつお名前まで見えてる感じなんだよね。実際に裁縫担当の方にお目にかかったことはないのですが。

角田 出版社のアスコム*って、本の最後に営業担当まで名前が書いてあるんだよ。で、本によっては結構何十人も書いてあったりするわけ。そうすると単純に、その一冊の本を売るモチベーションが上がるだろうなと思う。だって自分の名前が書いてある本だったら売りたいと思うじゃん。

僕はこの話にはめちゃくちゃ賛成で、それってテレビでいうとエンドロール*だよね。日テレが始めたんだけど、エンドロールが流れると視聴率が下がるから高速で流すよう

【アスコム】
株式会社アスコム。総合出版社。実用、ビジネス、語学、ノンフィクションなど幅広いジャンルの書籍が出版されている。特に近年は健康実用書のベストセラーが相次いでいる。

【エンドロール】
映画の最後に流れる、俳優だけでなく、関わったスタッフ全員の名前が流れる画面。テレビの場合は「スタッフロール」とも。戦前〜戦後すぐくらいの時期の映画を観ると、冒頭に出演者、主要スタッフのクレジットがちょろっと流れ、最後は大きく「完」と出るだけでエンドロールなしであっさり終わってびっくりする。

になったんだよね。そうすると当然、一人一人の名前が読めないから、「だったら載せる名前を減らそう」みたいなことに、一時期なってたわけ。

でも僕は、自分の番組はなるべくゆっくり流して、なおかつ書けるなら死ぬほど名前を入れて、関係者を増やす。だって、なんで自分がテレビ局に入ったかって、エンドロールに名前載っけてもらいたいから入ったわけだよ。

加藤 そりゃ思うよね。

角田 なのにエンドロールを読めないぐらい高速で流してしまったら、結果的に、それを観た若い人たちの中でテレビ局員になりたい人が減るってことじゃん。少なくとも僕は、エンドロールに名前が流れるのを観て「僕もエンドロールに名前が載る人になってみたいな」と思ったから、テレビ局に入った。

その番組の視聴率だけ考えたらスーパーを高速で流すことは価値かもしれないけど、テレビ業界全体のことを考えたらエンドロールはゆっくり流したほうがいいんだと思うわけ。だからハリウッドの映画って、どんなに効率化を追求してたってエンドロールはすごくゆっくり流れるし、むしろ名前は増えてるじゃん。ヨーロッパの映画にしてもそうだよね。

そういうことなんじゃないかと思うんだよ。そのプロジェクトをどれだけ「自分ごと」にするか。ということだとすると、何をモチベーションにするかって、ルサンチマンとかじゃないと思うんだ。「あいつに勝ちたい」とか、復讐心とかじゃなくて、やっぱり「この仕事が楽しいから」とか、「俺はこの仕事に加担してる」とか、「中心的に動いていた」っていうのがいいと思う。

そういう意味でいうと、「ねじだけを回す分業」っていうよりは「あのフェラーリのエンジン造ってるのは俺だよ」ぐらいの分業制にする。多分、今だったら一台を一〇〇〇人ぐらいで造ってると思うんだけど、それを四〇人ぐらいで造る。実際、そのうちの八〇〇人ぐらいの工程はロボットになっていくわけだし……ロボット使うかどうかは自由なんだけど、工程自体には四〇人ぐらいが関わる形の分業。だから、それはもう「分業」じゃないような気もする。

加藤　ルサンチマンの解消ってさ、つまるところ自尊感情*なわけじゃない？　だから「勝った負けた」っていうのも、今云ってた「エンドロールに入ってる」ことで相当解消されるような気がした。その中でもまた上だ下だの比較は続くのかもしれないけどね。

◉エンドロール。アウトプットに自分の名前が載る歓び

角田　その上か下かって、僕はもう五〇音順か年功序列かのどっちかしかないんだよね。

加藤　公平性を担保だ。

角田　そう。解決策として、「五〇音順にする」っていうのも考え方としてあると思う。それとは別に、年功序列っていうものを残しておくって結構大事だなとも思ってるんだよね。「俺よりなんであいつのほうが上なんだよ、あいつのほうが能力ないのに」って思っていたとしても、「まあ先輩だから先に書かせといてやろうぜ」って思っといただ

【自尊感情】
「自己に対して肯定的な評価を抱いている状態、あるいは、自分自身を価値ある存在として捉える感覚を指す、心理学の用語。self-esteemの訳語」（『デジタル大辞泉』より）。近年、「いかにして自己肯定感をもったらよいのか」「自己肯定感をもたせるための子育て」というテーマの書籍が多く出版されている。これはまさに実存が脅されている時代ではないだろうか。

けでルサンチマンって消えるからさ。

加藤 それはひとつの解決だね。

角田 年功序列みたいなものって能力主義*の人はすごく嫌なんだろうけど、だから僕は能力主義って納得いかないんだ。さらに、「能力主義がいい」って言ってるやつに限って「僕より能力ないじゃん」って、僕はよく思う（笑）。本当に能力あるやつは、能力主義なんて言わなくたってやるよね。

加藤 日本の人事業界用語だと「能力主義」と「成果主義*」って違う概念なはずよ。「能力主義」はポテンシャルのものだから、極論を云えば、今年いい成果が出なくても、「能力がある」と認められれば査定がもらえるわけ。それに対して、能力があろうがなかろうが、「今年成果があるか、ないか」だけで査定を付けるのが「成果主義」。

だから実質的に「能力主義」な会社、多いんじゃない？　じつは優しい。角田くんが云ってるのはどっちかというと「成果主義」に近い。成果が出ようが出まいが「お前のポテンシャルはこのくらいだからこのぐらい評価する」っていう能力七：成果三ってぐらいの査定方法も多いのが現状では。

角田 だから僕は能力主義でも成果主義でもなくて、「やる気さえあればお金あげるよ」ってことでいいんじゃないかと思ってる。ベーシックインカムに考え方は近いんじゃないかと思ってる。

加藤 近いね、それは。

角田 やる気さえ見せてくれて会社のモチベーションが上がればいいというか、やる気さえあ

【能力主義】
「能力を重視して、人を評価すること。特に、労働者の報酬や昇進を、個人の能力を重視して行うこと」（『デジタル大辞泉』より）

【成果主義】
「企業において、勤続年数ではなく、業務の成果によって報酬や人事を決める考え方」（『デジタル大辞泉』より）

れば売り上げが増えていくと思っている。

加藤 その「やる気」みたいなことって、「エンドロールのクレジット[*]に入る」方法で形にできるじゃない。

角田 だからこれ、ずっと話していた「進力[*]」だよね。「〇〇力」って付けたほうがいいって言ったやつの形態なのかもしれない。だから、それってもしかしたら「やる気」だけじゃないのかもしれない。「ルサンチマンじゃなくて、この〇〇力さえ持てば大丈夫だ」ということが言えたら成功な気がする。

加藤 それって「バンドメンバーなんだから多少は何か弾こうよ」だよね。

角田 そうそう、そういうのも含めて。「お前の能力が高いことは分かったけど、この曲にはお前のピアノいらないから、今回はタンバリンだけで済ませてくれよ」っていうことであって「いやなんで俺のピアノのすごい能力使わないんだよ、お前ら馬鹿だな」じゃないってことね。

加藤 ないしは、「試合数を増やす[*]」ってことでいえば、バンドってライブはべつに一曲だけで成り立つわけじゃないし、セットリスト[*]に何曲もあるとしたら自分が参加しない曲だって普通にあり得るわけでしょ？「この曲ピアノいらないんで弾きません」なシーンもあるよね。

角田 その代わり、そのピアノのやつにはソロコーナーがあったっていいわけじゃん。そういう全体のデザイニングは必要だと思うんだ。そこで「公平だ」と言いながら結局は成果主義で、「下手なやつはやらなくていい」みたいな話になるようなもんじゃない。だか

【クレジット】
新聞・書物・映画・映像・写真などに明記される著作権者、原作者、制作スタッフなどの名前、また協力協賛したスポンサーの名前など。

【進力】
P543〜546の本文を参照。

【試合数を増やす】
本書のキーになる概念のひとつ。詳しくはP631からのコラム「試合数を増やす（リーグ戦）」を参照。

【セットリスト】
コンサートでその日に演奏する／された曲のリスト。終演後ロビーに貼り出されることもあるが、特に海外には演奏中にその場のノリで曲目を決めるミュージシャンが少なからずいるので（例：キース・ジャレット）、その場合、記録するスタッフは大変である。

らって、まったく平等にして下手でも上手くても、五人いたら五等分の持ち時間にするとかでもない。最終的にそのコンサートのクオリティが一番高くなるように、いろいろ相談しながら考えようよ、と。その時にやる気ないやつがいたら、そもそも相談ができないじゃん。

加藤 銀座にシャネルのビルが建った時のエピソードが面白いの。あのビルの「定礎」ってありがちな、ただ定礎とだけ彫ってあるのと違って、工事に関わった人の名前がエンドロール風に全部入ってるんだって。

角田 うんうん。

加藤 映画みたいなコンテンツにはそれが文化として定着してるけど、工業的な製品にはそれが少ない。でも「定礎」に刻むこともできるし、ブロックチェーン*の技術かませたらいくらでもそれができそうだし。すぐには見えないかもしれないけど。すべてのプロダクトやサービスに「エンドロール的なもの」を付けるようなことって、必要というか、やったら好いかもしれない。

角田 必要だと思うんだよね。とするとネットでも、自分の名前出さないで活動するのは無意味というか。「じゃあ自分の名前を出したほうがいいか」「でもそれだとセキュリティ的に怖い」「だからサードネーム*」みたいな話にまで行き着くかもしれない。だから結局「サードネームでもいいから、『あなた』という人を社会に開示しない限り、あなたは生きられない」という社会になっていくし、「そっちのほうがモチベーションが上がりますよ」と。

【ブロックチェーン】
「分散型ネットワークを構成する多数のコンピューターに、公開鍵暗号などの暗号技術を組み合わせ、取引情報などのデータを同期して記録する手法。ビットコインなどの暗号通貨に用いられる基盤技術。一部のコンピューターで取引データを改竄(かいざん)しても、他のコンピューターとの多数決によって正しい取引データが選ばれる。名称は、取引情報の履歴が鎖状につながれていることに由来する。分散型台帳」(『デジタル大辞泉』より)

【サードネーム】
P139のコラム「サードネーム」を参照。

加藤　そうか。そこで「サードネームとルサンチマン」話もあるわけか。そう考えると、他人との比較から生まれるルサンチマンは結構改善されるかもしれないね。またもやワクワク系マーケティング*の話になっちゃうけど、すごいお店って従業員さんも自己開示してるよの、社長だけじゃなくてみんなの。名前、趣味、近況まで含めて「誰々で、どんな人です」が開示されている。実際、単価が高いものって自己開示率が高いかもな。夜のお店も必ず名前を覚えさせようとするし、だから「ご指名」が発生するし？　でも工業製品だと、今のところ「ご指名」ができにくいわけだよね。

角田　そうだよね。

加藤　「俺、アントニオのエンジン積んだよ」って。

角田　そうそう。「やっぱりジョゼッペ爺さんのエンジンじゃなきゃ嫌だよ」とかさ。「でもジョゼッペさん造るのゆっくりだから三年待ちですよ」「いや、でも三年待ちます」みたいなことが、例えばレストランではあるってことでしょ？

加藤　あるな。ある。

角田　何年待ちのお寿司屋さんみたいなのってそういうことだよね。プロダクトもそれでいいんじゃないかな。

加藤　待つこと自体も楽しみのひとつで。

角田　その代わり、その車に何年も乗るんだと思うんだよね。車検ごとに車を換えるっていう話じゃなくて、その車が壊れたらまたジョゼッペ爺さんのところに持っていって、ちょっと直してもらったりして……。「手間がかかるけど、でもフェラーリ買うならそ

【ワクワク系マーケティング】
P359の本文と脚注を参照。

れぐらいやらないとな」って話になるじゃんか。

加藤 知り合いのクリエイティブ・ディレクター*でさ、褒められた仕事を紹介する時に、参加したスタッフの人数、エンドロールが長い人がいる。

角田 やっぱりそうだよね。

加藤 一回その話をしたことあるんだけど、そう云ったら「よく気付いてくれましたね〜」って盛り上がった。「それわかるわー」みたいな。

角田 だって、末端になればなるほど名前が載ってるの嬉しいもん。だからアスコムの「営業の名前を載せてる」って、すごくアリだなと思う。だって、営業が自分ごととして売ってくれるかくれないかって、すごく話が変わるじゃん。

加藤 関わる人の名前を全員入れてる出版社、Discover 21*もそうだね。ダイヤモンド社は、奥付にかならず編集者の個人の名前を載せてる。東洋経済新報社*もそうかな。それで「ご指名来る」って、編集者の人から聞いたことある。

◉どんな仕事にもご指名、はあるはず

角田 やっぱりそうだよね。それ、アジカン*のゴッチさんも言ってたよ。アルバムを聴いてすごくいい音だった時は、ライナーノーツ見て「どこの録音スタジオの誰がやったのか」って、ちゃんとメモるらしいよ。それで次に自分がアルバム作る時は、その人を指名でやってみるって。だから、それって今後の個人の生き方としてやっぱり大事だよ

【クリエイティブ・ディレクター】
「広告制作の現場で、実際に制作に関する全体の方向性、制作の進行を管理する職種」(『デジタル大辞泉』より)

【Discover 21】
ディスカヴァー・トゥエンティワン。ビジネス書・自己啓発書を刊行する出版社。取次を通した新刊委託ではなく直接取引を行うことで有名。

【東洋経済新報社】
ビジネス書や経済書などの書籍、雑誌の発行を専門とする出版社。WEBメディア「東洋経済オンライン」も大きな影響力をもっている。

【アジカン】
ASIAN KUNG-FU GENERATION(アジアン・カンフー・ジェネレーション)。4人組ロックバンド。「アジカン」は略称。「ゴッチ」とはボーカル、ギターを担当している後藤正文のこと。

ね。「あの会社の〇〇さんだから」じゃなくてさ、「△△さんのアルバム作った〇〇さんだから、頼もう」っていう。

加藤 「ご指名」ってどこにでもあるよね。スーパーマーケットでもある。レジっていくつも平行に並んでて、普通は一番空いてるところに行くよね。効率重視で並ぶわけだけど、「〇〇さんに会計してほしいから」ってことで、そこだけダーっとお客さんが列をなしていたという。

角田 へー。待ってでもその人がいいってことなの？　面白いねえ。

加藤 特にすごいギャグ連発する人とかじゃないらしかったけどね。だけどその人にレジ打ってほしいからって、列ができちゃう人がいるんですよね。

角田 何が魅力なのかは分からないけど、「どんな仕事でも改善の余地がある」ってことを、多分そのレジ打ちの方もやってるってことだよね。だからやっぱり改善というか、「すべての物事にはクリエイティビティを取り戻せる」っていうのは一つのテーマになるんじゃない？

加藤 そこで「改善する」と云っちゃうと、「どこかを変えないといけない」「昨日より今日を好くする」みたいな、それまでの自分との比較の意識が侵入してきてしまいそうで嫌だな。そうではなくって、「自分の〝らしさ〟が伝わると、ご指名があるかもね」そんな話？「小さなご指名がたくさんあると、ルサンチマンも解消される」っていう仮説かな。それと「エンドロールに名前が入る」ことだな。

角田 仮にルサンチマンから始めた仕事だとしたら「俺の名前、入れんじゃねえよ」ってなる気がする。ムカつくから。「俺はその仕事、仕方なくやってんだよ」ってなっちゃうんだよね。僕よく言うんだけど、ADってつらいからぼんぼん辞めるんだけど、辞め方に二種類あるんだ。番組に恨みつらみだけ感じて辞めるタイプと、単純に仕事ができなくて、自分の至らなさで辞めるタイプがあるわけ。これさ、辞めるなら後者で辞めてほしいわけだよ。恨みを抱えて辞められると、仮に三〇人スタッフがいる中での、一人の小さい小さい恨みだったとしても、画面に出るんだよね。電波っていうのはね、人の気持ちを乗っけるんだよ。

加藤 乗りますか。

角田 僕はそうずっと思ってる。スタッフの中に「こんな番組終わってしまえ」とか思っているやつがいると、絶対に終わる。だから、「どうせ辞めちゃうとしても、少なくともこのプロジェクトに対する恨みを抱えないようにさせなきゃいけない」っていうのを、僕は上にいた時にずっと気を付けていた。「この番組は好きだけど、自分の仕事のできなさに耐えられません」って辞めていくやつはしょうがないんだけど。

加藤 そういったネガティブな気持ちって「エンドロールに名前が入る」ことで変わっていかないの？

角田 あ、変わる変わる。どんなに末端だろうが「君がいないとこの番組は回っていない」ということをどれだけ大事にするかが、できるプロデューサーかどうかの分かれ目なんだと思うよ。

加藤 エンドロールの役割としても。

角田　「全部、お前らがいるからできてるんだよ」って示せるかどうか。

加藤　サラリーマン管理職の要諦で「毎日メンバーと話そう」的なことが推奨されているわけですけど、それはそういうことか。

角田　そういうこと。

加藤　だからメンバーへの声がけもエンドロールなんだ。

角田　エンドロールだね。どんなに大きかろうが小さかろうが、ルサンチマンで仕事をするんじゃなくて「逆ルサンチマン」で仕事をしてもらうというか。つまり「コミットしたい」とか「自分がやりたい」っていう気持ちがあるからその仕事をやる、っていうことを増やしていったほうが、その仕事全体の総体は絶対に良くなるし、「今に見てろ」とか思うよりもそっちのほうが健康的だもん。

加藤　でもなあ、「仕事のエンドロール」って、普通のサラリーマン仕事ではあんまりないんですよね。

角田　むしろ「出すな」みたいなことのほうが日本社会は多いもんね。

加藤　むむー。そういうところあるかもしれない。

◉ルサンチマンはエンドロールで解消される

角田　タワーマンション造った時に、その部屋全部売り切った営業マンってすごいよね。でもその営業マンの名前って永遠に残らないもん（笑）。でもそのマンションをこちらとしては買ってるわけだからさ、「その中にある億ションとかも全部売った」みたいなことは、場所とか建築とかいろいろあるにしても売ったのはその営業マンの能力なわけだから、本当は名前出してあげたほうがいいよね。

加藤 何なんだろうね。高いもの買う時って名刺交換はするだろうから、相手の営業パーソンの名前って買う側は知ってたりするよね。

角田 そいつが嫌なやつだったら、その不動産会社とか建築会社から買わないじゃん。

加藤 「ルサンチマンを抱えている人」がそこをクリアする時に、「名前のクレジット」っていう概念は分かりつつ、今までは「俺だけのクレジット」っていう概念だった気がするの。販売した建物の名称が直接は出てこなくて、年間●部屋売りました、的な個人、人に寄せていく賞賛方法がメインストリームで。

　そんな状況から「エンドロール式の、関わった人たち全員の中に自分も入っている、という形に名前の出し方を変えよう」は、自分的にガーンと音が鳴る衝撃。ちょっと、ちょっとじゃない何かが変わるね。違ってくるな。

角田 違う違う。だから、「やっぱり、社会にコミットすることが大事なんだ」ってことを気付かせたほうが早いってことなんだよ。「選挙に行こう」みたいな話の時って、「自分に関係ないから選挙に行かないんですよ」みたいなことを結構な人たちが言うんだけど、「あなたが選挙に行くと、あなた自身の生活ももっと良くなるんですよ」ってこともっと言ったほうがいいなと思ってて。その感覚が、選挙ってなかなか得にくいもんね。

だから「どうせ俺なんか関係ないし、たかだか一票なんか関係ないよ」になるんだけどど、「行く」っていう感情が大事なんだよねってこと。「投票にも行ったんだから、道路のゴミあったら片付けておこうか」とかやっぱり思うもん。だから、投じた一票が生きるか生きないかは僕の中ではむしろどっちでも良くて、「行く」って思うことが大事なんだよね。「社会にコミットしてるんだ」って思うことが大事。本当にコミットする能力があって、影響力を発揮しているかどうかは別問題。その人の払ってる税金は微々たるものかもしれないし、その人の権利は一票かもしれないんだけど、「そういうふうに思っている人間が一人増える」っていうふうにやっていくほうが社会は良くなる気がする。会社もプロジェクトも然り。

加藤 でもですよ、今の角田くんの議論はさ、上座部仏教*的な印象なんだよね。だから「まず自分が変わらなきゃいけない」ってところがハードなハードルですよ。

角田 ああ、だから「めんどくさい」となるんだね。もう、あらゆる人類の敵は「めんどくさい」だよね。めんどくさいからみんなやんないんだよね。「言ってることは分かるんだけど、めんどくさいんだよね」って。「めんどくさい」ってイコール「金がかかる」ってことだからさ。

加藤 例えばさ、さっきのエンドロール的な発想を選挙に持ち込んだら、個人情報的にいいかどうかの壁はあるけど、投票した人の名前がガーッと出てきたら投票率上がるかもね。

角田 上がるかもしれない。本当にそうだと思う。

加藤 「俺、入ってねーわ。行こっ」みたいな。

角田 ははは。つまりそういうことだと思うんだ。本当は代議員って「有権者の代わり」に

【上座部仏教】 P610、611の本文と脚注を参照。

なってるわけだから、「俺の意志も入ってるんだよ、お前には」っていうことが明らかになっていたほうが本当はいいと思う。

加藤 今さ、選挙行った後に「行ってきました」とＳＮＳで語る人が多いじゃない？

角田 はいはいはい。

加藤 「僕はやりました。君もやろうよ」メッセージで人を誘っている。「僕は座禅*した。君も座禅してみませんか」という、禅における自律的な性格で、他人に伝播させていくやり方と同じものだとする。一方で「行かないと罰せられる」強制的なやり方もある。その真ん中ぐらいの促し方としてエンドロール方式はあるかもしれない。面白いね。

角田 なんか、民主主義の変化ってそういうところな気がする。「個人のプライバシーがあるから、選挙じゃエンドロールみたいなことはできませんよ」じゃなくて、「そこまで考えたほうが民主主義になるんだったら、考えてもいいんじゃないですか？」っていう岐路に来ている気がするの。だって、アプリ使えば直接民主主義*はできるわけだからさ。
　間接民主制*である必要は、本当はもうないでしょ。「政党政治って本当に合ってるのか」ってことにもなってきてさ、案件が一〇〇個あるマニフェストなら、例えば一〇〇パターン全部書いておいて、「このＡっていう案件には自分はプラスだ、マイナスだ」っていうことを選んでいけば法律って決まるじゃん、っていうことでもいいのかもしれない。そうすると、今は「この人は八割支持してるけど二割支持できないんだよね」みたいな人から投票相手を選ばなきゃいけないんだけど、そうやって投票する必要もないんだとしたら、「代議士要らないじゃん」って考え方にもなっていくんじゃないかな。行

【座禅】
P77の本文と脚注を参照。

【直接民主制】
「国民・住民が代表者を経ずに直接政治決定を行う制度（後略）」（『広辞苑』より）。この説明では、間接民主制のほうが先立った概念であるように思えるが、アメリカ生まれの人類学者でアナキストのデヴィッド・グレーバーは著書『民主主義の非西洋起源について』（二〇〇五、片岡大右による邦訳が二〇二〇年に以文社より刊行）で、むしろ民主主義は、様々な文化の人間が混じり合った時に、直接民主主義的に立ち上がってくるものだと論じた。

【間接民主制】
「代表民主制に同じ」。『広辞苑』より）「代表民主制」は「国民・住民が議員その他の代表者を選挙し、それを通じて政治に参加する制度。間接民主制」（『広辞苑』より）

加藤 政って人が必要だけど、立法ってもしかしたら専門の人はいらないかもしれないよね。整理してみると。ルサンチマンって「憎悪」とか「恨みつらみ」っていう感情だから、「比較すること」から生まれるんじゃないかという話があり。そこで他人との比較か、自分との比較か、の別はあるんだけど、それを解消していくために「バンド的な発想」、「ポジティブに微差を気にすることによって、自分がバンドのメンバーになれるよ」っていう話があり。そのバンドメンバーなんだったら、自分が作るか誰かが作ってくれるかは別としてそれがちゃんとクレジットされる、エンドロールを用意するべしと。

角田 まあ、それは作れる立場のやつが作るべきで、そこは立場によって違うんじゃない？上司なのか部下なのか。ただ、お互いそう思っていれば、「自分が上司になったら部下に作ってやろう」と思うわけだし。そう思ってもらえるように部下に接するしかないんだと思う。「DV*された子供はDVしちゃう」っていうのは真理だと僕は思ってるから。

加藤 デジタル化の技術のおかげでさ、エンドロールを商品に潜ませることが随分楽になるだろうしなあ。

角田 楽になったよね。

加藤 実際あれだもんね、昔のお寺を解体工事すると大工たちの名前、見えないところに書いてあったりするもんな。それもエンドロール。

角田 書いてある。あれ絶対、その人のプライドをくすぐってたんだと思う。

加藤 「ルサンチマンはエンドロールで解消される」ってめちゃくちゃ面白いね。

角田 面白いね。

【DV】
ドメスティック・バイオレンス。家庭内暴力。この言葉のおかげで「ドメスティック」に怖いイメージが付いたが、こちらは「国内の・家庭内の」という意味の形容詞であり、「暴力」は「バイオレンス」のほう。

加藤昌治のコラム

試合数を増やす（リーグ戦）

わたし、自分がスポーツ得意じゃないくせに、スポーツ的な喩え話をするのが好きなんです。この項もその一つ。本文でも触れていますが、「人生は、仕事はリーグ戦である」はもう持論です。スポーツにおいて、アマチュアとプロフェッショナルとの違い、いくつかありますけれど、試合数の多さ、は外せません。アマチュアスポーツの試合はトーナメント戦がほとんど。負けたら終わり。だからすべての試合で勝ちに行く。その分、どこかに無理がくることもあります。そのために選手生命が本来より短く終わってしまった選手の話、たまに聞きます。それに比べてプロの基本はリーグ戦。試合数が多いです。勝ったり負けたりがあります。ゆえに率、勝率が大事です。極論云うと、開幕八連敗してもトータルの勝率で上回ったら、優勝。ないしはリーグ上位に入ることができる。

順位
会社
試合
勝
負
1
A
30
19
11
2
B
16
14
3
C
15
15
4
5

この考え方、もっとポジティブに導入したら素敵じゃない?と常々思っています。プロの世界、これは僕らの仕事を含めてですが、それなりに鍛えられていて経験もあるプロフェッショナル同士で行う試合なわけです。お金も

頂戴しているし、で要はプロ同士の試合です。プロ同士が向き合えば、そりゃ勝ち負けあります（会社の話で云うなら、社外間での試合もあるし、社内試合もありましょう）。もちろん負けたら悔しいし、負けないように頑張るわけですが、負けることもあるのだ、が考え方というか向き合い方のベースにあるかないか、でだいぶ変わることがあるんじゃないでしょうか。

ぼくらはそのリーグ戦の中で頑張るレギュラー選手（でありたい）。シーズンも長いし、選手寿命もこれまた長い（苦笑）。いたずらに、闇雲に大会に出場するだけじゃモッタイナイです。

じゃあリーグ戦発想を人生やお仕事の中に持ち込んでいくとしたら、いくつかできることがあるはずです。

まず一つは「自ら試合数を増やす」こと。残念ながら、悔しいながら負けること、失敗することもあるけれど、もう一戦、もある。There is always a next time. って英文も見たことあります。負けた後で云い出すのは確かにカッコ悪いかもしれません。だったら先に？試合数を増やしておいてひとつの試合が及ぼす「率への影響」を緩和することもできるかもしれません（ここで、安藤忠雄さんの『連戦連敗』って書籍を思い出します。連敗、に目が行きがちだけど、連戦、に着目したい、のココロ）。

そして二つめ目は「練習すること」。プロスポーツって、リーグ戦の前にキャンプ張ったりしてます。なが〜いリーグ戦をこなしきるための練習をたくさんしている。多分、試合「だけ」数が多くてもダメなんでしょう、プロは。自分の型を体得する、新しい技を試す……と含めてリーグ戦に臨む前段階での時間の使い方がある。ただしここ、仕事と違うところで、仕事って年がら年中試合なのですよね。キャンプする余裕ほとんどありません。けれど、コソ練含めて、練習する時間を取ること、もう少しできるんじゃないだろうか（本文中P45で触れた、「ゲルニカの習作」は近いやり方だと思う)。

また、練習することによって得られるもうひとつが〝体力〟。筋肉的なことだけじゃなくて、考える体力を含めて。試合の中で行う身体とアタマの動きだけでは、実は足りないかもしれない。練習って、例えば身体の一部をわざと拘束してみたり、素振り何回もやってみたり、試合そのものとは違う行動が、実力を上げていくことがある。急がば回れ、です。

人生とは、仕事とは、プロフェッショナルによるリーグ戦である。やっぱり持論です。

れ

【レコメンド】

角 相手のディスは一ミリも信用しないけど、レコメンドは一〇〇%信じる(ことにしている)。

加 相手を思いやったギフト。時に一方的な主義主張の表れ。

センスに自信がないです。レコメンドされたものを買っていると安心しちゃいます。

◉そのレコメンドって、ホントに自分向けだったの？

角田 個人的には、人のレコメンド*でしか買わない人はダメだなと思ってます。僕は昔から「みんな、面白いかつまんないかぐらい、自分で考えろよ」ってよく言ってたわけ。『読書をプロデュース』*にも書いたけど「なんだったら、面白いと思ったものはジャケ買いしろ。ジャケ買いして失敗したとしても、失敗することだって経験なんだから失敗しろ」ってことを言っているわけですよ。

僕の同級生が学習院大学で教授をやっているんですが、面白いことにその教授は「いや、角田の言っていることは正しいんだけど、今はネットとかあるから、学生たちは本当にいいものか悪いものか分からないんだ」って言うわけ。「あまりにもたくさんある

【レコメンド】
「①勧めること。推薦すること。「CDを―する」。②オンラインショップなどで、利用者の好みにあった物品やサービスを推薦する手法。利用者の購入履歴やアンケート、好みが似た他の利用者の情報を分析し、適切な物品やサービスを絞り込んで推薦することにより、売り上げを高めるのがねらい。レコメンデーション」（『デジタル大辞泉』より）

から」と。「だから『少なくともこの名作は観たほうがいい』みたいなことを言ってあげないと、ダメなものを買う率が高すぎちゃってる。だから教授としてレコメンドしてるんだよ」と言うの。それは「確かに」と思った。

だから「レコメンがないとダメだ」っていうのはダメなんだけど、やっぱりレコメンの中に、その人が薦めているものの良い悪いがあるわけでさ。加藤くんの薦めているものとか「面白いんだろうなあ」と思って買っちゃうわけだから、そんなに信用し続けるのはどうかと思うものの、やっぱりレコメンをすることも大事だし、それを受け入れてみることも大事なんじゃないかと思う。

加藤 今の話を聞いてて自分の中で整理できましたが、自分としては「レコメンドのギフト化」を強く推奨したい。レコメンドって本当の意味は元々ギフトに近いはずなんだけど、今のレコメンドって自分にとっていいものを「全世界に向けて」発信しているだけかも。だから、受け取る側にとっては「自分向けのギフト」になってないじゃない？

でもギフトには必ず「相手」がいる。いいものなら何でもいいわけじゃなくて、相手に合わせていかなきゃダメじゃない。さっきの大学の先生でいうと、大学一年生のためのギフト的なレコメンドと、大学院一年生のための場合は変わるはずだよね。

角田 うん、違うよね。

加藤 っていう意識が入るだけでも、レコメンドの内容が変わる気がするな。

角田 実際ギフトにする場合は何を心がければいいの？ 相手のことを考えるってこと？

加藤 いろんな「ギフト論」があるだろうけど、本当にギフトとして差し上げるのと、レコメ

【『読書をプロデュース』】
P151の本文と脚注を参照。

ンドとして名前を挙げるだけとは別だと思う。けど基本的には「相手のためを思ってやる」と「相手の意表を突く」のバランスじゃない？　ギフトって、相手が買いたいと思っているものをストレートにプレゼントしてもそれほど好くないんじゃないかな。少なくとも自分だったら「これ、気になってたけど、自分のお金じゃ買わなかったわー」的なギフトをもらうと嬉しい派なんだよね。

角田　ちょっと話が違うようでじつは一緒だと思うんだけど、『王様のブランチ』[*]みたいな番組やってるスタッフってさ、「うちの商品紹介してよ」って死ぬほど言われるんだよね。僕も『金スマ』やってる時は「この人出してよ」とかって言われたからさ。でも人から薦められたものは、「絶対に出したくない」んだよ。なぜかと言うとテレビマンって、「自分が薦めたい」からテレビマンになってるんだもん。

加藤　云われるがママにはならないよね。

角田　自分で見つけて「これ、いいものだからテレビで紹介しよう」はあるんだけど、「これ紹介してよ」って来ると、その「見つける」っていう一番面白いところの作業が奪われちゃってるんだよね。そうすると「なんでお前に見つけられなきゃいけないんだよ」って気持ちになるから、「この本を紹介してよ」とか来たら「むしろ絶対に紹介しない」っていうテレビマンはすごく多いだろうな。それって言い換えると「レコメンにもやり方がある」ということなんだよ。

加藤　でもテレビ作っている側の人たちも、知らないものは知りたいわけでしょ。

角田　そうそう、本質的には知りたいわけ。でも「これいいんですよ」って言われ続けると

【『王様のブランチ』】
一九九六年からTBSテレビと一部系列局で毎週土曜日に放送されている情報ワイド・バラエティ番組。主に、芸能、グルメ、映画、テレビ、ショッピング、レジャー、本などの紹介やリポート。

加藤　ちょっとムカつくっていうかさ。
角田　そこに人間関係が入っているとグッと解消されますよね。
加藤　そう。「誰々さんから話聞いたから食べてみようかな」とかさ。
角田　その誰々、は云い方換えると「ブランド」でもあるよね。本でいえば、読んだどころか名前も知らない著者だけど「〇〇書店のお薦め」に入っていたから買う。書籍に限らず、データベース上手に使っている通販サイトはそこがよくできてる。
加藤　ああ、そうだね。
角田　履歴を追っかけて推薦してくるからわりとパーソナライズ*されている感が高くて。
――実際 Amazon からのお薦めで表示されたものって買ったこと、皆さんあります？
角田　ありますねえ。
加藤　僕はそんなにないんだよね。似たようなの出してくるじゃん。「その似たようなのの中でこれ選んだんだけど」ってむしろ思う。「似たようなものの中から選んで買ったんだから、僕はもう『似たようなものじゃないもの』が欲しいんだけど」「また似たようなもの読むのかよ、一回読んだのに」みたいに思っちゃったりするんだよね。
――Eコマースが繰り出してくるレコメンの中でも、ちょっと文脈をたどってくれてるような場合がありますけど、そういう時は便利ですよね。
角田　あ、そうそう。「この著者が好きだから、この著者のも好きなんじゃない？」的な感じで来る時ありますよね。「なるほど」っていう時は確かにある。
加藤　「レコメンドを一〇〇％信じてもダメよ、ハズレもあるよ」話はひとつあるとして。そ

【パーソナライズ】（personalize）「（略）②インターネットなどを通じて各ユーザーの情報を取得・解析し、その人に合った広告を配信したり、商品やサービス、コンテンツを紹介したりすること。ポータルサイト、ECサイト、サーチエンジンなどで採用される。パーソナライゼーション」（『デジタル大辞泉』より）

角田 れと、そのレコメンドは誰に向けられたものなのか？　っていうことなのかね。その「ターゲット問題」って、本を書いてても本当にあるじゃん。僕の地理の本も「地理の情報が詳しくない」とかってガチャガチャ書かれてるレビューもあるわけ。「じゃあ論文読めよ」って言いたいよね。「お前に向けて書いたんじゃねえよ」「だったら論文読めばいいじゃん、こんな本なんか買ってないで」って言いたい。

薦められた何かが自分に合うか、合わないかっていうのは、「自分が本当にそのレコメンのターゲットだったのか」っていうのもあるんだよね。というところまで考えたら今度、レコメンを受け取る側は「それが自分へのギフトなのか、他人へのギフトなのか」も考えた方がいいんだろうね。だからレコメンを信じすぎず、疑いすぎずっていう目利き度を付けることも必要な気がする。

加藤 よくできてるレコメンは、「初心者のための◯冊」みたいな、誰にとってのお薦めなのです条件付け、がされてるじゃないですか。「ベテランが唸る◯◯」とか。本当は個人である自分だけにパーソナライズされたほうがいいと思うんですけど、そこまでいかなくても、もうちょっと範囲が狭まって「これワタシが対象だ」とか「オレは関係ない」とか、そういうふうになったらいいと思うけどね。

角田 ただ、【ユーモア】*で話した山中俊治先生の「デザイン」の話じゃないんだけど、まったく裏切っちゃうのも面白いんだけどね。まったく信用ない人のレコメンに「こんなの薦めてるんなら読んでみるか」みたいな。やっぱり面白くなかったりするんだけど、それはそれで体験としては面白いよなと。だからどれだけ誤差とか失敗みたいなものを認

【ユーモア】
P548からの本文を参照。

めるかもあるかなと思う。「まあ、いい本もあるし悪い本もあるよ」みたいな。

◉レコメンドにも「師匠」あり

加藤 対象が何であっても、最初は当たる確率低いのにねえ。「最初から高確率を求めると辛いよ」か、あるいは「最初はむしろ狭いところから始めて、だんだん広げていく」になるか。どっちでもいいけどね。

角田 ベタなアドバイスになるけど、自分が「好きだな」って思う人の本を読んでみるとか、そういうのはシンプルにある気がする。Twitter でもいいし、ブログでもいいし、テレビ出てる人でもいいんだけど「あの人好きだな」と思ったら、その人がいいと思っているものは読んでみたりする。意外に、それをずっとやり続けてると、自分がつまらないと思ったものに「これが面白い」って書いてたりして、そのことにちょっとショックを受けたりするんだよね（笑）。でも「それもまた人生」って感じがするからさ。『川の流れのように』*じゃないけど。

加藤 【学び直し】*で出てきた「師匠」*ではないけど、レコメンドにも師匠あり。

角田 そうだね。「レコメンドにも師匠あり」だね。

加藤 でもハズレもあるよ、と。

角田 うん。「師匠がいたほうがいいけど、師匠が言っていることは常に正しいとは限らない」ってことでしょ。「反面師匠」だとしても師匠だしさ。

【『川の流れのように』】
一九八九年、美空ひばりの生前最後に発表されたシングル曲。作詞は秋元康、作曲は見岳章。

【学び直し】
P476からの本文を参照。

【師匠】
P477の本文を参照。

加藤 「レコメンド師匠」ってちょっといいね。会ったことないけど。

角田 TBSに阿部さんって師匠がいるって話したでしょ。で、ディズニーで初めてCG使った『トロン』*って映画あったじゃない。

加藤 ありましたね。

角田 それが数年前にリメイクされたのは憶えてます？　多分、そのリメイクされたやつはみなさん観てないと思うんですけど、観てみたら、もうがっかりするくらいつまらなかった。そしたら翌日、部会かなんかで会った師匠が「『トロン』超面白かったよ」とか言ってるわけ。「ええ？　師匠はあんなのの何が面白かったんだろう」って思ったんだけど、師匠って歳が僕の五つくらい上なんだよ。分析すると、「ガンダムをリアルタイムで体験したか、後追いで体験したか」*によってその後のアニメに対するリテラシーが変わってくるんだよね。

　師匠は『がきデカ』*とかをガチ、リアルタイムで観てた世代なんだ。そういう世代の人は『トロン』ぐらいのSF観ても「すげー！」って思っちゃうんだけど、僕らはその後ガンダムとか、そういうの観ちゃってるから、『トロン』を観ても「え、あんなの焼き直しに過ぎないじゃん」と思っちゃうんだよね。いわゆる「師匠」って、その人より年齢が高い人が比較的多いから、その分「レコメンの参照資料がちょっと古い」ところはあるよなってその時思った。

加藤 レコメンドとランキングを誤解している人も多いじゃない？　ランキングをレコメンドと認識しいる人。

【『トロン』】
スティーブン・リズバーガー監督、ジェフ・ブリッジス主演の一九八二年公開のSF映画。二〇一〇年に続編が公開。

【「ガンダムをリアルタイムで体験したか、後追いで体験したか」】
『機動戦士ガンダム』のTVアニメが放映されたのは一九七九年なので、角田、加藤は当時九歳くらい。

【がきデカ】
山上たつひこによる漫画作品。日本初の少年警察官を自称する主人公・こまわり君と、その周辺のキャラクターたちによって展開されるギャグ漫画。『週刊少年チャンピオン』（秋田書店）にて連載され、単行本の発行部数は三〇〇〇万部を超える。聞き手・甲斐荘は世代がまったく被らないが、それでもこまわり君の顔や「死刑！」のポーズは知っているほどポピュラーな作品。

角田 ああ、そうだね。

加藤 「売れてるから買う」みたいな……まあそれもレコメンドっちゃレコメンドだけど。そこの意識を変えるとして、誰のお薦めを買えばいいのかっていうと、「自分へのお薦め」か、「自分がいいと思っているお師匠さんのお薦め」かでだいぶ絞れるよね。

角田 そうだね。

加藤 本当はそれが「小売り」が果たしてくれている役目のひとつでもある。店員さんがお勧めしたり。厳しいというか、お客さまをしっかり観てる店員さんなら「買っちゃダメ」って云うよね。本屋でもさ、「これまだ早いよ、こっち先に読みな」みたいな。そういうところまでいくとレコメンドの師匠であり、ギフト化だ。

◉そのレコメン、自分なりに正しく相対化したい

角田 「映画の見方」はこれがお薦め、みたいなことが書いてあったWEB記事があってさ、「何を観たらいいか迷った時は、シネコンに行って一番混んでるものを観ると、間違いなく面白い映画が観られます」みたいなこと書いててさ、「ランキングじゃんそれ。映画ってそういうもんじゃねえだろ」と。

だからレコメンドをランキングだと捉えている人って本当にいるんだよね。「これは今売れているから観たほうがいい」とかさ。「売れているものは観たほうがいい」っていうのは事実としてあるんだけど、ポイントは「売れてなくても観たほうがいいものは

加藤　ある」ってことでさ。そこを知るものがランキングじゃなくてレコメンなんだと思う。効率を重視すると「レコメンの体をしたランキング」も実は存在すると。当てに行ってるタイプのレコメンド、確かにありますな。だからこの議論で僕たちが云っている「レコメンド」って、ポジティブな微差に繋がっていくものだよね。

角田　まさにそうだね。

加藤　で、「ある程度試合数を重ねないと分からないよ」と。

角田　負けてもいいから試合数を重ねていけば、目利きというかセンスが鍛えられるもん。「もう自分は、目をつぶってたってこの本がいいかどうか分かります」みたいなさ。でもなんか分かるんだよな。装丁とか目次の書き方で。

加藤　角田くんみたいに、仕事場にそんだけ本並べてる人なんて今いないよ？　ほんとに。

角田　それってつまり、負け試合もたくさんしているわけじゃないですか。

加藤　角田くんとまったく同じ「本読み道」を歩いてきてください、も大変だから、ある程度は快速特急ですよレコメンドも。

角田　あると思う。それは別に否定するわけではない。

――「レコメン」なのでこちらから報告があるんですが、今回文字起こしを手伝ってもらっている人から、角田さんの『人生が変わるすごい「地理」』[*]。レコメンもらいました。その方の奥さんがセンス重視の感覚派の人らしいんですが、「それだけじゃダメだろう」を考えてもらうにあたって「この本いいな」と思って買ったらしいです。

角田　ありがとうございます。

【『人生が変わるすごい「地理」』】
P195の本文と脚注を参照。

加藤 ご縁ですね。その人もエンドロールに入ってもらおう。

角田 ほんとだよね。そのモチベーションがこの会議をさらに円滑にしたよ。

加藤 地理とレコメンド話になるけどさ、正しい距離感を摑んだり、正しい相対化の感覚を身に付けるために「地理」って大事かもね。

角田 『人生が変わるすごい「地理」』は、本当にそのことを書いただけなんだよ。「地の理を知ろう」って言っているだけだからね、単純に。

加藤 ニュースを見ていると、そこがやっぱり切り取られちゃう。例えばヨーロッパの大部分って北海道より北だよね？

角田 うん。

加藤 そういうことを知らないでニュース見てると「ヨーロッパも今年は寒いんだよね」とした り顔でサラリと云ってしまう。[*] 自分の経験ですけど。「いや、ずっと寒いんだってば」って指摘されて。ベースの教養だったりとか、目の前で起こっていることを、いい意味で視座を離して認識した上で「だからこのぐらいの違いになるんだよね」って理解をしていくことって抜けてしまう。大事だよね。

角田 テレビ番組でさ、学び、的なことをコンセプトにしている番組ってあるじゃない。よくあるパターンとしては、「インデックスになること」[*]を言っているんだよね。「これは世界一高い」とか「これは最高級品の」みたいなキャッチーな言葉と一緒に案件の羅列が、インデックス的にずっと続く。その世界一が生まれたプロセスは描かないで、「どれだけすごいか」っていう事実だけを並べていく。歴史年表でいうところの「何年に何

【「ヨーロッパも今年は寒いんだよね」とサラリと云ってしまう。「いや、ずっと寒いんだってば」】 加藤発言が前提（先入観）としている感覚に対して、ロンドン、パリ、ベルリンといった著名な都市でも冬は零下が珍しくない。

【インデックス】 index。この場合は「索引」といった意味。

が起こった」みたいな部分だけを、三〇秒ごとに、すごい高速な編集で出すってことをやっていて「自分ならやらないな」と思ったんだ。

でもこのタイプの番組が視聴率高いってことを考えた時に思ったのは「インデックスを知りたい、知ったほうがいいと多くの日本人が思っているんだな」ってこと。学びってものは「インデックスを知ること」じゃないはずなんだけど、キャッチワードを羅列すると授業のように思えてしまうというこの国のレベルの低さを表している点では、プロデューサーとして面白いなとは思った。

◉あえて近い本を読んでみる、微差を味わう立体的な体験

加藤 そう来ますか。さすが大学院生。

角田 キャッチーな人がキャッチーなことを言う。で、スタジオで誰かがくだらないギャグ言って笑わせる。その笑わせ方は「ズラし」で、だからどちらかというと一発芸に近いよね。全然ユーモアでもないっていうか。

もうひとつは、トピックはなんでもいいんだけど、その「最高級品な」に対するリアクションがよくある「うわー」「これすげー」「やべー」みたいな感じなわけ。でもさ、本当に高級なのって、例えばお茶ならお茶で、それ飲んだ時って、「ヤバい」と思わないんだよ。むしろ「味が薄い」と思うというか、「深みがある」というかね。

今、鰹節のコンサルやってるから言うと、本当にいい鰹節でとった出汁って味はヤバ

くないんだよね。まさに微差だからさ。万人にはそんなに伝わらないけど深みがある、っていうところが高級鰹節なんだけれど。

そこが「うわー！　これ、超ヤバいっすよー」ってなっちゃう。それって表現も間違っているし、そういうリアクションを求めているディレクターも間違っているし、でもそれを編集してテレビに出すとそこそこ視聴率獲っちゃう、受容する側も、それこそヤバいんだなっていうのを思うわけ。何かこう、「伝えるべきこと」も間違ってるし、「伝え方」も間違ってると思ったというか。

加藤　深くてキチンとした、大学院生を納得させる「授業」をテレビでやるべきか話、もあるけどね。

角田　一方で、『日曜美術館』とかトレンドになっていたけどさ、今回のコロナを受けて、疫病や伝染病を題材としたアートの特集やってたの。そもそも教養として面白そうなんだけど、やっぱりTwitterでもトレンドになってたもんね。『日曜美術館』がトレンドになるなんてそうそうないじゃん。ってことは、そういうことに気付いている人は気付いているっていうか。

加藤　そもそもホットトピックはダメ、ってこと？

角田　いや、僕が言いたいのも「ホットトピックをやるな」っていうことじゃないのよ。だって、やらないとビジネスにならないからさ。ただ、やっても「どう表現するか」で変わるんじゃないかなって。

加藤　深さにしてもそうだけど、ひとつのことをAとA’の差で比べるというか、似たような本を二冊読むって結構勇気いるもんね、時間に追われている昨今は特に。A'を読むならBを読んだほうが時間の有効活用、になりがち。B読んだほうが自分のためになりそうな感じするもんね。

角田 でも、「AとA'を読む」って医者でいうところのセカンドオピニオン*だもんね。だから本当は、ファーストオピニオンに加えて、セカンドオピニオンをもらうべきだとか、そういうことのような気がするよね。A読んでA'読んだからこそAの総体が分かるところとかあるもんね。

加藤 そういう三冊のまとめ方ってあんまりないかもね。松丸本舗*で展開してた三冊セットも、ダッシュの連続にはならなくて、少し飛んでく印象だった。

角田 はいはいはいはい。やっぱりあれは序破急的な三冊だと思うんだよね。

加藤 そういうものじゃなくてさ、全く売れない気がするけど「A、A'、A"の本」で束ねた三冊セット。

角田 はははは。

加藤 「うぇー、こんな似てるの連続して読むんですか」みたいなね。

角田 そこまで読むと、例えば「A"のほうが後に書かれた本だけど、じつはA'のいいところを援用しているんだな」とか「A'って実はAより深いこと、あるいは浅いこと書いてたんだな」とか分かるもんね。さっきの「深み」じゃないけど、Aというトピックについて立体的になるもんね。「Aという事実を知りました」っていう平面だけだったらAだけをインデックスとして読めばいいいんだろうけどさ。

【セカンドオピニオン】
「よりよい治療法を見出すために、主治医以外の医者から聞く意見」（『広辞苑』より）

【松丸本舗】
二〇〇九年から二〇一二年まで丸善丸の内本店内に構えられた、松岡正剛プロデュースのショップ・イン・ショップ。この店舗が創りだしたまだ知らぬ書籍と出合う感動は、たった三年しか開いていなかったとは信じられないほど、本読みの記憶に深く刻まれている。

「一一九二年に鎌倉幕府ができました」っていうことだけ知りたいならいいけどさ、やっぱり「なぜ鎌倉幕府ができたのか」とか、さらに言えば今では鎌倉幕府の成立って一一九二年じゃないわけで*、「どうして一一九二年じゃなくなったのか」ってことまで知ったほうがいいよね、やっぱり。

加藤 本が好きな人が識者選のガイドブックを参考にしたいのはそういうことなんだろうね。でもまあ、自分が頼まれたらA、B、Cってやっぱり離しちゃうもんなあ……。

角田 それは、やっぱり僕らはビジネスだからだよね。広告なんてまさにそうだし。逆に教育者の問題はさ、Aしか読まないことだよね。ダッシュが五〇個くらいまでいく「Aにまつわるもの」は読むんだけど、Bを読まなかったりするんだ。つまり「自分の専門しか知らないんですけど」っていう人が、やっぱり多いんだよね。

　で、僕が思うのは、ホットトピックも含めて、Aから比べればZみたいなものを見たりしたほうが、やっぱりその人の研究にも役立つと思うんだよ。まあ時間がないからなんだろうけど、そこを排除している研究者は結構多い気がする。「専門じゃないんで分からないんですけど」って言うけど、今の世相を知ってて研究してるのと知らないで研究してるのってやっぱり違うよ。

加藤 多少なら、制度的なことでフォローできるけどね。

角田 できるできる。できるし、こういうことを訴えれば変わると思う。

加藤 某社の二〇%ルールのように。「関係ないことをやることがいいし、やらないといけない」ぐらいの縛りで。

【今では鎌倉幕府の成立って一一九二年じゃない】「成立時期については、以下の各時期が挙げられる。(一)一一八〇年の侍所設置、(二)一一八三年の寿永二年十月宣旨発給、(三)一一八四年の公文所・問注所設置、(四)一一八五年の守護・地頭設置、(五)一一九〇年の右近衛大将補任、(六)一一九二年の征夷大将軍補任」(『二〇一八年発行の日本史用語集 改訂版A・B共用』より)。こんなの覚えられない。

ろ

【老後（ろうご）】

角 夢と希望をどう持ち続けるか、面倒くささからどう脱却するか？

加 老いて後、だけど……老いるのいつよ？　になりつつある概念。

まだ実感はありませんが、単純に老後の自分が心配です。

◉「歳をとったら悟る」なんて嘘

加藤 「老後*の心配」ってよく聞くけど、心配の種類は何なんだろうね。

角田 人生ってよくできてると思う。年齢によってトピックってあるじゃないですか。「結婚は何歳くらいで、家建てるのは何歳で」とかさ。「自分の老後の前に自分の親の老介護が来る」みたいなことも含めて、その前の練習がなされると自分の老後が来るようになってるんだよなって。

だから、人生をひとつのパッケージだとすると、それまでの人生って自分が老人になった時の準備をさせられているのかなって思うんです。

加藤 それはあるよね。予行演習的なね。二〇一九年の秋に祖母が亡くなって、享年一〇一

【老後】
「年老いて後。年とってのち（後略）」（『広辞苑』より）

だったんです。自分が直接知っている人で一〇〇歳超えてる人を初めて見たわけなんだけど、最後の数年は当然認知症も入っててわけわかんなくなってたから、「一〇〇歳か——……」とは思ってるんだよね。

角田 「人間は歳をとると悟っていく」っていう話があるじゃないですか。それはないことが分かった。足腰が弱くなったり目も見えにくくなったりするでしょう。能力が劣ってきて、今までクリアに見えていたものが見えなくなったりすると、すごくイラッとくるわけよ。

僕、何年か前から大浴場とか行くと「滑りそうだな……」とか思ってゆっくり歩いてるんだけど、これは傍から見たら爺さんの歩き方だなと思ってさ。爺さんって、すり足みたいにすごくゆっくり歩くじゃん。僕はあれを「年寄りくさいなあ」と思って見てたんだけど、気付いたら自分がそれをやっているわけよ。

これ、ちょっとショックだったんだけど、それを思ったら、「歳をとったら悟る」っていうのは嘘だなと、何となく予想がつく。いつもイライラしている爺さんとか、いつも怒ってるお年寄りの人たちって、あれは社会にイライラしてるんじゃなくて、うまく動かせなくなった自分の身体に対してイライラしてるんだろうなと思うんだよね。だから長く生きていることで、イライラすることってむしろ増えていくのかなって何となく思うし、「いやいや、歳とったんだから何とかなるよ」って意外に思えないんじゃないかという仮説が今僕の中にはある。

加藤 なるほど。

角田 昔は、お年寄りになると泰然自若として仙人のようになるんだろうと思ってたけど、実際周りの人たちを見てるとすごくイライラしてるし、うちの親父にしても、「あんなに頑固だったっけ？」みたいな感じだったしさ。一周回って、むしろ頭悪くなっちゃったんじゃないかと思うくらい頑固になってるのって、いろいろできないことがあるからなんだろうなと。

「お前らはスマホ使えるからいいけど、俺は使えないんだよ」みたいなことでもイライラしてるんだろうし、「コロナの問題があるんだからリモートでZoom会議にしたほうがいいんだ」とか言っても、歳をとってる人ほどやりたがらないんだよね。「やってみたら意外と簡単だった」っていうことにもならなくて、「目が悪いから」とか「フリック入力なんて分からない」とか、そういうレベルの話だったりしてさ。

それってどんなに技術が発達しても同じだろうね。昔の人はそれを六〇歳で感じてて、最近だと七〇歳や八〇歳で感じるようになってて、それをもしかしたらまもなく一〇〇歳で感じるように変わるのかもしれないけど、つまり感じ続けることは変わらないんだろうなとは思います。それで生きていくかどうかっていうのは、あとはその人次第かなとは思いますけどね。

◉新しいもの、自分からは、もういいかな？

加藤 「新しいことを受け入れにくい」っていうのは、なぜなんだろうね。

角田　僕の場合「一回やってみたら大丈夫だった」っていうことを小さい頃からいつも感じてる。パラグライダーも怖いと思っていたけど一回やってみたらすごく楽しかった。この「一回やってみる」という踏み出しが、経験が増えると意外とできなくなっていくのかな。当然その人のキャラクターとか好奇心によるけどね。ただ減っていく人が多いんじゃないかな。

加藤　「いつものところで、いつものものを」になっちゃうよなあ。

角田　「全く知らない、おいしいレストランに行ってみたいな」っていう衝動は一ミリも変わってないんだけど、「いつも決まったところで食べたほうが、やっぱり楽だな」っていう気持ちもある。

　一応フリーランスだから、以前に「打ち合わせとかはいろんな喫茶店やカフェでやろう」みたいな話になったけど、今は全部カフェ・マメヒコ*にしちゃってるもんね。そっちのほうが、電話しておくと席とっておいてくれるし、常連へのサービスも手厚いわけですよ。そうすると、「新しいカフェにわざわざ行ってもなあ」みたいになるよ。それに、「良さ」って店によって大して変わらないしね。

　まあ期せずして我々は半分の五〇歳なわけだけど、その「大して変わらないもの」じゃない「すごく違うもの」をどう体験することになるのかっていうのは少し考えるけどね。

加藤　それも「微差を楽しむ」ことになっていくのかな。「カフェ・マメヒコさんでいい」も同じ話じゃない？　だから抽象度が高くなっていくと、「どっちもコーヒーだろ」とか

【カフェ・マメヒコ】
二〇〇五年に三軒茶屋で開店した小さなカフェ。店主は「神社のようなカフェ」を目指しているとインタビューで答えている。三軒茶屋店のほかに渋谷公園通り店がある。

「どっちもカフェだろ」になっていくのかしら。

角田 僕は芝居やライブや映画を「年間五〇本観よう」みたいなことを前に言ってたんだけど、じつは、このコロナのことがなければやめようと思ってたの。なぜかというと、映画はともかく、芝居やライブってそもそもがプレミアチケットだから、関係者席で確保するのが面倒で行ってないわけです。つまり行きたい場合は、関係者席だからマネージャーとかに頼むことになるんだけど、それって意外にストレスなんだ。

向こうとしては来てほしいと思っているのかもしれないけど、プレミアになるようなやつだと「なんでいちいち角田ごときに」と思われているかも分からないじゃん。頼むこっちとしては気が引けるわけで、でも「やっぱりライブや舞台は観ておきたいな」みたいなことを思って、ストレスを感じながらもいつも頼んでいたわけ。

加藤 ふーむ。

角田 どこかにも文章を書いたんだけど「新しい作品を観たい」っていう欲求ってもう要らないんじゃないかって、ちょっと思っちゃったんだよね。当然、向こうから「観に来ませんか」って言われたなら観るんだけど、自分からわざわざ「観たい」って申し出る必要はないんじゃないかなって。なんか、これから新しいものが生まれるのかどうかっていうと、「一緒じゃないかな」って思っちゃったんだよね。

例えば米津玄師*のライブは観たことないけど、観たいかっていうと「観なくてもいいかなあ」みたいな。テレビのプロデューサーをやってた頃だったら「米津玄師のライブは観ておかなきゃ」とか思ってたんだけど。

【米津玄師】
一九九一年生まれのシンガーソングライター、音楽プロデューサー。ボカロPとして活動の後、自身の歌唱と本名で活動を開始し、たちまち人気アーティストに。自身の楽曲「Lemon」や提供曲「パプリカ」は社会現象になった。

【ケラリーノ・サンドロヴィッチ】
一九六三年生まれの劇作家、ミュージシャン。劇団「ナイロン100℃」とレコードレーベル「ナゴムレコード」の主宰で知られる。

でね、今週末からケラリーノ・サンドロヴィッチ*さんがチェーホフ*の『桜の園』やる予定で、コロナでできなくなっちゃったんだ。ケラさんはチェーホフ四大戯曲の上演にシリーズで取り組んできてて、今回で最後だったの。僕これまでの三作を全部観てるからさ、これで人に頼んで席とってもらって芝居観るのは最後にしようと思ってたの。

加藤 うんうん。

角田 って思ってたら、公演がなくなっちゃったんだよね。だから「まだ最後にするな」っていう神様からの啓示なのかなって、ちょっと思ってる。芝居もライブも、もう今までたくさん観てきたからさ。だったらこれからは別にいいかな、みたいな。坂本龍一*さんとか横尾忠則*さんも同じことを言ってるんだよ。それが若い頃は「お前ら独善的になってんじゃねえか？」みたいな感じに、納得いかなかったわけ。「もっと若い、能力のあるやつのやってることも観ろよ」みたいにさ。

でも今は、坂本龍一さんとか横尾忠則さんがそれを言う気持ちってちょっと分かる。一〇〇歳になるにつれてそういう気持ちは出てくるんじゃないかってちょっと思う。僕は五〇歳で出てきた。

加藤 だけど芝居を観る気がないわけでもないんでしょ？

角田 うん。だからそこは、キーワード的にはやっぱり「川」なんだけど、「向こうからやってくるものに、もうちょっと任せちゃってもいいかな」と思った。今までは自分で流れをつくろうとしてたっていうか、「今度のこの芝居は観なきゃ」とか「この映画は観ておかなきゃいけない」とかって気持ちがやっぱりあったんだよ。

【チェーホフ】
アントン・チェーホフ。一八六〇年生まれのロシアの劇作家、小説家。一九〇四年没。代表作に『かもめ』『犬を連れた奥さん』などがある。

【坂本龍一】
一九五二年生まれのミュージシャン。東京芸術大学を卒業後、スタジオミュージシャンとして活動を開始。一九七八年から一九八三年までイエロー・マジック・オーケストラ（YMO）として活動（後に活動再開）。出演および音楽を担当した『戦場のメリークリスマス』『ラストエンペラー』など映像作品での代表作も多い。

【横尾忠則】
一九三六年生まれの日本を代表する画家、美術家、グラフィックデザイナー、作家。三島由紀夫との交友でも知られる。

プロデューサーっていう職業柄だけじゃなくて、そもそも高校ぐらいからあったよね。加藤くんとも、国語便覧に載ってる名作とか見てさ、「これ読んだ」の「読んでない」のってやった記憶があるんだよね。

加藤 読んだ率が気になるヤツね。

角田 そういう「全部知りたい」とか「全部観ておきたい」みたいな気持ちって僕の中にはずっとあったんだけど、「どうせ全部は観られないじゃん」っていう現実もあるし。もう五〇年生きてきて、それでこれだけだから、今後できてもせいぜい今の倍だよねって。だとしたら、もう来たものだけでいいやと。「新作観るんだったらドストエフスキー全部読んでみたいな」とか「思えばドン・キホーテ*だって全部読んでないしな」とか「あれも話はうっすら知ってるけど」とかさ。そういうのがたくさんあるんだったら、新作の芝居観るよりもドン・キホーテ全部読み直したほうがいいんじゃないかっていう気持ちもある。

加藤 でも、それは知的好奇心がなくなっているということではないよね。方向が変わってるだけだもんね。

角田 うん、全然なくなってないと思う。「どうせ聴くならRADWIMPS*の新曲よりワーグナー*のオペラちゃんと聴きたいなあ」みたいなことだからね。

【ドン・キホーテ】
「①セルバンテス作の長編小説。前編一六〇五年、後編一五年刊。また、その主人公の名。ドン＝キホーテは騎士道物語を読んでみずから騎士となり、痩せ馬ロシナンテにまたがって、従士サンチョ＝パンサを供に遍歴の旅に出る。（略）」（『広辞苑』より）

【RADWIMPS】
P42、43の本文と脚注を参照。

【ワーグナー】
リヒャルト・ワーグナー。一八一三年生まれ、一八八三年に没。歌劇の作で知られるドイツの作曲家、思想家。映画『地獄の黙示録』での使用でも有名な曲「ヴァルキューレの騎行」が含まれる歌劇『ニーベルングの指環』などの代表作がある。ニーチェとも親交があり、『悲劇の誕生』ではワーグナーは重要なテーマになっている。

◉「微差を楽しむ」ことが老後の嗜み？

加藤　仮にワーグナーのオペラを観たいとして「同じ演者のやつを一〇回観たい」って欲望でもないよね？

角田　そう。僕さ、同じ映画二回観たくないんだよね、芝居もそうだけど、二回観るんだったら違う新作を観たいタイプで、それは今でもそう。

加藤　濃いファンの人だと「ツアー、全日程行きます」みたいな人がいっぱいいるわけでしょ。いるよね。

角田　それとはちょっと違うよね。でもそういうファン気質の人のほうが一〇〇歳まで生きそうな気がするなあ……。

加藤　そうなんだよ。それってさっきのレストランの話でいうと、新しいレストランに行きたいのか、いつも決まったお店で食べるのが幸せなのかっていう話でしょ。宮崎駿*さんは、旅行の時に本を持っていくんだって。僕も旅行の時には本を持っていくんだけど、僕の場合は「読んだことのない本」を持っていってたのね。ところが宮崎さんは、絶対に「読んだことのある本」しか持っていかないんだって。確か「夏目漱石しか持っていかない」とか書いてあった。

角田　それ知った時は「えー」って思ったんだけど、今なら「旅先で駄作読んでがっかりするんだったら『こゝろ』*をもう一回読もうかなってことのほうが大事でしょ」っていう

【宮崎駿】
一九四一年生まれの映画監督、アニメーター、漫画家。株式会社スタジオジブリ取締役、三鷹市立アニメーション美術館（三鷹の森ジブリ美術館）館主。『千と千尋の神隠し』でベルリン国際映画祭金熊賞とアカデミー長編アニメ映画賞を受賞した。一九七〇代以降、日本のアニメ界の中心であり続ける巨人。

【『こゝろ』】
夏目漱石が一九一四年に発表した長編小説。あらすじだけ読むとただの碌でなしの穀潰しである「先生」だが、実際に作品を読むと感情移入してしまう。高校の国語の教科書によく抜粋が載っているので、この作品を通じて文学の奥深さを初めて体験した人も多いだろう。

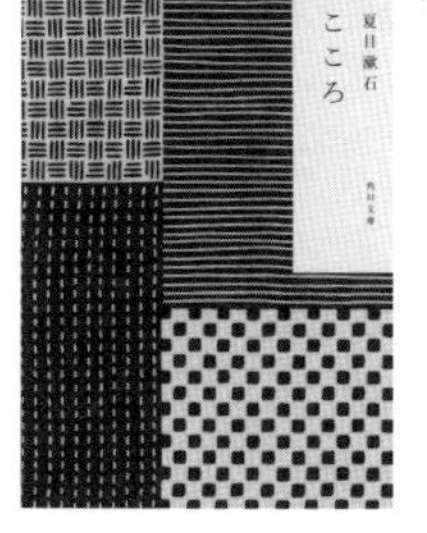

宮崎さんの気持ちは超分かる。今までは「同じものに繰り返し接するなんて」とか「それだったら新しいものに出会いたい」って思ってたんだけど、今はその作品を二〇歳の時、三〇歳の時、五〇歳の時にそれぞれどう読んだのかっていう、「違い」のほうに意味を感じるかな。

加藤 それも「微差」だ。

角田 「微差」だね。「微差」のほうが差があるってことだと思う。

加藤 六五歳になってから「全く新しいことをやりましょう」というシチュエーションでもさ、大差があることだと大変だけど、微差だったらちょっとやりやすいじゃない。「前に読んだことのある夏目漱石をもう一回読んでみよう」みたいな。そういう微差を楽しめるような時間やお金の使い方ができたら、結構健康的でいられるんじゃないの？

角田 かもしれない。今回のコロナで「籠もれ」って言われてるのって「それをやれ」って神様から言われてるんじゃないかなと。日々の微差を追求してみたら？と。今、後ろに積んである本を……。

加藤 もう一回、目を向けよと。

角田 そう。「もう一回読んでみたらどうなんですか」っていうことを言われている気がするわけ。だから福沢諭吉の『文明論之概略』*とか、漱石の『思い出す事など』*とかを読んだんだけど、やっぱり面白いんだよね。

加藤 ですか。

角田 それでなぜ面白いかっていうと、漱石って四九歳、僕らと同い年くらいで死んでるわ

【『文明論之概略』】「日本最初の文明論で福沢諭吉の最高傑作。一八七五年刊」（『日本大百科全書』より）。ちなみに戦後を代表する政治学者・丸山真男による解説書『「文明論之概略」を読む』も名著とされており、原典の三倍くらいの分量がある。こちらも併せてどうぞ。

文明論之概略
福沢諭吉著
松沢弘陽校注

け。

加藤 うわ。

角田 それを学生の時に先生に「読め」って言われて読むのとさ、「漱石ってこの歳で死んじゃってるんじゃん」って思って読むのって、全然違うんだなって感じる。それって微差だよね。だから「一〇〇歳まで生きる」って、微差を楽しむことなのかもしれない。微差こそ人生なのかもしれない。

加藤 それ、ついつい「知的好奇心を失わずに生きよう」なフレーズになってさ、その「to be」を実際に「to do」に落とし込んだ時に、「まったく新しいことをやろう」みたいな話になりがちじゃない？

でも「新しさは微差でいいんだ」と具体化してみて、「同じものをもう一度読むことも実は微差でOKなんだ」となればいいのかもね。

◉身体的な衰えは、花鳥風月アバターでカバーする？

角田 今の例の回答じゃないんだけど、名作とか、いい作品なんてないんじゃないかって本気で思い始めててね。その時自分がいいと思ったとか、駄作だと思ったとかは当然あるわけよ。世間の評価とは別にして。でもなんかさ、そのほうがいいなって思うことが今すごく多いんだ。

加藤 ほう。例えば？

【『思い出す事など』】 夏目漱石が一九一〇～一九一一年に発表した、胃潰瘍による修善寺での入院生活をもとにした病床日記。作品は寛解した時期に書かれたものだが、この時の胃潰瘍に漱石は終生苦しみ、作中から六年後の一九一六年に亡くなった。

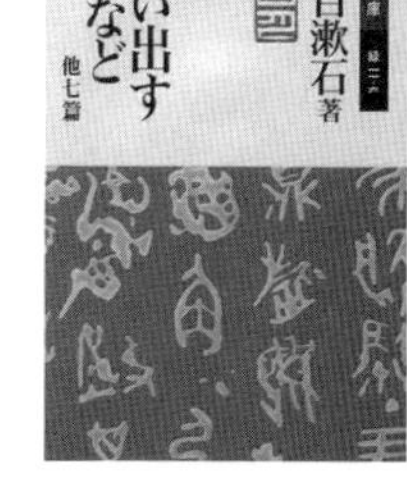

角田 最近でいうと、とある小説を読んで、面白かったから、それをFacebookに書いたらある人から「僕も読みました」ってコメントが付いたの。その人は多分「そんなに面白くなかったんですよ」って意味でそれを書いてるんだよね。それはその人にとってはそれで全くその通りというか、確かにすごい名作かどうかは分からないけど、「今の僕にとってはそれがちょうどいい」って思っちゃったんだよね。

この「ちょうどいい」っていう感覚は、あるなって思った。自分が感じる「ちょうどいい」ってことと、「その作品のクオリティが高い」ってことは全然別なんだなって。微差をあえて自分から求めないというか、求めないことで結果として微差になるというか。まったく同じものを頼んだって晴れてるか雨降ってるかでも変わるし、店員さんの応対でもちょっと違うかもしれないわけじゃん。

だから「自分から変えようとしなくても変わるんじゃないか」ってことかもしれない。それが微差なのでは。ちょっと哲学的だけどね。

加藤 禅問答に聞こえるかも？

角田 聞こえる聞こえる。僕の言ってることってつまり「俳句ってすげえな」みたいな話になってて、「自分が思ったことを花鳥風月で表す」ってことを言ってるような気がするんだよね。

加藤 アバター[*]だ。花鳥風月アバター。

角田 そう、花鳥風月アバター。それって一〇〇歳まで生きるんだったら身に付けておいたほうがいいスキルなんじゃないかって気がする。足が悪くなったとか腰が悪くなったとか

【アバター】
P367の本文と脚注を参照。

目が見えなくなったとか、そういう衰えの中で、「桜に何を感じたか」「月に何を感じたか」もあるけど、「日常とアバターをどう繋げるか」みたいなことしか生きていく意味がなくなっていく。そうじゃないと、「速く走る」とか「いろんなものをたくさん観る」とか「すごくたくさん情報を仕入れる」とか、結局効率とか能率で価値判断をしちゃうじゃんか。それは、一〇〇歳に近付いていくと無理なんじゃないかと思う。

加藤 キングコング西野*さんのオンラインサロン*の文章とかを読んでると、「こうやれば勝てます」って書いてあるんだよね。彼はやっぱり頭がいいから、言ってることは正しいんだよ。「こうやればビジネスは上手くいく」みたいな。でも僕なんかは、もう禅問答みたいな反応なんだけど「上手くいかなくていいじゃん」って(笑)。だって、どうせ歳とって身体が言うこと聞かなくなったら上手くいかないんだし。まあ禅問答だけど。さっき俳句って云ってたけど、「自分の気持ちを花で喩える」ってつまりは編集能力じゃないですか。その歳までにスキルとか感覚を持っていない人にとっては、ある時から急に身に付けることは六つかしいでしょう。一概に年齢で決めつけちゃイケないけど、何歳ぐらいに、新しいこと、微差で好いから新しいことにもそれなりに向かい合えるのかしらね。昔って定年って何歳でしたっけ。

角田 五五歳じゃない? そこから六〇歳にしたところが増えてスタンダードになったっていう話があったけど、今は六五?

加藤 「七〇歳まで働きたい」人も多いよね。

角田 東大でいうとさ、僕が大学生の時に教員は六〇歳定年だったのよ。でも例えばお茶の水

【キングコング西野】
P228の本文と脚注を参照。

【オンラインサロン】
P286の本文と脚注を参照。

加藤　女子大学は六五歳だったから、僕が教わっていた指導教官って六〇歳で定年退職して途中でお茶の水女子大学行っちゃった。「六〇歳って早いな」って思っていたけど、当時「数年後には六五歳になる」とか言ってたんだ、確か。
大学の教師って定年六五歳になったよね。

◉決める能力は同じだとしても、歳とったら「決めることへの本気度」が減る

角田　「働き方が変わる」っていう意味では、副業にせよセカンドライフにせよ、「何やるのか」っていうのは結構大事だと思うけどね。広告会社辞めて喫茶店開く人とか、異様に多いよね。

加藤　印象だけど、多い。バーも多いかも。何でだろうね。で、もう一回訊くけど「老後の心配」の心配の種類っていくつあるんですか？

角田　「お金」「健康」……あと何だろ？

加藤　昼間にやること？

角田　まあだから「時間の使い方」みたいなことか。あえて暴論を言うんだけどさ、今回のコロナで、シンプルに「政治って若いやつに任せたほうがいいな」って思ったの。政治と言いつつ、もしかしたら会社とかも同じかもしれない。つまり社会を若いやつに任せたほうがいいって。
自分が若い頃は「政治家になりたい」とまでは思っていないけど、少なくとも「リー

ダー的なものになりたい」とちょっと思っていたりするじゃないですか。それが老境になってきて「もう若いやつに任せて、年寄りは引っ込んでさあ」みたいに言われるのがムカつく時代もあったわけですよ。「歳とってても、若いやつより全然やれるんだよ」みたいな。

そうこうしているうちに僕らも五〇歳になったわけだけど、コロナでの対応とか見てるとさ、あれって「その人の能力だけじゃなくて、単純に若さってあるよな」って思っちゃったんだよね。

じゃあなんで若い人たちのほうがいいのかっていうと、仮に頭の良さや能力が、若くても歳とってても同じだとした場合、単純に体力が落ちてて、「足腰が痛い」とか「もう眠くなる」みたいなことが少ないほうがやっぱり能力は発揮しやすいよね。

つまり、身体的にどんどんレベルが下がってくると「今日打ち合わせやったほうがいいけど、眠いから明日の朝イチにしない？」みたいにちょっとスケジュールを遅らせたりすることが僕でもあるし、「昔は八時間会議やってても平気だったけど今は三時間でも無理だな」みたいになるじゃん。仮に決める能力は同じだとしても、歳とったら「決めることへの本気度」が減ってくのは事実だなと思ったの。だとすると、困難なことが起きた時には若くて元気なやつが対応したほうがいい。

そこから「老後」の話に無理やり繋げると、自分たちが歳とっていくんだったら、そういう元気な若者がオペレーティングしやすいようにサポートするのが、老後の一番の務めなんじゃないかって思ったりするんだよね。

五年前くらいまでは逆だった。「若い未熟なやつに任せるより、酸いも甘いも分かっている人がオペレーティングしたほうがいい」って思っていたけど、その「酸いも甘いものオペレーティング」っていうもの自体が現状の社会においての繋がりや関わりを前提にしてて、「どう古い慣習に乗り切ればやれるか」みたいな、寝業師*的な経験がものを言う能力じゃんか。

ところが本当の非常事態が起きると、「どう臨機応変に対応できるか」ってことが問われてくるから、どう考えても若いやつのほうが上だなと思ったのが、今回のコロナの感想なんだよね。だから老後は本当に老人になったほうがいいんじゃないかってちょっと思ってる。

加藤 多くの社長さんは年齢と関係なく異常に体力あるけどね。

角田 あるよね。だからそういう人が社長になるんだよね。

加藤 まず体力だと思う。

角田 「トライアスロンやってます」とか言う人、多いもんね。

加藤 どう考えても自分より体力あるもんなあ、社長のみなさん……。

◉単なるレクリエーションには閉じないで！

角田 話を戻して、「時間」とか「お金」とか「健康」とかをどうやりくりしていくといいのかみたいな話にしようか。

【寝業師】
「裏面での工作がたくみな人」（『デジタル大辞泉』より）。いまの日本では嫌われる言葉に「根回し」というものがあるが、根回しを得意とする人も入るだろう。そしてその根回しは、各所から合意を取り付ける上では必要なものでもある。かつて西武ライオンズ、後に移籍し福岡ダイエーホークス（当時）で、現在でいうところのGMとして辣腕を振るい常勝軍団の礎を築いた故・根本陸夫が「球界の寝業師」と呼ばれていたことは印象深い。

加藤 お金はちゃんと設計しておいたらいいんじゃないですか。

角田 【味方】でも話したけど、フリーランスだから「コロナで仕事減るかな」って危機感持ってたんだけど、二、三件新しい話が来ててさ。それがTBSと吉本だったりして、結局自分が今まで付き合ったところなんだよね。多分そういう会社は、今回リモートになってしまったりして、全く新しいやつにチャレンジできないことになってある意味守りに入っててさ、それまでの経験や実績から「こいつなら大丈夫だろう」って相手に頼みたくなるみたい。だからこういう危機的状況になると、培った人間関係って超大事になってくるんだなと改めて思ったの。

竹熊健太郎さんが『フリーランス、四〇歳の壁』っていう本で「四〇歳になるとガタンと仕事が減る」っていうことを書いてるんだけど、甲斐さんもそういうの読むと「うわあ」って思うでしょ？

―― 読んだ後ちょっとげんなりしましたね。

角田 僕もちょっと「僕がTBS辞める前にその本書いてよ！」とか思ったりした。「読んでたら辞めてなかったかもしれないじゃん！」みたいな。確かに「歳とると仕事が減る」と思ってる人がほとんどだと思う。

ところがさ、辞めてみてちょっとだけ分かったのは、今まで発注してくれてた人も一緒に歳をとっていくんだよね。仕事が減るって話って、自分だけが歳をとっていくんだったら成立するんだけど、「現場は若いままで新陳代謝してる」って言いつつ、その現場を退いた人たちだって生きていかなきゃいけない。それこそ別の業種をやったりと

【味方】
P485からの本文を参照。

【竹熊健太郎】
本書は当初、『サルでも描けるまんが教室』（相原コージ、竹熊健太郎・著、一九八九～一九九一、小学館）へのオマージュとして企画が始まった。

【『フリーランス、四〇歳の壁』】
竹熊健太郎の著書。副題は「自由業者は、どうして40歳から仕事が減るのか？」。二〇一八年にダイヤモンド社より刊行。

フリーランス、40歳の壁
自由業者は、どうして40歳から仕事が減るのか？
竹熊健太郎

か、なんだったら珈琲屋さんやるとか、その人たちがこの世から消えるわけじゃないんだよね。

ひとつの仕事場でなら、今まで発注してくれていた編集者から若いやつに変わって、もう発注してくれなくなるってことは起きるわけ、会社って新陳代謝だから。でも、そいつが編集長じゃなくなった時に、取締役になれなかったら今度は別会社を作ったりとか何かやってたりして、そこで「角田さんにまた頼もうかな」みたいなことって意外に結構起きるってことが、辞めてみてちょっと分かった。

だから、自分だけが歳とるんじゃなくて相手も歳とるんだから、むしろ相手との関係を大事にし続けていれば、それが一番の老後の支えになるんじゃないかな。それは肌で感じることだったんだよね。

加藤　そこで云ってる「老後」って、いわゆる「現役」も含むの？

角田　「現役・現役じゃない」ってサラリーマンだと通じるけど、サラリーマンじゃない場合はどうなんだろう？　じゃあ、例えば僕の現役がいつ終わるのかっていうのは、僕の中ではないからなあ。

――『定年後』*が流行りましたよね。あれがまさに定年後、老後の人生設計みたいなところの話がありましたけれど。定年後に、自分がどういうふうに健康とかコミュニティを維持して幸せに暮らしていくのかっていうところで、「コミュニティづくりを事前にしておけ」って話だったんですよね。角田さんがおっしゃっていたお話に近いものがあります。

【『定年後』】大手生命保険会社に勤務していた著者の楠木新が、定年後をひかえたビジネスマンに50歳からの生き方を提案した書。二〇一七年に中公新書より刊行し、ベストセラーに。

角田　それってイメージとしては「備える」みたいなニュアンスですよね。「コミュニティを事前につくっておく」みたいな。それって、また「目標／ゴール」論になっていっちゃうような気がしちゃうんです。「老後はそういうふうに関係性がつくれないから、今のうちにつくっておけよ」みたいな。

僕はそうじゃなくて、もうちょっと生き物な気がしてて。「今生きていれば、老後も生きるんだけど……」っていうニュアンスです。計画経済というか、計画人生って僕の中でちょっと苦手なところがあって。

加藤　それもあるんだけど、その文脈上のコミュニティってわりと「消費」に近い感じなんだよね。例えば「将棋する」とか「ゲートボールする」とか。

角田　レクリエーションになっちゃってるってこと？

加藤　それに近い感じ。金額の多寡は別として、仕事とか社会参加的なところがちょっと弱いんだよね。ゼロとは云わないけど。

角田　その話で思い出したんだけど、小学校の時から「レクやりましょう」ってよく言うじゃんか。「レク」ってレクリエーションなんだよね。

加藤　そうだよ。

角田　ずっと何とも思ってなかったんだけど、レクリエーションってcreationにreを付けてるってことだよね？　つまりcreationをre-creationってことでしょ？

加藤　そうなの？

角田　re-createだから、「再びつくる」だと思う。つまり「re-creation」だからレクリエーションってダメなんだろうなって思う。レクリエーションは、クリエイションであるべきだなって。普通に何かイベントをやるのがクリエイションで、対してレクってつまり余暇だから、「本業のクリエイションじゃないところで、ちょっとレク的なことやりましょう」っていうことでしょ。小学校なんかで「レク」って言ってるのは「本業は授業とかなんだけど、本業じゃない時間でキャンプファイヤーやりましょう」って使い方をしているんだと思うんだ。

でも本当はレクリエーションも、余暇でやっているとはいえクリエイションであるべきなんだと思うんだよ。だから「副業」っていうものにちょっとだけ違和感あるのは、余暇にせよ副業にせよ、どっちも本業であるべきなんじゃないかと思うからというかさ。単純にその種類が違うだけであって、レクはレクじゃダメなんじゃないかと思うんだよね。

そうすると老後って、さっきの「将棋やる」とか「ハイキングやる」とか「ゲートボールやる」とかレクリエーションの塊みたいな感じで、嫌な言い方したら単純に時間潰しになるじゃんか。だから、レクの時間をレクに留めないで、まさにクリエイションにしたほうがいいような気がするし、そのクリエイションは何をやるのかっていうと、まさに自分のやりたいことをやるのがいいんだと思うんだけどね。

加藤 調べてみると「疲れた心身をもう一回立て直す」っていう資本論*的な、あるいは再生産的な意味合いでした。

角田 あ、だから「re」なんだね。

【資本論】ドイツの経済学者、思想家のカール・マルクスによる一八六七年から一八九四年の著作。一九七二年に大月書店より刊行された『資本論』は大ロングセラー。訳者の岡崎次郎は『マルクスに凭れて六十年――自嘲生涯記』を著した後、失踪し行方不明に。因みに、聞き手・甲斐荘の本棚には、古本市で買った向坂逸郎訳の上製本（岩波書店・刊）が鎮座している。いつになったら読めることやら。

加藤「労働者がもう一回働けるようにするために、その労働者自身が自分を立て直す」っていう、語源としてはそういう意味っぽいね。

角田あー。だから、学校とかでやるレクっていうのもきっとそういうことなんだね。

加藤だから学業以外のプログラムに位置づけられるんだろうね。「勉強で疲れたら勉強以外の時間をとって、また勉強しましょう」の再生産サイクル。

角田ある意味「老後」っていうのもそれに近いんじゃない？　本業のサラリーマンが終わって、もう本業以外のことやりながら活力を保ちましょう的な。だから、老後はむしろレクじゃないほうがいいって僕は思うんだよね。

加藤レクリエーションってそういう意味で、消費だったり遊びだったり、つまりお金と時間を消費・浪費する方向に働きがち。で、「それを一人でやってると寂しいから仲間をつくりましょう」な感じになっちゃうんだよね。

　その中には趣味で俳句作ったり、クリエイティブなことをやっているコミュニティもあるけど……うーん、それが好いのかどうか。つまり将棋とかゲートボールはダメだけど、何人かでどこか出掛けていって俳句詠んでいるのはいいのか……？　問題提起としてこれでいいのだろうか。俳句もレクの概念を出てない気もするんだけど。

角田分かんないけど、時間の使い方としてはレクでもいい気がする。囲碁でもいいし将棋でもいい。なんていうんだろう……まだ言葉できていない例の「進力[*]」みたいなものが、その行為にあればいいんじゃないかな。何となく、時間潰しみたいにそれを使っているだけだったら、もう別に生きてても死んでても一緒じゃないのかって気持ちになっちゃ

【進力】
P543〜547の本文を参照。

うんだけど。

加藤 ……いや、その違いが何なのかって突き詰めたらすごく哲学的な話になっちゃうか……。もうちょっと具体的なほうがいいよね。

加藤 つまりその、俳句をやることが仲間内で閉じてるとすごく趣味っぽい感じがするんだよね。お金にはそんなにならなくていいんだけど、もうちょっと外に出ていくというか。世の中的にそんなにすごいインパクトにならなくていいんだけど、そういう意味での「仕事」までいけると本当はいいんだよねと思う。

角田 いや強いて言うなら、それは俳句やろうが将棋やろうが、やっぱり仕事まで持っていけば？　ってことかな。あえて暴力的な言い方をするなら、「レクで終わるな」っていうか。あ、でも「仕事」って言わないほうがいいね。「本業」っていうとあれだけど。とにかくそこまで持っていったほうがいいんじゃないかな。

レクで将棋指してるのと本業で将棋指してるのはどこが違うんだ？っていう話になっちゃうけどね。だって、べつに今からプロ棋士目指せっていうわけじゃないからさ。具体的には他ジャンルだとそういうことかもしれないんだけど。うーん。

◉老後になっても、エンドロールに名前が入る。がお薦めかも

加藤 ちょっと牧歌的かもしれないけど、「将棋教室で初めて将棋やる子の相手をちゃんとやる」とかかな？　そこまでいくと社会的に関与している感じもするかな？

角田 だからさっきの「オペレーションは若い人に任せて、それをちゃんとサポートしようよ」っていう「サポート」みたいなことになるような気がする。「オペレートしようよ」じゃなく「敬えよ」でもなく、「むしろ積極的にサポートしてあげようよ」ってさ。
　自分の時間で好き勝手に囲碁将棋俳句をやっているんじゃなくて、やっぱり社会にというか、コミュニティにというか……「ソーシャルなもの」と繋がっている状態になれるというさ……。いや、言っていることは正しいんだけど、ベタで面白くないね。今まで結構ベタじゃなくて斬新なこと言ってきた気がするけど、ここだけいきなりベタだな。だって「いきいきと生きましょう」みたいなことだもんね。もうちょっとこう、ブッ飛びたいなあ。

加藤 「自分の時間を切り売りする系」の労働としてお金を稼ぐ人もいれば、そうじゃないことでお金を稼げる人もいるんだよなあって。将棋でそういう好い感じのことをするのって、どうしたらできるかなあ……。

角田 将棋っていう喩えが良くないかもしれない。これ、すごくベタなんだけどさ、リアル社会とSNSってもう二項対立じゃなくなってると思う。ネットって名前の通り「網」だからさ、もう現実のリアルなところに網がかかって、リアルというものがネットに絡め取られている感じがするんですよ、僕のイメージとしては。
　だとすると、老後になってもネットの中に入っているしかないんじゃないかな。「俺はインターネット分からないから」とか言ってる場合じゃない。あえて言語化するなら「社会と繋がってたほうがいいんじゃないか」ってことだと思うんだよね。

加藤　それはその通りだね。

角田　うん、何やっててもそうだよ。将棋してようが俳句やってようが。つまり社会と繋がっている意識が必要なんじゃないかと思う。あとはさっきも言ったけど、良くも悪くも「オペレーションしている若い人たちのサポートをしてあげましょう」ってことかな。

加藤　いや、トライアスロンやっちゃうような社長みたいな、すごく元気な人は全然オペレーションしててもらって構わないと思うんだけどさ。……でもやっぱりベタだな、なんか。「老後」というのがここにいる全員にとっては空想だからだね。

角田　そうかもしれないね。我々もまだ老後までは。

加藤　リアルな実体験がないから、エピソードが想像でしかないんだね。まあ強いて言うなら自分の親のこととかを考えるしかないよね。

――　子どもの時に、母親が四谷のイグナチオ教会*に勉強会に行ってたんですよ。外国人の神父さんのお話を聴くんですけど、その世話役が加藤一二三*さんだったんです。さっきから将棋の話が出ていたのでずっとそのことばっかり思い出していたんですけど。それは加藤さんにとってはレクリエーションであり余暇の使い方ですけど、あれはあれで生産的な余暇だったと思うんですよね。

角田　今の話でいうとむしろ、「老後じゃない時に本業以外の副業的なものを持て」って言っておいて、「老後になった時にはそれがメインになりますよ」っていう言い方もあるよね、この本の終わり方としては。

今までさんざん、「生き方はいろいろありますよ」とか「微差を大事にしましょう」

【四谷のイグナチオ教会】
JR四ツ谷駅前にあるカトリック東京大司教区の教会。イエズス会に運営を委託されており、名称はイエズス会の創始者イグナチオ・デ・ロヨラに因む。上智大学に隣接。「カトリック麹町教会」とも。

【加藤一二三】
一九四〇年生まれの将棋棋士。降級に伴い規定による引退となった七七歳まで現役を続けた。現役晩年からはメディアにも活発に登場している。

とか「あらすじを整理しよう」みたいなことを語っておいた上で、「自分が今給料をもらっている仕事以外にも何かをやっておいたほうがいい」と語っておいた上で、らりるれろの【ろ】まで来ると「それが結果的にあなたの老後を作るんですよ」っていうまとめになっている。……っていうことかなと思った、本の構造としては。

加藤 【ルサンチマン】*で出てきた「エンドロール」*の話で考えるとさ、自分の名前がエンドロールに入るものがあるかどうかっていう話？　加藤一二三さんの話で云えばさ、例えば教会が「今年頑張ってくれた人一覧」を出した時に名前が入っているかどうか、みたいなさ。

角田 ああ、そういうことか。分かった分かった。

加藤 うちの父親の話をすると、うちの父親って母親の介護にもっぱらで、全然社会的なことはしてないんですよ。八〇過ぎた人に求めるかどうかはあるけど。だから載せてもらえるエンドロール、いまないわけ。母親介護はあるけどね。そう考えると「自分の名前が掲載されるエンドロールがあるかどうか」は、老後の価値観として一つあるよね。

ただ脳みそがある限り、「微差の継続」はできるわけじゃん。それを諦めている人は多いよね。「ネット分かんない」とか「新しいこと分かんない」とかって。「それは態度としてもったいなくないですか？」として、あとは場の問題として活躍するシチュエーションがあるかどうかだよね。

角田 そうだね。だから社会なのかコミュニティなのか、いずれにせよ「エンドロールの一部になれるような肩書きというか、役割を得たほうがいいですよ」みたいなことだよね。

【ルサンチマン】
P601からの本文を参照。

【エンドロール】
P616の本文と脚注を参照。

加藤　そうそう。

◉デジタル化は老人の味方である

角田　それさ、ホリエモン[*]がTwitterでつぶやいてたことがあって、政府からの一〇万円の給付金の申込みが「ネットからでも郵送からでも、どっちでもできます」っていう話について「郵送なんかでやってたらまた人件費が大変なんだから、ネットだけでいいのに」みたいなことを書いてたんだよね。それでまた反論みたいなのがワーッと彼に集まってきてて、「ネットとか分からないお年寄りはどうするんだよ」みたいなことが、予想通り寄せられててさ。そしたらホリエモンがまた反論として「でもネットのほうが楽なのにね」って書いてたわけ。

そんなこと理解できないお年寄りだって絶対にいるってことは、僕だって分かるわけ。自分の母親だってできないだろうし、もし電話受付があれば何回も電話かけたりするんだと思うし。

でも何回も電話かけたりとか、郵便局で何度も教えてもらいながら手続きするより、ネットのほうがどう考えてもお年寄りに向いてるってやっぱり思うんだよ。パソコン見てクリックすればいいとか、アプリでやればいいとか考えるとさ。

だから、何ていうんだろう。「年寄りはネットが苦手」って思い込んでるけど、ネットのほうが力も要らないし、そっちのほうが有意義なんだよ、っていうことを冷静に

【ホリエモン】
P361の本文と脚注を参照。

知っておいたほうがいいと思う。「ネットというのは老後の敵なのではなくて、むしろ味方である」っていうことを早めに知ることが大事なのではないかっていう気がする。

加藤 二〇二一年時点でさ、六〇代以上のみなさん、キーボード打てるよ、比較的。ハードルは下がってくるとは思うけどね。でもサポートの必要は当然あるよね。

角田 そうそう。だから「お年寄りがいるから郵送にしよう」じゃなくてってことなんだよ。まあそれを今回のコロナで準備もなく初めてやってるから、郵送でいいと思うけどさ。本質的には、ネットとかテクノロジーを老後にどう対応させるかのような気がするな。

加藤 インターネット上の事務ヤリトリって本人確認がすごく六つかしい部分もあるんだろうけどね。

角田 でも、それってマイナンバーカード*をちゃんとやればいいっていう話でしょ？　バルト三国のエストニア*なんてそういう話でしょ？　マイナンバーカードを超知らしめてて、考え方でいうと「個人情報としてマイナンバーと氏名はもう公表してもいい」としているんだよね。

日本ではマイナンバーカードをもらうと「秘匿しろ、隠せ隠せ」って言われるじゃんか。でもそのわりに新しい取引先と仕事すると「コピーして送ってくれ」とか言われるんだよね。あの「コピーして送れ」っていうの、意味が分からないんだよな。あんだけ「秘匿しろ」って言われてるのにさ。「その会社が反社会的な会社だったらどうするんだよ」とか思うけど、「そのへんは一応大丈夫だからコピー送れ」って催促がフリーランスには死ぬほど来るじゃんか。

【マイナンバーカード】
「マイナンバー制度で、本人の申請により交付されるICカード。氏名・住所・生年月日・性別・顔写真・個人番号（マイナンバー）などが表示され、本人確認の際の公的な身分証明書として利用できる。」（『デジタル大辞泉』より）。政府のデジタル推進の中心に位置づけられ、二〇二三年三月末までの全住民への普及を目指している。二〇二一年五月五日時点でのマイナンバーカード交付率は三〇％程度に留まっている。

【エストニア】
エストニア共和国。北ヨーロッパの共和制国家。ソ連崩壊で独立を回復し、EUやNATOに加盟するなど親欧米政策をとっている。ITを行政に活用する「電子政府」を構築し、行政手続きの九九％をインターネット上で完結させることができる。

でも、「その本質的な問題は『マイナンバーは秘匿しなきゃいけない』って思われていることだ」ってエストニアが出してるガイドブックに書いてあった。なんであそこが世界一進んでいるかというと、例えばヨハンソンさんなら、ヨハンソンさんの名字がみんなに知れ渡るのと同じレベルで番号が知れ渡ることも徹底しているから、総背番号制ができているんだっていうわけ。ネット普及のシステム化もそういうことのような気がするけどね。

加藤 そのうち追いつくでしょう。

角田 間に合ってないし、「国民総背番号制が果たしていいのか」みたいな反対も多かったから、妥協の産物なんだろうね。だから、これまでは「管理されてないのが自由」っていうふうに思ってたんだけど、「全部が管理された上での自由」っていうものをどう構築するか、みたいなことかなと思うわけ。僕が以前どこかで書いた「コロナ後の世界」について考えてた生存権の話もそうで、「管理されていると自由じゃないじゃん」って思っちゃうんだけど、「この部分は管理されているほうが結果的に自由ですよ」っていう話はあるよね。その代わり全部それが紐付けられちゃうと脱税ができなくなるとか、そういうことだもんね。

加藤 その通り。

角田 だから「脱税は悪いことなんだから」って決めるしかないってことなんだよ。マルクス・ガブリエルが対談してる『未来への大分岐』*っていう本でも「それをGAFA*が握っちゃうほうが怖くないか?」っていうふうに書かれていた。「政府はマイナンバー

【『未来への大分岐』】
聞き手の斎藤幸平とマルクス・ガブリエル ポール・メイソン マイケル・ハートの三人によるポスト資本主義についての対論集。二〇一九年に集英社より刊行。

【GAFA】
「米国の主要なIT企業である、グーグル(Google)、アマゾンドットコム(Amazon.com)、フェイスブック(Facebook)、アップル(Apple)の四社」(『デジタル大辞泉』より)

もろくに握ってないのに、GAFAのほうが個人情報を握ってて、むしろGAFAのほうが移動のログとか持ってるからその人の人生が分かってる」っていう。

で、「どうせGAFAが握っていてもよしとするのであればGAFAじゃない第三の何かが握っててもいいんじゃないか」みたいなことを提唱していて、それを「common」って名付けてたよ。政府でもGAFAでもなく、ある一定の概念上、個人データを全部入れてる何か。公共のためにその個人データをどう使っていくか、みたいなことを施策としてやっていくと。「それは政府とか一企業じゃないほうがいいんじゃないか」みたいなことを書いていた。

加藤 国家が持っていると早い論を唱える人もいるね。

角田 持ってる国だと今回のコロナ対策もこれだけ成功したとも言えるんだけど。だから「どっちがより自由なのか」っていうより、自由のあり方を再設計することが大事なんだと思う。

加藤 個人的に相続関係の手続きを二件、おばさんとおばあちゃんのをやってるんだけど、もう本当に総背番号化にしてほしい。すっごい手間がかかるのは事実だね。大変。

角田 いや単純に「払うからさ!」と思うよね。「もう手続き減らしてくれよ」みたいなさ。

加藤 情報がどこにあるかすぐに分かんない、ということ自体がなかなかすごいですね。予想してなかった。

角田 僕、二〇年くらい前に、ファミレスに車停めてたら車上荒らしに遭って、窓ガラス割られてかばん盗られたわけ。それで当然そこの近くの交番に行って「こういうもの盗まれましたー」って全部登録したらさ、「多分戻ってこないだろうな」と思っていたら一ヶ月後くらいに連絡があって、戻ってきたんですよ。もちろん現金とかは盗られちゃってたんだけど。

でも、なんで戻ってきたかというと、かばんの中にたまたま、借りているマンションの権利書みたいなものを入れてたんだよ。結局それがあったから僕と同定されて連絡が来たわけ。警察に行ってその話を聞かされた時に、「仮にかばんの中に権利書が入ってなかったら連絡来なかったんですか？」って訊いたら、「来ない」って言うんだよ。

それはさすがにおかしいじゃん。「盗まれたものが茶色いかばんだった」とか、「中に何が入っていた」とか、そういうことをコンピューターでタグ付けしておけば、犯人が捕まったりした時に所持品とか遺留品から検索して、そのデータをキュッと合わせることなんて簡単にできるじゃん。警察って事実それ当時はやっていなかったんだよね。

さっきのマイナンバーカードと一緒で、タグ付けされないまま永遠に「犯罪された」という事実だけは残り、一方で遺留品というモノだけが残り、そこは同定されないで捨てられていく……みたいなことになるのを想像してみて、「アホだなあ」と思ったんだ。だから、そういうシステムから変えていかなきゃいけないんだろうと思うんだけど、まあ変えないんだろうね。何だかんだ言って、少なくともおじいちゃんたちの政治家はやろうと思わないよね。だからそういうことを「ちゃんとやるべきだ」って言うのって、能力も必要だけど、本質的には若さなのかなって思ったりする。

◉レクじゃなくてクリエイション。歳は関係なく対価はちゃんともらいましょう

加藤　いろいろ話は飛びましたけど、一回話を整理すると、これまで話してきた内容の総まと め的なところがあるね。まず「健康はキープしたほうがいい」と。「お金」についても し云えることがあるとしたら、「どっちのほうがいいですよ」っていう話じゃなくて 「こういうお金の考え方もあるよ」っていう話として……。

角田　そうだね。だからさっきから言っているみたいに、「社会と絡まないで将棋やっていて も、それはあくまでレクでしかない」ってことだもんね。

加藤　そうそう。

角田　クリエイションにはなってないもんね。

加藤　そういう意味で「老後」＝「レク」とか、「年金」＆「レク」みたいな形だったのを、 「新しいお金の稼ぎ方を含めて、『レクをクリエイション化する』ことを見据えていった ほうがいいんじゃないの？」っていう示し方はあるかもね。

角田　「九〇歳くらいのおばあちゃんがお弁当作って売ってる」っていうのが、半年くらい前 にワイドショーでよく取り上げられててさ。たしか東北のどこかの話だったと思うんだ けど、「そのおばあちゃんのお弁当は超美味しいんだけど、まもなくお店閉めちゃう」 みたいな話で。

そのお弁当って三〇〇円とか五〇〇円なんだけど、本当に美味しそうなわけよ。おば

あちゃんもそれを作るために前日にちゃんとレシピ考えてたりして、ちゃんと魚仕込んで朝五時に起きて作る、みたいな話で、普通に「いい話だな」って思ったのと同時に、大事なことだと思ったのは「それを五〇〇円で売っている」ことだと思ったんだよね。
　それが五〇〇円で元が取れているかどうかとか、利益になっているかどうかってことじゃなくてさ、そのおばあちゃんは「社会にコミットする」というやる気でやっているんだよね。それがあるから地元のサラリーマンとかみんな買いに来たりするわけ。
　僕が「レクって嫌だな」って思っちゃうのって、反対に何も生み出していないからのような気がしててさ。それで利益が出るかどうかはともかく、ちゃんと対価をもらいながらやったほうがいいんじゃないかっていうことなんだよね。

加藤　そういうおばあちゃんの話に対して「そこに価値があるんだったら、もっとお金をとるべきだ」と云ってる人もいるかな。
「おばあちゃんがそういうことをやること自体はとても素晴らしいけれど、だけど単価が安すぎて、周りのビジネスを圧迫していることを認識する必要がある」って。

角田　なるほどね。

加藤　「働き盛りの人たちの収入をキープするためには、おばあちゃんも一〇〇〇円で売ろう」と。そしたらそれは健全な競争だからどっちが勝ってもいい。事実としては、おばあちゃんのほうが固定費は少ないし、人件費もかからずで、やろうとすればできる。だからといって「おばあちゃんだから安い」ってなっちゃうと、「普通に働いている人たちは困っちゃうからおばあちゃんのお弁当も値上げするべし」説だよね。つまり、レクリエーションの感覚だと下げたほうが「善」っぽいけど、それがクリエイションなんだったら、価値をちゃんと出して対価を頂戴したほうが素敵。という考え方。

角田 そう、だから僕が一番思ってるのは「価値分だけもらえ」ってことなのよ。もちろん過不足なくでいいから。それを三万円で売る必要もないけど、三〇〇〇円にする必要もない。でもなんとなく「自分は趣味でやっているから」って安くする人とかいるよね。

加藤 そうそう。それはレクになっちゃうからね？

角田 レクになっちゃう。この前も「発展途上人学」をリモートでやってる時に聴講者の中に、「対面で悩み相談みたいなことをやって、最後に思いついた言葉を一筆書いてあげる」みたいなことをやっている人がいてね。何かインスピレーションがあった言葉を筆で書いて、額に入れて渡してあげるみたいな。その発想面白いじゃんってことで「それ、ちゃんとお金とってやったほうがいいですよ」って言ったの。そこで「自分は素人だからお金もらわない」みたいな人もいるんだけど。

加藤 最初、そう思うよね。

角田 「その金額を三万円にするのか一万円にするのか三〇〇〇円にするのかはあなた次第だけど、そこにお金が発生することだから、悩み相談をする人も真剣に相談することになったりもするんだよ」「三万円かけて買った大切な書だからこそ、大切に飾ったりするようになったりするじゃん」みたいな。そこに「レクだからお金はいいんだよ」っていう感覚はいらないんじゃないかな。その人にはそんな話をしたんだ。

加藤 「老後は金とっちゃいけない」みたいな感じあるかも。

角田　あるよね。僕、マンションの管理組合*もそうだと思っててさ。前に住んでたマンションは五〇戸くらいあるんだけど、管理組合やるって言っても半分くらいしか集まらないわけ。あとは委任状で、なかなか決まらなかったりすることとかがあってさ。そこに僕がたまたま出てて、いろいろ話したりしてたら「角田さん、組合長やってもらえませんか」って話が来たのね。

加藤　来ましたか。

角田　だから「月二〇万もらえるならやる」って言ったわけ。

加藤　月額で!?

角田　そしたら「そんなのダメですよ」って向こうは言うんだけど、「いや五〇戸のうち半分しか来てなくて、残りの二五戸は来てないんだから、休む場合は『委任状出せばいい』ってことにしないで一万円払ってもらうことにしたらどうですか？　そしたら月二五万集まるじゃないですか」って言ったの。

何となく、管理組合みたいなものってボランティアでやらなきゃダメだと思っている人が多いんだけど、そこに「二〇万の報酬を確保しましょう」って言ったら、多分僕じゃなくてもみんなやるじゃん。なんならおじいちゃんなんか月二〇万それでもらえたら喜んでやるでしょ。やる気も出てくるしその人の収入にも繋がるから、管理組合としては一石二鳥じゃないですか？　っていう話をしたことがある。

だから、ＰＴＡ*とかもそうかもしれないけど「ボランティアでやれ」っていうのがダメなんだよ。大事な仕事にはちゃんとお金を払う。あるいはもらうことを、ちゃんとや

【管理組合】
「分譲マンションなどで、共用部分の管理などのために区分所有者によって作られる組織。一九八三（昭和五八）年の区分所有法の改正で、区分所有者に組合設置が義務付けられた」（『家とインテリアの用語がわかる辞典』より）

【ＰＴＡ】
略さなければ「Parent-Teacher Association」。語感がカッコいい。

らなきゃいけない。それは「老後」だからこそやらなきゃいけないことなんだよ。

加藤 その報酬は現金じゃなくて、変な話、野菜でもいいってことなんだよね？

角田 そう、多寡は置いといて。その対価はそれぞれが決めるべきことなんだよ。だから僕、どんな感じでも、どんなことでもギャラ払うもん。ぶっちゃけ一万円でも払うっていうか。

加藤 老後イコール「経済活動から外れて自分の時間を過ごす」みたいな感覚が今の七〇代以上の人たちにはまだあるとしても、六〇代の人たちにはこの話は多分通じるかな。レクリエーションじゃなくてクリエイション話。

角田 きっと通じるよね。

わ

【「私（わたし）」】

角 結局、人生とは、〝わたし〟をどう過不足なく愛せるかなのかな。よく分からないけど。
加 肉まん？　カクテル？　バウムクーヘン？　煮込み鍋？　闇鍋？

他の人と話せば話すほど、私って一体何なのか？　あやふやに感じます。

◉結局、「私」って何だろう？

加藤 ついに「わ」まで来たね。
角田 加藤くんの場合、「私」*はどういうふうなものだと思っていますか？
加藤 うーん。最後に来て六つかしいぞ。
角田 えっと、答え方に二つあるとは思うよ？　「本当にどう思っているか」っていうことと、ずっと仮想で五〇音順に質問に答えてきた上で「最後に何て言うと私っぽいか」っていう。
加藤 基本的には「分人*の集合」っていう概念でいいんだと思う。「すべてに対して自分の全人格をぶつけたりする必要はない」存在でいいんじゃないですか？　あとは「私と社

【私】
「わたし」は「話し手自身を指す語。『わたくし』よりくだけた言い方」（『広辞苑』より）

【分人】
P124の本文と脚注を参照。

会」「私と勤め先」との関係性を上手くとれると、もっと楽になるんじゃないでしょうか?な感じかなあ。

角田 僕が思うのは、まとめると「人生はバラエティ番組である」みたいなことなんだけど、「そのバラエティ番組って何?」って言われたら、「その都度頑張る」以上のものではないよっていうか。いろいろあるじゃん、質問にもあったけど「老後どうだ」とかさ。

でも、じゃあ計画立ててないかっていうと「一、二ヶ月先までは一応考えていますよ」みたいなね。なおかつ視聴率も取るためには「今は何が流行っている」とか「何が人気だ」とか「どんなことが問題になっているか」とか、あらゆることを考えた上で形にしなきゃいけないと。

一方で、形にするにしても、「今回は全部フランスロケがいいよね」と考えたところで、お金がなきゃできないじゃん? だから「フランスは無理だから、今回は京都ロケにしよう」みたいに、自分の身の丈に合ったレベルでやることも決めなきゃいけないと。どんな壮大な夢を持ったって、自分ができなきゃできないわけで。

だから自分の「現有戦力」というか、自分の現有身体と現有精神力と現有能力、あるいはチームのキャパシティや予算とか、あらゆるものを鑑みて、あらゆる社会との関わりを考えた上で、今度は出演者について、さんまさんなのか中居さんなのかいとうせいこうさんなのか分からないけど、「何をその人にぶつけると一番最適化されるのか」みたいなことを都度考えているわけですよ。

だから、「人生とはバラエティ番組である」みたいなことが、集約的な比喩として僕

加藤　の人生の中にあるなあと考えているわけです。「自分がやれる範囲の中で、社会と繋がりながら最大限努力する」っていうことをやっていくことかなと思ってる。

加藤　格言ぽい感じだと、ずっと「仕事と人生はリーグ戦」と云ってる。アマチュアはトーナメント、でもプロはリーグ戦ですよねと。リーグ戦だから試合数も多いです、当然勝ちもあれば負けもある、連敗もある。だから、目の前の一戦ごとにあんまり一喜一憂しない。トーナメント戦は負けたら終わりだけど、リーグ戦だと捉えたら態度と行動が変わるよねと。リーグ戦のシーズンを通じて活躍するには、体力も技術もいる。だから「自分を鍛える」、練習することが必要。できればシーズン前にキャンプ張りたい。ここがサラリーマン的には厳しいところ。

◉人生は星取表であり、リーグ戦

加藤　そういう意味では、目標があった時にそれは必ずしも達成できるとは限らないんだけど、達成できなくてもそんなに困らないんじゃない？とも考える。

角田　困らないよね、実際。

加藤　そんなに困らないけど、やっぱり「試合に出続ける」っていうことは大事だとは思う。ずっと試合やらない人いるじゃん。練習ばっかりしてる人。やっぱり実戦で練習しなきゃダメだし、別の例で言うなら「海外旅行行きたいなー」じゃなくて、実際に海外旅

角田　行行かないとね。行くんだったら行くために、チケット取るとか時間をつくるとか、

加藤 やっぱり具体的に動かないと。トーナメント発想だと、その一回だけ行った海外旅行がすごく楽しかったり完璧じゃないと落ち込んじゃうわけよ。

角田 それで負けちゃったわけだからね。

加藤 でも、それが一〇回のうちの一回だったら、実は九割の勝率。まあ半々になるかもしれない。でも、試合数が増えていくに従って、自分にとって嫌なことは薄められるはずだと思う。絶対値は変わらないかもしれないけど、薄くすることはできる。分母を増やしてさ。嫌なことは消えないけど、そうするだけでちょっと楽になるんじゃない？って思うよ。

角田 嵐山光三郎*さんの『「不良中年」は楽しい*』ってあったじゃない？

加藤 ありましたね。

角田 僕、『成功の神はネガティブな狩人に降臨する*』の冒頭に書いたんだけどさ、その嵐山さんの本の中で「人生は星取表」って書いてるコラムがあったの。つまり「人生は相撲だ」と。

で、「五年ごとに一日だ」っていうわけ。相撲って一五日じゃん。「七五歳までを五年ごとに割って、星を付けていってみましょう」っていうわけ。ちなみに七五歳以上の時間は「ボーナス」だから、七五歳以上は好き勝手にしたらいいんだけど、とりあえず七五歳までの星取表を付けてみましょうっていうことなのね。

加藤 ふむふむ。

【嵐山光三郎】
一九四二年生まれの編集者、作家、エッセイスト。近代以前の文学者たちを主人公にした時代小説や、食べ歩き本、温泉などの旅行記などで知られる。近年は、『文人悪食』『文人暴食』など、近代日本の文学者たちを新しい斬り口で捉えなおした本を著している。

【『「不良中年」は楽しい』】
嵐山光三郎の著書。一九九七年に講談社より刊行。

角田　でも〇～五歳とかは分からないから、「まあとりあえず『生まれてきたから』ってことで白にしておきましょう」みたいな感じでやっていくわけ。そうやって五年ごとに白か黒かってやっていくのを「やってみると結構面白いよ」って書いてあって、読んだ時、僕四二歳くらいだったから四〇歳まで付けていってみたのね。四〇歳って八日目ってことでしょ？　つまりようやく中日を越えたところだったんだ。

加藤　それで？

角田　それで確か四勝四敗とかだったの。だから自分の本には「中日を越えて、これからどんな星取表になっていくかな」みたいなことを書いたんだ。
　嵐山光三郎さんは「当然一五勝して優勝するのも面白いけど、自分は八勝七敗みたいな相撲取りも大好きだ」みたいなことを書いているわけ。それで僕も「人生八勝七敗くらいでいいんじゃないの？」って思った。負け越しちゃったらあれだけど。
　その考え方、すごくいいなあと思ってさ。五年ごとに星付けていってみて「あなたの人生は今勝ってる？　負けてる？」みたいなことを考えてみて、「まあ勝ち越しぐらいを目指しましょうよ」みたいなことが書いてあるのはいいなあと思った。

加藤　ちなみに、試合数が増えていくと優勝ハードルの水準が下がる。日本のプロスポーツで試合数が多いのって野球だと思うんだけど、通常一四〇試合くらいでしょ。それで六割勝てたらほぼ優勝。六勝四敗で優勝しちゃうわけよ。

角田　よっぽど水準低いよね。Ｆ１とかと真逆だよね。

加藤　「勝率自体は予想以上に低くてもいいんじゃないの？」って考えるだけでだいぶ楽にな

【『成功の神はネガティブな狩人に降臨する』】
角田陽一郎の著書。二〇一五年に朝日新聞出版より刊行。

る。試合数が多いと、開幕直後は調子好くても途中で失速したりとか、いろんなパターンがある。最後は勝率素敵な感じで終わりたいわけだけど。この本のさ、「あ」から延々と二人で云ってきたこと、試合数を増やして、微差を大事にする、は「勝つ試合も負ける試合も両方あるよ」と同じなんだと思うよね。

角田 気を付けたいのは「せめて連敗しない」とか、野球で言うとそういうことでしょ。

加藤 そうそう。

角田 「三連戦を三敗しない。せめて一勝はしよう」とかね。二勝一敗ペースでいければペナントレースで勝っちゃうってことだもんね。野球の六割勝率は。

◉コンスタントに続けていると「神回」が突然降ってくる

加藤 プロ野球の喩え話を続けちゃうと、個人成績とチーム成績の関係って、個人成績が上がればチーム成績が好くなるわけですよね。野球でいえば打率、九人いて三割打てる人って二、三人じゃない。個人成績ではその程度でも、チームになると勝率が六割になる。

角田 なるほど。二〇一一年の中日みたいに二割バッターばっかりなんだけど優勝してたりすることあるもんね。昔のロッテなんて三割バッターいたけどいつも六位だったもんね。

加藤 話を戻して、分人的に「私」の人格を分けていった時に、分人のひとり一人みんなが三割打者じゃなくても、「私」っていうチーム全体としてはまあまあ勝率上がるっていう、そういう構造でいいんじゃないかなと思う次第ですよ。一個一個が全部すごくなくても充分っていうか。

角田 確かに。

加藤 というふうに「私」を再構築できると、いい意味で、布とか海のように柔軟で可塑的でいられる。

角田 「折れない」っていうか、そういうしなやかさみたいなことが大事なんだろうね。「しなやかさ」ってまとめちゃうとベタすぎるから、僕は「人生はバラエティ番組だ」って言ってるのかもしれないけど。「もう今週は総集編でお送りします！」みたいなことでもいいじゃんね（笑）。

加藤 「番組」って喩えてるところがいいなと思っててさ。特番だと一発勝負だけど、番組だから回数もあるし、視聴率の上下もあるわけでしょ？

角田 そうそう。浮き沈みはあるし、毎回金ばっかりかけてたら赤字になっちゃうから、「今回ちょっと総集編でごまかすか」とか、「今週は三本録りでやっちゃおう」とかね。全体で視聴率を何とか維持していれば、番組は続くわけだから。レギュラー番組をどうレギュラーとして続けていくかなんだよ。

加藤 そこは作り手としていわゆる「神回」、「普段は視聴率一二％なんだけど一回三〇％獲った！」みたいな回を作るのは……。

角田 大事だね。

加藤 ……のと、そういう回はないんだけど番組が五年一〇年続くのって、それはどっちが嬉しいの？

角田 それはね、逆に言えば、「神回がないと続かない」んだよ。ずっと続けていけば神回がポッと現れるってこと。だから神回を作ろうとしても作れないんだけど、ずっとコンスタントにやってると神様が突然降ってくるってことなんだ。「あの番組観てたから、出てもいいな」みたいに、いきなり田村正和*さんが出てくれるとかさ。

「普通なら出てないんだけど、たまたま観てたら面白かったから、出るよ」っていうのは、その「たまたま観た回」も面白かったから出てくれるわけでさ。「たまたま観た回が面白かったから出てくれた」パターンって、僕でいえばスピッツがそうなんだけど。普通スピッツ*はトーク番組なんて出ないんだけど、たまたま草野（マサムネ）さんが観てて面白いと思ってくれたから出てくれたことがあってさ。

だから、「神回を作ろう」って力むんじゃなくて、どれだけコンスタントに、面白いものを作ろうっていつも頑張れるか。その頑張り方は「今回は総集編でごまかそう」っていうのも含めてなんだけどね。

◉自分が思ったことをどうアーカイブしていくかってこと

加藤 「試合をする」ってのは「相手がいること」で。相手は同じ水準だからリーグとして成立もしているわけで、いい意味で狭い土俵の中で勝ち負けを争えばいいわけだから、むやみに世界一と比較する必要ないんじゃない？説です。

角田 そうだね。

【田村正和】

一九四三年生まれの俳優。二〇二一年没。主演作に『眠狂四郎』『古畑任三郎』など。昭和から平成にかけて二枚目でダンディな役柄のなかにコミカルさをもった希有な存在だった。

【スピッツ】
一九八七年に結成し、一九九一年にメジャーデビューした四人組のロックバンド。本文中で言及される草野マサムネはボーカル兼ギターを担当。

加藤 そういうふうに、自分の活躍の土俵、リーグをうまく定義できると、ちょっと落ち着けるよね。

角田 「司馬遼太郎と坂本龍馬のどっちが偉いのか」っていう話があってさ。昔は僕も「坂本龍馬が偉いな」って思ってたわけ。「チェ・ゲバラが三九歳で死んじゃった論」*と似てるんだけどさ、つまり「革命は三〇代のものだ」と思ってると、三〇代を自分が終えた時に、「ヒーローになれなかったんだなあ」と思ったりして結構落ち込むわけですよ。

ところが、司馬遼太郎が『竜馬がゆく』*を書かなければ、坂本龍馬の名前なんてこの世から消えていたかもしれない、歴史上の人物にすぎない。みんな、いろんな業界やジャンルで「坂本龍馬になること」を目指すんだけど、あくまで司馬遼太郎がいたから坂本龍馬がそういう存在でいられるんだとしたら、意外に司馬遼太郎のほうがすごいんじゃないかとか思ったりするわけ。

とすると、「三〇歳でナポレオン」だとか「三九歳でチェ・ゲバラ」だとか言ってた頃は、それになりたいと思っていたんだけど、今の僕はそういうのを「アーカイブする人」でもいいかなって、ちょっと思ってるの。

加藤 そこでアーカイブ*出てきますか。

角田 司馬遼太郎みたいに、「今回コロナでこう思った」とか「自分はこういうふうに考えた」とかをアーカイブしていく人でもいいかなと思ったの。

昔だったらネットがないから、週刊新潮とか週刊朝日に連載を持たないと司馬遼太郎にはなれなかったけどさ、今はSNSがある。Twitterがあって、noteがあって、

【「チェ・ゲバラが三九歳で死んじゃった論」】
P582の本文と、P591の本文と脚注を参照。

【『竜馬がゆく』】
司馬遼太郎による一九六二年から連載された時代小説。坂本龍馬のイメージに大きく影響したとされる。

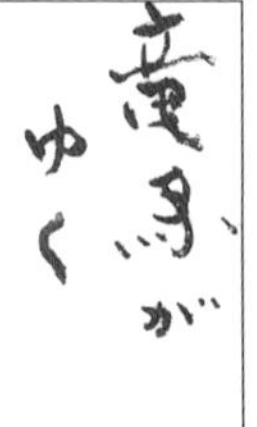

【アーカイブ】
本書のキーとなる概念のひとつ。P210のコラム「アーカイブ」を参照。

Facebookがあるんだから超アーカイブしやすいわけじゃん。それが大きいものになるか小さいものになるかはともかく、「自分が生きた」ということをアーカイブすることが「私」かなと。それがもしかしたら何年後かに司馬遼太郎になっている可能性はあるじゃん。

加藤 そうね。そうね。

角田 そんなところかなあ、「私」でいうとね。

加藤 六つかしいところだけど、一般的はコンテンツをつくるほうが偉い感覚、あるいはプレイヤーのほうが偉い的な感覚でしょ？　でも司馬遼太郎を含めてさ、アーカイブするって商人、「情報の商人」な側面もあるわけじゃない？

角田 そうだね。

加藤 「商人も偉いんだよねー」みたいな話なんだけど、そこは士農工商*っぽいか、まだ。

角田 そう。だからやっぱり日本って「商人が下」なんじゃない？　やっぱりお金が汚いと思われているからだよね。でも、そこの価値観も変わっていくじゃんと思う。「老後の貯蓄」で言ったように、僕は「お金＝ネット」だと思っていてさ。「ネットでお金を儲けよう」みたいに思っていることが、ちょっともう古いなと思ってて。

　つまり「信頼の行ったり来たり」みたいなことがお金の潜在的な意味だとすると、「ネットということ自体がお金だ」と言える。ネットに何か自分の情報をアウトプットすることは、それ自体がお金的な信頼を得ることなんだよ。実際、僕の読まれたものがどう受け取られているかは分からないけど、それを読んだ人から仕事が来るのは事実だ

【士農工商】
P180の脚注を参照。

しさ。

だからやっぱり、自分が思ったことをどうアーカイブしていくかってことなんだけど、ただし当然「そこでのテクニックはあるよね」ってことなんだよ。自分が手前勝手に書いてたってやっぱりダメで、だからこの本にしても、「そういうテクニックや経験やノウハウみたいなものはあるから、もう一回『あ』から読んでください」みたいな。

加藤 「『わ』まで来たけど、こういうふうな人生を送りたいならもう一回『あ』から読んでみたらいいんじゃないですか？」みたいなことを言って終わりにしたいくらいだけどね。サラリーマンでも「広い意味での『検索』に引っかかるための何か」を用意しておくのは必要なのかもしれないね。

角田 だと思うんだよね。それが広いかどうかは別にいいんじゃない？　そこは草野球でもいい。べつに大リーガーじゃなくてもいいんじゃないかなって思う。ただ、少なくともアウトプットしないとさ。「すごいこと思ってるんですよ」って言われても、その「すごいこと」を言ってくれないと、すごいかどうか分からないからね。ただその時にはやり方がある。サードネームを使うなり、自分の知っている人にうまくコミュニケーションをとるなりさ。

加藤 いくつかキーワードを出しているつもりだね。「サードネーム」「バンド」「あらすじ」「微差」、言葉はまだ固まってないけど「進力」。「アーカイブ」もそうだよね。「遊水池」も挙げておきたいかな。

角田 あと「渦」。

加藤　いいね。

◉「バンドやろうぜ」ってことだと思う

加藤　最後、もう一回「バンド」について語ってみたい。「わ」の【私】、に近いところで。「バンドのメンバーになろう」っていうのはただの観客でもないし、自分も何かプレイするし、それで観客がいれば人を楽しませることもできる。おひねりももらえるわけだよね。

角田　そうそう。やっぱり「バンドやろうぜ」ってことじゃない？「お前何やる？」「俺ボーカルやる」とかさ。だからあらゆることで「バンドやろうぜ」ってことだと思う。

加藤　うん。

角田　その「バンドやろうぜ」っていうのは、今で言うと「束」というか「結束」という意味もあるからさ。band って「帯」のことだから、「束ねようぜ」っていう意味なの。それを嫌々じゃなくて「やろうぜ」っていう。それともうひとつのキーワード「進力」と仮に言ってる「何とか力」みたいなものもできれば、その「何とか力」がある者同士で「好きな音楽奏でようぜ」ってことなんだと思うんだ。

加藤　バンドって人間関係とセットになってる感じがするんだけど、ずっとじゃなくて、都度都度に集まる、必要に応じてその時だけ集まるって、そういうバンドのあり方って存在する？

角田　あるある。だから例えばスガシカオ*さんとか山下達郎*さんって、ソロアーティストなんだけどいつもバックバンドのメンバーは一緒じゃんか。それで「今回のライブはホーンセクションが必要だよね」ってことになるとホーンだけ集めたりするじゃんか。「バンド」ってそういうことかなって、ちょっと思ってるんだ。
　だから大事なのは、自分は基本的にスリー・ピースなのかフォー・ピースなのか、スカパラ*みたいに九人くらいいるか、もっと大編成の交響楽団なのかみたいなことを押さえること。その上で「ウチはこういう四人編成のバンドなんだけど、今回ちょっとクラシックやりたいから交響楽団を後ろに控えさせようぜ」ってその都度その都度のコンサートの雰囲気によって人を足したりするっていうか。
　でもバンドって逆に言えば、足すことはあっても「引く」ことはないんだよね。

加藤　え？

角田　「四人のバンドだけど、今回お前だけなしね」ってことはないじゃん。

加藤　全員ステージには上がる、外れはナシで。

角田　だから少なくともバンドとして最小人数のメンバーは持っていた方がいいと思うわけ。僕にとってはそれが住田興一（すみだこういち）*さんだったりして、僕の中では今のところツー・ピース・バンドなわけだよね。

加藤　コアメンバーとして。

角田　それで仕事で動画をやる時だけメンバーがワーッと三人ぐらい増えたりとか、コンサルやる時だけネット関係の人を少し足したりとかして、そこは〝ライブ〟によって変わる

【スガシカオ】
一九六六年生まれのシンガーソングライター、音楽プロデューサー。大学卒業後サラリーマンとして数年働いた後、一九九七年にメジャーデビュー。自作はもちろんＳＭＡＰに提供した「夜空ノムコウ」など提供楽曲でも知られる。

【山下達郎】
Ｐ４２２の本文と脚注を参照。

【スカパラ】
東京スカパラダイスオーケストラ。一九八五年の結成以来、メンバーの脱退、加入を繰り返しながらも現メンバーは九人で活躍している。

【住田興一】
Ｐ２３４の本文と脚注を参照。

んだけど、まったく一人というよりは二〜三人くらいの核がいたほうが生きやすいんじゃないかと。一人だとちんどん屋になっちゃうでしょ？　一人でギター弾きながら太鼓叩いて、ハーモニカ吹いて歌も歌うってなると大変じゃん。

加藤　バンドのそもそもに戻ると、じつはバンドって固定化されているものじゃなくて、わりとメンツを入れ替えたりすることがあるってことですよね？　角田式渦のように。

角田　そうだね。

加藤　自分自身のことだと、どっちかというとスナフキン*ぽいと思っているので、自分に腕があるんだったら客演の声がそこそこかかるバンドマンになりたいけどね。

角田　ああ、そっちもいいんじゃない。上手いスタジオミュージシャン*とかそういうことでしょ？　例えばBOBO*さんっていうドラマーがいるんだけど、フジファブリック*がアルバム作る時にはドラムやるから「フジファブリックに入ればいいじゃん」って思うんだけど、入らないんだよね。プロのミュージシャンとして「このアルバムには参加」とか「このツアーには参加」とかってやり方をしている上手い人はいて、それはそれでかっこいいよね。

　やっぱりドラマーとしての能力が、あるいは能力だけじゃなくて人間関係もあって、「今回のアルバムはBOBOさんに頼むか」みたいなことができるなら、そっちの立場でもいいんじゃない？

――僕自身は会社員をしつつ閑散期にフリーの仕事や演劇をしてるので、隔年でバンドやって、間にソロ活動やスタジオミュージシャンをやってたfourplay*みたいな感じかもし

【スナフキン】
トーベ・ヤンソンの小説『ムーミン』シリーズおよびその派生作品の登場人物で、主人公ムーミンの親友。ハーモニカを奏で、パイプをふかす姿が印象的な、自由と孤独を愛する旅人。たしかに加藤さんも自由を愛していると甲斐荘は思う。また、パイプをふかしている姿を見たことがある気が……する。

【スタジオミュージシャン】
商業音楽の音源やライブで演奏している、裏方ミュージシャン。アメリカのStuff（メンバーにスティーヴ・ガッド等）のように、スタジオミュージシャンが集まってバンドデビューすることもある。

【BOBO】
ドラマー。一九九五年結成のロックバンド「54 - 71（ごじゅうよんのななじゅういち）」として二〇〇九年まで活動。くるりやフジファブリックなどのサポートメンバーとしても活躍している。

角田 れません。

加藤 「自分のバンド」を、会社以外にも持ったほうがいいよね。会社の中でもいいんだけど。やっぱり「コアメンバー」っていうものを持ったほうがいいんじゃないかって思うんだ。飲食店だったら、もしかしたら「常連」っていう人もバンドメンバーかもしれないし、そういうことでしょ。

角田 全人格的にバンドである必要もないってことかな。

加藤 そうそう。「いろんなバンド掛け持ちしててもいいんじゃない?」ってこと。

◉必ずしも新曲はいらない。アクティブとアクティブでインター・アクティブ

角田 その感じは好いね。で、バンドだと老後というか、歳くってもできるしね。

加藤 そうそう。

角田 そこは、楽器変えてもいいんだよね?

加藤 楽器変えてもいいし、バンドの比喩でいうと、今はSpotifyとかに変わったじゃない。昔はCDだったから、毎回毎回新曲を作ってアルバムを発売しなきゃいけなかったんだけど。それでムーンライダーズ*の鈴木慶一*さんが言ってたんだけど、新曲作ってツアーするのって死ぬほど大変なんだって。揉めるし、喧嘩するし、その新曲がいいかどうかだってある。

ところが「この前のツアーなんて、新曲やらなくていいから超楽しいんだよね」って

【フジファブリック】
志村正彦(ボーカル・ギター)を中心に二〇〇〇年に結成されたロックバンド。二〇〇九年に志村が急逝するが、当時残された山内総一郎、金澤ダイスケ、加藤慎一の三人で活動を継続している。

【fourplay】
フュージョンのスターミュージシャンが集まったバンド。ボブ・ジェームス(キーボード)、リー・リトナー(ギター)、ハーヴィー・メイソン(ドラム)、ネイザン・イースト(ベース)で結成。後にギターはラリー・カールトン、チャック・ローブへとメンバーチェンジ。このグループに自分をなぞらえた聞き手・甲斐荘の不遜と野心が窺える。

【ムーンライダーズ】
P288の本文と脚注を参照。

【鈴木慶一】
一九五一年生まれのミュージシャン。ムーンライダーズのボーカル、リーダー。バンド活動に留まらず、糸井重里プロデュースのテレビゲーム「MOTHER」シリーズの音楽製作や、よしもとばなな原作・豊島圭介監督の映画『海のふた』への出演など、多方面で活躍。

慶一さんが言ってたわけ。ファンとしては「新曲やってくれよ」って思うところもあるんだけど、「ちょっと分かるな」っていう気持ちもある。今までだったらアルバムを作らなきゃいけないから新曲が必要だったんだよ。でも、もうSpotifyとかサブスクになった段階でアーカイブ機能が働くからさ、バンドを支援するのはそこで何回も同じ曲を聴いてあげればいいんだよね。

加藤　そうか。必ずしも新曲不要ですか。

角田　そうすると「新しい曲を作るというよりは、バージョン違いとかでもいいんだよね」っていう話になってくる。バンドが向いてるのはそっち側になってくるというか、そのバンドとしてのブランドと仲間というものがあれば「あの曲毎回やっています」でも全然それでいいんだよね。

加藤　微差のクリエイション。

角田　こうやって、仕組みが変わると考え方が変わってくるんだね。昔だったら新曲出さないで懐メロばっかり歌ってると「懐メロバンド」とかって揶揄（やゆ）されたけど、むしろ今はそっちでいい。なおかつアメリカは元々そういうアーティストが多くて、「カントリーミュージックの定番しか歌わない人のほうがかっこいい」みたいな文化もあるからさ。

日本ってやっぱり「レコードを売る」「CDを売る」っていう商業に縛られすぎていたんじゃないかな。それがやっとサブスクで問い直されて、「そうじゃなくてもいけるんじゃないか」ってなり始めてる。

あとは、定期的に聴いてくれたり買ってくれたりする一定のファン、「回遊してくれるファン」がいなきゃダメじゃん。ある程度の数は共感を寄せてくれる人たちが必要になるわけだけど、それが一〇〇人必要なのか、一〇〇〇人必要なのか、一億人必要なのかはその人の規模感でよくて、加藤くんの言う「草野球でもいい」っていうところから始めるなら、「まずは三〇人いりゃいいんじゃね？」みたいな。

加藤 ファンは欲しいぞと。

角田 鈴木慶一さんは「固定ファンが一万人いるとバンドは食っていける」って言ってたよ。一万人いて、そのうちの一〇分の一が来れば、キャパ一二〇〇〜一三〇〇人のハコでやって赤字にならないから。だから常に一〇〇〇人がライブに来る。なおかつアルバムを出せば一万人買ってくれる、あるいはサブスクで聴いてくれるわけだし、一〇〇〇人来るとしてその人たちが友達連れてきたら二〇〇〇人だからさ。だからやっぱりコアな一万人のファンがいるかどうかは大事。

加藤 プロとしては。

角田 本だってそうじゃん。コアな一万人がいれば初版五〇〇〇部刷れますもんね。

加藤 だから「囲い込む」とは云わないけど、「自分のファンをつくる」活動が老後も必要だって、そういうことですよね。

角田 老後になっても必要だと思う。それを僕はよく「インタラクティブ」って言ってるんだけどさ、みんな「双方向」みたいに訳して理解しているけど、インタラクティブってて「inter-active」なんだもんね。僕も忘れてたんだけど、そのことってみんな忘れてるよね。「こっちもアクティブ」で「先方もアクティブ」。っていうことでインター＋アクティブなわけだから、どっちかがアクティブじゃなかったらインタラクティブじゃないんだよ。

加藤　インター。

角田　だからそこに注意しながら、行ったり来たりっていうことをちゃんとやるっていうのが何人かのコアをつくっていく上では大事なんじゃない？　一方的に拡散するんじゃなくて、ちゃんとキャッチボールしてあげる。

◉いまいまの「C to C」を「B to B」*に

加藤　バンドだと個人の名前が立ちすぎないところも、感じとして好いかもね。

角田　いいよね。

加藤　「会社、組織の一員」ということでもなく。

角田　だってみんなサザンの名前は知ってても、「サザンのドラム」の名前を知ってるひとってなかなかいない。「松田（弘）*さん」って言える人ってなかなか限られるもんね。

加藤　「だけど、いないと困る」。それが会社員と違う感じ？

角田　そうそうそう。「パーカッションだと認識されていないけど、毛ガニの野沢（秀行）*さん」でいいんだと思うんだよね。野沢さんってべつにパーカッション叩いてない時もたくさんあって、べつにキーボードから音出せばすむようなものをさ、野沢さんはシャカシャカシャカシャカやってる。でも「あれがあるからサザンオールスターズ」なんだよ

【B to B】
B2Bとも。企業間で行われる取引のこと。

【松田（弘）】
一九五六年生まれのミュージシャン。サザンオールスターズでドラムを担当している。

【野沢（秀行）】
一九五四年生まれのミュージシャン。サザンオールスターズでパーカッションを担当している。

ね。誰もが桑田佳祐になる必要もないし、野沢さんでいいんじゃないの？みたいなさ。嫌な言い方するけど、「野沢もしょうがねえな」とか言われながら桑田さんと仲良くしておく的な、関係性を崩さないことは大切だよね。

加藤 さらに好く思えてきた、バンド論。

角田 そうだよね。なんかこの本の感じとしては「バンド」っていいんじゃないの。

加藤 アノニマスな感じもあるのがいいのかな。まあ、広い意味で何かしらの楽器ができないといけないわけで、そこの努力は必要っちゃ必要だよね。

角田 そうだね。そこには時間も必要だし、師匠も必要だし、なんなら読書も必要だし……みたいなことが、これまでの項目の中で言われているんじゃない？　全く我流でやるよりは型を学んだほうがいいし、全く我流でやるよりは師匠に学んだほうがいいし、まったく短時間で「この本を読めば分かります」っていうよりは、やっぱりちょっと苦労したり、自分で間違ったものを買っちゃって失敗してみる経験も必要だったりとかさ。

加藤 一〇〇％消費だけの人生ではなくなっていくということだね。

角田 うん。あ、そうだ。だから僕、「B to B」になるってずっと言ってるんだ。「B to C」[*]じゃなくて、カスタマーのほうも広い意味でビジネスになるから、あらゆる関係性が「B to B」になるんじゃないかな。

加藤 それをいまいまは「C to C」[*]と呼んでいるってことだな。

角田 そうそう。それを「B to B」って言ったほうがいいんじゃないかなってこと。「C to C」って、なんか「プロフェッショナルじゃなくてもいい」って思われている感じがす

【B to C】
B2Cとも。企業（Business）と消費者（Consumer）の間で行われる取引のこと。

【C to C】
C2Cとも。一般消費者（Consumer）の間で行われる取引のこと。フリーマーケットやネットークションなど。

るっていうか。レベルは置いといて、それぞれがプロにならないとダメだってことで「B to B」。「自分の人生をコントロールするプロ」っていうか。

加藤 プロ。価値の提供して、対価もちゃんともらって。

角田 ビジネスっていうと気持ち悪いけど、ライフ＝ビジネスってことなんだよね。お金をもらう、コミュニケーションもする。

加藤 温故知新で、アルビン・トフラー*曰くの「プロシューマー」*（『第三の波（一九八〇）』より）の二〇二〇年代的な云い換えだな。

角田 ああ、それだね。プロシューマーって言ってたね。「消費者」って概念がダメなんだと思うんだ。消えちゃダメだし、費やしてもダメなんだよね。

加藤 バンドメンバーも存外サードネームだったりするもんなあ。サードネーム×バンド、が大きな結論のひとつ？

角田 そうそう。

加藤 だね。

【アルビン・トフラー】
一九二八年生まれの作家、未来学者。二〇一六年没。「デジタル革命」、「コミュニケーション革命」、「組織革命」、「技術的特異点」といった「情報化社会」実現の予言に関する業績で知られる。

【プロシューマー】
未来学者のアルビン・トフラーが提唱した概念で、生産者（プロデューサー）と消費者（コンシューマー）を組み合わせた造語。販売を目的とせず、自分や家族、知人のために市場外の生産活動を行う人。最近流行りの言葉では「DIY」にも通じる。

THE THIRD WAVE
第三の波
アルビン・トフラー
徳山二郎 監修
鈴木健次
桜井元雄 他訳

ん【ん？】

角 ん！　と肯定するか、ん？　と否定するのか？　がすべての分かれ目。
加 終わりにして始まり。運でもあるかな？

ん？　大したことない人生*を主導権を持って生きていくには？

◉「親殺し」を天が代行してくれた

加藤　あれ、「わ」で終わるつもりが、「ん」もあるのね。で？

角田　『オイディプス王』*の昔から続く「父親殺し」、つまり「父親を殺さないと、男になれない」みたいな話があるじゃない？　僕でいうと、四十六歳の時に「TBS辞める」って言った時に、親に反対されたんだよ。

加藤　その話は初耳だな。

角田　「いい大学を出ていい会社に入ったのに、なぜ辞めるんだ」みたいなことを言われたんだよね。それに対して「じゃあなにか？　いい大学を出ないでろくでもない会社に入ってたら人生は自由なのに、いい大学・いい会社に入ったら自由じゃないわけ？」みたい

【人生】
「①人がこの世で生きること。人間の生存・生活。（中略）②人がこの世で生きている間。人の一生（後略）」（『広辞苑』より）

【『オイディプス王』】
紀元前五世紀に、古代ギリシャ三大悲劇詩人の一人・ソポクレスが書いた戯曲。精神分析学の創始者とされるジークムント・フロイトが提唱した「エディプスコンプレックス」が、これにちなんで名付けられたことでも有名。

に、親と論争したんだよ。「四十六にもなってなかなか大人げないなぁ」とか思いながらさ。

　親はＴＢＳを辞めたことが恥ずかしいらしくて、親戚にも黙ってたんだって。その後親戚に連絡しなきゃいけないことがあったんだけど、まだ親は「でも、お前がＴＢＳ辞めたことは内緒にして話せよ」とか言うんだよね。でもいざ電話をかけてみたら、むしろ相手のほうはインターネットとかを見てて全然知ってたわけだ。親だけが勝手に「隠してる」とか思ってるだけなわけ。

　大学みたいに若い人が集まる場所でトークイベントをやると、質問コーナーでよく「自分はこっちの道に進みたいんだけど、親に反対されている。どうしたらいいですか」みたいな質問をされるわけさ。だから、そういう人には「僕が四十六でも反対されてるくらいだから、二〇歳で反対されるのはもうデフォルトです。だから反対される前提でやりなさい」みたいなことを言ってる。

　それは置いておいて、自分自身を分析すると僕は親殺し・特に父親殺しをできないいまずっときたんだと思う。親父が病気になってまもなく死ぬという時に、おふくろにその話をしたら「あんた、優しすぎるから親を殺せないのよ」って言われたよ。

「五十にして天命を知る」*って言うけど、実際五〇になって「それって何なのかなぁ」って思ってた時に父親が死んだのは、天が「お前が親殺しできないから、そろそろ殺しといてやるわ」って思われたのかなってちょっと思う。この話は一つ前の【私】のところに入れてもいいんだけど。


【「五十にして天命を知る」】

孔子が遺したとされる言葉。「吾十有五にして学に志す、三十にして立つ、四十にして惑わず、五十にして天命を知る、六十にして耳順(したが)う、七十にして心の欲する所に従えども、矩(のり)を踰(こ)えず」。

加藤　いい話だね。

角田　だから「親殺し」はやっぱりしないとダメなんじゃないかなって思うな。

加藤　そうだねぇ。「親殺し」までいかなくて、「親超え」ってのはあるかな。

角田　うん。

加藤　自分は何だったかなぁ。大学では超えられなかったんだよ。父親が東北大学出身だったので、「東大か京大に入らないと超えられない」みたいな空気がなんとなくあってさ。で、京大に合計三回落っこちて結局早稲田に行くことになった。大学、まあ大学名で何かを測るのが正しいのかどうかは置いといて、この時点の自分の認識では、超えられてないんだよね。だから角田くんの云う感じはすごく分かる。

角田　あるよね。うちの親は早稲田だからそんな話はしてたよ。

加藤　でも、本を書いた時にちょっと超えたかなって思った。父親にできなかったことをしたし、父親も嬉しそうな反面、ちょっと悔しそうにしてたからね。

角田　僕が大学生の時におばあちゃんが亡くなったんだけど、当時おやじは「衆院選に立候補する、しない」とかいう時期だったから、千葉県一くらいの盛大な葬儀だったんだよ。

でも当日斎場でおやじが何をやっていたかというと、花輪の位置を直したり、「この大臣先生のほうが席が前だ」とかやって、僕にも「これだけ花がきたのも俺のおかげだ」みたいなことを言ってくるわけです。

「自分の母親が亡くなったのに、花輪の位置だけをやってて、なんだこの親父は！もっと純粋に悲しめないのかよ」みたいに思ったんだけど、その時からむしろ、「僕が自分の親を送る時は盛大な葬式をしてあげなきゃいけない」というプレッシャーを、ずっと感じてたんだと思う。

それでおやじの葬式の段になったら、僕も「お花大丈夫かな」みたいなことばっかり気にしてたんですよ、結局。「そうそう、そんなもんなんだな」なんて思いながら。

つまり、「人生なんて大したもんじゃない」ってことを改めて感じたんです。それで、どうせ大したもんじゃないから、やっぱり本当に自分が好きなことをやったほうがいいんだろうって改めて思ったんだ。

◉「大したことない人生を主導権を持って生きていく」

加藤 パブリック・リレーションズ、[*]広報の仕事を長くしているんだけど、思うのは「編集権と主導権」ということなのね。テレビを含めてメディアに「載せてください」と情報提供しても、書く書かないはメディアの側が決めるわけで、こちら側に編集権は一切ないわけです。だけど、質問に答えるだけが広報対応として素晴らしいわけじゃなくて、質問からこぼれてしまっている情報もあるし、質問者がまだ把握していないストーリーもある。それは質問への答えにプラスオンして提供することができる。取材してくれている人を、正しくナビゲートする、というか。つまりある意味で、主導権を持って相対することはできる。

それって今、角田くんが云った人生の話に近いと思うんだよ。人生って、自分ではど

【パブリック・リレーションズ】Public Relations。『体系パブリック・リレーションズ』(ピアソンパブリケーションズ　2008年)では、次のように定義されている。「パブリックリレーションズとは、組織体とその存続を左右するパブリックとの間に、相互に利益をもたらす関係性を構築し、維持するマネジメント機能である」。

うにもならないことが多いじゃない。やっぱり。その意味では、人生の編集権は自分にはないんだよ。だからってわーっと流れるままに生きてくのもありだけど、一方で、「編集権はないけれど、主導権を持って生きる」という態度と行動、はアリかもね。

角田 あぁ、そうかもしれない。人生にやってくるものは多分決まっている。その時、やってきたものに対して主導権を持ってやるか、まったく流されるかではやっぱり違うよね。この前ヴィクトール・フランクル[*]の『夜と霧[*]』を読んだんだけど、あの本には、「生きる意味とは、生きることがあなたに何を要求してるかだ」ってことが書いてあるんだよね。

加藤 読んでて痺れるわね。あの一冊。編集権と主導権の話もヴィクトールさんの影響を受けてるかもしれない。

角田 僕はたまたまおやじが死ぬ一週間前に初めて読んだんだよ。みんな「いい本だ」って言うし、読んだほうがいいことは分かってたんだけどこの歳まで読まなかったのは、シンプルに、収容所の話が怖くて読みたくなかったんだ。でも、親父のこともあるから読んだほうがいいよなって思ったら、一晩で読んじゃった。

　やっぱり読んでおいてよかったなって思う。逆に言えば、読んだから親父は死んだんだなって思うよ。

加藤 それがコンテンツ・アーカイブのすごいところだよね。丁度読むタイミングだったんだろうね。

角田 二〇歳の時に読んでいても充分よかったのかもしれないけれど、でも五〇手前で読むこ

【ヴィクトール・フランクル】 一九〇五年生まれ。オーストリアの精神科医、心理学者。一九九七年に没。ウィーン大学在学中よりアドラー、フロイトに師事し、精神医学を学ぶ。第二次世界大戦中ナチスにより強制収容所に送られた体験を、戦後まもなく『夜と霧』に記し出版。一九九五年からウィーン大学教授となり、実存分析やロゴテラピーと称される独自の理論を展開する。

とにやっぱり意味があったんだと思うんだ。

加藤　それはあるよなぁ。流行りのベストセラーだけを読んでるのとはちょっと違う体験だよね。流行りものが時代を経てそういうコンテンツにならないわけじゃないけれど。

角田　やっぱり、時間という波に晒されてそれでも残ってるものは、残ってるだけで意味があるんだよね。

加藤　そういう読書体験、コンテンツ体験にはエクスタシーがあるね。

角田　うん、あるよね。だからこそ、それを知ってる人がセクシーなんだって気がする。

加藤　他との比較に振り回されるって、主導権持ててないわけで。五〇歳までの人生が、それが世の中的には大したことなくても、自分にとっては修業ではあるから、セクシーさに繋がってくるのかな。渦をつくるとか、サードネームを持つとか、いろんな角度からいろんな云い方をしてきたけど、「大したことない人生を主導権を持って生きていく」は、二人そろって読者のみなさんと共有したいことかな。

【『夜と霧』】
ナチス強制収容所に収容された精神科医のヴィクトール・フランクルが自身の体験を基に著した書籍。原著は一九四六年に刊行。霜山徳爾による邦訳が一九五六年にみすず書房より、池田香代子の訳による新版が二〇〇二年に同じくみすず書房より刊行。

人生の素晴らしさって、結局のところ、何に出会うか？　誰と出会うか？　なんだって想うわけです！

おわりに――角田陽一郎

あとがきです。あとがきなので、本当のことを書きます。

ボク（角田）はこの本で何をしたかったかというと、高校時代からの友人の加藤昌治くんと、共著を出すことをいつかやってみたかったっていう〝夢の実現〟でした。二人とも一九七〇年生まれ、五〇歳を超えました。お互いに何冊か本を出していて、もういい歳です。出会ったのが一九八六年の高校一年の時、一年A組で、五〇音順の席順で角田のすぐ後ろが加藤でした。そういう意味では今年二〇二一年でちょうど三五年の付き合いになります。学生時代から一緒によくスキーに行きましたし、温泉巡りもしました。長野の常宿のオーベルジュにも毎年行ってたし、そこでお米づくりをしたこともあります。最近は体の節々が痛いことを相談しあったりしてます。

動き出したのは二〇一九年の一一月、加藤くんの知り合いのKKベストセラーズの編集長鈴木さんと銀座でお会いしました。二人とも学生時代に熟読した相原コージ・竹熊健太郎著『サルでも描けるまんが教室』略称〝サルまん〟みたいな、プロデュース術の指南本的な本が出版できたら面白いなーとかなんとか説明したら、鈴木さんは「ぜひやりましょう！」と即決してくださいました。そして一二月からはライターの甲斐荘さんも合流して、定期的に四人でミーティングをするようになったのでした。でもボクは、その時やってる仕事の話や、大学院の話などいつもその瞬間に思ってることを延々と話すので、なかなかプロデュース術的なものではカタチにならなかったのです。でも一方で、その角田がいろんなことを話して、それに加藤くんが反応するって会話を繰り返していると、その内容は我らながら示唆に富んでいて、雑談にしとくのは勿体ないと、この四人全員が思いました。そこで「それを五〇音順のテーマに再構成して、生き方に悩む人へのアドバイス的な辞典にしたらいいんじゃないか」となり、むしろいろんなテーマについて、話していく作業が進んで行ったのでした。二〇二〇年三月までは会議室で喧々囂々（けんけんごうごう）やっていましたが、四月からはリモートで行うようになり、その会議は三〇回近くに及んでいます。そしたら、いつの間にか三〇万字を超えていました。本当に辞書のような分厚い本が誕生したのです。ただの二人の思い出作りが、こんな大著になるなんて、思ってもおりませんでした。でもその分、傑作に仕上がったと我らながら自負しております。

二〇二〇年の八月に五〇歳を迎えた翌日、闘病中の角田の父が亡くなったのですが、その葬式の日の夜に、この編集会議がたまたま予定されていました。ボクは、でも父の葬式の日の夜だからこそ、この会議をむしろやりたいと思って、葬式から帰ってきてリモート会議を行いました。「自分が死んだからって、それを理由に仕事サボってんじゃないぞ！」って父なら言うような気がしたからです。それに、「そんな葬式の日に友人と仲間と、これから誕生する本の話をするなんて、なんて素晴らしい日じゃないか！」と思えたからでした。実際、皆と話せたからこそ、その夜ボクの気持ちは落ち着いたんだと思うのです。加藤くん、鈴木さん、甲斐さん、どうもありがとう。

そんなこんなで、この二〇二一年に、五一歳の角田と加藤で、夢の共著で、かつ真の大著が生まれました！

本を書くという行為は、まさに人生の軌跡をトレースすることなんだと思うのです。

実際、二〇二〇年にコロナ禍がなかったら、この本もだいぶ違ったものになっていたでしょう。加藤くんが一年

A組で角田の後ろの席でなかったら、この本はそもそも生まれてませんし。会社をたまたま辞めた角田と、会社員でたまたま居続ける加藤くん。

そんな奇妙な偶然の集合体が、まさに人生なのです。だからこそ人生は、面白いんだと思うのです！

この本と皆様との出会いが、そんな人生の奇妙な、そして素晴らしい偶然になることを心から祈念いたします。

ちなみに次の夢は、この本が売れに売れて、二人が還暦を迎える時には、『仕事人生あんちょこ辞典』改訂新版が出ることだったりしてます。

著者
角田陽一郎　加藤昌治

構成者
甲斐荘秀生

ブックデザイン
竹内雄二

イラストレーター
田渕周平

校正
東京出版サービスセンター

写真
アフロ　朝日新聞アーカイブ　時事通信フォト

編集協力
小堀陽平　尾崎昂哉　森俊治　青木千晶　越善晴彩

書名英字表記
吉川さやか

＊＊＊

印刷所
錦明印刷
川嶋章照　小林直矢

DTP
オノエーワン
熊谷克浩　中岡祐一郎

製本所
ナショナル製本
久野真也

用紙
京橋紙業
上原靖之

管理・配送
工藤出版サービス　工藤商店　工企画

＊＊＊

KKベストセラーズ
今井美保　相原泰久　板本真樹
飛田美奈　赤羽里香　山口智子

編集者
鈴木康成

発行者
小川真輔

用語索引

※太字のページにある＊付きの用語には脚注あり

き

く

け

こ

さ

し

す

せ

そ

た

ち

つ

て

と

な

に

ぬ

ね

の

は

ひ

ふ

へ

ほ

ま

み

む

め

も

や

ゆ

よ

ら

り

る

れ

どんな気分で悩んでいるの？

仕事人生【感情別】逆引き索引

どんな感情?(50音順)	どんな時に?	その悩みの「あんちょこ」が見つかる!
安心できない [類語] 不信感がある 裏切られる 疑心暗鬼だ	危ない橋を避けたい時に	131「サードネーム」を持つと安全地帯ができる 263「お金を回す」ことに消極的な僕たち? 342 その難問、自らの「コントロール内」か「コントロール外」か?
	人を怪しいと感じた時に	74「宗教」と「宗教学」って違うって知ってた? 55「許せない人リスト」 534 やっちまったら、とりあえず一晩寝かせてみる?
	周りの人が信じられない時に	118 話せば分かるのは、八割ぐらい感覚 472 考えろ、そして感じろ。 634 そのレコメンドって、ホントに自分向けだったの?
	素直に従えない時に	472 考えろ、そして感じろ。 87「頭のよさ」ってどこで分かるんですか。 359 盗むは三段階。「浸かる」「真似する」「換骨奪胎する」
	相手に求めすぎてしまう時に	152 フリーになると、コスパ=値下げではなくなった 357 東大の先生たちは教えてくれない 705「大したことない人生を主導権を持って生きていく」
癒されたい [類語] 愛情が足りない 寂しい 孤独感がある	愛に飢えている時に	228「セクシーな人」はモテる。人数に差はあれど 126「サードネーム」を持とう 171 当時「×○●△□!」と思っていた上司、実は待ってくれていた?
	そもそもネクラな時に	493「味方」と「仲間」は同じか、違うか 257 退屈と専門性はトレードオフ 481「師匠がいる」という感覚が羨ましかった
	恋に臆病な時に	228「セクシーな人」はモテる。人数に差はあれど 402 小さいところから、壊していいんじゃないですか? 444 自分にできること、世の中に見せてます?
	ひとりで寂しい時に	328 会社が潰れそうで怖がってる人とは? 179 そのSNSに「仕入れ」はあるか 662 単なるレクレーションには閉じないで!
	幸せになりたい時に	269 自分が動くと、お金も動く? 571 自立した人にとってのあぶく銭、って何? 662 単なるレクレーションには閉じないで!
	親切にしたい時に	121「社会人芸名」を提案します 430 窓を開けてリモート会議をすると……? 623 どんな仕事にもご指名、はあるはず
	頼みになる人がいない時に	496 無常=サステナブル 289 つるまずに、「渦」に巻き込む、巻き込まれる 493「味方」と「仲間」は同じか、違うか
怒っている [類語] イラだっている 怒りが止まらない 憤っている 悔しい	イライラしている時に	382 能率って、その人の能力じゃないでしょ! 514 その人の人間性まで分かるのが名刺 595「自分をブランディングする」方法とは?
	理不尽に憤る時に	378 日記を書くと振り回されなくなる? 162 その左遷を相対化できたら? 604 能力ではなく、やる気で判断しようよ
	怒りを抑えられない時に	55「許せない人リスト」

どんな感情?(50音順)	どんな時に?	その悩みの「あんちょこ」が見つかる!
	怒りを抑えられない時に	89 「頭のいい/わるい」と「ケモノ性のある/なし」論 103 キャリアデザイン・ド。自分でデザインしない。されてみる
	むごい仕打ちをうけた時に	72 オンリーワンじゃなくて「ただのワン」 354 「選択肢を増やす」視点でニッチがたくさんあって好い 610 「同じ部屋」にいるから、人との比較が生まれる
落ち込んでいる [類語] 後悔している 落胆している 意気消沈だ 悲嘆にくれる 絶望している 自己嫌悪している 自信がない 苦手だ 劣等感がある 惨めだ 卑屈になっている 失望している 悲しんでいる	どうも気分が上がらない時に	110 僕らは、誰と比べて凹んでいるのだろう 162 その左遷を相対化できたら? 689 自分が思ったことをどうアーカイブしていくかってこと
	明るい気持ちになれない時に	121 「社会人芸名」を提案します 126 「サードネーム」を持とう 160 「左遷されて好かった」と先に云ってしまう陽転思考
	呆れて物も言えない時に	378 日記を書くと振り回されなくなる? 118 話せば分かるのは、八割ぐらい感覚
	浅い考えしか浮かばない時に	147 「あらすじ力」を鍛えよ! 302 「アイデアの源泉垂れ流し」 126 「サードネーム」を持とう 191 経験・体験をアーカイブ化せよ
	世界が灰色に見える時に	639 レコメンドにも「師匠」あり 224 「セクシーな人」は渦。人を巻き込む 289 つるまずに、「渦」に巻き込む、巻き込まれる
	つっけんどんな自分に気づいた時に	33 「遊び」と「休み」は違うの? 702 「親殺し」を天が代行してくれた 72 オンリーワンじゃなくて「ただのワン」
	自分に活を入れたい時に	312 気合い不要。単純に練習 427 3Dが2Dになると切られてしまうことがある 604 能力ではなく、やる気で判断しようよ
	素直に謝れない時に	534 やっちまったら、とりあえず一晩寝かせてみる? 689 自分が思ったことをどうアーカイブしていくかってこと 58 死なない程度に負ける、を薦める
	言いたいことが言えない時に	592 「自分がどうやって生きてきたか」を書けばいい 121 「社会人芸名」を提案します 166 嫌いな人とは「社交する」
	感謝の気持ちを持てない時に	171 当時「×○●△□!」と思っていた上司、実は待ってくれていた? 330 命を大事にするケモノ力。まずは自分で洗濯をしろ 613 バンドを組むような、大括りな分業がルサンチマンを解消する? 618 エンドロール。アウトプットに自分の名前が載る歓び
	落ちつきを取り戻したい時に	430 窓を開けてリモート会議をすると……? 610 「同じ部屋」にいるから、人との比較が生まれる 623 どんな仕事にもご指名、はあるはず
	惨めな自分に気がついた時に	72 オンリーワンじゃなくて「ただのワン」 162 その左遷を相対化できたら? 684 人生は星取表であり、リーグ戦

どんな感情?(50音順)	どんな時に?	その悩みの「あんちょこ」が見つかる!
	臆病さから踏み出せない時	061 おじさん二人とも、「50の手習い」始めてます 378 日記を書くと振り回されなくなる? 592「自分がどうやって生きてきたか」を書けばいい
	胸が痛い時に	188 角田式・SNSの始め方(2) 131「サードネーム」を持つと安全地帯ができる 613 バンドを組むような、大括りな分業がルサンチマンを解消する?
	容姿に自信が持てない時に	224「セクシーな人」は渦。人を巻き込む 389 マーケットイン、プロダクトアウトは配分? レイヤー? レイヤー? 221「セクシーな学問」とはどういうことか?
	旨いやり方がわからない時に	239 相談内容のレイヤーを三つに分ける 243 相談内容の微差を捉えて返す 687 コンスタントに続けていると「神回」が突然降ってくる
	人からの敬意を感じられない時に	115 セルフプロデュース、たしかに六つかしいのですけれど…… 224「セクシーな人」は渦。人を巻き込む 286「つるむ」と差異を感じつつ、多様性を失っているかもしれない
	怒られてしまった時に	118 話せば分かるのは、八割ぐらい感覚 201 外にアーカイブ、自分ブランド、そしてサードネーム 601 ルサンチマンがなくなったからTBSを辞められた
	落ち込んだ時に	171 当時「×○●△□!」と思っていた上司、実は待ってくれていた? 312 気合い不要。単純に練習 689 自分が思ったことをどうアーカイブしていくかってこと
	物覚えが悪い時に	65 英語「学習」じゃなくて「練習」 110 僕らは、誰と比べて凹んでいるのだろう 184 角田式・SNSの始め方(1)
	要領が悪い時に	87 「頭のよさ」ってどこで分かるんですか。 254 仕事とは微差をつくり、微差を楽しむもの 644 あえて近い本を読んでみる、微差を味わう立体的な体験
	ちゃんとできない時に	65 英語「学習」じゃなくて「練習」 693「バンドやろうぜ」ってことだと思う 194 140字の先にある、文章力の磨き方
	バランスが悪い時に	143 言語化とは抽象と具体を行ったり来たり 450 役に立つかと関係なく、まずはアーカイブから 639 レコメンドにも「師匠」あり
	悲しい時に	503「人が死ぬ」ことと「二度と会わない」ことは何が違うだろう? 162 その左遷を相対化できたら? 610「同じ部屋」にいるから、人との比較が生まれる
	軽薄さが嫌になった時に	286「つるむ」と差異を感じつつ、多様性を失っているかもしれない 459 ヘンタイに〝マーケティング〟は不要! 485 味方とは損得ではない

どんな感情?(50音順)	どんな時に?	その悩みの「あんちょこ」が見つかる!
	かわいげがほしい時に	376 人の見極めに資する情報は先？　後？ 416 これからもっとやってくる「声の時代」 160「左遷されて好かった」と先に云ってしまう陽転思考
	うまく考えられない時に	335 その難問だけ、ばっかりとは向き合わず 251 相談した結果、新しい選択肢を発見したい 273 お金を使って、自分の中にバッファを用意する 302「アイデアの源泉垂れ流し」
	汚れちまった時に	37 アートにはどう向き合う？ 144 言語化力をどうやって高めてきたか 254 仕事とは微差をつくり、微差を楽しむもの 604 能力ではなく、やる気で判断しようよ
	悔やんでも悔やみきれない時に	342 その難問、自らの「コントロール内」か「コントロール外」か？ 108「就社」なのか「就職(業)」なのか 266「お金の使い方」というより「時間の使い方」
	知ったかぶりしてしまう時に	83 その学歴に至るまで、の説明をしたい 181 自分ブランディングを助けるＳＮＳ 194 140字の先にある、文章力の磨き方
	高い志を持てない時に	121「社会人芸名」を提案します 371 意志ある根回し、意志ない根回し 380 アーカイブもある意味「あらすじ」。自分の視座が後から分かる
	廃れてしまった時に	585 千日、がひとつのタームと考えると…… 101 PDCAもあるけど、OODAってのもある 562 予算の中にある自由演技パート
	故人が偲ばれる時に	40 美術展、見終わってからまた戻る 496 無常＝サステナブル 702「親殺し」を天が代行してくれた
	上手に立ち回れない時に	51 「意識高い」とウザがられてしまう君へ 87 「頭のよさ」ってどこで分かるんですか。 554 空気読んだほうがいいに決まってるじゃん
	知らないことにであった時に	191 経験・体験をアーカイブ化せよ 110 僕らは、誰と比べて凹んでいるのだろう 682 結局、「私」って何だろう？
	図々しくなりたい時に	105 キャリアを測る単位を長くしてみたら？ 466 言葉尻だけで判断したら、本質は消えてしまう 396 破壊衝動　VS　偉大なるマンネリ
	劣等生になった時に	87 「頭のよさ」ってどこで分かるんですか 58 死なない程度に負ける、を薦める 687 コンスタントに続けていると「神回」が突然降ってくる
	健康になりたい時に	121「社会人芸名」を提案します 581 歴史上の人物と自分の年齢を比べつつ、40過ぎに転換点が来た 548 健全な美に、幻惑を足すのが大人の美
	直感を鍛えたい時に	30 大人にとって「遊び」の定義って何？ 373 適するに当てる、「適当」で？ 450 役に立つかと関係なく、まずはアーカイブから

どんな感情?(50音順)	どんな時に?	その悩みの「あんちょこ」が見つかる!
	これまでの自分にサヨナラしたい時に	121「社会人芸名」を提案します 147「あらすじ力」を鍛えよ! 181 自分ブランディングを助けるSNS
	誠実さが見つからない時に	534 やっちまったら、とりあえず一晩寝かせてみる? 430 窓を開けてリモート会議をすると……? 623 どんな仕事にもご指名、はあるはず
	視野を広げたい時に	589 ゴールよりも途中の道すがらで何を見た? 639 レコメンドにも「師匠」あり 220 セクシーな人は「人に媚びない」?
	説教くさくなった時に	239 相談内容のレイヤーを三つに分ける 357 東大の先生たちは教えてくれない 478「興味と師匠」で学び足す
	人を値踏みしてしまう時に	70 恐山禅僧、カトリックシスターの教えは? 218 セクシー「じゃない」人の定義を先に 610「同じ部屋」にいるから、人との比較が生まれる
	出しゃばってしまう時に	147「あらすじ力」を鍛えよ! 514 その人の人間性まで分かるのが名刺 595「自分をブランディングする」方法とは?
	誰かに冷たくしてしまう時に	72 オンリーワンじゃなくて「ただのワン」 162 その左遷を相対化できたら? 340 その難問って、放置するか、遊水池に流しておいてもいいんじゃない?
	涙が出てしまう時に	323「サラリーマン曰くのヤバさ」と「フリーランスが切に感じるヤバさ」 330 命を大事にするケモノ力。まずは自分で洗濯をしろ 101 PDCAもあるけど、OODAってのもある
	いつまでも慣れない時に	273 お金を使って、自分の中にバッファを用意する 459 ヘンタイに〝マーケティング〟は不要! 110 僕らは、誰と比べて凹んでいるのだろう
	苦手意識ができた時に	87「頭のよさ」ってどこで分かるんですか 51「意識高い」とウザがられてしまう君へ 143 言語化とは抽象と具体を行ったり来たり
	逃げ出したい時に	335 その難問だけ、ばっかりとは向き合わず 501 無常を諦めと捉えるのは、逃げである 131「サードネーム」を持つと安全地帯ができる
	気が利かない時に	49「意識高い系」ウェルカムですよ 254 仕事とは微差をつくり、微差を楽しむもの 384 仕事の適材適所、人間的な適材適所
	抜かりがある時に	65 英語「学習」じゃなくて「練習」 312 気合い不要。単純に練習 340 その難問って、放置するか、遊水池に流しておいてもいいんじゃない?
	自分の願いがわからない時に	424 2D会議に必要なのはファシリテーターではなく、MC 263「お金を回す」ことに消極的な僕たち? 538 約束は自分から持ちかけたほうがいい?
	秘密を守れない時に	536 メモらないことで、逆に保険をかけてる 523 そもそも「モラル」って何だっけ? 540 その約束、どちらがイニシアチブを持ってます?

どんな感情？（50音順）	どんな時に？	その悩みの「あんちょこ」が見つかる！
	広い視野を持てない時に	101 PDCAもあるけど、OODAってのもある 337 頭のなかには「悩みの領域」が必ずある 349 メジャーかニッチかを判断することって？ 574 想定の幅が実は狭いかもしれない。勤め人は
	深く考えることができない時に	220 セクシーな人は「人に媚びない」？ 257 退屈と専門性はトレードオフ 466 言葉尻だけで判断したら、本質は消えてしまう
	失敗を防ぎたい時に	160「左遷されて好かった」と先に云ってしまう陽転思考 263「お金を回す」ことに消極的な僕たち？ 369 プロデューサーの根回しの極意。角田くんの場合 634 そのレコメンドって、ホントに自分向けだったの？
	普通にも達しない時に	389 マーケットイン、プロダクトアウトは配分？　レイヤー？ 469 本質とは、相対的なもの？ 693「バンドやろうぜ」ってことだと思う
	下手さを楽しめない時に	144 言語化力をどうやって高めてきたか 251 相談した結果、新しい選択肢を発見したい 312 気合い不要。単純に練習
	約束を守れない時に	58 死なない程度に負ける、を薦める 188 角田式・ＳＮＳの始め方(2) 538 約束は自分から持ちかけたほうがいい？
	無駄に終わった時に	30 大人にとって「遊び」の定義って何？ 504 無常って、ポジティブな概念だよ！ 450 役に立つかと関係なく、まずはアーカイブから
	すべては虚しい時に	131「サードネーム」を持つと安全地帯ができる 162 その左遷を相対化できたら？ 496 無常＝サステナブル
	相手に気後れしてしまう時に	581 歴史上の人物と自分の年齢を比べつつ、40過ぎに転換点が来た 201 外にアーカイブ、自分ブランド、そしてサードネーム 550「うまくなりたい」と思ってる段階でユーモアはもう生まれねえよ
	良し悪しがわからない時に	291 友達と知り合いは同じ？ 342 その難問、自らの「コントロール内」か「コントロール外」か？ 576 バラエティ感覚だと、3ヶ月先しか考えてない？ 592「自分がどうやって生きてきたか」を書けばいい
	自慢して失敗した時に	80 学歴の功罪、東大卒はこう考える 175 コミュニケーションの面積視点でSNSを見ると 294 やりたいことは後から。それでも「渦」はできる
	忘れっぽい時に	65 英語「学習」じゃなくて「練習」 249 相談メモ、こさえていくと素敵 538 約束は自分から持ちかけたほうがいい？
	悪いことをしたい時に	40 美術展、見終わってからまた戻る 461 ヘンタイとは「いいわがまま」から始まる人 525 品のある／なしは「微分と積分」が決める 527「社会の倫理」と「個人の道徳」

どんな感情？(50音順)	どんな時に？	その悩みの「あんちょこ」が見つかる！
緊張している [類語] 萎縮している 動揺している 落ち着かない 恐ろしい	周囲の声がうるさい時に	97 キャリアをデザインしすぎると、閉じた人になる？ 430 窓を開けてリモート会議をすると……？ 618 エンドロール。アウトプットに自分の名前が載る歓び
	心の平静が保てない時に	108「就社」なのか「就職(業)」なのか 523 そもそも「モラル」って何だっけ？ 396 破壊衝動　VS　偉大なるマンネリ
	怒られるのが怖い時に	455 ヘンタイになる必要、ありますか？ 466 言葉尻だけで判断したら、本質は消えてしまう 291 友達と知り合いは同じ？
嫌悪している [類語] 軽蔑している	誰かを嘲りたくなった時に	384 仕事の適材適所、人間的な適材適所 601 ルサンチマンがなくなったからTBSを辞められた 171 当時「×○●△□！」と思っていた上司、実は待ってくれていた？
	温かい態度で人に接せない時に	49 「意識高い系」ウェルカムですよ 493「味方」と「仲間」は同じか、違うか 362「オリエンテーション」の本をいつか作りたい
	他人を鬱陶しく感じる時に	166 嫌いな人とは「社交する」 493「味方」と「仲間」は同じか、違うか 543 進める力？
	厳しく当たってしまう時に	49 「意識高い系」ウェルカムですよ 147「あらすじ力」を鍛えよ！ 382 能率って、その人の能力じゃないでしょ！
	気持ちが悪い時に	166 嫌いな人とは「社交する」 699 いまいまの「C to C」を「B to B」に 641 そのレコメン、自分なりに正しく相対化したい
	逆らいたい時に	373 適するに当てる、「適当」で？ 402 小さいところから、壊していいんじゃないですか？ 604 能力ではなく、やる気で判断しようよ
	苦手な人を避けたい時に	291 友達と知り合いは同じ？ 493「味方」と「仲間」は同じか、違うか 693「バンドやろうぜ」ってことだと思う
	喧嘩した時に	166 嫌いな人とは「社交する」 378 日記を書くと振り回されなくなる？ 696 必ずしも新曲はいらない。アクティブとアクティブでインター・アクティブ
	洒落臭さが鼻につく時に	218 セクシー「じゃない」人の定義を先に 312 気合い不要。単純に練習 595「自分をブランディングする」方法とは？
	ズルい！と思った時に	55 「許せない人リスト」 304 2021年のアイデアと『カラマーゾフの兄弟』、そして採掘 592「自分がどうやって生きてきたか」を書けばいい
困っている [類語] 苦悩している 混乱している 心配している	妖しく誘われる気持ちの時に	349 メジャーかニッチかを判断することって？ 444 自分にできること、世の中に見せてます？ 634 そのレコメンドって、ホントに自分向けだったの？
	不安に押しつぶされそうな時に	160「左遷されて好かった」と先に云ってしまう陽転思考

どんな感情?(50音順)	どんな時に?	その悩みの「あんちょこ」が見つかる!
動揺している 不安だ 迷っている		392 プロデューサーとディレクターの関係は「こっくりさん」 510「二枚目の名刺」はいつ、どうやって配ったらいいんですか?
	追い詰められている時に	444 自分にできること、世の中に見せてます? 239 相談内容のレイヤーを三つに分ける 592「自分がどうやって生きてきたか」を書けばいい
	びっくりした時に	45 キャプションは「フリ」。だから作品が「落ち」になる 376 人の見極めに資する情報は先? 後? 478「興味と師匠」で学び足す
	心と体が離れている時に	33 「遊び」と「休み」は違うの? 316 睡眠できていますか? 416 これからもっとやってくる「声の時代」
	人生を省みる時に	30 大人にとって「遊び」の定義って何? 198 本を書きたい人、はどうしたらいい? 380 アーカイブもある意味「あらすじ」。自分の視座が後から分かる
	心の傷が癒えない時に	76 横の危機、縦の危機、そして民主主義・資本主義と宗教的な概念 373 適するに当てる、「適当」で? 337 頭のなかには「悩みの領域」が必ずある
	卑怯になりつつある時に	689 自分が思ったことをどうアーカイブしていくかってこと 354「選択肢を増やす」視点でニッチがたくさんあって好い 592「自分がどうやって生きてきたか」を書けばいい
	優柔不断な時に	527「社会の倫理」と「個人の道徳」 126「サードネーム」を持とう 155 レンタカー、最後にガソリンを入れる派? 342 その難問、自らの「コントロール内」か「コントロール外」か?
	苦しさを表にだせない時に	70 恐山禅僧、カトリックシスターの教えは? 567 気持ちいいことに使えるお金の流動性をキープしておく 610「同じ部屋」にいるから、人との比較が生まれる
	人の心がわからない時に	552 一発芸はユーモアじゃなくて〇〇〇?! 488 で、どうやったら味方って作れるの? 523 そもそも「モラル」って何だっけ?
	困っちゃった時に	101 PDCAもあるけど、OODAってのもある 239 相談内容のレイヤーを三つに分ける 693「バンドやろうぜ」ってことだと思う
	未来のことが心配な時に	324「転社」するか、「転職」するか 648「歳をとったら悟る」なんて嘘 705「大したことない人生を主導権を持って生きていく」
	何が大切かわからない時に	510「二枚目の名刺」はいつ、どうやって配ったらいいんですか? 461 ヘンタイとは「いいわがまま」から始まる人 592「自分がどうやって生きてきたか」を書けばいい
	道理が通らない時に	105 キャリアを測る単位を長くしてみたら?

どんな感情?(50音順)	どんな時に?	その悩みの「あんちょこ」が見つかる!
		634 そのレコメンドって、ホントに自分向けだったの? 657 身体的な衰えは、花鳥風月アバターでカバーする?
	辛い時に	312 気合い不要。単純に練習 316 睡眠できていますか? 610「同じ部屋」にいるから、人との比較が生まれる
	悩んでいる時に	337 頭のなかには「悩みの領域」が必ずある 105 キャリアを測る単位を長くしてみたら? 340 その難問って、放置するか、遊水池に流しておいてもいいんじゃない?
	お金がない時に	261 そもそもお金って貯めるもの? 444 自分にできること、世の中に見せてます? 592「自分がどうやって生きてきたか」を書けばいい
	人生に迷った時に	30 大人にとって「遊び」の定義って何? 101 PDCAもあるけど、OODAってのもある 705「大したことない人生を主導権を持って生きていく」
	難しさに直面した時に	335 その難問だけ、ばっかりとは向き合わず 373 適するに当てる、「適当」で? 501 無常を諦めと捉えるのは、逃げである 131「サードネーム」を持つと安全地帯ができる
	スイスイ物事が進まない時に	155 レンタカー、最後にガソリンを入れる派? 382 能率って、その人の能力じゃないでしょ! 648「歳をとったら悟る」なんて嘘
	礼儀の意味が分からない時に	424 2D会議に必要なのはファシリテーターではなく、MC 466 言葉尻だけで判断したら、本質は消えてしまう 485 味方とは損得ではない 514 その人の人間性まで分かるのが名刺
	何をやったらいいかわからない時に	33 「遊び」と「休み」は違うの? 101 PDCAもあるけど、OODAってのもある 194 140字の先にある、文章力の磨き方 589 ゴールよりも途中の道すがらで何を見た?
	媚びを売られた時に	220 セクシーな人は「人に媚びない」? 592「自分がどうやって生きてきたか」を書けばいい 601 ルサンチマンがなくなったからTBSを辞められた
嫉妬している [類語] 他人と比べている 執着している	諦めきれず執着してしまう時に	30 大人にとって「遊び」の定義って何? 70 恐山禅僧、カトリックシスターの教えは? 499 儚いって素晴らしい
	「自分、スゴい」と思いたい時に	70 恐山禅僧、カトリックシスターの教えは? 184 角田式・SNSの始め方(1) 626 ルサンチマンはエンドロールで解消される
	人の成功が羨ましい時に	257 退屈と専門性はトレードオフ 623 どんな仕事にもご指名、はあるはず 402 小さいところから、壊していいんじゃないですか?
	拘りを捨てられない時に	126「サードネーム」を持とう 378 日記を書くと振り回されなくなる? 595「自分をブランディングする」方法とは?

どんな感情?(50音順)	どんな時に?	その悩みの「あんちょこ」が見つかる!
	強くなりたい時に	402 小さいところから、壊していいんじゃないですか? 444 自分にできること、世の中に見せてます? 518 名刺とは、自分を売る企画書である
	流行りについていけない時に	286「つるむ」と差異を感じつつ、多様性を失っているかもしれない 459 ヘンタイに〝マーケティング〟は不要! 705「大したことない人生を主導権を持って生きていく」
	譲れない時に	105 キャリアを測る単位を長くしてみたら? 455 ヘンタイになる必要、ありますか? 601 ルサンチマンがなくなったからTBSを辞められた
	嫉妬してしまう時に	110 僕らは、誰と比べて凹んでいるのだろう 72 オンリーワンじゃなくて「ただのワン」 610「同じ部屋」にいるから、人との比較が生まれる
耐えられない [類語] 我慢できない 寛容になれない	雰囲気に耐えられない時に	461 ヘンタイとは「いいわがまま」から始まる人 554 空気読んだほうがいいに決まってるじゃん 304 2021年のアイデアと『カラマーゾフの兄弟』、そして採掘
	わかっちゃいるけどやめられない時に	33 「遊び」と「休み」は違うの? 436 文字文化の国ニッポン、声の国へ? 662 単なるレクレーションには閉じないで!
	耐えられない時に	158 お金も真空を嫌う? 166 嫌いな人とは「社交する」 613 バンドを組むような、大括りな分業がルサンチマンを解消する?
	堪忍袋の緒が切れた時に	118 話せば分かるのは、八割ぐらい感覚 166 嫌いな人とは「社交する」 430 窓を開けてリモート会議をすると……?
	これ以上待てない時に	321 まずはお試し。最初から正解は手に入りにくい 455 ヘンタイになる必要、ありますか? 171 当時「×○●△□!」と思っていた上司、実は待ってくれていた?
疲れている [類語] 憂鬱である 元気がでない 落ち着きたい	恨みを買った時に	118 話せば分かるのは、八割ぐらい感覚 166 嫌いな人とは「社交する」 534 やっちまったら、とりあえず一晩寝かせてみる?
	がんばることに疲れた時に	662 単なるレクレーションには閉じないで! 496 無常=サステナブル 595「自分をブランディングする」方法とは?
	タフさが求められる時に	359 盗むは三段階。「浸かる」「真似する」「換骨奪胎する」 610「同じ部屋」にいるから、人との比較が生まれる 696 必ずしも新曲はいらない。アクティブとアクティブでインター・アクティブ
	元気がなくて何もできない時に	499 儚いって素晴らしい 45 キャプションは「フリ」。だから作品が「落ち」になる 277 時間とお金、総量は同じまま使い道を変えてみる
	静かになりたい時に	662 単なるレクレーションには閉じないで! 693「バンドやろうぜ」ってことだと思う 354「選択肢を増やす」視点でニッチがたくさんあって好い

どんな感情？(50音順)	どんな時に？	その悩みの「あんちょこ」が見つかる！
	疲れてしまった時に	476「学び直し」ではなく、「学び足し」 441 副業に二種類。あなたはどっち？ 316 睡眠できていますか？
	丁寧さに欠ける時に	201 外にアーカイブ、自分ブランド、そしてサードネーム 245「相談上手」は「お願い上手」 380 アーカイブもある意味「あらすじ」。自分の視座が後から分かる
	のんびりできない時に	30 大人にとって「遊び」の定義って何？ 567 気持ちいいことに使えるお金の流動性をキープしておく 662 単なるレクレーションには閉じないで！
	励ましてほしい時に	289 つるまずに、「渦」に巻き込む、巻き込まれる 488 で、どうやったら味方って作れるの？ 263「お金を回す」ことに消極的な僕たち？
	気持ちが塞ぐ時に	158 お金も真空を嫌う？ 254 仕事とは微差をつくり、微差を楽しむもの 567 気持ちいいことに使えるお金の流動性をキープしておく
	バンザイしちゃいたい時に	499 儚いって素晴らしい 589 ゴールよりも途中の道すがらで何を見た？ 601 ルサンチマンがなくなったからTBSを辞められた
	人に優しくなれない時に	97 キャリアをデザインしすぎると、閉じた人になる？ 378 日記を書くと振り回されなくなる？ 58 死なない程度に負ける、を薦める
	考えが硬直化している時に	85「最終学習歴」って聞いたことありますか？ 302「アイデアの源泉垂れ流し」 349 メジャーかニッチかを判断することって？
	喜怒哀楽が消えた時に	380 アーカイブもある意味「あらすじ」。自分の視座が後から分かる 257 退屈と専門性はトレードオフ 469 本質とは、相対的なもの？
	心が弱っている時に	402 小さいところから、壊していいんじゃないですか？ 455 ヘンタイになる必要、ありますか？ 499 儚いって素晴らしい 574 想定の幅が実は狭いかもしれない。勤め人は
	たまには近道したい時に	278 体験はアウトプット。見てる人がいるかもくらいでいいから 304 2021年のアイデアと『カラマーゾフの兄弟』、そして採掘 328 会社が潰れそうで怖がってる人とは？ 386「単品管理」より「ポートフォリオ管理」で能率、を考える
	どうも気が重い時に	294 やりたいことは後から。それでも「渦」はできる 613 バンドを組むような、大括りな分業がルサンチマンを解消する？ 657 身体的な衰えは、花鳥風月アバターでカバーする？
	笑い方を忘れた時に	427 ３Ｄが２Ｄになると切られてしまうことがある 455 ヘンタイになる必要、ありますか？ 548 健全な美に、幻惑を足すのが大人の美

どんな感情？(50音順)	どんな時に？	その悩みの「あんちょこ」が見つかる！
つまらない **[類語]** 不満である 不本意である 退屈だ 幸福感がない 不快である	飽きてしまってつまらない時に	294 やりたいことは後から。それでも「渦」はできる 538 約束は自分から持ちかけたほうがいい？ 552 一発芸はユーモアじゃなくて〇〇〇？！
	新しいなにかと出会いたい時に	85 「最終学習歴」って聞いたことありますか？ 543 進める力？ 562 予算の中にある自由演技パート
	心が冷めてしまった時に	224 「セクシーな人」は渦。人を巻き込む 294 やりたいことは後から。それでも「渦」はできる 354 「選択肢を増やす」視点でニッチがたくさんあって好い
	油断が生まれつつある時に	61 おじさん二人とも、「50の手習い」始めてます 416 これからもっとやってくる「声の時代」 579 まず、「この面をクリアしなきゃ」次にはイケないから
	心にポカっと穴が空いた時に	37 アートにはどう向き合う？ 103 キャリアデザイン・ド。自分でデザインしない。されてみる 655 「微差を楽しむ」ことが老後の嗜み？
	人を疑ってしまう時に	76 横の危機、縦の危機、そして民主主義・資本主義と宗教的な概念 472 考えろ、そして感じろ。 257 退屈と専門性はトレードオフ
	嬉しいと思うことがとんと無い時に	304 2021年のアイデアと『カラマーゾフの兄弟』、そして採掘 540 その約束、どちらがイニシアチブを持ってます？ 705 「大したことない人生を主導権を持って生きていく」
	面白いことを探している時に	35 「遊び」は自分で探す。つくる 191 経験・体験をアーカイブ化せよ 639 レコメンドにも「師匠」あり
	かっこよくなれない時に	218 セクシー「じゃない」人の定義を先に 110 僕らは、誰と比べて凹んでいるのだろう 655 「微差を楽しむ」ことが老後の嗜み？ 89 「頭のいい／わるい」と「ケモノ性のある／なし」論
	うまく感じることができない時に	472 考えろ、そして感じろ。 476 「学び直し」ではなく、「学び足し」 496 無常＝サステナブル
	何事にも興味が持てない時に	40 美術展、見終わってからまた戻る 101 PDCAもあるけど、OODAってのもある 289 つるまずに、「渦」に巻き込む、巻き込まれる
	不快な時に	567 気持ちいいことに使えるお金の流動性をキープしておく 416 これからもっとやってくる「声の時代」 220 セクシーな人は「人に媚びない」？
	好きなものを見つけたい時に	35 「遊び」は自分で探す。つくる 224 「セクシーな人」は渦。人を巻き込む 478 「興味と師匠」で学び足す
	楽しむことができない時に	35 「遊び」は自分で探す。つくる 158 お金も真空を嫌う？ 705 「大したことない人生を主導権を持って生きていく」
	つまらない時に	220 セクシーな人は「人に媚びない」？

どんな感情?(50音順)	どんな時に?	その悩みの「あんちょこ」が見つかる!
		286「つるむ」と差異を感じつつ、多様性を失っているかもしれない 613 バンドを組むような、大括りな分業がルサンチマンを解消する?
	尊敬する人に出会えない時に	478「興味と師匠」で学び足す 481「師匠がいる」という感覚が羨ましかった 639 レコメンドにも「師匠」あり
	のめり込めることが見つからない時に	33 「遊び」と「休み」は違うの? 224「セクシーな人」は渦。人を巻き込む 604 能力ではなく、やる気で判断しようよ
	暇をつぶしたい時に	567 気持ちいいことに使えるお金の流動性をキープしておく 581 歴史上の人物と自分の年齢を比べつつ、40過ぎに転換点が来た 655「微差を楽しむ」ことが老後の嗜み?
	不幸せな時に	503「人が死ぬ」ことと「二度と会わない」ことは何が違うだろう? 337 頭のなかには「悩みの領域」が必ずある 626 ルサンチマンはエンドロールで解消される
	平凡さが嫌になった時に	191 経験・体験をアーカイブ化せよ 380 アーカイブもある意味「あらすじ」。自分の視座が後から分かる 613 バンドを組むような、大括りな分業がルサンチマンを解消する?
	豊かになりたい時に	441 副業に二種類。あなたはどっち? 476「学び直し」ではなく、「学び足し」 416 これからもっとやってくる「声の時代」 571 自立した人にとってのあぶく銭、って何?
情けない **[類語]** 評価されない 認められない 焦っている 恥ずかしい	勝負に勝ちたい時に	58 死なない程度に負ける、を薦める 181 自分ブランディングを助けるSNS 684 人生は星取表であり、リーグ戦
	焦ってしまっている時に	592「自分がどうやって生きてきたか」を書けばいい 126「サードネーム」を持とう 705「大したことない人生を主導権を持って生きていく」
	何が得意かわからない時に	191 経験・体験をアーカイブ化せよ 378 日記を書くと振り回されなくなる? 514 その人の人間性まで分かるのが名刺
	特別扱いされたい時に	83 その学歴に至るまで、の説明をしたい 604 能力ではなく、やる気で判断しようよ 623 どんな仕事にもご指名、はあるはず
	やんなっちゃった時に	70 恐山禅僧、カトリックシスターの教えは? 382 能率って、その人の能力じゃないでしょ! 131「サードネーム」を持つと安全地帯ができる
	情けない時に	70 恐山禅僧、カトリックシスターの教えは? 72 オンリーワンじゃなくて「ただのワン」 131「サードネーム」を持つと安全地帯ができる
	小さな望みも叶わない時に	108「就社」なのか「就職(業)」なのか

どんな感情？（50音順）	どんな時に？	その悩みの「あんちょこ」が見つかる！
		245「相談上手」は「お願い上手」 254 仕事とは微差をつくり、微差を楽しむもの
	穴があったら入りたい時に	504 無常って、ポジティブな概念だよ！ 194 140字の先にある、文章力の磨き方 392 プロデューサーとディレクターの関係は「こっくりさん」
	他人からの評価が気になる時に	488 で、どうやったら味方って作れるの？ 160「左遷されて好かった」と先に云ってしまう陽転思考 610「同じ部屋」にいるから、人との比較が生まれる
	欲しいものが手に入らない時に	441 副業に二種類。あなたはどっち？ 510「二枚目の名刺」はいつ、どうやって配ったらいいんですか？ 564 単品管理じゃない、プロダクトアウトな予算の立て方？
	名誉が欲しい時に	581 歴史上の人物と自分の年齢を比べつつ、40過ぎに転換点が来た 97 キャリアをデザインしすぎると、閉じた人になる？ 126「サードネーム」を持とう
	勝負に負けた時に	51 「意識高い」とウザがられてしまう君へ 58 死なない程度に負ける、を薦める 684 人生は星取表であり、リーグ戦
	仕事に満足いかない時に	105 キャリアを測る単位を長くしてみたら？ 461 ヘンタイとは「いいわがまま」から始まる人 254 仕事とは微差をつくり、微差を楽しむもの
	見事に仕上げたい時に	278 体験はアウトプット。見てる人がいるかもくらいでいいから 302「アイデアの源泉垂れ流し」 689 自分が思ったことをどうアーカイブしていくかってこと
	ペースが乱れた時に	37 アートにはどう向き合う？ 340 その難問って、放置するか、遊水池に流しておいてもいいんじゃない？ 684 人生は星取表であり、リーグ戦
	認められたい時に	110 僕らは、誰と比べて凹んでいるのだろう 160「左遷されて好かった」と先に云ってしまう陽転思考 352 ニッチとメジャーとの比率が問題
憎んでいる ［類語］ 復讐したい	こちらが泣かざるを得ない時に	166 嫌いな人とは「社交する」 291 友達と知り合いは同じ？ 613 バンドを組むような、大括りな分業がルサンチマンを解消する？
	殺したい程憎い奴がいる時に	55 「許せない人リスト」 160「左遷されて好かった」と先に云ってしまう陽転思考 601 ルサンチマンがなくなったからTBSを辞められた
	誰かを責めずにいられない時に	55 「許せない人リスト」 166 嫌いな人とは「社交する」 527「社会の倫理」と「個人の道徳」
	人が許せない時に	58 死なない程度に負ける、を勧薦める 384 仕事の適材適所、人間的な適材適所 585 千日、がひとつのタームと考えると……

仕事人生あんちょこ辞典

50歳の誤算で見えた「ブレイクスルーの裏技45」

二〇二一年九月二〇日　初版第一刷発行

著　者　角田陽一郎・加藤昌治

発行者　小川真輔
編集者　鈴木康成
発行所　ＫＫベストセラーズ
〒一一二 - 〇〇一三
東京都文京区音羽一 - 一五 - 一五
シティ音羽二階
電話　〇三 - 六三〇四 - 一八三二（編集）
〇三 - 六三〇四 - 一六〇三（営業）
印刷所　錦明印刷
製本所　ナショナル製本
ＤＴＰ　オノ・エーワン

ISBN978-4-584-13977-6 C0030